Sprache – Szene – Unbewußtes

Reihe »edition psychosozial«

Jürgen Belgrad, Hans-Joachim Busch, Bernhard Görlich,
Rolf Haubl, Hans-Jürgen Kalck

Sprache – Szene – Unbewußtes

Sozialisationstheorie in psychoanalytischer Perspektive

Mit einem Vorwort von Alfred Lorenzer

Psychosozial-Verlag

Die Deutsche Bibliothk - CIP-Einheitsaufnahme

Sprache - Szene - Unbewußtes: Sozialisationstheorie in psychoanalytischer Perspektive/Jürgen Belgrad ... Mit einem Vorw. von Alfred Lorenzer. - Nachdr. der Ausg. Frankfurt am Main, Nexus, 1988. - Gießen: Psychosozial-Verl., 1998
(Reihe „Edition Psychosozial")
ISBN 3-930096-63-3

Friedrichstr. 35, D-35392 Gießen,
Tel.: 0641/77819, Fax: 0641/77742

Satz: Nexus Verlag
Umschlaggestaltung: Atelier Warminski, Büdingen
Printed in Germany
ISBN 3-930096-63-3

Inhalt

Alfred Lorenzer

Vorwort

Sozialisationstheorie und die Frage nach dem Unbewußten

Als Freud 1907 mit Ferenczi und Jung nach Amerika fuhr, soll er bei der Einfahrt in den New Yorker Hafen die Bemerkung gemacht haben: „Wenn sie wüßten, daß wir ihnen die Pest bringen." – Eine der Bemerkungen, aus denen deutlich wird, wie sehr Freud das Subversiv-Anstößige seiner Theorie – und d.h. im Kern: des Unbewußten – fand. Die spätere Psychoanalyse, insbesondere die psychoanalytische Ich-Psychologie, hat alles getan, diesen Eindruck zu mildern. Nicht nur die Kulturisten, auch die psychoanalytische Orthodoxie trachteten danach, die Bedeutung der Triebpsychologie, d. h. die Bedeutung des Unbewußten als ein eigenständig von den geltenden Normen sich abhebendes Sinnsystem, zu minimieren. Das Entscheidende war allemal die Aushöhlung des Triebkonzeptes, die sich wie ein roter Faden von den ersten Abspaltungen bis zur Selbstpsychologie neueren Datums hindurchzieht.

Daß damit eine Zähmung der Psychoanalyse Hand in Hand ging, ist kein Zufall. Der Analytiker wandelt sich vom Anwalt der unterdrückten Triebregungen zum Helfer in Beziehungsschwierigkeiten. Die „Pest" von ehedem ist verdünnt zum Impfstoff im Anpassungskreislauf. Ist die Domestizierung der Psychoanalyse zur Seelentechnik in der psychoanalytischen Therapie verhängnisvoll genug, so wird die Zerstörung des kritischen Impulses für jene andere, von Freud so hoch eingeschätzte Aufgabe der Psychoanalyse ganz und gar deletär: für psychoanalytische Sozialpsychologie und psychoanalytische Kulturkritik.

Soll nicht auch die Psychoanalyse sich der Front wertfrei achselzuckender Registrateure der menschlichen Verhaltensstruktur einfügen, so ist es unerläßlich, den subversiven Charakter des Unbewußten erneut herauszuarbeiten – innerhalb und außerhalb der Psychoanalyse, überall da, wo psychoanalytische Denkmuster in benachbarte Disziplinen hineinwirken.

Das bringt freilich einige Mißlichkeiten mit sich. Innerhalb der

Psychoanalyse gilt es, die Psychoanalytiker von ihrem psychotechnischen Pragmatismus zu befreien. Man muß sie davon überzeugen, daß das Freudsche Denkgebäude nicht wie ein altes Haus pietätvoll so bewahrt werden kann, daß man allmählich Zimmer um Zimmer zuschließt (weil das Mobiliar veraltet erscheint), um sich in modernisierten Praxisräumen einzurichten. Im Grenzverkehr zu den benachbarten humanwissenschaftlichen Disziplinen aber liegt die Mißlichkeit darin, daß eine Rekonstruktion der Bedeutung des Unbewußten im Freudschen Sinne es nötig macht, allen Begriffen nachzugehen, die in diesem „Grenzverkehr" eine bestimmende Rolle spielen. Daß damit sich der Anschein orthodoxer Rechthaberei verbindet, ist unvermeidlich – zumal da, wo sich die Abkömmlinge der moderierten ichpsychologischen Psychoanalyseinterpretation als passender Baustein in andere kultur-sozialwissenschaftliche Gedankengebäude einfügen lassen. Gerade da aber ist es unerläßlich, den alten Pestbazillus zu reaktivieren.

Die einzelnen Arbeiten dieses Bandes unternehmen die Reaktivierung als Rekonstruktionsversuch der Freudschen Auffassung vom Unbewußten in je unterschiedlicher Richtung. Der erste Beitrag – der Aufsatz von Bernard Görlich – greift das Problem im Rückblick auf eine besonders bedeutsame Phase der Freudschen Wissenschaftsgeschichte auf: dem Engpaß der Jahre 1895 bis 1897, in denen die These von der obligaten Sexualverführung an der Schwelle jeder Neurosenentwicklung zusammenbrach und sich für Freud die Bedeutung der Erlebnisinnerlichkeit eröffnete. Görlich hat in dieser Phase genau jenen Punkt ausgemacht, da die immer schon (seit der Breuerschen Behandlung der Anna O.) bestehende Wendung zum szenischen Verstehen jene inhaltliche Ausrichtung bekam, die fortan die Freudsche Psychoanalyse kennzeichnet: die Identifizierung des unbewußten Impulses als Triebgeschehen.

Im Unbewußten verbergen sich nicht bloß die Spuren der Traumen, die unbewußten „traumatischen Szenen", sondern auch die Grunddynamismen der Persönlichkeit. Nicht nur die „kranke", sondern auch die „gesunde" Persönlichkeit hat dort – als unbewußter Trieb – ihre Grundlage. Die tiefsten „Szenen" bilden die Niederschläge des mütterlich-kindlichen Wechselspiels in Aktion und Reaktion früh-intrauterin schon, und d.h. unterhalb jeder Erlebnisfähigkeit und weit unterhalb jedes Bewußtseins, des Embryonen / Föten / Infans. Aus dieser basalen Organisationsform geht das Erleben – von Anfang an also „lebensdramatisch" – hervor: indem die sensomotorischen Erfahrungen von ersten nervösen Kontrollorganen abgetastet werden auf die beiden Qualitäten Lust und Unlust. Das große Thema der Affekte ist von diesen Überlegungen her aufzurollen. Görlich zeigt, wie der triebdynamisch und der szenisch-sozialisatorische Gesichtspunkt miteinander verschmolzen werden zu einer Einheit – und diese Einheit sich auf den verschiedenen Stufen der Persönlichkeitsentwicklung darbietet. Die Görlichsche Wegskizze verdeutlicht auch, mit welchem Recht und aus welcher Notwendigkeit heraus wir an der Freudschen Auffassung festhalten, daß das Unbewußte nicht das fahle Totenreich des Bewußtseins, sondern ein lebendiges eigenständiges Sinnzentrum ist, das ein Leben lang „determinierend" das menschliche Handeln wie die menschlichen Gedanken mitbestimmt, als ein der bewußten Intentionalität und Reflexivität entgegengesetztes, eigenständiges, anderes Sinnzentrum.

Natürlich bedingt der Umstand, daß über die mütterliche Reaktionsweise von Anfang an, freilich gebunden an deren subjektive Eigenart, sprachlich regulierte Praxis an das Kind herangetragen wird, „gewisse" Übereinstimmungen, strukturelle Verwandtschaft also zwischen den beiden Sinnsystemen, dem Ubw und dem bewußten, subjektiv angeeigneten Sprachsystem. Diese Verwandtschaft wird ja noch dadurch entschieden verstärkt, daß in die „subjektive Sprache" die Abkömmlinge des Ubw, die unbewußten Interaktionsformen, eingegangen sind. Eben dies macht einen, und zwar den gewichtigsten Unterschied zwischen subjektiver Sprache und objektivem Sprachkorpus, subjektiven Sprachbedeutungen und objektiven Deutungsmustern aus. (Man muß sich klarmachen, daß die Psychoanalyse allemal die subjektiven Bedeutungen zu erfassen sucht, um damit jene Wirklichkeit zu erschließen, die „allen" objektiven Strukturanalysen notwendig entgeht, da diese ja abstrahierend die objektiven Bedeutungen aus der subjektiven Rede herausdestillieren – und das Konkret-Besondere damit wegnivellieren, um ein objektiv Allgemeines zu gewinnen.)

Führt uns der Görlichsche Beitrag eindrücklich die Polarität zwischen Ubw und bewußten Verhaltensregulativen innerhalb der psychoanalytischen Sozialisationstheorie vor, so gehen die beiden Texte von Hans-Joachim Busch den Spuren dieser Polarität in den nichtpsychoanalytischen, soziologischen und anthropologischen Konzepten nach. Sein Ausgangspunkt ist auch insofern konträr zum Görlichschen, als er bei den Entwürfen ansetzt, die die Sozialisation der Individuen ausschließlich unter dem Diktat der Sprachlichkeit sehen.

Diesem Thema widmet er sich vor allem in seinem ersten Beitrag. In einer differenzierten Analyse, insbesondere der auf dem Theorem der „kommunikativen Kompetenz“ bzw. „objektiven Sinnstruktur“ basierenden Sozialisationskonzepte, zeigt Busch auf, daß der Anspruch einer Psychoanalyse als Sozialwissenschaft nicht schon abgegolten ist, wenn Bestandteile des psychoanalytischen Theoriecorpus herausgelöst und in einen Bezugsrahmen verpflanzt werden, der der Annahme der Textualität von Interaktion verpflichtet ist. In seiner zweiten Arbeit versucht Busch, die Verleugnung aufzubrechen: am Sachverhalt der Ausdrucksphänomene als eigenständiger leiblicher Äußerung – womit er der „Gegenpartei“ sprachfixierter Handlungstheorien allerdings noch einen Ausweg offenläßt, nach wie vor den Körper zum passiven Medium herabgesetzt zu denken. Aber so passiv gleichgültig instrumentalisierbar läßt sich – wie Busch im weiteren Verlauf zeigt – der Körper schon aus dem Vergleich menschlichen und tierischen Verhaltens heraus nicht denken. Zumal diejenigen Forschungsrichtungen, die bei diesem Vergleich die Übereinstimmung wie auch die tiefgreifende Umdeutung im Gang der Gattungsgeschichte – menschliche Sexualität ist nirgendwo tierischer Sexualität gleichzusetzen – erkannt haben, widersprechen der gängigen Reduzierung des Leibes auf sinnlose Körperlichkeit. Freilich ergibt sich aus der Kritik dann eine Aufgabe: zu zeigen, wie das leibliche Sinnsystem aufgebaut wird – womit der Beitrag von Busch die bipolare Persönlichkeitsstruktur von außen, von den verschiedenen sozialwissenschaftlichen ‚Diskursen‘ her erkennbar werden läßt.

Der Beitrag von Görlich wie die beiden Aufsätze von Busch bewegen sich in der Spannung zwischen den Polen der Persönlichkeitsentwicklung: dem Unbewußten und dem sprachlich organisierten Bewußtsein. Daß es zwischen diesen beiden Anfangs- und Endstationen eine „Zwischenorganisation“ gibt, haben beide nicht unterschlagen. Ausdrücklich thematisiert wird diese Zwischenschicht im Beitrag von Jürgen Belgrad, zentriert um einen in mehrfacher Hinsicht bemerkenswerten Topos, der den Kreuzungspunkt verschiedener Persönlichkeitsperspektiven bildet: Identität. Der Zusammenhang mit unseren Überlegungen ergibt sich aus dem Einsatzpunkt des Belgradschen Identitätskonzeptes in der Struktur der sinnlich-symbolischen Interaktionsformen, jener ersten Symbolschicht, die dadurch zustande kommt, daß sinnlich unmittelbare Erfahrungskomplexe – Interaktionsformen also – miteinander verkoppelt werden, um zusammen eine Bedeutung zu bilden: Eine Szene wird durch die Konfrontation mit einer anderen Szene (siehe das Freudsche Garnrollenbeispiel) „bedeutsam“. Noch unterhalb der Verbindung von Interaktionsformen mit Sprache entsteht so eine Symbolschicht als Grundlage der Gesten und des Spiels, als Grundlage des spielerischen Erlebens des Unsagbaren, dem die Künste dienen. Indem Belgrad die Identität an eben diese Symbolschicht gebunden sieht, rückt er sie in den Mittelpunkt der Persönlichkeitsbildungen in zweierlei Hinsicht:

- als Gelenkstück der Persönlichkeitsbildung, in der die Spannung von unbewußten und bewußten Lebensentwürfen ihren Fixpunkt findet; Angelpunkt des Ausgleichs von Wünschen und Werten; Richtpunkt der Lebensgeschichte;
- zugleich wird so die Schicht der sinnlich-symbolischen Interaktionsformen zum Vermittlungspunkt von Selbstgewißheit und Einbindung des Individuums ins Kollektiv. Punkt des Ausgleichs zwischen Selbstverwirklichung und Verankerung im sozialen Gefüge.

Von diesen Feststellungen her wird der Freud-Verrat der psychoanalytischen Moderne in seinen Konsequenzen greifbar. Denn die von Belgrad kritisierten Merkmale der Starrheit, der Bewußtseinslastigkeit und Unsinnlichkeit einer auf menschliche Sprachlichkeit allein gründenden Identitätslehre finden sich allesamt bereits in der psychoanalytischen Ich-Psychologie angelegt. Nicht von ungefähr. Denn eine Verschiebung der Persönlichkeitsmitte zu Sprache, Bewußtsein und Ich hin ergab sich zwingend aus der Aufweichung der triebtheoretischen Position, der Entwertung des Unbewußten, die nicht länger mehr als ausschließliche Basis der Persönlichkeitsentwicklung gelten soll, sondern diese Aufgabe mit einer autonomen Ich-Basis zu teilen hat. Die schon bei den Kulturisten nur allzu anpassungswillige Annahme einer sozialen Genese des Ich und die hochmütige Kritik am ach so veralteten Freudschen Biologismus schoben das Unbewußte bereits aufs Geleise eines sinnlosen biologischen Substrates – womit sich wie von selbst aller Sinn im sprachlichen Reglement findet. Daß sich damit die von Freud verabscheute Abwertung des Unbewußten zur *façon de parler* ganz von selbst einstellte, wurde geflissentlich zugedeckt von den Blumenkränzen einer recht kostenlos-einträglichen Freud-Loyalität.

Der Belgradsche Entwurf jedenfalls ist der Versuch, dieser Verschiebung entgegenzuarbeiten und unsere Auffassung von der Zentrierung von Individuation und Sozialisation auf das Ubw und die sinnlich-symbolische Vermittlungsschicht polemisch hervorzukehren – wozu anzumerken ist: In einer wissenschaftlichen wie auch gesellschaftlich allgemeinen Situation, in der sich mehr und mehr die Gefahr abzeichnet, daß als Reflex auf eine rationalistisch bewußtseinspsychologische Umdeutung der Psychoanalyse dem Irrationalismus Tür und Tor geöffnet werden und sich eine fatale „Feier des Es" einstellt, gewinnt die Frage der Vermittlung von unbewußten und bewußten Lebensentwürfen, gewinnt die Frage der Verortung der Identität eine hohe Bedeutung.

Hans-Jürgen Kalck trägt – wie schon angedeutet – unsere Auffassung von der bipolaren Anlage der menschlichen Sinnstruktur in die Sprachproblematik selbst hinein. Das spannende Moment seines Ansatzes ist, daß er materialiter zeigt, wie „in" der Sprache sinnlich unmittelbare Verhaltensmuster auftauchen. Kalcks Analyse verdeutlicht über den engeren Wert einer linguistischen Untersuchung umschriebener Redeweisen hinaus, daß sich sprachlich angeleitete Praxis nicht zureichend nur als Befehl von oben erklären läßt. Kalcks Beispiele zeigen, wie „von unten her" sich Verhaltensanweisungen in die Sprache hineinschieben. Deutlich wird, daß die Sprachsymbole „zusammengesetzt" sind aus zwei Sinnanteilen, nämlich den aus dem objektiven Sprachkorpus verinnerlichten Sprachfiguren (die als Lebensentwürfe wirksam werden) und jenen organismisch unmittelbar einsozialisierten Lebensentwürfen, die als unbewußte Interaktionsformen längst zuvor schon „innerlich" sind. *In nuce* machen die Kalckschen Beispiele darauf aufmerksam, daß die leiblich genuinen Verhaltensmuster, diese aus „Erinnerungsspuren" zusammengesetzten szenischen Modelle, mit Sprachfiguren gemeinsam Sprache bilden.

Das gemeinsame Band der bisher vorgestellten Beiträge liefert die Grundannahme psychoanalytischer Sozialisationstheorie, daß die früh gebildeten szenischen Erlebnismuster auch dort lebenspraktische Wirksamkeit entfalten, wo „höher" entwickelte Organisationsformen des Handelns bereits lange im Spiel sind.

Auch die von Rolf Haubl verfaßte Studie, die den Band abschließt, baut auf dieser grundlegenden Einsicht auf. In ihrer Ausrichtung auf das Verstehen und Begreifen dynamischer Prozesse zum Gruppenzusammenhang betritt sie ein neues Untersuchungsfeld: Nicht so sehr die im Werden begriffene Szene, das Szenische im widerspruchsvoll durchsetzten Bildungsprozeß eines subjektiven Gefüges, sondern die voll entfaltete Struktur einer Inszenierung rückt in den Mittelpunkt der Auseinandersetzung. Haubl bezieht, dieser Besonderheit des Gegenstandes auf der Spur, denn auch im Theorieteil seiner Überlegungen gruppendynamische Konzepte (Foulkes) und – das Feld der primären Sozialisation tendenziell aufbrechende – Vorstellungen aus der Perspektive psychoanalytischer Entwicklungspsychologie (Winnicotts Modell der „Übergangsobjekte und Übergangsphänomene") in die Diskussion ein und setzt sie mit den sozialisationstheoretischen Annahmen fruchtbar in Beziehung. Im Interpretationsteil der Studie legt Haubl die Rede vom szenisch-gegenständlichen Arrangement sehr konkret aus: Die Bestuhlung des Gruppenraumes bzw. die Verteilung von Sitzpositionen wird als Medium betrachtet, um das sich „szenische Übertragungsangebote" zentrieren. Vorgestellt werden Vignetten aus einem Gruppenverlauf, und es werden Elemente im latenten Strukturierungsprozeß einer „unbewußten Gruppenmatrix" ermittelt.

Die Haublsche Arbeit stellt also einen ersten Versuch dar, im Ausgang von sozialisationstheoretischer Reflexion zur Interpretation fortzuschreiten. Es ist deshalb kein Zufall, daß sie mit einer Reihe gewichtiger Fragen endet, die auf die Eigenart des Interpretandums und auf die methodische Besonderheit des Interpretationsprozesses bezogen sind. Die wichtige Einsicht, die hier gewonnen wird, bleibt von diesen weiter zu diskutierenden Problemen unberührt und ist festzuhalten: Es geht um die Eröffnung und Gestaltung eines Spiel-Raumes, in dem das szenische Verstehen zum Erkenntnismittel avancieren kann – im Bestreben, freizukommen von der Verkettung mit der diskursiven Ordnungmacht Sprache, auf dem Wege zur Erschließung eines latenten Sinnzusammenhanges.

Die Grundthese dieses Buches, das Ubw im Freudschen Verständnis als vollgültig-eigenständiges Sinnsystem zu respektieren, hat sich an einzelnen Stellen unserer Darstellung verdichtet zur Formulierung einer bipolaren Struktur der Sinnorganisation. Das darf nicht mißverstanden werden. Der Ausdruck „bipolar" soll lediglich die beiden Grenzpfosten eines Spannungsfeldes bezeichnen, das in sich freilich vielgestaltiger ist, als es die Rede von zwei Sinnstrukturen andeutet. Wir hatten ja schon eine dritte „eigenständige" Struktur kennengelernt: die „Zwischenschicht" der sinnlich-symbolischen Interaktionsformen, denen draußen in der greifbaren Wirklichkeit der Gegenstände die präsentativen Symbole entsprechen. Freilich, die „Eigenart" dieser Zwischenschicht ist abgeleitet; sie lebt einerseits von der Eigenständigkeit der unbewußten Interaktionsformen, aus denen ja die sinnlich-symbolischen Interaktionsformen zusammengesetzt sind, sie hat andererseits über sprachsymbolische Interaktionsformen auch Kontakt zur Sprachlichkeit, wird also auch von daher beeinflußt. Gleiches gilt von einer weiteren Schicht, die wir hier nicht einmal streifen konnten: vom Erleben abgespaltene „zeichenhafte“ Sprachfiguren auf der einen Seite und deren Pendant auf der anderen Seite, nämlich die aus dem Sprachzusammenhang ausgestoßenen „Klischees“, also die verdrängten, wieder zu unbewußten Interaktionsformen zurückgestuften Inhalte. Zeichen und Klischees sind die Resultate einer „Sprachzerstörung“, einer Aufspaltung der Sprachsymbole, wobei die „Zeichen“, entsubjektiviert, pure Objektivität in den Individuen markieren, eingelagert ins Handlungsgefüge wie Fremdkörper in ein Gewebe. Beide Gruppen „bereichern“ das Panorama der verschiedenen Organisationsformen, in denen sich ein objektiver Sinn individuiert.

Wir haben unser Augenmerk in dieser Aufsatzsammlung auf die Bedeutung des Unbewußten gerichtet. Folgen wir der Freudschen Feststellung: „... und doch kann ich Ihnen versichern, daß mit der Annahme unbewußter Seelenvorgänge eine entscheidende Neuorientierung in Welt und Wissenschaft angebahnt ist“ (S. Freud, G.W. XI, S. 15).

Bernard Görlich

Das Szenische oder: Die Sozialität des Triebes

Der Streit um die Grundpositionen der Psychoanalyse ist so alt wie diese selbst. Inzwischen hat er ein Spannungsfeld begründet, das zwischen den Polen der Freud-Orthodoxie und -Dissidenz vielfache Schattierungen aufweist und in dem vieles eher an einen Meinungsstreit zwischen Gläubigen und Ungläubigen erinnert als an die Konsistenz und Systematisierung stiftende Strenge eines wissenschaftlichen Diskurses.

Es ist kein Zufall, daß sich die Teilnehmer der Debatten pro und contra Freud immer wieder an einem Punkt festgebissen haben und die Bemühungen, jene Perspektiven einzuordnen, die in der Freudschen Entdeckung des Unbewußten angelegt sind, eben stets dorthin zurückkehrten: an den offenbar neuralgischen Punkt der psychoanalytischen Theorie, den Triebbegriff, dessen fundamentale Bedeutung Freud selbst stets hervorgehoben hat, hartnäckig insistierend – um im gleichen Atemzug die immensen Schwierigkeiten in der Entfaltung der Begriffsinhalte offen zu bekennen: „Die Trieblehre ist das bedeutsamste, aber auch das unfertigste Stück der psychoanalytischen Theorie" (G.W. V, S. 67), heißt es vielsagend in einer nachträglich angeführten Fußnote aus den *Drei Abhandlungen zur Sexualtheorie*, und die in der bahnbrechenden Arbeit *Zur Einführung des Narzißmus* aus dem Jahre 1914 formulierte Diagnose, nach der der „völlige Mangel einer irgendwie orientierenden Trieblehre" (G.W. X, S. 143) die psychoanalytische Forschung entscheidend behindere, zieht sich durch das gesamte Werk.

Die Begriffsnot erscheint nicht gering, stehen doch Orientierungsbedarf und Orientierungsmittel am Punkt der Triebfrage in gleichsam umgekehrt proportionalem Verhältnis. Eine Stellungnahme aus Freuds später *Selbstdarstellung* läßt daran keinen Zweifel: „Kein Bedürfnis wird in der Psychologie dringender empfunden, als nach einer tragfähigen Trieblehre, auf welcher man weiterbauen kann. Allein nichts dergleichen ist vorhanden, die Psychoanalyse muß sich in tastenden Versuchen um eine Trieblehre bemühen" (G.W. XIV, S. 83).

Wohlgemerkt, die Psychoanalyse kann nicht warten, bis ihr von anderer Seite Hilfe winkt. Sie selbst muß initiativ werden, sie muß von den im eigenen Untersuchungsfeld erzielten Resultaten ausgehen. Genau diese Ausgangslage aber stellt für Freud das Dilemma dar, über das er sich in einer aufschlußreichen Passage der metapsychologischen Studie *Triebe und Triebschicksale* folgendermaßen Rechenschaft abzulegen versucht: „Es ist mir überhaupt zweifelhaft, ob es möglich sein wird, aufgrund der Bearbeitung des Materials entscheidende Winke zur Scheidung und Klassifizierung der Triebe zu gewinnen. Es erscheint vielmehr notwendig, zum Zwecke dieser Bearbeitung bestimmte Annahmen über das Triebleben an das Material heranzubringen, und es wäre wünschenswert, daß man diese Annahmen einem anderen Gebiet entnehmen könnte, um sie auf die Psychologie zu übertragen" (G.W. X, S. 217).

Auch der nur flüchtig mit den Freudschen Schriften bekannte Leser weiß, worauf sein Blick an dieser Stelle gelenkt wird: auf die Wissenschaft der Biologie, deren Grundannahmen, wie Freud versichert, dem Charakteristikum der ersten Trieblehre, der „Sondierung von Ich- und Sexualtrieben gewiß nicht zuwider" (ebd.) laufe. In der Narzißmus-Arbeit bedenkt Freud den Zusammenhang auch methodisch: „Gerade weil ich sonst bemüht bin, alles andersartige, auch das biologische Denken, von der Psychologie ferne zu halten, will ich an dieser Stelle ausdrücklich zugestehen, daß die Annahme gesonderter Ich- und Sexualtriebe, also die Libidotheorie, zum wenigsten auf psychologischem Grunde ruht, wesentlich biologisch gestützt ist. Ich werde also auch konsequent genug sein, diese Annahme fallen zu lassen, wenn sich aus der psychoanalytischen Arbeit selbst eine andere Voraussetzung über die Triebe als die besser verwertbare erheben würde" (G.W. X, S. 144).

Tatsächlich kommt Freud in seinen Ausgriffen auf die Biologie nicht gerade weit, und die biologische Stütze, die er zur Etablierung der ersten Triebtheorie heranzieht, nimmt sich im Vergleich zum psychoanalytischen Gegenstand des Erlebniskonflikts denn auch merkwürdig abstrakt aus. Achtete Freud zunächst noch penibel darauf, daß seine triebtheoretischen Annahmen nicht in Widerspruch gerieten zu den naturwissenschaftlichen Voraussetzungen, so verschiebt sich in späteren Etappen des Werks der Akzent immer mehr. Freud greift nur noch das auf, was in seiner Sicht die Eigenart seines Gegenstandes zu erhellen vermag, unbekümmert nun um den tatsächlich vorherrschenden Stand der biologischen Forschung. Beispiel hierfür ist Freuds Rigorismus, am Lamarckschen Gedanken der Vererbung erworbener Eigenschaften festzuhalten, obwohl ihn seine Schüler mit Aufklärungen über die neuere Forschungslage bedrängten, die den Lamarckschen Gedanken längst als wissenschaftlich überholt disqualifiziert hatte. „Unsere Sachlage", räumt Freud in seiner Moses-Arbeit ein und meint damit die These von der „archaischen Erbschaft", „wird allerdings durch die gegenwärtige Einstellung der biologischen Wissenschaft erschwert, die von der Vererbung erworbener Eigenschaften auf die Nachkommen nichts wissen will. Aber wir gestehen in aller Bescheidenheit, daß wir trotzdem diesen Faktor in der biologischen Entwicklung nicht entbehren können" (G.W. XVI, S. 207). Mit der anschließenden Bemerkung, „daß wir für die Erinnerungsspuren in der archaischen Erbschaft derzeit keinen stärkeren Beweis haben als jene Resterscheinungen der analytischen Arbeit, die eine Ableitung aus der Phylogenese erfordern" (ebd.) ist Freud wieder auf dem eigenen Terrain. Die überholte biologische Anschauung bleibt für ihn gültig, weil er sie braucht als Verbildlichung für die anders nicht darstellbare Erfahrung: Das Bild von der „archaische(n) Erbschaft des Menschen", die in Freudscher Sicht „nicht nur Dispositionen, sondern auch Inhalte umfaßt, Erinnerungsspuren an das Erleben früherer Generationen" (ebd., S. 206), steht für die Tiefe des triebdeterminierten Erlebens, für die Verankerung des Konflikts in unbewußten Prozessen.

Der Freudsche Triebbegriff ist also auch dort, wo er von anderen Sichtweisen her gestützt wird, nicht ablösbar von der Eigenart psychoanalytischer Erfahrung. Zwar sei es ganz unvermeidlich – so Freud in der einleitenden Bemerkung zu *Triebe und Triebschicksale*, wo er die Voraussetzungen seiner Begriffsarbeit eingehend reflektiert –, „schon in der Bearbeitung von Erscheinungen ... gewisse abstrakte Ideen auf das Material anzuwenden, die man irgendwoher, gewiß nicht aus der neuen Erfahrung allein, herbeiholt" (G.W. X, S. 210), aber alles komme dabei darauf an, hebt er in diesem Zusammenhang hervor, daß die Begriffe „nicht willkürlich gewählt werden, sondern durch bedeutsame Beziehungen zum empirischen Stoffe bestimmt sind" (ebd.), um dann einige Abschnitte später unmißverständlich zu konkretisieren: „Da das Studium des Trieblebens vom Bewußtsein her kaum übersteigbare Schwierigkeiten bietet, bleibt die psychoanalytische Erforschung der Seelenstörungen die Hauptquelle unserer Kenntnis" (ebd., S. 218).

Wer diesen Anspruch der innigen Bezogenheit von Praxiserfahrung und begrifflicher Anstrengung negiert oder einfach nicht anerkennen will, verstellt sich von vornherein den Zugang zum Begriffszentrum der Psychoanalyse. Nur im Blick auf diese Bezogenheit aber kann deutlich werden, daß der Freudsche Triebbegriff nicht nach dem Muster einer anthropologischen Größe gebaut ist, daß es keinen Sinn macht, ihn – wie allzu häufig geschehen – auf der Ebene einer vergleichenden Anthropologie mit philosophischen oder sozialanthropologischen Aussagen zum Wesen des Menschen zu konfrontieren – um ihn sogleich der begrifflichen Enge und Einseitigkeit zu überführen, wobei die Zurückweisung der als allzu dominant empfundenen Sexualitätsthematik ermüdend regelmäßig wiederkehrt.[1]

Freud sah sich immer wieder mit diesem Ebenenwechsel konfrontiert, der an die Stelle einer Auseinandersetzung mit dem psychoanalytischen Erfahrungszusammenhang anders hergeleitete Gesichtspunkte setzt. Die Verteidigung seiner Position baute er stets in Rückverweisen auf die Ausgangslage seiner Forschung auf; so in seiner Schrift *Zur Geschichte der psychoanalytischen Bewegung*, die er auch dazu benutzte, die Grenzlinien zur ersten Dissidentenbewegung, zu Jung und Adler, deutlich zu markieren: „Die Psychoanalyse hat die Erklärung der Neurosen als nächste Aufgabe vorgefunden, hat die beiden Tatsachen des Widerstandes und der Übertragung zu Ausgangspunkten genommen und für sie mit Rücksicht auf die dritte Tatsache der Amnesie in den Theorien von der Verdrängung, den sexuellen Triebkräften der Neurose und dem Unbewußten Rechenschaft gegeben. Sie hat niemals beansprucht, eine vollständige Theorie des menschlichen Seelenlebens überhaupt zu geben, sondern verlangte nur, daß ihre Ermittlungen zur Ergänzung und Korrektur unserer anderswie erworbenen Erkenntnis verwendet werden sollten" (G. W. X, S. 93f.). Gegen den „System"-Bauer Adler gewandt, stellt Freud klar, daß er gerade nicht auf ein vollständiges Bild vom Wesen des Menschen abziele, seine Anstrengung sich vielmehr zentriere um die Aufdeckung von dessen nicht zur Sprache gebrachten wesentlichen Untergrund.

„Die Psychoanalyse hat nie vergessen", erinnert Freud in den *Vorlesungen*, auf den Vorwurf des „Pan-Sexualismus" reagierend, „daß es auch nicht sexuelle Triebkräfte gibt, sie hat sich auf der scharfen Sonderung der sexuellen Triebe von den Ichtrieben aufgebaut und vor jedem Einspruch behauptet, nicht daß die Neurosen aus der Sexualität hervorgehen, sondern daß sie dem Konflikt zwischen Ich und

Sexualität ihren Ursprung danken. Sie hat auch gar kein denkbares Motiv, Existenz oder Bedeutung der Ichtriebe zu bestreiten, während sie die Rolle der sexuellen Triebe in der Krankheit und im Leben verfolgt. Nur daß es ihr Schicksal geworden ist, sich in erster Linie mit den Sexualtrieben zu beschäftigen, weil diese durch die Übertragungsneurosen der Einsicht am ehesten zugänglich geworden sind, und weil es ihr obgelegen hat, das zu studieren, was andere vernachlässigt hatten" (G. W. XI, S. 364).

Die Freudsche Argumentation ist nicht nur durch den neuerlichen Rückbezug auf die Praxiserfahrung – die Schicksale der Libido werden aus der Übertragungsdramatik erschlossen – aufschlußreich; sie verweist auch auf die innere Geschichte der Entfaltung der Triebtheorie. Bekanntlich ist der hier vorgestellte Triebdualismus, die Gegenüberstellung von Ich- und Sexualtrieben, die Anfangs-, nicht die Endstufe der Modellkonstruktion gewesen; er wird aus vielerlei Gründen, nicht zuletzt aufgrund konzeptioneller Schwierigkeiten der ersten Fassung und eines tieferen Eindringens in die Sphäre nichtlibidinöser Prozesse, später in den Dualismus von Eros und Todestrieb überführt werden. Bereits die zahlreichen Umbauten, die Freud begrifflich vornahm, um neuen Erfahrungen im Forschungsfeld Rechnung zu tragen, sind Beleg für den nichtanthropologisch hergeleiteten Charakter der Erkenntnis. Eine angemessene Freud-Rekonstruktion muß noch grundsätzlicher die Ausgangsposition bedenken und davon ausgehen, daß in den Anfängen der Psychoanalyse vom Trieb überhaupt nicht die Rede war; erst nach fast zwei Jahrzehnten psychoanalytischer Forschung kristallisiert sich der Begriff heraus; mit der Entwicklung der Sexualtheorie kommt er ins Spiel, um erst im metapsychologischen Zusammenhang, jenem großen Versuch der Systematisierung von Erfahrung durch ein mehrdimensional angelegtes Begriffsnetz, wirklich ins Zentrum zu rücken.

In aktuellen Positionen, die den Triebbegriff nur noch als Ballast betrachten, von dem es sich schleunigst zu befreien gelte, kommt jener Zusammenhang nicht mehr in den Blick, auf den die hier angestellte Reflexion der Ausgangslage der Freudschen Begrifflichkeit zusteuern will: daß Freud in seinem Forschungsprogramm der Zeit um die Jahrhundertwende um das Begreifen der vielschichtig ineinander spielenden Szenarien rang, aus denen sein Interpretandum, der Erlebniskonflikt, zusammengesetzt war, daß er Schritt für Schritt Problemebenen zu erfassen begann, die – das ist die zentrale These, um die es im folgenden gehen wird – den Triebbegriff vorbereitet haben, in ihn eingegangen sind, ja, dessen eigentlichen Inhalt ausmachen. Zu erinnern ist etwa an die psychophysische Problematik der Erinnerungsspuren (die Freud seit der *Studie über Aphasie* über den *Entwurf einer Psychologie* von 1895 bis zum VII. Kapitel der *Traumdeutung* verfolgte), an die Aufhellung der zwischen traumatischem Eingriff und affektiven Reaktionen ausgespannten Konfliktdynamik des Erlebens (dokumentiert wohl am eindruckvollsten in den *Studien über Hysterie*), an die Entdeckung der Phantasiebedeutung im Spannungsfeld von bewußten und unbewußten Prozessen (nach Aufgabe der Verführungstheorie) oder an die Frage nach dem Verhältnis von Sexualität und Verdrängung. Wie man sieht, geht es um entscheidende Gelenkstellen in der Herausbildung psychoanalytischer Grundannahmen; sie vom Status nascendi her zu erschließen erscheint um so wichtiger angesichts einer gegenwärtigen Diskussionssituation, wo die Frage gestellt ist, ob dem Triebbegriff überhaupt eine inhaltliche Aussagekraft zukomme.

Die Antwort aus der hier entwickelten Perspektive mag zunächst einfach erscheinen, kann sich jedoch erst in umwegigen Begründungsschritten bewähren: Zum ersten: Wäre man gezwungen, sich den Triebbegriff vorzustellen als ein naturhaft gegebenes, biologisches Antriebs- bzw. inhaltsneutrales Energiepotential, das erst von außen, im Verlauf der Entwicklung und Überformung durch die soziale Welt mit Bedeutung und Sinn gefüllt wird, es wäre nicht der Mühe wert, sich in eine Freud-Interpretation am Punkte der Triebfrage zu vertiefen. Ein inhaltsleerer Triebbegriff ist tatsächlich nicht mehr als Ballast und kann ohne Verlust zur Ausstellung im Museum der Wissenschaften freigegeben werden. Wenn es allerdings gelingt – und das ist der zweite Teil der Antwort –, in einer Begriffsinterpretation vom Gegenteil zu überzeugen, dann müßten sich alle negativen Vorzeichen umkehren und der Erkenntniswert des Triebbegriffs transparent werden. Die vorliegende Studie versucht hier eine Bresche zu schlagen, um der folgenden Möglichkeit des Begreifens den Weg zu bahnen: Der eigentliche Inhalt der im Triebbegriff markierten Entdeckung sind Szenen, Körperszenen, bewußtlos sich einspielende Figuren des zwischenmenschlichen Zusammenspiels, die in den sozial organisierten Formen sinnlich-unmittelbaren Erlebens die Grundausstattung menschlicher Praxis und den Ansatz der unaustauschbaren Individualität des Menschen bilden. Die elementaren Figuren des Zusammenspiels werden körperlich grundgelegt, gewinnen als Erinnerungsspuren Gestalt, die alle weiteren Erlebnisfiguren vorbereiten, in den affektiven Formen zwischenmenschlicher Auseinandersetzung Ausdruck suchen wie in den zwischen Unbewußtem und Bewußtsein vermittelnden Phantasien überdauern. Der Triebbegriff ist, so gesehen, Statthalter für die Inhaltlichkeit einer zweiten, nichtsprachlichen Sinnebene im Menschen, die mit dem bewußt organisierten Handeln in widerspruchsvoller Spannung steht.

Nun fußt dieses Verständnis des Triebs nicht auf einem buchstabengetreu gelesenen Freud; es ist vielmehr bereits Frucht einer metatheoretischen Anstrengung, die den von Freud gesetzten Rahmen der Erkenntnis überschreitet und deshalb die Freudsche Begrifflichkeit nicht unangetastet, nicht alles beim alten belassen kann. Jene Metatheorie, für die Alfred Lorenzer in Schriften der letzten beiden Jahrzehnte das Fundament gelegt hat[2], muß dort Einspruch geltend machen, wo sich Freud selbst verstrickt und in die Gefahr der Verdinglichung seiner Begriffe begeben hat, weil er bei seiner Orientierungssuche in der Biologie und in den Naturwissenschaften insgesamt die gesellschaftliche Dimension seines Gegenstandes allzusehr an den Rand gedrängt hat. Biologie und Physiologie sind nicht die letzten Ebenen in den Möglichkeiten des Begreifens – mit dieser Auffassung schließt sich die hier ins Spiel gebrachte Metatheorie den Mängelrügen am Triebbegriff an, die von Adler über Fromm bis Bloch in Kritik der Freudschen Gesellschaftsblindheit formuliert worden sind. Nur, die Metatheorie geht mit dem Freudschen Gegenstand anders um. Sie hat selbst jenen unstatthaften Wechsel der Ebenen zurückgewiesen, von dem zuvor am Beispiel des Anthropologieproblems schon die Rede war, und darauf aufmerksam gemacht, wie der Erkenntnisprozeß zum Stillstand kommt, wenn im Untersuchungszusammenhang, der von den „Erscheinungen" zum „Wesen" fortschreiten will, bereits die Gegenstände auf der Erscheinungsebene ausgewechselt werden (von der Aufgabe der Vertiefung ins Subjekt zur Erforschung gesellschaftlicher Rahmenbedingungen etwa). Hier kommt es darauf an, den Freudschen Erfahrungszusammenhang von innen her zu erschließen und dabei auch den Sinn des Rückgriffs auf die Biologie zu ermitteln. Wer nicht zeigen kann, wie Biologisches und Soziales im Aufbau subjektiver Struktur ineinandergreifen, wer nicht wenigstens über ein skizzenhaftes Modell des Herstellungsprozesses verfügt, der bleibt zwangsläufig beim Freudschen Biologismus stehen, kann er ihn doch nur abstrakt negieren. Einer Sozialisationstheorie, die als Resultat metatheoretischer Freud-Rekonstruktion ihre Inhalte gewinnt, geht es um das soziale Schicksal menschlicher Sinnlichkeit.

Wie sich an die „Ursprungstheorie", die Freudsche Arbeit am Triebbegriff, die metatheoretische Begriffserweiterung anschließt und d. h. Sozialisationstheorie entsteht – das an einigen zentralen Fragen zu zeigen ist Aufgabe der folgenden Problemskizze.

I. Szenen: Elemente der Freudschen Erfahrung

„Wie Du aus dem Beigelegten erraten wirst, konsolidieren sich meine Erwerbungen", schreibt Freud an Fließ und führt aus: „Ich habe zuerst eine sichere Ahnung von der Struktur einer Hysterie gewonnen. Alles geht auf die Reproduktion von Szenen, die einen sind direkt zu bekommen, die anderen immer über vorgelegte Phantasien. Die Phantasien stammen aus *nachträglich* verstandenem *Gehörten*, sie sind natürlich in all ihrem Material echt. Sie sind Schutzbauten, Sublimierungen der Fakten, Verschönerungen derselben, dienen gleichzeitig der Selbstentlastung. Ihre akzidentelle Herkunft vielleicht von den Onaniephantasien. Eine zweite wichtige Erkenntnis sagt mir, daß das psychische Gebilde, welches bei der Hysterie von der Verdrängung betroffen wird, nicht eigentlich die Erinnerungen sind, denn kein Mensch ergibt sich ohne Grund einer Erinnerungstätigkeit, sondern *Impulse*, die sich von den Urszenen ableiten" (Freud, 1962, S. 169f.).

Die Notiz aus dem Jahre 1897 bezeugt die vorsichtig-vorfühlende Manier, in der sich Freud dem Untersuchungsgegenstand nähert. Der Leser hat Teil an einer intensiv vorangetriebenen Suchbewegung, die keineswegs nur Fortschritte in der Erkenntnis verbuchen kann. Erwartungen werden probeweise an das vorgefundene Material herangetragen, Vorannahmen gebildet, die im Erfahrungsprozeß selbst ihre Wurzeln haben. Worum geht es? Anstelle einer hypothetisch gewonnenen Formel zum Krankheitszeichen „Hysterie" präsentiert Freud dem Brieffreund eine „Ahnung von der Struktur", eine „sichere Ahnung". Offensichtlich ist es ihm gelungen, in der Bearbeitung des Materials Einzelerfahrungen zu einer Erfahrungseinheit zu verdichten und zur verallgemeinerbaren Aussage vorzustoßen, nachdem sich die „Erwerbungen" „konsolidiert" haben. In diesem Sinne drängen sie nun zum Begriff. Formuliert wird eine typische

Figur, das sich durchhaltende Muster jener inhaltlich dargestellten Problematik: „Alles geht auf die Reproduktion von Szenen ...“

Wie berichtet, die Briefmitteilung stammt aus dem Jahre 1897. Sie trägt ein Datum, das auf jene entscheidende Umbruchstelle in der Organisation der psychoanalytischen Erkenntnisbildung verweist, über die gerade in den letzten Jahren viel diskutiert und spekuliert worden ist.[3] Die Ausgangssituation dürfte deshalb bekannt sein: Bis zum Jahre 1897 hatte Freud gehofft, einen konkret faßbaren Ereigniszusammenhang als Symptomursache dingfest machen zu können. Jene bis dahin hartnäckig festgehaltene These, neurotische Störungen leiteten sich von real erlittenen sexuellen Verführungsszenen in der frühen Kindheit ab, wurde nun aber von ihrem Verfechter selbst zur Disposition gestellt, ohne daß dieser im übrigen Möglichkeit und Eindrucksschwere derartiger Übergriffe je bestritten hätte. Freud begründet die veränderte Einschätzung durch eine eingehende Reflexion des Erfahrungsfeldes. In einer späteren Bestandsaufnahme des Problems etwa stellt er klar, „daß die in der Analyse konstruierten oder erinnerten Kindererlebnisse einmal unstreitig falsch sind, das andere Mal aber ebenso sicher richtig und in den meisten Fällen aus Wahrem und Falschem gemengt“ (G.W. XI, S. 382), um daraus den Vorschlag abzuleiten, „Phantasie und Wirklichkeit gleichzustellen und sich zunächst nicht darum zu kümmern, ob die zu klärenden Kindererlebnisse das eine oder das andere seien“. Für Freud ist dies „die einzig richtige Einstellung zu diesen seelischen Produktionen. Auch sie besitzen eine Art von Realität; es bleibt eine Tatsache, daß der Kranke sich solche Phantasien geschaffen hat, und diese Tatsache hat kaum geringere Bedeutung für seine Neurose, als wenn er den Inhalt dieser Phantasien wirklich erlebt hätte. Diese Phantasien besitzen *psychische* Realität im Gegensatz zur *materiellen*, und wir lernen allmählich verstehen, daß *in der Welt der Neurosen die psychische Realität die maßgebende ist*“ (ebd., S. 383). Daß die mit der Aufgabe der Verführungstheorie einhergehende Blickveränderung von der materiellen zur psychischen Realität ihren Grund in der Sache – und nicht in der Biographie des Psychoanalysebegründers hat –, darauf wäre gekommen, wer die Anstrengung unternommen hätte, sich auf die komplizierten Inhalte der damaligen Forschungslage einzulassen. Genau dies soll im folgenden geschehen.

Das vorgestellte Zitat birgt Hinweise auf jene innere Dynamik erlebter Szenen, die verstanden werden will, soll der Gegenstand der Psychoanalyse transparent werden. Das Zitat enthält gewiß nicht bereits den Schlüssel, der den Eintritt in das Zentrum der Freudschen Problemauffassung ermöglichte, zumal in ihm mehr Problemformulierungen und Fragen als Antworten und Lösungen enthalten sind. Der Leser wird sich auf Umwege gefaßt machen müssen, die ihn aber mit Einsichten in unterschiedliche Etappen der Freudschen Arbeit am Gegenstand belohnen. Wie steht es – so könnte die auf den Freudschen Text bezogene Eingangsfrage lauten – mit der Qualität der szenischen Inhalte? Wovon hängt es ab, ob Szenen „direkt" faßbar werden oder „nur über vorgelegte Phantasien" Ausdruck finden? Die Frage führt mitten hinein in die Erkundung eines Zusammenhangs problematischer Szenen.

Problematische Szenen:
Erlebnis, Erinnerung, Phantasie

In seiner Arbeit *Über Deckerinnerungen*, die dem zeitlichen Umfeld der Briefnotiz zuzuordnen ist, spürt Freud dieser Frage intensiv nach. An ihrem Beginn steht die folgende Feststellung einer Irritation:

„Aus der Psychologie der Erwachsenen müßte man die Erwartung herübernehmen, daß aus dem Stoff des Erlebten solche Eindrücke als merkenswert ausgewählt werden, welche einen mächtigen Affekt hervorgerufen haben oder durch ihre Folgen bald nachher als bedeutsam erkannt worden sind. ... Es steht nun im schärfsten Gegensatz zu jener Erwartung und muß gerechtes Befremden hervorrufen, wenn wir hören, daß bei manchen Personen die frühesten Kindheitserinnerungen alltägliche und gleichgültige Eindrücke zum Inhalt haben, die beim Erleben eine Affektwirkung auch auf das Kind nicht entfalten konnten, und die doch mit allen Details – man möchte sagen: überscharf – gemerkt worden sind, während etwa gleichzeitige Ereignisse nicht im Gedächtnis behalten wurden, selbst wenn sie nach dem Zeugnis der Eltern seinerzeit das Kind intensiv ergriffen hatten" (G.W. I, S. 534 f.).

Zur Auflösung des Rätsels, zur Beantwortung der Frage also, „warum gerade das Bedeutsame unterdrückt, das Gleichgültige erhalten wird", gibt Freud die folgende Antwort:

„Zu einer Erklärung gelangt man erst, wenn man tiefer in den Mechanismus solcher Vorgänge eindringt; man bildet sich dann die Vorstellung, daß zwei psychische Kräfte an dem Zustandekommen dieser Erinnerungen beteiligt sind, von denen die eine die Wichtigkeit des Erlebnisses zum Motiv nimmt, es erinnern zu wollen, die andere aber – ein Widerstand – dieser Auszeichnung widerstrebt. Die beiden entgegengesetzt wirkenden Kräfte heben einander nicht auf; es kommt nicht dazu, daß das eine Motiv das andere – mit oder ohne Einbuße – überwältigt, sondern es kommt eine Kompromißwirkung zustande, etwa analog der Bildung einer Resultierenden im Kräfteparallelogramm. Das Kompromiß besteht hier darin, daß zwar nicht das betreffende Erlebnis selbst das Erinnerungsbild abgibt – hierin behält der Widerstand recht – wohl aber ein anderes psychisches Element, welches mit dem anstößigen durch nahe Assoziationswege verbunden ist; hierin zeigt sich wiederum die Macht des ersten Prinzips, welches bedeutsame Eindrücke durch die Herstellung von reproduzierbaren Erinnerungsbildern fixieren möchte. Der Erfolg des Konflikts ist also der, daß anstatt des ursprünglich berechtigten ein anderes Erinnerungsbild zustande kommt, welches gegen das erstere um ein Stück in der Assoziation *verschoben* ist. Da gerade die wichtigen Bestandteile des Eindrucks diejenigen sind, welche den Anstoß wachgerufen haben, so muß die ersetzende Erinnerung dieses wichtigen Elements bar sein; sie wird darum leicht banal ausfallen. Unverständlich erscheint sie uns, weil wir den Grund ihrer Gedächtniserhaltung gern aus ihrem eigenen Inhalt ersehen möchten, während er doch in der Beziehung dieses Inhaltes zu einem anderen, unterdrückten Inhalt ruht" (ebd., S. 536).

Die Stelle ist bedeutsam, weil sie bereits wesentliche Elemente zur Aufhellung der „Struktur der Hysterie" versammelt. Die wichtigsten Bestimmungen sind festzuhalten:

Es ist ein Konflikt, der dem Verschränkungszusammenhang von Erlebnis und Erinnerung dynamisch unterliegt und ihm die Richtung weist; ein Zusammenstoß von „entgegengesetzt wirkenden Kräften", der sich kundtut als Spannung zwischen dem Drang zur Mitteilung der Szene, die als subjektiv bedeutsame herausgehoben ist, und einem aufgebauten Widerstand, der ein Denk- bzw. Mitteilungsverbot enthält. Die psychoanalytische Erfahrung hat den Stoff, aus dem dieser Erlebniskonflikt gebaut ist, zunehmend präziser markieren können: Er besteht aus dem Widerspruch zwischen jenen dem Unbewußten näherstehenden Inhalten und den dagegen opponierenden ins Bewußtsein integrierbaren Anteilen der Persönlichkeitsstruktur.

Die Freudsche Beschreibung einer Deckerinnerung gibt über die Mechanismen im Bildungsprozeß eines szenischen Kompromisses anschaulich Aufschluß. Die Erlebnisszene erfährt an jenen Stellen, an denen sich das „Anstößige“, wie Freud sagt, verrät, einen Umbau; sie wird in bezug auf die Inhalte, denen die Aufnahme in das Gefüge des Bewußtseins verwehrt wird, überbaut mit szenischem Material, das zwar in bestimmten Merkmalen der Übereinstimmung mit dem Original seinen Entstehungsgrund bewahrt, gerade deshalb aber mit einem anderen, eigenen Inhalt zur Mitteilung gelangt.

Freud kommt der Verschiebung durch eine eindringliche Analyse der szenischen Konstellation auf die Spur; so geht er dem Positionsspiel im Handlungsgeschehen nach und skizziert die Erfahrung, daß in einer erinnerten Kinderszene die eigene Kindposition aus einer Perspektive der Beobachtung wahrgenommen wird, die außerhalb der Szene selbst steht, um daraus den Schluß zu ziehen:

„Nun ist es klar, daß dieses Erinnerungsbild nicht die getreue Wiederholung des damals empfangenen Eindrucks sein kann. Man befand sich ja mitten in der Situation und achtete nicht auf sich, sondern auf die Außenwelt. Wo immer in einer Erinnerung die eigene Person so als ein Objekt unter anderen Objekten auftritt, darf man diese Gegenüberstellung des handelnden und des erinnernden Ichs als einen Beweis dafür in Anspruch nehmen, daß der ursprüngliche Eindruck eine Überarbeitung erfahren hat. Es sieht aus, als wäre hier eine Kindheit-Erinnerungsspur zu einer späteren (Erweckungs-)Zeit ins Plastische und Visuelle rückübersetzt worden. Von einer Reproduktion aber des ursprünglichen Eindrucks ist uns niemals etwas zum Bewußtsein gekommen“ (ebd., S. 552 f.).

Deutlich wird, wie die tabuierte, von Mitteilungsmöglichkeiten abgeschnittene, aber im Erlebnisinneren als dranghaft impulsiver Entwurf rumorende Szene in eine andere – erzählbare – Erlebnisszenerie verschoben wird.

Freud gibt aber zu bedenken, „daß dies nicht gelingt, wenn nicht eine solche Erinnerungsspur da ist, deren Inhalt mit dem der Phantasie Berührungspunkte bietet, die ihr gleichsam entgegenkommt. Ist erst ein solcher Berührungspunkt gefunden ... so wird der übrige Inhalt der Phantasie durch alle zulässigen Zwischenvorstellungen ... so weit umgemodelt, bis sich neue Berührungspunkte mit dem Inhalt der Kinderszene ergeben haben. Sehr wohl möglich, daß bei diesem Prozeß auch die Kinderszene selbst Veränderungen unterliegt; ich halte es für sicher, daß auf diesem Wege auch Erinnerungsfälschungen zustande gebracht werden“ (ebd., S. 549).

Der Nachweis, „daß solche Erinnerungsfälschungen tendenziöse sind“, schmälert nicht, sondern unterstreicht ihre Bedeutung als

Anzeige für die Konfliktdynamik, denn in der szenischen Analyse des Tendenziösen wird sich zeigen, auf welche Weise die als Deckerinnerungen fungierenden Phantasieszenen „den Zwecken der Verdrängung und Ersetzung von anstößigen oder unliebsamen Eindrücken dienen" (ebd., S. 553).

Den inhaltlichen Kern des Anstößigen, um den sich der Konfliktzusammenhang zentriert, hat Freud nämlich folgendermaßen gekennzeichnet:

„... gerade das Grobsinnliche an der Phantasie ist der Grund, daß sie sich nicht zu einer bewußten Phantasie entwickelt, sondern zufrieden sein muß, in eine Kindheitsszene als Anspielung in *verblümter* Form Aufnahme zu finden" (ebd., S. 547).

Die erfundene, phantasierte Szene ist „die erste, von der wir wissen; das Material an Erinnerungsspuren, aus dem sie geschmiedet wurde, blieb uns in seiner ursprünglichen Form unbekannt" (ebd., S. 553). Ihr Erkenntniswert besteht darin, „daß sie im Gedächtnisse Eindrücke und Gedanken späterer Zeiten vertritt, deren Inhalt mit dem eigenen durch symbolische und ähnliche Beziehungen verknüpft ist" (ebd., S. 546).

Freud zieht auf dem Boden dieser Erfahrung – in der Verschränkung von Inhalt und Rückgang auf die lebensgeschichtliche Etappe, in der dieser Inhalt zentrale Bedeutung gewinnt – den folgenden weitreichenden Schluß:

„Auch diese gefälschten Erinnerungen müssen also zu einer Lebenszeit entstanden sein, da solche Konflikte und Antriebe zur Verdrängung sich bereits im Seelenleben geltend machen konnten, also lange Zeit nach der, welche sie in ihrem Inhalt erinnern" (ebd., S. 553).

Freuds Zusammenfassung dokumentiert den erreichten Erkenntnisstand:

„Durch solche Einsicht verringert sich in unserer Schätzung der Abstand zwischen den Deckerinnerungen und den übrigen Erinnerungen aus der Kindheit. Vielleicht ist es überhaupt zweifelhaft, ob wir bewußte Erinnerungen *aus* der Kindheit haben, oder nicht vielmehr bloß *an* die Kindheit. Unsere Kindheitserinnerungen zeigen uns die ersten Lebensjahre, nicht wie sie waren, sondern wie sie späteren Erweckungszeiten erschienen sind. Zu diesen Zeiten der Erweckung sind die Kindheitserinnerungen nicht, wie man zu sagen gewohnt ist, *aufgetaucht*, sondern sie sind damals *gebildet* worden, und eine Reihe von Motiven, denen die Absicht historischer Treue fern liegt, hat diese Bildung sowie die Auswahl der Erinnerungen mitbeeinflußt" (ebd., S. 523f.).

Man sieht: So wichtig die auf Lebensgeschichte sich ausrichtende Untersuchungsrichtung, die Rückführung eines aktuellen Zusammenhangs auf einen vergangenen auch ist, in der psychoanalytischen Perspektive kann es nicht um die historisch exakte Ermittlung eines festen Bezugspunktes gehen, von dem aus mit einem Schlage alles klar würde. Von einem ursprünglich gedachten Realzusammenhang kann der analytische Forscher nur eine vage Ahnung entwickeln; die reale Konstellation ist nicht mehr ausmachbar, weil diese vielfältig überlagert ist, integriert und eingearbeitet als so und nicht anders strukturierte bedeutungsvolle Etappe im Gesamt einer lebensgeschichtlichen Dramatik. Nicht das Ereignis an sich – dessen Verarbeitung steht zur Debatte, und diese hat im Zusammenspiel von Erinnerung, Phantasie, Wunsch- und Abwehrdimensionen eine Gestalt gewonnen, die auf äußere Daten allein nicht mehr zurückbezogen werden kann, sondern weit eher die Individualität und Intimität der inneren Szene verbürgt.

Daß hier Realgrund und Phantasie nicht in einer 1:1-Beziehung zueinander stehen, bedeutet keineswegs, daß psychoanalytische Erkenntnissuche ohne Orientierung ist.

In der Studie *Über Deckerinnerungen* läßt sich Freud selbst mit der auf diesen Punkt abzielenden Frage konfrontieren. Sein Gegenüber, der ihm das Beispiel einer Kindheitserinnerung liefert, äußert auf Freuds Interpretationsvorschlag, dem zufolge zwei aufeinander projizierte Phantasien zu einer Kindheitserinnerung gemacht worden sind, sein Erstaunen:

„‚Aber dann wäre es ja keine Kindheitserinnerung, sondern eine in die Kindheit zurückverlegte Phantasie. Mir sagt aber ein Gefühl, daß die Szene echt ist. Wie vereint sich das?' " (ebd., S. 546).

Freuds Antwort ist aufschlußreich:

„Für die Angaben unseres Gedächtnisses gibt es überhaupt keine Garantie. Ich will Ihnen aber zugeben, daß die Szene echt ist; dann haben Sie sie aus unzählig viel ähnlichen oder anderen hervorgesucht, weil sie sich vermöge ihres – an sich gleichgültigen – Inhaltes zur Darstellung der beiden Phantasien eignete, die für Sie bedeutsam genug waren. Ich würde eine solche Erinnerung, deren Wert darin besteht, daß sie im Gedächtnisse Eindrücke und Gedanken späterer Zeit vertritt, deren Inhalt mit dem eigenen durch symbolische und ähnliche Beziehungen verknüpft ist, eine *Deckerinnerung* heißen. Jedenfalls werden Sie aufhören, sich über die häufige Wiederkehr dieser Szene in ihrem Gedächtnis zu verwundern. Man kann sie nicht mehr eine harmlose nennen, wenn sie, wie wir gefunden haben, die wichtigsten Wendungen in Ihrer Lebensgeschichte, den Einfluß der *beiden mächtigsten Triebfedern, des Hungers und der Liebe*, zu illustrieren bestimmt ist“ (ebd., Hervorh. v. B. G.).

Hunger und Liebe – bekanntlich hat dieses Gegensatzpaar jenem ersten Freudschen Triebdualismus Pate gestanden, der allerdings erst 1910, ein Jahrzehnt nach der gerade vernommenen Formulierung, begriffliche Gestalt gewonnen hat. Es war also ein langer Weg, auf dem Freud die folgenden Situationen durchlief: Im Versuch, auf der Suche nach der Causa neurotischer Störungen festen Boden zu gewinnen, hatte er anstelle der nicht mehr aufrechtzuerhaltenden Behauptung einer festen Einheit vom Symptom und Ursache (im fixierten Ereignis) die Beziehung von Symptom und Erlebnis gerückt, um im nächsten Schritt die hinter dem Erlebnis wirkenden Kräfte namhaft zu machen: An die Stelle der äußeren Ursache (des Traumas) rückt eine naturhaft-innere: Der Kausalnexus sollte erhalten bleiben, auch wenn der Erlebniskonflikt als Triebkonflikt vorstellbar war. Dies ist die Entwicklung Freudscher Orientierungssuche, gleichsam von oben her gesehen. Die vorgeführte Aktualisierung der älteren Textstelle kann die Einsicht beisteuern: Die Inhaltlichkeit des Triebkonzepts – der Dualismus von Sexual- und Selbsterhaltungstrieben – ist der Inhaltlichkeit des Interpretandums keineswegs äußerlich. Im Gegenteil, der Begriff trifft die Sache, geht es doch auf dem Wege szenischen Interpretierens um das Aufspüren der „wichtigsten Wendungen“ individueller „Lebensgeschichte“ und darum, im Deutungsprozeß dem Gewicht Rechnung zu tragen, das durch den „Einfluß der beiden mächtigsten Triebfedern, des Hungers und der Liebe“ entstanden ist. In der Rekonstruktion der Vorstufen des Triebkonzepts – und zwar nicht im Sinne der Parole „Zurück zum Trauma“, sondern im Sinne der Entfaltung der Komplexität, die die Freudsche Fragestellung auszeichnet – wird deutlich, daß die begriffliche Fassung und die Ausrichtung auf die szenische Besonderheit des Erlebens sehr wohl in Beziehung stehen. Der Triebdualismus erhellt den Erlebniskonflikt. Begriff und Szene stehen in einem Ergänzungsverhältnis. Dieses wird – wie noch zu zeigen ist – auf den entwickelteren Ebenen der Freudschen Begrifflichkeit nicht durchgehalten. Die metatheoretisch angelegte Interpretation muß den Zusammenhang aufsuchen und dessen Struktur im Ursprungsfeld der Untersuchung kenntlich machen. Es gibt also gute Gründe, den Versuch der Erschließung jener elementaren Positionsbestimmungen, aus denen dann die „große Theorie" hervorgehen wird, fortzusetzen.

Problematische Szenen: Sexualität, Verdrängung, „Nachträglichkeit"

An der Antwort auf die Frage nach der Herkunft der Phantasie ist abzulesen, wie konkret Freud ins Fundament seines neuen Untersuchungsgegenstandes einzudringen bestrebt ist, wie er versucht, die zu interpretierenden Inhalte zuallererst von ihrem sinnlichen Areal her zu erfassen. Um die entscheidende Stelle noch einmal ins Gedächtnis zu rufen:

„Die Phantasien stammen aus nachträglich verstandenem Gehörten, sie sind natürlich in all ihrem Material echt. Sie sind Schutzbauten, Sublimierungen der Fakten, Verschönerungen derselben, dienen gleichzeitig der Selbstentlastung. Ihre akzidentelle Herkunft vielleicht von den Onaniephantasien."

Die akustische Seite des Wahrnehmungsprozesses, die hier mit der Phantasiegenese in Verbindung gebracht wird, hat Freud auch dort bedacht, wo der Komplex der „Wortvorstellungen" und der „Wortreste" theoretische Beachtung verlangte. In metapsychologischer Absicht etwa wird gezeigt, daß „Wortreste ... wesentlich von akustischen Wahrnehmungen ab[stammen], so daß hierdurch gleichsam ein besonderer Sinnesursprung für das System Vbw gegeben ist" (G.W. XIII, S. 248).

Der Hinweis zielt ab auf die Ebene der topischen Anordnung von Erlebnis-, Erinnerungs- und Phantasieregistraturen, wobei mit dem Blick auf das zwischen Bw und Ubw situierte System Vbw das Quellbecken für kreativ-sinnliche Prozesse ausgemacht werden sollte. Das schwierige Problem der Einordnung der Phantasiedimension im Zusammenspiel der unterschiedlichen Ebenen des psychischen Apparats hat Freud in der berühmten Schrift *Das Unbewußte* schließlich so zu lösen versucht:

„Sie [die Phantasien, B. G.] sind einerseits hochorganisiert, widerspruchsfrei, haben allen Erwerb des Systems Bw verwertet und würden sich für unser Urteil von den Bildungen dieses Systems kaum unterscheiden. Andererseits sind sie unbewußt und unfähig, bewußt zu werden. Sie gehören also qualitativ zum System Vbw, faktisch aber zum Ubw. Ihre Herkunft bleibt das für ihr Schicksal Entscheidende. Man muß sie mit den Mischlingen menschlicher Rassen vergleichen, die im großen und ganzen bereits den Weißen gleichen, ihre farbige Abkunft aber durch den einen oder anderen auffälligen Zug verraten und darum von der Gesellschaft ausgeschlossen bleiben und keines der Vorrechte der Weißen genießen" (G.W. X, S. 289).

Genau in dem Augenblick nun, wo sich der Leser, nach wie vor der früheren Textstelle zugewandt, diese und ähnlich gelagerte Zusammenhänge klarzumachen versucht, womöglich auch die Beziehung zum Tagtraum in der Studie *Der Dichter und das Phantasieren* (G.W. VII) herstellt, gerät er – beim Blick auf das folgende Satzfragment – ins Stocken. In seinem Antwortversuch auf die Frage nach der Herkunft der Phantasien setzt Freud nämlich urplötzlich einen Akzent, der wie ein starkes Gegengewicht zu der fast schöngeistig anmutenden Beschreibung der Phantasiefunktion erscheint:

„Ihre akzidentelle Herkunft", heißt es kurz und knapp, „vielleicht von den Onaniephantasien." Eine durchaus klar konturierte Position kündigt sich hier an; das einschränkende „vielleicht" darf nicht in die Irre führen. Daß es sich bei der Bemerkung keineswegs um eine in beiläufiger Notiz hingeworfene Spekulation handelt, beweist schon ein Blick auf das Umfeld der Briefstelle.

„Es ist mir die Einsicht aufgegangen", schreibt Freud noch im selben Jahr, am 22.12.1897 nämlich, wiederum an Fließ, „daß die Masturbation die einzige große Gewohnheit, die ‚Ursucht' ist, als deren Ersatz und Ablösung erst die anderen Süchte nach Alkohol, Morphin, Tabak etc. ins Leben treten. Die Rolle dieser Sucht ist in der Hysterie ganz ungeheuer, vielleicht ist hier mein noch ausstehendes großes Hindernis ganz oder teilweise zu finden" (Freud, 1962, S. 205).

Sucht, Lust- und Befriedigungssuche, auch im Sinne physiochemischer Formen toxischer Einflußnahme auf den Körper, Autoerotismus – die Inhalte scheinen deutlich auf, die im körperlich-dranghaften, energetisch vorgestellten Aspekt des später konzipierten Triebbegriffs wiederkehren werden. Gleichzeitig wird die Konfliktdimension hervorgekehrt, die im hysterischen Symptom die Spannung zwischen Wunsch und Verbot bekundet. Der Konflikt, der sich im hysterischen Symptom manifestiert, wird provoziert durch den rigiden, normativ hergeleiteten Einspruch gegen die Befriedigung dieser Suchtform, durch das Verbot, das jene Befriedigungsbeschränkung auferlegt, gegen die die Phantasiefiguren ihrerseits, Umgehungsstrategien vor den realen Zwängen suchend, protestieren.

„Es ist kein Zweifel", wird Freud später in der 23. Vorlesung, in der die *Wege der Symptombildung* auf der Basis eines reichhaltigen Erfahrungsschatzes skizziert werden, durchaus in Kontinuität zu den hier dargestellten Überlegungen, formulieren, „daß das Verweilen bei den Wunscherfüllungen der Phantasie eine Befriedigung mit sich bringt, obwohl das Wissen, es handle sich nicht um Realität, dabei nicht getrübt ist. In der Phantasietätigkeit genießt also der Mensch die Freiheit vom äußeren Zwang weiter, auf die er in Wirklichkeit längst verzichtet hat. Er hat es zustande gebracht, abwechselnd noch Lusttier zu sein und dann wieder ein verständiges Wesen. Er findet mit der kargen Befriedigung, die er der Wirklichkeit abringen kann, eben nicht sein Auskommen" (G.W. XI, S. 387).

„Abwechselnd noch Lusttier zu sein und dann wieder ein verständiges Wesen" – genau diese Spannung war auch am interpretierten Ausgangstext aufzuspüren, im Gegeneinander von der „Geistestätigkeit" des Dichters und jener an die „Triebunterwelt" und an Phantasien gekoppelte Onaniepraxis. Und schließlich ist auch auf die Formulierung aus der Arbeit *Über Deckerinnerungen* zurückzukommen: „Gerade das Grobsinnliche an der Phantasie" hatte Freud dort betrachtet als den „Grund, daß sie [sich] nicht zu einer bewußten Phantasie entwickelt, sondern zufrieden sein muß, in eine Kindheitsszene als Anspielung in verblümter Form Aufnahme zu finden" (a.a.O.). Das „Grobsinnliche" kennzeichnet den sexuellen Inhalt der Erzählung. Das Thema Sexualität beherrscht die szenische Interpretation also vom Anfang der Hysterieforschung an; es wird seinen Platz im Zentrum der psychoanalytischen Aufklärungsarbeit behaupten.

Die sexuelle Inhaltlichkeit der Verdrängungsproblematik rückt nicht erst auf dem Stand metapsychologischer Konstruktionen in den Mittelpunkt. Freud hat die Verbindung von Beginn seiner Versuche an, Erfahrung zu systematisieren, im Visier gehabt. „Das Abgewehrte ist immer die Sexualität" (Freud, 1962, S. 78), teilt er beispielsweise seinem Brieffreund Fließ bereits im Schreiben vom 21.5.1894 auf der Grundlage klinischer Erfahrung mit, ohne sich anheischig zu machen, mit dem klinischen Material gleichzeitig die Theorie der Abwehr- und Verdrängungsvorgänge präsentieren zu können. Die in den Jahren 1894–1897 geschriebenen Briefe an Fließ verraten ein zähes Ringen um Antworten auf diese brennende Frage. „Was mir nicht zusammengeht", klagt Freud im Brief vom 8.10.1895, „ist ... die

Aufklärung der Verdrängung, deren klinische Kenntnisse übrigens große Fortschritte gemacht haben" (ebd., S. 112). Und in dem der Briefsendung vom 1.1.1896 beigefügten Manuskript über die „Abwehrneurosen" findet sich fast ein Jahrzehnt vor den *Drei Abhandlungen zur Sexualtheorie* die folgende markante Notiz: „Solange es keine korrekte Theorie des Sexualvorgangs gibt, bleibt die Frage nach der Entstehung der bei der Verdrängung wirksamen Unlust eine ungelöste" (ebd., S. 130).

In diesem Zusammenhang ist eine Fußnote zu beachten, die in der Arbeit *Weitere Bemerkungen über die Abwehr-Neuropsychosen* aus dem Jahre 1896 angebracht ist. Freud scheint einen Durchbruch in der Frage nach dem Zusammenhang von Sexualität und Verdrängung erzielt zu haben. Die Dokumentation seines Erkenntnisfortschritts betrifft dabei die im hier bearbeiteten Zusammenhang aufgewiesene Beziehung von Erinnerung und Erlebnis, die unter dem Gesichtspunkt der Sexualität kompliziert angereichert wird:

„Eine psychologische Theorie der Verdrängung müßte auch Auskunft darüber geben, warum nur Vorstellungen sexuellen Inhalts verdrängt werden können. Sie darf von folgenden Andeutungen ausgehen: Das Vorstellen sexuellen Inhaltes erzeugt bekanntlich ähnliche Erregungsvorgänge in den Genitalien wie das sexuelle Erleben selbst. Man darf annehmen, daß diese somatische Erregung sich in psychische umsetzt. In der Regel ist die diesbezügliche Wirkung beim Erlebnisse viel stärker als bei der Erinnerung daran. Wenn aber das sexuelle Erlebnis in die Zeit sexueller Unreife fällt, die Erinnerung daran während oder nach der Reife erweckt wird, dann wirkt die Erinnerung ungleich stärker erregend als seinerzeit das Erlebnis, denn inzwischen hat die Pubertät die Reaktionsfähigkeit des Sexualapparats in unvergleichbarem Maße gesteigert. Ein solches umgekehrtes Verhältnis zwischen realem Erlebnis und Erinnerung scheint aber die psychologische Bedingung einer Verdrängung zu enthalten. Das Sexualleben bietet – durch die Verspätung der Pubertätsreife gegen die psychischen Funktionen – die einzig vorkommende Möglichkeit für jene Umkehrung der relativen Wirksamkeit. *Die Kindertraumen wirken nachträglich wie frische Erlebnisse, dann aber unbewußt*" (G.W. I, S. 384, Fußn. 1).

Eine Besonderheit des menschlichen Sexuallebens also, die „Tatsache eines zweizeitigen Ansatzes des Sexuallebens, die außer beim Menschen nicht bekannt und offenbar sehr wichtig für die Menschwerdung ist" (G.W. XVII, S. 75), soll das Rätsel der Verschränkung von Sexualität und Verdrängung lösen helfen. Freuds Idee scheint auf den ersten Blick bestechend. Um sie noch einmal in andere Worte zu fassen: Erst im Anschluß an den mit der Pubertät gekennzeichneten Umbau in der Sexualsphäre soll das Individuum imstande sein, die sexuell-körperliche Bedeutung eines zunächst passiv erlittenen Ereignisses zu erfassen. Freud bezeichnet an anderer Stelle, aber genau in diesem Sinne, die Hysterie als „die Folge eines präsexuellen *Sexualschrecks* ... ‚Präsexuell' heißt eigentlich vor der Pubertät, vor der Entbindung der Sexualstoffe, die betreffenden Ereignisse wirken erst als *Erinnerungen*" (Freud, 1962, S. 113).

Damit steht die Kernbestimmung der Freudschen Auffassung von der „Nachträglichkeit" zur Debatte. Sie ist in der jüngeren Psychoanalysediskussion – etwa in der Freud-Rekonstruktion von Jean Laplanche[4] zu neuen Ehren gekommen und muß deshalb an dieser Stelle bedacht werden.

Laplanche koppelt seine Bezugnahme nicht von der inhaltlichen Komplexität der Freudschen Problembearbeitung ab. Im Gegenteil, in seiner Freud-Exegese hat er große Anstrengung darauf verwandt, deutlich aufzuweisen, wie Triebbegriff, Sexualitätsfrage und Verdrängungskonzeption ineinander verwoben sind. Insofern bewegt er sich auf der Konkretionsebene der hier versuchten Problemskizze.

Um gleich aber einen kritischen Einspruch zu erheben: Die Reaktualisierung der alten Freudschen Auffassung bringt die Gefahr mit sich, das Wesen der Sexualität von vornherein und dann recht ausschließlich von einer hoch entwickelten Ebene der Bedeutungszuschreibungen zu erfassen. Genau besehen, sind es Intentionalität und Reflexionsvermögen, jene „nachträglichen" Figuren intellektueller Fähigkeit, die den Triebkonflikt provozieren. Entscheidend ins Gewicht fällt dabei die Annahme, daß das vom Konflikt betroffene Erlebnisganze aufzugliedern ist in eine nichtsexuelle und eine spezifisch sexuell gewordene Stufe des Erlebens. Nicht zufällig baut Laplanche seine Thesen in der Interpretation des Freudschen „Anlehnungs"begriffes auf, der ja tatsächlich von der ursprünglichen Getrenntheit zwischen nichtsexueller Bedürfnissphäre (Selbsterhaltung) und sexuell zu nennender Wunsch- und Phantasieebene (Sexualtrieb) auszugehen scheint, andererseits aber auch als Metapher für die Aufhebung dieser Trennung interpretiert werden kann.

Abgesehen davon, daß die Begriffskonstruktion „Anlehnung" und das den Phänomenen näherstehende Modell der „Nachträglichkeit" nicht auf ein und derselben Ebene verhandelt werden können, es sind andere Fragen, die sich nach vorne schieben und dringlich Antwort verlangen: Wie verträgt sich das Konzept der Nachträglichkeit eigentlich mit den Freudschen Befunden zur infantilen Sexualität?

Wie steht es zu dem in den *Drei Abhandlungen* erzielten entscheidenden Vorstoß in das Labyrinth der Sexualschicksale? „Das Höchste und das Niedrigste", formuliert Freud hier, „hängen in der Sexualität am innigsten aneinander", um, in Klammern gesetzt, Goethe zu zitieren: „... vom Himmel durch die Welt zur Hölle" (G.W. V, S. 61). Inwieweit wird noch Bezug genommen auf die von Freud im Begriff der „Psychosexualität" zusammengefaßten Vorstellungen? Beide Konzepte, die Theorie der Sexualentwicklung und das Modell der Psychosexualität, relativieren nicht nur, sie sind ins Feld zu führen gegen die unter dem Gesichtspunkt der Nachträglichkeit vorgenommene Auftrennung des Zusammenhangs in sich unvermittelt gegenüberstehende nichtsexuelle und sexuelle Anteile des Erlebens. Beide Konzepte stehen für das Kontinuum der Erlebnisfiguren.

Unstrittig ist, daß die pubertäre Konfliktdynamik eine Neuauflage der vergangenen Dramatik heraufbeschwört. Nur: Das Erleben gewinnt nicht erst auf dieser Stufe sexuellen Inhalt und sexuelle Bedeutung. Es hat seinen eigenen – „grobsinnlichen" – Inhalt von Anfang an, weil die ersten erlebbaren Szenen am Körper ansetzen, in leiblicher Auseinandersetzung gründen und dieses Fundament betroffen wird, wo von Sexualität die Rede ist. Deshalb ist die Richtung, die in der Idee der Nachträglichkeit angelegt ist, umzukehren: Nicht von der stets schon „höhere" Bedeutung stiftenden Ebene der Intentionalität, sondern von der Praxis einer bewußtlosen, gleichwohl sinnhaft, weil sozial strukturierten Körperauseinandersetzung ist auszugehen, wenn Wesenszüge der Sexualität transparent werden sollen. Anders steht der Freudsche „Materialismus" in Gefahr, allzu feinsinnig übersetzt, und das heißt, subtil vergeistigt zu werden.

Ist diese Tendenz abgewehrt, dann kann die Rede von der Nachträglichkeit durchaus fruchtbar gewendet werden. Sie kann zur Aufklärung der Eigenart jenes spannungsvollen, regressiv-progressiven Verlaufs von Triebschicksalen beitragen, in dem das Subjekt lebenslang mit der Aufgabe konfrontiert wird, problematische, das heißt unmittelbar auf den Leib gerückte und bewußt nicht verfügbare Szenen „nachträglich" so umzuarbeiten, daß zumindest die Chance besteht, sie einmal ins Gefüge der aktuellen Lebensentwürfe aufzunehmen und bewußt zu integrieren.

Problematische Szenen:
Impuls und traumatischer Eingriff

Noch eine Passage des Ausgangstextes gilt es zu bedenken. Sie wird Gelegenheit bieten, jenem brisanten Problemzusammenhang noch genauer auf die Spur zu kommen, der gerade in den zuletzt angestellten Überlegungen schon mitschwang: dem Rätsel der Verschränkung von Triebregung und beschädigendem, traumatischem Eingriff, von Wunsch und Verbot. Der Bezugstext klingt zunächst harmlos:

„Eine zweite wichtige Erkenntnis sagt mir, daß das psychische Gebilde, welches bei der Hysterie von der Verdrängung betroffen wird, nicht eigentlich die Erinnerungen sind, denn kein Mensch ergibt sich ohne Grund einer Erinnerungstätigkeit, sondern Impulse, die sich von den Urszenen ableiten."

Diese Stelle ist nun keineswegs unentdeckt geblieben. Bereits die Herausgeber der Freudschen Fließ-Korrespondenz versahen sie mit einem Kommentar, der allein schon die hier getroffene Entscheidung rechtfertigt, gerade dieser Briefstelle so viel Aufmerksamkeit zu widmen. Freud – das muß vorausgeschickt werden – spricht am Schluß des Briefes von „einem großen Fortschritt", den die im Brief formulierten Einsichten erbracht hätten, und der Kommentar nimmt diese Rede folgendermaßen auf:

„Der ‚große Fortschritt', von dem Freud spricht, hat später den ganzen Aufbau der psychoanalytischen Hypothesen umgestaltet und die Psychoanalyse zur Triebpsychologie gemacht. Freud hat beinahe das ‚Es' entdeckt (die Bedeutung des Triebs), wenn er sagt, ‚daß das psychische Gebilde ...'" (Freud, 1962, S. 421, Zit. s. o.).

Auch den Autoren des fundierten *Vokabulars der Psychoanalyse* ist die Freudsche Briefnotiz nicht entgangen. Unter dem Stichwort „Urszene" schreiben Laplanche und Pontalis:

„Der Ausdruck ‚Urszenen' kommt in einem Manuskript von Freud aus dem Jahre 1897 vor und bezeichnet die traumatisierenden infantilen Erfahrungen, die in Szenarien, in Szenen angeordnet sind (s.: Phantasie), ohne daß es sich dabei eigens um den elterlichen Koitus handeln müßte" (Laplanche, Pontalis, 1972, S. 577).

Es ist bemerkenswert, daß beide eben zitierten Stellungnahmen aus dieser knappen Sequenz noch einen je unterschiedlichen Aspekt herauszupräparieren vermögen. Der Herausgeberkommentar thematisiert die Rolle des Impulses, die Problematik des „Es", die Vorbereitung in der Entwicklung des Triebgesichtspunktes also. Die

Verfasser des *Vokabulars* legen das Schwergewicht der Betrachtung dagegen auf die Dimension des Szenisch-Traumatischen.

Daß diese Beziehung – Impuls und traumatische Szene – hier aufscheint, verdient Aufmerksamkeit. Denn es wird nicht mehr sehr lange dauern, bis Freud seine Energie in die Arbeit an der Grundlegung des Triebmodells investiert und damit die hier noch so prägnant hervortretende Verbindung von Impulsiv-Drängendem und szenischer Konstellation weitgehend aus dem Blick schwindet. Die Entwicklung ist bekannt: An die Stelle einer Bezogenheit von Trieb und lebensgeschichtlich-konkretem Zusammenhang tritt das Modell der Verankerung des Triebimpulses und der Phantasie in der Tiefe des Naturhaft-Biologischen, der ständige Verweis auf das Urgestein der Phylogenese, das präsubjektiv-gattungsgeschichtliche Fundament aller Entwicklung.

An der zitierten Briefstelle nun scheint die Verschränkung von Impuls und Urszene durchaus lebensgeschichtlich-konkret. Man gewinnt den Eindruck, Freud habe hier – ohne das selbst klar zu überschauen – eine aufregende Einsicht ausgedrückt von der Eigenart basaler Prozesse der Persönlichkeitsbildung. Ist mit der innigen Beziehung von Impuls und Urszene nicht der Punkt getroffen, an dem Innen und Außen, Wunschdimension und beschädigender Eingriff, Triebfigur und Trauma in einen widerspruchsvollen Zusammenhang rücken und als ein merkwürdig unentwirrbares Gemisch zusammenwirken?

So viel ist immerhin dem Text zu entnehmen: Die Impulse, und d.h. das Gefüge der energetisch-dranghaft vorgestellten Aktivitätsprofile, sollen „sich von den Urszenen ableiten“. Sie beziehen ihren Stoff aus den in Urszenen (nun nicht konkretistisch begriffen als traumatisch-traumatisierende szenische Figuren) transportierten Inhalten, und d.h. in Auseinandersetzung mit basalen Situationen des Mangels und der sprichwörtlichen Freudschen „Not des Lebens“. Der Impuls ist, so gesehen und die Freudsche Beziehungsformel radikalisierend, nicht mehr vorstellbar als ein vom Außen unabhängiges Innen; sein Kern besteht nicht isoliert, ist nicht unabhängig gebildet von der Betroffenheit durch traumatisch-szenische Erlebniseindrücke. Anders gewendet: Die unbewußten, sexuell-traumatischen Szenen *werden* zu Impulsen, der Niederschlag vergangener Szenen wird zum Entwurfsmodell für Zukünftiges. Im Impuls spiegelt sich gleichsam die „innere Szene“, die als nur partiell bedingte, noch nicht realisierte Praxisform, etwa in Gestalt der Phantasien, dennoch unentwegt zur Realisierung drängt.

Zugegeben, mit dieser Interpretation wird der Bedeutungsspielraum jener schmalen Textpassage überdehnt. Und tatsächlich hat Freud ja auch im Ausbau seines Triebkonzepts in eine andere Richtung gedacht. Mit den skizzierten Überlegungen kündigt sich bereits eine nicht mehr ausschließlich psychoanalytisch zu nennende, eine sozialisationstheoretische Begriffsfassung des Triebgesichtspunktes an. Sie ist in einem zweiten Kapitel genauer vorzustellen.

Exkurs: Schwierigkeiten mit dem Triebbegriff

In der ersten Etappe der Auseinandersetzung war zu zeigen, wie bereits in der Frühgeschichte der Psychoanalyse die Szene, das Szenische, im Brennpunkt der Freudschen Untersuchungsperspektive steht, mithin problematisch zusammengebaute und offenbar impulsiv zur Mitteilung drängende Szenen den Untersuchungsgegenstand der Psychoanalyse bilden. Die Stelle, an der Freud dem Brieffreund diese Erfahrung berichtete, und zwar prägnant in dem Sinne, in der klinischen Arbeit zentriere sich alles um die Analyse von Szenen, markierte jenen Wendepunkt in den Auffassungen über den Gegenstand, an dem die „Verführungstheorie“ als ausschließlicher Wegweiser zur Causa neurotischer Störungen ad acta gelegt wurde. Die Suche nach dem alles determinierenden Ereignis war zwar nicht aus dem Blick geschwunden. Aber gerade die Entdeckung, wie vielschichtig sich die szenische Struktur der Erlebniswelt präsentiert, und die Notwendigkeit, von der Erfahrung auszugehen, daß ganz unterschiedliche Szenen sich überlagern, gegenseitig aber auch eigenartige Widerspruchsverhältnisse konstituieren, deren Sinn es zu enträtseln gilt, führten zur Neuorientierung und zur Formulierung des Programms, an der psychischen Realität anzusetzen, womit es den Erlebnisinhalten einen ebenso hohen Bedeutungswert einzuräumen galt wie der praktischen, realen.

Die detaillierte Auslegung der Briefstelle hatte ja die Funktion, die inneren Gründe aufzuhellen, die Freud zum beschriebenen Blickwechsel nötigten. Die Eigenart der Erinnerung, die Produktivkraft der Phantasie und die elementare Kraftquelle des Wunsches waren zu betrachten als wesentliche Anteile der Erlebnisgestalt. Und diese Gestalt wäre nun zurückzuverfolgen bis zum Punkt der basalen, leiblich-sinnlichen Auseinandersetzung, genau so, wie Freud dies an einer Stelle seines frühen Entwurfs von 1895 versucht hatte.

„Der menschliche Organismus ist zunächst unfähig, die spezifische Aktion herbeizuführen. Sie erfolgt durch *fremde Hilfe*, indem durch die Abfuhr auf dem Wege der inneren Veränderung ein erfahrenes Individuum auf den Zustand des Kindes aufmerksam gemacht wird. Diese Abfuhrbahn gewinnt so die höchst wichtige Sekundärfunktion der *Verständigung*, und die anfängliche Hilflosigkeit des Menschen ist die *Urquelle* aller *moralischen Motive*. Wenn das hilfreiche Individuum die Arbeit der spezifischen Aktion in der Außenwelt für das hilflose geleistet hat, so ist dieses durch reflektorische Einrichtungen imstande, die zur endogenen Reizaufhebung nötige Leistung in seinem Körperinnern ohne weiteres zu vollziehen. Das Ganze stellt dann ein *Befriedigungserlebnis* dar, welches die eingreifendsten Folgen für die Funktionsentwicklung des Individuums hat" (Freud, 1962, S. 326).

Auf der entwickelten Ebene des Freudschen Triebbegriffs ist der hier noch angemessen berücksichtigte Interaktionsgesichtspunkt – im Moment der ursprünglichen Angewiesenheit des werdenden Organismus auf den anderen Organismus – merkwürdig ausgeblendet, der Trieb erscheint als ein biologisch-autonomes inneres Potential, das nur auf die Chancen von Besetzungsmöglichkeiten lauert.

Es ist viel darüber spekuliert worden, warum Freud so hartnäckig insistierend den Gesichtspunkt des Biologischen im Kern von Metapsychologie und Triebtheorie gewahrt wissen wollte.[5] Von seinem Tribut an das Anforderungssystem der Naturwissenschaften, aus der er ja selbst hervorging, war oft die Rede. Hervorgekehrt und demonstriert an eindrucksvollen Passagen der *Selbstdarstellung* wurde seine Besessenheit, auf dem Gebiet menschlicher Psyche ein Modell des Begreifens zu entwickeln, das der Biologie und der Physik an Konsistenz und Widerspruchsfreiheit um nichts nachstehen sollte. Diese allgemeinen wissenschaftsgeschichtlichen Relativierungen sind gewiß zutreffend, und auch die näher am Gegenstand entwickelten Versuche, Freud als den „Biologen der Seele" auszuweisen (Sulloway, 1982), erfassen durchaus den Kern des Freudschen Selbstverständnisses.

Nun ist mit diesen Verweisen die bezeichnete Schwierigkeit mit dem Triebbegriff nicht aus der Welt geschafft. Selbst wenn man zugesteht, daß für die Wissenschaft Psychoanalyse ein zweigliedriges Theoriesystem erforderlich ist, die Ebene klinischer Theorie also auf die Klammer der metapsychologischen Begriffsebene angewiesen ist, insistieren die Kritiker mit Recht darauf, daß auch von der letzten abstrakten Stufe der Theoriebildung ein Rückbezug zu den konkret vorgefundenen Phänomenen herstellbar sein muß. Eine erste Schwierigkeit, die an dieser Stelle auftaucht, hat zu tun mit der Eigenart eines jeden Begriffs. In ihm ist die Anschaulichkeit des Phänomens getilgt, zugunsten der Ordnungs- und Strukturierungsaufgabe, die eine das Konkrete übersteigende, abstrakte Formulierung zu übernehmen hat. Im Falle der psychoanalytischen Theoriebildung ist diese Schwierigkeit offenbar nicht so einfach zu verkraften. Weil im Mittelpunkt der psychoanalytischen Erfahrung das konkrete Subjekt steht, weil die Erlebnissphäre sich affektiv-konkret darstellt, weil das Zusammenspiel zwischen Erinnerung, Phantasie und Wunschdimension ein je konkretes, individuell-unaustauschbares (Trieb-)Schicksal hergestellt hat, weil – zusammengefaßt – der Begriff jene szenischen Qualitäten des Gegenstandes nicht mehr erkennbar und erfahrbar machen kann, deshalb muß das allgemein-abstrakte Bestimmungsmerkmal „Trieb" auf Abwehr stoßen und vor allem dort wie ein Fremdkörper wirken, wo es um die Entfaltung, Darstellung und klinisch orientierte Erörterung psychoanalytischer Erfahrung geht!

Die Diskussion um das Verhältnis von Trieb- und Traumatheorien steht durchaus unter dem Eindruck dieser Problemlage. Im triebtheoretischen Modell, dem Herzstück der Metapsychologie, scheint der im Mittelpunkt theoretischer Bemühungen stehende Gesichtspunkt der Traumaeinwirkungen derart in den Hintergrund gerückt, daß jene Einwände und Vorwürfe Konjunktur haben, die sich in der Auffassung bündeln, Psychoanalyse spekuliere über ein der Realitätsauseinandersetzung entrücktes Inneres und verfehle mit der Behauptung einer aller Auseinandersetzung vorausgehenden und jedem Eingriff entzogenen Naturgröße Trieb die eigentlichen Einflußfaktoren psychodynamischen und psychosozialen Geschehens. Einem noch so konsistent aufgebauten und in sich geschlossen präsentierten Triebbegriff muß der Erkenntniswert abgesprochen werden, wenn nicht deutlich aufweisbar ist, wie mit ihm die Ebene der Erlebnisinhaltlichkeit erreicht und systematisch erschlossen werden kann. Der Reichhaltigkeit menschlicher Konfliktfiguren – so die weitverbreitete Position der Freud-Kritiker – kann eine vornehmlich biologische Begründung der menschlichen Grundstruktur nicht gerecht werden.

An dieser Stelle sind denn auch begriffliche Relativierungsversuche nicht ausgeblieben. Ältere kulturanthropologische Korrekturen am Triebbegriff waren diesem selbst stets äußerlich geblieben. Neuere Positionen, die sich auf das Innere metapsychologischer Reflexionen einzulassen gewillt sind und etwa an die Freudsche Bestimmung des Triebbegriffs als eines „Grenzbegriff(s) zwischen Seelischem und Somatischem" (G.W. X, S. 214) erinnern und den Hinweis anschließen, gerade das „Psychische", die Ebene der „Repräsentanzen" und nicht die des Biologisch-Naturhaften rücke im Triebkonzept nach vorn, laufen Gefahr, die Schwierigkeiten der Problemlage eher zu verdecken, als sich ihnen zu stellen.[6]

Seit die Metapsychologie insgesamt in Zweifel gezogen worden ist[7] und andere, nicht triebtheoretisch angelegte Konzepte psychoanalytischer Persönlichkeitstheorie immer mehr Beifall finden, ist die Begriffsnot für die Verteidiger des Freudschen Triebmodells gehörig angewachsen. Wie es scheint, verlangen die Schwierigkeiten mit dem Triebbegriff einen umfassenderen Lösungsansatz.

Der umschriebenen Forderung, Begriffskonstruktionen hätten ihren Gegenstand abzubilden, darf dabei nicht ausgewichen werden. Im Gegenteil, sie ist zu radikalisieren. Denn es kann in einer Neuaufnahme der Diskussion nicht bloß darum gehen, die Beziehung zwischen Phänomen, Anschauung und Begriff zu überprüfen, hier und da Vorschläge einer Neuinterpretation einzubringen, letzten Endes aber alles beim alten zu belassen. Die Begriffsrekonstruktion ist vielmehr anzulegen als eine umfassende Begriffskritik. Die Realisierung dieses Programms bedeutet die Eröffnung einer metatheoretischen Perspektive, die von der folgenden Ausgangslage die eigene Funktion bestimmt.

Freud hat seine Begriffsebene nicht auf dem Wege einer Theorie-Theorie-Auseinandersetzung aufbauen können, sondern war gezwungen, sie sehr unmittelbar von den Einsichten in die neu erschlossene Provinz der Lebenspraxis her zu organisieren. Damit war die neue Wissenschaft Psychoanalyse auch dort, wo sie tradierte Auffassungen zu durchbrechen suchte und dies begrifflich kennzeichnen mußte, auf den bestehenden wissenschaftlichen Diskurs angewiesen. Abgesehen davon, daß die Biologie auch aus inhaltlichem Aspekt, vom Gegenstand her begründet, zu einem Hauptbezugspunkt der Metapsychologie und Triebtheorie avancierte, diese Orientierung war schon deshalb geboten, weil keine andere Ebene des Begreifens in Aussicht war, die in vergleichbarer Weise auf Widerspruchsfreiheit, Konsistenz gedrängt, mithin theoriekonstitutive Bedeutung gehabt hätte. Eine erste Einsatzstelle der Metatheorie zeichnet sich demnach hier ab: Das psychoanalytische Theoriekonzept wird aufgefaßt als Interpretandum, in dem Praxiseinsichten versammelt, aber noch nicht auf den angemessenen Begriff gebracht worden sind. Genauer: Die metatheoretische Perspektive regt an, die vorhandene letzte Begriffsebene – hier: den Bezugspunkt Biologie und Gattungsgeschichte – mit einer neuen Ebene des Begreifens – hier: theoretisch entwickelte Einsichten zu Sozialität und Geschichtlichkeit auch der elementaren menschlichen Praxisformen – zu kreuzen. Eine begriffliche Vermittlung muß in Gang kommen, in der *beide* Positionen sich zu verändern haben: die ausschließlich biologische Fundierung des Gegenstandes ist aufzubrechen, aber auch die Auffassung von der sozialen Determination des Menschen muß sich belehren lassen: durch die – nur metatheoretisch zu gewinnende – Einsicht in die Verschränkung von Sozialität und Natur, die die Konstitutionsbasis schon des Triebes und den Aufbauprozeß menschlicher Subjektivität insgesamt kennzeichnet.

II. Die begriffene Szene: Metatheoretische Reflexionen

Für diese Arbeit am Begriff muß das Instrument nun nicht neu erfunden werden. Bekanntlich hat Lorenzer die Perspektive entworfen und mit seinem metatheoretischen Konzept einen umfassenden Orientierungsrahmen für die Freud- und Psychoanalyse-Auseinandersetzung angeboten. Gegenstand und Verfahren der Psychoanalyse sollen dabei in einem Zugriff erfaßt werden:

„Aussagen über die Struktur der psychoanalytischen Theorie und Praxis müssen metatheoretisch-metapraktisch begründet werden. D. h., es darf weder (nach Positivistenart) dem Verfahren eine inhaltsfremde, durchformulierte Methodologie übergestülpt werden, noch darf der Erkenntnisgegenstand auf dem Boden einer Protoscience aus vorweg aufgestellten Axiomen zusammengebaut werden. Vielmehr müssen die Aussagen aus der psychoanalytischen Praxis und deren Theorie heraus destilliert werden. Ein solcher Ansatz an der Praxis verbietet aber, Erkenntnisverfahren und Erkenntnisgegenstand auseinanderzureißen. Beide Seiten sind in einem einzigen Ansatz aufzugreifen. Es ist der Punkt zu treffen, an dem die Methode und ihr Gegenstand zusammenhängen, und das ist bei der Psychoanalyse, wenn wir Freud folgen, das Problem ‚Sprache'" (Lorenzer, 1983, S. 97).

In einer Fußnote seines „Konzil"-Buches zeigt Lorenzer auf, wie der „Schlüssel zur psychoanalytischen Theorie" beschaffen ist. Der Begriff des Szenischen rückt nun metatheoretisch in den Blick: Mit ihm wird die notwendige Verklammerung der beiden Ebenen – Gegenstand und Verfahren – hergestellt: Lorenzer blendet auf den Weg seiner eigenen Erkundungen zurück und führt dann aus:

„Aus der Untersuchung des psychoanalytischen Erkenntnisganges ergab sich die Untersuchung des Untersuchungsgegenstandes: ‚Über den Gegenstand der Psychoanalyse oder Sprache und Interaktion', dessen szenischer Charakter in *Zur Begründung einer materialistischen Sozialisationstheorie* als Gefüge von Interaktionsformen herausgearbeitet wurde. Dem Aufriß der Entsprechung von Gegenstand und therapeutischen Verfahren folgte schließlich 1974 der Nachweis, daß auch die wissenschaftliche Operation der Psychoanalyse im ‚szenischen Verstehen' – und nur in ihm – gründet, das ‚Szenische' mithin allseits der Schlüssel zur psychoanalytischen Theorie ist" (Lorenzer, 1981, S. 87).

In der hier thematisierten Perspektive geht es um den Gegenstand, um das Begreifen des Triebes, jener basalen Struktur menschlichen Erlebens und Handelns, als szenisches Gefüge. Lorenzer hat dieses Projekt als „Begründung einer materialistischen Sozialisationstheorie" angelegt. Dem Abstraktionsgrad, der mit der geschichtsmaterialistischen Fundierung der Metatheorie ins Spiel kommt, ist nicht auszuweichen, signalisiert er doch die entscheidende kritische Wendung gegen tradierte psychoanalytische, sozialpsychologische und soziologische Auffassungen vom Problemzusammenhang, vor allem gegen die Borniertheiten, die in biologistischen wie kulturistischen Betrachtungsweisen aufscheinen.

Die geschichtsmaterialistische Perspektive besteht darauf, daß Entwicklung an keiner Stelle, auch nicht am Punkt basal-ursprünglich und deshalb biologisch-naturhaft erscheinender Stationen, aus dem geschichtlich, gesellschaftlich und kulturell bestimmten Vermittlungszusammenhang herausfällt; sie stellt aber zugleich heraus, daß es innerhalb des Vermittlungsprozesses selbst Brüche, Widersprüche, Verwerfungen gibt, die von der Spannung der aufeinanderprallenden, aber nicht ineinander aufgehenden Pole Natürlichkeit und Sozialität herrühren.

Auf begrifflich-abstrakter Ebene ließe sich so eine wichtige Grenzlinie gegen Biologismus und Soziologismus vorab ziehen, nimmt man die folgende Grundannahme des sozialisationstheoretischen Modells wirklich ernst: Der Begriff „Interaktionsform" bestimmt den „Trieb" als produziert in einem dialektischen Prozeß der Auseinandersetzung, in dem „innere Natur" – als nicht zur Erscheinung kommender, aber notwendig vorauszusetzender Ansatzpunkt, auf den sich menschliche Praxis richtet und zubewegt – und sozial eingespielte Aktions- und Reaktionsmuster praktisch folgenreich aufeinanderstoßen. Für das volle Verständnis der Ausgangslage ist es wichtig, das Modell einer praktischen Dialektik, das hier bemüht wird, richtig zu verstehen und nicht etwa in den Fehler zu verfallen, „innere Natur" und „Trieb" umstandslos ineinander aufgehen zu lassen. „Trieb" muß als bereits realisierte innere Natur begriffen werden, eben weil er aus dem praktischen Zusammenspiel hervorgeht und als Niederschlag sinnlich-szenischen Interagierens zum Ausdruck drängt (wenngleich auch hier gewiß nicht unvermittelt greifbar, sondern in Phantasien, Vorstellungsbildern, Affekten). Vollständig, wenn auch kompliziert formuliert: „Innere Natur" markiert jenen nichtidentischen Ansatzpunkt, an dem Sozialität ansetzen muß, der sich aber im sozialen Formungsprozeß nicht ohne Rest auflösen läßt bzw. dem Prozeß der Realisierung nicht überschreitbare Grenzen setzt. Ein kurzer Seitenblick auf das historisch-materialistische Modell menschlicher Praxis verschafft Aufklärung über das auch hier behauptete Moment des Nichtidentischen. In geschichtsmaterialistischer Rekonstruktion der Auseinandersetzung zwischen äußerer Natur und gesellschaftlichen Eingriffen kann nämlich aufgewiesen werden, wie der Naturzusammenhang, nie unmittelbar greifbar und immer schon den Stempel geschichtlicher Praxis tragend, sich sperrt gegen losgelassene Formen der Naturbearbeitung, wie dieser soziale Realität noch umgreifende Naturzusammenhang mit unvorhergesehenen, den ungestümen Bearbeiter strafenden Folgewirkungen zurückschlägt. Dem menschlichen Erkenntnisprozeß jedenfalls hat die Geschichte der Auseinandersetzung mit äußerer und innerer Natur ihren Stempel unweigerlich aufgedrückt. „Naturales und Historisches sind im Menschen unentwirrbar durcheinander vermittelt – derart freilich, daß das Naturale innerhalb dieser Vermittlungen, in die es letztlich unauflösbar ist, sich stets aufs neue durchsetzt" (A. Schmidt, 1980, S. 244).

In seiner theoretisch anspruchsvollen Arbeit *Die Wahrheit der psy-*

choanalytischen Erkenntnis hat Lorenzer den Impuls der Materialismusauseinandersetzung auf die Subjektproblematik übertragen:

„Das Gelenkstück, in welchem die Perspektiven subjektiver wie objektiver Analyse ineinander übergehen, das also ‚von beiden Seiten' her anvisiert wird, ist der Begriff der *Praxisfiguren*. Dieser Begriff wird nicht als anthropologischer Restbestand – im Sinne der frühen Marx-Schriften – eingesetzt, sondern soll ausdrücklich von beiden Seiten her ‚kritisch' begründet werden. Ihm ist – wie schwerhörigen Kritikern nochmals gesagt werden soll – nicht ein zeitlos-allgemeines menschliches Wesen unterlegt. Der Begriff ist nicht aus positiv-anthropologischen Grundannahmen abgeleitet, sondern geht auf der einen Seite von einer Kritik der ‚gegenwärtigen Produktionsweise', vom beschädigenden Widerspruch von Produktivkräften und Produktionsverhältnissen auf gegebenen geschichtlichen Stand aus, er steht andererseits in der Perspektive der Kritik individuellen Leidens als Ausdruck des in den Individuen aufeinander prallenden strukturellen Widerspruchs der Handlungsentwürfe, d.h. der Interaktionsformen – zugänglich über eine tiefenhermeneutische Analyse" (Lorenzer, 1974, S. 229).

Gewiß darf, bei allen aufzeigbaren Analogien zum Marxschen Praxismodell, nicht übersehen werden, daß das Zusammenspiel auf der Ebene subjektiver Prozesse ein eigentümlich unverwechselbares Resultat erzeugt: menschliche Persönlichkeitsstruktur.

Zielperspektive einer geschichtsmaterialistischen Sozialisationstheorie ist deshalb die Entfaltung einer Theorie der Vergesellschaftung subjektiver Prozesse *ab ovo*, d.h. die Rekonstruktion der einzelnen Etappen in der Subjektwerdung von Anfang an, wobei der Blick auf die intersubjektiven Anfänge bereits zur folgenden Grundannahme zwingt: Es gibt einen szenisch strukturierten Erfahrungsraum, lange bevor er reflektiert und in Sprache gefaßt werden kann. Die Szene hat im Bildungsprozeß subjektiver Strukturen bereits eine bedeutungsvolle Geschichte, lange bevor das Subjekt Intention, Reflexion und Bewußtsein ausbildet, lange bevor es mit dem Instrument der Sprache eine neue Möglichkeit der Organisation seiner Erlebniswelt hinzugewinnt.

Ein entscheidender Gesichtspunkt für das volle Verständnis der hier vorgestellten Thematik: Von der „hohen" Ebene der Erkenntnis aus gilt es, jene Phase angemessen einzuschätzen, in der die kognitiven Muster des Erkennens noch unterentwickelt, noch gar nicht ins Spiel getreten waren, und anzuerkennen, welche grundlegende inhaltliche Bedeutung die körperlich-sinnlichen Formen des Umgangs mit der Welt gerade für die soziale Organisation der Lebenspraxis haben.

Abgewehrt werden muß dabei jene oft auch in soziologischen Modellen anzutreffende adultomorphe Haltung, die die Erwachsenenperspektive zum ausschließlichen Maßstab nimmt und folglich die Einsicht behindert: Indem sie gleichsam über den Situationen und vergangenen Szenen schwebt, später entwickelte Figuren in das frühe Fundament hineinprojiziert, Tendenzen herauspräpariert und als selbständig, für sich existierend betrachtet, erweckt sie den Anschein, als ob das derart Losgelöste, Isolierte auch von Anfang an unabhängig vom Eingebundensein im Szenischen hätte existieren können. Auch psychoanalytische Begriffe sind – wovon noch die Rede sein wird – nicht frei von dieser Art der Mystifikation. Lorenzers auf psychoanalytischer Erfahrung begründete Sozialisationstheorie setzt demgegenüber fundamental anders an:

„Schon beim ersten Ansatz auf der Ebene des Verständigtseins wird deutlich, wie sehr die Psychoanalyse – gewiß nicht von ungefähr – sich auf die Struktureigentümlichkeit der vorsprachlichen Erlebnisorganisation einstellen muß. Die Szene ist nämlich die Grundfigur, der wir bei der Konstitution individueller Struktur als erster begegnen, und zwar in ‚äußerer Hinsicht' in der Interaktion, dem szenischen Zusammenspiel von mütterlichem und kindlichem Organismus (schon am intrauterinen Ausgangspunkt in der Ontogenese), sowie in ‚innerer Hinsicht' in der Interaktionsform als dem Niederschlag dieser Szene und aller folgenden. Und so sehr die Grundelemente der Persönlichkeitsstruktur ihren Charakter im Prozeß der Ausbildung von Interaktionsformen auch gründlich ändern:
– im Übergang von den organismischen Grundfiguren der Interaktionsformen zu psychophysischen,
– im Zuge der Überführung bewußtloser Praxis in bewußte Praxis, und schließlich
– im Vorgang der Desymbolisierung,
so wird eines jedoch durchgängig gewahrt – der *szenische Charakter*" (Lorenzer, 1977, S. 88f.).

Man sieht: Sozialisationstheorie ergänzt die psychoanalytische Erlebnisperspektive durch einen gleichsam von höherer Warte aus gerichteten Blick. In ihm stellt sich zunächst die „äußere Szene" dar als das besondere Muster eines Organismus-Umwelt-Verhältnisses. Diese drei Elemente der basalen Szene gilt es genauer zu betrachten.

Die äußere Szene

Da ist zunächst die Rede vom „Verhältnis“: Tatsächlich geht der Ausgestaltung eines individuellen Subjektprofils ein Verhältnis voraus. Individuelle Figuren stehen nicht am Anfang der Entwicklung, sondern werden Schritt für Schritt aufgebaut in einem Prozeß, der in einer überindividuellen Einheit gründet und von einer Produktionsstätte der Intersubjektivität vorangetrieben wird. Aus einer ursprünglichen Praxiseinheit, der Einheit zweier aufeinander bezogener Organismen, erwachsen Profile der individuellen Körperfunktion und des individuellen subjektiven Erlebens.

Das zweite Bestimmungsmerkmal, Umwelt, erläutert dies: Für den embryonalen, fötalen Organismus ist die erste Umwelt der Organismus der Mutter, ein Schutz gewährender, Bedürfnisse stillender Ort, aber gleichzeitig auch eine Quelle erster traumatischer Erfahrungen. Diese erste Umwelt, der mütterliche Organismus, vermittelt zugleich auf besondere Weise Geschichte, Kultur und gesellschaftliche Praxis. Denn die Mutter als entwickelter Subjektpol dieses intersubjektiven Zusammenspiels bezieht ihre eigenen Praxisformen aus dem Tableau kultureller Praxisanweisungen. Sie trägt objektiv-kulturelle und soziale Widersprüche in freilich subjektiv-individuell gebrochener Form von Anfang an in das Spiel hinein. Der mütterliche Organismus als erste Umwelt ist also unmittelbar sinnlicher und konkret individueller Konfrontationspunkt im praktischen Austauschprozeß und gleichzeitig mehr: ein Medium, in dem sich kulturelle und soziale Formen spiegeln, die – auch ohne daß sie ins Bewußtsein des Subjekts treten und ohne in dessen Verantwortungsbereich zu liegen – den sich bildenden Organismus erreichen. An diesem Punkt nämlich erweitert Sozialisationstheorie die psychoanalytische Ansicht, sofern diese sich ausschließlich in den personalen Aspekt der Austauschprozesse vertieft. Hervorzukehren ist die Wechselbeziehung zwischen dem sich bildenden Organismus und der gegenständlichen Bedeutungsstruktur, die überfamilial-kollektiv gebildet worden ist und eine Eigendynamik ins Spiel bringt, die die persönlichen Sinnsysteme überlagert und dennoch modelliert. Die Umwelt, der mütterliche Organismus, ist nicht autonomer Fels in der Brandung, sondern Ausschnitt einer umfassenden widerspruchsvollen sozialen Struktur.

Wie steht es nun mit dem dritten Merkmal der Verhältnisbestimmung, mit dem „Organismus“? Hier verändert sich die Perspektive:

Das pränatale Individuum erfährt den mütterlichen Organismus ja keineswegs als Ausschnitt. Es erschließt sich die soziale Welt zunächst selbst organismisch, durch diesen Organismus hindurch, in motorischen und sensorischen Aktions- und Reaktionsprofilen, und es entwickelt dabei bereits mit den ersten Figuren des Reiz-Reaktionsgeschehens den Ansatz einer eigenständigen Struktur.

Ein ganz auf die biologische Struktur bezogenes Organismuskonzept gibt weitere Auskunft: Durchbrochen werden muß der Augenschein, als ob für das Tier immer nur bestimmte Ausschnitte der Welt relevant wären. Es sieht so aus, als ob die tierische Welt zerfalle in Freßbares und Nichtfreßbares, in Angstsituationen und Geschlechtssituationen. Man hat den Eindruck, daß Tiere nur auf bestimmte Reize reagieren, für andere unempfindlich sind. Das Organismuskonzept rückt diese Sicht zurecht: Es ist nicht so, daß sich das Tier aus einem Angebot von Welt Sektoren herausschneidet, die seinen vitalen Interessen entsprächen. Es ist umgekehrt: Das Tier lebt primär und ausschließlich in einem solchen Sektor; es besitzt keine Organe für das, was über seine Umwelt hinausgeht, und es kann deshalb nicht einmal die Ausschnitthaftigkeit seiner Umweltszene wahrnehmen. Die Eidechse z. B., die auf leiseste Geräusche im Laub in Alarmbereitschaft gerät, bleibt ohne Reaktion auf einen Pistolenschuß in ihrer unmittelbaren Nähe, weil dieser in ihrer natürlichen Umweltszene nicht vorkommt, also auch nicht als Gefahrenmoment registriert werden kann. Die szenische Eigenwelt der Organismen ist also zu beachten, die sich niederschlägt in der besonderen Struktur einer Ausstattung für diese und keine anderen Umweltanforderungen.

Diese Betrachtungsweise ist recht unmittelbar auf den hier im Blickpunkt stehenden Gegenstand zu beziehen. Wenn der Fötus im Mutterleib oder auch das gerade Neugeborene gemeinhin als unentwickeltes, unreifes Lebewesen betrachtet wird, dann ist das allenfalls in einer neurologischen Perspektive zutreffend, die in ihren Diagnosen immer vom Modell entwickelter Strukturen ausgeht. Das Organismus-Umwelt-Konzept kann demgegenüber zeigen, daß das Neugeborene für seine Situation durchaus vorbereitet ist, organismische Fähigkeiten hat, die es in den Stand setzen, vor dem neuen szenischen Anforderungsprofil zu bestehen:

„Zuerst einmal muß das Neugeborene — nach dem Organismuskonzept — als ein eigenständiger Organismus *für sich selbst* gesehen werden, d. h., es handelt sich bei der ‚physiologischen' Frühgeburt [der Autor erinnert hier an eine These A. Portmanns, B. G.] nicht um eine wirkliche Frühgeburt. Im Gegenteil: das Neugeborene verfügt über sehr funktionsfähige Anpassungsmechanismen an das extrauterine Leben. Es ist alles andere als unreif i. S. von insuffizient. Man könnte eher sagen, es sei ein Organismus von einer sehr ‚*aktiven und gezielten Insuffizienz*'. Das soll heißen: *als* ein Neugeborenes ist es in seinen vitalen Funktionen reif und leistungsfähig. Zu diesem Zweck besitzt es spezielle Anpassungen, die eigens dem neugeborenen Organismus und eben nur diesem zukommen. So ist z. B. die Temperaturregulation zentralnervös perfekt gesteuert; gegen Unterkühlung setzt das sog. ‚biochemische Heizkissen' (braunes Fettgewebe) große thermische Energien frei, gegen Überhitzung wirkt ein Schweißdrüsensystem mit zehnfacher Wirkung wie beim Erwachsenen ... Bereits Frühgeborene können alle vier *Geschmacksqualitäten* – süß/sauer/salzig/bitter – mit einer Exaktheit und Trennschärfe auseinanderhalten, zu der der Erwachsene nicht mehr fähig ist. Im Alter von vierzehn Tagen erkennt das Neugeborene die eigene Mutter am Geruch der Brustwarze, wie auch an den von der Achselhöhle ausgehenden Wärme- und Geruchsreizen; sinnesphysiologisch gesehen also wahrlich ‚reife' Leistungen, keineswegs Insuffizienzen" (Boller, 1984, S. 44f.).

Vom Organismus-Umwelt-Konzept her erscheint auch die von der Psychoanalyse beschriebene früheste Erfahrungsweise, die orale Phase, in neuem Licht. Für den Säugling ist die Einheit von Mutterbrust, Saugen und Milchstrom nicht segmentierte Erfahrung, bevorzugter Ausschnitt aus einem umfassenden Interaktionstableau. Das „Partialtrieb"verständnis des Triebes führt an dieser Stelle in die Irre; ja es stellt die Entwicklungslinie auf den Kopf, weil es die Erscheinungsebene bereits für das zugrundeliegende Muster nimmt. Für den Säugling konzentriert sich in der Oralität die gesamte Welterfahrung; für ihn gibt es nichts Bedeutsameres als die in, um und durch diese Körperregion erlebten Szenen. Und weil diese Eindruckskraft so übermächtig stark ist, bleiben auch in allen späteren Entwicklungsstadien Figuren der oralen Lust wirksam.

Der Schluß also liegt nahe: Die sozialisationstheoretischen Überlegungen verlangen eine noch deutlichere Umarbeitung des Freudschen Triebbegriffs, eine noch deutlichere Verbindung zwischen der Freudschen Vorstellung von der Impulsivität des Triebes und der Einsicht in die szenische Organisationsform der primären Praxisfiguren. Daß der Trieb nicht ein von außen unabhängiges, bloß inwendiges Potential darstellt, ist schon im ersten Teil zur Sprache gebracht worden. Daß er selbst szenisch begriffen werden muß, und d. h. als ein Verhältnis, in dem „innere" Bedürftigkeit und „äußere" Form der Bedürfnisbefriedigungspraxis ineinandergreifen, legt das Organismus-Umwelt-Modell nahe. Bei alledem ist natürlich davon auszugehen: Der Trieb stellt die leibliche Dimension des Erlebens ins Zentrum, die körperliche Angewiesenheit des Organismus auf den anderen Organismus. Diese ursprüngliche Angewiesenheit auf den anderen erzwingt ein Wechselspiel, und der sprichwörtliche Freudsche „Drang" des Triebes ist nichts anderes als jene körperliche Wirkkraft, die mit aller Macht danach strebt, daß das Kontinuität verbürgende Wechselspiel in ganz bestimmten, den erfolgreich eingespielten Figuren, in Gang bleibt und in den als befriedigend erlebten Formen sich erneuert.

So gesehen wird die Freudsche Annahme eines Energiepotentials, die Vorstellung einer inneren Reizquelle und das Rätselraten, wo denn die innere Reizmenge herrühre, überflüssig. In der hier vorgeschlagenen Perspektive ist die Antwort einfach: Die „Triebintensität" resultiert ganz unmittelbar aus dem Wechselspiel, das zuallererst von der „Not des Lebens" erzwungen wird und das als Wiederholung befriedigender Körperszenen Motor der weiteren Entwicklung ist.

Die innere Szene

Mit der bisherigen Skizzierung ist der Aufbau innersubjektiver Profile des Erlebens noch nicht erfaßt. Lediglich ein erster Schritt in diese Richtung bedeutete die These von der Eigenständigkeit des werdenden Organismus, die im Bild vom Zusammenhang zwischen Eigenwelt und Umwelt aufschien. Die Einsicht in den überindividuell-dyadischen Charakter, das Konstitutiv-Szenische der basalen Praxisstruktur wie auch die These, daß sich in der inneren Triebhaftigkeit von Anfang an die leiblich-sinnliche Angewiesenheit auf das Außen, auf Mitwelt und Umwelt ausdrückt – diese den Freudschen Triebbegriff korrigierende Formulierungen liegen noch ganz auf jener Ebene, die im Lorenzer-Zitat als Interaktionszusammenhang in „äußerer Hinsicht" aufgefaßt wurde. Von der Feststellung der Bedingungen, an die das Funktionieren des Wechselspiels gebunden ist, ist nun überzugehen zur Frage, wie aus dem primären Erfahrungskontinuum der Ansatz des psychophysischen Erlebens herauswächst. Erst in der Radikalisierung der Innenperspektive ist die Ebene erreicht, die mit der Rede von der „inneren Hinsicht" und d. h. in der Sprache der Lorenzerschen Sozialisationstheorie, mit dem Problem der Bildung und der inneren Struktur der „Interaktionsformen" gekennzeichnet ist.

Dabei soll das Konzept des Sozialisationsverlaufs nicht noch einmal modellgetreu nachgezeichnet, die Diskussion vielmehr konzentriert werden auf die Konsequenzen, die der sozialisationstheoretische Übersetzungsversuch psychoanalytischer Grundannahmen nahelegt. An einigen wenigen, dafür aber zentral stehenden Problempunkten sind konkretisierende Überlegungen anzuschließen: In der Reflexion des Verhältnisses von Interaktionsform und Szene soll der Voraussetzungszusammenhang für die Wirkungsqualität unterschiedlicher neuer Stufen im Aufbau des subjektiven Bildungsprozesses zur Sprache kommen, wobei dem Problem des Affektes besonderes Gewicht beigemessen wird. Insgesamt geht es darum, das Kernproblem der inneren Szene unter dem dynamischen Aspekt der Einwirkung sozial-kultureller Praxisanweisungen aufzuhellen.

Szenen werden im Erleben von Anfang an gestalthaft aufgenommen, aber nach den Mitteln der Wahrnehmungs- und Erlebnisfähigkeit in je besonderer Weise registriert:
- je früher, desto sinnlich-gröber, aber basal fundiert;
- je später, um so komplexer, um so mehr im Rückgriff auf andere Szenen.

Der basale Eindruck kann sich nur als physische Figur abzeichnen, noch nicht im entwickelten Körper, sondern im in der Entwicklung begriffenen Organismus, als sensomotorisches Engramm, wie Lorenzer die früheste Interaktionsform in physiologischer Sicht benannt hat. Der sinnlich-organismische Eindruck bildet selbst den Ansatz, der zum Reagieren befähigt und den nächsten Schritt im Interaktionsspiel vorbereitet. Damit wird bereits hier eine Eigenart erkennbar, die die Qualität des sinnlichen Erlebens von anders entwickelten Formen, etwa jenen sprachlicher Registratur, unterscheidet und immer unterscheiden wird: Der praktische Eindruck aus dem szenischen Spiel verlangt eine Entsprechung auf gleicher Ebene, erzwingt eine gleichermaßen praktisch-unmittelbare Reaktion im selben organismisch-sinnlichen Medium der Auseinandersetzung. Aus diesem Grund kann auf der Basis der passiven Formbestimmung schon im nächstfolgenden Schritt der Ansatz eines aktiven Profils erwachsen, das Grundelement eines Entwurfs, der zur bedarfsstillenden Fortsetzung des praktischen Zusammenspiels drängt. Auf diese Weise kristallisiert sich eine Geschichte der Bedürfnisprofile heraus, individuell-konkret, von jenen sinnlichen Figuren gekennzeichnet, die die Intimität des basalen Zusammenspiels ausmachen: Figuren einer sozialen Organismik. Diese Geschichte des Körperspiels und der Körperbedürfnisse treibt Forderungen aus sich heraus: Die einmal erlebte Befriedigung hat ein Erwartungsprofil zur Folge, das auf die Fortdauer dieses Befriedigungsmusters drängt. Von Anfang an ist die Befriedigungssuche an Formen orientiert, die mit den bereits organisierten übereinstimmen. Im Zentrum des Drängens, gleichsam Regulator dieser praktisch-sinnlichen Auseinandersetzung, steht jene psychophysische Figur, die Freud als fundierenden Anteil der „Triebrepräsentanz" stets gesehen, mit dessen begrifflicher Fassung er sich allerdings außerordentlich schwer getan hat, die Figur des „Affekts".[8]

Die sozialisationstheoretische Bearbeitung dieses „dunklen Gebietes" – so Freud in seiner Vorlesung über die *Angst* (G.W. XI, S. 411) – steht auch hier vor der Aufgabe, den Erfahrungsraum der Psychoanalyse zu verlassen und die physiologisch bedeutsamen Bedingungen auszumachen, ohne die die Existenz affektiver Profile, der Ansatz des psychischen Erlebens, gar nicht denkbar wäre. Die Linie kann nur angedeutet werden:

Der Affekt konstituiert sich am Kreuzungspunkt zwischen Motorik und Sensorik.[9] Gleichgültig, ob der Ort der Registrierung physiologisch im Rückenmark, Stammhirn oder in der Großhirnrinde zu suchen ist[10], überall dort ist vom Begriff „Affekt" zu reden, wo sensomotorische Komplexe gebildet und zur Einheit verschweißt werden; zu einer brüchigen Einheit allerdings, da sensorische (in Richtung auf den Vorstellungskomplex) und motorische Aktions- und Reaktionspotentiale schon im nächsten Schritt auseinandertreten und in ihrer Eigendynamik wirksam werden können.

Der Affekt verklammert ursprünglich noch beide Komplexe; er bildet ihren Scheitelpunkt und bleibt als derart spannungsgeladene Erlebniseinheit – auch nach möglichen Aufspaltungsprozessen – Repräsentant der praktischen unmittelbaren Körperbewegung (-motorik) und sinnlichen Eindrucksqualität.

Im Affekt werden – eben im Zuge dieser Gestaltbildung – die sensomotorisch verästelten Reiz-Reaktionskomplexe auf ihre befriedigenden oder versagenden Erlebnisqualitäten hin abgetastet.

Voraussetzung also ist die Entwicklung eines zentralnervösen Registratursystems, das dem werdenden Organismus die folgende Möglichkeit eröffnet: Reize werden nach Richtungen, Befriedigungswerten sortiert und zu Rastern zusammengefaßt, in denen das Störende, Unlustvolle ebenso eingezeichnet ist, wie das lustvolle, auf Wiederholung drängende „Befriedigungserlebnis".

Diese Qualitätsermittlung im Sinne der erlebniskonstituierenden (zentralnervösen) Sondierung von Reizen verweist darauf, daß der Affekt keineswegs einen nur unmittelbaren Geschehensablauf bezeichnet; er ist vielmehr ausgezeichnet durch die *Erfahrung*, die aus der sinnlich-praktischen Auseinandersetzung mit vorausgegangenen Abläufen erwachsen ist, und „interpretiert" gleichsam, nun einbezogen in das Netz der Erinnerungsspuren, das aktuelle Erlebnisangebot vor dem Hintergrund der vergangenen – so oder so registrierten – Erlebniseindrücke. Der Affekt – Produkt und Produzent zugleich – präsentiert sich hier als praktisch interpretiertes und praktisch interpretierendes Körpergefüge.

Das Affektive entspricht der Eigenart der Szene, die unterschiedlichen Interaktionsformen immer schon zu einem Gefüge vereinigt zu haben. Nicht in der einzelnen Interaktionsform, sondern immer nur in einem Konvolut von Interaktionsformen, in der Gestalt einer Szene, findet der ausgebildete Affekt sein Pendant. Und umgekehrt: Die Szene als Erlebnisfigur stellt ein reichhaltiges Tableau von Interaktionsformen dar; sie umfaßt unterschiedliche, mitunter auch widerspruchsvoll aufeinanderstoßende Anteile, die zwischen den Polen Lust und Unlust eine reichhaltigere Skala von affektiven Figuren präsentieren.

So gesehen wird deutlich: Die entwickelte Erlebnisszene ist aus einer ganzen Reihe von Interaktionsformen zusammengesetzt, denn die Erfahrung der äußeren Szene nimmt ein ganzes Netz von Interaktionsengrammen in Anspruch, ein Netz von Niederschlägen abgelaufener Szenen. Genau dies macht die Lebensgeschichtlichkeit der Szene aus, daß sie in je unterschiedlicher Weise auf ganz verschiedene Interaktionsengramme zurückgreift und diese Interaktionsengramme in den Szenen sich durchsetzen und verflechten. Dabei entspricht der situativ horizontalen Kompliziertheit der realen Szene die vertikale Kompliziertheit im Inneren; das Inanspruchnehmen von vielen unterschiedlichen Engrammen, wobei jedes Engramm auf konkrete Interaktion zurückverweist, diese konkrete Interaktion gleichsam anwesend ist als engrammierte Interaktionsform, die es nun möglich macht, das real Erlebte als sensorischen Eindruck zu reaktivieren. Mit diesen Überlegungen ist eine wichtige Einsicht erreicht: Der realen Vielfalt der Figuren aktueller Szenen steht die innere Vielfalt der Engramme gegenüber. Die äußere Vielgestaltigkeit der Szene kann durch die innere lebensgeschichtliche Vielgestaltigkeit beantwortet werden. Die innere Erlebnisszenerie ist nicht weniger komplex gebaut als die äußere, soziale.

Darüber belehrt der Blick auf den Herstellungsprozeß: Das widersprüchliche Außen schlägt sich nieder als widerspruchsvolle Struktur in der subjektiven Gestalt. Erlebnisanalytisch heißt dies: Jedes affektive Erlebnisprofil weist über sich hinaus, eben auf die Anforderungsstruktur von außen, auf den Konfrontationspunkt, dem die sinnliche Reaktion gewachsen sein will.

Der Affekt bringt so das handelnde Subjekt in Übereinstimmung mit der Situation; er stellt es auf die Szene ein. Die Angst ist – so von Freud deutlich bezeichnet – in diesem Sinne eine adäquate Reaktion auf drohende Gefahr; der Schrecken ist demgegenüber bereits Zeugnis einer Überwältigung durch die traumatische Szene. Das sozialen Konstellationen antwortende und deshalb szenisch strukturierte Erleben bleibt aber immer gleichzeitig auch bei sich selbst, weil die Beziehung zum Außen im leiblichen Gefüge verankert ist, die Umweltszene ganz unmittelbar, distanzlos am Organismus ansetzt. Schließlich, die Eigenständigkeit dieser – Lebenspraxis regulierenden – sinnlichen Figur zeigt sich daran, daß die Struktur des Affektiven unabhängig von höheren Organisationsformen in der einmal gewonnenen Gestalt zu existieren in der Lage ist und sich durchzusetzen vermag auch dort, wo komplex strukturierte Registraturen längst auf den Plan getreten sind.

Auf entwickelterer Stufe im Bildungsprozeß subjektiver Strukturen übernimmt der Affekt auch Funktionen im Dienste des Ich: Als Affektsignal etwa kann er – nun unmittelbar vergleichbar mit der Sprache – zum „Surrogat für die Tat“ werden. Deutlicher als zuvor zeigt sich im Affektsignal (z. B. Angst) die sukzessiv erworbene Fähigkeit, szenische Arrangements aufgrund früherer szenischer Erfahrung einzuschätzen.

Doch auch hier ist festzuhalten: Im Affekt konstituiert sich der körperliche Zustand des erlebenden Subjekts in einer bestimmten, praktisch realisierten szenischen Verhältnisfigur: Der Affekt treibt an, motiviert zu aktuellem Verhalten, prägt die Erlebniserwartung und begründet den sinnlichen Grund des Handelns. In ihm – diesem frühesten leiblichen Drehpunkt von Erfahrung des Vergangenen und Realisierungsdrang im Gegenwärtigen – verrät sich die Grundstruktur des *gelebten Sinns* schlechthin.

Ein wesentlicher Unterschied zwischen psychoanalytischem und sozialisationstheoretischem Modell ist an dieser Stelle zu markieren:

Freud hatte den Affekt von vornherein als Störfaktor im Erlebniskonflikt betrachtet. Er war konfrontiert mit der Aufgabe, den Ursachenzusammenhang neurotischen Leidens zu begreifen und mußte deshalb ausgehen von der chaotisch dysfunktionalen Wirkungsweise, die schon zu einem früheren Zeitpunkt der Erfahrung in die Formel gefaßt war: „Der Konflikt der Affekte hatte den Moment zum Trauma erhoben" (G.W. I, S. 173). Die sozialisationstheoretische Konzeption hat den Rahmen der Betrachtung erweitert. Sie muß – gleichsam im Gegensatz zur Freudschen neurosentheoretischen Formulierung – die Struktur des Affektiven insgesamt aufhellen und der Frage nachgehen, welche Rolle das Affektive im Aufbau subjektiver Strukturen spielt. Sie muß zeigen können, in welcher Beziehung der Affekt zu anderen Organisationsformen des Erlebens und Handelns steht. Die Skizze kann so weitergezeichnet werden:

Neue Erlebnisorganisatoren treten nicht plötzlich und unvermittelt ins Spiel, sondern schließen an die erreichte Endstufe der in der vorausgegangenen Etappe gebildeten Praxis an; sie legieren sich zunächst unmerklich mit deren entwickeltsten Formen. Die affektive Struktur wächst aus dem Reiz-Reaktions-Kreislauf eines vorerlebnishaft strukturierten Erfahrungskontinuums heraus und bringt eine neue Qualität ins Spiel, weil sie die sensomotorischen Erfahrungsmuster zusammenzufügen, zur Einheit zu organisieren vermag.

Wenn der szenische Erlebnisraum dann auf der nächsten Stufe im Bildungsprozeß zum ersten Mal ins vorsprachliche Symbol gefaßt wird, dann ist hierfür die reichhaltig entwickelte affektive Struktur unabdingbare Voraussetzung; sie wird zum geheimen Motor, der den neuen Organisator, die sinnlich-symbolischen Erlebnismuster, zur Aktion antreibt. Das ausgereifte affektiv-szenische Gefüge drängt zur szenisch-symbolischen Orientierung unter dem Druck neuer Aufgabenstellungen und Anforderungen. Bereits im Aufbau der Affektorganisation war ja eine Differenzierung der Szene in unterscheidbare Pole erreicht worden; mit der nach Lust- und Unlustqualitäten hin sortierten Erfahrung von Aktivität und Passivität war zugleich die Aufgliederung des szenischen Spiels in subjektiv eigene und objektiv andere Interaktionsprofile in Gang gekommen. Die nächste Ebene der Erlebniseinfassung nimmt dieses Vermögen in Anspruch und baut darauf ein neues Vermögen auf: Eine nichtsprachliche Form der Symbolisierung entsteht, mit der schon eine beträchtliche Distanz zur Stufe der organismisch-peripheren allerfrühesten Interaktionsformen erreicht ist. Im vorsprachlichen Symbol aber dominiert die Affektinhaltlichkeit. Gerade die Intensität der Affektgebundenheit der neuen Ebene markiert eine Trennlinie zur nächsten qualitativ neuen Bildungsstufe, der sprachlich-symbolischen Organisation des Erlebens.

Auch hier ist der Entwicklungsstand der vorausgegangenen Subjektorganisation von entscheidender Bedeutung. Es muß eine szenisch-komplexe Gestaltbildung bereits stattgefunden haben und der selbstregulativ-symbolische Praxisansatz weit genug ausgebildet sein, damit der neue Vermittlungsschritt, die Verknüpfung zwischen Praxis und Sprache überhaupt realisiert werden kann. Deshalb stehen auch nicht die einzelne Interaktionsform und das isolierte Wort am Beginn der Spracheinführung einander gegenüber, sondern die in subjektive Selbstverfügung genommene, reichhaltig entwickelte Szene, in der sich nun das Subjekt als individuierter Akteur erlebt, auf der einen Seite und der „Satz" auf der anderen. Daß das Kind einzelne Worte spricht, liegt auf der Erscheinungsebene. Dahinter steht, was Lorenzer gerade mit dem Begriff des Szenischen gezeigt hat: Das Wort „Mama" bezieht sich nicht in erster Linie auf das Personenprofil, sondern umfaßt die gesamte affektive Erlebniswelt, die mit und durch „Mama" erlebt wird; es bezieht sich auf das szenische Spiel zwischen Mutter und Kind. Das Wort ist hier also auf dem Niveau des Satzes, der entwickelten Struktur, die es abbildet, organisiert. Im übrigen tritt die szenische Natur der Sprache auch dann hervor, wenn man nur genügend konkret die Prozesse betrachtet, die auf der Stufe der Spracheinführung stattfinden: Das Kind reproduziert an diesem Punkt ja ein Interaktionselement, das von Anfang an, repräsentiert durch die sprechende Mutter, der Szene zugehörte. Es nimmt nun diesen Anteil, von dem es bisher weitgehend dominiert war, in eigene Regie. Das heißt nichts anderes als: Es komplettiert in mimetischer Praxis die erlebte Szene.

Es ist deshalb kein Zufall, daß zu Beginn der Sprachentwicklung noch der affektive Bedeutungsanteil dominiert. Das hörende Kind weiß bei geschärftem Sensorium für Klang und Ausdruck der Stimme, lange bevor es den Sinn der Rede zu begreifen vermag, wie es dem Redenden zumute ist. Und nun, in die aktive Rolle versetzt, spielt es noch geraume Zeit mit der Sprache und inszeniert in Überschreitung der sprachlichen Regeln jene affektive Figur, die auch Freud wahrgenommen und unter der Bezeichnung „Lust am Unsinn" (G.W. VI, S. 140) beschrieben hat. Der Zusammenhang wird sich ändern in dem Maße, in dem das Kind angehalten wird, dem diskursiven Ordnungsimpuls, der mit dem Sprachsystem gleichzeitig gesetzt ist, Tribut zu zollen.

Erfaßt man die einzelnen aufeinander angewiesenen Etappen im Bildungsprozeß von Subjektivität im Überblick, dann wird deutlich: Es gibt kein biologisch Früheres und sozial Späteres. Von Anfang an finden sich Körperspiel und soziale Figur in einer szenischen Struktur zusammen. So stellt der Affekt auf sinnlich-körperlich entwickeltem Niveau den Organismus auf das Anforderungsprofil der sozialen Welt ein. Im sinnlichen Symbol ist eine Organisation ins Spiel getreten, die das Individuum befähigt, aus der Passivität der Formbestimmung herauszutreten und zum ersten Mal Praxis in eigene, noch ganz und gar sinnlich bestimmte Regie zu nehmen, und im Medium der Sprache kann es gelingen, aus dem Bann der Situationszwänge ganz auszubrechen und selbstbewußt über soziale Praxisfiguren in kommunikativem Austausch zu verfügen. Es geht somit um einen Prozeß der lebenspraktischen Aneignung des Sozialen, aus dem Subjektprofile erwachsen, die die Individuen schließlich im geglückten Fall in die Lage versetzen, rein passiver Formung zu entrinnen und zu aktiv eingreifenden Planern der eigenen Verhältnisse zu avancieren, selbstbewußt und selbstverantwortlich.

Sprache — Szene.
Die Spannung zwischen Handlungsanweisung und Handlungsentwurf

Mit der Sprache tritt nun auch — was die idealtypische Skizze noch nicht kenntlich macht — der Gegenspieler des Szenischen auf den Plan. Daß Sprache Probehandeln in Gang setzt, den Eigenraum der Selbstverfügung erweitert und damit überhaupt erst die Grundlage entfalteter Subjektivität stiftet, das ist die eine — wenig aufregende — Seite, die allenfalls den Anthropologen bewegt, der Grund hat, an dieser Stelle die Scheidelinie zwischen Tier und Mensch zu ziehen. Daß Sprache auch Distanz schafft, indem sie sich über Bedürfnisansprüche aus der szenisch-mimetischen Praxis hinwegsetzt oder dem vom Trieb herrührenden Realisierungsdrang das Veto der Normen, geschichtlich tradierten Gebote und Verbote entgegensetzt – diese andere Seite rückt den Zusammenhang wieder in die Nähe zu den Konfliktfeldern aus psychoanalytischer Erfahrung. Metatheoretisch gesprochen: In der Verhältnisbestimmung von nichtsprachlichem Szenischem und sprachlichen Deutungsmustern soll die Einsicht in die Tiefendimension der aus dem Konflikt zwischen Triebwunsch und Verboten hervorgehenden Spannung von Individuum und Gesellschaft auf den sozialisationstheoretischen Begriff gebracht werden.

Dem kompliziert erscheinenden Zusammenhang liegt eine einfache Überlegung zugrunde: Im Gegensatz zur inneren Entfaltung subjektiver Profile aus der sinnlich-unmittelbaren Auseinandersetzung tritt ja die Sprache von außen an das Individuum heran. In der Perspektive des Subjekts erscheint sie als ein neues Medium, insofern die bis zur Spracheinführung ausschließlich sinnlich organisierte Kommunikationsform durchbrochen wird und neue Bedeutungsfiguren ins Spiel treten. Sprache präsentiert sich, objektiv gesehen, als ein überindividuell gebildetes, geschichtlich tradiertes System von Regeln und Bedeutungen, das zwar selbst aus der Praxisauseinandersetzung hervorgegangen ist, aber, einmal gebildet, diese Praxisherkunft und den Praxisbezug auch in Abrede stellen kann.

Die Marxsche Bewußtseinskritik hat diesen grundlegenden Widerspruch bereits thematisiert, im Blick auf das Problem der Teilung der Arbeit: Von dem Augenblick an, heißt es in der *Deutschen Ideologie*, „wo eine Teilung der materiellen und geistigen Arbeit eintritt ... *kann* sich das Bewußtsein wirklich einbilden, etwas Andres als das Bewußtsein der bestehenden Praxis zu sein, *wirklich* etwas vorzustellen, ohne etwas Wirkliches vorzustellen – von diesem Augenblicke an ist das Bewußtsein imstande, sich von der Welt zu emanzipieren und zur Bildung der ‚reinen' Theorie, Theologie, Philosophie, Moral etc. überzugehen" (Marx, Engels, 1962, S. 31).

Es fällt nicht schwer, für den hier zur Debatte stehenden Zusammenhang zu übersetzen: In dem Augenblick, wo szenische Figuren der Lebenspraxis in Sprache eingefaßt werden, kann sich das so entstandene Bewußtsein einbilden, etwas anderes zu sein als das Bewußtsein der szenisch gelebten Praxis. Es ist imstande, sich den Anforderungen der Praxis zu entziehen bzw. Praxis von oben her zu dirigieren.

Im Herausarbeiten der Bedeutung von Handlungsanweisungen,

die in einem kulturellen System wie dem der Sprache, aber auch dem nichtsprachlicher Bedeutungsträger enthalten sind, gewinnt die sozialisationstheoretische Betrachtung gegenüber einer nur entwicklungspsychologischen ihren Inhalt. Nur im Aufweis der lebenspraktisch eingreifenden Qualität jener Handlungsanweisungen kann die Behauptung eingelöst werden, daß der Bildungsprozeß von Subjektivität nicht als Entwicklung nach dem Muster biologischer Reifung zu betrachten ist, der in einer späteren Etappe soziale Qualität hinzugewönne. Die soziokulturellen Handlungsanweisungen begleiten nicht nur das Spiel der Körperprozesse; sie werden innerhalb dieser Prozesse wirksam, laden die Auseinandersetzung von innen her spannungsvoll auf und führen sie zu immer neuen brisanten Punkten der Verschränkung von Körper und Sozialität – man denke in diesem Sinne nur an die lebensgeschichtliche Bedeutung der erogenen Zonen, die Freud entdeckt, aber allzu biologisch begriffen hat.

Um noch einmal, nun im Blick auf die Wirkungsqualitäten handlungsanweisender Figuren, auf die Anfänge des Bildungsprozesses zurückzublenden: War der Körper der Mutter als erste Umwelt für das Kind zu betrachten und es zudem klar geworden, daß das mütterliche Verhalten sich entfaltet in der Spannung von unbewußt Erlebtem und bewußt Gewolltem, dann muß ebenso deutlich sein: Das Kind erfährt diese Welt nicht in der Symboldistanz; der Säugling kann den im mütterlichen Verhalten womöglich präsenten Konflikt zwischen Wünschen und Werten nicht als solchen registrieren; wohl aber erlebt und erspürt er das Praktischwerden des Konflikts in jenen leiblichen Figuren, die für ihn die Welt bedeuten, auf die er angewiesen, mit denen er verbunden ist, um aus dem Wechselspiel mit ihnen die eigenen Körperbedürfnisse aufzubauen, von denen alle weiteren Erlebnisinstanzen – Erinnerungen, Phantasien und Wünsche – ihren Zuschnitt erhalten. Wobei mit Henri Lefebvres hellsichtiger Bemerkung festzuhalten ist: „Geht der Wunsch auch über das Bedürfnis hinaus und fügt ihm, über zahlreiche Vermittlungen, den menschlichen Reichtum hinzu, so umfaßt er es doch noch: kein Wunsch ohne Bedürfnis. Ignoriert der Mensch (individuell oder kollektiv, in der Gruppe oder isoliert) den Mangel, bleibt das vitale und spontane Bedürfnis aus, dann versagt der Wunsch, dann gerät er zu etwas Abstraktem und Künstlichem" (Lefebvre, 1978, S. 163). In Lorenzers Terminologie: zu etwas „Zeichenhaftem".

Schon auf der Ebene des sinnlichen Erlebens wird das Spiel polarisiert, steht das Kind unter dem Einfluß von Handlungsanweisungen, in denen andersartige, nichtmütterliche Figuren dominieren. Der Vater als konkrete Person betritt zwar nur als zweiter Darsteller die Bühne, denn nirgends anders als in der Schwangerschaft wird der konkrete leibhaftige Austausch organismischer Figuren realisiert. Dennoch ist der Vater Mitproduzent der Konfliktdramatik. Die Figur des Väterlichen ist nämlich von Anfang an im Spiel, und zwar nun eben als Repräsentant eines kulturell geformten, geschlechtsspezifisch konkretisierten Anforderungsprofils. Es bereitet der Exklusivität und der Abgeschlossenheit der Mutter-Kind-Dyade ein unausweichliches Ende, denn im Prinzip des Väterlichen ist ein System von konfrontativ-reglementierenden Praxisanweisungen enthalten, das zur Auflösung der Zweieinheit drängt, zur Weiterentwicklung der Struktur. Die kulturelle Geschichte männlich tradierter Verhaltensmuster wird an dieser Stelle praktisch wirksam.

Freud hat im Bild vom Schrecken verbreitenden „Urvater" auf den Gewaltaspekt und die deformierende Seite dieses Eingriffs hingewiesen. Die Übersetzung dieses Mythos bringt zum Vorschein: Das Prinzip des Väterlichen birgt ein Tableau kulturell entwickelter Bedeutungsfiguren und wird deshalb auf der Ebene konkret wahrnehmbarer Prozesse nicht nur vom realen Vater, sondern gleichermaßen auch von der realen Mutter in Praxis umgesetzt.[11]

Was die ödipale Situation, die hier berührt ist, nun derart spannungsvoll auflädt, daß Freud sie stets als Angelpunkt allen psychophysischen Geschehens ansehen konnte, das ist weniger die Tatsache der Triangulation, die ja nicht erst am Punkt des Abschlusses infantiler Sexualität die Szene bestimmt, als vielmehr diese Konfrontation zweier inhaltlich eigenständig strukturierter Lebensentwürfe, d. h. unterschiedlicher Anweisungen für die Ausrichtung von Praxis: An jenem Punkt der ödipalen Problematik, an dem die Mutter in ihrer geschlechtsspezifischen Imago, als Frau, „bewußt" wird und an dem die Position des Kindes dem jeweiligen Geschlecht zugeordnet, die Geschlechtsidentität also gefunden werden muß, geht es um nichts weniger als dies: die sinnlich befriedigenden Formen, die den Trieb konturieren, festzuhalten (spiegelbildlich geht es um die Abwehr ebenso tiefgreifender Traumatisierungen, die das „Lustprinzip" bedrohen und das Subjekt in Gefahr bringen, die libidinöse Bindung zu verlieren) und mit den angebotenen – unvermeidlich Versagungen transportierenden – Formen reflexiv-konfrontativer Weltaneignung zu verknüpfen, die das szenisch Erlebte ins Begreifen zu heben vermögen. Diese Aufgabe steht im Zentrum jeder Lebensgeschichte. Auf den Trieb bezogen, ist sie noch konkreter darstellbar: als Spannung von Regression und Progression, Symbiosewunsch und Individuationsbedürfnis, Verschmelzung und Abgrenzung. Und wenn nicht alles täuscht, dann ist der sich durchhaltende Freudsche Triebdualismus genau in diesem Sinne zu verstehen, als Darstellung jener Polaritäten im psychophysischen Geschehen, die jeder schöngeistig-idealistischen Interpretation menschlicher Entwicklung Widerspruch entgegensetzt.

„Vielen von uns mag es auch schwer werden", läßt sich Freud auf die Schwierigkeiten des Begreifens am Punkt der Triebfrage ein, „auf den Glauben zu verzichten, daß im Menschen selbst ein Trieb zur Vervollkommnung wohnt, der ihn auf seine gegenwärtige Höhe geistiger Leistung und ethischer Sublimierung gebracht hat und von dem man erwarten darf, daß er seine Entwicklung zum Übermenschen besorgen wird. Allein ich glaube nicht an einen solchen inneren Trieb und sehe keinen Weg, diese wohltuende Illusion zu schonen. Die bisherige Entwicklung des Menschen scheint mir keiner anderen Erklärung zu bedürfen als die der Tiere, und was man an einer Minderzahl von menschlichen Individuen als rastlosen Drang zu weiterer Vervollkommnung beobachtet, läßt sich ungezwungen als Folge der Triebverdrängung verstehen, auf welche das Wertvollste an der menschlichen Kultur aufgebaut ist. Der verdrängte Trieb gibt es nie auf, nach seiner vollen Befriedigung zu streben, die in der Wiederholung eines primären Befriedigungserlebnisses bestünde; alle Ersatz-, Reaktionsbildungen und Sublimierungen sind ungenügend, um seine anhaltende Spannung aufzuheben, und aus der Differenz zwischen der gefundenen und der geforderten Befriedigungslust ergibt sich das treibende Moment, welches bei keiner der hergestellten Situationen zu verharren gestattet, sondern nach des Dichters Worten ‚ungebändigt immer vorwärts drängt' (Mephisto im ‚Faust', I, Studierzimmer). Der Weg nach rückwärts, zur vollen Befriedigung, ist in der Regel durch die Widerstände, welche die Verdrängungen aufrecht halten, verlegt,und somit bleibt nichts anderes übrig, als in der anderen, noch freien Entwicklungsrichtung fortzuschreiten, allerdings ohne Aussicht, den Prozeß abschließen und das Ziel erreichen zu können" (G.W. XIII, S. 44 f.).

Der Trieb als Möglichkeitsform, die das Unmögliche fordert – die Rede von der Sozialität des Triebes muß diesen Inhalt bewahren und die Einsicht schärfen: Jede lebensgeschichtlich bedeutsame Szene ist von diesem elementaren Kräftespiel gekennzeichnet, nicht nur die früheste affektive Erinnerungsspur, nicht nur die dem Leiblichen nahestehende Phantasie, auch die intellektuellen Figuren der Weltaneignung, sofern sie nicht vollkommen apathisch der Welt gegenüberstehen – und gerade deshalb leiden.

Daß sich die menschliche Auseinandersetzung niemals aus der sprachlich organisierten Weltdeutung herausbewegen kann, ist unbestreitbar. In der Perspektive der Bildung subjektiver Struktur, um die es hier geht, aber ist Sprache nicht der erste und einzige Hort der Vergesellschaftung, jedenfalls solange nicht, wie Menschen nicht als sprechende Wesen geboren werden. Das Szenische, die primäre Form der Vergesellschaftung, wurde im hier vorgelegten Aufriß reklamiert als Sammelbezeichnung für die der Spracheinführung vorausgehenden Etappen sinnlich-sozialer Auseinandersetzung, die von der Triebbedürftigkeit des Menschen her ihren eigenen Inhalt, ihre eigenen Bedeutungen generieren.

Bewußtseinsbildung ist nicht anders denkbar denn als Vermittlungsprozeß und Verknüpfungsaufgabe zwischen den beiden Sphären, den von der Körperauseinandersetzung her gespeisten unbewußten Figuren und den szenisch-bildhaften Anteilen auf der einen Seite und den von außen an das Subjekt herangetragenen Sprachmustern auf der anderen. Aus der Verknüpfung entsteht die Einbindung des Subjekts ins Kollektiv der Sprachgemeinschaft; aus ihr resultiert aber auch die Schwierigkeit der Menschen, sich miteinander zu verständigen. Denn die Individuen unterscheiden sich gerade in diesem Punkt der Weltaneignung, gewinnt doch jede einzelne Sprachfigur nur in dem Maße „Bedeutung", in dem der als Resultat der Verknüpfung nun in ihr enthaltene Inhalt aus der unbewußten, der sinnlich-symbolischen Praxis zum Zuge kommt. Der Widerspruch zwischen Sprache und Praxis manifestiert sich im Individuum dort,

- wo der aus den Körperszenen sich entwickelnde Handlungsentwurf von den Normen und Geboten im Zaum gehalten wird, nicht realisiert, ja nicht einmal gedacht werden darf, und dort
- wo die Bedürfnisfigur Trieb zu schwach entwickelt worden ist, weil die szenische Welt unentfaltet geblieben ist, zu geringen Niederschlag in der Erlebnisgestalt finden konnte. In diesem Fall wird die Sprache übermächtig, sieht es so aus, als repräsentiere sie das Zentrum aller Handlungen.

In Wirklichkeit hat sie, befreit vom Gegengewicht des im Szenischen enthaltenen Praxisanspruchs, leichtes Spiel, von ihren Handlungsanweisungen her die Entwicklung zu steuern – mit dem Resultat einer Entsinnlichung menschlicher Beziehungen.

„Sprache und lebendige Rede, beides Fragmente von Praxis", gibt Henri Lefebvre ganz im Sinne der hier angestellten Überlegungen zu bedenken, „möchten die Praxis gleichmachen: das Ganze der Praxis soll über den Diskurs verlaufen. Dieser will total sein. Er muß sich in der Tat als totaler wollen und ist doch immer nur partiell. Niemals wird alles gesagt. Und gibt man vor, alles zu sagen oder alles gesagt zu haben, so ist damit nichts weniger angezeigt, als daß die Sprache in eine Krise geraten ist. Der Sprache Vorrang einzuräumen bedeutet noch immer, dem Bewußtsein Vorrang einzuräumen und damit im Rahmen der überkommenen Philosophie zu verbleiben: der idealistischen; bedeutet, jene zu fetischisieren, sie in eine entfremdete, und entfremdende Macht zu verwandeln, am Ende in ein Ding. Man muß über die Sprache, ja selbst über die lebendige Rede hinausgehen, will man finden, aufdecken – hervorbringen –, was gesagt werden wird" (Lefebvre, S. 14f.).

Das heißt: Man muß mit dem Szenischen beginnen, mit der Analyse jener sensibelsten Registratur des Sozialen im Menschen.

Anmerkungen

1) Beispiel hierfür ist der späte Fromm, der ein existential-anthropologisches Modell menschlicher Leidenschaften an die Stelle der Triebtheorie rückt und in seinem theoretisch anspruchsvollsten Werk der Spätschriften, *Anatomie der menschlichen Destruktivität* dezidiert fordert: „Es ist an der Zeit, diese Belastung durch die Trieblehre endlich ganz abzuschütteln" (Fromm, 1977, S. 103). Vgl. hierzu auch die vom Verfasser herausgegebene Dokumentation und Aktualisierung der „Kulturismus"kritik in: *Der Stachel Freud* (Görlich, 1980).

2) Um nur die wichtigsten Buchpublikationen Lorenzers zu nennen, in denen das Programm der metatheoretischen Konstruktion seinen Niederschlag gefunden hat: *Sprachzerstörung und Rekonstruktion* (1970); *Zur Begründung einer materialistischen Sozialisationstheorie* (1972); *Die Wahrheit der psychoanalytischen Erkenntnis* (1974); *Sprachspiel und Interaktionsformen* (1977); die sozialisationstheoretischen Exkurse in: *Das Konzil der Buchhalter* (1981). *Tiefenhermeneutische Kulturanalyse*. In: Kultur-Analysen (1986).

3) Zwei weithin bekannte Positionen, die sich in Versuchen einer Abrechnung mit Freud am Punkt der Verführungstheorie besonders hervorgetan haben: J. M. Masson (1986), A. Miller (1981).

4) J. Laplanche hat die Freudsche Idee der „Nachträglichkeit" ausgebaut und integriert in die eigene Konzeption von der traumatischen „Geburt" der Sexualität (in: Laplanche 1974; 1988). Eine Auseinandersetzung mit den scharf konturierten Positionen von Laplanche gerade an Punkten der Bedeutungsanalyse von Trieb und Sexualität (Anlehnung, Autoerotismus, Autoaggression) hat hierzulande noch kaum stattgefunden. Der Verfasser wird demnächst detaillierter über Resultate seiner Beschäftigung mit Laplanche Auskunft geben.

5) Dem hier nur exkursorisch behandelten Problem der Metapsychologie ist der Verfasser inzwischen detaillierter nachgegangen (in: Görlich, 1987).

6) Jüngst hat M. Clemenz zentrale Bestimmungen der Metapsychologie unter dem Aspekt der psychischen Repräsentanzen zu reformulieren versucht; die biologische Seite der Freudschen Begrifflichkeit wird als „façon de parler" abgetan (M. Clemenz, 1986, S. 130).

7) Aktuell wohl prominentester Vertreter der Metapsychologiekritiker ist Roy Schafer, der eine „neue Sprache für die Psychoanalyse" fordert (Schafer, 1982).
8) Eine der wenigen instruktiven Arbeiten über die Problematik des psychoanalytischen Affektbegriffs stammt von A. Green (1979).
9) Vgl. dazu V. v. Weizsäckers Überlegungen zum Gestaltkreis (v. Weizsäcker, 1947).
10) Vgl. zur Frage der physiologischen Ortsbestimmung des Affekts etwa D. Ploog, 1980.
11) Mit der zu einem Buchtitel verarbeiteten Idee haben die Autoren H. A. Hartmann und R. Haubl dieses Zusammenspiel treffend charakterisiert: „Die Sprache des Vaters im Körper der Mutter."

Bibliographie

Boller, N.: Die sogenannten niederen Sinne und ihre Bedeutung für die Entwicklung der menschlichen Sexualität. In: Sexualtheorie und Sexualpolitik. Ergebnisse einer Tagung. Hg. v. M. Dannecker und V. Sigusch, Stuttgart 1984 (Beiträge zur Sexualforschung).

Clemenz, M.: Soziale Codierung des Körpers. Zum Verhältnis von Psychoanalyse und Systemtheorie. Westdeutscher Verlag, Opladen 1986.

Freud, S.: Die Abwehr-Neuropsychosen (1894). G.W. I.

Freud, S. und *Breuer, J.*: Studien über Hysterie (1895). G.W. I.

Freud, S.: Weitere Bemerkungen über die Abwehr-Neuropsychosen (1896). G.W. I.

Freud, S.: Über Deckerinnerungen (1899). G.W. I.

Freud, S.: Die Traumdeutung (1900). G.W. II/III.

Freud, S.: Der Witz und seine Beziehung zum Unbewußten (1905). G.W. IV.

Freud, S.: Drei Abhandlungen zur Sexualtheorie (1905). G.W. V.

Freud, S.: Zur Einführung des Narzißmus (1914). G.W. X.

Freud, S.: Zur Geschichte der psychoanalytischen Bewegung (1914). G.W. X.

Freud, S.: Triebe und Triebschicksale (1915). G.W. X.

Freud, S.: Das Unbewußte (1915). G.W. X.

Freud, S.: Vorlesungen zur Einführung in die Psychoanalyse (1916–17) G.W. XI.

Freud, S.: Jenseits des Lustprinzips (1920). G.W. XIII.

Freud, S.: Das Ich und das Es (1923). G.W. XIII.

Freud, S.: Selbstdarstellung (1925). G.W. XIV.

Freud, S.: Neue Folge der Vorlesungen zur Einführung in die Psychoanalyse (1932/33). G.W. XV.

Freud, S.: Der Mann Moses und die monotheistische Religion (1939). G.W. XVI.

Freud, S.: Abriß der Psychoanalyse (1940). G.W. XVII.

Fromm, E.: Anatomie der menschlichen Destruktivität. Reinbek (Rowohlt) 1977.

Görlich, B.; Lorenzer, A.; Schmidt, A.: Der Stachel Freud. Beiträge und Dokumente zur Kulturismus-Kritik. Frankfurt (Suhrkamp) 1980.

Görlich, B.: „So muß denn doch die Hexe dran". Über die Erkenntnisfunktion der Freudschen Metapsychologie. In: Zur Idee einer psychoanalytischen Sozialforschung. Dimensionen des szenischen Verstehens. Hg. von J. Belgrad, B. Görlich, H.-D. König, G. Schmid Noerr. Frankfurt (Fischer) 1987.
Green, A.: Psychoanalytische Theorien über den Affekt, in: Psyche 8/1979.
Hartmann, H. A.; Haubl, R.: Die Sprache des Vaters im Körper der Mutter. Frankfurt (Nexus). Im Druck.
Laplanche, J.: Leben und Tod in der Psychoanalyse. Freiburg (Walter) 1974.
Laplanche, J.: Die allgemeine Verführungstheorie und andere Aufsätze. Tübingen (edition diskord) 1988.
Laplanche, J.; Pontalis, B.: Das Vokabular der Psychoanalyse. Frankfurt (Suhrkamp) 1972.
Lefebvre, H.: Einführung in die Modernität. Zwölf Präludien. Frankfurt (Suhrkamp) 1978.
Lorenzer, A.: Zur Begründung einer materialistischen Sozialisationstheorie. Frankfurt (Suhrkamp) 1972.
Lorenzer, A.: Die Wahrheit der psychoanalytischen Erkenntnis. Ein historisch-materialistischer Entwurf. Frankfurt (Suhrkamp) 1974.
Lorenzer, A.: Das Konzil der Buchhalter. Die Zerstörung der Sinnlichkeit. Eine Religionskritik. Frankfurt (Europäische Verlagsanstalt) 1981.
Lorenzer, A.: Sprachspiel und Interaktionsformen. Vorträge und Aufsätze zu Psychoanalyse, Sprache und Praxis. Frankfurt (Suhrkamp) 1977.
Lorenzer, A.: Sprache, Lebenspraxis und szenisches Verstehen in der psychoanalytischen Therapie. In: Psyche, 37. Jg., 1983.
Marx, K.; Engels, F.: Die deutsche Ideologie. MEW Bd. 3, Berlin 1962.
Masson, J. M.: Was hat man dir, du armes Kind getan? Sigmund Freuds Unterdrückung der Verführungstheorie. Reinbek (Rowohlt) 1986.
Miller, A.: Du sollst nicht merken. Variationen über das Paradies-Thema. Frankfurt (Suhrkamp) 1981.
Ploog, D.: Emotionen als Produkte des limbischen Systems. In: Medizin. Psychologie 6, 1980.
Schafer, R.: Eine neue Sprache für die Psychoanalyse . Stuttgart (Klett) 1982.
Sulloway, F. J.: Freud. Biologe der Seele. Jenseits der psychoanalyti-

schen Legende. Köln-Löwenich (Edition Maschke „Hohenheim“) 1982.
Weizsäcker, V. von: Der Gestaltkreis. Theorie der Einheit von Wahrnehmen und Bewegen. Stuttgart 1947.

Hans-Joachim Busch

Sinnlichkeit, Körper, Sprache

I.

Auch wenn es schon immer eine Illusion war, von der Annahme einer Selbstverfügung des westlichen – und inzwischen auch östlichen – Menschen über seinen Körper auszugehen, so erfährt deren Schwinden doch gegenwärtig eine Zuspitzung: Mit dem Prozeß exzessiver Ausbreitung instrumenteller Vernunft scheint sich die Gefahr ihres gänzlichen Verlustes anzubahnen. Der zivilisierte Körper – zum bloßen organismischen Handlungssubstrat verkümmert – ist in Reservate verwiesen, auf Sonderorte abgedrängt, wo er sich normativ lizensiert zum Ausdruck bringen kann wie in der Krankheit, dem Sport und der Sexualität[1]. Alltäglich zur Geltung kommt er sonst allenfalls noch bei Ernährung, Tanz, Spiel und körperlicher Arbeit. Der Körper ist entfremdet zur Ware, zum Statussymbol, zum Kleidungsträger, zum wohlgeformten, sonnengebräunten Objekt narzißtischer Selbstdarstellung. Neue Bewegungsstile und Codierungsformen wie Frisuren, Bemalungs- und Schmuckmoden sind auf der steten Flucht vor hinterherjagenden Integrationstendenzen, die Selbstverfügung in kollektive Entmündigung verwandeln. Begehren zum einen immer neue Körperfindungsbewegungen dagegen auf, so ist zum anderen inzwischen eine ganze Gesundheits- und Freizeitindustrie daran, sich, an subjektiver Beschädigung schmarotzend, einen Markt psychisch-körperlicher Ertüchtigung und Wiederherstellung individuellen Leistungsvermögens zu schaffen und zu sichern, der keineswegs im Interesse einer Befreiung menschlicher Bedürfnisse, sondern eher ihrer Bevormundung und Knebelung liegt. Solche Entwicklungen – sie stehen als Beispiele für einen generellen Trend – sind nicht dazu angetan, den Menschen Selbstbewußtsein und Selbstvertrauen bezüglich ihrer Sinne, ihres Körpers einzuflößen.

Jedoch gibt es auch Anzeichen dafür, daß diese vorherrschende Form gesellschaftlicher Naturbearbeitung im Körper an Grenzen stößt. Die wachsende Zahl nicht eindeutig organisch erklärbarer Erkrankungsformen entzieht sich nicht nur den Einwirkungsmöglichkeiten der traditionellen naturwissenschaftlichen Medizin, sie zeugt auch von einer zunehmenden, tiefgreifenden Belastung der Subjekte.[2] Gerade der immer stärkere Zugriff technisch-instrumenteller Vernunft auf Sinne und Körperprozesse treibt den Körper offenbar in eine Enge, aus der er – gewissermaßen zur „Kenntlichkeit" zugerichtet – mit Nachdruck aufbegehrt. Diese Widerständigkeit hat etwas Tröstliches, und sie bildet den Ansatzpunkt für ein Umdenken. So war es wohl gerade die kritische Einsicht, daß die Moderne den Körper nicht beherrschbarer gemacht hat, es sei denn um den Preis mit dem Terminus „Zivilisationsschäden" nicht genügend begriffener Folgen technisch-gesellschaftlicher Entwicklung, die zu seiner Thematisierung auch in den Sozialwissenschaften führte. Sie muß sich allerdings sorgsam vor der Verwechslung mit jener schon genannten hüten, die sich den – problematisch gewordenen, der vollständigen Kolonialisierung jedoch gerade noch entgangenen – Körper zum Zielpunkt von Verwertungsstrategien auserkoren hat.

Sich dieser Frage in sozialwissenschaftlicher Perspektive zu nähern geschieht mit gutem Grund. Es ist inzwischen mehr als eine Vermutung, daß der Körper in den Fluß von Interaktion und Sprache eingebunden ist, statt eine unumstößliche anthropologische Konstante zu sein. Die Sinne, den Körper schlechthin gibt es sowenig als asoziale wie als ahistorische. Zivilisation läßt die einen Sinne verkümmern und andere sich entwickeln, sie stellt den Körper auf sich ein. Ihre Diskurse sind es laut Foucault (1977) sogar, die ihn (nach den Regeln einer anonymen „Biomacht") erst in seiner heutigen Form hervortreiben. Sind wir daher nicht doch sinnlich-körperlich schon unrettbar in Zivilisation verstrickt, ist unsere Sinnlichkeit – wie manche Autoren formulieren – zerstört? Sich solchen Pessimismus einfach zu eigen zu machen wäre fatal. Genauso fatal wäre es jedoch, sich nur darauf zu verlassen, daß sich die innere Natur des Menschen schon gegen solchen Zugriff zu wehren, die Gefahr schon rechtzeitig zu signalisieren wisse. Der menschliche Körper braucht vermehrten theoretischen (auf bessere Praxis zielenden) Beistand, der sich um ein kritisch-sozialwissenschaftliches Begreifen nicht nur derzeitiger, sondern menschlicher Sinnlichkeit (und deren kulturellen Schicksals) schlechthin zu bemühen hätte.

Gewiß: Wir sind heute weit entfernt vom aufgeklärt-rousseauistischen Optimismus eines Marx, der sich gesellschaftliche Naturaneignung als Humanisierung der Natur erträumte, die zur Naturalisierung des Menschen führe[3], zur „vollständigen Emanzipation aller menschlichen Sinne und Eigenschaften"[4]. Und es macht sich gleichermaßen Erstaunen wie Skepsis breit, erinnern wir uns an die naive Zuversicht, mit der Marcuse schon vor fast 20 Jahren nicht nur für eine „neue Sensibilität" plädierte, sondern sie bereits als realen „politischen Faktor"[5] sah.

Wenn wir uns eher ernüchtert nach Orientierungsmarken und Stützen für ein solches Unternehmen, Sinnlichkeit, Körperlichkeit theoretisch zu ergründen, umschauen, finden wir gleichwohl Anknüpfungspunkte. Einer davon ist das von den eingangs geschilderten Entwicklungen miterzeugte Wiedererwachen des Interesses an soziologischer Anthropologie. Diese war – zählt man für sie fundamentale Arbeiten wie die Plessners, Gehlens und Meads hinzu – von jeher der Teilbereich der Sozialwissenschaften, in dem vor allem die Rezeption und Auseinandersetzung mit nichtsoziologischen Erkenntnissen über den Menschen vorgenommen wurde. Der Einfluß solcher außersoziologischer Forschungsergebnisse reicht etwa von der Evolutionstheorie Darwins über die biologische Anthropologie (Portmann) und die Psychoanalyse Freuds bis hin zu den Resultaten der Primatenforschung und der Paläoanthropologie (aber auch solchen der Sprachwissenschaft), aus denen vor allem Habermas weitreichende Schlüsse für seine Theorie kommunikativen Handelns zieht.

Sieht man vom Historischen Materialismus ab, der Arbeit zum menschlichen Wesensmerkmal erklärte, so sind es in erster Linie Bestimmungen wie „Instinktverunsicherung", „Mängelwesen", „exzentrische Positionalität", „symbolische Interaktion", „Trieb", „Aggression", die das Bild der Diskussion prägen. Der Auseinandersetzung mit äußerer Natur wird die mit der sozialen und der „inneren Natur" des Menschen gegenüber- oder – selten – zur Seite gestellt. Das Problem, das jedoch nicht gelöst werden konnte, ist, die verschiedenen Aspekte zu einem zumindest halbwegs schlüssigen Handlungsmodell zusammenzufügen, ohne in einseitige, zum Teil ungeschichtliche Abstraktionen (Arbeit, Sprache, Trieb ...) zu geraten oder in die resignierende Feststellung einer konzeptuell unaufhebbaren „anthropologischen Differenz" (Kamper, 1973), die nur noch den begrifflichen Nachweis der „Unmöglichkeit eines Begriffes vom Menschen"[6] zuläßt, zu verfallen.

Auch ein derzeit bestimmender Trend sozialwissenschaftlicher Thematisierung der biologischen Ausstattung des Menschen – repräsentiert durch die von Kamper / Rittner (1976), Kamper / Wulf (1982 und 1984a, b) herausgegebenen Arbeiten – scheint sich nicht dieser Aufgabe zu widmen. Attestiert wird der Moderne das „Verschwinden der Sinne“, und es wird – mit dem Ziel seiner Rehabilitation – das Verlangen nach einer „Geschichte des Körpers“, der Untersuchung der zivilisatorischen Auswirkungen auf das Verhältnis des Menschen zum Körperlichen, zur Sinnlichkeit, deren Logik Elias und Foucault unterschiedlich vorgeführt haben, laut.[7]

II.

Mir geht es weniger darum, die Bedeutung der verschiedenen Sinne auszuloten und freizulegen, wie es das Ziel dieser Autoren ist. Vielmehr kommt es mir auf ein grundsätzlicheres theoretisches Problem an. In den 60er und vor allen Dingen 70er Jahren war Sprache / Sprachlichkeit ein beherrschendes Thema sozialwissenschaftlicher Theoriediskussionen. Keineswegs gelöst wurde in diesen Auseinandersetzungen – und daraus ergab sich auch die jetzige Aktualität des Körperthemas – das Verhältnis von dem Menschen möglicher, ihn auszeichnender Sprachlichkeit und Sozialität zu seiner leiblichen Verfaßtheit. Vor allen Dingen drückt sich dies in der weitgehenden Vernachlässigung, wenn nicht gar im Fehlen einer Theorie sinnlicher Sozialisationsprozesse aus. Nicht etwa, daß Konzepte wie das einer Theorie kommunikativen Handelns den Körper leichthin übersehen und ausblenden. Aber sie behandeln ihn in einer sehr subtilen Form als sprachlich-kommunikativ konstituiert. Im Rahmen der Bildung von Identität treten Prozesse der sprachlichen Verständigung, der Aneignung von Normen einseitig in den Vordergrund. Deren Zusammenhang mit dem Bereich von gegenständlicher Erfahrung und Tätigkeit, von sinnlich-körperlichen Prozessen bleibt sehr weitgehend im dunkeln. Nur als partikularisierte Bereiche der Ich-Abgrenzungen[8] und des Erwerbs der zugehörigen Kompetenzen haben letztere etwa im Habermasschen Sozialisationsmodell noch ihren Platz.[9] Unter dem Kommunikationsapriori werden sie aber an dessen Rand gedrängt. Es mangelt vor allem an einer nicht nur formalen, sondern lebendigen Beziehung zwischen den dort formulierten verschiedenen Aspekten des Sozialisationsgeschehens wie Sprache, Arbeit, Interaktion, Kognition und Motivation, die zugleich die Spannung zwischen zivilisatorischer Rationalität einerseits, Körperlichkeit und Affektivität andererseits wiederzugeben vermag. Die argumentationsstrategische Bindung an ein Programm der evolutionären Entfaltung kommunikativer Vernunft schließt diesen Ansatz gegen solche multifaktoriellen Zusammenhänge ab.

So nimmt es nicht wunder, daß in dem Versuch, der Entfaltung kommunikativer Kompetenz eine anthropologische Grundlage zu verleihen, die Herausbildung von sozialen Regeln, nämlich Familienstrukturen, den entscheidenden Übergangsschritt zum Homo sapiens markiert. „Von der mit homo sapiens erreichten Reproduktion des menschlichen Lebens können wir erst sprechen, wenn die Ökonomie der Jagd durch eine familiale Gesellschaftsstruktur ergänzt wird. Dieser Prozeß hat mehrere Millionen Jahre gedauert; er bedeutet eine nichttriviale Ersetzung des tierischen Statussystems, das bei den Menschenaffen bereits auf symbolisch vermittelten Interaktionen (im Sinne G. H. Meads) beruht, durch ein System sozialer Normen, das Sprache voraussetzt.“[10] Schon hier, in der einseitigen Hervorhebung der Familialisierung als dem fundamentalen Evolutionsvorgang im Tier-Mensch-Übergangsfeld, ist eine begriffliche Einengung angelegt, die einer Kombination biologischer, ökologischer und soziokultureller Faktoren nur noch wenig Platz läßt. Gegen solches Herabsetzen des Biologischen, gegen die Überbetonung rationaler Fähigkeiten ist – gerade mit Autoren wie Count und Morin, die Habermas im entgegengesetzten Sinn zitiert – zu plädieren für eine „Ganzheitsanthropologie“, in der z. B. Instinkte weiterhin den ihnen angemessenen Platz einnehmen.

„Instinkte sind im Menschen so vital und mächtig wie bei irgendeinem anderen Wirbeltier. Aber während seiner Phylogenese wurde etwas hinzugefügt. Diese These ist etwas ganz anderes als die alte Anschauung, daß ‚Intelligenz‘ und ‚Lernen‘ den archaischen ‚Instinkt‘ verdrängt hätten. Sie besagt nicht, daß etwas verlorenging, sondern vielmehr, daß etwas hinzugefügt wurde, was das seit altersher Bestehende aber keineswegs verminderte. Das ist das Schema, mittels dessen das psychische Vermögen des Menschen zum mächtigsten in der organischen Natur geworden ist.

Möge dieser Überblick zu einer gemeinsamen systematischen Grundlage für die den Menschen erforschenden sozialen und biologischen Wissenschaften, zur Entwicklung einer zukünftigen Ganzheitsanthropologie beitragen.“[11]

Eine anthropologisch fundierte Handlungstheorie kann es sich nicht leisten, den ganzen Komplex organisch-sinnlich-sexueller Aspekte zu übergehen. Ich benenne hier nur stichwortartig einige Punkte, die auf diesem Gebiet bestimmend sind für die Menschwerdung und Familialisierung[12]: die ganzjährige Fertilität des Weibchens, Permanenz und Polymorphie der Sexualität, die große Intensität des Orgasmus, Nichtvorhandensein eines Orgasmus der Weibchen etwa bei den Menschenaffen, lange Abhängigkeit des Nachwuchses, die besondere Anziehungskraft der erogenen Zonen aufgrund ihrer Sichtbarkeit (aufrechter Gang ...), Individualisierung des Gesichts etc. Eine multidimensionale, nicht Instrumentalität und / oder Kommunikation einseitig in den Vordergrund rückende Anthropologie hätte ihnen einen ihrer Bedeutung entsprechenden Platz einzuräumen. Zudem erführe die aus Erfahrungen individuellen Leidens in der westlichen Zivilisation erfolgte universale Zentralstellung der Sexualität seitens der Psychoanalyse auf solchem Wege weitere Unterstützung. Gleichermaßen wie durch seine Sprache, Intelligenz und instrumentalen Fertigkeiten hebt sich der Mensch durch seine Sexualfunktionen und -praktiken vom Tierreich ab. Allenfalls im Zusammenwirken dieser Aspekte, nicht bloß unter der Dominanz kommunikativer Regeln läßt sich ein angemessener Begriff menschlicher Praxis bilden.[13]

Restriktive sozialisationstheoretische Konsequenzen hat das zugrunde gelegte kopflastige Modell von Humanspezifität vor allem dadurch, daß es die Bildungsschritte des Subjekts nicht außerhalb von Sprache, nicht in der prekären Beziehung von Sinnlichkeit und Bewußtsein fassen kann. So stellt Habermas zwar Antriebsbasis auf der einen und soziokulturelle Bestimmungen auf der anderen Seite gegenüber, um dann doch den Widerspruch einseitig aufzulösen: Triebe werden zu immer schon sprachlich interpretierten Bedürfnissen – Vor- bzw. Außersprachliches kann in dieser Konzeption nicht gedacht werden.[14] Nicht im Bereich der ontogenetischen Entfaltung von Kompetenzen Liegendes wird schlicht in den Bereich des Subhumanen[15] verwiesen und aus dem Begriff menschlicher Interaktion ausgeblendet. Es ist lediglich Gegenstand evolutionärer Rückschau, nicht aktueller Handlungsanalyse. Auf menschlicher Stufe wird Sprache allein das Fundament, auf das sich Interaktionen beziehen lassen. „Sobald die kommunikativen Akte die Gestalt grammatischer Rede annehmen, hat die symbolische Struktur *alle* Bestandteile der Interaktion durchdrungen: sowohl die kognitiv-instrumentelle Erfassung der Realität, wie der Steuerungsmechanismus, der das Verhalten verschiedener Interaktionsteilnehmer aufeinander abstimmt, wie auch die Aktoren mit ihren Verhaltensdispositionen sind an die sprachliche Kommunikation angeschlossen und symbolisch durchstrukturiert. Gleichzeitig ermöglicht es erst diese Umstellung von Kognitionen, Obligationen und Expressionen auf eine sprachliche Basis, daß die kommunikativen Mittel ihrerseits neue Funktionen übernehmen: außer der Funktion der *Verständigung* nun auch die der *Handlungskoordinierung* und der *Vergesellschaftung* von Aktoren."[16]

Der Körper tritt im Prozeß der auf Rationalität und Kommunikation basierenden Identitätsbildung zurück. Er ist „nur in Sonderfällen zugelassen, wenn er (noch) Kunst macht, im weiteren indifferenter Träger der Universalien. Die theoretische Aussperrung des Körpers ist der Kommentar zur faktischen im Zivilisationsprozeß. Daß schlechte Universalisierung die alten Identitätsmöglichkeiten zerstörte, ist offenkundig. Die Motivations-, Sinn- und Rationalitätskrise, so scheint es, soll bewältigt werden mit ihren Ursachen"[17]. Habermas' Entwurf entpuppt sich als neuestes Beispiel einer rationalistischen „Subtraktionsanthropologie" (zur Lippe, 1982), die, wenngleich als Evolutionstheorie konzipiert, den naturalen Boden einer Theorie des Menschen unter sich verliert. Indem diese nicht nur eine „Verengung einer auf Grundstrukturen der Intersubjektivität zielenden Theorie"[18] in Kauf nimmt, sondern auch das doch offensichtliche Moment von Widerständigkeit des Körpers gegen die sprachlich-normativ zugreifende Sozietät theoretisch vereitelt, übt sie Verrat am Adornoschen Zentralgedanken der Nichtidentität mit dem Bestehenden[19].

III.

Wo ließe sich dieses Moment noch finden, wenn die Vorformulierungen von Sinn unsere Körperregungen und -aktionen bis ins kleinste durchorganisieren? Könnte man nicht – den sozialwissenschaftlichen Rahmen damit gerade nicht verlassend – mit der Annahme einer außersprachlichen Ebene sozialen Sinns operieren?

Dafür sprechen zusätzliche Argumente. Zwar wird allseits vom Körper und über ihn geredet. Doch wie steht es um die Wahrheit dieser Rede? Allein in ihr selbst, im Vertrauen auf die Wahrheitsfähigkeit von Sprache, kann sie nicht liegen, denn Sprechen über sich und seine seelischen Regungen ist immer auch begleitet von Unbehagen angesichts der Unzulänglichkeit sprachlichen Ausdrucks. Gleichwohl kann uns die Benennung von Gefühlen, Empfindungen (z. B. ästhetischen) sehr weitgehend befriedigen in dem Bedürfnis zu verstehen, was wir fühlen. Dies ändert aber nichts an der Grundtatsache eines „Überschießens“ von Körperlichkeit, Sinnlichkeit in sozialen Handlungen. Diesen Tatbestand können wir allgemein begreifen (kommentierend darüber reden) – das ist dann aber noch nicht die Sache selbst, das unmittelbare Erlebnis. Es spricht nicht unbedingt der Körper selbst, wenn von ihm die Rede ist. Spricht der Körper überhaupt selbst? Oder ist das verbreitete Wort von der Körpersprache nicht das unzureichende, logozentrisch verzerrte Bemühen, sich einem ganz anders als sprachlich organisierten Gebilde bzw. Geschehen begrifflich anzunähern?

Es scheint jedenfalls nicht so, als garantiere die ideale Sprechsituation, der Magnetpol kommunikativen Handelns, auch die Möglichkeit umfassenden, repressionsfreien körperlichen Ausdrucks, als bedenke sie den Spielraum zur Reinszenierung sinnlich-unmittelbarer (also auch ausdrucksunabhängiger) Körperdramatik. Der Verdacht liegt vielmehr nahe, als bilde sie vielleicht nicht genügend Schutz vor der Gefahr des Zerredens sinnlicher Bedürfnisse gerade durch das blinde Vertrauen in die Freigabe des Worts. Ja, die Frage stellt sich, ob nicht „der vermeintlich ‚herrschaftsfreie Dialog‘ (Habermas)“ sich zum Instrument gegenseitiger Ausforschung, der Kontrolle von Subjektivität, verwandelt.[20]

Andererseits spricht – wenn gesprochen wird – immer auch der Körper; er ist an der Erzeugung der Rede beteiligt, wie es unvergleichlich von Plessner zu der Formel von Leibsein und Körperhaben geprägt wurde. Sie expliziert den Doppelcharakter des Menschseins. „Jedes Lernen: zu greifen und die Sehdistanzen den Greifleistungen anzupassen, zu stehen, zu laufen usw. vollzieht sich auf Grund und im Rahmen dieser Doppelrolle. Der Rahmen selbst wird nie gesprengt. Ein Mensch ist immer zugleich Leib (Kopf, Rumpf, Extremitäten mit allem, was darin ist) – auch wenn er von seiner irgendwie ‚darin‘ seienden unsterblichen Seele überzeugt ist – und hat diesen Leib als diesen Körper.“[21]

Exzentrizität – die Fähigkeit, aus der Mitte seiner biologischen Existenz herauszutreten und Körper zu „haben“ – hat immer den Bezug zum Leibsein, verliert ihn nicht an ein bloßes Sprachbewußtsein. Wie soziologisch sonst nirgends wird der menschliche Leib als Ausdrucksmittel für symbolisch-intentionale wie unwillkürlich-expressive Akte in den Mittelpunkt gerückt. Der Körper begleitet und kommentiert die Sprechakte mimisch und gestisch: er unterstreicht oder verdeutlicht, eilt voraus oder stellt sich in Gegensatz zum Gesprochenen. Und er verfügt über Ausdrucksmittel, die über das mit

Sprache Mögliche weit hinausgehen. Plessner macht dies – im Rahmen seines Entwurfs der „exzentrischen Positionalität“ des Menschen – deutlich mit Hilfe eines phänomenologischen Panoramas leiblicher menschlicher Expressionen. Sprache und Gesten sind selbstverfügbar und repräsentieren einen intentionalen Sinn; mimische Ausdrucksgebärden sowie Lachen und Weinen dagegen sind unwillkürlich und unmittelbar: Der Körper ist als Ausdrucksfeld der Reaktion auf problematisch-verwirrende, widersprüchliche oder paradoxe Sinnbezüge unkontrolliert freigegeben.

Und es gibt fraglos weitere Anlässe, enge Wechselbeziehungen zwischen Körper und Sprache/Geist anzunehmen. So können die Ergebnisse der Psychosomatik aufgefaßt werden in der Weise, daß der Körper symptomatisch reagiert auf Sinnprobleme im Handlungsprozeß. Dies kann einerseits begriffen werden als sprachlich interpretierbare Körperreaktion, ja als sprachlich vorformulierte, in Sinnsysteme eingelassene „Antwort“ des Körpers. Man kann die Einsicht der Sinneinbezogenheit des Körperlichen, einer „Soziosomatik“[22], jedoch auch für einen anderen Gedanken verwenden. In sozialen Situationen sind wir, so können wir Plessners Gedanken abermals aufnehmen, immer auch Leib, haben Körper. Er gehört dazu. Wir verfügen aber nicht unentwegt über ihn, er widersetzt sich gedanklich-sprachlicher Kontrolle. Wir erröten, wir kratzen uns, es wird uns übel, wir bekommen Schmerzen. Gewiß, das alles ist sprachlich rekonstruierbar, womit wir nachträglich versuchen, außer Kontrolle Geratenes ins Sinnsystem zu reintegrieren, unsere Allmachtsphantasien gegenüber körperlicher Unzulänglichkeit, seiner Versehrbarkeit und Vergänglichkeit zu stabilisieren. Zuerst einmal – und das ist doch wohl entscheidend – ist es uninterpretiert-unmittelbar Körperliches. Körperliches, das sich, ohne sich bestimmter Ausdrucksformen zu bedienen, – wenn man so will – seinen eigenen nichtgrammatikalischen Reim macht auf unerträglich widersprüchliche Handlungsstrukturen.

Auch Lachen und Weinen gehören in dieser Weise zum alltäglichen Handlungsgeschehen. Ihren Sinn bekommen sie in anders sinnvoll nicht mehr beantwortbaren Situationen. Daß sie von anderen interpretiert werden können (ob korrekt oder nicht), heißt nicht, daß sie vom Medium Sprache gesteuert werden. Sie beantworten Steuerfehler bzw. Unstimmigkeiten, Uneindeutigkeiten sprachlicher Verständigungsprozesse auf nichtgrammatikalische Weise. Damit erhalten sie aber auch – unfreiwillig – einen Sinn: einen sozialen Sinn, denn sie sind ja Ausdruck (innerhalb) eines Beziehungsgefüges. So erwachsen auch Lachen und Weinen nicht etwa, wie Plessner meint, monologisch aus Störungen des individuellen Gleichgewichts zwischen den beiden Polen „Leib sein" und „Körper haben", sondern ihr Bildungszusammenhang sind Interaktionen. Das Fehlen des Reflexionsschritts, daß die „Hermeneutik nichtsprachlichen Ausdrucks"[23] nicht mehr allein sprachlich-sinnverstehend vorgehen kann, sondern auf praktische Intersubjektivität, auf sinnlich-soziale Inszenierungen zurückgreift, also eine Art „Tiefenhermeneutik", eine „Hermeneutik des Leibes"[24] zu sein hat, verwundert daher nicht. Zur Debatte steht die Sozialität des Körperlichen schlechthin.

Ehe dieser Gedanke weiterverfolgt wird, sind die bereits ermittelten Bestimmungen menschlichen Ausdrucks zu ergänzen. Insbesondere Meads Arbeiten haben hier soziologisch bahnbrechend gewirkt, wenngleich ihre Konsequenzen von der Rezeption zumeist nicht ausgeschöpft wurden. In seinem Ansatz sind Gesten nicht an Intentionalität gebunden, sondern können auch nichtsignifikanten Charakter haben. Diese Sichtweise gilt auch für Lorenzers Interaktionsmodell. Gestisches Verhalten auf der vorintentionalen Stufe ist allen gesellschaftlich lebenden Wesen gemein. Es ist und bleibt folglich auch weiterhin Bestandteil menschlichen Handelns. Mead illustriert dies an Kampfsituationen: „Der gleichen Situation stehen wir beim Boxen und Fechten gegenüber, bei der Finte und der Parade, die von einem Teilnehmer beim anderen ausgelöst wird. Dann ändert der erste der beiden wiederum seinen Angriff; es kommt unter Umständen zu einem sehr lange andauernden Hin und Her, bevor tatsächlich ein Treffer erzielt wird. Diese Situation gleicht der der kämpfenden Hunde. Wenn ein Teilnehmer erfolgreich sein soll, darf ein Großteil seiner Angriffe und seiner Verteidigung nicht überlegt sein, sondern muß unmittelbar ablaufen. Er muß sich ‚instinktiv' auf die Haltung des anderen einstellen. Natürlich kann er das Ganze durchdenken. Er kann absichtlich eine Finte schlagen, sich Angriffsraum zu eröffnen. Ein Großteil muß jedoch ohne Überlegung durchgeführt werden."[25]

Menschliches Handeln kippt nicht etwa in reine Sprachlichkeit um, sondern vollzieht sich – so läßt sich folgern – als ein Zusammen von gestisch-außersprachlichen und gestisch-signifikanten Bestandteilen. Bewußten, kognitiven Handlungsabläufen stehen unbewußte, nicht geistig kontrollierte, impulsive Verhaltensweisen gegenüber. Die Herkunft aus dem Tierreich ist immerfort präsent.

„Die Unterscheidung entspricht ungefähr jener zwischen Verhalten, das kein bewußtes Denken voraussetzt, und Verhalten, das dies tut, – zwischem dem Verhalten der intelligenteren Tiere und dem des Menschen. Obwohl diese Verhaltensweisen im menschlichen Verhalten klar voneinander unterschieden werden können, spielen sie sich nicht auf verschiedenen Ebenen ab, sondern wirken ständig aufeinander ein und stellen, in den meisten Fällen, eine Erfahrung dar, die keine deutlichen Trennungslinien aufzuweisen scheint."[26]

Aus Erwägungen im Zusammenhang psychoanalytischer Entwicklungspsychologie ist René Spitz ebenfalls zu dem Resultat zweier Ebenen menschlicher Handlung gelangt, deren eine die ontogenetisch frühere ist. Er nennt sie die coenästhetische Wahrnehmungsebene und meint damit eine sinnlich-gesamtkörperliche Erfahrungs- und Erlebnisfähigkeit. Ihr tritt erst später die diakritische Organisation hinzu, die auf bewußte Aneignung der äußeren Welt gerichtet ist. Offenbar wird die coenästhetische Wahrnehmungsweise mit fortschreitender Zivilisation von rationalen Strukturen zugedeckt und gerät in Vergessenheit. Problematischerweise – denn sie funktioniert weiter; „ja mehr noch": „sie" „spielt" „in unserem Denken und Handeln eine folgenschwere, entscheidende Rolle" – „obwohl wir versuchen, sie im Verborgenen zu halten"[27]. Wir werden noch sehen, welche konzeptuellen Konsequenzen aus dieser Einsicht in die Doppelbödigkeit unserer Handlungsstruktur sozialisationstheoretisch zu ziehen sind.

Nicht minder bedeutsam für einen Begriff nichtsprachlicher menschlicher Sinnlichkeit ist ein anderer Aspekt. Auch hier ist es eine Überlegung Meads, die ihn hervortreten läßt. Vor allem die symbolisch-interaktionistisch unvoreingenommene Interpretation von Joas[28] hat sie zugänglich gemacht. Danach ist das Konzept der Rollenübernahme in einem weiteren als nur interpersonellen Sinn zu verstehen. Sozial- und Dingwelt bilden ja zu Beginn der Ontogenese eine undifferenzierte Umwelt. Mittels seines Vermögens des Perspektivenwechsels lernt nun das Individuum nach und nach, nicht nur soziale, sondern auch unbelebte Objekte zu unterscheiden. Genauer: Erfahrungen sozialer Interaktion sind ja, und dies vor allem zu Beginn der Lebensgeschichte, sinnliche, basieren auf Körperkontakten. Diese körperliche Interaktionserfahrung wird nun auch im Umgang mit unbelebten Objekten verwendet (so daß diese im frühkindlichen Stadium als Partner erscheinen) und führt nach und nach zur differenzierten und vom eigenen Ich abgrenzenden Wahrnehmung der dinglichen Umgebung. Das heißt somit zugleich: Ich-Identität ist sowohl durch Erfahrungen mit Personen wie mit der Dingwelt konstituiert. In diesem Zusammenhang ist vor allem die freigewordene menschliche Hand als wichtiges anthropologisches Konstituens hervorzuheben. Ihr Zusammenwirken mit den Distanzsinnen (Auge und Ohr)[29], das einen intelligenten, prüfend-wählerischen und manipulativen Umgang mit der Dingwelt ermöglicht, läßt sie zu einem für die Entwicklungsgeschichte menschlicher Kultur ebenso unabdingbaren Bestandteil werden wie die Sprache.

„Wie wir gesehen haben, gibt es eine andere, sehr wichtige Phase in der Entwicklung des Menschen, die für die Entwicklung der für den Menschen typischen Intelligenz vielleicht genauso entscheidend ist wie die Sprache, und zwar der Einsatz der Hand zur Isolierung physischer Objekte. Sprache und Hand zusammen führen zur Entwicklung des gesellschaftlichen Menschen. (Damit die Intelligenz sich entwickeln kann, muß Bewußtsein existieren. Aber es muß einen Moment der Handlung geben, bei dem man knapp vor der Verwirklichung anhält, wenn sich diese Handlung intelligent entwickeln soll. Sprache und Hand liefern dazu die notwendigen Mechanismen.)“[30]

Die bisher angestellten Überlegungen lassen den Schluß zu: Produkte menschlicher Gestaltungen werden nicht ausschließlich sprachlich, sondern unter Einbezug aller Sinne hergestellt und auch wahrgenommen. Es liegt daher nahe, eine Theorie menschlicher Symbolik weiterzuspannen. Nicht nur sprachliche (reflexiv-geistige), „diskursive“ Äußerungen, sondern alle Manifestationen menschlicher Aktivität/Praxis verdienen, soweit sie bedeutungsvoll sind, symbolisch genannt zu werden. Den diskursiven treten die „präsentativen“ Symbole zur Seite, die optische, akustische, räumlich-gegenständliche Erfahrungen und die außersprachlich-leiblichen bzw. gegenständlichen Gestaltungen – seien es die uns Tag für Tag umgebenden Gebrauchsgegenstände oder seien es etwa Kunst, Architektur, Musik – betreffen. Sie umschließen in einem breiten Ring den engeren Bereich sprachlicher Symbolik. Zugrunde liegt dem nicht mehr die verengte Sicht aufs „animal rationale“, den „homo sapiens“, sondern das Konzept eines „animal symbolicum“ (Cassirer).

IV.

Nach diesen Erwägungen dürfte hinreichend deutlich geworden sein, daß es verfehlt wäre, Intersubjektivität ausschließlich an Sprache zu binden und die Eigenständigkeit nichtintentionaler Expressionen und ausdrucksfreier Körperreaktionen aus der Handlungstheorie weitgehend auszublenden. Unbeantwortet bleibt aber, wie diese beiden Ebenen menschlicher Handlungen zusammenwirken, und – vor allem – wie sie in der Ontogenese miteinander in Beziehung treten und wie sich auf ihnen innere Entwürfe bilden. Es ist jedoch nicht weit her mit Ansätzen, die dieses Thema sozialisationstheoretisch ernst nehmen. In der Mehrzahl sind eindeutig die Stimmen, die – von Hartmann über Erikson und Parsons bis zu Habermas – den Organismus, das Sinnliche, die „Triebe" theoretisch marginalisieren. Dieser Frage im Sinne einer kritischen Sozialisationstheorie nachzuspüren heißt somit auch, sich in diesem Punkt fernzuhalten vom Mainstream der Theoriebildung auf diesem Sektor.

Lebensgeschichtlich betrachtet, ist der Mensch zunächst einmal Körper. Und diese Körperlichkeit hat einen strikt naturhaften Aspekt. Haut und Haarfarbe etwa oder das Geschlecht sind physiologische Determinanten, keine Sozialisationsprodukte. Darin und nur darin kann die Wahrheit des Freudschen Satzes bestehen: „Die Anatomie ist das Schicksal."[31] Doch schon für diesen „präreflexiven" und erst recht „präpersonalen"[32] Lebensabschnitt gilt: Die sinnlichen Bildungsschritte vollziehen sich in Interaktionen. Es ist doch die psychoanalytische Entwicklungspsychologie, die uns lehrt, bereits frühe und früheste Sozialisationsvorgänge als sinnlich-soziale Inszenierungen, als Körperinteraktionen aufzufassen. Die Sozialität des Individuums wird – darin konvergieren Freuds Auffassungen grundsätzlich mit denen Meads und Merleau-Pontys: unter dem Titel „praktische Intersubjektivität" – zuerst auf einer gemeinsamen sinnlichen Verhaltensebene hergestellt „durch die Interaktion unserer Körper"[33]. Die Wahrheit der Freudschen Sexualtheorie lautet nämlich: Es handelt sich nicht um abgegrenzte, auf erogene Zonen eingeschränkte Verhaltensfiguren, sondern um ein gesamtkörperliches Wechselspiel zwischen Mutter und Kind.[34] Eine sozusagen in den Körper versenkte „coenästhetische Wahrnehmungsweise" ist vorherrschend im intrauterinen Austausch wie auch zu Beginn der postnatalen Periode. Die sinnlich-körperlichen Interaktionserfahrungen legen sich innerindividuell nieder in Erinnerungsspuren, in „Interaktionsformen" (Lorenzer). Die Mutter – gelingt ihr diese notwendige Regression – belebt zugleich eben jenes affektiv-kognitive Potential, dessen weitgehendes In-Vergessenheit-Geraten Spitz diagnostiziert. Die Mutter-Kind-Dyade ist transkulturell die erste Sozialform, in der solche Erfahrungen gemacht werden können. Sie sind die intimsten, die am meisten körperlichen.

Sexualität ist insofern zu begreifen als lebensgeschichtlich grundlegende (da in der frühinfantilen Periode vorherrschende) sinnlich-körperliche Interaktion. Ernährung und Zuwendung durch die Mutter fließen in ihren Handlungen zu einer Einheit zusammen. Es gibt keine Unterscheidung zwischen der Funktion des Trinkens und dem erotischen Anteil, der in diesem Stillvorgang steckt. Die Besonderheit dieser Interaktionen gegenüber allen anderen liegt in ihrem unmittelbar sinnlichen Charakter und markiert zugleich ihren zentralen, prototypischen Stellenwert für jedwede Interaktion: als „Kern der Sozialität des Individuums“[35]. Man kann daher von einer sozialen, an affektiv-dramatischen Szenen entlangschreitenden Bildungsgeschichte des Körpers sprechen. „Die gesellschaftliche Entwicklung tritt nicht ‚von außen‘ an den Körper heran. Der Körper selbst, dieses ‚Getriebe‘, ist Produkt gesellschaftlicher Praxis via Zusammenspiel in der Mutter-Kind-Einheit.“[36]

Der Beginn dieses Wechselspiels liegt im Mutterleib. Er fällt zusammen mit der Auftrennung der ursprünglichen organismischen Einheit von befruchtetem Ei und Uterus. Ein solches nichtbiologistisches Verständnis des Körperlichen macht aber auch der Annahme irgendwelcher ewiger, vorsozialer Triebe des Menschen ein Ende. Was auf der anderen Seite nicht heißen soll, daß dem vollkommen an seine soziale Umwelt angepaßten Individuum das Wort geredet werden soll. Beides, die anthropologische Hilfskonstruktion menschlicher Triebe, eines humanspezifischen Antriebsüberschusses, wie die einer Plastizität menschlicher Natur[37], ist zu verwerfen.

Zugleich ist aber, gegen verflachende Theorierevisionen wie die der Ich-Psychologie und des Kulturismus am Gehalt der psychoanalytischen Kategorie des Es mit Nachdruck festzuhalten, das lebensgeschichtlich einem kontrollierendem Ich (Über-Ich) vorangeht. Und es ist darüber hinaus die Konzeption eines quasisprachlichen Unbewußten abzuweisen. Das Unbewußte ist das nicht mit Sprach- oder sinnlicher Symbolik Verknüpfte, als Verdrängtes die aus ihrem Zusammenhang mit Symbolik gerissene sinnlich-unmittelbare Interaktionsspur, auf die sich sprachlos gewordenes individuelles Leid zurückzieht, als Konfliktpotential aber resistent bleibt.

Wie äußere kann sich Gesellschaft auch innere Natur nicht restlos aneignen. Sozialisation, als Form dieser Aneignung, ist nicht ein einseitiger Prägevorgang am Sozialisanden, vielmehr eine Wechselbeziehung. Sie wird von der Mutter-Kind-Dyade an durch Interaktionen reguliert, die eine „Einigung auf Interaktionsformen“ erst ergeben und nicht schon voraussetzen können. Die beste Erziehung kann nicht verhindern, daß kindliche Erlebnisentwürfe, zumal die frühesten, sozial unintegriert bleiben. Diese Gefahr nimmt mit anwachsender Differenzierung der kindlichen Persönlichkeitsstruktur zu. Daher müssen die allerersten, noch körperlich-organismischen Bildungsschritte sehr sorgsam beachtet werden. Ehe sprachliche Verständigung – der Notanker rationalistischer Bildungstheorien – auf den Plan tritt, entfaltet sich über eine Reihe von Etappen eine breite, reiche Schicht sinnlich-unmittelbarer praktischer Interaktionsformen, deren Charakteristikum ausdrücklich nicht Reflexivität (und sei es als unentfaltete Kompetenz), sondern eine (eher dem Tierischen entsprechende) bewußtlose, reizreaktive Anlage des Verhaltens ist.[38]

Auch jetzt ist es nicht sprachliche Sozialisation, die dieses gleichsam primitive Vorspiel ablöst. Die eigenständige Sozialisationswirksamkeit der dinglichen Umgebung ist gerade für die Niederlegung sinnlicher Lebensentwürfe in den Individuen von großer Bedeutung. Wir gehen daher von einer besonderen Entwicklungsstufe der Persönlichkeitsstruktur aus, in der sich außersprachlich-symbolische Handlungsmuster (im Sinne Langers) herausbilden. Es läßt sich nämlich feststellen, daß das Kleinkind, schon bevor es sprachfähig wird sowie außerhalb von Sprache, nicht nur mit Gegenständen umgeht, sondern sie auch im Rahmen eines selbstentworfenen szenischen Arrangements benutzt. Gegenstände spielen im Leben des Säuglings solange eine untergeordnete Rolle, wie er aufgrund körperlicher Unentwickeltheit unter dem dominierenden Einfluß der in der Regel „Mutter" heißenden ersten Bezugsperson steht. Beginnt die Ausschließlichkeit dieses dyadischen Zusammenschlusses sich zu lockern, d. h., die Erfahrung der Abwesenheit des Mutter-Objekts Gestalt anzunehmen, gewinnt die Welt der nichtpersonalen Gegenstände, etwa in Form sogenannter „Übergangsobjekte" (Winnicott), an Bedeutung. Lorenzer (1981a, S. 152ff.) hat die Bildung der inneren Struktur, die dem Umgang mit Übergangsobjekten zugrunde liegt, am Freudschen „Garnrollenbeispiel" gezeigt. Freuds Enkel – gerade dem Kinderbettalter entwachsen – spielt in Abwesenheit der Mutter mit einer Garnrolle in folgender Weise: Er wirft sie fort (über den Rand des Kinderbetts etwa) und zieht sie unter augenfälligem Genuß wieder herbei. Mit diesem Fort-Da-Spiel symbolisiert er das Weggehen und Wiederkommen der Mutter. Damit wird ein Gegenstand und der spielerische Umgang mit ihm zum Ansatz einer allerersten sinnlich-unmittelbaren Symbolbildung. Dieser innerlich niedergelegten und repräsentierten sinnlich-symbolischen Interaktionsform entspricht auf der Seite der kulturellen Objektivationen – gemäß der Unterscheidung von Susanne Langer – der Bereich der präsentativen im Unterschied zu den diskursiven Symbolen. Im Gegensatz zu den sprachsymbolischen Interaktionsformen sind die sinnlich-symbolischen Interaktionsformen enger mit der sie konstituierenden Lebenspraxis verbunden, lassen sich nicht von den konkreten Szenen, die sie repräsentieren, abziehen und verallgemeinern.

Insofern stellt die Herausbildung sprachsymbolischer Interaktionsformen einen scharfen Einschnitt der individuellen Sozialisation dar. Den vorsprachsymbolischen Interaktionsformen wird ein Prädikat verliehen (etwa „Mama"). Die sprachsymbolische Interaktionsform ergibt sich aus der Verknüpfung eines Wortes mit schon eingespielten Interaktionsformen. So sehr die Vorzüge von Sprache – auf deren Humanspezifität sich die Anthropologie allzu gern und zuweilen allzu ausschließlich stützt – wie Systematisierung und Reflexion (Probehandeln) von Interaktionspraxis ins Gewicht fallen, so wenig darf doch eine auf der Psychoanalyse aufbauende Theorie individueller Entwicklung ihre Nachteile übersehen. Sprache nötigt zu Verbindlichkeit und Konsistenz, das vorsprachlich widersprüchlich Existierende kann nicht unzensiert in sie eingehen. Das ist der sozialisationstheoretische Sinn des Ödipuskomplexes. Es geht nicht um die anthropologische Extrapolation eines einheitlichen Schemas von Vater-Mutter-Kind-Konstellationen, wie die Psychoanalyse dies traditionell glauben macht. Durch die konkreten Verwandtschaftsverhältnisse hindurch, in denen Kindheit steht, und die weder stets kleinfamilial-paternalistischen Charakter haben müssen noch stets durch das Inzesttabu reguliert sind [39], vermittelt sich immer ein historisch konkretes gesellschaftliches Allgemeines. Die Gleichsetzung des Väterlichen mit Sprache (z. B. bei Lacan[40]) und sozialer Ordnung ist daher eine anthropologische Mystifikation. Auf anthropologischer Ebene ist lediglich die Feststellung zulässig, daß kindliche Entwicklung sich im Rahmen von Befriedigung und Versagung, von Trennung, von (konflikthaften) Geschlechtsdifferenzen und Generationenbeziehungen, die in bestimmter Weise normativ geregelt sind, vollzieht. Universell ist mithin nicht der konkretistisch verstandene Ödipuskomplex, sondern die humanspezifische Spannung von Sinnlichkeit und sprachlich vermittelten Normen, der Mitglieder wohl aller menschlichen Gesellschaften in ihrer Sozialisation – mehr oder weniger – ausgesetzt sind.

Für die individuelle Lebensgeschichte wie für die Menschheitsgeschichte – soviel ist klar geworden – bedeutet die Einführung von Sprache also nicht nur Gewinn, sondern auch Verlust. Nicht nur, daß längst nicht alle Interaktionsformen – sei es aus Kapazitätsgründen, sei es aufgrund herrschender Ideologie – ins Sprachsystem aufgenommen werden können, es lassen sich auch in Sprache divergierende Interpretationen nicht unbegrenzt durchhalten. Im Gegenteil, es kommt in solchen Fällen sehr leicht zu Desymbolisierungen der widersprüchlichen Interaktionsform. Sie verliert ihren Namen und fällt als Klischee in den Bereich unmittelbaren Interagierens zurück. Der zum Klischee herabgesunkene Erlebnisinhalt schlägt sich in symptomatischen Ersatzbefriedigungen – als Rationalisierung auf sprachlicher Ebene in Sprachschablonen – nieder, während sein richtiger Name als affektisoliertes Zeichen von sinnlicher Praxis abgetrennt im Sprachsystem weiterhaust. Dies geschieht in allen Lebensgeschichten und ist auch der entscheidende Zusammenhang, der zu Neurosenbildung führt.

Das Modell der „sprachsymbolischen Interaktionsformen" eröffnet aber auch die Möglichkeit, den „nichtsprachlichen Anteil" in der Sprache zu denken. Sprache eignet sich nicht nur zu diskursiver, sondern auch zu präsentativer Symbolbildung und zum Ausdruck von Affekten. Sie birgt eine sinnliche Qualität, die sich schon aus der individuellen Gestaltungsmöglichkeit eröffnet: Der unverwechselbar-individuelle Klang der Worte, Sätze eines Individuums (die Stimme der Mutter), der situativ-intime Charakter, den Kose- und Lustworte zwischen Mann und Frau haben können, der Wortlaut und die Wortfolge poetischer Schöpfungen, die auf neuartige Weise die Auseinandersetzung Individuum – Gesellschaft – Natur nicht nur zur Sprache, sondern auch zum Ausdruck bringen. Aber diese sinnlichen Beiklänge sind nur die oberflächlichsten Indikatoren für eine viel einschneidendere, tiefer greifende Wirksamkeit der Verbindung von Sprachfiguren und den sinnlichen Erinnerungsspuren: So kann Sprache in den Körper eingreifen – und kann die Regungen des Körpers ‚zur Sprache bringen'. Dies alles läßt eine strikte Grenzziehung zwischen Sprache und außersprachlicher Sinnlichkeit nicht zu. Sprache trägt in zweierlei Hinsicht ein Janusgesicht: erstens wirkt sie als ‚objektiver' Sozialisator verbindend-verbindlich bei der Herausbildung universeller Beziehungen, die erkauft ist um den Preis des Verlustes individueller Sinnlichkeit; zweitens ist die konkrete Sprache der Individuen, als ‚subjektive Sprache', ein sinnlich-praktisches Humanpotential, das gleichzeitig Selbstreflexions- und Abstraktionskapazitäten aus sich heraus zu entwickeln vermag. Sprache ist somit auch ein Sinn des Menschen, gewissermaßen ein Kommunikationssinn in kooperativem Umgang mit äußerer und innerer Natur. Welche Aspekte dieses Sinns hervortreten, welche anderen durch sie zurückgedrängt werden, das ist – wie bei allen anderen Sinnen auch – eine Frage der historisch-spezifischen Vergesellschaftungsform solcher Sinnlichkeit.

Sprache, das erweist diese Sozialisationsskizze, ist – zumindest in der westlichen Kultur – die entscheidende Schranke, die dem Körper gesetzt ist. Im Problem Sprache sind Sozialisationskonflikte miteinander verknotet, so sehr sie lebensgeschichtlich variieren. Die Schwierigkeit, dieses Spannungsfeld zu begreifen, wird vermehrt durch die Täuschungsmanöver einer sich ausdrücklich auf Sinne und Körper ausdehnenden Kommunikationskultur: Die heute vielfältige Rede über den Körper ist ja noch nicht dessen Zur-Sprache-Kommen. Der kollektiv geführte Diskurs über Sexualität ist nicht schon ein befreiter; menschliche Sinnlichkeit kommt in der modernen Sprache funktionalistischer Leistungsideologien (wie des Jogging, Body Shaping, des Trimmdich, des perfekten Orgasmus) nur verzerrt zum Ausdruck – sie wird bezeichnet, nicht mit Kultur versöhnt. Das Unbehagen in der Kultur ist noch lange nicht an ein Ende gekommen.

Dennoch müssen wir nicht mehr wie noch Freud, soviel hat unser Gedankengang ergeben, stehenbleiben bei der Betrachtung eines großen Kampfplatzes, auf dem die dunkle Welt der Triebe stets sich aufs neue ein Duell liefert mit den Interessen unseres Kulturwesens. Wir vermögen inzwischen diese Beziehung konkreter, vermittelter zu denken und müssen uns nicht mehr weitverbreiteter anthropologischer Hilfsannahmen bedienen, wie der Annahme eines menschlichen Antriebsüberschusses, einer beliebigen Plastizität menschlicher Natur. Weder sind wir auf Dauer gestellte Wunschmaschinen noch kulturelle Knetmasse. Auch wenn Plessner dem Zusammenhang schon sehr nahe ist, indem er die „erotische Spannung", d. h. einen ‚Triebüberdruck', „der noch nicht abgefangen wird, sondern sich an Objekten sein Gegenüber sucht", als „das Reservoir" ansieht, „aus dem alle unsere Interessen gespeist, den Elan, von dem sie getragen werden"[41], so dominiert doch die der Freudschen Triebmystifikation nicht unähnliche Ansicht einer ungeschichtlich hereindrängenden Naturgewalt, eines nicht hergestellten Potentials, das die

Quelle abgibt, aus der sich Handlungen speisen.

Der konkrete Aufweis der sozialisationstheoretischen Schritte der Bildung von Subjektivität löst diese Sichtweise ab. Keine wie auch immer geartete Antriebsbasis ist Motor menschlichen Handelns, von Auseinandersetzung mit Natur, Evolution, Revolution, sondern die leiblich einsozialisierte emotionale Einstellung gegenüber Menschen und Dingen, an die die präadaptive Orientierung, die umfassende Lernfähigkeit, Weltoffenheit (Kompetenz) stets gebunden bleibt. Was in der traditionellen Anthropologie unbegriffen „Antriebsüberschuß" genannt wird, kann bestimmt werden als gesellschaftlich unvereinbare, jedoch nie unvermittelte innere Natur. Aus der historischen Dialektik von Individuum und Gesellschaft, nicht als anthropologische Leerformel, entsteht das Subjektive, das Konkret-Überschießende, oder auch nicht.[42] Es ist nicht einfach immer schon da. Weder ist auch die innere Natur des Menschen beliebig formbar, noch ist es gar die Natur des Menschen, unbegrenzt formbar zu sein. Es gibt diese innere Natur gar nicht rein. Die individuellen Strukturbildungen sind immer Resultate einer Auseinandersetzung von Gesellschaft und innerer Natur. Der einzelne ist nicht lediglich Material formender gesellschaftlicher Interessen. Mit der Unterstellung der Plastizität[43] ist bloß der wirkliche Zusammenhang verkehrt. Sie wird verwechselt mit der Vielfalt der möglichen Ergebnisse eines Sozialisationsgeschehens, welche den historisch geformten Verlauf des individuellen Konflikts zwischen innerer Natur und Gesellschaft, Körper und Kultur widerspiegeln und geprägt werden von den reichen Ausdrucksmitteln der menschlichen Spezies, die ich hier nur grob andeuten konnte. Sprache ist lediglich ein wenn auch wesentlicher Teil praktischer menschlicher Handlungsmöglichkeiten neben außersprachlichen Formen wie intentionaler und nichtintentionaler Gestik und Mimik, sinnlicher Symbolik, Sexualität, Lachen und Weinen. Sinnlichkeit ist daher nicht etwa sprachäquivalent (Habermas), sondern weist über Sprache entschieden hinaus, ja ist nicht einmal begrenzt durch außersprachliche symbolische Formen. Sofern Sprache und konkrete Praxis divergieren – und diese Gefahr ist aufgrund ihrer Abstraktionskapazität permanent –, werden Widersprüche zwischen sinnlich einsozialisierten Mustern und Sprachsystem wirksam. Ein immerwährendes menschliches Handlungsproblem – nicht nur bezogen aufs Individuum, sondern auch auf die Gesellschaft – ist daher, die Einheit von Sprache und leiblich-szenischer Praxis aufrechtzuerhalten oder wiederherzustellen. Objektive gesellschaftliche Widersprüche verhindern dies ebenso wie durch sie provozierte Inkonsistenzen subjektiver Strukturbildung. Aber immerhin: Das Subjekt wird somit nicht nur begreifbar als ein sich in Diskursen von Geburt an rettungslos dezentrierendes (als bloß angeeignet werdendes), sondern als eines, welches sich seinen Körper über den immerwährenden Auseinandersetzungsprozeß mit konkreten und verallgemeinerten anderen reflexiv-symbolisch und sinnlich-symbolisch selbst aneignen kann. Das Subjekt kann sich seiner Dezentrierung widersetzen. Sonst wäre Wissenschaft, wäre Hoffnung vergebens.

V.

Nicht zuletzt *ein* Punkt ist es, dessen Verarbeitung die Ansätze sozialisationstheoretischer Rückbesinnung auf ihre anthropologischen Grundlagen bisher vermissen lassen. Spätestens mit den Erkenntnissen Freuds ist der menschliche Entwicklungsprozeß nicht mehr als ein linearer Stufenfortschritt zu verstehen, an dem verschiedene Faktoren (Sprache, Wahrnehmung, körperliche Reifung, Emotionalität) friedlich vereint mitwirken, sondern es ist ein von Unterbrechungen, Fixierungen, Rückschlägen bedrohtes, konfliktuöses Geschehen. Eben weil das menschliche Wesen weltoffen ist, weil es gesellschaftlich, d. h. auf Sozialisation hin angelegt, sozialisationsabhängig, ist, ist seine Entfaltung kein einseitiger Reifungsprozeß, sondern ein stets fragiler, vom Scheitern bedrohter, nicht festgelegter Bildungsvorgang.

Die kulturellen, die zerebralen Errungenschaften des Menschen sind – so legt dies nah – untrennbar verknüpft mit ihrer Schattenseite, dem Verlust der Einheit mit der Natur. George Devereux hat diesen Zusammenhang sehr gut klargemacht mit seiner Formulierung, der Mensch habe Angst vor der Stummheit der Materie. Es ist in der Tat so: Der denkende, der sprechende Mensch entfernt sich vom einfachen, in sich geschlossenen Kommunikations- und Reproduktionskreislauf der belebten Natur und zahlt dafür den Preis seiner Entfremdung. Die Fähigkeit zum Aufbau von Vorstellungswelten und Denksystemen ist also sozusagen gekoppelt mit der Fähigkeit zum Wahn. „Die Verrücktheit ist der Preis der Weisheit“[44], damit begründet Morin sein von Rationalitätsgläubigkeit ungetrübtes Konzept des „Homo sapiens demens“ (die Anlehnung an Lacan nicht verbergend). Sehr treffend skizziert er die Bedeutung der Angst im Zusammenhang mit der Offenheit des Entwurfs des Menschen und folgert sicher richtig, wenn er Magie, Ritus und Mythos als kollektive Neurosen vorstellt, notwendig zum Überleben der „Arche-Gesellschaft". Psychisches Leiden, ein in der Tierwelt so nicht bekanntes Phänomen, ist insofern ein menschliches Artmerkmal, sein Entstehungszusammenhang sind Interaktionen, gesellschaftliche Bedingungen. Sozialisation ist ein widersprüchliches Geschehen, geprägt von Klassenauseinandersetzungen, von Normen und Institutionen, die Körperprozesse, Sinnlichkeit, Subjektivität nicht nur regulieren, sondern auch deformieren. Daß Körper und Geist auseinandertreten können, ist dann nicht nur Evolutionsfortschritt, sondern auch ein Fluch, ein Umstand, der uns zu psychischer Leidensfähigkeit verurteilt. Eine materialistische Sozialisationstheorie muß sich dieser anthropologischen Einsicht stellen, statt vor ihr zu resignieren oder diesen widersprüchlichen Zusammenhang einseitig rationalistisch aufzulösen. Ihre Aufgabe ist es, mitzuwirken an der „Wiedergewinnung eines Erfahrungszusammenhanges", in dem „körperliche und geistige Wirklichkeit einander durchdringen und es unmöglich ist, die eine gegen die andere auszuspielen"[45]. Es ist keine Frage, daß ein solcher Zusammenhang sich auf Probleme menschlicher Auseinandersetzung mit Natur generell erstrecken muß. Erst eine Aussöhnung des Menschen mit seiner inneren Natur kann auch zur Befriedung seiner Beziehung zur äußeren Natur führen. Die ökologische Frage ist somit auch eine der Sozialisation sinnlich-körperlicher Handlungsentwürfe.

Daraus ergibt sich unversehens eine Folgerung von hoher politischer Bedeutung. Sie betrifft den Anteil, den die sinnlichen Handlungselemente im sozialen Kräftespiel, durch das eine solche allseitige Emanzipation blockiert ist, einnehmen. Mir geht es dabei ausschließlich um die interaktionstheoretische Perspektive. Gesellschaftliche Herrschaft manifestiert sich immer konkret, d. h., sie ist allgegenwärtig in den die Interaktionen regelnden Normen und Werten und dem sie begleitenden schablonenhaften Formangebot an präsentativen Symbolen. Die gesellschaftlichen Widersprüche realisieren sich in sozialem Handeln als wechselseitiges (Wett-) Streben nach der „Kontrolle der Definition"[46] und Erlebnisweise von Situationen. Aus dem Besitz dieser Kontrolle gewinnt ein soziales System, eine Gesellschaftsordnung, Festigkeit. Was als normal und was als abweichend zu gelten hat, das festzulegen steht dann in seiner Macht. Gesellschaftsveränderndes Handeln, das eine „neue Normalität" etablieren will, muß sich dieser Kontrolle bemächtigen durch den Sturz der alten und das An-ihre-Stelle-Setzen neuer Situationsdeutungen und Erlebnisentwürfe, wenn es auf Dauer Aussicht haben soll. Verfügung über das System der Situationsdefinitionen (also auch der grundlegenden Normen und Werte) sowie der unbewußten und vorsprachlichen Interaktionsentwürfe und -figuren – dies ist in interaktionstheoretischer Version die Formel, in der sich die Frage von gesellschaftlicher Herrschaft und Veränderung, von Emanzipation, zuspitzt.

In der Regel stehen dem aber schwer überwindbare Hindernisse im Wege. Im Konflikt mit den normativen Zwängen sind die Individuen meist die Unterlegenen und müssen ihre Situationsentwürfe erwartungsgemäß einrichten. Der widersprüchliche Zusammenhang, der auch hier besteht zwischen sinnlich-körperlicher und sprachlich-abstrakter Handlungsebene, wie auch die Begrenztheit sprachlicher Interaktionsstrategien kann kaum treffender als durch das lapidare Sprichwort „Wer nicht hören will, muß fühlen"[47] zum Ausdruck gebracht werden. Wird durch Ungehorsam die Regelfunktion von Sprache außer Kraft gesetzt wird, verlegt sich die Reaktion gesellschaftlicher Herrschaft unverhohlen auf den direkten Zugriff auf die sinnlich-organismische Praxismatrix. Hinter sprachlichen Vorschriften steht also immer unausgesprochen die „Drohkapazität" körperlichen Fühlbarmachens in Sanktionen. Der damit freigelegte Zusammenhang ist freilich auch umkehrbar. Die Verweigerung des Gehorsams kann sich produktiv ausweiten und zur Triebfeder der Problematisierung bestehender Normen und Werte, gesellschaftlicher Verhältnisse überhaupt werden. Und auch das ist ja keineswegs ein vorwiegend sprachlicher Prozeß. Herrschaft schränkt doch neben der Sprachwelt auch die übrige Lebens(um)welt der Subjekte ein. Die Rodung eines Waldes zugunsten technisch-industrieller Nutzung, der profitorientierte Eingriff in das Bild ganzer Stadtquartiere trifft die sinnlich einsozialisierte Erlebnisschicht der dort lebenden Menschen. Deren Aufbegehren gründet sich folgerichtig auf Impulse ihrer verletzten sinnlichen Bedürfnisstruktur. Die schlechten Verhältnisse, so kann man schließen, müssen den Individuen ganz eng auf den Leib rücken, erlebbar sein, um sie zu Widerstand anzustacheln. (Darin liegt sicher ein Teil des Erfolges von Umweltbewegungen. – Vietnam dagegen war weit und der Grundwiderspruch zwischen Lohnarbeit und Kapital zu abstrakt.)

Angetrieben vom ‚Spiel der Phantasie', das sich aus solchen nicht zur Sprache gekommenen, gesellschaftlich nicht lizensierten Verhaltensentwürfen nährt, können geltende Interaktionsrituale bewußt verletzt, können „Verhaltensstörungen" „planvoll" „inszeniert"[48] werden; die Neudefinition von Situationen, Normen, Werten und Erlebnisformen wird ihrerseits fühlbar[49], z. B. in Demonstrationen, Aktionen, Happenings, Streiks, in Bürgerinitiativen, Gegen-/Subkulturen oder in der Kunst. Die Wirkung solcherart kreativ-emanzipatorischen Handelns liegt begründet in der Freilegung der Widersprüchlichkeit alter Interaktionsformen, Rollen, Normen und (Klassen-) Strukturen. Sein Erfolg ist immer geknüpft an die Zurückdrängung bedürfniswidrig-schablonenhafter und an die Zunahme aktiv-gestaltendes Handeln ermöglichender Rollen und Formangebote, an eine Erweiterung des Handlungs- und Phantasiespielraums also. Sie ist persönlichkeitsstrukturell gebunden an die Möglichkeit, die Widersprüche zwischen Sinnlichkeit und Bewußtsein immer wieder befriedigend zu lösen, jederzeit in der Lage zu sein, sinnliche Verhaltensmuster symbolisch umzusetzen, ohne in den Bannkreis zeichenhaft-isolierter und schablonenhafter sozialer Schemata zu geraten.

Es erweist sich somit, daß die Etablierung sinnlichkeitsadäquater Lebensformen auch an ihr Zur-Sprache-Kommen gekoppelt ist. Dies impliziert aber auch, daß Sprache ihrerseits kraftlos wäre, hätte sie keinen Bezug zur Fülle lebenspraktischen Materials, welches sich im Sozialisationsprozeß aufhäuft und zur Sprache drängt. Aus diesem Potential sinnlicher Lebensentwürfe erwachsen doch die Anstöße zu sprechen wie auch die Ansprüche, denen Sprache und Gesellschaft nie voll gerecht werden können. Eine theoretische Fassung sprachlicher Kommunikation muß sich also eingestehen: Der lebensgeschichtlich-individuelle Hintergrund von Sprache und Subjektivität ist immer die Sozialisation der Sinnlichkeit auf der Stufe frühinfantil-körperlicher Beziehungen. Dort wird vorgebildet, wie das Individuum zu sich, zu anderen, zur Umwelt in Beziehung treten kann, und dort werden Interaktionsstrukturen grundgelegt, die von sprachlichen Abstraktionen, von institutionalisierten Handlungen, von Grammatiken der Gefühle und Sinne nie dauerhaft und vollends in Regie genommen werden können. In der Intimität der Mutter-Kind-Dyade wird eine Erlebnisschicht gegründet, die nicht nur lebenslang Ort neuer sinnlicher Erfahrungen ist, sondern auch zum Nährboden wird für alternative Realitätsentwürfe, zur Quelle innovativen Handelns. Solange menschliches Leben nicht ausschließlich aus der Retorte reproduziert wird, ist daher die Hoffnung auf Emanzipation nicht vergeblich.

Anmerkungen

1) Vgl. Wolf, 1984, S. 53.
2) Vgl. Horn/Tillack, 1973, S. 189.
3) Vgl. Marx, 1844, S. 538.
4) a.a.O., zitiert nach Marcuse 1972, S. 78.
5) Marcuse, 1969, S. 43.
6) Kamper, 1973, S. 26.
7) Es ist gewiß kein Zufall, daß der Erfolg eines Romans, der um den Geruchssinn kreist, Patrick Süskinds *Das Parfüm*, zusammentrifft mit der theoretischen Rehabilitierung der Sinne.
8) Habermas, 1975, S. 13ff.
9) Vgl. dazu ausführlich Busch (in diesem Band).
10) Habermas, 1976, S. 150.
11) Count, 1970, S. 134f.
12) Vgl. hierzu Morin, 1974, S. 183ff.
13) Wenn man beispielsweise Sexualität nicht nur als Anlaß zur Formulierung inzwischen fragwürdiger (Meillassoux, 1976, S. 21) universalistischer Regeln sozialen Handelns wie dem Inzesttabu benutzt, sondern sie in einem evolutionstheoretischen Kontext behandelt, erscheint zugleich die Familialisierungsthese in einem ganz anderen Licht. Während Habermas das Problem der Sexualität und ihrer sozialen Regulierung entwicklungsgeschichtlich relativ spät ansetzt und den Fähigkeiten zur Werkzeugherstellung und Sprache nachordnet (Habermas, a.a.O., S. 149), finden sich in der neueren Literatur dazu gegensätzliche Auffassungen. So vertritt Lovejoy (zit. nach Johanson/Edey, 1982, S. 423f.) die Ansicht, die Evolution von Sexualität und Fortpflanzung sei der Hauptanstoß zum aufrechten Gang und damit zum Übergang von den Menschenaffen zu den Hominiden, die Einehe sei schon zu einem weit früheren Zeitpunkt aufgetreten als die instrumentellen und sprachlichen Fertigkeiten. Habermas' Argument ist also evolutionstheoretisch keineswegs abgesichert.
14) Ich bin daher nicht der Ansicht, daß „die Psychoanalyse" „als interaktionstheoretisch fundiert aber nur gelten kann, wenn die Sprache als Medium auch der pathologischen Äußerungen fungiert" (Brede, 1976, S. 141).
15) Habermas, 1981, S. 14.
16) Ebd., S. 99f.; im Original kursiv.
17) V. Rittner, 1976, S. 60.

18) Honneth/Joas, 1980, S. 83.
19) Vgl. z. B. J. Belgrad, Identität als Theater, in diesem Band.
20) Vgl. P. Schneider, 1985, S. 37.
21) H. Plessner, 1982, S. 238.
22) Vgl. Horn, Beier, Wolf, 1983, z. B. S. 33.
22) Klaus Horn spricht von „Soziopsychosomatik".
23) Vgl. den gleichnamigen Aufsatz Plessners, 1982, S. 459ff.
24) Lorenzer, 1984, S. 214.
25) Mead, 1968, S. 82.
26) Ebd., S. 397.
27) Spitz, 1976, S. 63f.
28) Vgl. Joas, 1978, S. 25. Daher kann auch das „generalized other" nicht mehr nur kommunikationstheoretisch interpretiert werden. Wie schon Meads Analyse des Wettkampfes nahelegt, wird Interaktion dem einzelnen immer zugleich als arbeitsteilig-kooperativer Zusammenhang vermittelt.
29) Joas, 1978, S.24f., u. 1980 hat Meads Analyse in diesem Punkt rekonstruiert.
30) Mead, a.a.O., S. 283f.
31) Freud, GW XIII, Der Untergang des Ödipuskomplexes, S. 400.
32) Vgl. Joas, 1982, S. 800.
33) Ebd., S. 802.
34) Vgl. Lorenzer, 1980, S. 324.
35) Ebd., S. 325.
36) Vgl. ders., 1981, S. 220.
37) Griese, 1976, S. 38: „Der Antriebsüberschuß und die Plastizität der Triebe sind die Voraussetzung und die biologische Notwendigkeit der aktiven Zuwendung des Menschen zu seiner sozialen Umwelt."
38) Vgl. z. B. Lorenzer, 1981b, S. 8.
39) Vgl. z. B. Meillassoux, 1976, S. 22; Wesel, 1980, S. 150.
40) Vgl. Lang, 1980, S. 720.
41) Plessner, 1983, S. 168.
42) Anthropologie aus der Perspektive materialistischer Sozialisationstheorie ist immer zugleich eine historische. Ihr Thema ist die Geschichte von Subjektivität und deren Beschädigung. Ihr Vorteil gegenüber den Entwürfen von Elias und Foucault liegt gerade in ihrem sozialisationstheoretischen Fundament. Kommen diese nicht über die Schwelle einer kritischen Phänomenologie von Körperdressur und Zivilisationsprozeß hinaus, so kann hier der praktische Zu-

sammenhang zwischen objektiver und subjektiver Struktur, der individuelle Bildungsprozeß in Sozialisationsagenturen, die im Hinblick auf produktive und normative Zielsetzungen und Interessen organisiert sind, konkret analysiert werden (vgl. etwa die kritische Studie Lorenzers, 1981a, zum Verhältnis von Sinnlichkeit, Sprachsymbolik und den institutionellen Formangeboten und Regeln der katholischen Kirche).

43) Krovoza konkretisiert diese Kritik wie folgt: „Die unendliche Plastizität ‚innerer Natur' ist die anthropologische Ideologie des kapitalistischen Heißhungers nach lebendiger Arbeit" (1976, S. 58).

44) Morin, 1974, S. 156.

45) K. Rittner, 1976, S. 183.

46) Vgl. D. Dilthey, 1974, S. 76.

47) Vgl. den gleichnamigen Aufsatz von A. Lorenzer, 1979.

48) Dreitzel, 1972, S. 332.

49) Lorenzer, ebd., S. 105

Bibliographie

Belgrad, Jürgen: Identität als Theater. Eine Alternative zum sozialpsychologischen Identitätsbegriff. In diesem Band.

Brede, Karola: Interaktion und Trieb. In: Menne, K. u.a., Sprache, Handlung, Unbewußtes, Frankfurt a.M., 1976, S. 135–178.

Busch, Hans-Joachim: Interaktion und innere Natur. Sozialisationstheoretische Reflexionen. Mit einem Vorwort von Klaus Horn und Alfred Lorenzer. Frankfurt a. M., 1985.

ders.: Die Auflösung von Psychoanalyse in Sprach-Soziologie – Aporien einer Sozialisationstheorie als Kompetenztheorie. In diesem Band.

Dilthey, Daniela: Schizophrenie als Kommunikationspathologie und als soziales Delikt. In: Ästhetik und Kommunikation 15/16, 1974, 5. Jg., S. 75–82.

Dreitzel, Hans-Peter: Die gesellschaftlichen Leiden und das Leiden an der Gesellschaft. Stuttgart 1972.

Foucault, Michel: Sexualität und Wahrheit. Frankfurt a. M. 1977.

Freud, Sigmund: Der Untergang des Ödipuskomplexes, G.W. XIII, S. 395–402.

Griese, H. M.: Soziologische Anthropologie und Sozialisationstheorie. Weinheim und Basel 1976).

Habermas, Jürgen: Zur Entwicklung der Interaktionskompetenz, 1975.

ders.: Zur Rekonstruktion des Historischen Materialismus. Frankfurt a. M. 1981.

ders.: Theorie des kommunikativen Handelns. Frankfurt a. M. 1981.

Honneth, A. / Joas, H.: Soziales Handeln und menschliche Natur. Frankfurt a. M. 1980.

Horn, Klaus / Beier, Christel / Wolf, Michael: Krankheit, Konflikt und soziale Kontrolle, eine empirische Untersuchung subjektiver Sinnstrukturen. Opladen 1983.

Horn, Klaus / Tillack, Hilmar: Einige zentrale Probleme der Balint-Gruppenarbeit mit Pfarrern. In: Argelander, Hermann, Hrsg., Konkrete Seelsorge, Stuttgart 1973, S. 189–206.

Joas, H.: G.H. Mead. In: D. Käsler, Hrsg., Klassiker des soziologischen Denkens, Bd. II, München 1978, S. 7–39.

ders.: Praktische Intersubjektivität. Die Entstehung des Werkes von

G. H. Mead. Frankfurt a. M. 1980.
ders.: Die intersubjektive Konstitution des Körperschemas. In: Heckmann, F., Winter, P., Hg., 21. Deutscher Soziologentag 1982, Beiträge der Sektions- und ad hoc-Gruppen, Opladen 1983, S. 798–802.
Johanson, D. / Edey, M.: Lucy. Die Anfänge der Menschheit. München 1982.
Kamper, Dietmar: Geschichte und menschliche Natur. München 1973.
ders. / Rittner, Volker (Hrsg.): Zur Geschichte des Körpers. München 1973.
ders. / Wulf, Chr. (Hrsg.): Die Wiederkehr des Körpers. Frankfurt a. M. 1982.
dies. (Hrsg.): Das Schwinden der Sinne. Frankfurt a. M. 1984a.
dies. (Hrsg.): Der andere Körper. Berlin 1984b.
Krovoza, Alfred: Produktion und Sozialisation. Köln, Frankfurt a. M. 1976.
Lang, Hermann: Die psychoanalytische Theorie Jaques Lacans. „Die Psychologie des 20. Jahrhunderts", X, Ergebnisse für die Medizin 2, hrsg. v. Uwe H. Peters. München 1980, S. 717–727.
Leakey, R. E. / Lewin, R.: Wie der Mensch zum Mensch wurde. Hamburg 1978.
Lippe, R. zur: Anthropologie für wen? In: Kamper / Rittner (Hrsg.), 1976, S. 91–129.
ders.: Am eigenen Leibe. Frankfurt a. M. 1978.
ders.: Am eigenen Leibe. In: Kamper / Wulf (Hrsg.), 1982, S. 25–39.
Lorenzer, Alfred: Zur Begründung einer materialistischen Sozialisationstheorie. Frankfurt a. M. 1972.
ders.: Über den Gegenstand der Psychoanalyse. Sprache und Interaktion. Frankfurt a. M. 1973.
ders.: Zur Dialektik von Individuum und Gesellschaft. In: Leithäuser / Heinz (Hrsg.), Produktion, Arbeit, Sozialisation, Frankfurt a. M. 1976, S. 13–47.
ders.: Sprachspiel und Interaktionsformen. Frankfurt a. M. 1977.
ders.: Variationen zum Thema: „Wer nicht hören will, muß fühlen". In: Englert, Ewald, H. (Hrsg.), Die Verarmung der Psyche, Igor A. Caruso zum 65. Geburtstag, Frankfurt a. M. 1979, S. 102–119.
ders.: Die Sozialität der Natur und die Natürlichkeit des Sozialen, ein Gespräch mit B. Görlich. In: Görlich, B. / Lorenzer, A. / Schmidt, A., Der Stachel Freud, Frankfurt a. M. 1980, S. 297–349.

ders.: Das Konzil der Buchhalter. Frankfurt a. M. 1981a.
ders.: Was ist eine unbewußte Phantasie? In: Schöpf, A. (Hrsg.), Phantasie als anthropologisches Problem, Würzburg 1981b.
ders.: Literatur als politischer Eingriff. Ms., Frankfurt a. M. 1981c.
ders.: Initimität und soziales Leid. Frankfurt a. M. 1984.
Marcuse, Herbert: Versuch über die Befreiung. Frankfurt a. M. 1969.
ders.: Konterrevolution und Revolte. Frankfurt a. M. 1972.
Marx, Karl: Ökonomisch-philosophische Manuskripte. MEW, Ergänzungsband 1.
ders. u. Engels, F.: Die deutsche Ideologie. MEW, Bd. 3.
Mead, G. H.: Geist, Identität und Gesellschaft. Frankfurt a. M. 1968.
Meillassoux, C.: „Die wilden Früchte der Frau". Über häusliche Produktion und kapitalistische Wirtschaft. Frankfurt a. M. 1976.
Morin, E: Das Rätsel des Humanen. München 1974.
Ottomeyer, K.: Anthropologieproblem und marxistische Handlungstheorie. Gießen 1976.
Plessner, H.: Lachen und Weinen. In: ders., Gesammelte Schriften 7. Frankfurt a. M. 1982, S. 201–387.
ders.: Zur Hermeneutik nicht-sprachlichen Ausdrucks. Ebd., Bd. 8, S. 459–477.
ders.: Die Frage nach der Conditio humana. a.a.O., Bd. 8, S. 136–217.
Rittner, Karin: Rezension von Benthall, Jonathan / Polemus, Ted Edit., The Body as a Medium of Expression. In: Kamper / Rittner (Hrsg.), o. O., S. 184–186.
Rittner, Volker: Handlung, Lebenswelt und Subjektivierung. In: Kamper / Rittner (Hrsg.), 1976, S. 13–66.
Schneider, Peter: Der Offenbarungszwang, reden, reden, reden ... In: Psychologie heute, 12. Jg., Nr. 9, Sept. 1985, S. 34–37.
Spitz, René A.: Vom Säugling zum Kleinkind. Stuttgart 1976.
Trescher, H.-G.: Sozialisation und beschädigte Subjektivität. Frankfurt a. M. 1979.
Wellmer, A.: Kommunikation und Emanzipation. In: Honneth, A. / Jaeggi, U. (Hrsg.), Theorien des Historischen Materialismus, Bd. 1, Frankfurt a. M. 1977, S. 465–500.
Wesel, Uwe: Der Mythos vom Matriarchat. Frankfurt a. M. 1980.
Wolf, Michael: Der Körper – die Körper. In: Kamper / Wulf (Hrsg.), 1984b, S. 49–61.
Zisterer, S.: Probleme der phylogenetischen Sprachentstehung ... In: Leist, A. (Hrsg.), Ansätze zur materialistischen Sprachtheorie, Kronberg 1975, S. 156–205.

Hans-Joachim Busch

Wider die Auflösung von Psychoanalyse in (Sprach-)Soziologie – Aporien einer Sozialisationstheorie als Kompetenztheorie

1. Der traditionelle Soziologismus sozialwissenschaftlicher Psychoanalyse-Rezeption

Persönlichkeit – und diese Einsicht geht durchaus theoriebildend in sie ein – ist nicht unmittelbar Gegenstand soziologischer Betrachtung. Sie kann dies nur werden auf dem Wege der Aneignung eigentlicher, psychologischer Persönlichkeitstheorien. Dieser Schluß motivierte die Sozialwissenschaften zur Rezeption der Psychoanalyse. Auch wenn diese theoretische Partnerschaft bekanntlich schon eine ausgedehnte Tradition hat, stimmt ihr Resultat eher skeptisch, was die Ausschöpfung der soziologisch bedeutsamen Implikationen des Freudschen Werks (vgl. dazu Busch, 1985) betrifft. Obgleich Psychoanalyse schon lange zum Bestand der Sozialwissenschaften gehörte, so geschah ihre Integration doch nie unter der Voraussetzung der Reflexion ihres Verfahrens und ihres Gegenstandes. Im Gegenteil: Verkürzungen Freuds wurden entweder abstrakt abgelehnt (Biologismus, Psychologismus) oder kritiklos übernommen (Kulturuniversalismus); beides ließ eine Freilegung ihres interaktionstheoretischen Grundzugs unter gleichzeitiger Beibehaltung der Perspektive auf innere Natur, auf individuelles Leiden gar nicht zu. Eine die Aspekte von Triebnatur und sozialer Geformtheit vermittelnde sozialisationstheoretische Begrifflichkeit zu entwickeln ist daher den Sozialwissenschaften bis heute nicht gelungen.

Am krassesten gilt dies für das von Parsons entwickelte systemtheoretische Sozialisationsmodell, den Pionier soziologischer Integrationsversuche der Psychoanalyse, dessen Positionen und Ergebnisse auch heute noch mehr Einfluß ausüben, als es den Anschein haben mag. Er betreibt besonders intensiv die vollkommene Transformation psychoanalytischer Begriffe in eine ihrem Wesen fremde Denkstruktur, an der jedoch die innerpsychoanalytischen Revisionstendenzen eindeutig mit Schuld trugen. Die Rezeption der Psychoanalyse im strukturell-funktionalen Ansatz, der die soziologische Rollen- und Sozialisationstheorie über lange Zeit hin beherrschte, erfolgte so in einer spannungsbereinigten Form. Sie unterlag dem Irrtum, die psychoanalytischen Mystifikationen durch einen Begriff einseitig soziofunktional bestimmter Persönlichkeit („Modalpersönlichkeit") überwinden zu können. In solch kräftig soziologistischer Umarmung wurde die Psychoanalyse erdrückt; ihr Beitrag zu einer wahrhaft umfassenden Theorie sozialen Handelns: die wohl sozial hergestellte, aber nicht sozial versöhnte Struktur des konkreten Individuums geriet ins Abseits. Das Ergebnis ist eine soziologische Ich-Psychologie. Persönlichkeit wird zu einem ‚System sozialer Kontrolle', Lust zu einem ‚generalisierten Medium', einer Art Währung, die den Markt der Bedürfnisse regelt, Identifizierung wird abstrakt als Internalisierung von Wertmustern verrechnet. Bedürfnisse sind nur denkbar als Bedürfnisdispositionen, die bereits sozial interpretiert und mit sozialen Rollen gekoppelt sind, der Konflikt zwischen beiden findet theoretisch nur noch im moderierten Wechselspiel von Abweichung und Kontrolle seinen Niederschlag. Soziale Ordnung als equilibrierendes System ist der Moloch, der Individualität und innere Natur verschlingt.

Die andere große Linie der sozialisations- und rollentheoretischen Diskussion, das Identitätskonzept Meads und des Symbolischen Interaktionismus, beschränkte sich von vornherein auf eine genuin soziologische Argumentation und verzichtete von sich aus auf die Integration psychoanalytischer Sozialpsychologie. Goffman formulierte besonders drastisch, es gehe seiner Rollenanalyse „nicht um Menschen und ihre Situationen, sondern eher um Situationen und ihre Menschen".

Die Ausnahmefälle einer Bereitschaft zur Übernahme psychoanalytischer Denkanstöße vermochten jedoch ebenfalls nicht, den bei Freud angelegten Gegensatz von Individuum und Gesellschaft aufzuheben, sondern ersetzten ihn wie z. B. Gerth/Mills durch den Versuch einer sprachsoziologischen Integration („Motivvokabularien").

2. Sozialisation als Entfaltung universaler Kompetenz – Begründungen und Probleme

Es ist inzwischen fast in Vergessenheit geraten, daß zuletzt die insbesondere von Jürgen Habermas entworfene Theorie der kommunikativen Kompetenz den Anspruch geltend gemacht hat, Psychoanalyse in einen soziologischen Theorierahmen zu integrieren. Dem gleichen Unternehmen ist, wenngleich in etwas anderer Akzentuierung – mehr und mehr löst hier der Begriff „Struktur der sozialisatorischen Interaktion" den der „kommunikativen Kompetenz" ab –, Ulrich Oevermann verpflichtet. Seine bedeutende Stellung in der gegenwärtigen sozialwissenschaftlichen Diskussion verdankt dieser Ansatz wohl einerseits dem Anspruch einer kritischen Gesellschaftstheorie (zumindest bei Habermas), zum anderen der erstmaligen Inangriffnahme des gewaltigen Projektes einer Rezeption und Integration von Erkenntnissen aus verschiedenen Disziplinen (wie Linguistik, Sprachphilosophie, kognitive und moralische Entwicklungspsychologie, Psychoanalyse) im Rahmen einer soziologischen Sozialisationstheorie. Dieser Entwurf einer programmatischen „Theorie der Bildungsprozesse" (Oevermann, passim, aber auch schon Habermas, 1968b, S. 309) hat nicht nur die Funktion, das Identitätskonzept, das etwa bei Habermas und Krappmann im Zentrum stand, in den siebziger Jahren mehr und mehr zu differenzieren, wenn nicht gar abzulösen. Sein entscheidender Fortschritt – dies hat besonders Oevermann in prägnanter Abgrenzung zu bisheriger Sozialisationstheorie formuliert – soll es vielmehr sein, aus einer genuin soziologischen Betrachtungsweise heraus ein Konzept der Ontogenese zu entwerfen: „Die soziologische Sozialisationsforschung hat eine große Menge von Untersuchungsergebnissen produziert, aber die Versuche einer genuin soziologischen Interpretation der Daten nehmen sich demgegenüber recht kläglich aus. Soweit darin Erklärungsversuche vorgenommen werden, reduzieren sie sich in der Regel auf die Applikation psychologischer Hypothesen. Das trifft nicht nur auf den offenen Reduktionismus der verhaltenstheoretischen Position zu, sondern gilt auch für jene Versuche – etwa im Rahmen rollentheoretischer Formulierungen –, in denen psychoanalytische oder kognitivistische Entwicklungstheorien herangezogen werden. Soziale Faktoren werden als kontingente Randbedingungen für die Wirkungsweise psychischer Mechanismen, aber nicht als konstitutive Strukturen in Betracht gezogen; die Soziologie degeneriert dabei zum hilfswissenschaftlichen Datenlieferanten der Psychologie."[1]

Oevermanns entschiedene Forderung nach einer genuin soziologischen Sozialisationsforschung ist methodologisch die Fortsetzung des Goffmanschen Diktums, nicht Menschen und ihre Situationen, sondern Situationen und ihre Menschen seien Gegenstand der soziologischen Interaktionstheorie. Die wesentliche Zutat der Theorie der

Bildungsprozesse besteht in einer methodologischen Überhöhung dieser Perspektive, indem vorgängig eine idealkommunikative – oder doch zumindest unbewußt erzeugte[2] – objektive Struktur der Intersubjektivität angenommen wird. Dieser vom Identitätskonzept her bereits bekannte Denkschritt ist schon in Habermas' Hegel-Rezeption angelegt und sucht weitere Bestätigung in einer sprachkommunikativ überzogenen Bewertung des Meadschen „universe of discourse"[3]. Seine volle Ausbildung erfährt er interessanterweise jedoch durch die Indienstnahme eines außersoziologischen Paradigmas, des linguistischen Kompetenzbegriffs[4]. „... Der Begriff der Kompetenz verweist auf universalgrammatische, allen Mitgliedern der sprachfähigen Gattung Mensch gemeinsame Bewußtseinsstrukturen, der Begriff der Performanz auf konkret-individuelle Erscheinungsformen des Sprachgebrauchs. Zu den darin sich zeigenden individuellen Differenzen gehören auch lebensgeschichtlich entstandene Unterschiede in der praktischen Realisierbarkeit der Möglichkeiten der Kompetenz. Bezogen auf die Problemlage einer Sozialisationstheorie folgt aus dieser Unterscheidung: Die Analyse individueller Differenzen kann theoretisch zureichend immer nur im Bezugsrahmen einer expliziten Rekonstruktion der universellen Strukturen des Gattungssubjektes vorgenommen werden, wie umgekehrt diese universellen Strukturen, da sie in reiner Form empirisch sich nicht manifestieren, immer nur durch die Interpretation der fallweisen individuellen Erscheinungsweise hindurch rekonstruiert werden können."[5]

Dieser Begriff soll dem Mangel an tauglichen sozialisationstheoretischen Strukturkategorien abhelfen und die Kontinuität einer eigenen soziologischen Perspektive eröffnen, in der die psychologischen Hypothesen integriert werden können: „So steht der Soziologe, der Sozialisationsforschung als genuinen Zweig soziologischer Forschung und Theoriebildung betreiben will, vor der eigentümlichen Situation, daß er die vorgeblich strukturtheoretischen Ansätze seiner eigenen Disziplin nicht verwenden kann und statt dessen Anleihen bei theoretischen Entwicklungen außerhalb der Soziologie machen muß. Es sind dies vor allem Entwicklungen in der Grammatiktheorie Noam Chomskys, in der linguistischen Pragmatik, in der Piagetschen Entwicklungspsychologie und genetischen Erkenntnistheorie und in der Freudschen Fassung der psychoanalytischen Theorie. Meine These läuft auf die Behauptung hinaus, daß erst in der Auseinandersetzung mit den Folgeproblemen dieser außersoziologischen Theorieansätze ein strukturtheoretisches Paradigma für die soziologische Sozialisationstheorie aufgebaut werden kann ..."[6]

Dieser methodologische Schritt der Übernahme außerdisziplinärer Begriffsmodelle und ihrer Umwandlung zu soziologischen Basiskategorien ist (spätestens) seit Parsons' Systembegriff nicht mehr neu. Interessant ist, daß gerade ein beharrlich das genuin Soziologische seines Verfahrens betonender Ansatz seinen Grundbegriff außerhalb der Soziologie gewinnt. Die Entsprechung zum Vorgehen von Parsons geht sogar noch ein Stück weiter. Die Integration der gegenüber dessen Ansatz erheblich angewachsenen Zahl an Entwürfen geschieht in Form einer Neuauflage des Konvergenztheorems (zur Parsonsschen Fassung dieses Theorems vgl. Busch, a.a.O., S. 97ff.) in anderem Gewand. Kompetenz-Performanz, also ein abstraktes Entwicklungsmuster, ist anstelle von System nun die gemeinsame Formel, die Linguistik, moralische, kognitivistische und psychoanalytische Entwicklungspsychologie eint. Zumindest gegenüber der Psychoanalyse trifft die Unterstellung einer Entwicklungslogik aber, soviel kann vor jeder genaueren Analyse ihrer Stellung im Kontext der Theorie der Bildungsprozesse gesagt werden, ebensowenig zu wie die vorangehende einer impliziten Systemtheorie.

Die „Architektonik von Kompetenztheorien" (Oevermann), abnehmbar speziell an Chomskys Begriff der Sprachkompetenz, der abstrakten Fähigkeit eines jeden natürlichen Sprechers, syntaktische Regeln zu generieren, wird also bestimmendes Strukturelement des eigenen Ansatzes. Die Konzeption der Ich-Identität als theoretischer Vorläufer wird ihm einverleibt. „Es handelt sich um eine Kompetenz, die wir kommunikative Kompetenz nennen, sofern eher Probleme des sozialen Systems, und Ich-Identität, sofern eher Probleme des Persönlichkeitssystems thematisiert werden."[7] Nach ihrem Vorbild wird soziale Interaktion des einzelnen reguliert durch eine universale Interaktionskompetenz: „Der Ausdruck ‚Interaktionskompetenz' steht für die Annahme, daß sich die Fähigkeiten sozial handelnder Subjekte ebenso wie Sprache und Kognition unter Gesichtspunkten einer universalen, also von bestimmten Kulturen unabhängigen Kompetenz untersuchen lassen."[8]

Soziales Handeln wird begriffen als untrennbarer Zusammenhang des alltäglichen empirischen Handelns mit dem abstrakten (kontrafaktisch geltenden) universalen Regelbewußtsein. Bereits auf allgemeiner Ebene läßt diese Konstruktion des Kompetenzbegriffs Probleme erkennen. Insbesondere ist die daraus resultierende universalistische Anlage des Sozialisationskonzepts zu kritisieren. So operiert Oevermann mit einem Begriff von „universell-invarianten Strukturen“, der zwar nicht losgelöst von konkreten Interaktionen sein soll, aber zu ihnen nur noch sehr formal in Beziehung steht: „Die Analysen von universell-invarianten Strukturen und lebensgeschichtlich wie historisch gebundenen einzelnen Handlungen oder Handlungsketten stehen also in einem komplementären Verhältnis zueinander. Die Analyse einer dieser Ebenen allein ohne die Fundierung im genannten Komplementärverhältnis hinge in der Luft. Entsprechend vordergründig ist die aus der traditionellen Sozialisationsforschung ausschließlich bekannte Untersuchung der Intensität und der Genese individueller Differenzen.“[9]

Indem er das Verhältnis der empirischen Handlungen zu universellen Strukturen als Komplementarität faßt, wird vollends deutlich, daß die real-alltägliche zur Normalform in einem festgeschriebenen Defizit steht[10], die Erscheinungsform nicht rückwirkend die Grundstruktur verändern kann. (Dies führt zur Universalisierung des Ödipuskonflikts, des Inzesttabus[11] etc.) Es ist daher ein Selbstmißverständnis Oevermanns, seine Version des Verhältnisses von Fallstruktur und latenter Sinnstruktur, von Individuum und Gesellschaft als ‚dialektisch‘ zu bezeichnen.[12] Zwar realisiert sich immerhin das Allgemeine durch das Besondere und nur durch dieses, doch das Besondere ist als Spezialfall unter unbegrenzten alternativen Handlungsmöglichkeiten („Lesarten“) dem Allgemeinen untergeordnet, es kann sich im Rahmen des Allgemeinen höchstens umorientieren, der Zugriff auf diesen selbst jedoch bleibt ihm verwehrt. Somit erinnert das Verhältnis von Individuum und Gesellschaft eher an Denkfiguren wie das Komplexitätsreduktionsmodell Luhmanns. Die Aporie, in die der kompetenztheoretische Gesichtspunkt hier führt, kommt nicht überraschend. Im Kompetenzmodell setzen sich folgerichtig die Tendenzen einer Isolierung sprachlicher Aspekte sozialen Handelns fort und nehmen zusätzlich den Charakter evolutionärer Universalien an. Die durch die Trennung von instrumentalem und kommunikativem Handeln vollzogene Herausnahme kommunikativer Prozesse aus dem Praxiszusammenhang wird damit verstärkt durch eine Enthistorisierung.[13] Es ist fraglich, ob die universalistisch-evolutionäre Modellperspektive so überhaupt noch die praktische Realität von Sozialisationsprozessen erfassen kann.

Ungeachtet dieser Probleme bietet sich die Theorie der kommunikativen Kompetenz als die langgesuchte Lösung des ungeklärten Verhältnisses von Soziologie und Psychologie an: „Die Theorie der kommunikativen Kompetenz, wie sie im folgenden skizziert werden soll, könnte genau die gesuchte Verknüpfung von psychologischen und soziologisch-interaktionistischen Interpretationen darstellen."[14] Der theoretische Fortschritt der Sozialisationstheorie soll nun darin liegen, diese Ansätze auf der Ebene der sozialen Konstitution des Subjekts wechselseitig zu integrieren.[15] Gegenstand ist dann nicht bloß etwa die Entwicklung einer psychischen Struktur, sondern der subjektive Bildungsprozeß im Verhältnis zur objektiven „latenten Sinnstruktur", den allgemeinen „Struktureigenschaften sozialisatorischer Interaktion": „Theorien der Ontogenese werden erst in dem Maße erklärungskräftig formuliert, in dem die Bildung der Strukturen des Subjekts weder als bloße Imprägnaturen von Relationen in der Außenwelt noch als monologische Entfaltungen präexistenter homologer Ausstattungen konzipiert werden müssen, sondern gezeigt werden kann, daß diese Strukturen das Ergebnis von Rekonstruktionen darstellen, die das sich bildende Subjekt an den unabhängig von seinen Vorausstattungen konstituierten Strukturen seines praktischen Handelns, eben jenen Struktureigenschaften sozialisatorischer Interaktion vornimmt."[16] Die individuelle Ontogenese entfaltet sich auf der Folie kontrafaktischer Kompetenz bzw. zur individuellen „Sinninterpretationskapazität" notwendig überschüssiger, gesellschaftlich objektiver „latenter Sinnstrukturen". Sozialisation ist das Anwachsen der individuellen Sinninterpretationskapazität in nachträglicher Auffüllung lebensgeschichtlich erfahrener Situationen „mit subjektivem, der objektiven Struktur adäquatem Sinn". Beispielsweise wäre nach Oevermann das Inzesttabu eine zunächst intersubjektiv latente, dann bildungsgeschichtlich nachvollzogene (abgelesene) und damit interiorisierte subjektive Sinnstruktur. Subjektivität ist also nur noch als Nachtrag der Lebensgeschichte, nicht mehr als selbst initiativ Sinn erzeugend, Situationen schaffend, Welt gestaltend zu begreifen.

Wie wird nun die Integration der genannten Ansätze, zumal der Psychoanalyse, innerhalb des bildungstheoretischen Ansatzes genauer vorgenommen?

Die oben zitierte Aufzählung von Autoren und Ansätzen ist darauf ein erster Hinweis. Die Kompetenz gliedert sich noch einmal auf in die Teilkompetenzen: kognitive Kompetenz (Piaget), Sprachkompetenz (Chomsky) und Interaktionskompetenz (Mead, Kohlberg).[17] Aus dem Vorangehenden ist klar hervorgegangen, daß die Interaktionskompetenz unter diesen drei innerhalb einer soziologischen Sozialisationstheorie die dominierende Rolle spielt. Als höchste Stufe innerhalb eines „hierarchisch gestuften Erwerbs von Kompetenzen“[18] umfaßt sie die voraufgehenden als notwendige Voraussetzung. Kognition, Sprache und Interaktion weisen auf die Erfahrungsmodi, in die sich die Außenwelt dem Individuum (Habermas sagt „Ich“, Oevermann „Subjekt“) differenziert: äußere Natur, Sprache, Gesellschaft[19].

Als vierter theoretisch relevanter Bereich tritt innere Natur und damit die Psychoanalyse auf. „Die anderen zur Aufstellung einer Theorie der Bildungsprozesse herangezogenen Bausteine klären die Ontogenese der subjektiven Voraussetzungen für das Erkennen der physikalischen und der sozialen Objektwelt. Demgegenüber formuliert die Freudsche Theorie das spezifische Problem des Erkennens der eigenen Antriebsbasis.“[20]

Diese eigentümliche Stellung als ‚inneres Ausland‘ (Freud) erfordert eine weitere Präzisierung der theoretischen Konzeption. „Ich betrachte deshalb die Affekt- und Motivationsbildung als Bestandteil der Ichentwicklung, während die Ichentwicklung selbst zur kognitiven, sprachlichen und interaktiven Entwicklung komplementär verläuft.“[21] Triebsozialisation ist also – so läßt sich aus diesen Stellungnahmen folgern – nicht gleichsinnig wie die anderen ontogenetischen Dimensionen unmittelbar Bestandteil der Entfaltung subjektiver Kompetenz bzw. Sinninterpretationskapazität.[22] Der Dimension der Beherrschung innerer Natur wird offenbar eine besondere Stellung im Sozialisationsprozeß zuerkannt.

Handelt es sich also hier, so wie es jedenfalls den Anschein haben könnte, um einen den Freudschen Handlungsbegriff in ganzer Breite seiner natural-sozialen Anlage aufnehmenden Ansatz, der überdies die dort nicht ausgeführte Theorie der Intersubjektivität mit einbringen könnte? Mit den Worten der Autoren selbst: Wird der Anspruch der Theorie der kommunikativen Kompetenz, „das zentrale Problem des Zusammenhangs zwischen Persönlichkeitstheorie und Verhalten einer Lösung näher bringen zu können“ und „zwischen sozialem und psychologischem System zu vermitteln“[23], eingelöst? Diese Frage muß nun eingehend geprüft werden.

3. Die soziologisch-sprachtheoretische Vereinnahmung innerer Natur

Ausgangspunkt des ‚Interesses an der Psychoanalyse' war ja bei Habermas eine wissenschaftstheoretische Fragestellung.[24] In ihr erhielt Psychoanalyse eine Sonderstellung „als das einzige greifbare Beispiel einer methodisch Selbstreflexion in Anspruch nehmenden Wissenschaft"[25]. Ihre eigene Auffassung als naturwissenschaftliches Verfahren wurde als „szientistisches Selbstmißverständnis"[26] decouvriert. Eben in dieser – eher dem Argumentationsbedürfnis einer kommunikativ-reflexiven Soziologie angemessenen – unvermittelt gegenüberstellenden Auffassung der Psychoanalyse nicht als „Naturprozeß", sondern als „Bewegung der Selbstreflexion"[27] ist aber gleichzeitig ihr grundlegendes Mißverständnis angelegt. Danach ist Psychoanalyse lediglich eine Methode, durch die ein Patient in den Stand gesetzt wird, den verborgenen Sinn der eigenen Lebensgeschichte narrativ zu rekonstruieren. „Am Ende der Analyse soll es möglich sein, jene für die Krankheitsgeschichte relevanten Ereignisse der vergessenen Lebensjahre narrativ darzustellen, die zu Beginn ... weder der Arzt noch der Patient kennen."[28] Genau diese Bestimmung des psychoanalytischen Verfahrens ist ungenau und bedarf der Korrektur: „... das Ziel der Psychoanalyse ist nicht die Herstellung eines narrativen Vermögens. Tatsächlich befähigt Psychoanalyse den Analysanden kaum, seine Lebensgeschichte lückenlos zu erzählen, wohl aber soll der Patient in der Analyse die Fähigkeit gewinnen, seine Konflikte, d. h. die vom Widerspruch gekennzeichneten Szenen und die qualitative Differenz verstümmelter und nicht mehr verstümmelter Interaktionsformen, zu benennen. Nichtsubjektivistisch verkürzt sensibilisiert die Psychoanalyse damit Widerspruchserfahrung zu Fragen nach den Ursachen der Verstümmelung."[29]

Ebenso gilt es, eine zweite Ansicht abzuwehren, nach der die einzelne Psychoanalyse nicht mehr ist als die Anwendung einer „Logik allgemeiner Interpretation"[30]. „Der Rahmen für Deutungen ist nicht ein für allemal festgestellt, er wird vielmehr hergestellt, je nach der gesellschaftlich bestimmten Organisation der Analytikergruppe in einer Auseinandersetzung mit der vorgegebenen Theorie und dem aktualisierten Setting von Vorannahmen, das diese Gruppe teilt. Hier wird auch die Einbettung der Theoriediskussion in politische Prozesse bedeutsam."[31]

Das Grundverständnis des Komplexes Psychoanalyse / innere Natur ist bei Habermas (und Oevermann) – soviel kann aus der hier nur in aller Kürze angeschnittenen wissenschaftstheoretischen Diskussion (vgl. dazu ausführlicher Lorenzer, 1973a, 1974) festgehalten werden – geprägt von der Vorherrschaft von Annahmen auf allgemein-sozialer Ebene gegenüber solchen auf konkret-individueller, also auch praktisch-sinnlicher Ebene. Daß dieser Gedanke angesichts der psychologistischen und biologistischen Verkürzungen der Freudschen Theorie auch eine produktive Interpretationsrichtung angibt, muß nicht nochmals betont werden. Die Aufdeckung des ‚szientistischen Selbstmißverständnisses' war hier wegweisend für die gesamte Diskussion. Die Übereinstimmung kann auch als gegeben betrachtet werden, wenn umgekehrt die soziologische Bedeutung der Psychoanalyse herausgestrichen wird im Sinne einer „Erweiterung des subjektiv sinnverstehenden Ansatzes" um „Freuds Konzept des unbewußten Motivs"[32]. Nun ist aber die sozialisationstheoretische Integration der Psychoanalyse keineswegs so eindeutig im Sinne der Erweiterung des soziologischen Ansatzes angelegt, sondern durch auffallende Ungereimtheiten gekennzeichnet. So lassen sich bei Oevermann drei verschiedene, miteinander unvereinbare Ansichten zum Verhältnis Soziologie – Psychoanalyse feststellen[33]:

(1) eine vorrangig (d. h. genuin) soziologische Fassung (s. o.).

(2) Es ist aber dann – gegenläufig – die Rede von einer „soziologischen Ergänzung der Freudschen Entwicklungstheorie"[34], so daß man sich fragt, ob nicht gerade das untergeordnet-hilfswissenschaftliche Verhältnis der Soziologie zur Psychologie, das zu überwinden ja das besondere Motiv Oevermanns war, damit wieder voll zum Tragen kommt.

(3) Das Desiderat einer zugleich psychologischen und soziologischen Theorie[35] komplettiert das methodologische Verwirrspiel.

Der unaufgelöste Widerspruch zwischen den Positionen (1) und (2), der einerseits soziologisch-sprachidealistischen Rezeption wie der kritiklosen Weiterverwendung universalistischer Annahmen der Psychoanalyse auf der anderen Seite, durchzieht das gesamte Freud-Verständnis der Theorie der Bildungsprozesse. Der frühzeitige und ausschließliche Eindruck des Szientismus erlaubt eine Freud-Rezeption offenbar nur gegen den Strich einer reflexiven Sozialwissenschaft. Unter dieser Vorentscheidung für Intersubjektivität/ Reflexivität, gegen Natur, bricht die Auseinandersetzung mit der theoretischen Struktur und dem Gehalt der Psychoanalyse – das ist meine

These – vorzeitig unnötig ab und wird abgelöst durch Überlegungen, auf welche Weise man eine nicht näher untersuchte Psychoanalyse in eine aus anderen Kontexten zusammengestellte Metatheorie der Sozialisation integrieren könnte. Daher ist diese Theorie aber auch nicht zugleich Metatheorie der Psychoanalyse in kritischer Auflösung metapsychologischer Abstraktionen. Hier endet – in der methodologischen Perspektive – die Reflexion mit der hermeneutisch-universalpragmatischen Auffassung der Psychoanalyse.

Die Verarmung, die die Theorie des psychoanalytischen Verfahrens erleidet, indem die Dimension interaktiv-lebenspraktisch hergestellter individueller Strukturen vollständig von der Ebene der reflexiven Sprachoperationen aufgesogen wird, setzt sich in der Bildungstheorie folgerichtig fort. Hier werden die Folgen bzw. das Ausmaß der Stillstellung der methodologisch-kritischen Auseinandersetzung sichtbar in der Stellung des Ansatzes zu wesentlichen psychoanalytischen Grundannahmen. Diese Stellung zeigt sich beispielhaft in der allgemeinen Auffassung, daß „die Entwicklungstheorie [die Freudsche, H.-J. B.] durchaus im Sinne einer kontrafaktisch geltenden, metatheoretisch idealen Konstruktion der ‚normalen' Entwicklung formuliert werden ... kann"[36]. Unbeeindruckt von der langen Diskussionstradition über kultur- (z. B. den Verlauf des ödipalen Konflikts) bzw. klassenspezifische (der Neuroseverlauf des Wiener Bürgertums unterscheidet sich von vorsprachlich-psychotischen Konflikten im proletarischen Milieu) zu relativierende Universalismen des Freudschen Denkens wird an den originalen Freud – in direkter Fortsetzung der dortigen subjektivistischen Mißverständnisse – unmittelbar anknüpft.[37]

Doch nicht nur die konkret-gesellschaftliche Verlaufsform der Ontogenese entzieht sich der sozialwissenschaftlichen Reflexion – auch die Thematik innerer Natur wird unproblematisch abgetan. Hier legt sich die soziologische Sozialisationstheorie merkwürdige Zurückhaltung auf, indem sie den Trieb ganz im Sinne des Freudschen Biologismus in die Gesellschaftsferne einer ‚Natur', eines „inneren Dinges an sich"[38] wegeskamotiert – freilich nur, um um so leichter den Triumph einer genuin soziologischen Betrachtungsweise davontragen zu können. Das heiße Eisen ‚Natur im Individuum' wird für alle Fälle bequem zurechtgelegt in der interaktionstranszendent-undialektischen Formel „Antriebsbasis" (zuweilen auch „Antriebsüberschuß", „Antriebspotential" oder „Naturbasis der Geschichte")[39]. In dieser Formulierung wird zwar die Triebkraft, gewissermaßen die Funktion des Motors der Auseinandersetzung Individuum – Gesellschaft durchaus angezeigt, die Ausführung der Sozialisationstheorie hingegen bietet kaum einen Anhaltspunkt zu einer inhaltlich-lebendigen Vertiefung dieser Grundformel. Im Gegenteil, an die Stelle des Freudschen Materialismus tritt ein Idealismus, der sein Vertrauen einseitig in die reflexive Bewältigung der Triebe setzt: „Diese Bindung an Sinnstrukturen der Lebenswelt, so elementar sie sein mögen, verliert auch der vom Animalischen auf den Menschen rückübertragene Triebbegriff nicht. Es sind verborgene und abgelenkte Intentionen, die sich aus bewußten Motiven zu Ursachen verkehrt haben und das kommunikative Handeln der Kausalität naturwüchsiger Verhältnisse unterwerfen. Sie ist *Kausalität des Schicksals* und nicht der *Natur*, weil sie durch die symbolischen Mittel des Geistes herrscht – nur darum kann sie auch durch die Kraft der Reflexion bezwungen werden.“ [40] Menschlichem Handeln wird also generell ein intentionaler Charakter unterstellt. Was bei Freud gegen Kultur sich sträubte, ist ihr nun von vornherein verfallen. Daß die Autoren damit notwendig die Ebene nichtintentionaler unbewußter Verhaltensweisen ausblenden, wird sich in der Folge noch deutlicher erweisen.

Unter ausdrücklicher Bezugnahme auf den Ansatz von Gerth und Mills[41] wird der Übergang von animalischer Instinktivität zur Entwicklungsstufe menschlicher Kultur markiert: „Erst dann kann es seinerseits durch ein Sprachsystem mit veränderlichen semantischen Gehalten neuen Interpretationen unterworfen werden: das ‚Motiv‘ rückt von der Ebene des Antriebssystems auf die Ebene sprachlicher Kommunikation. Die Sprache ist das Medium der Rollendefinitionen. Die über sprachliche Symbole gelernten sozialen Rollen haben motivationsbildende Kraft, soweit sie ein in Grenzen plastisches Bedürfnispotential ‚interpretieren‘.“[42]

Es hat also den Anschein, als träte der altbekannte soziologistische Argumentationsmechanismus ungebrochen wieder in seine Rechte ein; ganz in der Tradition von Begriffen wie Motivvokabularien oder Bedürfnisdispositionen wird Triebsexualität mundgerecht serviert: als immer schon sprachlich ‚interpretierte Bedürfnisse‘. „Unbewußte Motive haben, wie die bewußten, die Form interpretierter Bedürfnisse; sie sind deshalb in symbolischen Zusammenhängen gegeben und können hermeneutisch verstanden werden ... Andererseits sind solche Motive gerade nicht für das handelnde Subjekt selber gegeben; sie sind durch Regression vom Bewußtsein ausgesperrt ...“ (Habermas, 1970a, S. 297)

Zugegeben, die Geltung des Repressionstheorems vorausgesetzt, handelt es sich um eine die sozialdeterministische Auffassung (insbesondere bei Parsons) hinter sich lassende Version soziologischer Psychoanalyse-Rezeption. Die Spannung zwischen dem Überhang nicht befriedigter Bedürfnisse und soziokultureller Realität geht in sie ein. Jedoch taucht die Bedürfnisdimension weder im Balancemodell noch in der Sozialisationstheorie deutlich genug auf. Ihr bleibt äußerlich die sozialisatorische, sich durchaus praktisch-interaktional ‚ereignende' Dialektik außersprachlicher (von Sprache höchstens überdeckter, eingekapselter) Interaktionsmuster und sprachlicher Formen. Subjektivität beschränkt sich dann auf ein rein definitorisch-interpretativ wirkendes Sprachzentrum, wird nicht schon festgehalten in sprachtranszendenten, sinnlich-körperlichen Anteilen von Interaktionen.

Mit dieser einseitig sprachtheoretischen Interpretation läßt sich das Schwergewicht erklären, welches der Anpassungs- und Abwehraspekt auch innerhalb der Theorie der Bildungsprozesse erhält. „Der intelligenten Anpassung an die äußere Realität, die das Ich zur Realitätsprüfung instand setzt, entspricht die Aneignung sozialer Rollen auf dem Wege über die Identifikation mit anderen Subjekten, welche gegenüber dem Kind die gesellschaftlich sanktionierten Erwartungen vertreten. Durch Internalisierung dieser Erwartungen bildet sich, auf der Grundlage der Introjektion, der Aufrichtung aufgegebener Liebesobjekte im Ich, das Über-Ich ... Soweit es [das Ich; H.-J. B.] als Exekutivorgan des Über-Ich handelt, bleibt die Abwehr unbewußt ..."[43]

Das Es ist nicht mehr als durchgängige ontogenetische Basis, sondern nur noch negativ als „Abfallprodukt"[44] ichgesteuerter Sprachkommunikation Bestandteil der Persönlichkeitsstruktur: „‚Es' ist dann der Name für den durch Abwehr externalisierten Teil des Selbst."[45]

In dieser ihrer harmloseren Version, als nicht nur ungeänderte, sondern bereits ichpsychologisch abgeschwächte Strukturtheorie, wird die Freudsche Psychoanalyse Ansatzpunkt eines unvermittelten Sprungs von einer Theorie in eine andere: Das Strukturmodell (in ichzentrierter, nicht Ich und Es gleichrangig umfassender Konzeption) wird einfach ins soziologische Interaktionsmodell „übersetzt"[46], ohne es hinreichend aufzuheben, sich die Mühe zu machen, in einer Kritik psychoanalytischer Begriffe sie mit Interaktion zu vermitteln: „Gegenüber dem Strukturmodell der Psychoanalyse hat das

Interaktionsmodell den Vorzug, intrapsychische Vorgänge *in terms* von Vorgängen sozialer Systeme darzustellen. Die unbewußte Konfliktabwehr einer Person kann auf der Ebene der Konfliktbewältigung eines Familiensystems abgebildet werden. Das ist möglich, weil das interaktionistische Persönlichkeitsmodell als Modell der inneren Kommunikation aufgefaßt werden kann: Aufbau der Motivation und Form der Kommunikation sind zwei Aspekte desselben Zusammenhangs."[47]

Der Unterschied zwischen der Auffassung einer umstandslosen Konvertierbarkeit metapsychologischer Kategorien in die Sprache sozialer Systeme und dem Parsonianischen Kongruenzmodell (need-disposition – role) ist nicht mehr erkennbar. Die Orientierung am systemtheoretischen Sozialisationsmodell wird vielmehr deutlich betont. „Im soziologischen Bezugsrahmen eines durch Rollen- und Kommunikationsstruktur bestimmten Familiensystems lassen sich die psychoanalytischen Grundannahmen über die infantile Entwicklung der Motivationsbasis neu fassen. Parsons macht einen interessanten Versuch, die psychosexuelle Kindheitsentwicklung aus dem Interaktionszusammenhang der Familie zu begreifen."[48]

Auf diese Weise wird aber Sexualität durch Sozialität nicht aufgehoben, sondern ‚ersetzt'[49]. Sie verkümmert handlungstheoretisch zu einem ‚unspezifischen' „Wirksamkeitsmotiv (competence)", welches – so Habermas – „einen ähnlichen Stellenwert hat wie H. Hartmanns neutralisierte Triebenergie, die dem Ich-Apparat zur Verfügung steht".[50] Die triebnaturale Komponente des Freudschen Handlungsbegriffs wird unter Berufung auf unüberprüfte Annahmen der kulturistisch-revisionistischen psychoanalytischen Orthodoxie von seiner sozialen in Wirklichkeit abgetrennt, aus dem – genuin soziologischen – Gegenstandsbereich verbannt. Durch die einseitige Entscheidung für das soziologische Paradigma wird der unbestreitbare Wert, den interaktionistische Konzepte als Gegengewicht zu einem überspannten psychoanalytischen Individualismus und Infantilismus haben, eingetauscht gegen den vollkommenen Verzicht auf tiefenstrukturelle Individualanalyse. In der Phasenfolge ‚primärnarzißtisch – präödipal – konventionell – postkonventionell'[51] wird Psychoanalyse in voreiliger Aufgabenverteilung einfach in Soziologie überführt und durch sie abgelöst; sie ist nur für die „präsoziale Phase natürlicher Identität"[52] verantwortlich.

Den Anzeichen, daß unbeschadet der Differenzen des funktionalistischen und sprachpragmatisch-kompetenztheoretischen Verfahrens sich bezüglich der Psychoanalyse-Rezeption eine Kontinuitätslinie soziologischer Sozialisationstheorie abzeichnet, lassen sich weitere anfügen. So gründet auch der Ansatz integraler Kompetenz auf der (um Piaget und Kohlberg erweiterten) Konvergenzthese.[53] Bekanntlich vollzog Parsons unter der Konvergenz-Voranname umstandslos die Gleichsetzung von Identifikation und Rollenübernahme (vgl. Busch, 1985). Genau diesen Gedankengang macht sich Habermas – die vorhergehenden Textstellen deuteten es bereits an – nachdrücklich zu eigen. Wie im funktionalistischen Modell wird der Gesichtspunkt der Internalisierung das verbindende Element zwischen Entwicklungspsychologie(n) und Interaktionstheorie. „Identifikation soll weder ein Nachahmungsmotiv noch ein imitatives Verhalten, sondern den *Mechanismus des Rollenlernens* bezeichnen ... Die Annahme der Identifikation im Sinne eines Lernmechanismus soll erklären, wie es dazu kommt, daß das lernende Subjekt die Rolle, und das heißt nicht das faktische Verhalten, sondern die normativen Erwartungen eines anderen Subjektes übernimmt und damit *internalisiert*. Die Identifikation ist vom allgemeinen Mechanismus des Lernens im Sinne der Lerntheorie zu unterscheiden ... Identifikation setzt hingegen eine Vermittlung von Symbolen auf der Ebene sprachlicher oder quasisprachlicher Intersubjektivität voraus, also eine symbolische Beziehung anstelle der ausschließlich empirischen zwischen Reiz und Reaktion. Aufgrund dieser Symbolvermittlung werden durch Identifikation nicht nur einzelne Reaktionen, sondern integrierte Verhaltensmuster, Verhaltenserwartungen, d. h. Interpretationen von Verhaltensweisen gelernt ...“[54] Möglicherweise ist es die Frontstellung gegenüber der behavioristischen Lerntheorie, die zu einer entscheidenden Ungenauigkeit („quasisprachlich“) verleitet, aufgrund derer sich dann leicht Psychoanalyse in Soziologie auflösen läßt. Die Behauptung der Konvergenz wird so auch hier zur Einebnung der Differenz. So erklärt sich auch die folgende Verkürzung:

„Mit diesem Mechanismus der Verinnerlichung hängt das weitere Prinzip zusammen, durch aktive Wiederholung dessen, was man zunächst passiv erfahren oder erlitten hat, Unabhängigkeit sei es gegenüber äußeren Objekten, Beziehungspersonen oder eigenen Impulsen zu erlangen.“[55] Individuelle Strukturbildung ist nicht gleichzusetzen mit einer Hereinnahme sozialer Muster ins Individuum. Unabhängigkeit (also Individuierung) und Subjektivierung leiten sich nicht lediglich aus aktiver Wiederholung passiv erfahrener Strukturen ab. Dies ist eine erstaunliche Simplifizierung des Sozialisationsgeschehens. Gerade aber für die frühkindliche Sozialisationsdyade bzw. -triade ist typisch, daß sie in weit geringerem Maße als alle anderen Interaktionsbeziehungen rollenhaft bzw. sprachpragmatisch organisiert ist. Sie ist vielmehr von einer sozialen Unmittelbarkeit, die Rolleninteraktionen zumeist nicht aufweisen. Zweifellos ist Sozialisation von Anfang an immer auch schon Einübung in soziales Verhalten, jedoch nicht zwingend allein im Sinne symbolisch geregelter Beziehungen, sondern auch körperlich-sinnlichen Austauschs. Innere Strukturbildung läßt sich daher nicht einfach kongruent in Rollen / Sprache übersetzen; eher dagegen liegt sie – will man in einem guten Sinn die Freudsche Tradition wahren – in der Dimension des Leidens an sozialen Strukturen und des Widerstands gegen deren Zumutungen. Die Theorie der Bildungsprozesse verfügt nicht über einen Ansatz, in dem die Abstammung des Individuums aus innerer Natur, aus Triebprozessen, nicht nur sporadisch legitimatorisch postuliert wird und die Aneignung dieser Triebnatur in und nur in Interaktionen konsequent entfaltet wird. Eher wird der Zusammenhang verwischt, wenn festgestellt wird (im Sinne der janusköpfigen Auffassung von „need-disposition – role“ bei Parsons): „Der Mechanismus des Lernens durch Identifikation ist ... an das Rollenkonzept des Sozialisationsvorgangs gebunden: nur im Rahmen dieses Konzepts werden Motive als Bedürfnisdispositionen aufgefaßt, die an Symbolen festgemacht sind.“[56] Der Verweis aufs Repressionstheorem reicht nicht hin, diesen Sachverhalt adäquat zu berücksichtigen. Denn mit dem Begriff der Bedürfnisdisposition ist ein Hiatus zwischen Bedürfnis und Rolle nicht mehr auszumachen. Bedürfnisdispositionen sind ja seit Parsons einfach konvertierbar in ihre andere Seite: Rollen.

Die Tendenz, diese Spannung wohl verbal aufrechtzuerhalten, an theoretisch zentraler Stelle jedoch im Bemühen um disziplinäre Integration zu verwischen, setzt sich im Zuge der Fortentwicklung des Konzepts der Bildungsprozesse fort. Die Differenz zwischen Individuum und Gesellschaft drückt sich zunehmend weniger in der Beziehung von Persönlichkeitsstruktur und Rollen als in der Diskrepanz von subjektiver „Sinninterpretationskapazität“ und objektiver „latenter Sinnstruktur“ aus.[57] Mehr und mehr schält sich das Verhältnis von Sprache und nichtsprachlichen Formen der Interaktion bzw. individuellen Interaktionsmuster als Kern der Probleme heraus. Deutlich sichtbar wird das Unvermögen, eine Sozialisationstheorie mit der Psychoanalyse anders als rein reflexiv-interpretativ zu verknüpfen, paradoxerweise in einer Formulierung, die sich am weitesten von der Ebene sprachlich geregelter Kommunikation vorzuwagen scheint in das umgangssprachlich nicht zugängliche Reich des psychoanalytischen Unbewußten: „... Da sich übergreifende intentionale Zusammenhänge nicht ohne Erfahrungen der Interaktion entwerfen lassen, besteht Grund zu der Annahme, daß sich schon auf der Stufe der vorsprachlichen Symbolorganisation Vorformen der Intersubjektivität ausbilden. Die Paläosymbole bilden sich offenbar in Interaktionszusammenhängen, bevor sie in ein grammatisches Regelsystem aufgenommen und mit der operativen Intelligenz verbunden werden ... Die beschriebene Symbolorganisation, die der Sprache genetisch vorangeht, ist eine theoretische Konstruktion, wir können sie nirgends beobachten ...“[58]

Die Aufmerksamkeit richtet sich zunächst auf den letzten Satz. Unter der Voraussetzung, die m. E. plausibel ist, daß „beobachten“ nicht in einem methodologischen (abgrenzend von Beobachtungswissenschaft), sondern im empirischen Sinn zu verstehen ist, wird hier die Nichtbeobachtbarkeit vorsprachlicher Handlungsformen behauptet. Es wird sich zurückgezogen auf die Position: Der Trieb (als Trieb ‚an sich‘) ist erfahrungswissenschaftlich nicht zugänglich; dies sind dagegen nur verzerrte oder unverzerrte Sprachkommunikationen. Das heißt, das Vorgehen der Gegenstandsbestimmung beruht – unter Verweis des Triebs auf eine dunkle außersoziale Existenz – von vornherein auf der Vorgegebenheit der Sprache, ist also sprachzentristisch. Dies kann nur als sozialisationstheoretisches Defizit, als Komplexitätsmangel des sich als komplex verstehenden[59] Kompetenzentwurfs gedeutet werden. Unter der Voranahme universaler, kontrafaktischer sprachlicher Regelgeleitetheit entgeht der Theorie der Bildungsprozesse die nichtsprachliche Interaktionsstruktur der Dyade Mutter – Kind, die ja nicht nur später einmal latent wirksam wird in verzerrter Kommunikation, sondern die direkt beobachtbar das Verhalten des Kindes und das der Mutter in ihrer Interaktion reguliert.[60] Faktisch nämlich ist die Ebene intersubjektiver Verständigung, der latenten Sinnstrukturen[61], in der Dimension der Ontogenese, der individuellen Strukturbildung, am Anfang in einem sehr unspezifischen, allgemeinen Sinn (dem etwa, daß natürlich schwangere Mütter bereits in gesellschaftliche Prozesse involviert sind und bleiben) beteiligt. Sie ist, um einen Ausdruck der Autoren der Theorie der Bildungsprozesse zu gebrauchen, diesmal selbst nur ‚Randbedingung‘ eines Prozesses zwischen dem Embryonen und Säugling und der Mutter, der sich wesentlich auf dem sinnlich-organismischen Niveau unmittelbarer Körperbedürfnisse abspielt. Die Theorie der Bildungsprozesse läßt eine konzeptionelle Verarbeitung dieser Trennung von innerer Natur als in leiblich-unmittelbarer Interaktion angeeigneter und regelgeleitetem sprachlichen Handeln vermissen. Den Autoren entgeht, daß das ‚Prekäre' gesellschaftlich-individueller Beziehungen im reflexiven ‚Medium' der Sprache[62] weitgehend zum Verschwinden gebracht wird. Die Reflexivität der Sprache ist eher ein formaldialektischer Vorgang; Konflikte drücken sich aus in Unausgesprochenem, in zur rationalen Ebene kontroverser unbewußt-sinnlicher Motivation. Sie werden durch praktische, nicht nur sprachliche Teilhabe, also durch Interaktion, ausgelöst und durch Reflexion, z. B. in der Therapie, erst nachträglich umschreibbar, nicht aber vollständig sprachlich übersetzbar.

Das Verständnis des Begriffs „Paläosymbol" verdeutlicht diese Unfähigkeit, eine vorsprachliche Ebene konsequent außerhalb von Sprache festzumachen. Die Exkommunikation führt nicht zur Desymbolisierung, sondern nur zum privatsprachlichen Rückzug auf ontogenetisch ältere symbolvermittelte Interaktionsmuster im Sinne einer „Primärsprache"[63]. Leiblichkeit wird nicht außerhalb des Sprachspiels verankert, sondern als eine seiner Dimensionen gefaßt. „Die Grammatik der Umgangssprache regelt nicht nur den Zusammenhang von Symbolen, sondern die Verschränkung von sprachlichen Elementen, Handlungsmustern und Expressionen."[64]

Die Trennschärfe zwischen wechselseitig-einsichtsvoller Sprachkommunikation und sinnlich-unmittelbaren, nichtreflexiven Formen der Interaktion geht (auch hier) verloren. Erst recht, wenn man bedenkt, daß das Habermassche Exkommunikationsmodell nur die von der Ebene sprachlicher Verständigung wieder zurückgestoßenen, nicht die noch nie zum Ausdruck gekommenen Bedeutungen eines Individuums berücksichtigt. Das Konzept der Paläosymbole korrespondiert mit der reduzierten Fassung des Es-Begriffs: „Habermas stellt die beiden ... Gruppen zusammen vor; eine klare Trennung erscheint mir jedoch unerläßlich; nur so bleibt die wesentliche Unterscheidung in Bw und Ubw gewahrt, und nur so kann das *nicht vergesellschaftete Es* von dem *vergesellschafteten Es* unterschieden werden."[65]

Oevermann macht sich zwar nicht den Sprachgebrauch von Exkommunikation, Abspaltung etc. zu eigen[66], jedoch mit der These vom immer schon vorhandenen objektiven Sinn einer Lebensgeschichte folgt er durchaus der Habermasschen sinntheoretischen Interpretation der Psychoanalyse. Einem *sprachlichen* Sinn: Interaktion ist immer Interaktions*text* mit verschiedenen, nicht gleichzeitig realisierbaren ‚*Les*arten‘[67] oder ‚Fallstrukturen‘. Unter dieser Vorannahme kann der Stellenwert nichtsignifikanter, gestischer Interaktion im sozialen Verkehr nicht mehr hinreichend bestimmt werden. „Gleichwohl ist die Interaktionstriade schon hier an der Lösung des Problems, wie von Geburt an in der Mutter-Kind-Beziehung intersubjektive Verständigung gesichert werden kann, latent beteiligt. Von seiten des Kindes liegen als Voraussetzungen angeborene Schemata des Lächelns, Schreiens, Saugens, Klammerns und Blickverfolgens vor, deren Funktion ausschließlich in der Regulierung der Beziehung zu sozialen Objekten besteht. Es handelt sich hier um phylogenetische Restbestände dessen, was mit Mead als angeborene Gestenkommunikation bezeichnet werden kann. Von seiten der Mutter müssen die zunächst ausschließlich biologisch programmierten Äußerungen für die Ontogenese ‚richtig‘ verstanden werden; nicht nur, damit das biologische Überleben durch geeignetes Pflegeverhalten gesichert ist, sondern auch, damit – auf dem Wege fiktiver Bedeutungszuschreibung – die Interaktion zwischen Mutter und Kind eine die Antizipationsleistung des Kindes weit überschreitende, Entwicklung vorantreibende objektive Bedeutungsstrukturierung erhält. Von seiten der Mutter wird das durch eine narzißtische Objektbesetzung und eine funktionale Regression auf die Erinnerungsspuren der eigenen Kindheit gesichert.“ (Oevermann, 1979, S. 163)

Oevermann entscheidet sich – in einer etwa gegenüber Spitz sehr oberflächlichen und ungenauen Sicht der frühkindlichen Sozialisation (die Schemata des Lächelns, Blickverfolgens sind keineswegs einfach nur angeboren, sondern immer auch zu einem starken Teil dyadenspezifisch gestaltet gemäß den für das konkrete Handeln der jeweiligen Mutter charakteristischen szenisch-affektiven Mustern) – dafür, das mütterliche Pflegeverhalten als Verstehensprozeß zu werten, wenngleich ihm der Umstand der „funktionalen Regression“ der Mutter nicht verborgen bleibt. Statt zu erkennen, daß es sich hier um eine auch von seiten der Mutter stark sinnlich-körperliche Interaktion handelt (nicht zufällig ist ja z. B. alltagssprachlich die Rede vom „Mutterinstinkt“!) weicht er auf die transzendentale Ebene der latenten Sinnstruktur aus. Es ist aber weder nötig noch einsichtig, hier eine „objektive Bedeutungsstrukturierung“ anzusetzen. Treffender wäre es, von einer sinnlich-unmittelbaren Grundstrukturierung der Persönlichkeit auszugehen.

Der qualitative Unterschied von Sprache und Interaktion reduziert sich im Oevermannschen Ansatz eher noch mehr: auf das quantitative Defizit einer gegenüber dem objektiven Sinn unvollkommenen subjektiven Sinninterpretationskapazität, aufhebbar durch nichts weiter als den Erwerb der Kompetenz zur hermeneutischen Rekonstruktion der eigenen Biographie[68]. ‚Überschüssigkeit' – so hat es den Anschein – besteht in der Theorie der Bildungsprozesse doch nur in Hinsicht auf objektiv-sinnhaft „strukturiertes Erfahrungsmaterial", „das im Verlaufe der Lebensgeschichte nachträglich mit subjektivem, der objektiven Struktur adäquatem Sinn ausgefüllt wird"[69], nicht aber hinsichtlich naturhaft-körperlicher Triebprozesse. Die „triebtheoretische Komponente" wird von der „sinntheoretischen Komponente"[70] gleichsam geschluckt. Das Unbewußte ist demnach sprachförmig aufgebaut; da es in Sprache übersetzbar ist, muß es ‚Textäquivalente'[71] bergen. Was daraus für die Beziehung des Individuums zur Gesellschaft theoretisch folgt, wird mit unmißverständlicher Deutlichkeit ausgesprochen: „Einer soziologischen Betrachtung angemessen, impliziert die hier vertretene These also eine Konzeption, die das Subjekt auf die Vorstellung von einem dynamischen Medium der Aktualisierung objektiver sozialer Sinnstrukturen reduziert."[72] Dies entspricht mit Sicherheit nicht einer angemessenen Aufhebung des zu Recht kritisierbaren Freudschen Biologismus und Psychologismus in einer ‚Psychoanalyse als Sozialwissenschaft' oder gar einer „bei Freud implizit" ‚vorliegenden' „Strategie für eine soziologische Sozialisationstheorie"[73].

Bei einem Versuch, die Psychoanalyse aus der Logik ihrer Entstehung, die vom individuellen Leiden, von Pathologie, zur Metapsychologie verlief, in einen universalistischen Rahmen zu überführen, der diese Logik umkehrt, muß das eintreten, was als Mangel des eigenen Ansatzes den Autoren nicht verborgen bleibt: „Formen ‚beschädigter Identität'" lassen sich innerhalb ihres Begriffsrahmens nicht theoretisch beschreiben (vgl. Döbert u.a. 1977, S. 14f.).

Die Schwierigkeiten bei dem Versuch, die „Erweiterung des subjektiv sinnverstehenden Ansatzes"[74] durch die Freudsche Theorie real vorzunehmen, sind deutlich geworden. Statt zu einer solchen – auch sie selbst neu vermittelnden – Erweiterung zu führen, hat es die Freudsche Theorie im Kompetenzkonzept bisher lediglich zu einem Schattendasein gebracht. Leblos spult sich der individuelle Bildungsprozeß als stufenweiser Erwerb kognitiver, sprachlicher und interaktiver Kompetenzen ab, dessen dynamisches Moment allenfalls verbal, nicht mehr theoretisch konstruktiv auszumachen ist. Habermas gesteht dies ein, wenn er schreibt: „Um die Dynamik der Entwicklung innerhalb der einzelnen Dimensionen zu erklären, brauchen wir weitere Annahmen ... unklar ist, wieweit die *Durchsetzung* einer neuen Struktur einer besonderen Motivation bedarf. Wir suchen daher e) nach Indikatoren für eine psychodynamische bzw. soziologische Erklärung (weniger des Übergangs zu als) der Durchsetzung von neuen kognitiven Strukturen."[75]

Der frühen Äußerung von 1967 ist also bis zur differenzierten Stufe eines Sozialisationskonzepts (1975) keine gelungene Integration der psychoanalytischen Annahmen gefolgt. Die gewiß plausible Annahme einer Interdependenz der parallelen Entwicklungsdimensionen kommt über den Rang von Vermutungen und Hypothesen nicht hinaus, und Habermas bekennt: „Welche Interdependenzen im einzelnen bestehen, kann ich nicht sagen."[76]

Der Ausbau einer Theorie unbewußter Motivationen hat gegenüber dem rasanten Aufbau einer möglichst komplex angelegten, Kognition, Moral und Sprache einschließenden Sozialisationstheorie[77] nicht Schritt halten können und ist in den Hintergrund gedrängt worden.[78] Die motivationale Grundlage, der Kern also der gesamten sprachlich-kognitiven Entwicklung, bleibt in ihrem Zusammenhang zum Ganzen unklar. Die „Antriebsbasis" bleibt eigentümlich unvermittelt mit Bewußtseinsprozessen. Die Einheit des Subjekts geht in der Partikularisierung der Kompetenzen verloren.[79] Die Autoren der Theorie der Bildungsprozesse beginnen mit der Analyse von sprachlicher und kognitiver Entwicklung und geraten dann an einen Punkt, wo die motivationale Durchsetzung der Übergänge zwischen den Entwicklungsstufen nicht hinreichend erklärt werden kann. Meines Erachtens ergibt sich aus dieser Schwierigkeit die Notwendigkeit, eine Entwicklungstheorie anders aufzubauen. Ihre Grundlage hätte zu sein das Wechselspiel zwischen Triebstruktur und Gesellschaft vom Mutterleib an. Auf ihr bilden sich sprachliche und kognitive Strukturen erst aus und nicht umgekehrt. Dieser umgekehrte Eindruck entsteht nur durch die irrige abstrakt-unvermittelte Voorannahme von universellen Strukturen symbolischer Interaktion.

4. Resümee

Ich kehre noch einmal zum Ausgangspunkt der Theorie der Bildungsprozesse zurück. Leitender Gesichtspunkt bei der Integration sprachtheoretischer und entwicklungspsychologischer Konzeptionen war das Beharren auf einem übergeordnet-soziologischen Gegenstandsbereich *sui generis*. Das heißt, der den bisherigen Ansätzen vorgeworfene unreflektierte theoretische Rückgriff auf außersoziologische Konzepte insbesondere der Entwicklungspsychologie soll nun ersetzt werden durch ein streng innersoziologisches Begriffsmodell. Eine positive Intention dieses Gedankens ist es, dem Bedarf einer (bisher nicht existierenden) Metatheorie der Sozialisation zu entsprechen, die den begrifflichen Unklarheiten und der Isolierung einzelner Gegenstandsaspekte in der bisherigen Theorie und Praxis der Sozialisationsforschung begegnen soll. Ein solches Denken erweist sich aber seinerseits als disziplinenborniert, indem es die Schlüssigkeit seiner Gegenstandsbestimmung (kommunikative Kompetenz, Struktur der sozialisatorischen Interaktion) und disziplinären Einengung nicht nachweisen kann. Denn auch die Theorie der Bildungsprozesse krankt an dem Übel soziologischer Handlungstheorie schlechthin, nicht deutlich machen zu können, daß soziales Handeln das von konkreten Individuen, der Zusammenhang beider der einer Dialektik von individueller und sozialer Struktur ist. Der Leitsatz, Intersubjektivität rangiere vor Subjektivität[80], darf aber nicht zum soziologischen Dogma werden. Persönlichkeitsstruktur hätte daher vom ‚Rand' ins Zentrum des Forschungsinteresses zu rücken; der Gegenstand verlangt gerade das Überschreiten der fachspezifischen Grenzen genuin soziologischer Betrachtung zugunsten einer übergreifenden Theorie menschlicher Praxis.

Um einem Mißverständnis vorzubeugen: Gegen die Ansicht einer sozialen Konstitution von Subjektivität ist nichts einzuwenden – im Gegenteil, sie ist auch für einen materialistischen Subjektbegriff die Wesentlich-Leitende. Auch für ihn darf und kann es keinen Zweifel geben, daß Interaktionsstruktur „mehr" ist „als die Summe der Persönlichkeitseigenschaften der Beteiligten"[81]. Die Geister aber scheiden sich bei der Frage, wie diese Konstitution zu denken ist. Hier sind Habermas, Oevermann u.a. nicht radikal genug, und das aus drei schon angesprochenen Gründen.

Einerseits verkennen sie den anthropologisch grundsätzlichen, *gleichursprünglichen* Zusammenhang von Interaktion und Arbeit in praktischer Auseinandersetzung mit (äußerer und innerer) Natur. Eine davon unabhängige Kommunikation wäre unsinnig, liefe leer; Kommunikation ist immer Kommunikation von etwas, Sozialisation daher immer auch über gegenständlich-praktische Tätigkeit vermittelt.

Zum zweiten lassen sie die konstitutive Funktion sinnlich-unmittelbarer und nicht notwendig über Sprache vermittelter symbolischer Handlungsanweisungen für Interaktionsprozesse außer acht. Wohl findet sich bei Oevermann der Hinweis auf angeborene Verhaltensschemata der Gestenkommunikation[82] wie auch bei Habermas auf Paläosymbolik und leibliche Expressionen, doch insgesamt entgeht den Autoren die wesentliche Bedeutung der vorsprachlichen Entwicklungsstufe der Triebstruktur, nicht einfach Glied einer Stufenfolge zu sein, sondern auch im Fortgang der Persönlichkeitsgeschichte brisanter Gegenpol zur Ebene sprachlicher Verständigung und Rollenkonvention. Dies ist dann kein ontogenetisches Nacheinander, sondern auf jeder Stufe der Persönlichkeitsentwicklung oszilliert Verhalten zwischen diesen Ebenen. In dieser Spannung nur läßt sich die Dynamik persönlicher Strukturbildung, deren Fehlen ja Habermas für den eigenen Ansatz beklagt, auffinden. Sinn und Sprache sind nicht koextensiv. Der latente Sinn birgt kein Textäquivalent, sondern ist erst einmal textüberschüssig.

Drittens wird – damit zusammenhängend – übersehen, daß soziale Subjektkonstitution persönlichkeitsgenetisch weit früher einsetzt. Zwar nicht im Sinne regelgeleiteten Handelns, welches allzusehr und in abträglicher Überbetonung das Augenmerk der Autoren beschäftigt; wohl aber im Sinne eines deswegen keineswegs geringwertigeren (nicht etwa ‚vorsozialen') sinnlich-organismischen Reagierens des Embryonen auf ihrerseits sozialvermittelte mütterliche Körperprozesse (vgl. Busch, 1985 sowie in diesem Band). Interaktion wird mit kommunikativem Handeln identifiziert und nicht zurückdatiert, schon gar nicht auf embryonal-organismische Prozesse, aber nicht einmal auf gestisch-vorsprachliche Beziehungsstrukturen.

In der Rede vom latenten Sinn der Interaktionsszenen wird diesem Umstand frühkindlich-vorsprachlich grundgelegter Persönlichkeitsstruktur (als Struktur von Handlungsentwürfen) nur begrenzt Rechnung getragen. Abgesehen davon, daß dieser Begriff gegenüber der psychoanalytischen um die kognitionspsychologische und pragmalinguistische Dimension erweitert ist, erscheint er mir zu strikt überindividuell angelegt. Dabei verliert er den Umstand aus den Augen, daß Psychoanalyse doch in erster Linie Persönlichkeitspsychologie als Triebpsychologie ist. Soziale Konstitution von Persönlichkeit – d'accord. Aber es ist nicht zu sehen, daß innere Natur im Rahmen der Theorie der Bildungsprozesse mehr ist als nur Bestandteil einer universalen Sozialisationsstruktur. Latente Sinnstruktur – so muß eingewandt werden – sedimentiert sich doch intraindividuell nur im Produkt ihrer Auseinandersetzung mit der ihr äußerlichen inneren Natur des konkreten Individuums. Dessen Verhalten in kommenden Szenen ist dann weniger Realisierung der latenten Sinnstruktur als Folge dieser vorangehenden konkreten Sozialisationsschritte.

Nun könnte man der Theorie der Bildungsprozesse den Anspruch, keine psychologische, sondern eine streng soziologische Untersuchung zu führen, zugutehalten. Die Relevanz einer solchen eigenständig interaktionsstrukturellen Erkenntnisebene wird hier in keiner Weise angezweifelt, soll vielmehr nachhaltig propagiert werden (vgl. insbesondere Busch, 1985). Fragwürdig wird ein solcher Anspruch aber, wenn er meint, sich über die Ebene psychoanalytischer Betrachtung leichthin und den Geltungsbereich (auch die Tragweite) soziologischer Aussagen überschätzend hinwegsetzen und zugleich das psychoanalytische Kategoriensystem unter anderen theoretischen Voraussetzungen kritiklos weiterverwenden zu können. Ob sich Soziologie mit einem unveränderten psychoanalytischen Begriffsinstrumentarium so einfach verbinden läßt, ist zweifelhaft. Die Kritik am szientistischen Selbstmißverständnis wird nicht konsequent in eine Kritik metapsychologischer Begriffsbildung im einzelnen umgesetzt.

Daher unterscheidet sich die Theorie der Bildungsprozesse in der Psychoanalyse-Rezeption, was die sozialisationstheoretische Dimension betrifft[83], nicht so sehr von der konventionellen Rollentheorie. Begriffe wie Anpassung, Bedürfnisdisposition, Internalisierung sowie die Gleichsetzung von Identifikation und Rollenübernahme werden ungeachtet der (sonstigen) methodologischen Differenzen weiterverwendet. Das Verhältnis von Psychoanalyse und Soziologie ist aber keine Frage der Angleichung von Terminologien, der Einführung sozialwissenschaftlicher Begriffe, die „lediglich als Hülsen für psychoanalytische Erfahrungsinhalte“[84] dienen, sondern der genauen Analyse und Vermittlung unterschiedlicher theoretischer Perspektiven, die auf dem Boden realer Unversöhntheit von Individuum und Sozialstruktur entstanden sind und folglich nur in uneingeschränkter Gemeinsamkeit ihren Gegenstand zu erfassen vermögen. Anderenfalls verbleibt Sozialisationstheorie auf der Gegenstandsebene von Person, ist unfähig, durchzustoßen zur Analyse konkreter Persönlichkeit.

Anmerkungen

1) Oevermann u.a. (1976), S. 371.
2) a.a.O., S. 388.
3) Hammerich (1978).
4) vgl. zuerst J. Habermas (1971).
5) Oevermann (1979), S. 152.
6) a.a.O., S. 148.
7) Döbert/Nunner-Winkler (1975), S. 29. Bei Oevermann hat der Begriff Ich-Identität einen geringeren Stellenwert. Auch er operiert aber mit den diesem Konzept entstammenden „Qualifikationen des Rollenhandelns".
8) Döbert / Habermas / Nunner-Winkler (1977), S. 27.
9) Oevermann, a.a.O., S. 152.
10) vgl. die ähnlichlautende Kritik von R. Paris an Habermas (Paris, 1976, S. 39).
11) Vgl. dazu Busch (1988, in diesem Band).
12) Oevermann u.a. (1979), S. 426.
13) Dazu sehr gut Bilden (1977).
14) Döbert/Nunner-Winkler, a.a.O., S. 24; auch Oevermann (1976), S. 46.
15) Oevermann (1975), S. 13.
16) Oevermann u.a. (1979), S. 353.
17) Auf Kohlberg stützt sich nur Habermas.
18) Habermas (1975), S. 58.
19) Vgl. a.a.O., S. 10 passim sowie Oevermann (1976), S. 42 f., der in anderer Formulierung eine inhaltlich kongruente Aussage macht.
20) Oevermann (1975), S. 12.
21) Habermas, a.a.O., S. 12; vgl. auch Oevermann (1976), S. 39.
22) Für Oevermann ist Psychoanalyse „Paradigma der performanztheoretischen Ergänzung von Kompetenztheorien" (1975, S. 13) – was immer das heißen mag.
23) Döbert/Nunner-Winkler, a.a.O., S. 24 f.
24) Vgl. 1968b, 1970a und b.
25) 1968b, S. 262.
26) a.a.O., S. 300.
27) a.a.O., S. 306. Mit dem Verständnis der Psychoanalyse als einer Reflexions- und nicht einer Erfahrungswissenschaft hat sich kritisch

ausführlich A. Lorenzer (1974) auseinandergesetzt.
28) a.a.O., S. 282, auch S. 317.
29) Lorenzer (1973a), S. 143 f.
30) Habermas, a.a.O., z. B. S. 300. Oevermann beurteilt die „Theoriestücke" Freuds ähnlich: „Sie stellen geronnene Fallbeschreibungen dar, die angesichts neuer Fälle immer wieder ausbuchstabiert werden" (Oevermann u.a., 1976, S. 396).
31) Lorenzer, a.a.O.
32) Habermas (1970a), S. 297.
33) Bei Habermas sind, in abgewandelter Form, die gleichen Positionen auffindbar: erstens der Vorzug des soziologischen Interaktionsmodells – psychische Reifung und Entwicklung als Randbedingung (vgl. z. B. 1968 in 1973, S. 118–121), zweitens undifferenziertes Ergänzungsverhältnis psychodynamischer und soziologischer Begriffe (1975, z. B. S. 81), drittens Interdependenz aller Dimensionen undifferenziert (1975, passim).
34) Oevermann (1975), S. 10.
35) „... die Soziologie sich letztlich bei der Untersuchung von Sozialisationsphänomenen auf die Erklärungskraft psychologischer Annahmen verlassen hat. Indem eine Theorie der Bildungsprozesse die Prozesse der sozialen Konstitution des Subjekts in den Mittelpunkt rückt, müßte sie zugleich eine psychologische und soziologische Theorie sein und die Integration von Annahmen dieser beiden Disziplinen in der Grundlagenforschung zur Sozialisation motivieren" (Oevermann, 1976, S. 45 f.).
36) Oevermann (1975), S. 11.
37) Vgl. auch Lorenzer (1973a).
38) Oevermann, a.a.O., S. 5 sowie Habermas (1968b), S. 347.
39) vgl. z. B. Habermas (1968b), S. 342 f., S. 346 f.; Oevermann (1976), S. 43.
40) Habermas (1968b), S. 312.
41) In ihrem Modell soziologischer Persönlichkeitstheorie und insbesondere mit dem Theorem der Motivvokabularien nehmen Gerth und Mills wesentliche Argumentationen der Identitäts- und Kompetenztheorie vorweg (vgl. Gerth / Mills, 1970, S. 102ff.).
42) Habermas (1968c), S. 121 passim.
43) Habermas (1968b), S. 297; Oevermann u. a. sprechen von „auf physiologischer und triebdynamischer Ebene anzusiedelnden autonomen" ‚Entwicklungsschritten' „des Kindes" (1976, S. 388).
44) Lorenzer (1973a), S. 140.

45) Habermas, a.a.O., S. 296.
46) Oevermann (1975), S. 10.
47) Habermas, 1968c (1973), S. 157.
48) a.a.O., S. 137 f.
49) So Oevermann, a.a.O., S. 7. Zwar will Oevermann, wie er an dieser Stelle bekundet, nicht soziale Einflüsse einfach gegen den „Biologismus“ Freuds ‚ausspielen‘, doch ist nicht zu sehen, daß und wie die biologische Dimension in seiner Konzeption weiterlebt.
50) Habermas, a.a.O., S. 124. Interessant auch die Bemerkung gleich im Anschluß: „Diese Auffassung könnte dazu veranlassen, die Motivation des Rollenhandelns (Interaktion) von der Motivation zweckrationalen (instrumentalen und strategischen) Handelns zu trennen und in beiden Bereichen verschiedene soziale Bedingungen der Motivationsgenese zu vermuten.“
51) Habermas (1975), z. B. S. 81.
52) Döbert / Nunner-Winkler, S. 38.
53) Vgl. z. B. Habermas (1976), S. 69.
54) Habermas, 1968c (1973), S. 122; Oevermann gebraucht häufiger – in Anlehnung an Piaget – den Terminus „Interiorisierung“ (vgl. z. B. 1976, S. 44).
55) Habermas (1976), S. 68 f.
56) Habermas 1968c (1973), S. 123.
57) Oevermann u.a. (1976), S. 387; gerade das Oevermannsche Begriffspaar erinnert stark an die wissenssoziologische Unterscheidung von subjektivem und objektiv gesellschaftlichem Wissensvorrat (vgl. Luckmann / Luckmann, 1978, passim).
58) Habermas (1970b), S. 288.
59) So Habermas (1975), S. 88, wenn er von einer „komplexen Erklärungsstrategie“ spricht.
60) Vgl. auch Lorenzer (1976), S. 20.
61) Daß der Gebrauch des Begriffs „latent“ bei Oevermann nicht mehr viel gemeinsam hat mit dem psychoanalytischen, etwa in der „Traumdeutung“, dürfte im folgenden deutlich werden.
62) So meint Habermas: „... die Sprache ist das Medium, in dem sich das prekäre Verhältnis von Identität und Nicht-Identität herstellt“ (1968c, S. 145).
63) Habermas (1970b), S. 279.
64) ders. (1968b), S. 267 f.
65) Lorenzer (1971), S. 42 f.
66) Oevermann (1975), S. 3.

67) Habermas (1968b, S. 269) spricht von einem dem Symptom zugrundeliegenden „Ursprungstext".
68) Oevermann (1975), S. 12.
69) Oevermann u.a. (1976), S. 372 f., auch ders. u.a. (1979), S. 385 f.
70) Oevermann (1975), S. 1 f.
71) Oevermann, nach einem von ihm autorisierten Seminarprotokoll F. Schreckers.
72) Oevermann u.a. (1976), S. 387. Entsprechend verkümmert ist der Begriff von Abweichung, von Beschädigung, der dann noch übrigbleibt. Während Habermas noch von einer verzerrten Kommunikationsstruktur, von beschädigter Sprache spricht, verlegt Oevermann die Störung voll ins Subjekt, so „daß ... nicht die latenten Sinnstrukturen von Interaktionen pathologisch sind, sondern ‚lediglich' das Verhältnis der handelnden Subjekte zu ihnen." (Oevermann u. a., 1979, S. 386; vgl. auch ders. u. a., 1976, S. 389 f.).
73) Oevermann (1975), S. 1.
74) Habermas (1970a), S. 297.
75) Habermas (1975), S. 90.
76) ders. (1973), S. 197.
77) ders. (1975), S. 88.
78) Brüggemann (1977, S. 189) konstatiert den Vorrang der motivationalen Basis in der frühen Sozialisationstheorie, der dann durch den Vorrang kognitivistischer Aspekte und die Unklarheit der Interdependenzen abgelöst wird.
79) Brüggemann, a.a.O., S. 201.
80) Vgl. Oevermann (1979), S. 162.
81) Oevermann u.a. (1979), S. 424.
82) Oevermann (1975, 1979).
83) Die Auffassung von der Psychoanalyse als Hermeneutik, als Reflexionswissenschaft, hingegen berührt diesen Punkt nicht – sie steht auf einem anderen Blatt.
84) Lorenzer (1973b), S. 10.

Bibliographie

Bilden, Helga: Das unhistorische Subjekt, Weinheim – Basel 1977.

Brüggemann, Beate: Sozialisation durch Sprache? Zum Konzept von Ich-Identität bei Jürgen Habermas, in: Hager, Frithjof u.a., Die Sache der Sprache, Stuttgart 1977, S. 188–219.

Busch, Hans-Joachim: Interaktion und innere Natur. Sozialisationstheoretische Reflexionen, mit einem Vorwort von Klaus Horn und Alfred Lorenzer, Frankfurt/New York 1985.

Busch, Hans-Joachim: Sinnlichkeit, Körper, Sprache (1988, in diesem Band).

Döbert, Rainer, Nunner-Winkler, Gertrud: Adoleszenzkrise und Identitätsbildung, Frankfurt/Main 1975.

Eickelpasch, Rolf: Arbeit – Interaktion – Diskurs. Zur anthropologischen Begründung der Gesellschaftskritik bei Jürgen Habermas, in: Zeitschrift für Soziologie, Jg. 5, Heft 3, Juli 1976, S. 201–214.

Gerth, Hans/Mills, C.W.: Person und Gesellschaft, Frankfurt 1970.

Görlich, Bernard, Lorenzer, Alfred, Schmidt, Alfred: Der Stachel Freud. Beiträge und Dokumente zur Kulturismus-Kritik, Frankfurt 1980.

Goffman, Erving: Rollendistanz, in ders., Interaktion: Spaß am Spiel, Rollendistanz, München 1973, S. 93–171.

Habermas, Jürgen: Zur Logik der Sozialwissenschaften, Frankfurt / Main 1970a, zuerst 1967.

Habermas, Jürgen: Arbeit und Interaktion. Bemerkungen zu Hegels Jenenser „Philosophie des Geistes", in ders.: Technik und Wissenschaft als „Ideologie". Ffm. 1968a, S. 9–47.

Habermas, Jürgen: Technik und Wissenschaft als „Ideologie", in: ders. Technik und Wissenschaft als „Ideologie", Ffm. 1968a, S. 48–103

Habermas, Jürgen: Erkenntnis und Interesse, Ffm 1968b.

Habermas, Jürgen: Stichworte zur Theorie der Sozialisation, in ders., Kultur und Kritik, Frankfurt 1973, S. 118–194, zuerst als Manuskript 1968c.

Habermas, Jürgen: Der Universalitätsanspruch der Hermeneutik, in ders., Kultur und Kritik, Frankfurt 1973, S. 264–301; zuerst 1970b.

Habermas, Jürgen: Notizen zum Begriff der Rollenkompetenz, in ders., Kultur und Kritik, Frankfurt 1973, S. 195–231.

Habermas, Jürgen: Nachwort zur Taschenbuch-Ausgabe von „Erkenntnis und Interesse“, Ffm 1973, S. 367–421.

Habermas, Jürgen: Zur Entwicklung der Interaktionskompetenz, 1975.

Habermas, Jürgen: Zur Rekonstruktion des Historischen Materialismus, Ffm 1976.

Habermas, Jürgen: Dialektik der Rationalisierung. Jürgen Habermas im Gespräch mit A. Honneth, E. Knödler-Bunte und A. Widmann, in „Ästhetik und Kommunikation“ 45/46, 1981a, S. 126–157.

Habermas, Jürgen: Theorie des kommunikativen Handelns, Frankfurt 1981b, 2 Bände.

Hammerich, Kurt: Rezeption und Reflexivität, in KZfSS, Sonderheft 20/1978 „Materialien zur Soziologie des Alltags“, S. 100–119, Opladen 1978.

Horn, Klaus: Insgeheime kulturistische Tendenzen der modernen psychoanalytischen Orthodoxie, in: „Psychoanalyse als Sozialwissenschaft“, Frankfurt 1971, S. 93–151.

Horn, Klaus: Entwicklungen einer psychoanalytischen Sozialpsychologie, in: Wehler, Hrsg., a.a.O., S. 69–88.

Joas, Hans: Praktische Intersubjektivität. Die Entstehung des Werkes von G. H. Mead, Frankfurt 1980.

Lorenzer, Alfred: Symbol, Interaktion und Praxis, in: „Psychoanalyse als Sozialwissenschaft“, Frankfurt/Main 1971, S. 9–59.

Lorenzer, Alfred: Über den Gegenstand der Psychoanalyse, oder: Sprache und Interaktion, Frankfurt/Main 1973a.

Lorenzer, Alfred: Einführung in die Taschenbuchausgabe von „Sprachzerstörung und Rekonstruktion“, Frankfurt/Main 1973b, S. 7–40.

Lorenzer, Alfred: Die Wahrheit der psychoanalytischen Erkenntnis. Ein historisch-materialistischer Entwurf, Frankfurt/M. 1974.

Lorenzer, Alfred: Zur Dialektik von Individuum und Gesellschaft, in: Leithäuser / Heinz, Hrsg., Produktion, Arbeit, Sozialisation, Frankfurt 1976.

Luckmann, Thomas und *Luckmann, Benita*: Wissen und Vorurteil, Fernuniversität Hagen, Kurs 3154, 1978.

Mc Carthy, Thomas: Kritik der Verständigungsverhältnisse. Zur Theorie von Jürgen Habermas, Frankfurt/Main 1980.

Mead, George Herbert: Geist, Identität und Gesellschaft, Frankfurt 1968.

Oevermann, Ulrich: Zur Integration der Freudschen Psychoanalyse

in die Programmatik einer Theorie der Bildungsprozesse, vervielfältigtes Manuskript, MPI für Bildungsforschung, Berlin 1975.
Oevermann, Ulrich: Programmatische Überlegungen zu einer Theorie der Bildungsprozesse und zur Strategie der Sozialisationsforschung, in: K. Hurrelmann, Hrsg., Sozialisation und Lebenslauf, Hamburg 1976, S. 34–52.
Oevermann, Ulrich u.a.: Beobachtungen zur Struktur der sozialisatorischen Interaktion. Theoretische und methodologische Fragen der Sozialisationsforschung, in: Seminar: Kommunikation – Interaktion – Identität, hrsg. v. M. Auwärter, E. Kirsch und K. Schröter, Frankfurt/Main 1976, S. 371–403.
Oevermann, Ulrich: Sozialisationstheorie. Ansätze zu einer soziologischen Sozialisationstheorie und ihre Konsequenzen für die allgemeine soziologische Analyse, KZfSS-Sonderheft 21/1979 „Deutsche Soziologie seit 1945", hrsg. v. G. Lüschen, S. 143–168.
Oevermann, Ulrich: u.a.: Die Methodologie einer „objektiven Hermeneutik", in H.-G. Soeffner, Hrsg., Interpretative Verfahren in den Sozial- und Textwissenschaften, Stuttgart 1979, S. 352–434.
Paris, Rainer: Schwierigkeiten einer marxistischen Interaktionstheorie, in: Gesellschaft. Beiträge zur Marxschen Theorie 7, 1976, S. 11–45.
Parsons, Talcott: The Social System, New York 1951.
Parsons, Talcott: Family, Socialization an Interaction Process, London 1956.
Parsons, Talcott: Der Beitrag der Psychoanalyse zu den Sozialwissenschaften, in: Wehler, Hrsg., Stuttgart 1972, S. 96–106.
Schwanenberg, Enno: Soziales Handeln. Die Theorie und ihr Problem, Frankfurt 1970.
Wehler, Hans-Ulrich, Hrsg., Soziologie und Psychoanalyse, Stuttgart 1972.
Wesel, Uwe: Der Mythos vom Matriarchat, Frankfurt 1980.
Zisterer, Sylvia: Probleme der phylogenetischen Sprachentstehung. Ansätze zu einer Entwicklungsgeschichte menschlicher Sprache (in: A. Leist, Hrsg., Ansätze zur materialistischen Sprachtheorie, Kronberg 1975, S. 156–205).

Der Schauspieler Walter Kreye

Abdruck mit freundlicher Genehmigung der Württembergischen Stadttheater Stuttgart.

Jürgen Belgrad

Identität als Theater

Eine Alternative zum sozialpsychologischen Identitätsbegriff

Jacques: Die ganze Welt ist Bühne
Und alle Fraun und Männer bloße Spieler.
Sie treten auf und gehen wieder ab,
Sein Lebenlang spielt manch einer Rollen
Durch sieben Akte hin. Zuerst das Kind,
Das in der Wärterin Armen greint und sprudelt;
Der weinerliche Bube, der mit Bündel
Und glattem Morgenantlitz wie die Schnecke
Ungern zur Schule kriecht; dann der Verliebte,
Der wie ein Ofen seufzt, mit Jammerlied
Auf seiner Liebsten Braun; dann der Soldat,
Voll toller Flüch' und wie ein Pardel bärtig,
Auf Ehre eifersüchtig, schnell zu Händeln,
Bis in die Mündung der Kanone suchend
Die Seifenblase Ruhm. Und dann der Richter
Im runden Bauche, mit Kapaun gestopft,
Mit strengem Blick und regelrechtem Bart,
Voll weiser Sprüch' und neuester Exempel
Spielt seine Rolle so. Das sechste Alter
Macht den besockten, hagern Pantalon,
Brill' auf der Nase, Beutel an der Seite;
Die jugendliche Hose, wohl geschont,
'ne Welt zu weit für die verschrumpften Lenden;
Diese tiefe Männerstimme, umgewandelt
Zum kindischen Diskante, pfeift und quäkt
In seinem Ton. Der letzte Akt, mit dem
Die seltsam wechselnde Geschichte schließt,
Ist zweite Kindheit, gänzliches Vergessen,
Ohn' Augen, ohne Zahn, Geschmack und alles.[1]

1. Theatrum Mundi und Ich-Identität

Als Theater gibt sie sich nicht, aber es gibt viel Theater um Identität. Hier wird Selbstverwirklichung, Authentizität, gar Glück versprochen, hört man den Selbstdarstellungen in euphorisch aufgeladenen

Selbsterfahrungszirkeln, den bierernsten Konversationen um ‚Beziehungen' im sogenannten Freundeskreis oder gar den Trockenübungen des akademischen Diskurses im Wissenschaftsbetrieb zu. Ohne Zweifel, ‚Identität' hat Konjunktur.

Aber wirbelt sie in den Bekenntnissen, Gesprächen, Diskussionen mehr als bloß Staub auf?

Auf der Bühne des Lebens, die doch nur für die wenigsten die Bretter der Welt bedeuten, im *theatrum mundi*[2], setzen wir uns in Szene und spielen unsere Parts: mal bewußtloser, mal distanziert, mal enthusiastisch oder bloß euphorisch, mal moralisch aufrichtig, mal mit gezinkten Karten, mal den Zwang für keinen haltend, mal einen projizierend. Spielen? Theater? Nein. Wenn es um unsere Persönlichkeit, um unsere Identität geht, spielen wir nicht. Dafür ist die Sache viel zu ernst. Sicher, der Alltag muß bewältigt, die eigene Existenz inmitten unwirtlicher Verhältnisse gesichert werden. Sich gegen die Verdinglichung der Lebenswelt zu stemmen, nicht unterzugehen, die eigene Identität, zumindest die eigene Haut zu retten ist das erste Gebot. Sicher, den Leidensdruck beschädigter Subjektivität zu mildern, ja ihn zu beseitigen gehört ebenso dazu. Aber mit ‚Identität' verbinden wir mehr als bloßes Krisenmanagement, verbinden wir Entwicklung und Erhaltung unserer Persönlichkeit, unversehrte Subjektivität, Selbstverwirklichung, ein ‚Sich-selbst-Finden' usw. Identitätsbildung verweist nicht nur auf die Bewältigung von Alltagsproblemen, sondern auf eine zukünftige (ideale) Lebensform.

Wenn wir auf der Lebensbühne unsere Rollen spielen, dabei unsere Identität zu verwirklichen suchen, ‚spielen' wir dabei, *können* wir dabei spielen, könnten wir uns selbst spielerisch inszenieren, also Theater spielen, oder ist das ‚Rollenspiel' bloße Metaphorik? Weist das Identitätskonzept über die vorgefundene Realität hinaus als Perspektive (oder Utopie) einer wie immer gearteten ‚entfalteten Subjektivität'? Ist das Theater um die ‚Identität' wirklich eines, oder könnten wir Identität als Theater inszenieren?

Ich will im folgenden versuchen, diesen Fragen nachzugehen, die Identitätskonzeption anhand eines *exemplarischen* Modells an einigen ausgewählten Punkten daraufhin abzuklopfen, ob die damit verknüpften Ansprüche einzulösen sind. Zusätzlich möchte ich prüfen, ob die Theatermetaphorik wortwörtlich genommen werden könnte. Drittens schließlich möchte ich überlegen, wie das klassische Identitätskonzept zu transzendieren wäre, und zwar in Richtung auf eine mit Theatermitteln zu realisierende *spielerisch inszenierte Alltagsbe-*

wältigung, die gleichzeitig eine zukünftige Perspektive mit umfaßt.

Dabei geht es mir weder um utopische Entwürfe im ursprünglichen, noch um konkrete im Blochschen Sinn; vielmehr kommt es mir darauf an, mögliche Wegweiser zu zeigen, mögliche Orientierungstafeln aufzustellen, Leitschnüre zu flechten, um sowohl aus dem Dickicht verkorkster Alltagsbewältigungen als auch aus den abstrakten Identitätsprojektionen Extrapolationen zu entwickeln; zu entwickeln aus rudimentär angelegten bzw. praktisch möglichen oder auch nur zukünftig vorstellbaren, die zwar keinen utopischen, aber doch perspektivischen Gehalt besitzen.

Als differenziertester und refelektiertester Dramaturgieentwurf der Ich-Identität auf dem fast unüberschaubaren Markt der Persönlichkeitsmodelle darf wohl der von Jürgen Habermas gelten.

Aber nicht nur das: Habermas bezieht sowohl in seine Grundannahmen als auch in seine Kategorien – oft explizit – alle relevanten Identitätsarchitekturen mit ein:
– den symbolischen Interaktionismus
– die (Ich-)Psychologie
– die Entwicklungspsychologie.[3]

Insofern kommt seiner Identitätskonzeption ein exemplarischer Stellenwert zu.

In einer kurzen Skizze, die für alle Identitätskonstrukteure exemplarischen Charakter hat (vgl. auch Anm. 3), sind die konstituierenden und gleichzeitig wesentlich übereinstimmenden Merkmale von Ich-Identität enthalten:

„Der idealen Kommunikationsgemeinschaft entspricht eine *Ich-Identität, die Selbstverwirklichung auf der Grundlage autonomen Handelns ermöglicht.* Sie bewährt sich in der Fähigkeit, der eigenen Lebensgeschichte Kontinuität zu geben. Im Zuge des Individuierungsprozesses muß der Einzelne seine Identität hinter die Linien der konkreten Lebenswelt und seines an diese Herkunft haftenden Charakters zurücknehmen. Die Identität des Ich kann dann nur noch über die abstrakte Fähigkeit stabilisiert werden, auch angesichts inkompatibler Rollenerwartungen und im Durchgang durch eine Folge widersprüchlicher Rollensysteme den Forderungen nach Konsistenz, und damit Bedingungen der Rekognition zu genügen. Die Ich-Identität des Erwachsenen bewährt sich in der Fähigkeit, aus den zerbrochenen oder überwundenen Identitäten neue Identitäten aufzubauen und mit den alten so zu integrieren, daß sich das Geflecht der eigenen Interaktionen zur Einheit einer zugleich *unverwechselbaren* und *zurechenbaren* Lebensgeschichte organisiert."[4]

Ich–Identität bezeichnet einen Lebenzusammenhang, dessen historische Zeiten (personale Identität) und historische Räume (soziale Identität) symbolisch strukturiert sind. Sie versteht sich als soziologisches Äquivalent für den psychologischen Terminus ‚Ich-Stärke'. Damit ist sie wesentlich eine in Interaktionen sich bildende Fähigkeit, eine ‚Interaktionskompetenz', die moralisch-praktische Selbstbestimmung ermöglicht, d.i. die Fähigkeit zum autonomen und zurechnungsfähigen Handeln, und gleichzeitig *expressive Selbstverwirklichung* erlaubt, also für sich selbst die Frage nach dem Glück stellt, nach dem Gelingen seiner Lebensform, für sich klärt, „wer man sein will".[5]

Neben diesen beiden die Funktion der Identitätsbildung umreißenden Aspekten lassen sich aus dem obigen Zitat – wenn man gewisse Vereinfachungen nicht scheut und einige Ergänzungen anbringt – folgende fünf Merkmale von Ich-Identität herausdestillieren:

a) Wahrung der biographischen Kontinuität

Die „Fähigkeit, der eigenen Lebensgeschichte Kontinuität zu geben", gründet sich auf die retrospektivisch aufstockenden, autobiographisch narrativen Deutungen der so eingeholten ‚abgelagerten' Interaktionsspuren in der Lebensgeschichte. Dadurch entsteht eine „kumulative Lebenserfahrung", die ein zunehmendes „Sich-selbst-Verstehen" ermöglicht: über alle Brüche der Lebensgeschichte hinweg und im Bewußtsein der Diskontinuität der einzelnen Lebensabschnitte. Ein solches ‚Selbstverständnis', das sich nur im „Medium der Verständigung mit *anderen* Subjekten" bildet, bewegt und davon abhängig ist, wirkt dem Zerfall der Biographie in bloße „momentane Erlebnisse" entgegen und wahrt die „Einheit der Lebensgeschichte".[6]

b) Flexible Prinzipienorientierung

Im Verlauf des Sozialisationsprozesses bildet sich gleichzeitig die Identität. Die zunächst um den Körper als Identitätsmerkmal zentrierte *„natürliche Identität"* geht in die durch die Basisrollen (Geschlecht und Alter) erreichte *„Rollenidentität"* über. Auf der 3. Stufe wird die Identität „hinter die Linien der konkreten Lebenswelt und des an diese Herkunft haftenden Charakters" „zurückgenommen".

Schließlich kommt es (im idealen Fall) zu einer jenseits aller partikularen Rollen nur noch an flexibel verinnerlichten Prinzipien einer universalistischen Moral („moralisches Bewußtsein"; Piaget, Kohlberg) sich orientierenden *„Ich-Identität"*. Die „innere Natur" darf dabei nicht bloßen Autonomieansprüchen des Ichs unterworfen werden, sondern soll „transparent" und „kommunikativ verflüssigbar" gehalten werden.[7]

c) Konsistenz sichern

„... angesichts inkompatibler Rollenerwartungen" („sozialer Raum") und „im Durchgang durch eine Folge widersprüchlicher Rollensysteme" („historische Zeit") Konsistenz zu wahren heißt: die Einheit sowohl in der Dimension der ‚biographischen Konsistenz' zu sichern, also die Lebensgeschichte zu einer Einheit zu synthetisieren, wodurch gleichzeitig Einzigartigkeit hergestellt wird (*personale Identität*), und andererseits die Einheit in der Dimension der ‚interaktionalen Konsistenz' (*soziale Identität*) zu sichern, also eine Einheit in der Vielfalt der Rollenerwartungen zu synthetisieren (auf der Basis der symbolischen Struktur eines Kollektivbewußtseins). Das Subjekt wird zu einem verläßlichen Interaktionspartner, es stellt die Gleichheit mit anderen her, es weiß sich mit den anderen ‚identisch'.[8]

d) Integrierende Krisenbewältigung (Balance von personaler und sozialer Identität)

Diese Fähigkeit besteht darin, „aus den zerbrochenen oder überwundenen Identitäten neue Identitäten aufzubauen und mit den alten so zu integrieren ...", daß Lebens- bzw. Identitätskrisen (Erikson), also Konflikte, bewußt zu bewältigen sind und nicht abgewehrt werden müssen. Die Stärke der Ich-Identität zeigt sich in der Aufrechterhaltung der Balance von personaler und sozialer Identität in solchen Konfliktsituationen, die dieses „prekäre Gleichgewicht bedrohen". In der „gebrochenen Intersubjektivität der Umgangssprache" ist jenes „paradoxe Verhältnis" der Ich-Identität darstellbar, mit dem anderen gleich und doch absolut verschieden von ihm zu sein: Die soziale Identität ermöglicht, die Gleichheit mit dem anderen im Hinblick auf die „normierten Verhaltenserwartungen" aufrechtzuerhalten und doch diese als „Scheinnormalität" zu durchschauen, um der Verdinglichung zu entgehen (Balance von Rollenambiguität und Rollenkomplementarität); die personale Identität ermöglicht, die Einzigartigkeit aufrechtzuerhalten, aber doch diese als fiktiv zu durchschauen, um der Isolierung zu entgehen (Balance von Rollendistanz und Rollenflexibilität).[9]

e) Indirekte Selbstrepräsentation

Die durch die Selbstidentifikation erzeugte Einheit einer kontinuierlichen, unverwechselbaren, zurechenbaren und gleichzeitig verantwortlich übernommenen Lebensgeschichte ermöglicht eine indirekte Selbstrepräsentation der Einzigartigkeit in der biographischen Rolleninszenierung.

Die Integration neuer und alter Identitäten soll so erfolgen, daß sich „das Geflecht der eigenen Interaktionen zur Einheit einer zugleich unverwechselbaren und zurechenbaren Lebensgeschichte organisiert". Eine solche Einheit entsteht durch eine Selbstlokalisierung (eingeleitet durch eine „prädikative Selbstidentifizierung") in den intersubjektiven Beziehungen, die das Subjekt sowohl als autonom handlungsfähig ausweist, als auch als solches, das seine kontinuierliche Lebensgeschichte verantwortlich übernommen hat, also geklärt hat, „wer man sein will". Die *Form* der Selbstidentifikation, bei der keine einzelne Rolle mehr als Identitätsmerkmal mehr gelten kann, erfolgt nur noch als „unverwechselbare Art der biographischen Organisation des Rollenspiels", indem das Individuum sich zwar als sprach- und handlungsfähiges Subjekt mit dem anderen gleichsetzt, aber als individuelles, von den anderen verschiedenes Subjekt sich in einer *„indirekten Selbstrepräsentation"* darstellt.[10]

Erst wenn alle diese Fähigkeiten ausgebildet sind, kann Selbstbestimmung und Selbstverwirklichung so erreicht werden, daß die Idee von Freiheit mit der von Vernunft zu versöhnen ist.

2. Das Theater der Identität

Schauen wir uns diesen zugegebenermaßen etwas holzschnittartig vorgestellten Entwurf einer entfalteten Subjektivität etwas genauer an, die durch Identität Versöhnung eingehaucht bekommt, ohne eine solche Perspektive gleich dem Adornoschen Verdikt auszuliefern, daß jeder Entwurf von Persönlichkeit, nur der negative nicht, Ideologie, ja daß Persönlichkeit die „Karikatur von Freiheit“ sei.[11]

Ich will im folgenden versuchen, an jeder der im vorigen Abschnitt aufgeführten Bestimmungen von Identität einige Kritikpunkte aufzuzeigen, um daran die Verkürzung und Ausdünnung der Intentionen durch die *Konzeption* deutlich zu machen.

Der Leser möge vor Augen haben, daß es mir um eine exemplarische Kritik am Identitätskonzept geht, um eine kritische Befragung des wohl typischsten Stellvertreters des sozialpsychologischen Identitätsbegriffs. Entwürfe anderer Identitätsdramaturgen sind jedoch in der Reflexion mitzudenken.

Dabei erlaube ich mir, als Belege, zur Anschauung und als kurzweilige Intermezzi, einige besonders anregende Textstellen aus Thomas Manns *Bekenntnisse des Hochstaplers Felix Krull* zu zitieren.

a) Einebnung der Einzelerlebnisse durch ‚Kontinuitätsstiftung‘: Das Subjekt als differentes

„Könnten Sie wünschen, ein anderer Mensch zu werden, ein anderer, als der Sie sind? Sie blicken vage, aber ich, ich wünsche es nicht im geringsten. Ich wünsche zu bleiben, der ich bin ...“ – „Bedenken Sie immerhin“, sagte ich, „daß Sie, sollten Sie ein anderer geworden sein, Ihr früheres Selbst, das gegenwärtige, nicht vermissen und ihm nicht nachtrauern würden, einfach, weil Sie es nicht mehr sind.“[12]

Felix Krull, dem von seinem Gesprächspartner Marquis de Venosta ein Rollentausch vorgeschlagen wird, thematisiert die Problematik der biographischen Kontinuität, der Gleichheit, der Identität: daß ich noch der *gleiche* bin und damit die Korruption eines zerstückelten, von Fragmentierung bedrohten Lebenszusammenhangs überwunden habe. In diesem könnte ich mich selbst nicht wiedererkennen, er wäre mir fremd (geworden), und ich würde ihn deshalb ablehnen. Eine solche Biographie, in der Erlebniseindrücke, „Erlebnisfiguren als Niederschlag real erlebter Szenen“ (Lorenzer) so verformt, verdrängt, „desymbolisiert“[13], also ‚blinde Stellen‘ produziert werden, kann wohl nur noch als entfremdet etikettiert werden. Damit einhergehend herrschen entweder unspezifisch auf die Situation reagierende Handlungszwänge vor, oder das Subjekt verhält sich ‚heute so, morgen so‘ ; es wird also zu einem unzuverlässigen Interaktionspartner. Darüber hinaus schafft ‚Kontinuität' ein Moment des Trotzes, des Widerstandes in einer tauschwertregulierten ‚Ex-und-hopp-Gesellschaft', ein beharrendes Moment, eine Nische in verdinglichten Lebenszusammenhängen. Ein kontinuierliches Ich sichert das Überleben. Beschert es aber auch Selbstverwirklichung?

Denn gleichzeitig bin ich ein *anderer* geworden, habe neue Möglichkeiten entdeckt, alte Lebensentwürfe als falsch erkannt usw. Meine Interaktionsspuren (diese sind als Interaktionsformen, als soziale Erwartungsformeln markiert) halten gerade auch die Differenz zum Vergangenen fest: daß ich immer auch ein anderer geworden bin und werden kann. Ich zeichne mich als Subjekt durch die Diskontinuität der Lebensabschnitte aus, durch ihre Einmaligkeit und besondere Bedeutung. Die Forderung nach Kontinuitätsstiftung im Bewußtsein der Diskontinuität der Lebensabschnitte verkennt das Verhältnis von Kontinuität und Diskontinuität und banalisiert es zugleich.

Daß Lebensphasen diskontinuierlich gegeneinander stehen, ist eine einleuchtende und zugleich fragwürdige Aussage. Einleuchtend, weil jede Phase ihre Besonderheit, Einmaligkeit, Unwiederholbarkeit besitzt; fragwürdig jedoch, weil sofort das Problem auftaucht, was eine Phase ist: größere Lebensabschnitte von einigen Jahren? Oder gar bloß von Tagen? Außerdem überlappen sich Lebensphasen, je nachdem was mir im Moment gerade wichtig ist. Berufliche decken sich sicherlich nicht mit privaten, und sowohl diese als auch jene sind wiederum untereinander segmentiert, nicht scharf abgegrenzt, überlappen sich, verschieben sich mit jeder neuen Erzählung, jeder neuen Deutung meiner Lebensgeschichte und auch je nachdem, ob ich solche Erzählungen für mich vornehme oder sie im intimen oder öffentlichen Kreis darbiete. Wir sehen, sobald man versucht, den Begriff der Lebensphase etwas genauer zu fassen, beginnt er zu verschwimmen. Zudem ist ja nicht jede Phase gegenüber der anderen *per se* diskontinuierlich, und nicht jede retrospektivische Betrachtung produziert zwangsläufig Kontinuität. Kontinuität entsteht *auch* ‚en passant': Jeder verfügt über Erfahrungen, die als solche lebensgeschichtliche Kontinuität stiften und eine fast naturwüchsig zu nennende Einheit des Lebenszusammenhangs darstellen. Manche Lebensphasen verlaufen im Bewußtsein stärker kontinuierlich (oder diskontinuierlich), werden aber unbewußt genau umgekehrt erlebt. Jedes geschilderte Erlebnis präsentiert sich je nach Lage und Einschätzung des Gegenübers als kontinuierlich oder diskontinuierlich.

Für mich selbst verhält es sich analog: Entweder erlebe ich Lebensmomente gerade jetzt als kontinuierlich bzw. diskontinuierlich, wenig später aber genau umgekehrt und vielleicht übermorgen oder in ein paar Jahren wieder anders. Identität kann sich einmal neu, seltener ganz neu, oder einfach anders, verschieden von den vorangegangenen Lebensabschnitten konstituieren (Diskontinuität überwiegt), oder sie kann mit der vorausgegangenen mehr oder weniger übereinstimmen (Kontinuität überwiegt). Sicherlich, der Normalfall ist sowohl die Verschränkung als auch die Parallelität von kontinuierlichen und diskontinuierlichen Phasen. Kontinuität ist wie Diskontinuität zunächst einmal etwas selbstverständlich Existierendes und muß *nicht erworben* werden: Denn die Kontinuitätsstiftung würde ja sowohl die diskontinuierlichen als auch die kontinuierlichen gleichermaßen umfassen, was im zweiten Fall nicht der Rede wert und im ersten Fall (außer bei beschädigter Subjektivität) sich sowieso bilden würde. Die Lebenserfahrung produziert Diskontinuität *zusammen* mit Kontinuität. Wir lernen im Idealfall aus vergangenen Fehlern, aus mißglückten Lebensformen: ein diskontinuierlicher Prozeß, der, wenn die Erfahrung praktisch wirksam, zu einem kontinuierlichen Prozeß wird. Wir machen jeweils verschieden große kontinuierliche *und* diskontinuierliche Lernschritte, und diese oft auch noch gleichzeitig. Sie bauen teilweise auf den vorangegangenen auf, sind teilweise über komplexe Rückbeziehungsprozesse mit diesen verschachtelt, „vernetzt" (Vester),[14] und laufen teilweise parallel. Indem wir aus Vergangenem *lernen, produzieren* wir erst Diskontinuität, die über die wirksame Erfahrung (teilweise) zu (neuer) Kontinuität umgeformt wird. So produzieren wir gleichzeitig flexibles Verhalten. Erst das *Erleben* der Diskontinuität bzw. der Kontinuität, das Erleben der Differenz und des Gleichseins schaffen Kontinuität und Diskontinuität gleichursprünglich. Die Struktur des Gedächtnisses, das verständige Einordnen in den Gehirnapparat stiftet fast naturwüchsig Kontinuität[15], da Erfahrung retrospektivisch auf Erlebnissen, Ereignissen, geglückten oder mißglückten Lebenserfahrungen aufbaut. Diskontinuität entsteht ebenso fast naturwüchsig bei Unbegriffenem, Unverstandenem. Berücksichtigt man hier noch die unterschiedliche Wirkung von bewußt und unbewußt ablaufenden Prozessen, erlaubt die dialektische Verschachtelung solcher Dynamik wohl keine holzschnittartige Betrachtung der hier zur Diskussion stehenden Problematik mehr. Und: Eine über alle Diskontinuität hinweg sichernde Kontinuität würde unter Umständen erstarrte Lebensformen, verkrustete Persönlichkeitsstrukturen festzimmern. Selbstverwirklichung verkümmerte dann zum bloßen Wiederholungszwang des schlechten Lebens. Lernen wir nicht aus Erfahrungen, ändern wir nicht entfremdete Lebensverhältnisse oder verhärtetes Verhalten, nimmt die kontinuierliche biographische Struktur pathologische Züge an. Um sich nicht zwanghaft an solchen Lebenszusammenhängen zu orientieren, bedarf es des Aussetzens einer die *gesamte Biographie* umfassenden Kontinuitätsorientierung. Lebensentwürfe und -erfahrungen können sich, dürfen sich als verfehlt herausstellen. Eine aus der Selbstreflexion erfolgende produktive Neuorientierung wäre sonst allein von daher verstellt.

Kontinuität kann nur auf der Folie von Diskontinuität hergestellt werden, als kontinuierliche Diskontinuität. Aber läßt sich das noch als Kontinuität begreifen? Umgekehrt kann Diskontinuität erst aus einer ‚als ob' angenommenen, imaginären Kontinuität *wahrgenommen* werden. Lebensphasen, unser Körper, unser Aussehen verändern sich laufend, bleiben nie konstant. Erst aus der Als-ob-Kontinuität, der Negation der Diskontinuität, wird diese deutlich. Gleichzeitig *erscheinen* viele Momente unseres Lebens, unseres Körpers etc. konstanter als andere. Vielleicht sind sie es auch, die Kontinuitätsgefühle erzeugen.

Wir sehen aus diesen kurzen Skizzen, daß das Verhältnis von Konstanz und Differenz sich ungleich komplexer gestaltet, als es im Identitätskonzept verarbeitet wird.

Erst in der (idealisierten) Möglichkeit einer selbstreflexiven Anerkennung *oder* Ablehnung früherer Lebensformen und im Bewußtsein, daß ein noch so erfolgreicher selbstreflexiver Lern-, Deutungs- und Resymbolisierungsprozeß *alle* Deformationen und Verdrängungen nicht aufheben kann, tauchen die Umrisse einer mit Freiheit versöhnten Vernunft, einer ‚Emanzipation' auf. In der Differenz, im Verschiedenen, mit dem ich *zwanglos* umgehen kann, erfahre ich Lebensabschnitte als *situativ*, kann ich mit der Gegenwart problemloser umgehen und erlebe diese nicht bloß als eine mit vergangenen Resten getränkte Realität.

Jeder Moment meines Lebens besteht aus Einzelheiten, besonderen Erlebnisfiguren, unwiederholbaren Konstellationen. Nur in entfremdeten Lebenszusammenhängen entstehen zwanghafte, unter dem Diktat der Wiederholung stehende stereotypisierte Erlebnisfiguren. Die besonderen Erlebnisse jedoch, die, wie Habermas zugesteht, der „*Gewalt* einer rückblickenden Interpretation"[16] unterworfen werden, würden als *einzelne vernichtet*, der Kontinuität untergeordnet, einverleibt. Als „bloß momentane" schon fast diskreditiert, würden Erlebnisse als Einzelerlebnisse *de facto* entwertet und dadurch entsubjektiviert. Das rein Subjektive als Besonderes, Nichtidentisches, in filigraner Form als vielleicht nur momentan Feststellbares würde untergehen.

‚Zwanglos' könnte nun heißen – den Gedanken von Habermas aufnehmend, aber ihn auf der Basis unserer Überlegungen verändernd –, das einzelne, das Besondere nicht nur als solches stehenzulassen, sondern es festzuhalten, die Differenz festzuhalten, sich ins Detail des eigenen Lebens, der eigenen Lebensentwürfe zu versenken. ‚Zwanglos' hieße auch, mit Differenz und Gleichheit spielerisch umzugehen, ohne auf dem einen oder anderen zu beharren, ohne das eine auf das andere zu reduzieren, aber auch ohne in einer Kompromißformel Gleichheit mit Differenz bloß auszutarieren. ‚Spielerisch' hieße, zwanglos mal sich als derselbe zu verstehen, mal ‚in eine neue Haut zu schlüpfen' und dies auch für den anderen transparent zu machen. Details bleiben als solche zusammenhanglos. Erst eine spielerische Kontinuität, eine vorgespielte, also eine, die keine ist (und gerade dadurch zu einer Spielrealität wird), verweist indirekt auf das Differente, das einzelne, das Unwiederholbare und rettet es so. Umfassende Kontinuitätsbildung erhielte die Fiktion eines Dorian Gray aufrecht, immer der gleiche zu sein. Brüche in der Biographie könnten viel weniger als produktiv erkannt werden, ja die Vorrangstellung von Kontinuität denunziert Brüche *indirekt* als negativ. Brüche, Segmentierungen in der Selbstwahrnehmung und der Lebensgestaltung müßten aktiviert, produktiv genutzt, das heißt als differente Lebensphasen, als verschiedene Lebensmomente festgehalten werden. Die Eriksonsche Einsicht „Ego growth through crisis resolution"[17] müßte erweitert werden, die Identitätsumstrukturierung also nicht bloß krisenorientiert sein. Dabei gilt es hier festzuhalten, daß natürlich eine primär sich erst in Krisenlagen umstrukturierende Identität eine eher bloß reaktive Subjektivität impliziert. Zudem ist nicht von vornherein ausgemacht, daß Identitätsstrukturen sich positiv nur durch *Krisen* (und warum überhaupt vorteilhaft erst durch Krisen?) und nicht durch Zustände des Glücks vielleicht viel stabiler und zwangloser festigen bzw. sich umstrukturieren? Gerade die Diskontinuität in sogenannten Normallagen erlaubt eine ungezwungene Identitäts(um)orientierung. Der Vorrang von Kontinuität selbst „im Bewußtsein der Diskontinuität" vergangener Lebensabschnitte stiftete zwar Einheit, aber eine solche des Zwangs, die in eine quasiautomatische Selbstreproduktion mündet. Diese würde sich mit dem rationalistischen Ideal koppeln, möglichst viele ‚blinde Flecke' der Biographie aufzuhellen, was zu einer Überforderung des Subjekts führen würde (zumindest überfordert dieser Anspruch) und was auch gar nicht leistbar ist. Die übergeordnete Orientierung an Kontinuität verdeckt die Differenz. Identität als ‚Sichselbstgleichheit' wäre ein ideologisches Produkt einer falschen, das heißt unsensiblen und unter Umständen angstvollen Interpretation der eigenen Biographie. Gerade in einer ‚idealen Kommunikationsgemeinschaft' wäre ‚zwanglos' so zu fassen, daß ich mich als differentes, als ungleiches Subjekt verstehen kann, ohne den ‚Ausweis' von Gleichheit vorlegen zu müssen und trotzdem Kontinuität *spiele*, indem ich zwanglos von einer Episode in die nächste übergehe. Kontinuierlich und ungezwungen gestalte ich den Wechsel in meiner Biographie. Der Wechsel hält nicht bloß die Reziprozität aufrecht, sondern versucht in einer auf die Lebenszusammenhänge der anderen eingehenden anschmiegsamen (mimetischen) Lebensgestaltung die Inszenierung der eigenen mit der fremden Biographie zu verbinden und so die ‚Einheit' der Lebens*geschichten* anzusteuern statt die Einheit der eigenen. Dadurch würde die fremde Biographie zu einem Teil meiner selbst, das heißt eben nicht mehr fremd, aber doch verschieden von mir. Eine solche Identität, in der die Gleichheit in der Differenz bestünde, könnte als tatsächliches Rollen*spiel* verstanden werden, als *comédie humaine* (Balzac), in der die gespielten und in der Erinnerung wieder neu gelebten (also neu gespielten) *Figuren* des Lebens nicht als feste Charaktere auftreten, sondern als wechselseitig aufeinander bezogen und nicht auf ihrer Individualität als bloßer Abgrenzung beharrend. Ein solches Rollenspiel verdoppelt nicht mehr die verdinglichten Lebenszusammenhänge, in denen Selbstrepräsentation, Selbstbestimmung und Selbstverwirklichung auf minimale Entfaltungsmöglichkeiten reduziert bleiben, in denen Alltagsmasken und -rollen für Täuschungen und Manipulationen eingesetzt werden.

Die Subjekte spielen sich antizipierende Lebensentwürfe unter Reaktivierung vergangener Erlebnisfiguren als Teil dieses Spiels vor. So entstünde eine *Re*symbolisierung als ein Theater des Lebens, in dem der eine *comédien* – er ist ja auch Schauspieler und ‚Alltagsmime'[18] – Episoden, Teile, Figuren von sich selbst im anderen wiedererkennt, in seine ‚Rollen' aufnimmt und probehandelnd in wechselnden ‚Parts' sich jeweils als differentes Subjekt verwirklichen kann.

Statt einer rein sprachlichen, ‚narrativen Deutung' der eigenen Interaktionsgeschichte wären Deutungen in gespielten Figuren, den Rollen der Schauspieler verwandt, gehaltvoller und komplexer, im Wortsinn ‚symbolischer' und damit sinnlicher. Vorstellbar wäre die Gestaltung der Lebenserzählung in Form eines ‚Dramas', wie dies in Ansätzen in Pink Floyds Rockoper *The Wall* geschieht: Hier werden zwar nicht eigene „Interaktionsspuren" inszeniert, aber solche Schauspiele erlauben wie das Theater überhaupt ein Wiedererkennen eigener Geschichten im fremden Drama.

Eine Symbolisierung im Spiel verlagert die Erzählung in ein ‚Sinnentheater', gekoppelt mit Reflexionen, das heißt Gesprächen über ‚alternative Inszenierungen', ‚Regievorschlägen', ‚Probeentwürfen', kurz: in eine *indirekte Form*, pendelnd zwischen spontaner Inszenierung und gebrochener, verfremdender Selbstdarstellung. Die Sprache würde, da Intentionen selten direkt mitteilbar sind, in die Bildererzählung, in die Metaphernbildung mit einbezogen werden, was eine ungezwungenere Deutung der eigenen Biographie erlaubt, als wenn die „Interaktionsspuren" direkt thematisiert und so Widerstände wahrscheinlich leichter mobilisiert würden. Die Lücken in der Biographie könnten symbolisch, in stellvertretenden Figuren, zunächst vielleicht nur in Andeutungen, vergleichbar den Assoziationsbildern in der Psychoanalyse, dargestellt werden. In intermettierenden Sequenzen könnte sich eine veränderte Form von Kontinuität bilden. Die Spiegelung meiner vergangenen Erlebnisse, die mir durch solche Distanz fremder und damit weniger belastet entgegentreten, erlaubte ein leichteres Wiedererkennen von eigenen Erlebnisfiguren in den gespielten Figuren des anderen. Die in Szene gesetzten symbolischen Formen ergänzen meine ‚Darstellung' durch die des anderen. Kontinuitätsbildung wäre als ein intersubjektiver Vorgang herzustellen und nur so zu erhalten, nämlich als ein gegenseitiges ‚szenisches Verstehen' meiner selbst durch andere.

2. Prinzipienorientierte Identitätsbildung: halbierte Rationalität und Ausblendung von Sinnlichkeit

Flexible Prinzipienorientierung auf der Grundlage einer universalistischen Moral und Herstellung von Verständigung durch universelle Diskursivität ist sicherlich ein anspruchsvolles Programm. Aber ist es auch ein reichhaltiges? Lauschen wir zunächst dem Erzähler in den Bekenntnissen des Felix Krull:

„Von zarten und schwebenden Dingen heißt es zart und schwebend reden, und so werde eine zusätzliche Betrachtung hier behutsam eingerückt. Nur an den beiden Polen menschlicher Verbindung, dort, wo es noch keine oder keine Worte mehr gibt, im Blick und der Umarmung, ist eigentlich das Glück zu finden, denn nur dort ist Unbedingtheit, Freiheit, Geheimnis und tiefe Rücksichtslosigkeit. Alles was an Verkehr und Austausch dazwischenliegt, ist flau und lau, ist durch Förmlichkeit und bürgerliche Übereinkunft bestimmt, bedingt und beschränkt. Hier herrscht das Wort – dies matte und kühle Mittel, dies erste Erzeugnis zahmer, mäßiger Gesittung, so wesensfremd der heißen und stummen Sphäre der Natur, daß man sagen könnte, jedes Wort sei an und für sich und als solches bereits eine Phrase."[19]

Hat unser Erzähler hier nicht recht, das „matte und kühle" Wort in seine Schranken zu verweisen? Nein. Menschlichkeit beginnt mit der Sprache, Subjektivität ist ohne das Wort nur eine halbierte, Aufklärung bliebe ohne Sprache stumpf, Emanzipation bloß ein diffuses, unartikuliertes dumpfes Drängen. Und nicht nur das. In der Sprache als einer Errungenschaft und Artikulation unserer Zivilisation stekken unendliche Möglichkeiten des Ausdrucks unserer Gefühle. Benützt doch der oben schreibende Verächter des Worts gerade das Wort, um auf das Wortlose hinzuweisen. Auch Sprache bringt unsere Leidenschaft zum Ausdruck und zivilisiert sie zugleich. Sie ist Formgeber der Natur, die in uns unmittelbar nie existiert, aber auch deren Widerpart: das Ungestüme, Begehrliche, Ausdruckslose formend und verformend, bezähmend, indem es zum Wort wird. Daß am Anfang nicht das Wort zu stehen habe, reflektierte Faust. Aber formulierte er dies nicht durch Worte? Solche Ambivalenz ist der Sprache inhärent. Das Wort buchstabiert unsere Menschlichkeit, formuliert jedoch nur einen Teil davon, deckt nur einen Teil unserer Empfindlichkeit im Sinne Feuerbachs[20], unserer Leidenschaft und Sinnlichkeit ab.

Aber der Erzähler hat gleichzeitig recht. Das Wort bleibt auch stumm, „matt" und „kühl". Der Diskurs – ob der praktische oder ästhetische – ist unerläßlich. Gemessen an der möglichen Ausdrucksfähigkeit, scheint er doch „flau und lau", ebenso gemessen am Pathos der Formel von der „Selbstverwirklichung". Wo bleibt die „heiße Sphäre der Natur", die „stumm" sei, also wesentlich nicht in der

Sprache enthalten? Wo bleibt die umfassende Rationalität, die das lebendige Zusammenspiel von Sehen, Fühlen, Denken, Riechen, Schmecken, Tasten, Tanzen, Drehen, Lachen usw., also der körperlichen Sinnesfreude, mit umfaßt? ‚Verständigung' ist doch nicht nur die „Abstimmung von Handlungsplänen", das „Aushandeln von Situationsdefinitionen". Es kann doch nicht ernstlich mit „Versöhnung"[21] bloß der ‚Konsens' herstellende Diskurs gemeint sein!?

In der Interaktion sind mehr (Körper-)Dramen, mehr Schau-Spiele denkbar. Rationalität muß weiter gefaßt werden als die differenzierten, aber doch verbal strukturierten Diskurstypen suggerieren.[22] ‚Ratio' bleibt (nicht nur bei Habermas) wesentlich verbal orientiert und beschränkt sich auf *Prüfungen* (der Wahrheit, Richtigkeit, Wahrhaftigkeit), exkommuniziert so indirekt die Sinnlichkeit, trennt Lust von möglicher Vernunft. Wer das rein Subjektive und nicht Begründ- oder Nachprüfbare als bloß subjektiv etikettiert und es damit aus der Sphäre der Rationalität ausgrenzt, blendet genau den Bereich aus, der das Subjekt erst zum Subjekt macht: Das nicht Mitteilbare, Sprach- und auch Expressionslose, das subjektive, besondere Erleben: „Le coeur a ses raisons que la raison connait point" (Blaise Pascal).

Diese halbierte Rationalität der (Habermasschen) Identitätskonzeption[23] perpetuiert und fixiert die Auftrennung von Sinnlichkeit und Vernunft und gibt den Anspruch, Freiheit mit Vernunft zu versöhnen, faktisch auf. Solche Affirmation des Bestehenden wird ergänzt durch ein dem Anspruch nach umfassendes, in Wirklichkeit jedoch bloß technizistisches Rationalitätsideal, in dem die auf der ‚Koordination von Handlungsplänen' basierende Verständigung letztlich ein instrumentelles Interesse aufweist. Verständigung bleibt noch erfolgsorientiert. Selbst die intendierte ‚kommunikative' Verflüssigung und Transparenz der inneren Natur hebt ja die Kommunikabilität hervor, bleibt auch wegen ihrer Einbettung in die halbierte Rationalität der Diskursivität untergeordnet.

Sehr schön läßt sich Alfred Lorenzers Kritik an der vom Zweiten Vatikanischen Konzil durchgeführten „Verbalisierung der Liturgie" auf dieses Identitätsverständnis übertragen. Die Konzilsreform habe in einer in der „Tradition des lustfeindlichen Protestantismus und der rationalistischen Aufklärung" stehenden Aufräumarbeit das Subjekt in den „Zangengriff des Verbalismus und der Indoktrination einerseits, der Entwöhnung vom Wildwuchs unreglementierter Sinnlichkeit andererseits" eingeklemmt.

Wer nicht bloß den Körper, die Sinnlichkeit faktisch ausgrenzt, sondern wer damit in den Beziehungen die sinnliche Symbolik („Figuren, Musik, Bilder, Rituale“, (Körper-)„Szenen“) von Rationalität abschirmt, indem über jene in Diskursen, aber eben bloß in *Diskursen verhandelt* wird, betreibt eine „Domestizierung“ der Sinnlichkeit. Deren Folge für das Individuum ist seine „Unterwerfung unter einen technizistisch-rationalistischen Weltumgang, in dem das Denken seinen emotionalen Ballast abgestreift hat, die Menschen funktional verfügbar gemacht werden über eine von Sinnlichkeit ‚entlastete‘ Intellektualität“.[24]

Das Subjekt wird zum „Buchhalter“ seiner selbst. Die Entsinnlichung findet sich in der bloßen Forderung nach einer Orientierung an flexibel verinnerlichten Prinzipien (reflexive Normen), einer universalistischen Moral (Autonomie, moralische und politische Freiheit, Gleichheit, Gerechtigkeit usw.); die „Entwicklungslogik“ der Identität entfernt sich von der anfänglich um den „Leib“ zentrierten „natürlichen Identität“ über die „Rollenidentität“ bis hin zu einer jenseits „aller partikularen Rollen“ sich etablierenden „abstrakten“ Ich-Identität immer weiter von einer körperbezogenen Identitätskonstruktion.[25]

Einmal abgesehen von der pastoral klingenden Formulierung „Leib“ scheint es doch problematisch, daß das Subjekt in seine Identitätsfiguren immer weniger den Körper mit einbeziehen soll, was auch noch „entwicklungslogisch“ angelegt, also gleichsam programmiert sei. Identität verdünnt sich zur prinzipienorientierten, „abstrakten“ Identität. Natürlich muß ein sich selbst bestimmendes Subjekt partikulare Rollenidentitäten ablegen. Natürlich bedarf es der Instanz der Reflexion und einer flexiblen Anwendung von Normen. Den Körper jedoch von dieser projektiven Identitätsbestimmung dadurch *faktisch* auszugrenzen und gegen entsinnlichte Prinzipien einzutauschen scheint mehr als der Ausfluß einer ‚protestantischen Ethik‘ zu sein. Zum Glück nehmen real stattfindende Identitätsbildungen auf die schönen Schreibtischentwürfe oft wenig Rücksicht. Hier kommt ein verstecktes Anpassungskonzept zum Vorschein, das – trotz der betonten Reflexivität der Normen – immerhin stärker auf Normierung, Werte, Moral abzielt. Eine solche Verwirklichung von Subjektivität würde eine eigengesteuerte und gleichzeitig feinmaschige (Selbst-)Kolonialisierung bedeuten; die *nachträgliche* Distanzierung von Rollen läßt die Dialektik von Vergesellschaftung und Individuierung entgleisen, betont sie doch implizit stärker soziale Integration gegenüber der „Freiheit“. Moral als universelle Steuerungsinstanz bleibt immer noch Moral und bewirkt damit tendenziell Selbstunterdrückung; ob ihr universalistischer und abstrakter Charakter noch zur Identifikation einlädt und so zu sinnlich vermittelten Handlungsorientierungen führen kann, darf doch sehr bezweifelt werden.

Halten wir an dieser Stelle der Auseinandersetzung kurz inne. Könnten wir nicht auch hier wie schon beim vorigen Abschnitt „Kontinuitätsstiftung" durch eine Radikalisierung der Identitätskonzeption die konzeptionelle Enge von „Ich-Identität" auflösen? Vielleicht hilft uns da die Einbeziehung der vorangegangenen Reflexion über die Vernichtung *sinnlicher* Symbolqualitäten.

Lorenzer kritisiert die Liturgiereform der katholischen Kirche:

„Weshalb nicht das unterbrochene *Spiel* mit sinnlichen Symbolen, die allen gehören, wiederaufnehmen? Jede Art von Spiel stünde der präsentativen Symbolqualität des alten Rituals näher als die durchrationalisierte Informationsveranstaltung der neuen Liturgie."

Und er führt weiter aus: „Eröffnet sich da nicht die Chance, spontanes Spielbedürfnis zu einer Sensibilität zu sublimieren, die ‚neu' und zugleich der Auseinandersetzung mit dem ‚Kulturbesitz' verpflichtet wäre?"

„Der sinnliche Umgang mit Gegenständen und Menschen muß organisiert werden – im Wechselspiel von kulturell entwickelten Symbolen und menschlichem Erleben."[26]

Das durch die Diskurse „unterbrochene" (Wechsel-)Spiel von verbaler und sinnlichpräsentativer *Symbolisierung* müßte gerade auch in Dissenssituationen wieder aufgenommen werden. Lorenzer erkennt den elementaren Wert der präsentativen Symbole als Institution der Bildung von *Sinnlichkeit*.[27] Er faßt ihre Bedeutung im Verlauf der Sozialisation wie folgt zusammen:

„... embryonal-frühkindliche Bildung unbewußter Interaktionsformen; ‚Versprachlichung' dieser Interaktionsformen in der Spracheinführung; Aufbau des Wechselspiels zwischen der Realität der ‚gegenständlichen Symbole', d. h. Bedeutungsträger, und den ‚sinnlich-symbolischen Interaktionsformen' im menschlichen Erleben. Dieses Wechselspiel hatte sich uns zunehmend als das Zentrum der Persönlichkeitsentwicklung enthüllt. In der Schicht der sinnlich-symbolischen Interaktionsformen erkannten wir die Schaltstelle, an der Sinnlichkeit und Bewußtsein vermittelt werden, in der die Identität der Person begründet und zugleich der Zusammenhang mit dem Kollektiv gestiftet wird."[28]

Wenn also für die „Persönlichkeitsentwicklung“ bzw. für „Identität“ die „präsentativen“, also die sinnlich direkt zugänglichen Symbole als so zentral angesehen, ja geradezu als „Schaltstelle“ begriffen werden, dann muß diese Erkenntnis in unsere Überlegungen Eingang finden, und zwar so, daß Identität sich eben nicht nur „abstrakt“ und an „Prinzipien“ bildet, sondern daß sowohl der Körper als auch die präsentativen Symbole notwendig zu einer entfalteten Subjektivität gehören.

Die „unterhalb“ der Sprache, der Worte, des Bewußtseins sich bewegenden „Gefühlsmächte“ (Freud) werden – so Lorenzer – vom „sinnlich-symbolischen Wechselspiel organisiert“ und bilden „...tendenziell eine Alternativschicht zur gnadenlos diskursiv-ideologischen Durchnormierung der Individuen“.[29]

Fassen wir kurz zusammen: Es geht um die Rekonstruktion einer *umfassenden Symbolisierung,* die in Einbeziehung der *Sinnlichkeit* und des Zurückdrängens des Diskursiven durch das Spiel ungezwungen möglich wird. ‚Zwanglose‘ Identität hatten wir schon bei der Auseinandersetzung mit der ‚biographischen Kontinuität‘ als ‚spielerische‘ übersetzt.

Seit jeher haben Kinder das Spiel als ihr Lebenselement, als ihre Form der Selbstverwirklichung gestaltet. Sie bringen ihre Wünsche, Phantasien, Lebenserfahrungen nicht bloß rein *sprachlich* erzählend (narrativ) ins Spiel, sondern *inszenieren* diese *leibhaftig*.

Dabei bewältigen sie nicht nur ‚spielend‘ die Realität, sondern führen probehandelnd in ihren Szenen, in ihrer ‚Theaterwelt‘, zukünftige Lebensentwürfe vor. Immer weist dieses Spiel über die aktuell gegenwärtige Realität hinaus, verwandelt sie perspektivisch, utopisch und auch phantastisch. Im Spiel steckt eine eigentümliche Mischung aus Wirklichkeitsnähe, konkreter Utopie und sinnlosem, aber sinnlichem Tun – eine Art ästhetischer Inszenierung der Lebenswelt. Diese wird dadurch sinnlich symbolisiert. Die zur Szene gestaltete Symbolisierung greift weiter als die bloß sprachliche und die rein präsentative; sie wird umfassend in dem Sinne, in dem Lorenzer in Anlehnung an Susanne K. Langer Symbole als Bedeutungsträger einer hier szenisch gestalteten Praxis versteht:

„Symbole sind also nicht nur die diskursiv geordneten Zeichen der Sprache *und* die präsentativen Symbole der Kunst, sondern *alle* Produkte menschlicher Praxis, insoweit sie ‚Bedeutungen‘ vermitteln.“[30]

Erst der Erwachsene entfernt sich (scheinbar) mehr vom Spiel, obwohl wir doch spielen, wo wir nur können: sei es bei Unterhaltungen durch Witz und Ironie, sei es in der Freizeit oder in der privaten Spiel- und Sprachwelt von Verliebten bzw. in den erotisch eingefärbten (Sprach-)Spielen zwischen Kollegen und Kolleginnen am Arbeitsplatz usw. Durch das Spiel kommt jener Überschuß an überflüssiger und nichtrationaler Lebensgestaltung zum Tragen, der sowohl Selbstbestimmung als auch Selbstverwirklichung insofern transzendiert, als beide noch zweckgerichtet sind. Insofern ist Friedrich Schiller zuzustimmen:

„Denn um es endlich auf einmal herauszusagen, der Mensch spielt nur, wo er in voller Bedeutung des Wortes Mensch ist, und *er ist nur da ganz Mensch, wo er spielt.*"[20]

Welches ‚Sinnen-Spiel' könnte man für ‚Identität' fruchtbar machen, in dem umfassende Symbolisierung, Sinnlichkeit, ‚Spiel als Leben' möglich ist, in dem die Lebensfülle und Komplexität zwanglos erhalten, aber nicht beliebig wird und durchschaubar bleibt, in dem sowohl Orientierung an ‚Prinzipien' möglich erscheint – aber nicht an moralischen –, in dem die Diskursivität in lebendigen, sinnlichen Figurationen enthalten ist, in dem die Selbstverwirklichung ohne zu großes Handlungsrisiko spielerisch antizipierbar bleibt, vielfältige Lebensentwürfe probehandelnd zu gestalten wären, in dem die Bilder des Lebens als Bilder und als Figuren zu realisieren wären?

Es ist das ‚Schau-Spiel' des Theaters; aber weder als Metapher des klassischen Rollenspiels im *theatrum mundi* von Dahrendorfs *homo sociologicus* verstanden, noch als Wiederauffrischen des bürgerlichen Theaters, sondern in der *Wortwörtlichkeit* des allerdings auch bei Goffman bloßen Paradigmas „Wir alle spielen Theater".[32] Die sowieso praktizierte Selbstdarstellung im Alltag müßte zur beabsichtigten, bewußten, dabei aber spielerisch inszenierten werden. Wenn das ‚Drama des Lebens' in seinen wechselnden Formen als Komödie, Trauerspiel, Burleske begreifbar wird, verwirklicht sich symbolisches, im Wortsinn also dramaturgisches Handeln. Statt der narrativen Deutung im reinen Sprachspiel wäre diese in die Lebendigkeit von Szenen einzubeziehen, die Inszenierung der Interaktionen zu einem Schauspiel, zu Szenenfolgen zu gestalten, in der die „Figurationen" (Elias)[33] des Lebens zwanglos abbildbar werden.

„Verständigung" wäre in probehandelnden ‚Rollen'entwürfen möglich: als stetiger Austausch von relativ festen Dramaturgieentwürfen (die Verhaltenssicherheit einüben könnten) und Stegreifspielen (die ‚Freiheit', alternative Lebensentwürfe ermöglichen). Die spezifische Subjektivität könnte sich vor allem bei den letzteren entfalten. ‚Freiheit' hieße auch, die sprachlose, aber sinnliche und unmittelbare, weil in der Lebendigkeit des Wechselspiels der Figuren vertretene Selbstverwirklichung vorzuführen. Diese wird neben dem Sprachspiel durch die Symbolik der Figur indirekt ‚geäußert' und könnte darum das Besondere, rein Subjektive des Spielers zum Ausdruck bringen und trotzdem erhalten. Jenseits einer Moral, auch jenseits einer Domestizierung der Sinnlichkeit durch die Ratio kämen beide, Lust und Vernunft, zu ihrem Recht.

So wie das Kind in dem berühmten Beispiel Freuds mit der Garnrolle spielt, um die Interaktion mit der Mutter zu spielen, die Garnrolle dadurch zum Symbol der Szene wird und sich eine sinnliche Interaktionsform bildet, so werden in den Selbstinszenierungen die Biographien der ‚Theaterspieler' und -interpreten reaktiviert und dargestellt. Das „Fort-Da"-Spiel mit der Garnrolle symbolisierte die abwesende und wieder herbeizuholende Mutter. Was die Garnrolle dort war, ist hier die Theaterszene. Im Bilderspiel der zum Theater vervielfältigten Alltagsszenen werden nicht nur vorhandene sinnlich-symbolische Interaktionsformen reaktiviert und zugänglich, sondern gleichzeitig neue gebildet, verquickt mit dem Sprachspiel der Mimen, deren Sprachfiguren sich darin einfügen können. Dies ermöglicht gleichzeitig die Reaktivierung und Neubildung sprachsymbolischer Interaktionsformen. Die in die (gespielte, aber deshalb nicht minder ‚reale') Lebensszene eingelassenen lebenspraktischen Figuren sind in unserem Erleben gleichfalls szenisch strukturiert. Die Affinität des (szenischen) Spiels erleichtert den Zugang *auch* zu gemeinhin verborgenen Schichten unseres Erlebens – ohne daß uns dies so ohne weiteres bewußt ist.

Das Spiel der Kinder, ihre spielerische Lebensbewältigung, nimmt ein zwar immer vorhandenes und auch oft benütztes, jedoch immer als uneigentlich empfundenes und insofern verstecktes Potential, die Chance einer ungezwungeneren Art des Alltagslebens wahr. Schalten wir also hier eine Überlegung ein, wie wir dieses Potential, diese Form der kindlichen Selbstinszenierung für den sogenannten ‚Ernst des Lebens' fruchtbar machen könnten.

Im Alltag erleben wir Spielen als Auflockerung unserer Lebenswelt. In einer als Theaterspiel inszenierten Lebensgestaltung könnte die Trennung von Spiel und bloßer Realitätsbewältigung wenn nicht aufgehoben, so doch stärker vermischt werden: Das eine Element mildert jeweils das andere. Beide blieben im Lebenstheater präsent, als eine Möglichkeit, den Umgang mit der Wirklichkeit zwangloser zu gestalten. In solchem ‚dramaturgischen Handeln' wäre das ‚symbolisch strukturierte' Gebilde der Identität ein tatsächlich sinnlich vorführbares, ohne öffentlich und privat aufzuheben noch ihre Trennung beizubehalten. In den gespielten Figuren des Lebens vermitteln sich beide: Weder privatisiert sich die Öffentlichkeit (Beziehungen werden in Szene gesetzt), noch veröffentlicht sich die je private Intimsphäre (die *gespielte* Figur schützt das Privateste vor der Intersubjektivität). Statt eine ‚interaktive Kompetenz' zu entwickeln, käme es auf die Ausbildung einer Dramaturgiefähigkeit, der Fähigkeit, Theater spielen zu können, an. Ansätze dafür gibt es genug. Schon praktizierte ‚Spiele', schon praktiziertes ‚Theater' wären weiterzuentwickeln, weiterzutreiben, zu ästhetisieren: Ob es die Diskussionsteilnehmer jener langweiligen Politikerrunde waren, die, statt zu diskutieren, als Antwort auf hohles Palaver Seifenblasen in die Luft pusteten; ob es die „Grünen" sind, die, um ihre Einschätzung einer bestimmten Parlamentsarbeit zu verdeutlichen, forderten, Plenumssitzungen sollten künftig abwechselnd in verschiedenen Städten in einem Zirkuszelt stattfinden; ob es sich um inszenierte Verfremdungen eingeschliffener Alltagshandlungen dreht, die, wie bei A. Boal beschrieben,[34] z. B. bei einem von Schauspielern in der Straßenbahn in Szene gesetzten Streit vorgeführt werden. Die zunächst unbeteiligten Mitpassagiere werden provoziert, sich einzumischen, die Schauspieler übertreiben dieses Theater plötzlich so stark, daß das Spiel für alle transparent wird und die Beteiligten nun schmunzelnd mitspielen oder sich über die Auseinandersetzung unterhalten können. Oder: In geselliger Runde, im Freundeskreis schlüpft jemand theatralisch in die Haut des anderen, karikiert dessen Verhalten in einem improvisierten Rollenspiel, und der Betroffene antwortet darauf z. B. in einer feierlichen Tischrede mit gekünstelter Empörung. Ob man sich anläßlich eines Festessens in einem Restaurant bewußt geziert und ‚steif' benimmt, und, sich gegenseitig belächelnd, die Situation trotzdem genießt – so oft spielen wir lustvoll ein solches Theater, inszenieren Alltagssituationen, bringen sie durch diese indirekte Form auf Abstand, können so die Realität – sei sie nun repressiv wirkend oder Freiheit ermöglichend – distanzierter und ungezwungener verarbeiten, da wir uns gleichsam ‚gebremst', verzögert mit ihr auseinandersetzen. Gleichzeitig können wir uns selbst *präsentieren*, ohne dies über sogenanntes ‚Konkurrenzverhalten', angeberische Posen etc. hinterrücks zu *praktizieren*. So oft spielen wir genießend Theater, daß wir uns fragen sollten, ob wir diese Spiele nicht *in-*

tensivieren könnten. Damit meine ich natürlich nicht jenes mühsame, gekünstelte Spiel, in dem wir uns meist hinter der Alltagsmaske verstecken, uns auf Abstand zu halten trachten und die ach so schwache Persönlichkeit maskiert aufmöbeln wollen.

Selbst in verdinglichten Lebensverhältnissen erhält die *indirekte Form* des Realitätsumgangs durch das Theaterspiel noch eine subversive, die Freiheit erweiternde Funktion: Über Spott, Ironie, Witz, Karikatur etc. kann passiver Widerstand bestehende Machtverhältnisse poröser werden lassen. Zum Beispiel zerstören kabarettistische Sequenzen in Alltagssituationen die Selbstverständlichkeit der dort stattfindenden Handlungen und der als gültig auftrumpfenden Normen; wenn Jugendliche mit ‚etablierten' Bürgern z. B. so reden, daß erstere, anstatt gegen die verkrusteten Verhältnisse zu polemisieren, plötzlich fordern, man müsse sie, die Jugendlichen, in Arbeitslager schicken, damit sie Vernunft annähmen usw., können solche ‚Argumente' noch die borniertesten der Erwachsenen übertrumpfen und geben sie der Lächerlichkeit preis.

Seien es entspannte oder machtstrukturierte, wichtige oder nebensächliche Situationen: immer steckt in der indirekten Form der Selbstinszenierung in einer als Theater gestalteten Alltagswelt die Chance, sich nicht nur zur Wehr zu setzen, sondern sich selbst spielerisch zu entfalten. Das Spiel als Spiel muß für den anderen jedoch transparent bleiben, die Täuschung darf keine versteckten, keine manipulativen Absichten haben, sondern muß – wie Schiller es nennt – eine „wohltätige Illusion" sein.

Hier geht es also nicht um das artifizielle, entsinnlicht-körperlose und abstrakte Spiel des bürgerlichen klassischen Theaters, um seine Renaissance in der Lebensinszenierung, sondern um eine *Perspektive*, die versucht, Elemente des Theaterspielens für den Alltag produktiv anzuwenden, d.h., es geht mir um die Frage, welche der Prinzipien und Institutionen des Theaters für die Selbstinszenierung fruchtbar gemacht werden können. Dabei werde ich – wie schon im vorigen Abschnitt – den Identitätsbegriff ‚umlesen', d. h. fragen, wie kann z. B. aus dem nur metaphorisch so genannten ‚Rollenspiel' ein tatsächliches Rollenspiel gestaltet werden. Im Sinnentheater des Alltagsspiels von tatsächlich gespielten, nicht bloß zwanghaft vorgeführten Rollen rückt die ‚kommunikative Verflüssigung und Transparenz' der inneren Natur nicht mehr in eine utopisch erreichbare, sondern in eine konkret gestaltbare Perspektive. Da *gespielt* wird, bleibt die Intersubjektivität nicht bloß gebrochen, sondern die umfassende Symbolisierung in Figurationen schützt das rein Subjektive vor der Verdinglichung durch Kommunikation, rettet es ins sprachlose, aber trotzdem präsente Spiel, das ‚unterhalb' der Dialoge in der Szene deutlich werden kann. Damit wird jener unseligen Therapeutisierung des Innenlebens ein Riegel vorgeschoben, jenem Zwang zum Offenbarungseid der Subjektivität, jenem Zwang, der in lauernder Verständnissucht vielleicht oft mehr verdinglicht und zur ‚Tyrannei der Intimität' sich aufspreizen kann.[35]

Im Spiel des Theaters können in Bilder und Figuren umgesetzte Geschichten erzählt werden, die unterhalb der nur rationalen Weltgestaltung und -deutung märchenhaft-poetische Momente mit einbringen. Damit wird sowohl ein spielerischer Umgang mit der Realität gepflegt als auch ein Angebot von ‚poetischen Rätseln' unterbreitet, die in Handlungen dargestellt und durch sie interpretiert werden können, ohne sie zugleich in bloßer Sprachlichkeit aufgehen zu lassen. Das Theaterspiel bietet so die Anschlußmöglichkeit an mythische Erzählungen als die „... noch nicht sprachlich begriffenen ‚Grundrätsel des Lebens', die in ‚Bilder' gefaßt sind" (Lorenzer).[36]

In mythischen Geschichten werden Erklärungen angeboten, die, märchenhaft formuliert, zu einer spielerischen Weltdeutung auffordern und dadurch sowohl *Aufklärung* sind als auch ein *Gegengewicht zum rationalistischen Weltverständnis* bieten und die entzauberte Welt wieder bezaubernd erleben lassen. Als Spiel inszeniert, versperren die Mythen nicht den Realitätszugang, sondern schließen ihn auf: Sprachlos-subjektive Momente lassen sich inszenieren, ohne sie zu verdinglichen; triebhafte, verdrängte, phantastische Impulse können aktiviert werden; das Unsagbare, weil noch Verrätselte, läßt sich darstellen, ohne es auszugrenzen. So thematisieren mythische Erzählungen gleichzeitig überindividuelle Lebensfragen, die für eine Vielzahl von Subjekten noch ungeklärt sind, d. h., das Allgemeine wird ebenfalls repräsentiert. An alle Stadien der Kultur kann angeknüpft werden, die Verankerung der Individuen darin bleibt erhalten. Der Realitätsumgang beschränkt sich nicht aufs Wahre, Richtige, Angemessene oder Wahrhaftige, sondern er wird jenseits solcher Überprüfungsformeln poetisch gestaltet, ästhetisiert. Das Spiel koppelt sich jedoch nicht von der Wahrheit, Richtigkeit etc. ab, sondern *inszeniert* sie.

Das Theater war immer schon der Ort, wo der Mythos szenisch entfaltet und in eine Spielform gekleidet wurde. Er bietet über vorhandene dramatische Entwürfe, z. B im *Hamlet, Faust, König Ödipus* usw., spielbare Szenenvorschläge an, die zu individuellen und gleichzeitig intersubjektiven figürlichen Interpretationen in der gemeinsamen Inszenierung auffordern.

c) Biographische Konsistenz als Zwangsveranstaltung: das Subjekt als ‚Vielheit' im Rollenspiel

In dem Fotoatelier seines Paten Schimmelpreester erlebt Felix Krull Hochgefühle:

„Denn wie ich auch hergerichtet war – als römischer Flötenbläser in kurzem Gewande, das schwarze Kraushaar mit Rosen bekränzt; als englischer Edelknabe in knappem Atlas, mit Spitzkragen und Federhut; als spanischer Stierfechter mit Glitzerjäckchen und Kalabreser; als jugendlicher Abbé der Puderzeit mit Käppchen, Beffchen, Mäntelchen und Schnallenschuhen ... jedesmal gab ich, nach dem Urteile aller, ein vortreffliches Beispiel der Menschenart ab, die ich eben vertrat ... – Ach, das waren herrliche Stunden! Wenn ich aber nach beendeter Kurzweil meine schale und nichtige Alltagskleidung wieder angelegt hatte, so befiel mich wohl eine unbezwingliche Trauer und Sehnsucht, ein Gefühl unbeschreiblicher Langerweile, das mich den Rest des Abends mit ödem Gemüt in tiefer und wortloser Niedergeschlagenheit hinbringen ließ."[37]

Wo bleibt hier die biographische und ‚interaktionale' Konsistenz, die Einheit, Ganzheit, die Wiedererkennbarkeit (‚Rekognition') angesichts eines solch drängenden Wunsches nach lustvoller Verkleidung, Zerstreuung, Vervielfachung der eigenen Person?

Felix Krull möchte sich gerade in der Dezentrierung seiner selbst, in der Vervielfältigung so unterschiedlicher Figuren wie Flötenbläser, Stierfechter, Abbé usw. selbst verwirklichen, in verschiedene Rollen schlüpfen, ohne jeweils diese zu sein.

Hier werden ‚Prinzipien' angesprochen, aber andere als im Identitätskonzept gemeinte, nicht moralisch motivierte, sondern an Lustbarkeiten des Mannigfaltigen orientierte, ohne ‚Einheit' sein zu wollen.

Denken wir an die Verkleidungslüste, die wir im Gegensatz zu unserer „schalen Alltagskleidung" anläßlich von Festen oder gar an Fastnacht empfinden, an die Ausgelassenheit, deren zehrender Wunsch nach Vielfältigkeit sich noch bis zur saisonal wechselnden Mode im Alltag durchzieht: die unterschiedlichen Formen von Mänteln, Röcken, Hosen, von Schmuck, Halstüchern, Gürteln usw., in denen wir uns mal als lässiger Spaziergänger, mal als deftiger „Wanderpursche“, mal als legerer Sportler oder mal mit verführerischen Gebärden und in ebensolchen Kleidern als Dandy in Tanzlokalen bewegen und präsentieren. Diese Lust spüren und inszenieren wir nicht nur bei besonderen Anlässen, sondern auch im Alltag. Wir sind in unserer alltäglichen Lebenswelt ‚Mimen‘ unserer selbst, Schauspieler nicht bloß diktierter, sondern lustvoll wechselnder Rollen, die wir genießend und spielend ausfüllen. Unser Umgang mit Realität ist immer durchsetzt mit ‚theatralischen‘ Elementen (der Verkleidung, des Spiels usw.). In unsere Handlungsparts lassen wir Spielerisches einfließen. Wir realisieren mehr davon, gehen oft in unserer Alltagsinszenierung weit über eine ‚ungezwungene Ich-Identität‘ hinaus.

Es käme also darauf an, dieses Spiel zu *intensivieren*, stärker sich diesem ‚Theater‘ zu widmen, um die immer noch an Zwecken orientierte Selbst*verwirklichung* zu komplettieren. Oft fehlt es nur scheinbar an Möglichkeiten, uns selbst zu inszenieren, unser Leben als lustvolles Theaterspiel mit anderen in wechselnden Rollen zu proben. Solche probehandelnden Vielheiten von Lebensentwürfen stünden einer Selbstbestimmung von Handlungs*parts*, einer lustvollen Selbstverwirklichung näher als der abstrakten Orientierung an Prinzipien oder gar dem ernsten und oft zwanghaften Bemühen um ‚Konsistenz‘.

Sicherlich ist es richtig, daß sich das Subjekt gegen den Zerfall in einen zerrissenen, fragmentierten, beliebigen und von sich selbst entfremdeten Lebenszusammenhang schützen muß, den Zerfall in bloße Diffusivität und Depersonalisation. Die Fragmentierung des Subjekts in zusammenhanglose, fremde, ja sogar bedrohende Lebensabschnitte bzw. -felder, die sich in den verschiedensten Schattierungen von neurotischen, psychotischen oder sogenannten psychosomatischen Symptomen zum Ausdruck verhilft, kennzeichnen Entfremdungsprozesse. Kann Identitätsbildung solche zerrissenen Biographien verhindern – gut so. Nur: Die Frage ist, ob die *Verhinderung*, ob die ‚Abwehr‘ zerstückelter Subjektstrukturen für ein Konzept genügt, das wesentlich die *umgekehrte* Richtung anvisiert, die *Herstellung* von Selbstbestimmung und Selbstverwirklichung. Unser Augenmerk muß sich also nicht so sehr auf die Notfallintervention, nicht auf die *Vermeidung* von Subjektzerstörung richten, sondern auf die Herstellung von Subjektivitäts*entfaltung*. Hier muß der Finger auf die so selbstverständlich und allzu oft unkritisch benützten Kategorien wie „Konsistenz“, „Ganzheit“, „Rekognition“ usw. gelegt werden. Führt der Weg über diese Subjektstrukturen wirklich zur Personalisation, oder stellt er sich doch letztlich als Sackgasse heraus?

‚Einheit‘ soll vor Identitätsdiffusion bewahren. „Einheit in der Mannigfaltigkeit verschiedener Rollensysteme“ erscheint dann als zwanghaft, wenn die „Regungen“, die die Subjekte „überwältigen“ (Adorno),[38] nicht zugelassen bzw. der Einheit untergeordnet werden. Identität würde zu einer Zwangsveranstaltung, ‚Freiheit‘ zu einem sekundären Prozeß. Die Nichtidentität, das Besondere der Identität würde dem Allgemeinen einverleibt. Das Spannungsverhältnis der Subjektentfaltung von Identität und Nichtidentität würde zugunsten von Identität verschoben: zwar „mannigfaltig“, aber in der Einheit. „Einzigartigkeit der Lebensgeschichte“ kann sich durch eine übergeordnete Einheit, Konsistenz usw. gar nicht ausbilden, weil gerade das Subjektive, Einmalige ihr untergeordnet wäre.

An dieser Stelle ist zu fragen, ob und inwieweit das Identitätskonzept seinen eigenen Zielvorstellungen gerecht werden kann, suggeriert es schon vom Begriff her den Vorrang der Identität. Was sich nicht der Identität, hier der Einheit, fügt, wird ausgeklammert oder subsumiert oder so abstrakt und ausgedünnt, daß ich mich wirklich frage, was ‚Einheit‘ dann noch sein könnte.

„Gerade das unersättliche Identitätsprinzip verewigt den Antagonismus vermöge der Unterdrückung des Widersprechenden. Was nichts toleriert, das nicht wie es selber wäre, hintertreibt die Versöhnung, als welche es sich verkennt. ... Daß ein individuelles Bewußtsein Eines sei, gilt nur unter der logischen Voraussetzung vom ausgeschlossenen Dritten: daß es nicht ein Anderes soll sein können“ (Adorno).[39]

Faktisch ausgegrenzt werden nicht bloß Brüche, Unstimmigkeiten, ausgegrenzt wird – wenn nur auf Einheit der Rollensysteme abgehoben wird – nicht nur die Einheit des Körpers, der in der ‚Synthesis‘ keine Aufnahme mehr findet, ausgegrenzt wird vor allem die Vielfältigkeit menschlicher Erscheinungsformen von Subjektivität.

Kein Zweifel: Zu Identität gehört Einheit und zu dieser Identität. Aber statt Identität zu fordern, wäre nach einem übergeordneten *Verhältnis* zu suchen, das das Spannungsverhältnis von Identität und Nichtidentität vielleicht vorläufig auch in einer nur ungefähren Metapher als Orientierung auffangen könnte, ohne die Einheit zu einer abstrakten verkommen zu lassen und ohne die Vielheit der Einheit unterzuordnen. Denn an der Einsicht Adornos ist festzuhalten, daß

Vielheit und Einheit zusammengehören, sonst schlüge im einen Fall Vielheit in „Mythologie" und „ins Grauen des Diffusen" (Adorno)[40] zurück, im anderen Fall wäre Einheit der institutionalisierte biographische Zwangsapparat.

Allerdings führt uns die Sackgasse der Identitätsbildung auf die richtige Spur, die uns darauf verweist, den Begriff der Identität zu *transzendieren*. Ich-Identität, als *Identität* gefaßt, widerspricht sich selbst, da das Besondere dem Allgemeinen, die Differenz der Kontinuität, die Vielheit der Einheit *untergeordnet* wird. Außerdem sind diese diffizilen und komplex vernetzten Verhältnisse im Begriff des Identischen gar nicht zu fassen, ‚zwanglose Identität' ist deshalb ein Widerspruch in sich.

Statt dessen müßte in einer Als-ob-Einheit, in ihrer *Vorstellung*, in einer Art Imagination, die vor dem Zerfall in Diffusion durch dieses Festhalten bewahrt, die Vielheit aufscheinen können, sie so zu retten sein. Die Einheit müßte durch das, was sie *nicht* ist, bestimmt werden, das Viele, gleichzeitig den Wunsch von Felix Krull umsetzend, *praktiziert* werden. Im *Schein* der Einheit, im Spiel mit ihr (mal Einheit, mal Vielheit) stellt sie sich als *negative* her. Der Versuch der Synthesis, der gleichwohl nicht gelingen darf, offenbart die Differenz, zeigt das Widersprüchliche, Nichtidentische, zeigt die Vielheit des Subjekts, ohne in Unbestimmtheit zu zerfallen.[41] Das ist die Einsicht der Adornoschen ‚Negativen Dialektik':

„Unmittelbar ist das Nichtidentische nicht als seinerseits Positives zu gewinnen ..."[42]

Das Rollen*spiel*, nicht das Parsonssche, Dahrendorfsche, Goffmansche *Rollen*spiel, das ‚Als-ob' ich diese oder jene Person sei, macht deutlich, daß ich die verschiedenen Personen, Figuren, ‚Rollen' im Wortsinne bin und gleichzeitig keine von allen, denn ich *spiele* sie ja bewußt. Konsistenz ist dann eine des Subjekts als Subjekt und nicht mehr seiner Identität. Die Verläßlichkeit der Interaktionspartner als Interaktionspartner wäre gesichert, ohne ein identisches Subjekt sowohl für *ego* wie für *alter ego* voraussetzen zu müssen; gerade das Rollen*spiel* rückt sowohl die Einzelrolle als auch die Gesamtheit der Rollen an die Peripherie des Subjektiven, ermöglicht erst, daß das Subjektive zum Ausdruck kommen kann, weil ich keine der Rollen „bin". Damit realisiert sich jene dialektische Dynamik, daß gerade der Ausdruck des Subjektivsten an die stärkste Äußerlichkeit, nämlich an die bloße ‚Rolle', gebunden bleibt, ja bei Strafe des Verschwindens des Nichtidentischen dieses mit nichtauthentischer Präsentation gekoppelt ist, obwohl jene ‚nichtauthentische' Vielfalt erst Authentisches möglich macht.

So entsteht ein Feld ‚negativer Konsistenz', die vom Zwang zur Einheit befreit und Vielheit ist, ohne die Einheit aufzugeben. Einheit wäre die Konsistenz, mich in einer Vielfalt von Figurationen zu präsentieren und dort zu verwirklichen. Eine solche ‚negative Einheit' stellt sich her, wenn versucht wird, die mögliche ‚Rollen'vielfalt zu steigern, praktisch zu erproben, als Alltagsmime, der sich in spielerisch übernommenen Rollen in für ihn zentralen Themenkreisen bewegt. Durch die Vielheit, die Dezentrierung in Rollen – vergleichbar dem Theaterschauspieler – spielt der Mime möglichst viele Rollen in für ihn bedeutsamen Inszenierungen – ohne je in diesen aufzugehen –, so daß das Subjekt durch die Vielheit der in den Rollen zusammenkommenden Aspekte seine ihn bewegenden Themen in vielfältigem Wechsel und von unterschiedlicher Sichtweise her szenisch darstellen und verarbeiten kann. Vielleicht ist dieser Prozeß am ehesten mit den Personen in einem Drama oder Roman vergleichbar, wo der Autor seine oft widersprüchlichen Ansichten, Empfindungen, geheimen oder offenen Wünsche auf verschiedene Figuren im Stück *aufteilt*, sie so alle präsentieren und bewerten kann, je nachdem welche Funktion und Position diese oder jene Figur innehat. Die anderen ‚Schauspieler' ergänzen dabei meine Parts. Ich kann in ihren Entwürfen Teile von mir wiedererkennen. Einheit und Ganzheit entstehen so als Einheit der *gesamten Szene,* in der Szenenvielfalt, nicht als Einheit ‚im' Subjekt.

Neue, ungewohnte Szenen könnten angstfreier ausprobiert werden, wenn Handeln als Dramaturgieentwurf verstanden würde. Identität – noch haben wir keinen besseren Begriff – ist als Theater zu inszenieren, als Theater, in dem die Komplexität des alltäglichen Lebens erhalten bliebe; aber nicht mehr mit den verdinglichenden Belastungen, entweder die Rollen zu ‚sein' oder ein ‚wahres', aber niemals sich präsentierbares ‚Selbst' ausbilden zu müssen. Das heißt: Ich spiele nicht nur Vielheit, um ‚dahinter' eine wie immer geartete Eigentlichkeit zu präsentieren, sondern verwirkliche meine Subjektivität in der Vielheit, ohne ein einheitliches „Selbst" zu sein.

Der dramaturgisierte Umgang mit der Realität, ihre Inszenierung als Spiel, als Theater, die spielerische Verkleidung, das Spielen des anderen in meiner Rolle und das gleichzeitige Transparentmachen dieses Spiels und die Übernahme fremder Rollen ermöglichen gegenseitige zwanglose Spiegelungen.

Ich ‚verteile' mich, verwirkliche mich in der Vielheit der Figuren und spiele (doch immer) Theater. Ein spielerischer Realitätsumgang heißt, daß ich mich sowohl im Spiel verlieren kann, ohne die ‚normale' Realität aus den Augen zu verlieren; heißt jedoch genauso, daß ich alles als ‚Theater' durchschaue, ohne nur distanziert daran teilzunehmen. Der spielerische Umgang mit der Realität ist ein spielerischer Umgang mit der Realität und dem Spiel jenseits einer bloßen Balancierung dieser beiden Elemente und jenseits einer strikten Trennung von Phantasie und Realität (sonst wären sie als solche nicht wahrnehmbar und aufeinander zu beziehen). Beide sind in poetischen Kompositionen miteinander verflochten.

‚Zuverlässigkeit' in der Interaktion ließe sich so verstehen, daß ich das Spiel als Spiel spiele (und auch durchhalte). Wir applaudieren gelungenen Parts, gelungenen Lebensentwürfen, und können spielend andere Entwürfe (Parts) zu weiteren Figuren ausbauen. Der ‚Ernst des Lebens' wird zu einem spielerischen. Wenn das Spiel zum Prinzip erhoben wird, sich nicht ernst nimmt, weil es Spiel ist, nimmt es ihm auch den Charakter des rein Spielerischen. Der Wechsel von Spiel und Nichtspiel[43] ist im Spiel selbst enthalten. Niemals ist es reines Spiel (ohne Bezüge zur Realität, zum Ernst etc.), sondern immer beides, eine direkte und indirekte Auseinandersetzung auch mit der Wirklichkeit, mal mehr Spiel, mal weniger, ohne das eine im anderen aufgehen zu lassen, mal spontaner, mal distanzierter, mal ironischer, mal ernsthafter. Ich verhelfe mir so zu verschiedenen Ebenen der Darstellung, vermeide Fixierungen ans Burleske, tränke die Komödie mit Elementen des Trauerspiels. Das Spiel ist Vielheit ohne Diffusion. Der Charakter des Spiels muß für den anderen transparent bleiben, darf und muß auch abgebrochen werden können. Sonst wäre das Spiel kein Spiel mehr.

In der Phantasie, im Spiel, in der (Tag-)Traumwelt lösen wir uns von Identität, entgrenzen uns in vielfältige Möglichkeiten von uns selbst, lösen Kontinuität auf, sind weder konsistent, einheitlich, noch prinzipiengeleitet usw. und verarbeiten doch Realität. Das Spiel setzt sich also nicht in Position gegen die Wirklichkeit und ihre Bewältigungsnotwendigkeit, sondern ist eine Form ihrer (phantasievollen) Inszenierung.

Erst der spielerische Umgang mit dem Spiel, erst das Theater selbst als Theater inszeniert, verwirklicht das ‚jenseits aller Rollen' sich konstituierende Subjekt, das sich im Rollenspiel verwirklichen kann. ‚Identität' als Theater wäre eine Orientierung an Prinzipien des

Spiels als Spiel. Diese Prinzipien wären zwar auch abstrakt (Spiel als Spiel), hätten aber einen anderen Charakter: In den einzelnen Parts halten sie ihren szenisch versinnlichten Diskurs, können zu Figuren verkörpert werden, beziehen sich spielerisch aufeinander, streiten sich usw. und laden damit zu Probeidentifikationen ein, die sie mit einer anderen Figur auch wieder abstreifen können.

‚Jenseits aller partikularen Rollen' hieße auch in beliebige mir vertraute oder auch fremde „Rollen" zu schlüpfen, sie auszuprobieren, zu testen, wie weit die in ihnen enthaltenen Lebensentwürfe tragen bzw. wie weit sie zu verändern sind. Es entstünde ein Spiel zwischen fester Regieanweisung und Stegreifhandeln. Handlungsregeln wären Spielregeln, die potentiell für jedes neue Spiel aushandelbar, also problematisierbar sind.

Genau in dem spielerischen Umgang mit der Realität liegt der Unterschied zwischen dem, der die Alltagsrollen bloß ausfüllt, und dem in einer Wahnwelt lebenden Schizophrenen. Der erste kann sich von der Normierung nicht lösen, der zweite nicht vom reinen Spiel. Der erste findet den Weg zum Spiel nicht, der zweite ihn nicht mehr zurück. Der erste klammert sich zwanghaft an vorgegebene Rollen, er füllt sie entweder bloß reaktiv aus oder er distanziert sich von den angebotenen ‚partikularen' Rollen, verhält sich also wenigstens flexibel, obgleich ihm die spielerische Dimension fehlt. Der zweite erlebt im ‚Privattheater' des Wahns – im günstigsten Fall – als Solist ein unfreiwillig inszeniertes Schauspiel, niemals jedoch eine transparente, reziprok aufeinander bezogene Figurenwelt. Es ermöglicht, obgleich es auch ‚Theater' ist, keinen spielerischen Umgang mit dem Spiel, sondern bleibt ein zwanghaftes Ritual, eine auf Dauer angelegte Lebenstragödie.

Vielheit ohne Diffusion oder Zwang hieße ein ‚Wiedererkennen" der figürlich präsentierten Themenkreise im vielfältigen Spiel, hieße auch ein Wiedererkennen meiner selbst im anderen, in Teilen seiner Persönlichkeit und dieser in Parts meines Theaters. Identität als ‚Rekognition' bestünde in der gemeinsamen Darstellung, in der nun wortwörtlichen ‚symbolischen Intersubjektivität' des Spiels und nicht in der einzelnen Leistung des Subjekts. ‚Wiedererkennen' wäre ein *Verhältnis* in wechselnden Inszenierungen.

Ein „Aushandeln von Situationsdefinitionen" (Habermas) bestünde – wenn man das Identitätsmodell weiter extrapoliert – im spielerischen Probieren von Szenenentwürfen; ‚Selbstreflexion' wäre weder die einsame noch bloß intersubjektive Leistung, sondern achtsames Probehandeln in symbolisch ausgedrückten, in Figurationen enthaltenen Lebensentwürfen: Da ich aber die Rolle *spiele*, ist ‚Rollendistanz' gleichsam in die Figur eingelassen und muß nicht nachträglich erst hergestellt werden – was natürlich nicht heißt, daß Rollendistanz automatisch in Handeln durchschlägt; als ‚Schlummernde' bedarf sie schon noch der Aktivierung. Es entsteht eine institutionalisierte, figürlich umgesetzte Selbstreflexion.

‚Einzigartigkeit' bestünde in der besonderen Art des Spiels, ‚Gleichheit' wäre das *gemeinsame* Spiel.

Der Mime im Alltag, die Inszenierung des Alltags als Theater überläßt sich auch den nicht alltäglichen „... Lockungen, die das Selbst aus der Bahn seiner Logik herausziehen. Er überläßt sich ihnen immer wieder aufs neue, probiert es als unbelehrbar Lernender, ja zuweilen als töricht Neugieriger, wie ein Mime unersättlich seine Rollen ausprobiert" (Max Horkheimer / Theodor W. Adorno).[44]

Hier auf der Theaterbühne des Lebens entsteht der ‚Konsensus', nicht ein bloß sprachlich ausgehandelter, sondern einer, der die Komplexität des Lebens erhält und Sinnlichkeit mit Vernunft paart. Lassen wir nochmals Friedrich Schiller zu Wort kommen:

„Nur der Schaubühne ist es möglich, diese Übereinstimmung in einem hohen Grad zu bewirken, weil sie das ganze Gebiet des menschlichen Wissens durchwandert, alle Situationen des Lebens erschöpft und alle Winkel des Herzens hinunter leuchtet; weil sie alle Stände und Klassen in sich vereinigt und den gebahntesten Weg zum Verstand und zum Herzen hat."[45]

Wenn wir Subjektivität als Theater inszenierten, böte sich hier die Chance eines ‚szenischen Verstehens' an, das umfassender wäre als die Kategorie der ‚Verständigung'. Eine als ‚Theater' gestaltete Subjektivität ermöglichte nicht nur ein Verstehen im unmittelbaren Handlungsvollzug der Theaterrollen des Lebens als dem „gebahntesten Weg zum Verstand und zum Herzen", ermöglichte nicht nur ein reziprokes Spiel und Spiegelung der Parts, sondern ‚szenisches Verstehen' wäre auch *herstellbar*, eine *Produktion* im ‚kommunikativen', besser ‚dramaturgischen' Handeln auf der Bühne des Lebens, die die Bretter der Welt zur Metapher von Versöhnung werden ließen. Die Spieler werden zu gegenseitigen Interpreten ihrer vorgespielten Lebensentwürfe und Weltdeutungen, die sie in der Verkleidung des Sprachspiels der Rollenträger, in den Figuren und Szenen indirekt zum Ausdruck bringen könnten, als – wie Lorenzer das „szenische Verstehen" von Texten umreißt – „... szenisch entfaltete Zuständlichkeit, weil sie Formeln sozialer Spielfiguren, Entwürfe menschlicher Umgangsweisen mit der Welt und mit anderen Menschen sind ...“.[46]

So wie es für den Psychoanalytiker wichtig sei, „in Bildern erzählen zu können“,[47] so erzählen auch die Theater spielenden Subjekte ihre Geschichte(n) durch eine Vielzahl von Rollen, entfalten ihr Leben dramatisch und verwirklichen sich dabei. Die Spieler interpretieren sich wechselseitig in Bildern ihrer Szene,[48] erzählen ‚Geschichten‘ in reziprok aufeinander bezogenen Figuren, entwerfen symbolisierte Deutungen, setzen ihre und die Geschichten der anderen fort und verknüpfen dabei unaufhörlich die eigene Selbstdarstellung mit dem gleichzeitigen szenisches Verstehen des anderen und sich selbst. Im Theater sieht man Bilder, die auf der Bühne präsentiert und im Kopf weiter produziert, ausgebaut werden. Ja die Bilder auf der Bühne regen diejenigen im Kopf so an, daß aus den Bildern im Kopf, die nicht auf der Bühne zu sehen sind, wieder welche auf der Bühne werden können usw. Das Wechselspiel ergänzt sich, flottiert zwischen der phantastischen Figurenwelt des Theaters und der figürlichen der Phantasie. Lorenzer insistiert zu Recht auf der Freudschen Einsicht, daß im „Bühnendrama“ ein Vermögen stecke, „... durch alle Einkleidungen hindurch ein unsagbares Seelendrama sagbar zu machen – freilich auf jene eigentümlich verrätselte Weise, die das Geheimnis ... verhüllt läßt.“[49] Was Lorenzer als Eigenschaften literarischer Produkte identifiziert, nämlich „das Verfügen über die Wirklichkeit im Spiel der Phantasie“ und „die Erschließung des Unsagbaren im Bild“,[50] läßt sich auf die Inszenierungen des Alltagsmimen übertragen. Tabuisierte, also sozial verfemte und deshalb oft verdrängte Lebensentwürfe können so indirekt wieder in figürlich-dramatischen Formen einen *indirekten* Ausdruck finden, indirekt durch ihre verrätselte Form. Verpönte Subjektanteile erhalten die Chance, über eine szenische Reaktivierung zur Wiederauseinandersetzung, zur Darstellung des Abgeschobenen zu gelangen, rethematisiert zu werden.

Darin sehe ich eine analoge Struktur zu dem von Lorenzer beschriebenen Prozeß des szenischen Verstehens:

„Der Analytiker seinerseits benutzt *szenisches* Verstehen als Instrument, das noch nicht Benennbare, ihm aber in Beschreibungen sinnlich-szenisch Vorgeführte (wie im Theater) zu enträtseln. Er muß sich Szenen vorstellen, muß aus dem Vergleich der Szenen das Verborgene (weil noch nicht Sprachfähige, jedoch szenisch Beschriebene) sich zugänglich machen. In seiner Interpretation verharrt er dabei ausdrücklich im sinnlich-szenisch Vorgestellten."[51]

Und so wie der Traum Verborgenes in zugelassener Symbolform zum Ausdruck bringt, so können auch die reziproken Spiele der Alltagsmimen zum Transmissionsriemen in die Tiefenschichten ihrer Persönlichkeit werden; ‚können' es freilich nur, wenn es den Spielern gelingt, ihre verfemten Lebensentwürfe indirekt, in einer verrätselten, jedoch spielbaren, darstellbaren Konfiguration der beteiligten Subjekte *symbolisch* unterzubringen; symbolisch in der Form, wie es Lorenzer für den Dichter skizziert:

„Im Gegensatz zum Traum geschieht dies freilich in Bildern, die nicht nur im Kopfe des Träumers umgehen, sondern greifbar gemacht sind im künstlerischen Gebilde – dem Text. Der Text als real greifbares Symbolgefüge, wobei der Traum des Träumers freilich insofern auch schon Symbolbildung ist, als da die unbewußte Gestalt an der Grenze zum ‚Sagbaren' in ‚innere' Bilder gehüllt wird, die ‚Assozialität' des Abgewehrten so dem System sozial tolerierter Symbole vermittelt wird. Der Dichter bzw. Künstler muß die Symbolbildung einen entscheidenden Schritt darüber hinaustreiben. Er muß dem Unbewußten einen unübersehbaren Platz im öffentlichen Raum schaffen, indem er das vom allgemeinen Bewußtsein Verworfene, Ausgeschlossene oder doch Unbeachtete zu jenen sichtbaren, hörbaren, greifbaren Gebilden gestaltet, an denen sich die Imagination der anderen entzünden kann. Das Unsagbare muß in eine Mitteilungsform einrealisiert werden, die stummgewordene oder unerlöste Empfindungen spürbar macht."[52]

Der Psychoanalytiker setzt am Leiden an.[53] Zwar nicht vergleichbar damit, aber in verwandtem Zugang können die beteiligten Subjekte ihre in der szenischen Darstellung zum Ausdruck kommenden ‚Beziehungsfiguren', ihre der dargestellten Handlung, ihrer Figuration zugrundeliegenden Erzählungen spielend interpretieren. Die Enden der verschlüsselten Erzählfiguren reichen bis in die unbewußten Teile der Lebensentwürfe hinein. So wie die Traumszene die Szene aufschließt, die sich „darunter" abspielt („verschlüsselte Textfigur"), eine Szene, die nicht mitgeteilt werden darf, so können sich die in Szene gesetzten Subjekte ihre Privaterzählungen – geschützt durch das Spiel – sinnlich darstellen und reziprok durch anschließende Handlungen entziffern. Die Deutungsangebote in Form von antwortenden Spielhandlungen erleichtern wiederum die spielerische Bewältigung ihrer Alltagspraxis. Die sich im Spiel aufbauenden

Erzählungen sind allemal virtuelle oder tatsächliche Lebensszenen. Eine Entschlüsselung von Erlebnisfiguren im Spiel, die Entwürfe von (zukünftigen oder auch verdrängten) Verhaltensfiguren beinhalten, kann nur *indirekt* geschehen: indem „Geschichten" erzählt, gespielt werden, die z. B. *auch* durch ihren überindividuellen, aber individuell bedeutsamen Charakter diese gleichzeitig darstellen *und* deuten: im Medium von Dramen, Mythen, Märchen etc. So wie der Analytiker „szenische Anteilnahme" aufbringen muß, um ins „angebotene Drama" einzusteigen, so wie er sich von den ihm dargebotenen Erzählungen in Bann schlagen läßt, empathisch auf sie eingeht – daraus erwächst ja sein szenisches Verstehen –, so ist eine analoge Konstellation in das Wechselspiel der Alltagsmimen schon praktisch wirksam eingelassen.

Eingelassen insofern, als das „alltagspraktische Verstehen"[54] sich ja auf die dramatisierte *Erzählung* bei der Selbstdarstellung der beteiligten Subjekte stützt, auf eine Erzählung, die entweder aus dem Lebensdrama des anderen entziffert werden kann oder direkt thematisiert wird. Dabei bezieht sich alltagspraktisches Verstehen eben nicht auf strukturell oder thematisch geordnete Lebensformen, die gleichsam tagesordungsmäßig verhandelt werden, sondern auf vorgestellte oder erlebte, gelebte, gespielte Lebens*szenen* des Alltags. Deren Bedeutung für mich und den anderen werden im Normalfall *en passant* entschlüsselt und nur bei Bedarf direkt angesprochen, evtl. reflexiv thematisiert. Im Regelfall erfolgt gar keine Bedeutungsentschlüsselung. Der Handlungs- bzw. Erlebniszusammenhang scheint in den meisten Interaktionen ‚klar', weil die Bedeutung der aktuellen Szene oft keiner Interpretation bedarf. Nur falls ich den anderen momentan oder zur Zeit nicht verstehe, er zu wenig erzählt, mir sein Verhalten unerklärlich, ‚komisch' vorkommt, also ‚Irritationen' einsetzen, begebe ich mich auf eine als szenisch vorgestellte Deutungssuche. Über Erinnerung an vergangene und Anbindung an aktuelle Szenen, ja über Rückgriffe auf den lebensgeschichtlichen oder weltlichen Hintergrund erfolgt der Versuch des Verstehens. Die Bedeutung einer unvollständigen Erzählfolie der Biographie ergründen wir durch Verstehensprozesse unter Zuhilfenahme unserer Lebensgeschichte: Wie war das bei mir? Wie habe ich mich in dieser oder jenen Situation (sprich: ‚Szene') verhalten? usw. Schließlich ergibt eine komplettierende Deutung der Einzelszenen zu bedeutsamen Lebensszenen endlich ein Verstehen eines Lebens*zusammenhangs* des anderen – alles Vorgänge, die sich zumindest der Anfangs- oder Einstiegsphase des szenischen Verstehens nicht bloß annähern, sondern ihr fast gleichen.[55] Das alltagspraktische Verstehen, in dem Handlungs- und Erlebnisaspekte mit situativen Bedingungen untrennbar verwoben sind, gelingt nur, wenn auch tatsächlich szenisch gedeutet wird. Leicht läßt sich das z. B. an den oft geführten, szenisch abgekoppelten, scheinbar das Verständnis fördernden, aber pseudoempathisch verlaufenden Diskussionen um ‚Beziehungen' zeigen, die, indem sie ihre Alltagssprache unnötig „verwissenschaftlichen"[56], ihre Interaktionen in Wirklichkeit hinterrücks verdinglichen und damit den Zugang zum intendierten Verständnis unnötig erschweren.

‚Praktisch' wirksam ist das Verstehen in die Alltagspraxis aber nur insofern eingelassen, als hier die *Möglichkeit* der wechselseitigen indirekten Deutung durchs Spiel besteht – ob sie genutzt wird, bleibt den beteiligten Subjekten und der situativen Konstellation überlassen. Die angelegte *reziproke* Erzähl- *und* Deutungskonstellation bedingt neben anderen Unterschieden[57] zur klassischen Deutungssituation ein nur bedingtes Eindringen in die Tiefenschichten der angebotenen Erzählung. Diese mangelnde ‚Tiefe' ist neben der durchgehaltenen Spielsituation ein Schutz vor zu bedrohlichen Szeneninhalten, die, ohne analytischen Beistand, in der Alltagssituation wohl nur schwerlich aufzufangen wären. Und inwieweit es solchen spielerischen Darstellungen und ihren figürlichen ‚Deutungserzählungen'[58] gelingt, „Lebensszenen auf einer Deutungslinie zu einem Lebensbild" zusammenzufügen – denn nur „vor dem Hintergrund einer *übergreifenden* Lebenswelt in ihrer *individuellen* Ausprägung könne die „Bedeutung der Einzelszenen"[59] zuverlässig eingefügt werden – hängt primär von der Dauer, Intensität und Häufigkeit nicht nur unserer unterschiedlichen Kontakte, sondern vor allem von den figürlich provozierten Spielhandlungen ab. Realistisch gesehen lassen sich im Alltag wohl nur Annäherungen an das systematisch praktizierte szenische Verstehen (wie in der Psychoanalyse) erzielen, gewiß auch zunehmende Verstehenspotentiale eröffnen, aber jene Kohärenz von Deutungsschärfe ist nur in einer abgeschirmten analytischen Situation möglich.

Im Rätselspiel der (spielerischen) Deutung von Lebensszenen ergibt sich ein ungezwungenes, aber wirklichkeitsrelevantes szenisches Alltagsverstehen der in Bilder umgesetzten Dramatisierungen von Interaktionsentwürfen aller beteiligten Subjekte.

Theater fordert und erfordert kulturelle und widerständige Phantasie, eine – so Lorenzer – „subversive Phantasie von unten". Darunter versteht er „jenes nichtrationale Potential der Phantasie“, das „als Widerstandskraft gegen die Durchnormierung in den sinnlich-unmittelbaren Symbolen enthalten“ war und in der Figuration des Theaters mit seinen vernetzten Handlungsketten, Bildern, Musik, Tanzen, der Choreographie, der Orchestrierung usw. repräsentierbar scheint und die Bindung an „sublimierte Ausdrucksformen“ wiederherstellen könnte.[60]

Jene ‚Phantasie an der Macht‘ könnte das kulturelle Erbe flüssig halten, traditionsorientiert sein, ohne dort verhaftet zu bleiben: Der Kulturbestand könnte in symbolische Darstellungen einfließen, so daß er szenisch darstellbar, damit jeweils reaktivierbar bleibt und in der Interaktion von Kultursymbolen und subjektivem Erleben zu gelungenen Interaktionsformen beiträgt.

Die Einheit der „symbolischen Konstrukte“, von „Handlungen, Aussagen, Expressionen“ (Habermas), könnte in der Vielfalt einer als Theaterwelt inszenierten Alltagsbewältigung wieder hergestellt werden – trotz ihrer „Ausdifferenzierung in der heutigen Moderne“: als eine *vérité à faire*. Damit wären wir durch das Theater, durch die Anwendung seiner Prinzipien auf die Selbstverwirklichung von Subjekten, durch seine sinnlich erlebbaren Figuren an jener von Lorenzer identifizierten „Schaltstelle, an der Sinnlichkeit und Bewußtsein vermittelt werden“ und die das „Zentrum der Persönlichkeit“ bildet.

Die sich selbst inszenierende dezentrierte Subjektivität als die Aufhebung der Illusion der einheitlichen Person zu einem spielerisch-komplexen Gebilde des ‚Mimen‘ in der figürlichen Theaterwelt bedürfte der Entwicklung einer nun neu verstandenen „Rollenqualifikation“, die in dem bestünde, was Adorno mit „Mimesis“ umschrieb: einem Paradigma für ein versöhntes Verhältnis zwischen sich und dem anderen, Gesellschaft und Natur, wodurch die Versöhnung mit sich selbst erst möglich werde.

Mimetisches Verhalten bestünde zum einen in der Versenkung ins einzelne und Subjektive[61] der einzelnen Figuren, der filigranen Ausgestaltung von Szenen. Die Spieler betreten dabei ihr subjektives und intersubjektives Terrain mit jener Behutsamkeit eines Archäologen, der die Spuren der Interaktionsgeschichte zusammenträgt und sich anhand seines Materials einen ‚Reim‘ auf die in der Szene dargestellten figürlich präsentierten Erlebnisse und Handlungen macht. Der archäologische Mime verkörpert die mimetische Versenkung ins andere, noch unbekannte oder teilweise bekannte Terrain vergangener Lebensspuren und die darin enthaltenen Entwürfe zukünftigen oder vergangenen Lebens. Im phantasievollen, ‚subversiven' Spiel gerade dieser oder jener Rollen erhielte die Inszenierung eine situative Einmaligkeit, die in dieser Konstellation unwiederholbar bliebe. Damit könnte sich die besondere Subjektivität, ihre einmalige, unwiederholbare Präsentation gegenüber der Wiederholbarkeit und Identität von Rollen und Situationen behaupten. Zum anderen ermöglichte die Darstellung meiner selbst in den verschiedenen und wechselnden Parts die Inszenierung eines vielfältigen Spiels, in dem die Heterogenität meiner subjektiven Möglichkeiten sichtbar, auf jeden Fall spielbar würde. Selbstverwirklichung wäre dann nicht die Klärung der Frage, ‚wer man sein will', sondern die anschmiegsame Nachahmung des anderen. Die Erkundung neuer Entwürfe bewirkte eine Ausdehnung der Vielheit meiner selbst, die Erhaltung meiner Flexibilität, Spontaneität und potentiellen Unbegrenztheit. Die Vielfältigkeit des Subjekts dürfte dann allerdings nicht in einer Addition des bloß Unterschiedlichen bestehen, sondern eher in einer ‚polyphonen' subjektiven Selbstgestaltung, vergleichbar der ‚harmonischen Polyphonie', wie sie in der Musik z. B. Johann Sebastian Bach verwirklichte, in der auch die Nachahmung, sprich: Mimesis, zum Prinzip wurde. In der Polyphonie entsteht die Anmut durch den Zauber der Gegensätze. Indem ich zeige, daß ich sowohl dieser sein kann als auch jener und morgen vielleicht ein anderer, wäre in den mimetischen Akten eine kumulative Selbstverwirklichung möglich, durch die vielfach entgrenzende und „vernetzte“[62] Darstellung eine reichhaltige Entfaltung meiner Subjektivität inszenierbar.

In der eingebauten Reziprozität des mimetischen Spiels, in den wechselseitigen Spiegelungen, die den „mimetischen Impuls“[63] phantasievoll anregen, rücken kulturell und individuell bedeutsame Szenen ins nachvollziehbare Erleben. Dabei kann an gehaltvolle, interessante oder für die Symbolisierung besonders vorteilhafte Figuren und Szenen angeknüpft werden: sei es aus *Faust* oder *Hamlet*, aus dem Brechtschen *Galilei* oder der verwirrenden Vielfalt der *Vögel* eines Aristophanes, aus den widerstreitenden Parts eines Franz oder Karl Moor oder eines Danton und Robespierre, an ironisierende Darstellungen einer Julia oder eines Harpagon oder auch an bekannte Figuren und Szenen aus meiner Alltagswelt. In der Nichtidentität von Rolle und Mime, in der *Differenz*, in der spezifischen Inszenierung entfaltet sich das Besondere der Subjektivität, ohne es bloßzulegen. Sie wird erfahrbar, aber nicht greifbar, das Spiel wird als Spiel sichtbar.

Da mimetisches Verhalten eine ‚Entäußerung' verlangt, ein partielles Aufgeben des Individuellen, kann in dem Verlieren an den anderen – das ist Adornos zentrale Einsicht – das Eigene hergestellt werden. Durch Mimesis wird das ‚Verhärtete', Entfremdete, Stumme, indirekt ‚beredt' gemacht, läßt sich Unterdrücktes, Vergessenes spielerisch rekonstruieren. Das Subjekt, so Adorno, kräftige sich in der Nachahmung so weit, daß es den „Bann der Nachahmung" abschüttle.[64]

‚Rollenkompetenz' wäre in meinem Verständnis die gestalterische Kompetenz, das wechselseitige mimetische Spiel durchzuhalten, symbolische, in Szene gesetzte Deutungen zu probieren. Mimesis sucht die Einheit mit dem anderen statt mit sich selbst. „Einheit" bestünde in einem mimetischen Verhältnis, in dem in wechselseitigen Angeboten der Angleichung Themen, Entwürfe figürlich gestaltet werden. Als ‚Mimesis an die Bilderwelt' wird Subjektivität zur Kunstform, zur ästhetischen Gestaltung meiner selbst. Darin besteht ihre Rationalität: ein in Kunstfiguren übersetztes Subjektives zum Ausdruck zu bringen.[54]

Und ‚Selbstreflexion' wird in der durch Figuren gestalteten Präsentation, in der Wiederspiegelung der eigenen Bewegung im anderen selbst zu einem mimetischen Akt. Das Subjekt gelangt nicht in ‚Einsamkeit' zu rationaler Erkenntnis, sondern diese wird in Verschränkung mit dem anderen leibhaftig und konkret *inszeniert*. Selbstreflexion gestaltet sich als mimetischer Akt und als Selbstinszenierung.

Mimetisches Verhalten ist die Voraussetzung sowohl des alltagspraktischen wie auch des szenischen Verstehens. Das empathische ‚Sicheinlassen' auf den anderen, auf seine besondere Subjektivität, ermöglicht erst, diese zu erfassen. Nicht im kategorialen Denken, nicht im katalogisierenden Verstehen, nicht im diskursiven Sprachspiel, sondern in der Anteilnahme am *Erleben* des anderen, sei dies narrativ oder figürlich *präsentiert* (oder überhaupt nicht präsentiert, aber erfühlbar), kann das spezifisch Subjektive erst aufgeschlossen, erfahren werden. Ob man es philosophisch „Versenkung ins Einzelne" (Adorno) oder tiefenhermeneutisch „szenische Anteilnahme" (Lorenzer) nennt, allemal ist es die Überwindung der Distanz zum anderen, die nur durch anteilnehmende Versenkung in seine Lebenspraxis, das Besondere, Einmalige, Subjektive der fremden Erlebnisfiguren aufschlüsseln kann. Erst unter dieser Voraussetzung funktioniert zuerst alltagspraktisches und (eine Stufe erweitert) auch szenisches Verstehen in den dramatisiert dargebotenen Lebensentwürfen, in denen sich, weil spielerisch umgesetzt, das Besondere der Subjektivität darstellen kann, ohne sie in der Interaktion zu verdinglichen.

Mimetisches Verhalten als Voraussetzung des Verstehens ermöglicht darüber hinaus im reziproken Spiel der Alltagsmimen eine *umfassende Auseinandersetzung* mit fremden Lebensentwürfen. So werden die anschmiegsam gestalteten Akte der *fremden* Geschichte zur probehandelnd weiter gestalteten *eigenen* Geschichte (evtl. auch meiner eigenen Biographie). Im Erkennen der intersubjektiv geteilten *und* der wiederum darstellbaren subjektiven Erlebnisfiguren erzählen die verschiedenartigen Subjekte ihre Besonderheit in einer *gemeinsamen* Geschichte. Die Subjekte greifen das Fremde des anderen figürlich verstehend auf, setzen es fort, stellen die eigene Subjektivität mit dar und machen so subjektive und intersubjektiv mitteilbare Erlebnisdramen möglich.

Hier kann sich ein „nichtsprachliches Sinngefüge von Praxisfiguren“[66] (Lorenzer) entwickeln, die sinnlich-symbolischen und die sprachsymbolischen Interaktionsformen werden im mimetischen Spiel *gekoppelt:* Bei beiden Interaktionsformen „... steht eine Erlebnisfigur für eine andere, und zwar zu dem Zweck, eine *spielerische Verfügung* über die Situationen zu erlangen“.[67]

Damit werden die gespielten Theaterparts – ähnlich dem mit der Garnrolle spielenden Kind in seinem ‚Theater‘ – zu „szenisch-poetischen Vorstellungsgebilden“, die die Sprachsymbolik mit der Inszenierung integral verzahnt: „Auch das Spiel mit Sprachfiguren folgt somit einer Regieanweisung, die innerhalb der szenisch-sinnlichen Erlebnisniederschläge, der sinnlich-symbolischen Interaktionsformen angelegt wurde.“[68]

Im Theater, als dem auf die ‚Figur‘ gebrachten mimetischen Akt, werden beide Interaktionsformen *selbst erzeugt,* als „poiesis“, also als Selbsterzeugung, dem Schlüssel zur Entfaltung von Subjektivität. Ernst Bloch hat dies sehr schön formuliert:

„Also ist das Theater, zum Unterschied von seinem Buch, die sinnliche Erlebniswirklichkeit, worin Ungehörtes öffentlich gehört wird, worin das der Erlebniswirklichkeit Entlegene plastisch publik wird, worin das Gedichtet-Verdichtete, das Vollendete wirklich auftritt, als wäre es im Fleisch. Und es ist allemal Mimik, durch welche die Dichtung auf die Ebene des Theaters sich abbildet; es ist *Sprachmimik plus Gestusmimik* plus der *Auramimik* der vom Bühnenbildner geschaffenen Szenerie. Der Bühnenrahmen wirkt hier wie ein Fenster, durch das sich die Welt bis zur Kenntlichkeit verändert, sieht und hört. So ist das Theater die Institution einer neuen, nirgends mehr unmittelbaren Erlebniswirklichkeit, freigelegt durch die darauf bezogene dramatische Dichtung."[69]

Das im Alltag Theater spielende Subjekt bildet sinnlich-symbolische Interaktionsformen in Verbindung mit den sprachsymbolischen aus, deren Leistungen man mit Lorenzer resümierend so charakterisieren könnte:

1. Es wird eine spielerische „Verfügung über die Abbildung von Situationen qua ‚Lebensentwürfen' " ermöglicht.
2. Als spielerische *via regia* zum Unbewußten in der Selbstdarstellung erzählt auch der Mime nichts anderes als ein „Gespinst aus Bildern", aus Szenen.
3. Das (noch) „nicht Benennbare", aber in Szenen Dargestellte, ermöglicht eine Enträtselung anhand des szenischen Materials, ein „szenisches Verstehen".[70]

d) Rausch, Traum, Verzauberung — Inszenierungen jenseits einer tarierenden Balance

Begleiten wir zunächst Felix Krull zu einer ihm höchst vergnüglichen Stätte:

„Aber wer beschreibt das Fieber, das sich meiner Natur bemächtigte, als eine Droschke uns an das Ziel meiner Neugier getragen und der erleuchtete Logensaal uns aufgenommen hatte! Die Frauen, die sich in den Balkons den Busen fächelten; die Herren, die sich plaudernd über sie neigten; die summende Versammlung im Parkett, zu der wir gehörten; die Düfte, die aus Haaren und Kleidern quollen und sich mit dem Geruch des Leuchtgases vermischten; das sanft verworrene Getöse des stimmenden Orchesters; die üppigen Malereien an der Saaldecke und auf dem Vorhang, die eine Menge entblößter Genien, ja ganze Kaskaden von rosigen Verkürzungen zeigten: wie sehr war das alles danach angetan, die jungen Sinne zu öffnen und den Geist für außerordentliche Empfänge vorzubereiten! Eine solche Vereinigung von Menschen in hohem, prunkvollem Kronensaal hatte ich bis dahin nur in der Kirche gesehen, und in der Tat erschien mir das Theater, dieser feierlich gegliederte Raum, wo an erhöhtem und verklärtem Orte berufene Personen, bunt gekleidet und von Musik umwoben, ihre vorgeschriebenen Schritte und Tänze, Gespräche, Gesänge und Handlungen vollführten: in der Tat, sage ich, erschien mir das *Theater als eine Kirche des Vergnügens*, als eine Stätte, wo erbauungsbedürftige Menschen, im Schatten versammelt gegenüber einer Sphäre der Klarheit und der Vollendung, mit offenem Munde zu den Idealen ihres Herzens emporblickten."[71]

Theater drinnen und draußen, oben und unten, im Foyer oder im Theaterraum, auf der Bühne oder im Parkett. Die Schauspieler spielen Theater und das Publikum sich ein parallel laufendes vor. Die verführende Sinnlichkeit des verklärt-feierlichen Scheins im Parkett und auf der Bühne, die Lichter und Düfte, die verkleidenden Kleider, das geschwätzig-gedämpfte erwartungsvolle Stimmengewirr des Publikums, das dieses ‚Vorspiel' zwar nicht erkennt, aber wohl erahnt, der Ritus der Sammlung kurz vor der Aufführung in Erwartung der sakral anmutenden Anstiftung zur Verführung in die Scheinwelt des Theaters. Wenn das Licht erlöscht, werden die Zuschauer in der Phantasie zu ‚Handelnden' auf der Bühne, verführt von der Mischung aus Realität und Traumwelt, verführt zur Identifikation mit Figuren, die die Phantasie noch individuell konkretisiert. Treffender läßt sich dieser Ort nicht beschreiben: „...das Theater als eine Kirche des Vergnügens". Eingebunden in das Spiel der Comédiens – die auf der Bühne und die im Parkett –, der Feierlichkeit eines besonderen Anlasses, der Verkleidungen der Amateure im Saal und der Profis vor uns, erleben wir hier wirklich die Mischung aus Vergnügen und andächtiger Erwartung von Riten, ‚sakralen' Handlungen und bildnerischen Erzählungen: im Theater leibhaftig vorgeführt, in der Kirche geheimnisvoll erzählt. Wie uns in der Kirche der Priester verführt, so verführt uns das verwirrende Spiel der Profis auf der Bühne. Aber sind wir nicht schon selbst sozialisiert zu Profis eines Theaters, das wir zwar als Theater betreiben, aber als solches nicht durchschauen? Spielen wir nicht schon im Alltag – bloß zu wenig? In Heiner Müllers Stück *Der Auftrag* halten die Profis den Amateuren einen Spiegel vor und fordern sie gleichzeitig indirekt auf, ihr Spiel zu intensivieren: Vor der Aufführung und in der Pause defilieren die Schauspieler im Foyer in ihren historischen Kostümen als Publikum am Publikum vorbei, zigarettenrauchend, in Gedanken vertieft auf den Boden oder angestrengt zur Decke schauend, den Sektkelch in der Hand, paarweise oder in Grüppchen, Hände auf dem Rücken, auf und abgehend, die Frauen sich fächelnd, nickend usw. Kurzum: Die Schauspieler inszenieren sich hier selbst als Vor- und Zwischenspiel. Dieses doppelte Spiel mit dem Spiel, die Realität nochmals in der bissig-frechen oder tänzelnd-legeren Traumwelt des Theaters zu inszenieren, ist ein faszinierendes Schauspiel, das uns alle hinreißen und verzaubern kann. Das Theater ist der Ort der in Szene gesetzten Traumwelt *und* der in Szene gesetzten ‚Realität‘, ein Ort der Verzauberung durch dramaturgisches Handeln. „Die Verzauberung ist die Voraussetzung aller dramatischen Kunst“, flüstert uns Nietzsche zu.[72] Die Verführung im Theater ist eine, die mit der Verzauberung in der Kirche korrespondiert. Lorenzer sieht in der vorkonziliaren Kirche ein „Theater“, dem er durch die spezifische Inszenierung eine „theatralisch-präsentative Funktion“ zuweist:

„Vor dem Konzil entfaltete sich am Altar die historisch gewachsene Choreographie eines sakralen Tanzes mit bedeutsamen (aber nicht rationalistisch durchsichtigen) Gesten, dem Sprechgesang der lateinischen Texte, der Intonation von Hymnen und Gesängen, auf die der Chor antwortete. Mit zum Spiel gehörten die mehrstufig hohen Leuchter vor den Altarblättern, eingebettet in Blumen, durchsetzt bisweilen mit Zierstücken aus dem Kirchenschatz. Das Geschehen am Altar war eine Einheit aus sakral verhülltem Text, Gesang, ritueller Gestik, Musik, Weihrauchdämpfen, festlichem Raum als einem ‚Theater‘ in jenem vorzüglichen Sinne, der bis in die Antike zurückweist.“[73]

Sowohl in der traditionellen Kirche als auch in der des „Vergnügens“ erlebt jenes wichtige „Wechselspiel von präsentativer Symbolik und sinnlich symbolischen Interaktionsformen“ durch die *Einheit* der verschiedenen Bedeutungsträger eine „leibhaftige“ Inszenierung:
- über die *„gegenständlichen“* (wie Gebrauchsgegenstände, Bedeutungsträger, Kunstwerke, Bühnenbilder usw.),
- über die *„textuellen“* (wie Erzählungen, Poesie, Märchen, Mythen) und
- über die *„personalen“* (wie Bewegungen, Gesten) Bedeutungsträger.

Halten wir an dieser Stelle kurz inne und vergegenwärtigen uns, was dagegen das Identitätskonzept für die Subjektentfaltung anbietet. Als Bewältigungsmodus findet sich hier kein farben- und sinnenfrohes Spiel, sondern eine eher technisch anmutende Qualifikation, eine Balance zwischen personaler und sozialer Identität, die uns allerdings hilft, bei der Realitätsbewältigung Krisen zu bestehen.

Zwar ist es notwendig, sowohl im Gleichsein mit den anderen Verdinglichung zu vermeiden als auch in der Individualisierung der Isolierung zu entkommen. Aber ermöglicht ‚Balance‘, das Einhalten des

‚prekären Gleichgewichts', Selbstbestimmung und Selbstverwirklichung, Versöhnung von Freiheit und Vernunft? Selbstbestimmung auf prekärer Balance aufzubauen – ‚prekär' kommt von ‚bitten', ‚betteln' – scheint doch ein sehr schmaler Pfad, auf jeden Fall kein Königsweg der Verwirklichung seiner selbst zu sein. Im Balancemodell der Identität steckt die Vorstellung einer Waage, die Vorstellung eines Austarierens, das doch immer sehr instabil bleiben muß und ähnlich wie die Waage des Krämers das eine gegen das andere Ungleiche aufwiegt, es gleichsetzt. Hier läßt sich der Verdacht nicht ganz unterdrücken, daß uns unter dem Mantel von ‚Selbstverwirklichung' ein tauschwertreguliertes Modell der Selbstbeziehung angeboten wird. Das Subjekt verhält sich tarierend, die Waage wiegt Waren gegeneinander auf. Personale und soziale Identität werden miteinander auf der abstrakten Ebene von Verdinglichungs- und Isolationsvermeidung gleichgesetzt. Und wo verbleibt in dieser technischen Tarierung der Körper die Lust? In einer so formierten Selbstbeziehung – bezeichnenderweise als körperlose Formel gefaßt – würde das ‚Es' so traktiert, als besäße es, wie Adorno einmal anmerkte, „... die ausgespitzte Vernunft eines Wiener Bankdirektors, der es zuweilen wirklich ähnelt".[73]

Und wo bleibt das subjektive, widerständische Moment auch in einer ‚idealen Kommunikationsgemeinschaft', die ja kein idealistisches, auch strukturell konfliktfreies Zusammenleben suggerieren möchte? Das von Habermas vorgeschlagene synthetisierende Konfliktmanagement unterminiert unter Umständen die Subjektivität dann, wenn dem Subjekt das individuelle Aushalten der gesellschaftlichen Konflikte zugemutet werden soll. Es darf ja die Balance nicht verletzen, nicht aus dem Gleichgewicht – der Normierung, wie man hinzufügen möchte – geraten. In einem solchen Falle mit sich ‚identisch' zu bleiben überfordert den einzelnen. Ist das noch ‚Identität', wenn ich mich in extremen Konfliktlagen durch „räumliche und zeitliche Segmentierung" rette, „unvereinbare Lebensbereiche" abschnüre?[75] Was bleibt da noch ‚gleich', ‚identisch'? In solchen Situationen müßte ich mir vielleicht auch *Phasen* der Isolierung gefallen lassen oder solche der Verdinglichung bei extremer Repression. ‚Identität' in extrem repressiven Situationen erfordert ja wohl nicht ein gleichsam märtyrerhaftes Verhalten, ein Aufrechterhalten der Balance von personaler und sozialer Identität, beim Untergehen der Subjektivität noch die Fahne der Ich-Identität hochzuhalten. Und schauen wir uns mal sogenannte Normallagen und keine Krisen an.

Was bietet das Identitätsmodell hierfür? Wie kann ich mich hier verwirklichen? Als bloßes *Krisenmodell* kann es doch nicht ernsthaft den Anspruch erheben, Selbstverwirklichung zu ermöglichen. Und: Wäre das nicht eine zwanghafte Subjektivität, die immer nur an sich, am identischen, partikularen Verhalten festhielte? Warum sich nicht auch spielerisch an den anderen verlieren können? Warum nicht auch rauschhafte Zustände zulassen, die jenseits einer Vernunftkontrolle überschwengliche Lebensfreude zum Ausdruck bringen? Warum nicht Träume inszenieren als rauschhaftes Theater der Selbstdarstellung, wie es Nietzsche beim dionysischen Theater beschreibt:[76] ein Spiel des sich Verlierens, eine Inszenierung von rauschenden Festen, die jenseits eines ‚Spiels' ohne Wiederkehr wie in der Wahnwelt die ganze Lebenslust und -fülle in sich aufnehmen könnte. Ein befreites Bewußtsein, so Adorno, müßte nicht mehr fürchten, sich an ein anderes zu verlieren:

„Wer von außen und in sich nicht mehr unterdrückt wäre, suchte keinen Halt, vielleicht nicht einmal sich selbst."[77]

Bezeichnenderweise tauchen im Identitätsmodell Hoch- bzw. Glücksgefühle, Rauschzustände, wie wir sie bei Festen oder im Zustand der Verliebtheit erleben, nicht auf. Dafür ist um so mehr von „Qualifikationen", „Kompetenzen", „Balancen" usw. die Rede. Der Seufzer Mallarmés „L'enfant abdique son éxstase" paßt zu solcher ‚Identität'.

Versuchen wir unsere ‚Umsetzung' des Identitätskonzepts weiter zu treiben:

Eine Selbstinszenierung mit anderen, die das Theaterspielen als „Kirche des Vergnügens"[78] zelebrierte, begnügt sich nicht mit der Darstellung des Faustschen Dilemmas „Zwei Seelen wohnen, ach! in meiner Brust", sondern versucht, das Vergnügen zu einem umfassenden zu machen, zu einer ‚Entladung' in die Bilderwelt des Traumes, zu einer singenden und tanzenden Lyrik des Rausches, wie sie Nietzsche vorschwebte, in der die Auflösung des beschränkten und engen *principii individuationis* sich verwirklichen kann,[79] in Festakten der Selbstentäußerung, in denen die Versöhnung mit dem anderen symbolisch ausdrückbar und damit verwirklichbar wird.

„Unter dem Zauber des Dionysischen schließt sich nicht nur der Bund zwischen Mensch und Mensch wieder zusammen: auch die entfremdete, feindliche oder unterjochte Natur feiert wieder ihr Versöhnungsfest mit ihrem verlorenen Sohne, dem Menschen."[80]

Das Dionysische steht bei Nietzsche für das Aufbegehren gegen

„Verkleinerung, Domestizierung, Unterschlagung der wilden Triebe“ (Bloch),[81] für ein Versöhnungsfest mit der Natur. Es käme also darauf an, eine Erhöhung der Theaterszenen des Alltags zu einem ‚Volksfest‘ herbeizuführen, das die „hochzeitliche Begegnung“ der „Begierden“ (Th. Mann)[82] mit den Sinnengenüssen des Spiels und der Lust am erkennenden Probieren verknüpft. Den Alltag als Spiel zu gestalten, ihm mehr als die bloße Bewältigung unserer profanen Probleme zuzumuten, selbstinszenierend ihn *als Alltag* zu durchbrechen käme der Funktion, wie sie Peter Zadek dem Theater zuschreibt, schon sehr nahe:

„Theater ist ein Freiraum für Exzesse, Verrücktheiten, Wut und Freude – Gefühle, die im Alltag in der Grauheit unserer Zeit nur noch verdünnt wie Schleimsuppen ihren Platz haben.“[83] Ganz ähnlich sah es auch Nietzsche:

„Jetzt soll sich das Wesen der Natur symbolisch ausdrücken; eine neue Welt der Symbole ist nötig, einmal die ganze leibliche Symbolik, nicht nur die Symbolik des Mundes, des Gesichts, des Wortes, sondern die volle, alle Glieder rhythmisch bewegende Tanzgebärde. Sodann wachsen die anderen symbolischen Kräfte, die der Musik, in Rhythmik, Dynamik und Harmonie plötzlich ungestüm. Um diese Gesamtentfesselung aller symbolischen Kräfte zu fassen, muß der Mensch bereits auf jener Höhe der Selbstentäußerung angelangt sein, die in jenen Kräften sich symbolisch aussprechen will ...“[84]

Im dionysischen Spiel – so könnte man Lorenzers Überlegungen hier einbeziehen – werden die „... sichtbaren, hörbaren, tastbaren, schmeckbaren Eindrücke der sinnlich-symbolischen Interaktionsformen ...“ zu tatsächlichen, vorgespielten „leibhaftigen Szenen“.[85]

Ja mehr noch. Das im Alltag spielende Subjekt bildet nicht bloß sinnlich-symbolische Interaktionsformen in Verbindung mit den sprachsymbolischen aus. Durch das Arrangement des szenischen Spielens werden die Interaktionsformen, die den beiden anderen zugrunde liegen, immer mit virulent: die ‚bestimmten‘, unbewußten Interaktionsformen.

Im szenischen Charakter des ‚Triebs‘ (‚bestimmte Interaktionsformen‘) als „Ensemble aller Bestrebungen, Befriedigung zu erlangen“, in dem die szenisch engrammierten „Erinnerungsspuren“ als „Körperfiguren“ festgehalten sind und das „Grundmuster der ‚Persönlichkeit‘“ bilden, liegt die Basisschicht der darauf aufbauenden sinnlich-symbolischen und sprachsymbolischen Interaktionsformen.[86]

Die figürliche Selbstinszenierung erlaubt somit die Aktivierung über die ganze Breite der Interaktionsformen:

– die ‚dionysische' Bearbeitung von Erlebnisinhalten, die Darstellung von Traumszenen, die Verrätselung von Erlebnisfiguren berührt eher Schichten der *unbewußten Interaktionsformen,*
– die figürliche Darstellung der dramatisierten Alltagsspiele berührt eher Schichten der *sinnlich-symbolischen Interaktionsformen* und
– die dialogisierenden Mimen berühren eher die Organisation der *sprachsymbolischen Interaktionsformen.*[87]

In den Verzauberungen von Festen, in den Verzückungen des Rausches, den Trauminszenierungen, im leidenschaftlichen Tanzen, dem Sichverlieren in der Musik, dem Lachen, das nicht nur Zarathustra so wichtig war, den Parodien auf die Alltagsbanalität im Spiel entsteht jene „Selbstentäußerung", kommt auch jene Ebene des vom Sinn gelösten, sinnlosen, zweckfreien Spiels, „losgelöst von der Gier des Willens" (Nietzsche),[88] zutage, das sich von der *Fixierung* auf rationalistische Selbstverwirklichung löst. Die Inszenierung des Überflüssigen, der Verschwendung, die Aufhebung der Ökonomie (vgl. Bataille[89]) richten sich gegen das Diktat des puritanischen Zwecks, der bloß rationalen Lebensökonomie, letztlich gegen die Unterwerfung unter das Diktat der Arbeit – weit davon entfernt sehen wir Karl Marx, für den Arbeit noch untrennbar mit Selbstverwirklichung verknüpft war. ‚Überflüssige', über reine Zwecke hinausgehende Lebensinszenierungen schaffen *spielerische* Räume der Selbstentfaltung: jenseits einer bloßen Bewältigung des Alltags und – weil als Spiel inszeniert – auch jenseits eines kurzen „Seufzer(s) der bedrängten Kreatur" (Marx),[90] einer bloß wie „Opium" wirkenden Lebensgestaltung.[91]

Erst im überflüssigen, zweckfreien, ‚sinnlosen' *Spiel* als Umgang mit der Realität kann Selbstverwirklichung sich entfalten; erst im *Luxus* löst sie sich von Zweckrationalität, ist figürliches, symbolisches Spiel. Der verpönte Luxus und Überfluß und die Verherrlichung des Mangels, der Askese und der spartanisch-spärlichen, aufs Utilitaristische beschränkten Lebensweise schlug bisher noch immer durch alle herkömmlichen Identitätskonzepte hindurch.

Die Funktionen des reinen, bloßen Spiels sieht Lorenzer in der präsentativen Symbolik der Kirche, mit ihrem unerschöpflichen „... Reservoir zweckfreier, ja zweckrational absurder Spielfiguren für Weltentwürfe ...", [92] die wir hier in der Verquickung von sinnvoller und sinnbefreiter Selbstverwirklichung in der Selbstinszenierung fanden. Eine ‚Balance' wäre höchstens eine des Spiels: ohne in der einzelnen Rolle aufzugehen, sie zu sein, die Figuration des Szenenspiels aufrechtzuerhalten, ohne in Fixierungen zu verharren. Die ‚Balance' wäre dann das Gestalten der Vielfalt möglichen Lebens: in Ernsthaftigkeit oder Verrücktheiten einzutauchen, ohne darin zu versinken – sonst wäre das Spiel kein Spiel mehr. In der Selbstdramaturgie bildet sich eine Mischung aus vorgegebenen Rollen, die subjektiv ausgestaltet und damit verändert werden, und aus dem Stegreif gespielten Fortführungen – das eine wie das andere zwanglos probierend. ‚Balance' könnte man in unserer Extrapolation als die von Figuren verstehen, als eine Erhaltung der Komplexität der gesamten Szenenvielfalt, also des komplexen Lebenszusammenhangs, der nur im Spiel herstellbar ist, weil er hier verdichtet *repräsentiert* ist. Ebenso sind ausgegrenzte oder vergangene Figuren und Szenen in die ‚Balance' mit einzubeziehen, vergleichbar der Herbeizauberung der Helena in Goethes *Faust*. Ihr Auftauchen gelingt durch ein Zauberritual, die Sammlung der Kirchengemeinde durch das Zeremoniell des Priesters, die Feierlichkeit im Theater durch das rituelle Vorspiel der erwartungsvollen Bewegungen des Publikums im Foyer und dem langsamen Erlöschen des Lichts im Zuschauerraum, die meditative Versenkung des Zen-Buddhisten durch das Spannen des Bogens und die ekstatischen Tänze der Naturvölker durch den dumpfgleichförmigen Rhythmus der Trommeln. Allemal ist es das Ritual, das ein Eintauchen in Verzauberung, Traum und Rausch gewährt. Das Ritual mit seinen Regeln ist *der* Weg, um ins Spiel zu kommen und wieder zurückzufinden. Durch seine festgefügten Strukturen entlastet es von den Anstrengungen der Neuinszenierung, erlaubt, in der Selbstvergessenheit neue Wege zu finden, beseitigt die Handlungszwänge des Alltags und öffnet den Zugang zum poetischen Spiel in den dramatischen Parts.

Gleichzeitig können darin die erzählenden Bilderrätsel der Mythen aufgenommen werden. Die Szenerie wird ästhetisiert. Es entsteht eine künstlerisch gestaltete Dramaturgie, Kunstwerke entfalten sich in den Proben der Selbstentwürfe als ästhetische Formen der sinnlich erfahrbaren Situationsbewältigung und -deutung. Daneben sperrt sich das Ritual, da seine Form und sein Zweck wenig transparent, also wenig verstehbar ist, gegen eine Versprachlichung und kann „im privaten Vor-sich-hin-Träumen" (Lorenzer)[93] Selbstverfügung bewirken; es bewahrt das Subjektive sowohl vor dem Allgemeinen des Rituals als auch vor seiner Ideologisierung. Als *Spiel* ist das Ritual sowohl Verzauberung als auch Aufklärung. Als Theater gespielt, ist es leibhaftiges Ritual, da es (selbst) inszeniert wird. In einer aphoristischen Formulierung bringt uns Adorno diese Dialektik nahe:

„Der Zauber selbst, emanzipiert von seinem Anspruch, wirklich zu sein, ist ein Stück Aufklärung: sein Schein entzaubert die entzauberte Welt.“[94]

Aber die Dialektik des Rituals durchdringt die spielerische Selbstinszenierung. Gebannt durch das Ritual, gefesselt durch seine Formen, kann es gar zu leicht zum Gegenteil von Selbstverfügung werden. Das Beispiel der Kirche zeigt jene schreckliche Hypothek der Unterdrückung überdeutlich. Das „Sichverlieren“ verkommt zur Gegenaufklärung, wenn die „Not des Lebens“ (Freud) vertuscht, verdrängt und somit unverändert bleibt und das Ritual sich zur Verkennungsinstanz und ideologischen Rechtfertigung der „schlechten Realität“ verhärtet.

Lorenzer begreift sowohl die mythischen Erzählungen als auch die rituellen Inszenierungen als die „Mitte der präsentativen Symbolik“, diese Zentralstelle der Vermittlung von Sinnlichkeit und Bewußtsein (s. o. Abschnitt 2). Beide artikulieren in symbolischer Form „Situationserlebnisse“, in ihnen bündelt sich „Lebensorientierung“ als „leibliche Geste“:

„Der Mythos ist der Versuch, die Grundlagen der Identität in Bilder zu fassen, also über die Grenzen der rational-diskursiven Erkenntnismöglichkeit hinauszugehen. ... Im Ritual wird Identität in ‚Lebenssymbolen‘ dargestellt, und zwar nicht vage intellektuell, sondern sinnlich, unmittelbar leiblich.“[95]

Mythen, Märchen, Geschichten bringen überindividuelle alltagspraktisch relevante Deutungen von Erlebnisfiguren und Verhaltensentwürfen nicht nur narrativ, sondern figürlich präsentiert zum Ausdruck und sind insofern *eine* Form des alltagspraktischen Verstehens. So verstanden schleicht sich hier kein Irrationalismus hinterrücks wieder ein, sondern in der versuchsweisen, ja auch archaischen Form der Welt*deutung*, ja als erster Schritt der Aufklärung, liegt das rationale Moment des Mythos.[96] Seine Erzählfiguren bieten eben einen breiteren Rahmen als bloß diskursiv gehaltene Erklärungen: In Bildern Erzähltes umfaßt mehr, als reine Benennungen und wortreiche Darstellungen zu leisten vermögen, zumal die Gestaltung der Lebenspraxis eben nicht Kriterien der Wissenschaftlichkeit unterworfen werden darf.

Krisenbewältigung und Subjektivitätsbildung könnten sich so von

‚technischen' Austarierungen einer Selbststabilität entfernen, wie sie z. B. im Habermasschen Identitätsentwurf angeboten werden. Identitätsbildung verlagert sich dann von der Zwangsveranstaltung einer ‚Sich-selbst-Gleichheit', die sowieso eine Fiktion ist, zu lustvoll probenden, vielfältigen Selbstentwürfen in poetisch-ästhetischen Inszenierungen innerhalb sinnlicher Symbolsysteme, ausgedrückt in „Lebenssymbolen", um in einer als „Kirche des Vergnügens" gestalteten Lebenswelt das theatralische Spiel zu einer „gekonnten Unterhaltungsstätte" (Bloch)[97] werden zu lassen.

e) Inszenierung der Subjektivität als poetischer Selbstentwurf im ästhetischen Schein – „homo theatricus" statt „Ich-Identität"

Lassen wir zum letzten Mal die Stimme Felix Krulls in unser Ohr dringen, wie er die bezaubernde Stimmung zwischen dem Mimen und den Zuschauern als ein „wechselseitiges Sich-Genüge-Tun, eine hochzeitliche Begegnung seiner und ihrer Begierden" beschreibt:

„Die erwachsenen und im üblichen Maße lebenskundigen Leute aber, die sich so willig, ja gierig von ihm betören ließen, mußten sie nicht wissen, daß sie betrogen wurden? Oder achteten sie in stillschweigendem Einverständnis den Betrug nicht für Betrug? ... wann zeigt der Glühwurm sich in seiner wahren Gestalt – wenn er als poetischer Funke durch die Sommernacht schwebt, oder wenn er als ein niedriges, unansehnliches Lebewesen sich auf unserem Handteller krümmt? Hüte dich, darüber zu entscheiden!"[98]

Nun gut, hüten wir uns vorläufig vor einer Entscheidung. Vielleicht hilft uns Felix Krull selber weiter. Wann zeigt er sich in seiner „wahren Gestalt", als Kellner oder als „feiner Herr"?

„Es lief dies, wie man sieht, auf eine Art von Doppelleben hinaus, dessen Anmutigkeit darin bestand, daß es ungewiß blieb, in welcher Gestalt ich eigentlich ich selbst und in welcher ich nur verkleidet war: ... Verkleidet also war ich in jedem Fall, und die unmaskierte Wirklichkeit zwischen den beiden Erscheinungsformen, das Ich-selber-Sein, war nicht bestimmbar, weil tatsächlich nicht vorhanden."[99]

Offenbar herrscht auf beiden Seiten, beim Darsteller und beim Publikum, eine Lust vor, sich verführen zu lassen, ein „stillschweigendes Einverständnis", sich im Schein der Unwirklichkeit gegenseitig zu bezaubern. Der Mime genießt es, in seiner Maskierung uns zu „betören“, wir betrachten hingerissen den „poetischen Funken“, vergessen das „unansehnliche Lebewesen“.

Warum lassen wir uns ‚betrügen‘, obwohl wir wissen, daß alles nur Schein, Zauber, nicht wahrhaftiges, sondern nur vorgegaukeltes Verhalten, aber doch wahrhaft mögliches, zwar künstliches Verhalten, aber doch künstlerische Darstellung ist? Nicht bloß im Theater der Mimen, sondern auch im Varieté der Zauberer, im Zirkus der Artisten, in der Dunkelheit der Kinowelt, in den Verkleidungen beim Karneval usw. lassen wir uns verführen, betören. Ja, schon bei der Urlust der Kinder, die nicht müde werden, sich zu verkleiden, zu spielen, sich gegenseitig zu bezaubern, bei den Erwachsenen anläßlich großer Feste, berauschender Bälle oder im Zustand der Verliebtheit spüren wir die Faszination der Scheinwelt. Immer ist der Motor unsere Phantasie, unser Bestreben, uns zu inszenieren, uns in irgendeinem Sinn spielerisch und künstlerisch zu betätigen, als aktiver Teilnehmer oder im Beschauen von anderen lebendigen oder geronnenen Phantasiegebilden, sei es im Theater oder in der Betrachtung von Gemälden, Skulpturen usw. Immer ist es der *ästhetische Schein*, der uns verzaubert, der den Betrug nicht als Betrug erscheinen läßt, sondern, da wir diesen durchschauen und wissen, daß es ein *Spiel* ist, uns ihm hingeben, ihn genießen können. Es ist das phantastische Spiel, an dem wir teilhaben, das wir in uns aufsaugen möchten, das wir als bloße Betrachter schon mitinszenieren. Thomas Mann bringt diesen Gedanken wie folgt zu Papier:

„Nach meiner Theorie wird jede Täuschung, der keinerlei höhere Wahrheit zugrunde liegt und die nichts ist als bare Lüge, plump, unvollkommen und für den erstbesten durchschaubar sein. Nur der Betrug hat Aussicht auf Erfolg und lebensvolle Wirkung unter den Menschen, der den Namen des Betrugs nicht durchaus verdient, sondern nichts ist als die Ausstattung einer lebendigen, aber nicht völlig ins Reich des Wirklichen eingetretenen Wahrheit mit denjenigen materiellen Merkmalen, deren sie bedarf, um von der Welt erkannt und gewürdigt zu werden.“[100]

Nietzsche bezeichnet eine solche Inszenierung von Wahrheit im Schein als „künstlerische Urfreude“,[101] denn Kunst inszeniert den Schein, die Welt der Phantasie, die weit über die Beschränktheit der ‚Realität‘ hinausweist und doch von ihr nicht abstrahiert. Sie antizipiert phantastische, spielerische Entwürfe des Lebens in einem umfassenden Sinn: sowohl auf der Ebene der sogenannten (sichtbaren) Wirklichkeit als auch auf der von Phantasiegebilden als noch nicht gelebte, auch unlebbare und jenseits von Zwecken sich gestaltende Welt. Sie ist der Kontrapunkt zum Bestehenden und in der Veränderung der Welt bis zu ihrer „Kenntlichkeit" (Bloch) auch Kritik. Nicht nur setzt sich Kunst mit der gesamten Welt auseinander, sondern gleichzeitig überhöht sie das Leben zu etwas Künstlerischem, Feierlichem, jenseits eines bloß operationalen Weltumgangs. ‚Leben' ist ja nicht nur krude Realität, sondern durchsetzt mit faßbaren und phantastischen Vorgängen, mit vergangenen, gegenwärtigen und zukünftigen Bildern, Sprachspielen, Lebensdarstellungen usw. Das Theater als eine andere Form der Lebensinszenierung ist eine bestimmte Art von Wirklichkeit – so, wie die Phantasie ja auch *eine* Form der Realität ist –, die wir nur ‚Schein' *nennen*. Das Theater transzendiert die Wirklichkeit, weil es *Spiel* ist, und befreit diese vom Schein der Zwangsläufigkeit und von der Bissigkeit ihrer Bewältigung. Das Spiel des Scheins setzt sich genau deshalb am intensivsten mit dem Leben auseinander, weil in die so gebrochene Realität, in die unterbrochenen Handlungszwänge, sowohl Reflexivität als auch zweckfreies, sinnloses Tun einsickern kann. Zudem ist die Scheinwirklichkeit eine verdichtet reale und konkret utopisch-probierende Wirklichkeit.

Im Theaterschein erleben wir Handlungsfiguren wie sie sein *könnten*. Schauspieler und Betrachter erleben die Handlungsfolgen in den vernetzten Abläufen des Spiels als eine Art verkürzter, zeitrafferisch inszenierter Lebensdarstellung.

Bloch betont diesen Charakter des Theaterspiels, er nennt ihn „erlebniswirklich":

„Das gibt dem Theater zwar seine gleichzeitig entzückende und illusionistische Macht, unterstreicht den Schein so stark wie keine einzige reine Kunst ... Der Komödiant heuchelt, während der Schauspieler sich verwandelt oder besser, die Rolle, die er spielt, *leibhaftig kenntlich macht.*"[102]

„Leibhaftig" heißt eine Kenntlichmachung der (Vielfalt möglicher) Lebensentwürfe, der Parts, nicht in Form von bloßen Diskursen – und seien sie auch noch so „universell". „Leibhaftig" steht die Vernetztheit der probend Handelnden vor unseren Augen, wir erleben die Entwürfe der anderen stellvertretend für unsere mit, können sie mimetisch übernehmen, eigene damit amalgamieren, in fremden das eigene (Verdrängte) erkennen und zur Übernahme unserer Entwürfe durch den anderen auffordern usw. Wir erleben Entwürfe „leibhaftig" in Figuren verkörpert, in ihrer Sprache, Gestik, Mimik, in der konkreten „Aura“ der Szenenfolgen und ihrem intuitiv erfaßten, konkret inszenierten ‚Sinn‘, in den wechselseitig verschachtelten Beziehungen. Diese zum Theater ästhetisierte Welt des Alltags transzendiert sowohl die von der Handlung abgehobene Diskursivität als auch die reflexionsarme Realitätsbewältigung. Dies kann in einer spielerischen und vor allem lustvollen Weise geschehen, in einer umfassenden Scheinwelt, als ein *Vorgriff,* als ein Vorspiel, dessen Nachspiel als Reflexion vom ersten nicht gelöst ist. Da Unterbrechungen möglich und notwendig sind, bleiben die Reflexionen, Vor- und Nachspiele ins Gesamtspiel verwoben, ohne so weder bloß zu spielen noch den Alltag bloß zu bewältigen. Deshalb inszeniert der Schein keine Illusion, sondern ein ästhetisches Bild der Realität. Von einer Wahnwelt unterscheidet sich diese im durchgehaltenen Spiel als Spiel und der Verfügung darüber. In der zwanghaften Szenerie des Wahns kann die Illusion nicht mehr verlassen werden. Der Ausflug ins Reich der Phantasie und der Sinne endet in einer Sackgasse, statt ein Spaziergang zu sein. Das Spiel des Scheins dagegen birgt Entwürfe in sich, Angebote zur Umgestaltung der Lebensszenerie. Schiller, der den Theaterschein als „wohltätige Illusion“ erkennt, sieht in ihm die Freisetzung vielfältiger Möglichkeiten:

„... in dieser künstlichen Welt träumen wir die wirkliche hinweg, wir werden uns wiedergegeben, unsere Empfindung erwacht, heilsame Leidenschaften erschüttern unsere schlummernde Natur und treiben das Blut in frischeren Wallungen.“[103]

Hat Schiller nicht recht, daß wir uns dadurch „wiedergegeben werden“, daß „heilsame Leidenschaften“ im ästhetischen Schein zu „frischeren Wallungen“ verhelfen?

Wenn wir uns dagegen im Identitätskonzept die „Selbstrepräsentation“ (Habermas) vor Augen halten, so ist diese doch, so vernünftig es klingt, einfach zu wenig, zu verkürzt, zu abstrakt, ja geradezu ärmlich und bescheiden.

Identitätsbildung, so Habermas, sei an eine „prädikative Selbstidentifikation“, also an eine qualitative gebunden, die klärt, wer man sein *will* und nicht bloß, wer man *ist,* also über die rein „numerische“ Selbstidentifikation (Name, Aussehen, besondere Merkmale, Alter, Geschlecht usw.) hinausgeht.[104] Aber mit welchem Teil meines vielfältigen ‚Selbst‘ soll ich mich identifizieren, wenn ich heute dieser und morgen jener sein möchte, ja, wenn ich gar nicht weiß, wer ich morgen „sein will“? Wir wissen doch meist nur, was wir *nicht* möchten, was uns zuwider ist. Ist es nicht eine Fiktion zu glauben, daß man weiß, wer man ist und sein möchte? Ich weiß, wenn schon, dann nur, wer ich *war*. Aber auch das bleibt mehr diffus und wenig konkret. Für die *anderen* bin ich schon eher bestimmbar. Von ihrer Perspektive her läßt sich leichter ein Bild von mir zeichnen, allerdings auch nur ein wahrgenommenes, eines, das stärkere Umrisse als ein ‚Selbst' erkennen läßt. Wo bleibt da die so oft beschworene ‚Authentizität' ? Kann ich überhaupt authentisch sein, wenn ich mich doch in einer Vielfalt realisieren kann? Ist es nicht eher so, daß ich mich nur in einer ‚negativen Selbstidentifizierung' bestimmen kann, als das, was ich *nicht bin, nicht war* und auch (vorläufig) *nicht sein möchte*? Was ich bin, ist nicht greif- und identifizierbar.

Denken wir an Felix Krull, der sich in beiden Rollen verwirklicht sieht, ja, der gerade das als „Anmutigkeit" empfand, nicht zu wissen, in welcher Gestalt er selbst und in welcher er nur verkleidet war. Bestand die Anmutigkeit nicht gerade im *Spiel mit dem Schein*, in diesem Theater mit seinem ‚Selbst', mit dem er spielerisch umgeht, dieses Spiel genießt, ja, der sein Selbst als „nicht bestimmbar, weil tatsächlich nicht vorhanden" bezeichnet? Statt eine Selbstklärung herbeizuführen, genießt er den Wechsel, die Verwirklichung in einer Vielfalt, läßt sich selber durch die eigenen ‚Verkleidungen' verzaubern. Und wenn ich geklärt hätte, wer ich „sein will", und es stellte sich heraus, daß mir dieses ‚Sein' nicht mehr gefällt? Ist hier das Subjekt nicht überfordert?

Der herkömmliche Entwurf von Selbstverwirklichung orientiert sich an einem rationalistischen Ideal, das gerade dadurch seine Intention der *Selbst*bestimmung hintertreibt. Allenfalls als vorläufiger Entwurf wäre eine Identitätsbestimmung sinnvoll – „zwanglos" würde sonst schon in der Ausführung unterlaufen werden. Denkbar scheint mir eine „prädikative Selbstidentifizierung" mit der Vielfalt möglicher Selbstverwirklichungen. Diese bewegte sich dann jenseits einer eindeutigen und ‚prädikativen' Identifizierung. ‚Eindeutig' erinnert doch – Entschuldigung, Herr Habermas – stark an ‚Identitätsausweise' eines Bundeskriminalamtes, an eine buchhalterische Selbstverwaltung. Eine auf der „Einzigartigkeit" der „unverwechselbare(n) Art der biographischen Organisation des Rollenspiels" (Habermas)[104] basierende Selbstidentifikation wäre für die Selbstverwirklichung zu abstrakt und zu allgemein, vergegenwärtigt man sich die dazu notwendigen Qualifikationen wie Prinzipienorientierung, universalistische Moral, zurechenbare und verantwortlich übernommene Lebensgeschichte usw. Außerdem ist jede Lebensgeschichte per se einzigartig. Ihre Abgrenzung gegen andere ist nur da erforderlich, wo Gewaltverhältnisse extremer Repression – vielleicht nicht einmal in denen kapitalistischer Tauschverhältnisse – die Notwendigkeit der Abgrenzung von Ich und Nicht-Ich aufzuheben drohen oder angesichts nivellierender Verhältnisse einer Massengesellschaft die Einebnung von Individualität ideologisch zu kompensieren ist – alles Verhältnisse, die in einer „idealen Kommunikationsgemeinschaft" nicht anzutreffen wären.

Umgekehrt müßte gedacht werden. Gerade der mögliche Austausch im mimetischen Akt mit anderen öffnet mich diesen. Ob da die Biographie einzigartig organisiert wurde, bleibt dem gegenüber peripher. Unbedingt zu unterstreichen ist: Nur die *indirekte Form* der Selbstpräsentation bietet die Möglichkeit, dem Auflösen des Subjektiven in der Intersubjektivität als eine Form der Verdinglichung zu entgehen. Nimmt man diese Einsicht ernst und radikalisiert sie zugleich mit der Erkenntnis, daß die „unmaskierte Wirklichkeit", das „Ich-selber-Sein", in dieser naiv unterstellten Unmittelbarkeit so nicht vorhanden ist, bleibt nur eine Möglichkeit, das Subjekt sowohl präsentierbar zu machen als auch die subjektive Struktur in der Intersubjektivität zu bewahren und gleichzeitig die Verkleidungslust, den Schein damit zu verbinden: eine Maskierung als indirekte Form der Selbstdarstellung. Das scheint zunächst paradox. Verdeckt nicht die Maske das ‚wahre' Gesicht? Ist es nicht die Maske, die wir endlich mal ablegen wollen, weil wir zu oft gezwungen wurden, eine zu tragen?

Versuchen wir, uns der ‚Maske' vom Theater her zu nähern. Der Schein, der ‚Betrug' im Schauspiel besteht in der Verkleidung der Mimen, die durch die Masken – etwas allgemeiner gefaßt: durch die Rollen – eine verdichtete, metaphernähnlich aufgebaute Szenerie bis zur „Kenntlichkeit" entstellen. Masken verzaubern uns und lassen gleichzeitig ein ‚wahres' Gesicht des Trägers erkennen. Denken wir nur an die Verkleidungen beim Fasching, wo die maskierte Person zwar nicht als identifizierbares Subjekt, aber als ‚Metapher', als Ausschnitt eines ‚Lebensentwurfs' vor uns steht, den der Maskenträger heute lustvoll auslebt, um morgen vom Scheich zum Teufel zu wechseln und übermorgen die Verführungen im Blumenkostüm genießt. Ist die Maske eigentlich nicht sogar entlarvender als unser (scheinbar) unmaskiertes Gesicht? Kann sich dieses – vielleicht – nur in äußerst seltenen und geschützten Situationen zeigen, so ermöglicht jene den spielerisch lockenden, den lachend durchschauten Umgang mit sich und den anderen als selbstinszeniertes Theater. Die Maske ermöglicht uns, zu zeigen wie wir sind und wie wir sein möchten. Dieses Spiel als Spiel vorgeführt, erlaubt zugleich die Illusion zu durchschauen, die Maske sei *bloße Maske*. Maskiert bewegen wir uns freier als unmaskiert, da wir nicht befürchten müssen, unsere Identität würde bloßgelegt – und doch zeigen wir unsere Subjektivität dem anderen in einer indirekten Form. „Der Mensch", sagt Oscar Wilde, „ist am wenigsten er selbst, wenn er in eigener Person spricht. Gib ihm eine Maske, und er wird die Wahrheit sagen."[106]

Und war es nicht die Leistung solch großer Schauspieler wie Orson Welles, Marlon Brando, Charlie Chaplin, Marilyn Monroe, Elizabeth Taylor, Ingrid Bergman, Humphrey Bogart usw., daß sie uns in Rollen vorführen, was *sie* persönlich *und uns* bewegt? Spielen gute Schauspieler dabei nicht auch sich selbst? Begeistern wir uns nicht dann für sie, wenn sie *sich selbst* spielen, dabei wähnend, sie spielten die *Rollen* hervorragend? Begeistern wir uns nicht dann für sie, wenn sie eine Lebensszenerie, die auch die unsere sein könnte oder in der wir uns gerne verwirklichen würden, die unsere Wünsche oder Ängste darstellt, in der Maskierung der Rollen wahrhaftig zum Ausdruck bringen? Durch *ihre Maske, ihre Rolle* lassen sich die sie und die uns bewegenden Themen spielend erzählen, die sonst nur sehr schwer zu fassen wären. Die Maske schützt ihre bzw., wenn wir sie tragen, unsere Intimität vor Veröffentlichung, und trotzdem kann unser subjektives Erleben zum Ausdruck gebracht werden. Das maskierte Spiel produziert – fast möchte man sagen paradoxerweise – wahrhaftiges Verhalten. Der Alltagsmime vergißt, daß er die Rolle spielt, um beim Erinnern anläßlich eines Szenenwechsels die Identifikation zugunsten einer innehaltenden Betrachtung, einer Selbstreflexion wieder aufzugeben. Die Maskierung durch Rollen, die so hergestellte „indirekte Selbstrepräsentation" hebt den Unterschied zwischen Theater und Realität auf, inszeniert das Spiel als Spiel, verwirklicht das, was man unter ‚Ichselbst' versteht. Und da ich mich erst in dieser *und* in jener Rolle verwirklichen kann, erst in den verschiedenen Rollen ich selber *bin*, eine ‚Eigentlichkeit' ‚hinter' den Rollen ein Fiktion ist, ein aus den situativen Parts gelöstes abstraktes Bild von mir selbst, das eher für die *anderen* ein *‚Selbst'* ist, stellt sich das Problem der Authentizität *so* nicht mehr. Das Subjekt repräsentiert sich jenseits einer ‚Eigentlichkeit'.

‚Authentisch' oder ‚identisch' sein wäre die Möglichkeit, eine genügend breite Palette von Verwirklichungsmöglichkeiten zur Verfügung zu haben, eine genügend breite Palette von ‚Masken', von Rollenparts, die ich spiele und in denen meine für mich relevanten Fragen, Wünsche, Probleme, Lebensentwürfe usw. szenisch dargestellt und verarbeitet werden könnten. Das Spiel mit der Maske ist die „Probe aufs Exempel" (Bloch)[107] der Selbstverwirklichung. In der Maskierung werden zugleich der Anschluß und die Miteinbeziehung der mythischen Bilderrätsel, Allegorien, Metaphern usw. möglich, die hierin ihren adäquaten Ausdruck finden können. Sie erlauben, mich durch sie sowohl indirekt als auch angemessen zu präsentieren. Ich spiele in der Maskierung mein eigenes Stück bzw. kann es erst dann spielen. Nietzsche sieht in uns allen „Dramatiker":

„... man fühle nur den Trieb, sich selbst zu verwandeln und aus anderen Leibern und Seelen herauszureden ..." Er beschreibt das „dramatische Urphänomen", das darin bestehe, „... sich selbst vor sich verwandelt zu sehen und jetzt zu handeln, als ob man in einen anderen Leib, in einen anderen Charakter eingegangen wäre".[108]

Dieses „Als-ob" der Maske, der Verwandlung, erlaubt ein zwangloses Spiel, gekoppelt mit der Lust an der Verkleidung, der Verstellung, der Verzauberung auch von sich selbst, gekoppelt mit ungestümer Lebensfreude *und* einer sinnlich gewordenen Selbstreflexion: Da ich das Als-ob-Spiel der Maske als Spiel spiele, kann ich jeweils zu den einzelnen Rollen eine Distanz einnehmen, mich in der selbst gespielten Rolle oder wenn andere meinen Part übernehmen – betrachten und reflektieren.

Genau hier verknüpfen sich verbale und nichtverbale Handlungselemente, diskursive mit ästhetischen, spielerische Selbstrepräsentation mit der faktischen Einbeziehung des anderen in die Inszenierung, d. h. einer hergestellten, nicht bloß formalen Reziprozität. Die Handlungen sind in ihrer Diskursivität *und* in ihrer Leibhaftigkeit sinnlich und – da die Maske als spielerisch erlebt wird – *bewußt* zugleich: Die Sprache versinnlicht sich, ohne ihre Reflexivität einzubüßen; die Körperrepräsentation bleibt dem Bewußtsein zugänglich, ohne darin aufzugehen. In der Maskierung als Formelement der indirekten Selbstrepräsentation liegt die Gelenkstelle von Reflexion und Sinnlichkeit. Die Handelnden sind *in* der Selbstinszenierung präsentativ und diskursiv symbolisiert *und spielen* mit beiden Symbolformen. Sprachliches und nichtsprachliches „Sinngefüge von Praxisfiguren" (Lorenzer) greifen ineinander, sinnlich-symbolische und sprachsymbolische Interaktionsformen verzahnen sich.[109] Aus der szenischen Selbstreflexion wird eine szenisch inszenierte. Die ,Argumente' sind sowohl in ihrer herkömmlichen (doch zugleich Spiel-) Form vorhanden als auch versinnlicht-verflüssigt. Probehandeln läßt sich als Theaterprobe des Alltags begreifen, um realitätsnahe oder phantastische Lebensentwürfe zu inszenieren. Die bloß sprachlichen Metaphern können (wieder) verbildlicht werden, rekonkretisieren sich also usw.

Hier geschieht eigentlich nichts anderes, als eine sinnliche Inszenierung und subjektivitätsbildende Praktizierung dessen, was Bertolt Brecht mit dem ,Verfremdungseffekt' umschrieb.[110]

Alltagshandlungen, eingeschliffene Wahrnehmungen usw. werden im Spiel verfremdet, vom Gewohnten abgehoben und dadurch wieder anders erlebbar, neu erfahrbar und wieder bewußt gemacht: Im verfremdenden Spiel wird Erkenntnis über sich selbst möglich.[111] Von der Als-ob-Maske unterscheidet sich die Alltagsmaske darin, daß wir zwar bei der letzteren auch viel ,vorspielen', aber das Spiel ist als Irreführung und Täuschung angelegt. Es wird nicht als Spiel verstanden und als solches transparent gemacht. Indem die Maskierung als Echtheit vorgetäuscht wird, versperren wir den Weg zu uns selbst und den zu anderen. Erst im Spiel der Maske, die sowohl Spiel, indirekte Selbstrepräsentation, Selbsterkenntnis und -reflexion szenisch ermöglicht, erscheint Vermittlung, wenn nicht gar Versöhnung von Sinnlichkeit und Bewußtsein, von Freiheit und Vernunft greifbar.

In der Verwandlung und Maskierung, im anschmiegsamen Akt ans andere, das gleichzeitig zum eigenen wird, im „... Aufgeben des Individuums durch Einkehr in eine fremde Natur" (Nietzsche)[101] findet der mimetische Vorgang seine Konkretion: nicht als formales Rollenspiel, sondern durch seine Verzauberung im ästhetischen Schein. Die Parallelität von Fremd- und Selbsterkenntnis durch Spiegelung meiner selbst im anderen und das Wiedererkennen des eigenen im fremden Theater sieht Schiller im inszenierten Lebensspiegel der ästhetischen Bühne:

„Sie ist es, die der großen Klasse von Toren den Spiegel vorhält und die tausendfachen Formeln derselben mit heilsamem Spott beschämt. ... Die Schaubühne allein kann unsere Schwächen belachen, weil sie unsere Empfindlichkeit schont und den schuldigen Toren nicht wissen will. Ohne rot zu werden, sehen wir unsere Larve aus ihrem Spiegel fallen und danken insgeheim für die sanfte Ermahnung. ... Die Schaubühne ist ... eine Schule der praktischen Weisheit, ein Wegweiser durch das bürgerliche Leben, ein unfehlbarer Schlüssel zu den geheimsten Zugängen der menschlichen Seele."[113]

Die Griechen erkannten den Wert dieser ‚praktischen Weisheit'. ‚Theater' und ‚Theorie' verweisen auf Gemeinsames. Für Aristoteles bestand die *theoria*, die betrachtende Tätigkeit, im be„schau"-lichen Leben als der höchsten Glückseligkeit. Das *théatron*, der Zuschauerraum, und die *theoria* meinten dasselbe: ein Schauen mit den Augen, ein gleichzeitiges ‚Blicken' *und* Verstehen, Erkennen, und zwar ein ‚äußeres' und ‚inneres' Schauen, ein Betrachten und Verstehen der Welt und sich selbst. Die erkennende Betrachtung der Welt und der anderen Subjekte, die Erkenntnis der *theoria* im Schauen, fällt mit der des *théoros,* des Zuschauers, zusammen. Das Theater, das *theáomai*, versinnbildlicht die Theorie, inszeniert Erkenntnis im Spiel, verwirklicht das Ziel der *theoria*, nicht ein Wissen zu haben, sondern es *wirksam* werden zu lassen. Schauspieler und Zuschauer sind Beteiligte des Erkenntnisprozesses, Selbstaufklärung und Unterhaltung verschmelzen. Das Schauen ist nicht nur Medium der Erkenntnis, sondern damit identisch, als eine Einheit von Schauen, Überlegen, Verstehen, Erkennen und Spielen. Spielen läßt sich nun nicht mehr als weit entfernt von Erkenntnis einordnen, sondern bestimmt sich als deren sinnliche Verwirklichung. Bloch sieht im Theater Brechts verwandte Intentionen:

„Das Brechtsche Theater beabsichtigt, eine Art von variierenden Herstellungsversuchen des richtigen Verhaltens zu sein. ... Ein Laboratorium von richtiger Theorie-Praxis im kleinen, in Spielform, gleichsam im Bühnenfall zu sein, der dem Ernstfall experimentell unterlegt wird ... d. h. ohne die realen Fehlfolgen einer gleichsam undurchprobten Konzeption ..."[114]

Diese Bühne spielt „Probe aufs Exempel", ist eine „heiter antizipierende", eine „gekonnte Unterhaltungsstätte", die die „Freuden der Befreiung" (Brecht) vermittelt.[115]

Genau an der Stelle lassen sich die Gedanken Lorenzers einflechten. Erfahrung, Anschauung, Sinnlichkeit und Bewußtsein können sozialisationswirksam verbunden werden:

„Verknüpft sich die individuelle Erfahrung in den gegenständlichen Symbolen mit dem weiten Feld der Objekte in der Welt draußen und vermittelt sich Anschauung vor allem in der textuell-präsentativen sinnlichen Symbolik mit dem System der Namen – dem Wechselspiel mit den diskursiv-sprachsymbolischen Interaktionsformen –, so binden die personalen Bedeutungsträger die individuelle Leiblichkeit in die Auseinandersetzung ein. Menschliche Praxis hat hier ihr Zentrum: in der Vermittlung von vorsymbolisch einsozialisierten Praxisfiguren (Interaktionsformen) mit bewußtem Handeln."[116]

Der die Alltagswelt inszenierende Mime ist kein *homo sociologicus* Dahrendorfscher Provenienz. Er ist der ,Theatermensch' im *theatrum mundi*, ein *homo theatricus*, der Spiel und Erkenntnis, Handeln und Entwurf praktisch und doch ungezwungen miteinander verbindet, sich dabei nicht an platter Realitätsbewältigung orientiert, wie es sich traurigerweise in den Identitätskonzepten manifestiert, sondern der in der Verzauberung, im ästhetischen Schein, sich inszenierend selbst verwirklicht.

Ich rede hier nicht einer antiaufklärerischen Lebensgestaltung das Wort, die Rationalität und Zweckgerichtetheit verfemt, die als Bewältigung von Lebenskrisen ein Theater empfiehlt. Aber Selbstverwirklichung ist mehr als rationale Lebensbewältigung, mehr als Überwindung von Krisen bzw. deren Management. Die Selbstästhetisierung in den Dramaturgieentwürfen konstituiert eine Subjektivität, die dem Primat der Rationalität gekündigt hat – ohne die Vernunft zu vergessen. Der *homo theatricus* inszeniert sich mit anderen über vielfältige Formen: Vernunft und Kontrolle, Sinnlosigkeit als zweckfreie Spielmodulationen und ästhetischer Schein, Verzauberung und Rausch usw. Die gegenseitige Durchdringung, die Vermengung dieser Elemente zu einer Komposition ist die Kunst der Subjekte in der gemeinsamen Lebensinszenierung, sich an die einen oder anderen Elemente verlierend oder sich ihrer bewußt bedienend: nur das ist Spiel. Sackgassen der Subjektivitätsbildung wären dann jene Einbahnstraßen des Rausches, jene Pathologien, die bis hin zur leidensvollen Schizophrenie reichen, oder jene rationalistischen Lebenskuren, die das Subjekt gleichfalls zur wiederholten Zwanghaftigkeit der Lebensgestaltung verdammen.

Damit wird auch der Identitätsbegriff obsolet. Denn die Selbst*schöpfung*, die Poesie, rückt in den Mittelpunkt und nicht mehr die kontinuierliche, konsistent strukturierte, prinzipiengeleitete und krisenbewältigende Subjektivität.

Der *homo theatricus* präsentiert sich nicht bloß selbst, sondern inszeniert seine Subjektivität selbst, im Wortsinn der *poiesis*, des schöpferischen Tätigseins, des Machens, als einer – wie sie mit Habermas durchaus zu bezeichnen wäre – „sinnschöpferischen" und produktiven Tätigkeit[117] der Selbsterzeugung in ausdrucksvollen Bildern und Figuren, in einer ästhetischen Selbstinszenierung, einer Ästhetisierung der Praxis. Das Subjekt konstituiert sich in einem poetischen Selbstentwurf als ein Kunstwerk, eine polyphone Komposition im spielerisch-ästhetischen Schein.

Der Mensch ist jetzt, wie Nietzsche ihn als Verwirklichung im dionysischen Theater sieht, „nicht mehr Künstler, er ist Kunstwerk geworden".[118] Als poetischer Entwurf verwirklicht sich das Subjekt in der wechselseitigen mimetischen „Konstruktion" (Adorno),[119] es ästhetisiert sich. Nietzsche bringt dies so auf den Begriff:

„Insofern aber das Subjekt Künstler ist, ist es bereits von seinem individuellen Willen erlöst und gleichsam Medium geworden, durch das hindurch das eine wahrhaft seiende Subjekt seine Erlösung im Schein feiert."[120]

In dieser erlösenden Versöhnung vereinigen sich die Perspektiven, indem das Subjekt „zugleich Subjekt und Objekt, zugleich Dichter, Schauspieler und Zuschauer" ist.[121] In einer als Theater verstandenen Selbstinszenierung verschwindet die Trennung von Publikum und Schauspieler. Jeder ist Mime für sich selbst und zugleich für die anderen Publikum und umgekehrt. Die „Erlösung im Scheine", die alte aristotelische Katharsis, findet dann *in* den dramatischen Figuren statt, die *poiesis* bringt die Wahrheit zutage. Noch einmal Nietzsche:

„Die Sphäre der Poesie liegt nicht außerhalb der Welt als eine phantastische Unmöglichkeit eines Dichterhirns: sie will gerade das Gegenteil sein, der ungeschminkte Ausdruck der Wahrheit..."[122]

Die ‚poetisch' inszenierte „Wahrheit", so könnte man mit Lorenzer ergänzen, umfaßt auch dieses: „Die ‚inneren' Spannungen zwischen Wunsch und Verbot, zwischen Selbstentfaltung und Zwang stellen sich in der literarischen Szene zur Debatte."[123]

Das Subjekt wird in der poetischen Selbstinszenierung, im Spiel seiner Parts – wenn man so will – selbst zu einem „präsentativen Symbol". Die figürliche Präsentation, verknüpft mit dem poetischen Rätsel spielerisch inszenierter Mythen, rückt die Präsentation aus der Sphäre der Repräsentation von Authentizität hin zu einer sinnlichen Inszenierung von Symbolen. Genauer: Die Repräsentation schafft eine Verklammerung von präsentativen *und* diskursiven Symbolen, denn die figürliche Selbstinszenierung schließt Sprache sowohl mit ihren strikteren diskursiven als auch ihren assoziativeren und poetischeren Elementen an die Präsentation an. So verstanden, wird das Subjekt zu einem ‚Kunstwerk', präziser: Die Präsentationsszenerie gestaltet sich ästhetisch, die gleichzeitig die Sprachsymbolik mit repräsentiert und so Schichten von „Bedeutungsträgern“ formt, deren Funktion man mit Lorenzer wie folgt beschreiben könnte:

„... soziale Muster in die Individuen zu transportieren, um deren persönlichkeitsinterne Entwürfe zu beantworten, herzustellen, zu verändern und zu organisieren ...“

Die präsentativen Symbole „... ‚wirken‘ als *Ganzheiten,* weil sie aus ganzen *Situationen*, aus *Szenen* hervorgehen und *Entwürfe für szenisch entfaltete Lebenspraxis* sind“.[124]

Situationen, die in ihrer „Ganzheit“ erfaßt und in ihrer „sinnlichen Fülle“ artikuliert werden, sind geronnene „Situationserlebnisse“.[125] Die poetisch inszenierten Lebensentwürfe ermöglichen eine „spielerische Verfügung“ über Alltagssituationen; die erzählende, „narrative“ Selbstdarstellung in Szenen macht das Subjekt zum Poeten. Lorenzer erinnert an Freud:

„Und wenn Freud den Träumer einen Dichter nannte, so läßt sich das auf die Selbstdarstellung insgesamt ausdehnen.“[126]

Als „Dichter“ seiner selbst entfaltet sich das Subjekt zur ästhetischen Selbstschöpfung in jenem polyphonen, sich selbst hervorbringenden Spiel (*poiesis*) einer bewußten Inszenierung von komisch-burlesken, tragisch-dramatischen und traumhaft-zauberhaften Szenen, vergleichbar dem Shakespeareschen Volkstheater.

Das Leben wird als Kunstwerk gestaltet, die Selbstbestimmung erweist sich in dieser ästhetischen Kompetenz. Deren Entfaltung korrespondiert mit der der Subjekte, die Theater in der Figuration der mimetisch aufeinander bezogenen und reziprok angelegten Szenen spielen. Sie proben in ihrem „theatrum mundi“ poetische Selbstentwürfe und bestimmen und verwirklichen sich als *homo theatricus*, als Theaterspieler, in der Vielfalt der Lebensentwürfe selbst.

Anmerkungen

1) Aus: William Shakespeare, Wie es euch gefällt, 2. Aufzug, 7. Szene, S. 140.
2) Vgl. Ralf Dahrendorf, homo sociologicus, 1974, S. 23.
3) Vgl. zum Beispiel: Ergänzungen und Vorstudien zur Theorie des kommunikativen Handelns, 1984, 215; *Interaktionismus*: z. B. Mead, Goffman, Krappmann, u. a.; vgl. z. B. die Kategorien „personale" und „soziale" Identität, „Rollendistanz" (Goffman); z. B. die Meadsche Dialektik von „I" und „Me", Reziprozität des „roletaking"; bei Krappmann die Kategorie der „Ambivalenztoleranz", der „Balancierung von personaler und sozialer Identität" (das Identitätskonzept von Habermas ist in nicht unwesentlichen Teilen aus gemeinsamer Arbeit mit Krappmann und Oevermann hervorgegangen). *(Ich-)Psychologie*: z. B. das Freudsche Instanzenmodell und das der „Ich-Stärke" mit den psychoanalytischen Grundannahmen, vor allem Eriksons Konzept des Krisenmanagements durch Ich-Umstrukturierung, der Kontinuitätsstiftung usw. *Entwicklungspsychologie*: Vorwiegend sind die Stufen der kognitiven Entwicklung und des moralischen Bewußtseins bei Piaget und Kohlberg aufgenommen.

Weitere Autoren, auf die Habermas explizit hinweist, in: Zur Rekonstruktion des Historischen Materialismus, 1976a, 89, Fußnote 7 (mit den relevantesten Identitätskonstrukteuren).
4) Habermas, 1981b, II, S. 150.
5) Vgl. ebd. S. 150 f., 160, 162 f., 168; Vgl. ferner Rainer Döbert/ Jürgen Habermas / Gertrud Nunner-Winkler: Zur Einführung, in: dies.(Hg.), Zur Entwicklung des Ich, 1977, S. 9 f., 20
6) Vgl. 1981b, II, 151; Erkenntnis und Interesse, 1968b, 192–200; 1976a, S. 93.
7) Vgl. 1976a, S. 68–88; 1977, S. 18, 20–26.
8) Vgl. Kultur und Kritik, 1973b, S. 131, 230/231; Zur Entwicklung der Interaktionskompetenz, 1975, 11/12 (jetzt auch in 1984, S. 187 ff.); 1981b, II, S. 88.
9) Vgl. dazu die näheren Erläuterungen in: 1973b, S. 131 f., 175, 230 f.
10) Vgl. ebd. z.B. S. 166, 220–222, 226–230; 1976a, S. 20, 23; 1981b, II, S. 151, 163.
11) Vgl. Theodor W. Adorno, Negative Dialektik, 1970, S. 292.

12) Thomas Mann, Bekenntnisse des Hochstablers Felix Krull, 1975, S. 257.
13) Alfred Lorenzer, z. B. Das Konzil der Buchhalter, 1981, 87, S. 110 ff.
14) Vgl. dazu Karl R. Popper/John C. Eccles, Das Ich und sein Gehirn, 1987, 6. Aufl., S. 169 f.
15) Vgl. Frederic Vester, Denken, Lernen, Vergessen, 1975 und ders., Ballungsgebiete in der Krise, 1976.
16) Vgl. 1968b, S. 192 (Hervorh. v. mir, J. B.)
17) Vgl. zit. nach Habermas, 1973b, S. 129.
18) Die in der Antike umherziehenden „Mimen", volkstümliche Gaukler und Komiker, boten außerhalb der Theaterinstitution „... zu geselligen Anlässen ... Darstellungen von drastischer Komik, meist sexuellen Inhalts ..." (Vgl. Eduard Haueis, Theater in Europa, 1982, S. 1.
19) S. 101.
20) Vgl. Habermas, 1981b, II, S. 116.
21) Vgl. auch die Auseinandersetzungen von H. J. Busch, Sinnlichkeit, Körper, Sprache, in diesem Band.
22) Vgl. Habermas, 1981b, I, S. 45.
23) Vgl. die Habermassche Kritik an Popper: Gegen einen positivistisch halbierten Rationalismus, in: Adorno u. a., 1970a, S. 235 ff.
24) Lorenzer 1981, S. 237, vgl. auch S. 238 und 244.
25) Vgl. Habermas, z. B. 1976a, S. 69–85.
26) Lorenzer, 1981, S. 211 f.
27) Vgl. auch den Beitrag von H. J. Busch in diesem Band.
28) 1981, S. 213 f.; vgl. auch Lorenzer, Tiefenhermeneutische Kulturanalyse, in: Hans-Dieter König u. a., Kultur-Analysen, 1986, S. 54–60, bes. 59.
29) Vgl. 1981, S. 285; Vgl. auch S. 213–216 und S. 282–290.
30) ebd. S. 30; Vgl. auch S. 158 f, 160, 93: Vgl. auch 1986, S. 59 f.
31) Friedrich Schiller, Über die ästhetische Erziehung des Menschen, 15. Brief, Werke Bd. 6, o. J., S. 200.
32) Erving Goffman, Wir alle spielen Theater, 1969.
33) Norbert Elias, Was ist Soziologie, 1981, S. 10ff., 139ff.
34) Vgl. die ähnlichen Beispiele in: Augusto Boal, Theater der Unterdrückten, 3/1982, S. 34 ff., 74 ff. („Unsichtbares Theater").
35) Vgl. Richard Sennett, Die Tyrannei der Intimität, 1982, z. B. S. 859 .
36) 1981, S. 213.

37) „Bekenntnisse ...“, S. 28.
38) Vgl. Negative Dialektik, 1970, S. 292.
39) 1970, S. 144 (Fußnote).
40) ebd., S. 158.
41) Vgl. J. Belgrad, Das nötige Pochen aufs Nichtidentische, in: G. Gamm (Hg.), Angesichts objektiver Verblendung, Tübingen 1984, S. 70 ff.
42) 1970, S. 159.
43) Dieser eigentümliche Ausdruck ist darauf zurückzuführen, daß die alltagssprachlichen Gegensatzpaare Spiel – Ernst, Realität, Zweck usw. so nicht stimmen: Es gibt viele ernste Spiele, bzw. im Spiel selbst können sich ernste und lustige Elemente vermischen; real ist jedes Spiel, sonst fände es ja nicht statt; und ganz zwecklos kann kein Spiel sein, sonst fände es ja nicht statt, zumindest ein irgendwie geartetes Motiv (z. B. Genuß, aber auch Zwanghaftigkeit ist möglich) führt zum Spielen. Vgl. zu dieser Problematik z. B. T. Broch, Spielend lernen – im Spiel bleiben, 1986, S. 52 ff. und Johan Huizinga, Homo Ludens. 1956
44) Max Horkheimer / Theodor W. Adorno, Dialektik der Aufklärung, 1972, S. 53.
45) Friedrich Schiller, Die Schaubühne als moralische Anstalt betrachtet, Werke Bd. 6, o.J., S. 48.
46) 1981, S. 165.
47) ebd., S. 163.
48) Vgl. B. Görlich, in diesem Band.
49) Vgl. Lorenzer, 1986, S. 20; Lorenzer verweist hier auf eine Textstelle bei Freud, Aus den Anfängen der Psychoanalyse, 1975, S. 193.
50) ebd., S. 57.
51) 1981, S. 163.
52) 1986, S. 24 f.
53) Vgl. zu den folgenden Analogisierungen Lorenzer, 1986, S. 17, 19–29, 57–60, 62–65, 78–83.
54) Vgl. auch Lorenzer, 1986, S. 62 ff.
55) Vgl. Lorenzer, 1986, S. 62 ff., 78 ff.
56) Ulrich Oevermann hat dies in seinem Artikel Versozialwissenschaftlichung der Identitätsformation und der Verweigerung von Lebenspraxis, 1985, S. 463 ff., sehr schön analysiert, allerdings in einer gleichfalls verdinglichenden Sprache.
57) Die hier skizzierten Gedanken müssen nicht bloß wegen des zuletzt Ausgeführten noch weiter präzisiert, differenziert und veran-

schaulicht, durch vorgeführte mögliche Alltagssituationen stärker überprüfbar gemacht werden. Vor allem auch solche zentrale Überlegungen zu Deutungsmöglichkeiten des „manifesten“ und „latenten“ Inhalts (Vgl. hierzu Lorenzer, 1986, z. B. S. 32–39) der dargebotenen dramaturgisierten Erzählungen sind hier einzuflechten. Verständlicherweise würde das diesen Beitrag mehr als bloß überstrapazieren. Zum Beispiel wäre eine abgrenzende Erörterung zwischen den Begriffen des szenischen Verstehens, des alltagspraktischen Verstehens und zusätzlich die Abgrenzung zu einem Verstehen nötig, das zwar alltagspraktisch vorgeht, aber in den Situationen reziproker figürlicher Selbstinszenierungen doch noch eine andere Form annimmt. Vorläufig nur so viel: Grundsätzlich unterscheiden sich die einzelnen Verstehensprozesse nicht. Das alltagssprachliche Verstehen ist ja ein *szenisches* Verstehen. Dieses jedoch hat zuallererst von der Intention her einen *systematischeren* Charakter. Ein wesentlich figürlich sich gestaltendes Verstehen unterscheidet sich vom alltagspraktischen vor allem in der Form, in der *Präsentation* des verstandenen und zum Ausdruck gebrachten Verstehensprozesses.

58) Das heißt der figürlichen Erzählung folgt die Aufnahme der Erzählung durch den anderen, der damit natürlich ‚sans savoir‘ die fremde Geschichte wiederum figürlich deutet: also eine ‚Deutungserzählung‘

59) Vgl. Lorenzer, 1986, S. 80 (Hervh. von mir, J. B.).

60) Vgl. Lorenzer, 1981, S. 274, 238, 263.

61) Vgl. dazu Adorno, 1970, S. 22, 36 f., 51, 55f., vgl. dazu auch Habermas 1981b, F, S. 522 f., vgl. dazu auch J. Belgrad, Das nötige Pochen aufs Nichtidentische, 1985, S. 95 ff.

62) Man könnte „Vernetzungen“ als komplex verschachtelte und rückgekoppelte Beziehungen (Vgl. F. Vester, Ballungsgebiete in der Krise, 1976, S. 30 f.) bzw. mit Elias als ein Geflecht von „Interdependenzen“ charakterisieren (Vgl. 1981, 4. Aufl., S. 11).

63) Horkheimer/Adorno, 1972, S. 192.

64) Vgl. Th. W. Adorno, Ästhetische Theorie, 1973, z. B. S. 33, 39, 424.

65) Vgl. dazu Adorno, 1973, zum Beispiel 87, S. 324.

66) Selbstverständlich meint hier Lorenzer nicht meine wortwörtliche Metapher der „Figur“, wobei ich seine Bedeutung bei der meinen stets mit meine.

67) Lorenzer, 1981, S. 161.

68) ebd.

69) Ernst Bloch, Das Prinzip Hoffnung, 1973, S. 487.
70) Vgl. Lorenzer, 1981, S. 163.
71) „Bekenntnisse ...“, 1975, S. 29; Hervh. v. mir, J. B.
72) Friedrich Nietzsche, Die Geburt der Tragödie, 1906, S. 9.
73) 1981, 191; Vgl. zum folgenden 180, S. 165 f.
74) 1972, S. 62.
75) Vgl. Habermas, 1976a, S. 93.
76) Vgl. 1906, bes. S. 51–96.
77) 1970, S. 100.
78) Vgl. dazu den Hegelschen Gedanken der „Volksreligion“, in: Fragmente über Volksreligion und Christentum, 1983, S. 19 f. und 24 ff.
79) Vgl. 1906, z.B. S. 94–96, 56/57, 60, 142.
80) Nietzsche, ebd., S. 56.
81) Ernst Bloch, Das Prinzip Hoffnung, 1973, S. 1115.
82) Vgl. „Bekenntnisse ...“, S. 36.
83) Peter Zadek, Zeitmagazin, Nr. 42, 1985, S. 72.
84) 1906, S. 61; vgl. auch 55.
85) Vgl. 1981, S. 162.
86) Vgl. dazu Lorenzer, 1986, S. 44–46 und ff., 51, 54 ff.
87) Die Auftrennung ist natürlich eine heuristische, die in den Akten der reziproken Selbstdarstellung miteinander verwoben bleibt.
88) Vgl. 1906, S. 81.
89) Vgl. Georges Bataille, Der heilige Eros, 1974, z. B. S. 64 f., 109 f.
90) Vgl. Karl Marx, Zur Kritik der Hegelschen Rechtsphilosophie, MEW 1, S. 378.
91) Der Dialektik einer solchen „Sozialhygiene“ bin ich mir durchaus bewußt: Die temporäre Befreiung von Zwecken, der Ökonomie etc. kann solche wieder hinterrücks fixieren, die herkömmliche Ordnung auf eine subtilere Weise stabilisieren als durch die Verinnerlichung einer rein rationalen Lebensgestaltung.
92) Vgl. 1981, S. 181.
93) Vgl. 1981, S. 230, 189.
94) 1973, S. 93.
95) Vgl. Lorenzer, 1981, S. 34.
96) Vgl. Horkheimer / Adorno, 1972, S. 17 ff. und 30 ff.
97) Vgl. 1973, S. 484.
98) „Bekenntnisse ...“, 1975, S. 34, 36
99) ebd., S. 250.
100) „Bekenntnisse ...“, 1975, S. 38.

101) Vgl. 1906. S. 187.
102) 1973. S. 490 (Hervh. v. m., J. B.).
103) „Die Schaubühne ...", S. 49.
104) Vgl. 1981b, II, S. 155.
105) Vgl. 1973b, S. 226.
106 „Der Kritiker als Künstler", 1970, zitiert nach Lionel Trilling, „Das Ende der Aufrichtigkeit", 2/1982, S. 114.
107) Vgl. 1973, S. 482.
108) 1906, S. 92 f.
109) Vgl. 1981, S. 161, 166.
110) Vgl. Bertolt Brecht, Kleines Organon für das Theater, G.W. Bd. 16. 1967. S. 661 ff., bes. 680 f.
111) Vgl. dazu auch Bloch, 1973, S. 481.
112) Vgl. 1906, S. 93.
113) Die Schaubühne, S. 43 f.
114) 1973, S. 482.
115) ebd. S. 484 f., 499, 492.
116) 1981, S. 166.
117) Vgl. 1973b, S. 254.
118) Vgl. 1906, S. 56.
119) Vgl. 1973, S. 72.
120) 1906, S. 76.
121) ebd. S. 77.
122) ebd. S. 90.
123) Lorenzer, 1986, S. 23.
124) Vgl. 1981, S. 31; Vgl. auch S. 32 und 165.
125) Vgl. S. 31 f.
126) 1981, S. 163.

Bibliographie

Adorno, Theodor W.: Zum Verhältnis von Soziologie und Psychologie, in: Gesammelte Schriften Bd. 8, Frankfurt 1972, S. 42 ff.

Adorno, Theodor W.: Negative Dialektik, Frankfurt 1970.

Adorno, Theodor W.: Ästhetische Theorie, Frankfurt 1973.

Bataille, Georges: Der heilige Eros, Frankfurt 1974.

Belgrad, Jürgen: Das nötige Pochen aufs Nichtidentische. Zu Theodor W. Adornos Verständnis von Subjektivität und Nichtidentität in der „Negativen Dialektik", in: Gerhard Gamm (Hg.): Angesichts objektiver Verblendung, Tübingen 1985, 70 ff.

Bloch, Ernst: Das Prinzip Hoffnung, Bd. 1–3, Frankfurt.

Boal, Augusto: Theater der Unterdrückten, Frankfurt 3/1982.

Brecht, Bertolt: G.W. Bd. 10 und 16, Frankfurt 1967.

Broch, Thomas: Spielend lernen im Spiel bleiben, Arbeitshilfen/M, Pädagogische Arbeitsstelle für Erwachsenenbildung Stuttgart (Hg.), 1986, S. 52 ff.

Busch, Hans-Joachim: Sinnlichkeit, Körper, Sprache, in diesem Band.

Dahrendorf, Ralf: Homo Sociologicus, Köln 1974.

Döbert, Rainer/Habermas, Jürgen/Nunner-Winkler, Gertrud: Zur Einführung, in: dies. (Hg.): Zur Entwicklung des Ich, Köln 1977, 9 ff.

Elias, Norbert: Was ist Soziologie, München 1981, 4. Aufl.

Erikson, Erik H.: Identität und Lebenszyklus, Frankfurt 4/1977.

Görlich, Bernard: in diesem Band.

Goffman, Erving: Stigma, 1975.

Goffman, Erving: Wir alle spielen Theater, München 1969.

Haueis, Eduard: Theater in Europa, Ludwigsburg 1982.

Habermas, Jürgen: Arbeit und Interaktion, in: ders.: Technik und Wissenschaft als „Ideologie", Frankfurt 1968a.

Habermas, Jürgen: Erkenntnis und Interesse, Frankfurt 1968b.

Habermas, Jürgen: Gegen einen positivistisch halbierten Rationalismus, in: Adorno, Theodor W. u.a. (Hg.): Der Positivismusstreit in der deutschen Soziologie, Neuwied und Berlin, 2/1970, S. 235 ff.

Habermas, Jürgen: Stichworte zu einer Theorie der Sozialisation, in: ders.: Kultur und Kritik, Frankfurt 1973b, S. 118 ff.

Habermas, Jürgen: Notizen zum Begriff der Rollenkompetenz, in: ders.: Kultur und Kritik, S. 195 ff.

Habermas, Jürgen: Zur Entwicklung der Interaktionskompetenz,

Frankfurt 1975 (Raubdruck) Jetzt auch in: ders.: Vorstudien und Ergänzungen zur Theorie des kommunikativen Handelns, Frankfurt 1984, S. 187 ff.

Habermas, Jürgen: Historischer Materialismus und die Entwicklung normativer Strukturen, in: ders.: Zur Rekonstruktion des Historischen Materialismus, Frankfurt 1976a, S. 9 ff.

Habermas, Jürgen: Moralentwicklung und Ich-Identität, in: ders.: Zur Rekonstruktion..., S. 63 ff.

Habermas, Jürgen: Können komplexe Gesellschaften eine vernünftige Identität ausbilden? in: ders: Zur Rekonstruktion..., S. 92 ff.

Habermas, Jürgen: Theorie des kommunikativen Handelns, Bd. 1 und 2, Frankfurt 1981b.

Habermas, Jürgen: Die Kulturkritik der Neokonservativen in der USA und der Bundesrepublik, in: „Merkur“ 11/82, S. 1044 ff.

Habermas, Jürgen: Vorstudien und Ergänzungen zur Theorie des kommunikativen Handelns, Frankfurt 1984.

Hegel, Georg Wilhelm Friedrich: Fragmente über Volksreligion und Christentum, Werke Bd. 1, Frankfurt 1983, S. 9 ff.

Horkheimer, Max/Adorno, Theodor W.: Dialektik der Aufklärung, Frankfurt 1972.

Huizinga, Johan: Homo Ludens. Vom Ursprung der Kultur im Spiel, Rowohlt Verlag, Reinbek 1956.

Krappmann, Lothar: Soziologische Dimensionen der Identität, Stuttgart 2/1972.

Lorenzer, Alfred: Das Konzil der Buchhalter, Frankfurt 1981.

Lorenzer, Alfred: Tiefenhermeneutische Kulturanalyse, in: König, Hans-Dieter u.a., Kultur-Analysen, Frankfurt 1986, S. 11 ff.

Mann, Thomas: Die Bekenntnisse des Hochstaplers Felix Krull, Frankfurt 1975.

Marx, Karl: Zur Kritik der Hegelschen Rechtsphilosophie. Einleitung, MEW 1, S. 378 ff.

Nietzsche, Friedrich: Die Geburt der Tragödie, Werke Bd. 1, Leipzig 1906, S. 47 ff.

Oevermann, Ulrich: Versozialwissenschaftlichung der Identitätsformation und der Verweigerung von Lebenspraxis: eine aktuelle Variante der Dialektik der Aufklärung, in: Soziologie und gesellschaftliche Entwicklung. Verhandlungen des Deutschen Soziologentages in Dortmund 1984, Frankfurt 1985, S. 463 ff.

Popper, Karl R./Eccles, John C.: Das Ich und sein Gehirn, München 1987, 6. Aufl.

Schiller, Friedrich: Die Schaubühne als moralische Anstalt betrachtet, Werke Bd. 6, Stuttgart und Berlin, o. J., S. 40 ff.
Schiller, Friedrich: Über die ästhetische Erziehung des Menschen, 15. Brief, Werke Bd. 6, S. 148 ff.
Sennett, Richard: Die Tyrannei der Intimität, „Merkur“, 9/1982, S. 857 ff.
Shakespeare, William: Wie es euch gefällt, Dramatische Werke Bd. 9, Leipzig o. J., S. 99 ff.
Trilling, Lionel: Das Ende der Aufrichtigkeit, München 2/1982.
Vester, Frederic: Denken, Lernen, Vergessen, Stuttgart 1975.
Vester, Frederic: Ballungsgebiete in der Krise, Stuttgart 1976.
Wilde, Oskar: Der Kritiker als Künstler, 1970; zit. nach Trilling, Lionel: Das Ende der Aufrichtigkeit, München 2/1982.
Der Theatermacher. Ein Bericht über Peter Zadek, *Zeitmagazin*, Nr.42/85, S. 64 ff.

Hans-Jürgen Kalck

„Du tust, was ich sage."

Handlungsfreiheit und Sprachgebrauch am Beispiel vorwegnehmender Korrektur

1. Natürliche Vorwegnahmen

1.1. Motorische Antizipation

Ich war zu Besuch bei einer jungen Mutter, die eine Tochter von gut eineinhalb Jahren hatte. Wir saßen im Wohnzimmer und sprachen miteinander, während das Töchterchen Marianne im gleichen Raum auf dem Teppich lag und spielte. Nach einer guten Weile stand Marianne auf und ging in den Korridor; dort gab sie einen quiekenden Laut von sich. Wir blickten zu ihr hinüber: Sie stand vor der geschlossenen Außentür und winkte uns zu. Wir winkten zurück und setzten dann unser Gespräch fort. Doch wurden wir sogleich unterbrochen. Marianne quiekte erneut, und wir schauten wieder zu ihr hinüber. Sie stand an der gleichen Stelle wie zuvor und winkte noch immer. Ich nahm an, Marianne wolle sich verabschieden, nur hätten wir ihr Abschiednehmen nicht gebührend gewürdigt; so winkte ich wiederum zurück, doch nun ausführlicher als zuvor.

Marianne aber hörte nicht auf zu winken. Und sobald ich mich ihrer Mutter zuwandte, quiekte Marianne. Ich war das „Spiel" bald leid und hatte keine Lust, Mariannes Bemühungen, die Aufmerksamkeit auf sich zu lenken, weiterhin zu beachten. Als Marianne merkte, daß ich sie ignorierte, fing sie an zu weinen. Ihre Mutter meinte daraufhin, Marianne wolle wohl, daß ich wieder gehe.

Diese Deutung von Mariannes Handlungsweise erschien mir und erscheint mir auch heute noch einleuchtend. Sie macht verständlich, weshalb Marianne sich mit meinem bloßen Zurückwinken nicht zufriedengeben konnte. Mariannes Winken war die Aufforderung an mich zu gehen. Die mit ihrem Winken aktualisierte Gesamtsituation wäre dem nach etwa: Besuch geht zur Tür – Marianne geht zur Tür – Besuch verläßt die Wohnung – Marianne winkt – Besuch winkt – (... Tür zu = endlich mit Mami allein).

Aus dieser Gesamtsituation realisiert Marianne die Teile ‚Marianne geht zur Tür' und ‚Marianne winkt', und sie scheint es als selbstverständlich anzusehen, daß sich die übrigen Teile der Gesamtsituation dann schon noch einstellen werden. Doch sie muß erfahren, daß auf die Eingespieltheit des Interaktionszusammenhangs kein Verlaß ist. Das macht sie hilflos und läßt sie weinen.

Mariannes Vertrauen in ihre interaktive Potenz ist wohlbegründet. Das Verfahren, das sie zur Herstellung einer aktuell für sie relevanten Situation verwendet, ist ubiquitär in der lebendigen Natur anzutreffen.

Betrachten wir nur den Funktionskreis[1] der Nahrung. „Auf den Nahrungsreiz erfolgt eine Steuerung in die Richtung auf die Nahrung zu, darauf treten bei der Berührung neue Merkmale auf, die taktiler oder chemischer Art sind und die zur Steuerung der Freßwerkzeuge dienen"[2]; zumindest bei den Tieren höherer Ordnung wird die Nahrung dann zerkleinert und in den Magen befördert; dort regt sie die Verdauungstätigkeit des Magens an.

Die Vorwegnahme der Verdauungstätigkeit durch den Magen ist unserem Erleben als ‚Hunger' bekannt: „Eine Verarmung des Blutserums an rasch abbaufähigen Stoffen, im besonderen auch an Traubenzucker, führt über den Vagus zu Leerkontraktionen des Magens. ... Der leere Magen verhält sich, als umschlösse er Speisebrei, knetete und beförderte ihn."[3]

Das über diese ‚Antizipation motorischer Art' herbeigeführte leidgetönte Erleben schafft jene Spannung, die zur Nahrungssuche führt: zur Steuerung in Richtung auf eine Nahrung zu, die als äußerer Reiz sich jeweils erst noch einstellen muß.[4] Mensch und Tier „verlassen sich" hier auf die Planmäßigkeit der Natur. „Wo ein Fuß ist, da ist auch ein Weg. Wo ein Mund ist, da ist auch Nahrung."[5]

Doch nicht nur eingespielte Funktionskreise garantieren den Organismen die Wirksamkeit vorwegnehmenden Handelns. Auch das Eintreten in Interaktionen mit einem Artgenossen oder dessen Äquivalent kann durch Vorwegnahme erfolgen.

Jedem Hundehalter ist ein Verhalten bekannt, mit dem sein Hund eine Apportiersituation „herbeizuführen sucht". Haben „Herrchen" oder „Frauchen" den zu apportierenden Stock bereits in der Hand, unterhalten sich aber noch allzulange mit einem anderen Menschen, wird der Hund leicht „unruhig". Mittels Bellen oder eines deutlichen Anstoßens seines menschlichen Kumpanen mit der Schnauze macht er zunächst auf sich aufmerksam; ändert sich dadurch aber das Verhalten seines Kumpanen nicht, kann es geschehen, daß der Hund einige Sätze fort von ihm macht, gerade so, als habe sein Kumpan den Stock bereits geworfen.

Mit anderen Worten: Der Hund wird durch den bedeutungsvollen Stock in eine bestimmte Handlungsbereitschaft versetzt. Die Interaktionsfolge, die damit aktualisiert ist, beinhaltet u. a. eine Wurfgestik des Kumpanen als auslösenden Reiz für das Loslaufen des Hundes. Da der Reiz nicht realisiert wird, steigt der ‚innere Aktionsdruck'[6] des Hundes dergestalt, daß er jene motorischen Bewegungen vollführt, die bei normalem Verlauf dieser bestimmten eingespielten Interaktion erst *nach* der Wurfgestik des Kumpanen sich einstellen würden. Wäre es dem Tier gegeben, daß Ausbleiben der Wurfgestik durchaus für möglich zu halten, wäre nicht einzusehen, weshalb in diesem Fall der ‚innere Aktionsdruck' bis zur Entladung in der geschilderten vorspringenden Bewegung ansteigt.

Wir können diese Bewegung somit als Ausdruck unmittelbarer Hilflosigkeit angesichts einer unplanmäßigen Veränderung der Umwelt betrachten. Der Hund hat in Wiederholungen apportieren gelernt, und er konnte es unter anderem lernen, weil die Interaktionsfolge auch wiederholbar war. Die Wiederholbarkeit war eine naturhafte Eigenschaft der Apportiersituation: Ist der Stock in der Hand, folgt auch eine Wurfgestik; daß diese ausbleibt, ist nicht vorgesehen.

Mit dem Lehren des Apportierens ist der Lehrende gleichsam die Verpflichtung eingegangen, in jenem Handlungsbereich planmäßige Umwelt für den Hund zu sein. Daß der Hundehalter diese Verpflichtung spürt, wird spätestens deutlich an der Art, in der er sich durch die überschießende Aktivität seines Tieres angesprochen fühlt: Er faßt sie als Aufforderung auf, nun „doch endlich" zu werfen. Wirft er daraufhin tatsächlich, wird offenbar, daß die ‚motorische Antizipation' nicht nur als Ausdruck der Hilflosigkeit angesehen werden kann, sondern daß sie auch jene Kraft zu sein vermag, die das Auftreten der jeweils fehlenden Glieder einer Funktionskette bzw. einer Interaktionsfolge zu bahnen in der Lage ist[7].

Die ‚motorische Antizipation' ist eine Fähigkeit, die alle motorisch begabten Lebewesen haben. Sie ist sorgfältig zu unterscheiden von jener Antizipation, die wir als einen Akt des Bewußtseins ansehen, einer Fähigkeit, die an Sprache gebunden und damit den sprachlich begabten Lebewesen vorbehalten ist.[8]

Kleinkindern stehen unsere vielfältigen sprachlichen Möglichkeiten, gewünschte Handlungen bei einem anderen zu initiieren, noch nicht zur Verfügung. Sie vermögen nicht verbal zu handeln: sie können nicht auffordern, nicht fragen, nicht andeuten, nicht bitten. Sie sind darauf angewiesen, nonverbal die ihrem aktuellen Bedürfnis entsprechenden Interaktionsformen heraufzubeschwören.

Und als „Beschwörungsformeln“ können ihnen dabei die ihrer Motorik bereits vertrauten Teile der jeweiligen Gesamtfolge dienen. Diese werden dann so oft wiederholt, bis sich schließlich doch die zur Komplettierung der Gesamtfolge, und das bedeutet hier zur Befriedigung des Bedürfnisses, notwendigen Handlungsformen der Interaktionspartner ergeben oder aber, wie in Mariannes Beispiel, bis die Körperspannung sich in anderer Weise löst: in Wut oder Tränen.[9]

In dem Maße, wie nun im Rahmen des Spracherwerbs bestimmte Laute als zu bestimmten Interaktionsfolgen gehörige Elemente erfahren und begriffen werden, steigt schon bald die Fähigkeit des Kindes, über die Realisierung bloßer Lautkomplexe sich die dazu gehörenden Gesamtfolgen zu vergegenwärtigen.

Alfred Lorenzer hat diesen Zusammenhang eingehend begründet und im Verweis auf die Fähigkeit der Lautengramme, „Beziehungen aufsteigender Komplexität aufzubauen und in zerebralen Schaltungen abrufbereit zu halten“[10], zugleich die biologische Grundlage hervorgehoben, auf der die Möglichkeit der Menschen basiert, „vom signalgebundenen Verhalten zum symbolvermittelten Handeln, zum Symbolgebrauch aufzusteigen“[11]: „Wenn Lautengramme als ein systematisch gegliedertes System aufgebaut sind, verzögert sich die Bindung an die Realsituation deshalb, weil über das Netz der Lautengramme eine damit zusammenhängende Reihe von verschiedenen Interaktionsengrammen abgerufen wird. Bei ausgereiftem System bedeutungsvoller Lautengramme werden damit zugleich unterschiedliche sensorische und motorische Impulse mobilisiert – so z. B. widerspruchsvolle Vorstellungen.

Freilich erweist sich das nicht nur als Möglichkeit der Situationsfreiheit, sondern wiederum auch als Zwang: Das von einem Lautengramm (z. B. zufällig) produzierte Interaktionsengramm wird – außer in Fällen pathologischer Störung – zu einer Aktivierung des mit ihm verbundenen Interaktionsengramms führen. Der Betreffende *muß* sein Verhalten mit den relevanten Interaktionsformen abstimmen.“[12]

In Interaktionsfolgen, die auf diese Weise sprachlich eingebunden werden, scheint nun der ‚motorischen Antizipation‘ bis zu einem gewissen Grad das Fundament entzogen zu sein.

Da über das gegliederte System der Lautengramme unterschiedliche Verläufe einer Interaktionsfolge zu einer je aktualisierten Situation assoziiert werden können, liegt eine eindeutige, relativ invariante Handlungsfolge nicht mehr vor:

Auf vorsprachlicher Entwicklungstufe vermochte z. B. ein Akteur S aus einer Interaktionsfolge

bei angestiegenem Aktionsdruck seiner Teile auch ohne das interaktive Gegengefüge des Partners H zu realisieren:

Angesichts der Aktualisierung einer Interaktionsfolge wie

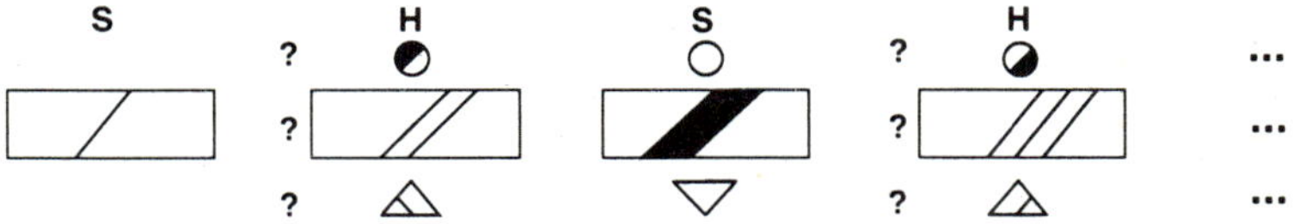

kann der Automatismus einer ‚motorischen Antizipation‘ hingegen blockiert werden, weil mehrere Alternativen zur Wahl stehen. Hier vermag die mentale Antizipation an die Stelle der motorischen zu treten, z. B. in Form des Abwägens der Handlungsalternativen. S vergegenwärtigt sich dann die unterschiedlichsten Interaktionsverläufe und wird schließlich Handlungsweisen wählen, die ihm besonders geeignet erscheinen, jene Aktionen hervorzurufen, die er sich von H besonders wünscht.

Entspricht dann die Reaktion jenes Partners doch nicht seinen Vorstellungen, mag er sich enttäuscht abwenden. Gleichwohl wäre er auch in der Lage, die gemachte Erfahrung in seine künftigen Antizipationen einzubeziehen, die erlebten Interaktionsfolgen als ebenfalls mögliche in einen erneuten Handlungsversuch einzuarbeiten.

Wir könnten nun freilich behaupten, auch im Falle ‚motorischer Antizipation' werde einer wechselvollen Umwelt ‚antizipierend' begegnet. Wir müßten dann jedoch hinzufügen, daß dies nicht dadurch geschieht, daß versucht würde, jener Umwelt etwa durch die Reaktualisierung der vielfältigsten für die betreffende Gesamtsituation relevanten Interaktionsmöglichkeiten Rechnung zu tragen.

Im Gegenteil: Im Fall ‚motorischer Antizipation' wird die Umwelt als wechselvolle gerade übergangen. Diese Form organismischer Ignoranz ist produktiv, solange auf diesem Wege schließlich doch die bis dahin erfahrene Planmäßigkeit der Umwelt wiederhergestellt werden kann.

Im Rahmen menschlicher Interaktion scheitert sie immer dann, wenn die Interaktionspartner dank ihrer sprachgebundenen Reaktualisierungsmöglichkeiten andere Vorstellungen vom Verlauf der Interaktionsfolge aufrechterhalten oder sie einfach mit ihren Gedanken gerade ‚woanders' sind.

Wir können den Unterschied zwischen motorischer und mentaler Antizipation auch auf andere Weise benennen. Mentale Antizipation richtet sich auf ein vom eigenen Selbst relativ unabhängig handelndes Objekt; ja, diese Form der Antizipation wird angesichts der je erlebten Eigenständigkeit des Objekts geradezu erst notwendig.

Im Rahmen ‚motorischer Antizipation' sind Selbst und Objekt kaum mehr als ineinandergreifende und aufeinanderfolgende Phasen von Handlungsabläufen. Das Objekt wird als eigenständig handelndes kohärentes Subjekt nicht erfahren.

Die Entfaltung der Fähigkeit zur mentalen Antizipation bedeutet nun allerdings keineswegs, daß die Fähigkeit zur ‚motorischen Antizipation' im Rahmen sprachlich eingebundener Interaktionsfolgen völlig verlorengeht.

Es kann z. B. einem Akteur S in so starkem Maß an einer bestimmten Reaktion Hs gelegen sein, daß dessen andere Reaktionsalternativen für ihn in den Hintergrund treten.

In solch einer Situation ist es vorstellbar, daß S das eine tut, ohne das andere zu lassen. Er mag *mental* durchaus die Möglichkeit anderer Reaktionen in Betracht ziehen, zugleich kann sich aber *motorisch* sein spezifisches Handlungsinteresse in einer Weise durchsetzen, die andere Reaktionen, als die erhoffte, nicht im mindesten vorsieht:

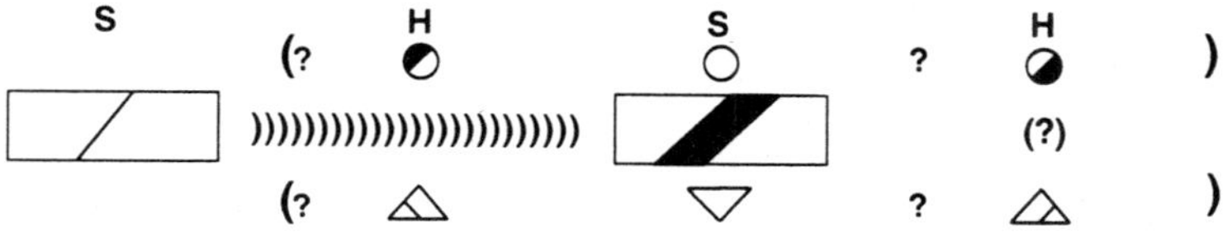

Die Beschwörungsformeln der ,motorischen Antizipation' vermögen selbst bei entfaltetem Sprachgebrauch ihren Reiz zu behalten. Ja, in der Sprache erschließt sich ihnen gar ein neues Medium.

2. Vorwegnehmende Korrektur

,Vorlaute Bemerkungen' sind uns als unzeitige, durch angestiegenen inneren Aktionsdruck bedingte motorische Bewegungen unserer Sprechorgane wohlbekannt. Doch hier soll es nicht nur um einzelne Wörter gehen, die vorzeitig geäußert werden, sondern um ,motorische Antizipationen' auf der Ebene sprachlichen Handelns.

Es geht um „besondere" Formen des Feststellens, des Erlaubens, Aufforderns oder Fragens, um „besondere" Formen der Affirmation und des Widerspruchs, mit denen wir auf eindringliche Weise Angesprochenen nahelegen, zu tun, was wir sagen, oder nicht zu widersprechen.

Diese Formen ,motorischer Antizipation' in der Dimension sprachlichen Handelns möchte ich aus Gründen, die ich in Abschnitt 3.1. eingehend erläutern werde, ,vorwegnehmende Korrektur' nennen.

2.1. Du tust, was ich sage.

Wir sind es gewohnt, Äußerungen wie die folgenden als Aufforderungen aufzufassen:

(I) Könntest du mal bitte herkommen?
(II) Kannst du mal bitte herkommen?
(III) Kannst du mal herkommen?
(IV) Kommst du mal her?
(V) Komm mal her.
(VI) Komm her!
(VII) Du kommst her!
(VIII) Du KOMMST jetzt her!

Und es fällt uns zunächst nicht schwer, die jeweilige Art des Aufforderns näher zu charakterisieren. Die Äußerungen (I) und (II) sind Bitten in Frageform. Dabei erscheint uns (I) durch die Wahl des Konjunktivs als höflicher.

(III) und (IV) sind einfache Formen des Aufforderns in Frageform. (V) und (VI) fassen wir aufgrund der Wahl des Imperativs „komm" als Befehle auf. (V) erscheint uns dabei durch die Beschränkung mittels des Wörtchens ‚mal' weniger rigide zu sein als (VI).

Die Äußerungen (VII) und (VIII) übersteigen noch die direktive Funktion des einfachen Befehls, und daran würde sich selbst dann nichts ändern, würden sie weder drohend noch nachdrücklich, sondern in gleichmütigem, ‚sachlichem' Tonfall erfolgen. Das erscheint in Anbetracht der Wahl eines bloßen Präsens allerdings überraschend und der Klärung bedürftig.

In einem anderen assoziativen Kontext als dem, den ich mit den Beispielen (I) – (VIII) hervorgerufen habe, würden wir Äußerungen wie „Du kommst her." oder etwa „Du schaust MICH an.", „Du bist still.", „Du hörst auf zu weinen." als Beschreibungen ansehen. Wir können uns vorstellen, daß jeder dieser Sätze geäußert wird, *während* der Angesprochene in der betreffenden Weise handelt; wir können uns auch vorstellen, daß alle diese Sätze in einer Sequenz zusammengefaßt werden, bald *nachdem* der Angesprochene die entsprechende Handlungsfolge abgeschlossen hat, z. B.: „Du kommst her, du schaust MICH an, du bist still, du hörst auf zu weinen – ich versteh das nicht; was ist denn los mit dir?"

Die Bedeutung der Sätze ändert sich jedoch schlagartig, sobald sie geäußert werden, *bevor* der Angesprochene entsprechend gehandelt hat. Dann nämlich wird mit der Beschreibung der Vollzug einer Handlung festgestellt, die nicht vollzogen wurde.

Nun können wir uns hierzu zwar Situationen vorstellen, in denen der Angesprochene auf Sätze wie „Du kommst her." oder „Du bist still.“ mit „Aber ich komme doch gar nicht.“ und „Ich bin doch gar nicht still.“ antwortet; jedoch hätten wir dann das Gefühl, daß der Angesprochene die kommunikative Absicht des Sprechers mißversteht.

Offenbar besteht in unserer Sprachgemeinschaft die Konvention, im Präsens gefaßte Beschreibungen der Handlungen eines Angesprochenen, die dieser noch nicht vollzogen hat, nicht als Behauptung gelten zu lassen, der widersprochen werden kann. Statt dessen pflegen wir solche Äußerungen als äußerst direktive Aufforderungen zu begreifen; wir tun so, als habe der Angesprochene gar keine andere Wahl, als in der betreffenden Weise zu handeln, wir tun so, als stellten wir den Vollzug seiner Handlung lediglich „ein wenig zu früh“ fest.

Ja, wir tun so, obwohl eine Äußerung wie „Du kommst her!“ in uns eher die Vorstellung eines Angesprochenen hervorruft, der keineswegs herkommen möchte, und eine Äußerung wie „Du bist still.“ uns zu jemanden gesagt zu sein scheint, der gerade erst anfangen wollte zu reden.

Wir ziehen also mental durchaus andere Reaktionen des Angesprochenen in Betracht. Doch ist uns offenbar an der von uns gewünschten Reaktion in so starkem Maß gelegen, daß wir motorisch-antizipierend, und zwar sprechhandelnd, unser Interesse durchsetzen.

Bei unproblematisch wunschgemäßem Verlauf des Beispiels „Herkommen“ könnte die Interaktionsfolge so skizziert werden:

S	H	S
fordert auf	kommt	(still für sich[13]) stellt fest
„Komm mal her.“		„Du kommst her.“

Verläuft die Interaktion jedoch nicht wunschgemäß, weil H. sich z. B. weigert, kann der ‚innere Aktionsdruck‘ von S dergestalt ansteigen, daß die betreffende Feststellung vorzeitig einfach aus ihm herausplatzt.

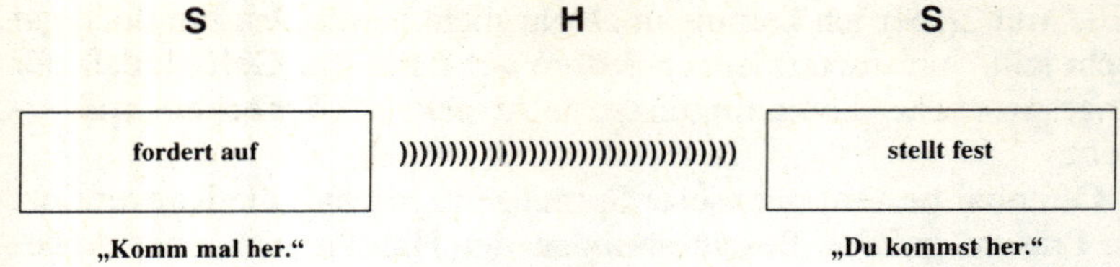

Im Rahmen einer so inszenierten Interaktionsfolge ist H als unabhängig handelnder Angesprochener nicht mehr vorgesehen.

Mit Äußerungen wie „Du kommst her.", „Du bist still.", „Du läßt das." usw. können wir also das Handeln Angesprochener vorwegnehmend feststellen und sie so besonders eindringlich auffordern zu tun, was wir sagen.

Ähnlich wirkt aber auch bereits das vorwegnehmende Feststellen bloßer Intentionen. Als Sprecher haben wir dann keine Anzeichen dafür, ob unser Angesprochener die von uns erwünschte Intention tatsächlich hat, oder wir wissen sogar, daß er sie nicht hat.

Hierzu ein einfaches Beispiel: S und H haben miteinander Streit. H hat es satt, S von vorn bis hinten zu bedienen. Beide sind ‚gereizt'.

S: „Also was is. Bringste mir nun mein Essen?" H: „Hol dir den Fraß doch selber." Schweigen. Dann, mit äußerster Beherrschung, zugleich aber mit gegen Satzende wachsender Ungeduld, preßt S hervor: „Du möchtest mir mein Essen bringen!"

Der Widerstand Hs liegt offen zu Tage, und es wäre nicht verwunderlich, hätte S auf die geschilderte Äußerung Hs erwidert: „Du bringst mir jetzt mein Essen!"

Immerhin ist S „auf hundertachtzig", und ein derartiger Satz könnte fällig sein. Doch S beherrscht sich. Er wählt eine scheinbar mildere Form, das vorwegnehmende Feststellen der Intention. Dessen Wirkung erscheint ihm wünschenswerter.

Was S damit aber in die Welt setzt, ist höchst eindrucksvoll. S fordert H nicht nur in der besprochenen Weise auf, ihm das Essen zu bringen. Er blendet in dieser Situation mit der vorwegnehmenden Feststellung „Du möchtest mir mein Essen bringen." zugleich alle von H zuvor unternommenen Versuche aus, S klarzumachen, daß er (H) eben diese Intention gerade *nicht* habe.

Graphisch könnten wir das in der nun schon bekannten Weise darstellen:

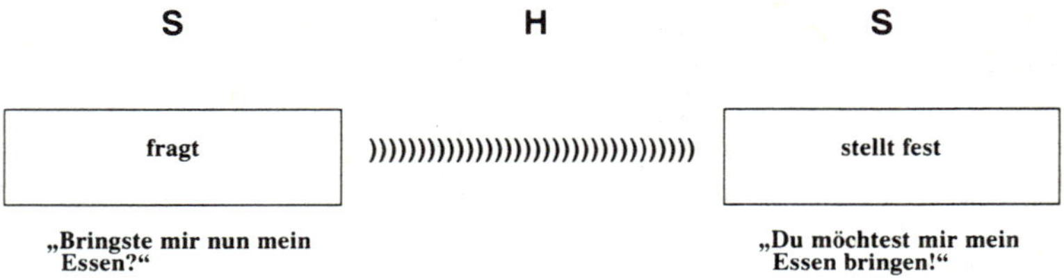

So wie das vorwegnehmende Feststellen (vw-Feststellen) ließen sich nun eine ganze Reihe weiterer sprachgebundener Varianten ‚motorischer Antizipation‘ als vorwegnehmende Korrektur (vw-Korrektur) beschreiben. Ich möchte dies kurz noch an drei Beispielen erläutern: dem vorwegnehmenden Erlauben, Auffordern und Fragen.

1. Vw-Erlauben
Die Äußerung „Sie dürfen sich ruhig neben mich setzen.“ kann dann als vw-Korrektur gelten, wenn der Sprecher S nicht die geringsten Anzeichen dafür hat, daß der Angesprochene H wünscht, sich neben S zu setzen, ja S eventuell gar befürchtet, H beabsichtige nicht, sich neben ihn zu setzen.

S verdeutlicht H durch seine Äußerung, daß es für ihn (S) außer Zweifel sei, daß H sich neben ihn zu setzen beabsichtigt und daß er dies ihm lediglich zu erlauben brauche.

Sieht H sich gezwungen, S nicht zu verunsichern, oder möchte er ihm die Enttäuschung ersparen, muß er entweder eine glaubhafte Ausrede parat haben oder der erteilten Erlaubnis dankend entsprechen.

2. Vw-Auffordern
Die Äußerung „Tun Sie sich keinen Zwang an.“ kann dann als vw-Korrektur gelten, wenn der Sprecher S nicht die geringsten Anzeichen dafür hat, daß der Angesprochene H im Begriff ist, sich Zwang anzutun, ja S eventuell gar befürchtet, H könne sich unaufgefordert zwanglos benehmen.

S verdeutlicht H durch seine Äußerung, daß er sich sicher sei, daß

H zum Zeitpunkt der Äußerung unaufgefordert nicht zwanglos handeln könne.

Die peinliche Wirkung des vw-Auffordern ergibt sich für den vielleicht ohnehin gerade zwanglosen H in diesem Fall dadurch, daß er sich gezwungen sieht, angesichts der von S eingeführten gewährten Zwangslosigkeit so zu tun, als sei er (H) erleichtert

3. Vw-Fragen
Die Äußerung „Hast du mich nicht verstanden?“ kann dann als vw-Korrektur gelten, wenn der Sprecher S sich sicher ist, daß der Angesprochene H ihn verstanden hat, ja S eventuell gar annimmt, daß das von ihm angesprochene Nichtverstehen gerade nicht der in Frage kommende Grund für Hs augenblickliche Unfolgsamkeit (o. ä.) ist.

S verdeutlicht H durch seine Äußerung, daß dessen augenblickliche Haltung nur an dessen Nichtverstehen liegen könne. Hätte H verstanden, hätte er auf S gehört (ihm gehorcht).

H sieht sich damit gezwungen, S zu bestätigen, daß, wenn sein Nichtverstehen als Grund für seine Unfolgsamkeit entfalle, er (H) folgsam sein müsse.

(Hs zögernde Antwort „Do-och.“ genügt S in der Regel als Bestätigung. Doch wird es S sich oft nicht nehmen lassen, die in der Antwort Hs enthaltene Konsequenz noch andeutungsweise zu explizieren: „Na also…!“)

All diesen Formen sprachlichen Handelns ist gemeinsam, daß sie sich implizit oder explizit auf das Vorliegen von Intentionen oder den Vollzug von Handlungen eines jeweils Angesprochenen beziehen, die weder vorliegen, noch tatsächlich vollzogen sind.[14] Beides ignoriert der Sprecher in seiner besonderen vorwegnehmenden Art, die von ihm gewünschte Interaktionsfolge zu inszenieren.

2.2. Keine Widerrede!

Um Interaktionspartner zu einer Zustimmung zu bewegen, ihren möglichen Zweifeln zuvorzukommen, sie am Widerspruch zu hindern oder einfach unliebsamen Diskussionen aus dem Weg zu gehen, lassen sich insbesondere zwei Formen von vw-Korrekturen immer wieder finden: die vorwegnehmende Verwendung der Partikel ‚ja‘ und ‚doch‘.

1. vw-ja

Die Äußerung „N. war ja ein guter Geschäftsmann." kann als Äquivalent aufgefaßt werden von Sätzen wie „N. war, wie wir wissen, ein guter Geschäftsmann." oder „N. war, darin sind wir uns einig, ein guter Geschäftsmann."

Mit dem eng in den Satzverband eingefügten, unbetonten ‚ja' verdeutlicht also ein Sprecher S dem Angesprochenen H, daß H die Meinung von S teilt: ‚N. war ein guter Geschäftsmann.' Hat H jedoch keineswegs vorher zu erkennen gegeben, daß er dieser Meinung zustimmt, oder befürchtet S gar, H teile seine Meinung nicht, dann wirkt die Äußerung ‚N. war ja ein guter Geschäftsmann.' als vw-Korrektur. Die Interaktionsfolge

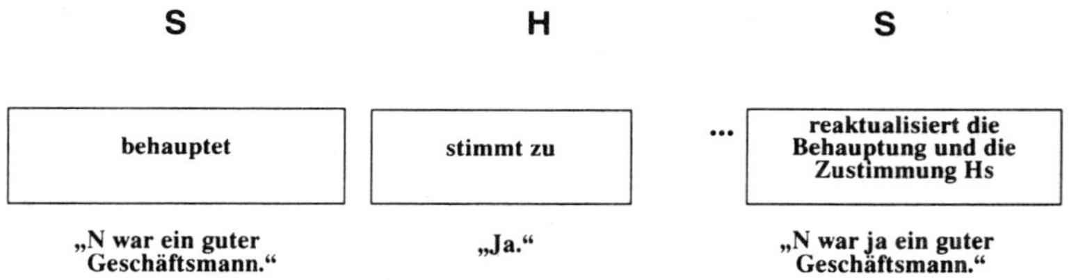

wird dann wie folgt inszeniert:

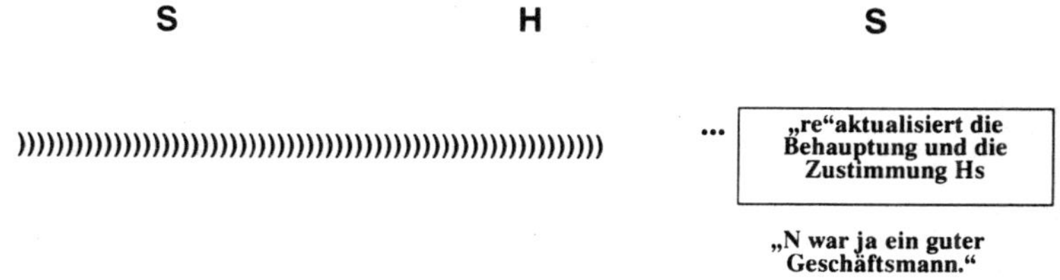

Obwohl/weil es fraglich ist, ob H der Behauptung von S zustimmt, nimmt S dessen Zustimmung einfach vorweg. Und macht seine Meinung so ohne Diskussion zur von beiden geteilten Meinung.

Ebenfalls eng in den Satzverband eingefügt, aber betont, ist die Affirmationspartikel in Ermahnungen und Aufforderungen anzu-

treffen. Das ‚ja' findet dort seine Verwendung, „wie um dieselben gleichsam von vornherein gegen Einspruch zu sichern"[15].
Eine Interaktionsfolge wie z.B.

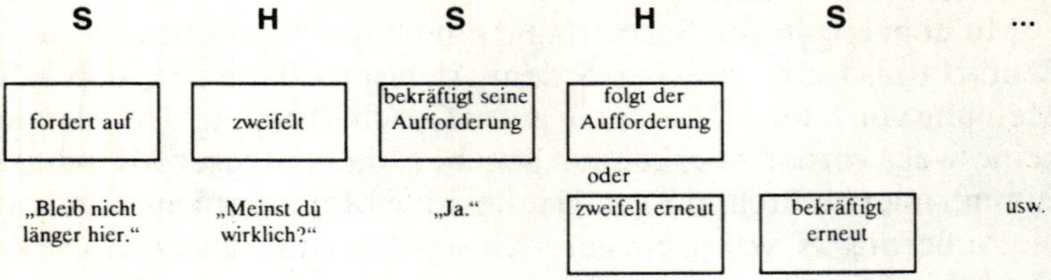

wird dann durch die Vorwegnahme der Bekräftigung wie folgt inszeniert:

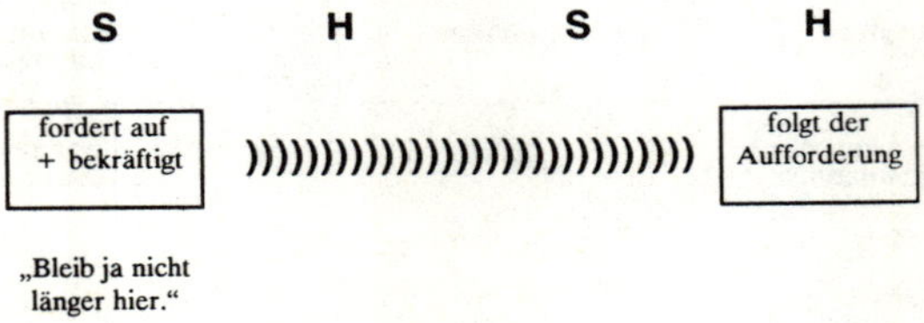

Da Hs mögliche Zweifel, ob er wirklich nicht länger bleiben solle, von vornherein und damit auch ein für allemal aufgehoben werden, hat er „eigentlich" keinen Grund mehr, der Aufforderung von S nicht zu folgen.

Wir sind es gewohnt, über Sachverhalte, die offenkundig sind, und Handlungsweisen, die uns selbstverständlich erscheinen, nicht viele Worte zu verlieren. Betrachten wir aber die Funktion von Äußerungen wie

N war ja ein guter Geschäftsmann.
Wir leben hier ja in Freiheit.
Du spinnst ja.
Mami kommt ja wieder.
Da denken die Herren ja nicht dran.
Man wird ja noch fragen dürfen.
Das kann ja nicht ewig dauern.
Das ist ja wohl die Höhe.

Bleib ja nicht länger hier.
Laß das ja (sein).
Sag das ja nicht weiter.
Wag ja nicht herzukommen.
Laß mich ja in Ruhe.
Gib ihm ja sein Geld zurück.
Vergessen Sie ja nicht abzuschließen.

dann scheint diese Gewohnheit eine bemerkenswerte Verkehrung zu erfahren. Im Rahmen vorwegnehmender Affirmation gilt offenbar: Kann der Angesprochene dazu gebracht werden, nicht viele Worte zu verlieren, steht die Offenkundigkeit des behaupteten Sachverhalts oder die Selbstverständlichkeit der geforderten Handlung außer Zweifel.

2. vw-doch

Mit Hilfe des *betonten* ‚doch‘ können wir einem Angesprochenen verdeutlichen, daß wir eine Behauptung aufrechterhalten, obwohl er widersprochen hat.

Selbst wenn wir aus einem gerade stattfindenden Gespräch zwischen S und H zufällig nur S’ Äußerung „Daran läßt sich DOCH was ändern.“ mitanhörten, würden wir deshalb annehmen, die Äußerung sei S’ Erwiderung auf einen soeben oder aber vor einiger Zeit erfolgten Widerspruchs Hs. Wir fassen damit S’ Satz auf als Teil der Interaktionsfolge:

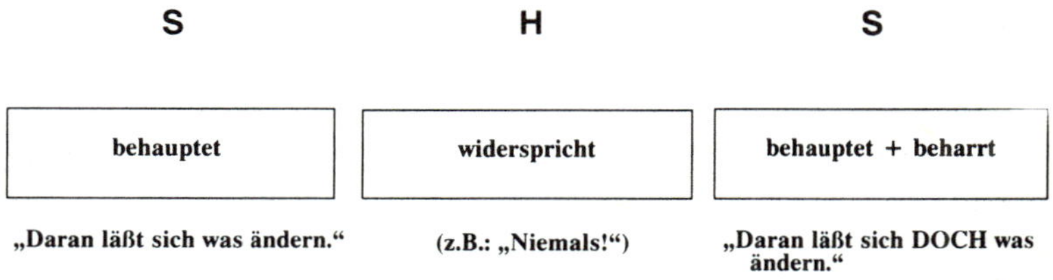

Mit Hilfe des *unbetonten* ‚doch‘ können wir einem Angesprochenen verdeutlichen, daß wir eine Behauptung aufrechterhalten, obwohl er widersprechen könnte.[16]

Wir pflegen deshalb S’ Äußerung „Daran läßt sich doch was ändern.“ nicht als Erwiderung auf einen bereits erfolgten Widerspruch anzusehen.

Wir haben aber den Eindruck, S wolle mit seiner Äußerung einem möglichen Widerspruch vorbeugen oder gar dem Angesprochenen das Gefühl vermitteln, Widerspruch sei zwecklos.

In diesem Fall wird die oben beschriebene Interaktionsfolge so inszeniert:

S **H** **S**

)) **behauptet + beharrt**

„Daran läßt sich doch was ändern."

S beharrt auf seiner Behauptung, ehe Hs möglicher Widerspruch überhaupt erfolgen kann. Sein vw-‚doch' ist dabei verläßlicher Indikator dafür, daß der Widerspruch weder erfolgt ist, noch provoziert werden soll. Sie birgt das ‚mentale' Wissen des Sprechers, daß er den Widerspruch lediglich befürchtet.

Daß wir mit Hilfe des unbetonten ‚doch' auch eindringlich auffordern können, mag folgendes Beispiel illustrieren.

Petra hat keine Lust mehr, mit Peter Ball zu spielen; sie würde lieber von ihm gefangen werden. So schmeißt sie den Ball ins nächstliegende Gebüsch, läuft auf Peter zu, saust an ihm vorbei, berührt ihn dabei kurz und ruft, ihm wieder davonlaufend: „Fang mich doch!"

Während des Ballspiels mit Peter ist Petras Bedürfnis, Fangen zu spielen, gewachsen. Schließlich „hält sie es nicht länger aus". Der Ball interessiert nicht mehr, er landet im Gebüsch. Dann führt Petra ihr neues Bedürfnis vor Augen: Demonstrativ läuft sie an ihm vorbei und gibt ihm durch die kurze Berührung zu verstehen, daß *er* der Anlaß ihres Laufens ist bzw. sein soll. Sodann läuft sie ihm davon, als wäre er bereits hinter ihr her. (Das würden wir als eine Form motorischer Antizipation auf der Ebene nonverbaler Interaktion ansehen.)

Sprechhandelnd ergänzt sie diese Aktion durch die imperative Aufforderung ‚fang mich' und fügt das unbetonte ‚doch' hinzu, für den wohl unwahrscheinlichen Fall, daß Peter dem vorangegangenen Reizansturm nicht erliegen sollte.

3. Zur suggestiven Kraft vorwegnehmender Korrektur

3.1. Die Wiederbelebung der Regeln vorsprachlicher Interaktion

Wie wir gesehen haben, muß sich die mit der Entfaltung unseres Sprachgebrauchs einhergehende Fähigkeit, eigenständige Reaktionen unserer Interaktionspartner in Betracht zu ziehen, nicht in jedem Fall auch auf unser faktisches Handeln auswirken.

Wir mögen anläßlich eines gegebenen äußeren oder inneren Reizes noch eine offene Gesamtsituation mit alternativen Interaktionsformen aktualisieren:

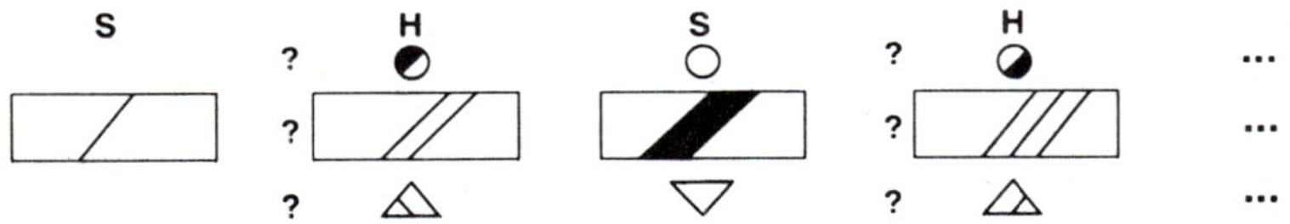

Im Akt der vorwegnehmenden Korrektur aber realisieren wir dann Teile dieser Gesamtsituation so, als gäbe es nur *eine* Interaktionsalternative:

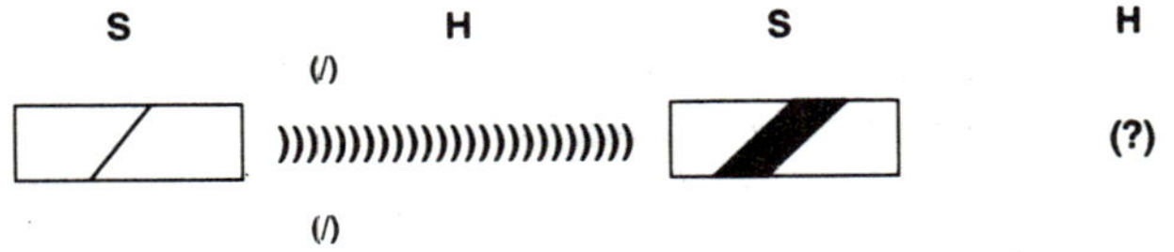

Unser Handeln regrediert damit auf eine Stufe der Entwicklung, auf der unser Interaktionspartner nur bedingt als von uns unabhängig handelndes Subjekt erfahren werden konnte.

Doch versetzen wir durch unser Handeln auch unseren Interaktionspartner in eine Welt, in der die Gesetze signalgebundenen Verhaltens noch ungebrochen ihre Gültigkeit besitzen.

Wir beleben in ihm das interaktive Milieu seiner frühen Kindheit. Ein Milieu, in dem er zunächst oft genug die Erfahrung machen konnte, ausreichend über seine Umwelt verfügen zu können. Die ‚motorische Antizipation' war damals ein geeignetes Mittel, „schließlich doch noch‘ die Befriedigung eigener Bedürfnisse zu erwirken.

Ein Milieu, in dem aber schon bald zunehmend auch die Grenzen der eigenen Allmacht erlebt wurden; selbst in Situationen, in denen sich die wachsende Dringlichkeit des Bedürfnisses in ‚motorische Antizipation‘ umsetzte, erwies sich oft die Umwelt als nicht beeinflußbar. Hier wurden noch unbegriffen die ersten Erfahrungen mit der Eigenständigkeit der Bezugspersonen gemacht, die die eigene Hilflosigkeit schmerzlich empfinden ließen. Konnten die Bezugspersonen doch unberührt von den wiederholt zum Ausdruck gebrachten Handlungswünschen des Kindes diesen gar zuwider handeln, während es selbst sprachlos nur wenige Möglichkeiten besaß, sich ihren Handlungswünschen zu entziehen.

So stellen wir im Akt vorwegnehmender Korrektur die unaufgespaltene, nicht auspolarisierte Selbst-Objekt-Einheit der frühen Kindheit in ihrer vollen Ambivalenz wieder her: als Ort paradiesischer Wunscherfüllung *und* zutiefst erlebter Gefügigkeit.

Und so beschwören wir dann in unserem Interaktionspartner das gewünschte interaktive Gegengefüge mit einiger Aussicht auf Erfolg herauf, weil durch die Art und Weise, wie wir dabei verfahren, sein archaisches ‚Wissen‘ um die Regeln eben dieser Interaktion wiedererweckt wird:

Drängt uns der Interaktionspartner mittels ‚motorischer Antizipation‘, so müssen *wir* das betreffende interaktive Gegengefüge realisieren; drängen wir ihn, muß *er* ‚sich fügen‘.

Wir versuchen, im Akt der vorwegnehmenden Korrektur die Regeln vorsprachlicher Interaktion wieder in Kraft zu setzen. Handelnd – und das kann auch heißen sprechhandelnd – inszenieren wir eine Situation, in der diese Regeln ihre Gültigkeit bewahrt zu haben scheinen. Wir legen unserem Interaktionspartner eine bestimmte Reaktionsform in einer Weise nahe, die sein Bewußtsein zu unterlaufen vermag: Das „Wissen“, das wir in ihm berühren, entstammt einer Zeit noch unbegriffener Erfahrungen, Erfahrungen, die, weil sie noch nicht an das Netz der sprachlichen Symbole gebunden waren, auf dem Weg der Reflexion nicht erinnert werden können. Gleichwohl sind sie unvergeßlich[17] und können wiederbelebt werden.

So sprechen wir im Akt der vorwegnehmenden Korrektur unmittelbar das Unbewußte unseres Interaktionspartners an, genauer, die seinem Unbewußten vertrauten Interaktionsgewohnheiten signalgebundenen Verhaltens. Wir suggerieren.[18]

Nun empfänden wir es freilich nicht von ungefähr als ungewöhnlich, wäre hier davon die Rede, daß etwa der Hund in dem anfangs gegebenen Beispiel seinen Kumpanen *suggestiv* zu beeinflussen suche. Auch Mariannes Winken würden wir kaum als einen solchen Versuch bezeichnen wollen, obgleich er seiner interaktiven Struktur zufolge ein solcher Versuch ist.

Offenbar erscheint uns suggestives Verhalten erst dann ‚der Rede wert', wenn es sich auf Subjekte bezieht, denen wir ein Bewußtsein zusprechen, d. h. unter anderem die Fähigkeit, auch in anderer als signalgebundener Weise zu handeln. Dieser in der umgangssprachlich alltäglichen Verwendung des Begriffs ‚suggerieren' enthaltenen Wertung trägt die Unterscheidung von ‚motorischer Antizipation' und ‚vorwegnehmender Korrektur' Rechnung.

Im Rahmen der unserem Willen in der Regel nicht zugänglichen Körperfunktionen wie innerhalb jener symbolisch unvermittelten Interaktionsfolgen, die wir bei Tieren und kleineren Kindern antreffen können, ist ‚motorische Antizipation' nichts weiter als eine natürliche Form der Vorwegnahme.

Innerhalb symbolisch vermittelten Handelns hingegen erhält diese Form der Vorwegnahme eine neue Qualität. Sie blendet im Vorwegnehmenden selbst die Aktualisierung alternativer Interaktionsfolgen aus, und sie erschwert diese Aktualisierung auch im Interaktionspartner. Sie gibt den Zusammenhang einer bestimmten Interaktionsfolge in eindeutiger Weise vor. Die ‚motorische Antizipation' wird zur Korrekturform, zur ‚vorwegnehmenden Korrektur'.

Vw-Korrektur ist freilich nicht die einzige Korrekturform, der es gelingt, subkortikal verankerte Interaktionsgewohnheiten in uns unmittelbar anzusprechen.

Wir sehen in ihr lediglich einen bestimmten Typ einer ganzen Reihe von Korrekturmitteln, mit denen wir in unserem alltäglichen Handeln versuchen, die Interaktionsverhältnisse signalgebundenen Verhaltens wiederzubeleben.

Dabei denke ich zum einen an die mannigfaltigen Formen nachdrücklicher Korrektur: vom insistierenden ‚bloßen' Wiederholen einzelner Äußerungen (S: „Komm jetzt her!" H: „Ich will aber nicht." S: „Komm jetzt her!") bis hin zu ihrer besonders lautstarken Formulierung (S: „KOMM jetzt her!").

Einen vergleichbaren Korrektureffekt haben zum anderen auch all jene Formen des (sprachlichen) Handelns, die ganz bestimmte ‚archaische' Interaktionsfelder subkortikal ansprechen.

Drohungen und offene Angriffe, aber auch charmante Worte und ein Augenaufschlag zur rechten Zeit vermögen uns in eine Stimmung zu versetzen, die es uns erschweren kann, die Vermittlungsmöglichkeiten unseres Symbolsystems in Anspruch zu nehmen. Sie lassen in uns Gefühle der Furcht oder Rivalität bzw. der Verliebtheit aufkommen; sie wecken jeweils unsere Bereitschaft zu Flucht oder Kampf bzw. zu Balz und Kopulation.

Wir könnten auch sagen, wir werden durch die betreffenden (Sprech-)Handlungen affiziert: Die zu korrigierende Handlung wird durch sie mit Affektbeträgen versehen, die ihr von sich aus nicht zukommen; d. h. sie wird mit den in uns wiederbelebten archaischen Interaktionsgewohnheiten gekoppelt (bzw. verschmolzen). Auch auf diese Weise kann, wie wir wissen, unsere Handlungs- und Urteilsfähigkeit beeinträchtigt werden.

3.2. Regressionsbereitschaft und suggestive Wirkung

Wir haben gesagt, daß die ‚motorische Antizipation' im Rahmen symbolisch-vermittelten Handelns als vorwegnehmende Korrektur wirkt. Von einfachen Aufforderungen, Bitten, Fragen, Behauptungen und Einwänden (etc.) unterscheidet sich dieser Versuch, auf das Handeln des Interaktionspartners Einfluß zu nehmen, durch die Art, in der die betreffende Interaktionsfolge vorgegeben wird: Sie spricht unmittelbar die im Interaktionspartner latent vorhandenen Interaktionsgewohnheiten signalgebundenen Verhaltens an; damit wird in ihm die Bereitschaft hervorgerufen, die Aktualisierung anderer Interaktionsalternativen als der vorgegebenen zu unterlassen.

In welchem Ausmaß diese Bereitschaft dann sein tatsächliches Handeln bestimmt, darüber ist noch nichts gesagt.

Wir haben bereits darauf aufmerksam gemacht, daß die vorwegnehmende Korrektur dem Korrigierenden die vollständige Verwirklichung (Realisierung) der von ihm voraufgebauten Interaktionsfolge keineswegs garantiert.

Es kann dem Interaktionspartner gelingen, eigene Vorstellungen vom Verlauf der Interaktion aufrechzuerhalten.

Die dafür notwendigen (Re-)Aktualisierungen werden über das Netz seiner sprachlichen Symbole vermittelt. Hierzu ein Beispiel:

Astrid:	„Darf ich zu Tommi gehen?"	
Mutter:	„Das kommt gar nicht in Frage.	
	Du bleibtst hier."	(vw-Feststellen)

A:	„Ich WILL aber zur Tommi."	
M:	„Du bist jetzt still und	(vw-Feststellen)
	machst deine Schulaufgaben."	(vw-Feststellen)
A:	„Aber ..."	
M (unterbricht):	„HAST du mich nicht verstanden?!"	(vw-Fragen)
A („wird frech"):	„Nein!"	
M (beschwichtigt):	„Nun stell dich doch nicht so an.	(vw-,doch')
	Du kannst ja morgen wieder zu ihm."	(vw-,ja')

Astrid scheint von der Korrektur ihrer Mutter nahezu unberührt. Die für sie relevante Handlungs- bzw. Meinungsalternative ist ihr derart gegenwärtig, daß der von ihrer Mutter an sie herangetragene Handlungs- bzw. Meinungswunsch allenfalls als gleichrangig betrachtet wird.

Wir sehen an diesem Gesprächsabschnitt aber auch, wie die Mutter immer wieder versucht, Astrid zu einem Verzicht auf ihre Handlungs- bzw. Meinungsalternative zu bewegen. Und dies geschieht eben nicht durch Auffordern zu oder gar Bitten um diesen Verzicht. Sondern die Mutter versucht durch die Intensivierung ihrer vw-Korrektur Astrids Bereitschaft zu verstärken, die Aktualisierung der Reaktionsalternativen zu unterlassen.

Ob die Korrektur der Mutter Erfolg hat, d. h. ob Astrid sich schließlich bereit zeigt, auf der Verwirklichung ihrer eigenen Handlungsintentionen nicht länger zu bestehen, haben wir offengelassen. Nach dem abschließenden Versprechen der Mutter ist ein Einlenken ebenso denkbar wie ein weiteres Insistieren: „Ich will aber JETZT."

Solange wir wissen, was wir wollen, solange wir ,uns sicher sind', scheint die durch einfache vw-Korrektur in uns angesprochene Bereitschaft, den Vorstellungen des Korrigierenden zu folgen, kaum einen Einfluß auf unser endgültiges Handeln zu haben. Erst wenn der Korrekturdruck verstärkt wird, können sich erste Anzeichen eines inneren Konflikts bemerkbar machen, kann es für uns schwierig werden, unsere eigenen Meinungs- und Handlungsalternativen gegenwärtig zu halten.

Was aber, wenn wir noch nicht über genaue Vorstellungen für unser Handeln oder noch nicht über eigene Meinungen in dem betreffenden Gebiet verfügen? Auch dann können wir uns natürlich erfolgreich zur Wehr setzen. Gerade an den Schwierigkeiten, denen wir dabei begegnen, und an der Energie, die wir dabei verausgaben, wird uns allerdings auch deutlich, mit welcher Art von Korrektur wir es zu tun haben.

Wir sehen die suggestive Wirkung der vw-Korrektur darin, daß mit ihr unmittelbar die in uns latent vorhandenen Interaktionsgewohnheiten signalgebundenen Verhaltens angesprochen werden. Wenn wir uns dieser Wirkung entziehen wollen, muß es uns gelingen, das Angebot zur Regression in die Gefilde archaischer Interaktion abzuschlagen. Wir müssen zu erkennen geben, daß wir nicht gewillt sind, uns auf ein Handlungsgefüge einzulassen, mit dem die Möglichkeit eigenständigen Handelns in Frage gestellt ist. Wir werden auf der Auspolarisiertheit der Beziehung zwischen uns und dem Korrigierenden zu bestehen haben. Schauen wir uns an, wie das ausehen könnte.

S:	H:
„Du versprichst mir, dich nicht wieder darauf einzulassen."	„Das hätt'ste wohl gerne."
„Sie dürfen sich ruhig neben mich setzen."	„Wie komm' ich denn DA zu."
„Komm, wir gehen jetzt."	„DU kannst ja gehen, wenn du willst."
„Vergessen Sie ja nicht abzuschließen."	„Na, und wenn schon."
„Das ist doch wohl die Höhe."	„Ach, wirklich?"

Das also wären einige Beispiele von vw-Korrektur mit den entsprechenden ‚passenden Antworten'. Diese hören sich reichlich aggressiv an. Sie sind es. Und sie sind es nicht grundlos. Wer sich auf diese Weise wehrt, empfindet die angeführten Äußerungen von S als unmittelbare Bedrohung seiner Eigenständigkeit. Seine Aggression kann als reaktiv-defensiv angesehen werden.[19] Die sie begleitende Feindseligkeit ist eine Antwort auf den faktischen Angriff von außen. Die Aktion dient primär der Verteidigung des bedrohten Selbst. Das „Objekt soll als provokant schädigend zurückgewiesen werden".[20] Der Angst, sich an das Objekt zu verlieren, kann so begegnet werden.

Dennoch empfinden wir die aufgeführten Reaktionen auf die vw-Korrektur sehr leicht als unangemessen und unhöflich oder gar als ungehörig und frech. Und sie wären dies wohl auch in einer Situation, in der nicht versucht würde, den Angesprochenen H vorwegnehmend zu korrigieren.

S:	H:
„Ich würde mich freuen, Sie an meiner Seite zu sehen."	„Ich soll mich neben sie setzen? Wie komm ich den DA zu."
„Vergessen Sie bitte nicht abzuschließen."	„Na, und wenn schon."

Wir würden dann die Entgegnungen Hs als eine Form aktiv-destruktiver Aggression betrachten „mit überwiegender und subjektiv intendierter Feindseligkeit und Zerstörungstendenz"[21]. Hier ginge es tatsächlich darum, das Objekt zu verletzen.

In den vorhergenannten Fällen dagegen handelt es sich lediglich darum, eine die errungene Eigenständigkeit nicht berücksichtigende Handlungsweise zurückzuweisen und der in ihr enthaltenen Korrektur wirkungsvoll zu begegnen.

Wir scheinen aber Skrupel zu haben, eine offene Zurückweisung der vw-Korrektur in der Form, wie ich sie im Beispiel angeboten habe, zu billigen. Und in der Tat lassen sich die ausgefeiltesten Strategien und Winkelzüge auffinden, sich mehr oder minder elegant dem Einfluß des Korrigierenden zu entziehen. In ihnen offenbart sich unser Mitgefühl mit dem Korrigierenden. Wir möchten ihn nicht allzu schroff abweisen. Scheint ihm doch an der Verwirklichung der von ihm gewünschten Interaktionsfolge so sehr gelegen, daß er sich nicht anders zu helfen weiß, als sie uns vorwegnehmend nahezulegen.

Eine derartige Hilflosigkeit rührt uns. Obwohl wir durchaus den Druck bemerken, der auf uns ausgeübt wird, fühlen wir uns zur Rücksichtnahme verpflichtet. Vorsichtig versuchen wir, uns dem verspürten Druck zu entziehen. Allzugern verweisen wir dann auf Umstände, die wir nicht zu verantworten haben und die es uns angeblich nicht erlauben, dem Wunsch des Korrigierenden nachzukommen: Wir verschleiern die Eigenständigkeit unserer Reaktion; wir täuschen den Korrigierenden, um ihn nicht zu sehr zu enttäuschen. Wir möchtem ihm das Gefühl vermitteln, daß sein Bemühen, mit uns eine Selbst-Objekt-Einheit herzustellen, nicht in jedem Fall fruchtlos bleiben muß.

„Erst im Schmerz der Trennung tritt das Selbst ins Leben."[22] Diesen Schmerz aber glauben wir ihm ersparen zu müssen – und uns.

So vermeiden wir die Konfrontation und ergreifen die Flucht. Auch in einer derartig bemerkenswerten Form, auf der Auspolarisiertheit der Beziehung zwischen uns und unserem Interaktionspartner zu bestehen, bleibt der Einfluß der vw-Korrektur noch zu spüren.

In den vorangegangenen Beispielen habe ich einige der Handlungsvarianten dargestellt, mit denen wir den Versuchen, die Eigenständigkeit unserer Reaktion durch vw-Korrektur einzuschränken, zu begegnen pflegen. Dabei bin ich stillschweigend von der Annahme ausgegangen, daß eine solche Einschränkung nicht in unserem Interesse liegt. Ich habe nicht berücksichtigt, daß es uns zuweilen geradezu angenehm sein kann, vorwegnehmend korrigiert zu werden.

Einem Kind, das befürchtet, seine Mutter werde nicht wiederkommen, das Angst hat, zu lange allein gelassen zu werden, kann es durchaus recht sein, wenn seine Zweifel so schnell wie möglich behoben werden und seine Angst nicht Gegenstand eines ausgiebigen Gesprächs wird.

Die Bestimmtheit, die die vw-Affirmation in einer Versicherung wie „Mami kommt ja wieder." ausstrahlt, kann ihm dann eine Hilfe bedeuten. Die so vom Sprecher zum Ausdruck gebrachte Sicherheit vermag sich auf das verunsicherte Kind zu übertragen und seine Ängste zu beschwichtigen.

Im Gestus der Selbstverständlichkeit stellt der Sprecher mit dem Kind eine Selbst-Objekt-Einheit her, die dem Kind neue Kraft gibt. Sie entspricht dem unmittelbaren Wunsch des Kindes nach Schutz und Geborgenheit.[23]

Daß auch wir Erwachsene unter bestimmten Umständen es als wohltuend empfinden können, wenn es jemand unternimmt, uns ‚in Sicherheit zu wiegen', bedarf, glaube ich, keines Beispiels.

Uns ist nicht immer nach Eigenständigkeit zumute. In solchen Augenblicken der Regressionsbereitschaft fällt das in der vw-Korrektur enthaltene Regressionsangebot auf besonders fruchtbaren Boden.

4. Der Einfluß vorwegnehmender Korrektur auf die Entfaltung eigenständigen Handelns und Urteilens im Sozialisationsprozeß

Vorwegnehmende Korrektur ist in den seltensten Fällen bewußte Strategie. Sie ist zutiefst in unseren Emotionen verwurzelt. Sie ist typisch für Situationen, in denen wir unter mehr oder minder starkem inneren Aktionsdruck stehen, eine bestimmte Interaktionsfolge so und nicht anders zu verwirklichen. Wodurch dieser Aktionsdruck zustande kommt, ist dann von Fall zu Fall kritisch zu betrachten.

Es gibt Augenblicke, in denen keinem der Beteiligten an verständigungsorientiertem Handeln gelegen ist. Kraftvolle Emotionalität bestimmt hier auf beiden Seiten das Handlungsfeld. Die beruhigende Versicherung „Mami kommt ja wieder." und Petras „Fang mich doch!" können – in den oben beschriebenen Zusammenhängen – dafür als Beispiele gelten.

Doch schon der Dialog zwischen Astrid und ihrer Mutter wirft ernst zu nehmende Fragen auf. Was macht es der Mutter unmöglich, sich mit Astrids Wünschen auseinanderzusetzen? Unter welcher Art von Druck steht sie? Hat sie nicht genügend Zeit? Kann sie sich diese Zeit nicht nehmen? Und warum nicht? Oder kann sie es z. B. nicht ertragen, an diesem Nachmittag alleine zu sein? Und warum kann sie mit Astrid sich nicht darüber verständigen?

Vollends fragwürdig aber wird vw-Korrektur, wenn sie im Rahmen primärer wie sekundärer Sozialisation zu den vorherrschenden Korrekturmitteln gehört und im Verband mit anderen Korrekturformen ähnlichen Charakters die Entfaltung eigenständigen Handelns und Urteilens erschwert. Dies soll abschließend noch skizziert werden.

4.1. Eigenständiges Handeln

Die unaufgespaltene Selbst-Objekt-Beziehung bildet die Grundlage der Entwicklung unseres Handelns. Wie bereits angesprochen, stellen sich im kindlichen Erleben früher Entwicklungsstufen Situationen noch als ein enges Handlungsgefüge aus eigenen wie elterlichen Handlungen dar. Das Erleben der Geschlossenheit des Handlungsgefüges entspricht dabei der realen Interaktion zwischen Eltern und Kind.

Die Handlungen der Eltern, die die kindlichen Bedürfnisse befriedigen, werden vielfach vom Kind selbst initiiert. Ebensooft aber muß das Kind in seinen Handlungsweisen sich auch dem Wunsch der Eltern fügen.

Die Lockerung des Handlungsgefüges, die Entfaltung eigenständigen Handelns, nimmt dort ihren Anfang, wo das Kind zum einen Handlungen lernt, die sich entweder für die Befriedigung seiner Bedürfnisse unmittelbar eignen oder aber sich vom Kinde in zufriedenstellende Handlungen umwandeln lassen, und wo es dem Kind zum anderen ermöglicht wird, dem Wunsch der Eltern nicht blind, d. h. ‚ohne seinen Willen', zu folgen. Die Auswahl geeigneter Handlungen aus dem elterlichen Interaktionsangebot wie das Abstimmen eigener und elterlicher Handlungswünsche können aber nur gelingen, wenn die betreffenden Handlungen in einer Weise korrigiert werden, die die Orientierung an den eigenen Handlungswünschen erlaubt.

Nun haben wir die vw-Korrektur als eine jener Korrekturformen kennengelernt, die sich dazu eignen, die Intentionen des Korrigierten auszublenden. Wie wir wissen, sind zwar beide, Eltern und Kind, jener Korrekturformen mächtig, doch haben die Eltern mehr Möglichkeiten, sich dem jeweiligen Korrektureinfluß zu entziehen. Im Gegensatz zu ihnen verfügt das Kind nämlich noch nicht über ein entfaltetes Symbolsystem, das es ihm erleichtern würde, seine eigenen Handlungswünsche selbst unter massivem Korrekturdruck gegenwärtig zu halten.

Das Kind ist damit in besonderem Maß auf eine verständnisvolle Korrektur angewiesen. Seine Kraft reicht nicht aus, dem Korrekturmuster „Du tust, was ich sage." auf Dauer Widerstand zu leisten. Das heißt, in all den Bereichen, in denen es nach diesem Muster handeln lernt, wird in der Regel zugleich seine Orientierung an den eigenen Handlungswünschen unterbunden: Das kindliche Selbst bleibt den elterlichen Objekten verhaftet; die betreffenden Handlungsweisen sind noch dort, wo sie selbständig (re)produziert werden, weitaus stärker von den Wünschen der Eltern als von den eigenen Wünschen bestimmt.

Wird eine derartige Erbarmungslosigkeit gegenüber seinen Ansprüchen aufgrund der Konsistenz der elterlichen Korrektur dem Kinde zur Gewohnheit, hat das schließlich zur Folge, daß im Rahmen jener Handlungsbereiche „das Kind später außerstande ist, seinerseits ... die Individualität anderer zu erkennen, geschweige denn anzuerkennen"[24]

4.2. Eigenständiges Urteilen

Was zuvor zur Entwicklung unseres Handelns gesagt wurde, gilt allemal auch für die Entwicklung jener besonderen Form des Sprechhandelns, die wir ‚urteilen' nennen. Auch ihr liegt die unaufgespaltene Selbst-Objekt-Beziehung zugrunde. Dieser Einheit entspricht hier jene reale Interaktion, in der die enge Verknüpfung von kindlichen und elterlichen Auffassungen für das Kind zunächst unumgänglich ist: der Spracherwerb. Vielfach werden die Auffassungen der Eltern auf Wunsch des Kindes geäußert; denn mit ihrer Hilfe lernt es, seine Erfahrungen begrifflich zu fassen, mit ihrer Hilfe vermag es seinen Wahrnehmungs- und Erlebnishorizont zu erweitern. Andererseits hat es sich aber auch oft genug in seinen Auffassungen den elterlichen Wahrnehmungs- und Erlebniswünschen anzupassen und entsprechend seine Zunge im Zaum zu halten.

Die Lockerung des „Auffassungsgefüges“, die Entfaltung eigener Auffassungen, nimmt dort ihren Anfang, wo das Kind zum einen Äußerungen lernt, die ihm zur Artikulation seiner Erfahrungen unmittelbar geeignet erscheinen oder sich aber entsprechend umwandeln lassen, und wo es dem Kind zum anderen ermöglicht wird, Äußerungen nicht zu übernehmen, wenn es mit ihnen nichts anfangen kann, sie ihm also eine angemessene Artikulation seiner Erfahrungen nicht gestatten.

Die Auswahl geeigneter Äußerungen aus dem elterlichen Äußerungsangebot wie das Abstimmen eigener und elterlicher Äußerungswünsche können aber nur gelingen, wenn die betreffenden Äußerungen in einer Weise korrigiert werden, die eigene Auffassungen zuläßt und damit auch die Orientierung an den Erfahrungen, die in diesen Auffassungen gegenwärtig gehalten werden, nicht verstellt.

Sehen wir uns kurz zwei der möglichen Wege an, auf denen ein Kind die Bekanntschaft einer Auffassung machen kann, ohne dadurch in der Ausbildung eines eigenständigen Urteils behindert zu werden.

Nehmen wir an, das Kind weiß nicht, was mit dem Wort ‚Geschäftsmann‘ gemeint ist; ebensowenig sei ihm die Bedeutung des Wortes ‚gut‘ in Verbindung mit dem Wort ‚Geschäftsmann‘ bekannt. Behaupten wir ihm gegenüber nun „N. war ein guter Geschäftsmann“, wird es zunächst mit unserer Äußerung nichts anfangen können.

Wenn es daran interessiert ist, zu erfahren, was wir ihm mitteilen wollen, wird es uns bitten, ihm die Wortverbindung ‚guter Geschäftsmann‘ zu erläutern. Vermutlich werden wir dann anhand der Worte ‚Geschäftsmann‘ und ‚guter‘ die Handlungsweisen in uns vergegenwärtigen, von denen wir wissen, daß sie für einen Geschäftsmann, zumal einen guten, typisch sind. Wir werden ihm jene Handlungen beschreiben und ihm sagen, daß ein Mensch, der in der beschriebenen Weise handelt, ‚guter Geschäftsmann‘ genannt zu werden pflegt. Auf diese Weise wird ‚guter Geschäftsmann‘ dem Kind ein Begriff; es kann sich nun selbst die beschriebenen Handlungen vergegenwärtigen, d. h., es kennt seine Bedeutung.

Nunmehr mag sich das Kind überlegen, ob es sich unserem Urteil über N. anschließen kann. Entspricht also die ihm von N. bekannte Handlungspraxis nicht den Vorstellungen, die es mittlerweile von einem guten Geschäftsmann hat, könnte es uns etwa entgegnen: „Nach allem, was ich von N. weiß, war er kein guter Geschäftsmann", bzw. „Ich finde nicht, daß N. ein guter Geschäftsmann war".

Hat das Kind Herrn N. aber gar nicht gekannt, mag es uns vielleicht Glauben schenken und unserem Urteil vertrauen, bis es von anderer Seite eines Besseren belehrt wird.

Zumindest ebenso wahrscheinlich ist es aber auch, daß das Kind an einer eingehenden Erläuterung unserer Behauptung überhaupt nicht interessiert ist. So genau will es das gar nicht wissen. Es begnügt sich damit, seinen Wortschatz um eine neue Verbindung zu bereichern, wie vage die an sie geknüpften Vorstellungen auch immer sein mögen.[25] Ja, es mag in der bloßen Übernahme unserer Behauptung bereits eine Erweiterung seiner Urteilsfähigkeit sehen, auch wenn es die Bedeutung unseres Urteils „realistisch" nicht einzuschätzen vermag.

Dies darf uns allerdings als durchaus unproblematisch erscheinen. Denn wie bei der Aneignung eines neuen Wortes der Entwicklungsprozeß des entsprechenden Begriffs erst beginnt,[26] so wird auch durch die bloße Übernahme eines Urteils die Entfaltung der eigenen Urteilskompetenz in dem betreffenden Bereich erst begründet. Es ist für den damit eingeleiteten Lernprozeß unerheblich, ob die Meinung, die sich das Kind auf jene leichtfertig anmutende Weise bildet, „objektiv" falsch ist und ob es die Worte in einem Sinn verwendet, der ihnen „objektiv" nicht zukommt; entscheidend ist vielmehr, ob die Korrekturformen, die es dabei mitübernimmt, ihm die Änderung seiner Meinung und die Differenzierung seiner Vorstellungen erlauben, sobald sich Erlebnisse einstellen, die eine solche Verarbeitung erforderlich werden lassen, oder ob sie dazu beitragen, die übernommene Meinung zum Fetisch zu verhexen[27].

Wir dürfen nun annehmen, daß das letztere gerade auch in der Macht von Beschwörungsformeln wie der vw-Korrektur steht.

Erstens hat das Kind der Meinung des Korrigierenden ohnehin in vielen Bereichen kaum etwas entgegenzusetzen, weil diese noch weitgehend seiner Erfahrung sich entziehen.

Was das Kind hier etwa im Gestus der Selbstverständlichkeit lernt, ist, daß Widerspruch und Zweifel im Zusammenhang jener Meinung nicht gefragt sind.

Mit der Internalisierung dieses Gestus wird die mögliche weitere

Entwicklung der betreffenden Meinung gleichsam vorprogrammiert: Wahrgenommen und zur Differenzierung ihrer Bedeutung verwendet werden dann vorzugsweise jene Erfahrungen, die sie bestätigen, ausgeblendet werden dann vorzugweise jene, die ihr entgegenstehen.

Zweitens gestattet es die noch unzureichende symbolische Vermitteltheit seiner Erlebnisformen zumeist nicht, diese gegenüber im Gestus der Selbstverständlichkeit vorgebrachte Sichtweisen seiner Bezugspersonen aufrechtzuerhalten.

Hier wird bei genügender Konsistenz der elterlichen Korrektur das Kind in dem betreffenden Meinungsbereich nicht etwa nur daran gewöhnt, auf die Aktualisierung von der elterlichen Sichtweise entgegenstehenden Erfahrungen zu verzichten, es lernt deren Aktualisierung erst gar nicht.

In beiden Fällen wird das Selbst des Kindes in seiner noch ungenügenden Auspolarisiertheit zu den elterlichen Objekten gehalten; die betreffenden Meinungen bleiben noch dort, wo sie selbständig (re)produziert werden, weitaus stärker von der Sichtweise der Eltern als von der eigenen bestimmt. Die auf diesem Wege eingelebte Ignoranz gegenüber seinen Erfahrungen erschwert es dem Kind nicht nur, sich in jenen Meinungsbereichen ein eigenes Urteil zu bilden, es wird ihm damit auch die Möglichkeit genommen, die von „seinem" Urteil abweichenden Urteile anderer als in deren eigener Erfahrung begründet anzusehen, geschweige denn sie ernstzunehmen.

„An ein gefestigtes Vorurteil ist eine von ihm gesteuerte Reaktionsbereitschaft geknüpft. Sie behandelt ihren Gegenstand, als ob er aus eigener Erfahrung bekannt sei; in Wirklichkeit sind es äußere oder introjizierte Autoritäten, die solches Urteil vorschreiben. Im Endeffekt verstummt der Zweifel, ob sie recht haben. Wo Gewißheit herrscht, *kann* man nicht zweifeln. Diese *Einschränkung des Könnens* ist der springende Punkt."[28]

5. Schlußbemerkung

Im Verlauf unserer Überlegungen haben wir dem sinnlich-affektiven Kern vorwegnehmender Korrektur besondere Aufmerksamkeit geschenkt. Ich habe ethologische Belege herangezogen, um die Leiblichkeit ‚motorischer Antizipation' zu unterstreichen. Doch habe ich bereits bei den Beispielen mit Tieren und Kleinkindern keinen Zweifel daran gelassen, daß auch ‚motorische Antizipation' sich erst unter bestimmten interaktiven Bedingungen ergibt, also ein Stück ‚hergestellte Natur' ist.

Später konnten wir dann verstehen, daß es die Wiederbelebung jenes natürlichen Kerns ist, der vorwegnehmende Korrektur auch im Rahmen der Interaktion Erwachsener ihre suggestive Wirkung verdankt.

Von einer Reduktion sozialer Interaktion auf scheinbar immerwährende biologische Tatbestände sind wir dabei allerdings weit enfernt. Wir tragen lediglich dem Umstand Rechnung, daß auch soziale Verhaltensfiguren auf dem Boden organismischer Strukturen gebildet werden, und können so zeigen, wie soziale Auseinandersetzungen eingelassen sind in die „Matrix sinnlichen Reagierens"[29].

Durch diesen Einbezug des Leiblichen in unsere Überlegungen erhalten wir die Chance, gesellschaftliche Zwänge sinnfällig darzustellen: Wir können an den Interaktionsformen selbst ablesen, wie soziale Mächte mit Hilfe biologischer Kräfte über uns verfügen[30].

So können wir dann auch gerade an den nichtsprachlichen Kernen unserer sprachlichen Interaktion deren gesellschaftlichen Charakter ausmachen.

Anmerkungen

1) Dieser Begriff entstammt der theoretischen Biologie Jakob von Uexkülls (1928; s. S. 150–155, 178f.). Eine anschauliche ausführliche Definition findet sich bei J. v. Uexküll/G. Kriszat (1934), S. 6–14.
2) J. v. Uexküll (1928), S. 152.
3) R. Bilz (1948), S. 25.
4) Die Merkmale eines Funktionskreises aufsuchen (bzw. korrelativ: fliehen) zu können, zeichnet die motorisch begabten Wesen vor den Pflanzen aus.

Dieses ‚Aufsuchen' sollten wir jedoch nicht in jedem Fall als *zielstrebig* ansehen. Wir können es aber mit J. v. Uexküll (1934; S. 50–55, 75 ff.) als *planmäßig* betrachten. (Siehe hierzu auch die von Konrad Lorenz [1963; S. 94f.] referierten Experimente.)

In der Verhaltensforschung wird diese Form des Aufsuchens ‚Appetenzverhalten' (‚appetitive behavior' [Wallace Craig, 1918]) genannt.
5) J. v. Uexküll (1928), S. 153.
6) R. Bilz (1969), S. 17f.; zu den Bedingungen des Ansteigens des inneren Aktionsdrucks vgl. auch die Beispiele von Thure von Uexküll (1963, S. 175f.) und Konrad Lorenz (1963, S. 57f.).
7) Die motorischen Antizipationen werden von Rudolf Bilz auch ‚Leerfunktionen' genannt; sie *können* volle Funktionen bahnen (R. Bilz, 1948), jedoch offenbar nur unter der Bedingung, daß die Umwelt des betreffenden Lebewesens auch eine natürliche geblieben ist (vgl. R. Bilz, 1967, S. 17ff.).
8) Einer dritten ursprünglichen Form der Antizipation möchte ich in diesem Zusammenhang nicht nachgehen. Ich meine das „Gegenstück" zur motorischen Antizipation, die ‚sensorische Antizipation'. Sie ist uns unter dem Namen ‚Halluzination' vertraut. (Hierzu s. z. B. R. Bilz, 1962.)
9) Ich habe hier nicht die Möglichkeit berücksichtigt, daß durch das Dazwischentreten anderer Reize eine Umschaltung die Wiederholung unterbricht, d.h. andere Interaktionsfolgen durch das Hervorrufen einer neuen Stimmung (Bedürfnislage) an Relevanz gewinnen.
10) A. Lorenzer (1972), S. 112.
11) A. Lorenzer (1972), S. 112.
12) A. Lorenzer (1972), S. 113.
13) Diese Art des Feststellens kann als bloßes Mitschwingen der mit

der Wahrnehmung von Hs faktischem Herkommen verbundenen Lautengrammketten gedacht werden: Sie ist chiffriert in den Kürzeln der ‚inneren Sprache' (s. L. S. Wygotski, 1934, Kap. 7 III–VI).

14) In der Terminologie der Sprechakttheorie könnten wir sagen, daß die Einleitungsbedingungen für den Vollzug der jeweiligen Sprechhandlungen wie ‚Feststellen', ‚Erlauben', ‚Auffordern', ‚Fragen' u. ä. in den dargestellten Beispielen nicht erfüllt sind (Vgl. J. R. Searle [1969], S. 107f.).

Gerade dadurch erhalten die betreffenden Äußerungen jedoch ihre spezifische pragmatische Funktion!

15) Jakob und Wilhelm Grimm (1877), S. 2194.

Auch für die Bedeutung des ‚ja' in Behauptungen findet sich im Grimmschen Wörterbuch eine der hier entfalteten Sichtweise bereits nahekommende Charakterisierung (S. 2197): „‚Ja' in einem Behauptungssatze, und ... unbetont, weist auf etwas allbekanntes, als sicher angenommenes hin."

16) Das Grimmsche Wörterbuch (1860) charakterisiert das hier beschriebene ‚doch' so: „... ist eine bestimmte Beziehung auf das Entgegengesetzte nicht vorhanden, wird es nur im allgemeinen vorausgesetzt, so enthält ‚doch' bloß eine Verstärkung des Nachsatzes und kann, ohne daß der Sinn gestört wird, wegbleiben." (S. 1203) Der pragmatische Sinn wäre dann allerdings empfindlich gestört.

17) Diese sprachliche Wendung verdanke ich Alvin Frank (1969).

18) Interessant ist in diesem Zusammenhang, daß vw-Korrektur eines der sprachlichen Mittel ist, deren sich Hypnotiseure gerne bedienen. Die hypnagoge Verfassung kann in manchen Fällen unter Verwendung von vw-Korrektur herbeigeführt werden (S. Freud [1905], S. 304f.). Und die vom Hypnotiseur getroffene vw-Feststellung „Jetzt wachen Sie auf." vermag die Hypnose zu beenden (S. Freud, 1895, S. 287).

19) Siehe Siegfried Elhardt (1974), S. 32 ff.; die folgende nähere Charakterisierung der reaktiven defensiven Aggression ist auf den uns hier interessierenden Fall beschränkt. Sie bedient sich daher nur eines Teils der umfassenden Elhardtschen Darstellung jenes Aggressionstyps.

20) S. Elhardt (1974), S. 32.

21) S. Elhardt (1974), S. 32.

22) Klaus Heinrich (1964), S. 69.

23) Zweifellos kann ein eingehender Dialog das nämliche Gefühl von Geborgenheit vermitteln; ja, er kann eine nachhaltigere Wirkung

haben als die suggestive Einflußnahme. Letztere erscheint uns jedoch zumeist „zweckmäßiger“: Sie verlangt weniger Zeit und Geduld.

24) Siehe Klaus Horn (1967), S. 62.

25) „Da die Menschen von frühester Kindheit an daran gewöhnt wurden, Wörter, die leicht aufzufassen und zu behalten sind, zu erlernen, ehe sie die komplexen Ideen kannten oder gebildet hatten, mit denen diese Wörter verknüpft waren ... verfahren sie meist ihr ganzes späteres Leben so.

Sie bringen nicht die Mühe auf, die erforderlich ist, um genau umgrenzte Ideen in ihren Geist einzuprägen; vielmehr verwenden sie ihre Wörter für die schwankenden und verworrenen Begriffe, die sie besitzen ...

Die Menschen greifen die Wörter auf, die ihre Nachbarn verwenden; damit es nicht so scheint, als wüßten sie nicht, was die Wörter bezeichnen, verwenden sie sie zuversichtlich, ohne sich viel Kopfzerbrechen zu bereiten, welcher festgesetzte genaue Sinn ihnen zukommt.“ (John Locke, 1690, S. 121f.)

26) Siehe L.S. Wygotski (1934); insb. S. 290.

27) Diesen bedeutungsvollen Ausdruck gebraucht Theodor W. Adorno (1961), S. 151.

28) Alexander Mitscherlich (1963), S. 296

29) A. Lorenzer in B. Görlich (1980), S. 325

30) „Herrschaft ist auch als eine *biologische* (nicht aber biologistisch zu lösende) Frage zu sehen und ‚Triebrepression‘ ist aus dem Rahmen der Frage nach dem Herrschaftssystem nicht wegzudenken.“ (A. Lorenzer, 1971, S. 33)

Bibliographie

Adorno, Th.W. (1961): Meinung, Wahn, Gesellschaft. In: Ders. (1963): Eingriffe. Ffm 1966; S. 147–172.

Bilz, R. (1948): Schrittmacherphänomene. In: Ders. (1967): a.a.O.; S. 7–38.

Bilz, R. (1962): Ammenschlaf-Experiment und Halluzinose. Beitrag zu einer biologisch orientierten Psychopathologie. In: Ders. (1971): a.a.O.; S. 309–344.

Bilz, R. (1967): Die unbewältigte Vergangenheit des Menschengeschlechts. Ffm 1967.

Bilz, R. (1969): Wie frei ist der Mensch. Über die paläanthropologischen Bedingtheiten menschlichen Existierens. In: Ders. (1971): a.a.O.; S. 9–124.

Bilz, R. (1971): Wie frei ist der Mensch? Ffm 1973.

Craig, W. (1918): Appetites and Aversions as Constituents of Instincts. In: Biological Bulletin 34, 91.

Elhardt, S. (1974): Aggression als Krankheitsfaktor. Göttingen 1974.

Frank, A. (1969): The Unrememberable and the Unforgettable: Passive Primal Repression. In: The Psychoanalytic Study of the Child. Jg. 24, New York 1969 (International Universities Press); S. 48–77.

Freud, S. (1895): Studien über Hysterie. GW I, Ffm 1972; S. 75–312.

Freud, S. (1905): Psychische Behandlung (Seelenbehandlung). G.W. V, Ffm 1972; S. 287–316.

Görlich, B. (Hrsg.): Der Stachel Freud. Beiträge und Dokumente zur Kulturismus-Kritik. Ffm 1980.

Grimm, J./Grimm, W. (1860): Deutsches Wörterbuch. Bd. II, Leipzig 1860.

Grimm, J./Grimm, W. (1877): Deutsches Wörterbuch. Band IV, 2 (bearbeitet von Moritz Heyne), Leipzig 1877.

Heinrich, K. (1964): Versuch über die Schwierigkeit nein zu sagen. Ffm 1964.

Horn, K. (1967): Dressur oder Erziehung. Schlagrituale und ihre gesellschaftliche Funktion. Ffm 1970.

Locke, J. (1690): Von den Wörtern. In: Ders. (1690): Über den menschlichen Verstand. Berlin 1962; 3. Buch, S. 1–166.

Lorenz, Konrad (1963): Das sogenannte Böse. München 1974.

Lorenzer, A. (1972): Zur Begründung einer materialistischen Sozia-

lisationstheorie. Ffm 1972.
Lorenzer, A. (1971): Symbol, Interaktion und Praxis. In: Psychoanalyse als Sozialwissenschaft. Ffm 1971; S. 9–59.
Lorenzer, A. (1973): Über den Gegenstand der Psychoanalyse oder: Sprache und Interaktion. Ffm 1973.
Mitscherlich, A. (1963): Auf dem Weg zur vaterlosen Gesellschaft, München 1970.
Searle, J. R. (1969): Sprechakte. Ein sprachphilosophischer Essay, Ffm. 1971.
Uexküll, J. v. (1928): Theoretische Biologie, Ffm 1973.
Uexküll, J. v. /Kriszat, G. (1934): Streifzüge durch die Umwelten von Tieren und Menschen. Ffm 1970.
Uexküll, Th. v. (1963): Grundfragen der psychosomatischen Medizin. Reinbek 1970.
Wygotski, L. S. (1934): Denken und Sprechen. Stuttgart 1969.

Rolf Haubl

Kreativer Spiel-Raum und Gruppeninszenierung

H. Searles hat bereits vor fast drei Jahrzehnten beklagt, daß sich die Psychoanalyse zu wenig mit der historisch-kulturell-gesellschaftlich bestimmten Dingwelt befaßt, in der ihre Patienten leben, obwohl die Welt der unbelebten Objekte doch unbestreitbar zu den maßgeblichen Interaktionsbedingungen menschlichen Erlebens und Handelns gehört (vgl. Searles, 1960, S. 10f.). Diese Diagnose trifft – trotz ernsthafter Anstrengungen einer tiefenhermeneutischen Kulturanalyse (vgl. A. Lorenzer, 1981; H.-D. König et al., 1986; J. Belgrad et al., 1987) – bis heute zu. Auf Theorie und Praxis der Gruppenanalyse bezogen, findet man diesen beklagenswerten Mangel in dem Sachverhalt wieder, daß über die dinglichen Aspekte des Settings der gruppenanalytischen Situation kaum jemals mehr als Gelegenheitsbeobachtungen publiziert werden und offensichtlich niemals systematisch über sie nachgedacht worden ist. Dabei kommt der Art des Gruppenraumes und der Möblierung, insbesondere der Bestuhlung – um nur das Naheliegende zu nennen –, erfahrungsgemäß eine erhebliche Bedeutung zu, die über die Herstellung einer ungestörten freundlichen Atmosphäre weit hinausweist. Denn sie etabliert ein spezifisches *szenisches Übertragungsangebot*, das einen mehr oder weniger starken nichtsprachlichen Einfluß auf die Selbstdarstellung der Gruppe und ihrer Teilnehmer hat. Um diese Annahme begründet ausführen zu können, bedarf es grundsätzlicher Überlegungen, die in einem ersten Schritt die Bezugnahme auf ein Modell der Gruppenanalyse verlangen. Wenn hier das Modell von S. H. Foulkes gewählt wird, dann deshalb, weil es wie kein anderes die Dialektik von Individuum und Gruppe als „Ausschnitt" der Dialektik von Individuum und historisch-kulturell-gesellschaftlicher Lebenswelt berücksichtigt und am ehesten für symboltheoretische Konzepte offen ist.

1. Gruppenanalyse nach Foulkes

Das gruppenanalytische Modell von Foulkes ist durch die holistische Theorie des Organismus von K. Goldstein, die Konfigurationssoziologie von N. Elias und die Theorie des subjektiven Faktors geprägt, wie sie die Frankfurter Schule gemäß der sechsten Feuerbachthese vertritt, die das Individuum als „Ensemble" der internalisierten historisch-kulturell-gesellschaftlich präformierten Interaktionen begreift, durch die es sozialisiert wird. In Übereinstimmung mit diesen Theorien stellt Foulkes fest: „Psychodynamik ist kaum, wenn je, auf die Grenzen des Individuums beschränkt, sondern schließt in der Regel eine Anzahl von untereinander verbundenen Personen ein. Die psychodynamischen Erscheinungen sind transpersonale Manifestationen" (Foulkes, 1974, S. 212). Deshalb zieht er die Gruppenanalyse der Einzelanalyse vor. Er ist davon überzeugt, „daß die Situation, in der sich jemand befindet, als Ganzheit genommen, letztlich alle Teilprozesse, die man beobachten kann, sowie ihre Bedeutung bestimmt. In einer Gruppe ist die ganzheitliche Situation natürlich die Gruppensituation" (Foulkes, 1973, S. 73). Daraus folgt, daß Gruppenanalyse nicht Psychoanalyse in der Gruppe sein darf, sondern *Psychoanalyse durch die Gruppe* sein muß. Den dialektischen Zusammenhang zwischen Gruppe und Gruppenteilnehmern faßt Foulkes gestalttheoretisch: Der einzelne Gruppenteilnehmer (Individuum) ist als „Figur" vor dem „Hintergrund" der Gruppe (Gesellschaft, Kultur, Geschichte) zu verstehen. Als solche hebt er sich um so deutlicher ab, je mehr er – zu einem bestimmten Zeitpunkt im Gruppenprozeß – von der zu diesem Zeitpunkt eingespielten Interaktionspraxis der Gruppe abweicht. Es ist das Schicksal jedes Gruppenteilnehmers, zeitweise im „Hintergrund" zu bleiben und zeitweise zu einer „Figur" zu werden. Die Alternativen der Hintergrundposition liegen dabei zwischen (entwicklungsfördernder) *Vergemeinschaftung* und (entwicklungshemmender) *Verschmelzung*, die der Figurenposition zwischen (entwicklungshemmender) *Isolierung* und (entwicklungsfördernder) *Individuation*. Ihre jeweilige Positionierung ist den Gruppenteilnehmern nicht als freie Entscheidung gegeben. Vielmehr geht sie aus dem *latenten* Strukturierungs*prozeß* der Gruppe hervor, dessen unbewußte, triebdynamisch bedingte affektive Bewegung sich in einer Sequenz von Gruppen*themen* manifestiert, über die sich die Gruppenteilnehmer bewußt verständigen. Diese Verständigung führt zu einer Verteilung von Hintergrunds- und Figurpositionen nach Maßgabe der von den Mitgliedern eingebrachten Beziehungskompetenzen und Beziehungsstörungen, die lebensgeschichtlich erworben worden sind und thematisch variieren. Im Verlauf der Gruppengeschichte wird sich dieser Strukturierungsprozeß als Beziehungs*struktur* verfestigen; er kann sogar strukturell erstarren, was dann der Gruppenanalyse einen hartnäckigen Widerstand entgegensetzt.

„In der Gruppe sitzen sich Fremde mit völlig verschiedenem Erfahrungs- und Erlebnishintergrund gegenüber und reagieren aufeinander" (Foulkes, E. J. Anthony, 1957, S. 29). Foulkes zufolge ist der „Erfahrungs- und Erlebnishintergrund" eines jeden Gruppenteilnehmers als dessen *verinnerlichte Familienmatrix* zu verstehen, in der sich die erlebten familiären Interaktionen persönlichkeits-konstitutiv niedergeschlagen haben und handlungsleitend geworden sind: Jeder Gruppenteilnehmer wird demnach unbewußt versuchen, seine Familienmatrix in der Gruppensituation wieder herzustellen; denn eine Wiederherstellung gewährt Sicherheit und erspart dementsprechend Angst. Da indessen jeder Gruppenteilnehmer einen solchen Versuch unternimmt, treffen unterschiedliche Übertragungsbereitschaften aufeinander, die abgeglichen werden müssen. Diese Abgleichung vollzieht sich – unter dem Eindruck der analytischen Grundregel, frei assozierend miteinander zu kommunizieren – im Medium der Sprache. „Die Gruppe ist in ihrer räumlichen Ausdehnung so beschaffen, daß jede in ihr gemachte Äußerung von allen anwesenden ... Subjekten wahrgenommen werden kann, ja wahrgenommen wird, wenn Verbalität das Ausdrucksmittel darstellt, da bekanntlich das Ohr jenes Sinnesorgan ist, das über keinen ihm eigenen Reizschutzmechanismus verfügt. Dieser Sachverhalt bedingt den Systembzw. Strukturcharakter der Gruppe" (A. Ruhs, J. Shaked, 1986, S. 334). Indem die Gruppenteilnehmer frei assoziierend miteinander kommunizieren, assoziieren sie sich. Daß dieser Prozeß im Medium der Sprache abläuft, heißt aber nicht, er liefe ausschließlich sprachlich ab. Im Gegenteil. Die Gruppenteilnehmer reagieren „sprachlich oder nichtsprachlich, bewußt oder unbewußt" aufeinander (Foulkes, Anthony, 1957, S. 29) – genaugenommen in einer Gemengelage aus verschiedenen Selbstdarstellungsmedien auf verschiedenen Bewußtseinsebenen, deren gruppenspezifisch anvisiertes Leitmedium aber stets die Ebene sprachsymbolischer Verständigung bleibt. Die Abgleichung der unterschiedlichen Übertragungsbereitschaften erfolgt dabei primär „aus einem gemeinsamen Untergrund unbewußten instinktiven [besser: intuitiven, RH] Verstehens“ (ebd.). Foulkes beschreibt diese Reaktionsform als *unbewußte Resonanz*; dabei ist z. B. „die spezifische Reaktion oder Abwehr“ des einen Gruppenteilnehmers „gegen einen verborgenen instinktiven Impuls [Anspruch auf Befriedigung eines Triebbedürfnisses, R. H.] des anderen gerichtet, obwohl dieser Impuls weder begriffen noch manifest artikuliert wurde. Es ist, als ob durch das Anschlagen einer Saite eines ganz bestimmten Tons eine spezifische Resonanz im aufnehmenden Individuum, dem Rezipienten, ausgelöst würde“ (Foulkes, 1974, S. 31). Durch *resonanzgeleitete Assoziationen* der Gruppenteilnehmer entsteht eine „Matrix aus unbewußten Reaktionen“ (Foulkes, Anthony, 1957, S. 29), die die kleinste Gemeinsamkeit aller eingebrachten individuellen Familienmatrizes bildet. Diese *Gruppenmatrix* läßt die Gruppe als artifizielle Familie entstehen, an der die einzelnen Mitglieder mit ihren Übertragungsbereitschaften teilhaben. Sie gilt es gruppenanalytisch zur Sprache und auf den Begriff zu bringen. Denn Foulkes betrachtet die *Familiarisierung* der Gruppe als basalen *Widerstand*, der Individuation verhindert und deshalb aufgelöst werden muß.

Mit allen seinen sprachlichen und nichtsprachlichen „Beiträgen“ reagiert ein Gruppenteilnehmer letztlich auf den unbewußten Strukturierungsprozeß der Gruppenmatrix. Sie werden von Foulkes „als Antwort auf das betrachtet, was vorher ablief; sie haben die Natur von a) Bestätigung, b) Gegenreaktionen und c) unbewußten Interpretationen“ (Foulkes, 1970, S. 79). Bestätigende sprachliche und nichtsprachliche „Beiträge“ bilden den „Hintergrund“ der Gruppe, Gegenreaktionen heben sich dann als „Figur“ ab. Maßgeblich aber ist, was Foulkes *„unbewußte Interpretation“* nennt. Dieses Konzept erinnert an Freuds bekannte Behauptung, daß der Träumer den latenten Sinn seines manifesten Traumes wisse, aber nicht wisse, daß er ihn weiß. Derart bietet auch der manifeste Traum eine unbewußte Interpretation. Bezogen auf die Gruppenanalyse, läßt sich demnach die unbewußte Gruppenmatrix als der latente Sinn fassen, den die sprachlichen und nichtsprachlichen „Beiträge“ der Gruppenteilnehmer – ohne zu wissen, daß sie ihn wissen – manifestieren und mithin *symbolisieren*. Diese Symbolisierungsleistungen gilt es zu deuten, um die unbewußten Interpretationen der Gruppenteilnehmer in bewußte zu übersetzen. Der Gruppenanalytiker wird dabei von Foulkes angehalten, nur insoweit deutend einzugreifen, wie dies die *Selbstdeutungskompetenz der Gruppe* stärkt. Diese praxeologische

Maxime geht mit einer Dezentralisierung der Übertragung einher, die für das Foulkessche Modell der Gruppenanalyse charakteristisch ist: Der Gruppenanalytiker soll nur insoweit die Übertragungen der Gruppenteilnehmer auf sich konzentrieren, wie dies nötig erscheint, „um die Gruppenkohäsion zu fördern und Angst zu reduzieren. Nach und nach wird er jedoch die Gruppe von ihren Bedürfnissen nach Abhängigkeit entwöhnen. Damit wird er weniger ein Leiter der Gruppe, vielmehr ein Leiter in der Gruppe. Am Ende muß die Gruppe seine Autorität durch ihre eigene ersetzen" (H. L. Behr et al. 1985, S. 111).

Symptome bzw. *symptomatische Interaktionen* zwischen den Gruppenteilnehmern leisten der Selbstdeutung der Gruppe den härtesten Widerstand. Denn sie zeigen sich „autistisch". Aber: „Da die Symptome in sich autistisch und schwer mitteilbar sind, setzen sie das neurotische Individuum zunehmend unter Druck, ihnen doch irgendwie Ausdruck zu verleihen" (Foulkes, 1948, S. 169). Dieser Ausdruck erfolgt nichtsprachlich, selbst wenn gesprochen wird: „Die Sprache des Symptoms ist zwar schon eine Form der Kommunikation, aber sie ... murmelt verstohlen vor sich hin, in der Hoffnung, gehört zu werden; sein Inhalt, in Worten ausgedrückt, ist sozial, nicht mehr autistisch" (Foulkes, Anthony, 1957, S. 259f.). Deshalb gehört die *Versprachlichung* des nichtsprachlichen symptomatischen Ausdrucks zu den wesentlichen therapeutischen Schritten der Gruppenanalyse. „Das Bemühen, eine immer artikuliertere Form der Kommunikation zu erreichen, ist identisch mit dem Therapieprozeß", der dabei „vom Symptom zum Konflikt" verläuft (Foulkes, 1948, S. 169). Denn mit der autistischen Sprache des Symptoms werden Konflikte, die immer Konflikte zwischen individuellen Ansprüchen auf die Befriedigung bestimmter Triebbedürfnisse und (verinnerlichten) sozialen sanktionsgestützten Normen sind, unkenntlich gemacht und dadurch entschärft, weshalb sie fortan nurmehr als unbegreifliche Beziehungsstörungen erscheinen. Deshalb muß dann auch die Versprachlichung des nichtsprachlichen symptomatischen Ausdrucks den Konflikt wiederbeleben, was die *Freisetzung starker Affekte* mit sich bringt. Wenn Foulkes betont, „die Gruppe ... erweitert ihr Verständnis der tieferen Seelenschichten, indem sie ihren Wortschatz erweitert" (Foulkes, Anthony, 1957, S. 263), dann meint er damit einen Zugewinn an sprachsymbolischer Kreativität, der dadurch zustande kommt, daß die Gruppenteilnehmer nichtsprachliche Ausdrucksformen szenisch zu verstehen lernen und dieses Verständnis angemessen zu versprachlichen suchen, was zwangsläufig dazu führt, daß sie *unkonventionell* miteinander kommunizieren.

2. Gruppeninszenierung und szenisches Verstehen

H. Argelander hat 1970 den Begriff der „szenischen Funktion des Ichs“ in die psychoanalytische Diskussion eingeführt. Er bringt damit die klinische Beobachtung eines „Ausdruckswechsels der unbewußten psychischen Manifestationen bei gleichbleibender innerer Konfliktkonstellation“ (Argelander, 1970, S. 326) auf den Begriff. Anders formuliert: Patienten setzen ihre unbewußten psychischen Konflikte einschließlich ihrer Symptome situationsgerecht in Szene. Dies ist eine *kreative* Leistung: „Während die Übertragung als unbewußter Vorgang sich von innen nach außen konstelliert, ist ihre situative Einpassung, die Verlaufsgestalt, die die Übertragung unter den Bedingungen der aktuellen Situation annimmt, eine frische Schöpfung des Ichs“ (ebd.). Die „gestaltenden Prozesse“ der Inszenierung laufen dabei mit einer „ungeheuren Geschwindigkeit“ ab (a.a.O., S. 327), sind aber abhängig vom „Ausmaß der Regressionsfähigkeit“ (a.a.O., S. 330) eines Patienten. Deshalb zeigen sich regressionsfeindliche Charakterpathologien auch vergleichsweise stereotyp. Die Fähigkeit der Inszenierung ist dem verwandt, was Foulkes „unbewußte Interpretation“ nennt. In Analogie von Einzelanalyse und Gruppenanalyse läßt sich so von einer „szenischen Funktion des Gruppen-Ichs“ sprechen, die eine *Inszenierung der unbewußten Gruppenmatrix* erlaubt. Symboltheoretisch liegen solche Inszenierungen unterhalb der Ebene sprachsymbolischer Verständigung; sie sind, selbst wenn gesprochen wird, nichtsprachlich.

Argelander hat seinen Begriff des „Szenischen“ den Arbeiten Lorenzers entlehnt, ihn aber aus dessen symboltheoretischem Theorieprogramm (vgl. Lorenzer, 1972, 1973, 1976, 1981) herausgerissen und ihm dadurch die Spitze gebrochen. Denn für Lorenzer geht das „Szenische“ gerade nicht in einer spezialisierten Ich-Funktion auf, sondern ist Wesensmerkmal des Psychischen. Ihm zufolge besteht die psychische Realität aus einem Gefüge von *szenischen Erinnerungsspuren*, die in ihrer lebensgeschichtlich frühesten Form als leibhaftiger Niederschlag erlebter frühkindlicher Interaktionen und mithin unter dem Eindruck mütterlicher, über die Mutter vermittelter historisch-kulturell-gesellschaftlich bestimmter Sozialisationspraxis entstehen. Der Begriff des „Szenischen“ ist in diesem Zusammenhang gegen einen behavioristischen Elementarismus gerichtet, der den Menschen als Reaktionsautomaten in einer in Reize aufgelösten Lebenswelt konzipiert und ihn so isoliert, passiviert und als „animal symbolicum" verkennt. In Kritik am Behaviorismus stellt Lorenzer heraus, daß der Mensch von einem fortgeschrittenen Embryonalstadium an zunächst intrauterin, dann extrauterin mit seiner Mutter und über sie hinaus mit einem sich ständig erweiternden Kreis von Mitmenschen notwendigerweise, in einer Not wendenden Weise, interagiert. Von Anfang an zielen Interaktionen dabei auf Verständigung, wobei sich die Verständigungsmittel zunehmend entkörperlichen und parallel dazu während der Sprachentwicklung zunehmend vergeistigen. Verständigung findet immer unter bestimmten raum-zeitlichen Bedingungen einer Interaktionssituation statt, in der die ablaufenden Interaktionen raum-zeitlich situiert sind, zu deren Begrenzung sie gleichzeitig auch beitragen. *Interaktionssituationen* und *Interaktionen* sind Manifestationen menschlicher Lebenspraxis und deshalb bedeutungsvoll. In diesem Sinne wird jeder Mensch in eine historisch-kulturell-gesellschaftlich spezifisch vorbedeutete Lebenswelt hineingeboren und durch sie sozialisiert, indem die Interaktionen zwischen Mutter und Kind diese Bedeutungen erschließen. Dabei ist mit dem organismischen Lebensbedarf des Kindes ein erstes, biophysisches Kriterium gegeben, das der Sozialisation eine (unhintergehbare) Grenze setzt. Insofern wird jede Sozialisationspraxis an menschlichen Erlebnisstrukturen – und seien sie noch so unentwickelt – umgebrochen.

Erlebnisstrukturen fassen Interaktionssituationen und die in ihnen ablaufenden Interaktionen als Szenen. *Szenen* sind somit stets Erlebnisszenen und als solche sinnstiftende holistische Sinneswahrnehmungen, die ein Mensch nach Maßgabe seiner individuellen Erlebnisstruktur selektiert. Sie hinterlassen mnestische Spuren, szenische Erinnerungsspuren. Lorenzer begreift sie inhaltlich als Interaktionsformen. Der Begriff der *Interaktionsform* meint, daß sich die in der Vergangenheit abgelaufenen raum-zeitlich situierten Interaktionen in der Erinnerung szenisch niedergeschlagen haben und von diesem Zeitpunkt an den Anspruch erheben, zukünftige Interaktionen formgerecht zu gestalten. Da es sich dabei primär um Interaktionen im Zusammenhang mit der Deckung des organismischen Lebensbedarfes handelt, die als Befriedigung und darüber hinaus als Lust angezeigt wird, sind Triebbedürfnisse als Interaktionsformen zu explizieren. Die weitere lebensgeschichtliche Entwicklung der Erlebnisstruktur erweist sich dann zum einen als Differenzierung und Reintegration dieser Interaktionsformen in Abhängigkeit von der Reichhaltigkeit und Verschiedenartigkeit der Interaktionssituationen und der in ihnen ablaufenden Interaktionen, an denen der Heranwachsende teilnimmt. Diese Entwicklung geht indessen nicht ohne *Konflikte* ab, da sich Interaktionsformen nur über enttäuschte Erwartungen ändern. Ihr kosequenzenreichster Organisator ist der psychoanalytischen Theorie zufolge der Ödipus-Komplex, da seine Auflösung die Enttäuschung und Ent-Täuschung mütterlich sozialisierter Ansprüche an die formgerechte interaktive Befriedigung von Triebbedürfnissen durch die Sozialisationspraxis des Vaters verlangt. Zum anderen vollzieht sich dazu parallel die Entwicklung der Erlebnisstruktur als Versprachlichung präverbaler Erinnerungsspuren. Sie läßt sich als Übersetzung *sinnlich-symbolischer* (sensomotorischer und bildhaft-anschaulicher) Interaktionsformen in *sprachsymbolische* (begriffliche) Interaktionsformen beschreiben, wodurch Bewußtsein als Fähigkeit, Erleben und Handeln zu reflektieren, entsteht. Die Einführung der Sprache ist ein kaum zu überschätzender Prozeß, denn durch sie wird eine Barriere in die Erlebnisstruktur eingezogen. So bleibt es prinzipiell unmöglich, alle sinnlich-symbolischen Interaktionsformen derart zu versprachlichen, daß sie verlustfrei in sprachsymbolische Interaktionsformen übersetzt werden könnten, weshalb auch nach Beherrschung der Sprache ein eigenständiges (affektlogisches) System präverbal gespeicherter sinnstiftender Erlebnisszenen fortbesteht. Zudem stellt Sprache ein semantisch-syntaktisches System diskursiver Erlebnisdeutungen bereit, das die holistischen Sinneswahrnehmungen und mit ihnen das „Szenische“ nach Maßgabe der Grammatik der jeweiligen Sprache digitalisiert. Die Koexistenz beider Systeme wird von der Durchlässigkeit der Sprachbarriere bestimmt, und diese ist davon abhängig, wie widersprüchlich präverbale („mütterliche“) und verbale („väterliche“) Sozialisationspraktiken lebensgeschichtlich sind. Überfordern die Widersprüche die individuelle Integrationsfähigkeit, dann hemmt dies die Koexistenz beider Systeme. Daraus folgt, daß den sinnlich-symbolischen (sensomotorischen und bildhaft-anschaulichen) Interaktionsformen die *Übersetzung* in sprachsymbolische (begriffliche) Interaktionsformen über deren prinzipielle Inkompatiblitäten hinaus verwehrt wird und/oder daß sich beide Symbolsysteme wechselseitig unterlaufen, was sich als Sprachzerstörung und Zerstörung der Sinnlichkeit auswirkt.

Alle Inhalte einer Erlebnisstruktur, die – sei es aufgrund von Defiziten bei der lebensgeschichtlichen Konstitution der psychischen Realität, sei es aufgrund von Verdrängungen – nur sinnlich-symbolisch repräsentiert sind, bleiben *unbewußt*. Über sie kann ein Mensch nicht reflexiv verfügen. Damit sind sie aber nicht wirkungslos. Vielmehr organisieren sie die Lebenspraxis dieses Menschen unterhalb und womöglich entgegen seiner bewußten, reflektierten Lebenspraxis. Von dieser Erlebnisebene her setzt ein Patient seine psychischen Konflikte und die mit ihnen verbundenen Symptome in Szene. Und auf diese Ebene stellt der Analytiker in der analytischen Situation sein Verstehen, sein *szenisches Verstehen,* ein. Indessen tritt er in dieser Hinsicht als Spezialist einer allgemeinen menschlichen Fähigkeit auf, die deshalb auch ein Patient mehr oder weniger geübt einsetzt, um sich selbst zu verstehen.

Was Foulkes als Familienmatrix des einzelnen Gruppenteilnehmers beschreibt, läßt sich mit Lorenzer als Erlebnisstruktur aus (familiären) Interaktionsformen begreifen, die im latenten Strukturierungsprozeß der Gruppe gegeneinander abgeglichen und zu einer unbewußten Gruppenmatrix verdichtet werden. Die *Matrix* besteht – symboltheoretisch formuliert – aus *sinnlich-symbolischen Interaktionsformen* und liefert den Grund für die sprachsymbolische Verständigung der Gruppenteilnehmer. Indessen ist dieser Grund sprachlich nie erschöpfend auszuloten und schon gar nicht im konventionellen sprachlichen Zugriff zu erreichen. Aber er wird von den Gruppenteilnehmern szenisch verstanden und dementsprechend in Szene gesetzt. Der Foulkessche Begriff der *Resonanz* impliziert szenisches Verstehen, denn die Gruppenteilnehmer resonieren einander nach Maßgabe dessen, was sie voneinander szenisch verstanden haben. Ebenso verweist der Foulkessche Begriff der unbewußten Interpretation auf Szenisches. Denn die Gruppenteilnehmer entwikkeln aus dem, was sie szenisch voneinander verstanden haben, eine *Gruppeninszenierung*, die dieses Verständnis in Szene setzt. Sie vergegenwärtigen sich dabei unter Einbeziehung des gesamten Settings der analytischen Situation ihre Gruppenmatrix, ohne einen Begriff von dieser Matrix zu besitzen. Um einen Begriff von ihren Gruppeninszenierungen zu erhalten, müssen die Gruppenteilnehmer sie versprachlichen, was von ihnen verlangt, eine Sprache zu (er)finden, die Szenisches aufzunehmen und schrittweise begrifflich zu fassen erlaubt. Insofern gilt es, die Auffassung von Foulkes, das therapeutische Ziel der Gruppenanalyse sei die Erweiterung der Kommunikation zwischen den Gruppenteilnehmern, zu präzisieren: Ziel ist eine Vertiefung der Kommunikation, die nur insoweit gelingt, wie sich die Fähigkeit verbessert, szenisch zu verstehen. Deshalb steht der Gruppenanalytiker, den Foulkes darauf verpflichtet, die Selbstdeutungskompetenz der Gruppenteilnehmer zu stärken, auch vor einer janusköpfigen Aufgabe. Er muß *sowohl* deren szenisches Verstehen *als auch* die sprachliche Deutung des szenisch Verstandenen fördern, was stets ein heikler Balanceakt zwischen Regression und Progression bleibt.

3. Der gruppenanalytische Spiel-Raum als Bedingung szenischen Verstehens

Szenisches Verstehen setzt eine *benigne Regression* voraus. Sie tritt ein, wenn die gruppenanalytische Situation als *Spiel-Raum* gestaltet werden kann. Das Konzept des Spiel-Raumes („potential space") stammt von D. W. Winnicott (vgl. Th. Ogden, 1985) und ist den Konzepten des Übergangsobjektes und der Übergangsphänomene eng verbunden, mit denen der sensible Kinderanalytiker erstmals 1953 das allgemeine Problem entwicklungspsychologischer Übergänge („transitions") im lebensgeschichtlichen Individuationsprozeß für die Zeit der frühen Mutter-Kind-Beziehung zu fassen gesucht hat. In einem erweiterten Zusammenhang liefert Winnicott zugleich einen Beitrag zu der psychoanalytischen Rekonstruktion der menschlichen Fähigkeit, Symbole zu bilden, die als grundsätzlich kreative Fähigkeit (vgl. D. Beres, 1965) die Möglichkeit kulturellen Erlebens schafft (vgl. Winnicott, 1966). Obwohl es sich demnach im Falle des Spiel-Raumes nicht um ein genuin gruppenanalytisches Konzept handelt, läßt es sich doch gewinnbringend für Theorie und Praxis der Gruppenanalyse sensu Foulkes adaptieren. Daß diese Adaptierung naheliegt, belegt folgende Setting-Anweisung: „Der Gruppenleiter regelt die räumliche Umwelt der Gruppe und schützt sie gegen Einwirkungen von außen. Er legt das ‚setting' mit den im Kreis angeordneten Stühlen in einem geeigneten Raum genau fest. Vielleicht stellt er einen kleinen niederen Tisch in die Mitte, der in der Phantasie der Gruppe ein Übergangsobjekt im Winnicottschen Sinne repräsentieren mag, dem die Gruppe eine bestimmte Bedeutung zuschreibt, hat ihn doch der Gruppenleiter zur Verfügung gestellt" (Behr et al., 1985, S. 109). Nun gilt dies genaugenommen für das gesamte Setting, weshalb man davon ausgehen darf, daß das Setting – topographisch konkretisiert als vorgegebener und damit auch vorgestalteter Gruppenraum – einen *Übergangsraum* anbietet, dessen Ausstattung uneingeschränkt für Gruppeninszenierungen zur Verfügung steht. Innerhalb dieses Raumes macht der *Kreis der Gruppenteilnehmer* freilich ein besonders szenisches Übertragungsangebot. Denn er läßt Symbiose und Individuation als leibhaftige Nähe (zu den Sitznachbarn) und Distanz (zu den Gegenübersitzenden) anschaulich werden. Der freie Raum im Kreis stellt dann den Freiraum dar, der für die eigene Individuation im Wechselspiel von Näherung und Distanzierung zwischen „Hintergrund" und „Figur" genutzt werden kann. Während sich die dinglichen Elemente des Setting dabei als *Übergangsobjekte* anbieten, werden die in den freien Raum im Kreis hineingesprochenen Beiträge der Gruppenteilnehmer zu *Übergangsphänomenen*. Der Tisch, den Foulkes gelegentlich in die Mitte gestellt hat, verleiht dem Übergangsraum dingliche Festigkeit, ist darin aber – wie gesagt – nur ein Aspekt des szenischen Übertragungsangebotes, das das gesamte Setting der analytischen Situation den Gruppenteilnehmern macht. Um zu verstehen, von welchen Bedingungen es abhängt, ob die Teilnehmer den vom Gruppenanalytiker zur Verfügung gestellten Übergangsraum auch faktisch für sich als Spiel-Raum nutzen können, bedarf es einer detaillierteren Beschreibung der Gebrauchsbedingungen von Übergangsobjekten und -phänomenen im Kindesalter.

Übergangsobjekte und Übergangsphänomene als sinnliche Symbole

Ein Übergangsobjekt ist bekanntlich ein Sachobjekt (Decke, Teddy etc.), das sich ein Kind bei Lockerung der Symbiose – um den 4. bis 12. Monat herum – wählt. Mit Unterstützung dieses Objektes gelingt es ihm, sich seine abwesende Mutter bzw. die zwischen ihr und ihm eingespielte lebenspraktische Beziehung (vgl. Lorenzer, 1972) sinnlich-symbolisch zu vergegenwärtigen. Auf diese Weise beschwichtigt das Kind seine Trennungsangst (vgl. F. Bush et al., 1973). Empirische Untersuchungen belegen dann auch, daß die Anwesenheit des gewählten Übergangsobjektes ebenso angstreduzierend wirkt und eine spielerische Erkundung der Situation fördert wie die Anwesenheit der Mutter (vgl. P. Weisberg, J. E. Russel, 1971; R. H. Passman, Weisberg, 1975). Interkulturelle Vergleiche lassen vermuten, daß in vorindustriellen Kulturen Übergangsobjekte signifikant seltener sind (vgl. R. Gaddini, E. Gaddini, 1970; K. M. Hong, B. D. Townes, 1976). Da in diesen Kulturen die Symbiose länger aufrechterhalten und Individuation nicht oder nur geringfügig prämiert wird, darf man schließen, daß das demographisch breite Auftreten von Übergangsobjekten ein Indikator für einen modernen, weil forcierten Individuationsprozeß ist.

Der Gebrauch eines Sachobjektes als Übergangsobjekt gelingt nur insoweit, wie das Kind eine hinreichend stabile Repräsentanz der „guten Mutter" besitzt. Dazu muß es eine „innere Realität" entwikkelt haben: „Der Begriff ‚innere Realität' setzt die Existenz eines Inneren und eines Äußeren voraus und damit auch die Existenz einer begrenzenden Membrane ..." (Winnicott, 1958, S. 129). Was diese Membrane eingrenzt, nennt Winnicott „Psycho-Soma" (ebd.). Damit macht er deutlich, daß die „innere Realität" psychosomatisch fundiert und mithin zu allererst eine *leibhaftige* Realität ist. Sie schafft „Raum" für sinnliche, unbewußte, weil nicht reflexiv verfügbare Introjekte („innere Objekte"). „Das Kind kann sich eines Übergangsobjektes bedienen, wenn das innere Objekt [der Mutter, R. H.] am Leben, real und hinlänglich gut (nicht allzu sehr verfolgend) ist" (Winnicott, 1969, S. 676). Dies setzt *Befriedigungskonstanz* und *unbedingte Liebe* auch in der Konfrontation mit infantiler Aggression voraus. Denn „bei fortgesetztem Versagen des äußeren Objektes versagt auch das innere in seiner Bedeutung für das Kind; dann — und nur dann — wird auch das Übergangsobjekt sinnlos" (ebd.): Dem Kind gelingt es unter diesen Umständen nicht, sein „introjiziertes ich-tragendes Mutterbild" (Winnicott, 1958, S. 312) auf ein Sachobjekt zu projizieren und dieses dadurch zum Übergangsobjekt zu machen. Diese Annahme findet in verschiedenen empirischen Untersuchungen ihre Bestätigung. So berichten P. C. Horton et al. (1974), daß der Großteil der von ihnen befragten Patienten mit schweren Persönlichkeitsstörungen offenbar als Kind kein Übergangsobjekt gebraucht hat. Dementsprechend stellt R. Gaddini (1978) bei Kindern mit psychosomatischen Störungen wie Asthma das Fehlen von Übergangsobjekten fest (vgl. auch K. Hoppe, 1964). Und S. Provence und R. P. Lipton (1962) teilen Beobachtungen mit, denen zufolge Heimkinder sich erst dann ein Übergangsobjekt wählen, nachdem sie sich einer Pflegeperson zugehörig fühlen.

Affektiv dient ein Übergangsobjekt dem (normalen) Kind als „*Beschwichtiger*", das Trennungsangst erträglich macht, indem es sie reduziert, ohne passiv zu stellen. Im Gegenteil: Es erlaubt eine *aktive Auseinandersetzung* mit der Trennungssituation. Insoweit das Übergangsobjekt die Mutter symbolisiert, bleibt das Kind in Distanz zu ihr, was es ist: Kind! Beginnt das Kind indessen, sein Übergangsobjekt zu manipulieren, wechselt es in die Rolle der Mutter und gewinnt so Distanz zu sich als Kind, das Trennungen hilflos hinnehmen muß. Durch diese *Distanznahme* vermag es sich dann auch seine Mutter sowie sich selbst genauer bildhaft-anschaulich vorzustellen, das heißt, seine Repräsentanzen von ihr und von sich zu elaborieren. Die ersten Sachobjekte von Kindern können im Unterschied zu „Beschwichtigern" aber auch als *„Tröster"* dienen (vgl. Winnicott, 1969, S. 673f.). Dies geschieht dann, wenn ein Kind keine hinreichend stabile Repräsentanz der „guten Mutter" besitzt, sondern von Desorganisation seiner inneren Realität und Depersonalisierung bedroht wird. Die betreffenden Sachobjekte symbolisieren dann auch nicht die abwesende Mutter, sondern sie ersetzen sie. Damit sind es *fetischistische Objekte* (vgl. Ph. Greenacre, 1970). Sie reduzieren zwar ebenfalls Trennungsangst, verhindern dabei aber eine aktive Auseinandersetzung mit der Trennungssituation. Das Kind bleibt *passiv*, weshalb es dann auch das angstreduzierende Sachobjekt nicht aufgeben kann, sondern durch einen neuen „Tröster" ablösen muß. Im Gegensatz dazu werden Übergangsobjekte aufgegeben, wenn die Ich-Entwicklung so weit fortgeschritten ist, daß dem Heranwachsenden leistungsfähigere (symbolische) Mittel der Angstbewältigung zur Verfügung stehen. Indessen läßt sich beobachten, daß Jugendliche und Erwachsene in kritischen Lebenssituationen auf den Gebrauch von Übergangsobjekten regredieren (vgl. M. J. Kahne, 1967; V. Volkan, 1972). Allerdings fällt es in solchen Fällen nicht immer leicht, zwischen Übergangsobjekt und Fetisch zu unterscheiden. Zu diesen kritischen Lebenssituationen gehören schließlich auch die angstintensiven Phasen der psychoanalytischen Behandlung (vgl. F. M. Abel, 1960; Hoppe, 1985; L. Davidson, 1976; M. Mitscherlich, 1978).

Winnicott stimmt mit einer Beurteilung des Übergangsobjektes als *symbolisches Objekt* (vgl. S. Brody, 1980) zwar überein, glaubt aber, einen anderen Akzent setzen zu müssen: „Es ist richtig, daß der Zipfel der Decke (oder was immer es sein mag) irgendein Teilobjekt wie z.B. die Brust symbolisiert. Das Wesentliche des Übergangsobjektes liegt aber weniger in seiner symbolischen als in seiner tatsächlichen Bedeutung, daß es in all seiner Realität nicht die Brust (oder die Mutter) ist. Diese Tatsache ist ebenso wichtig wie die andere, daß es die Brust (oder die Mutter) bedeutet" (Winnicott, 1969, S. 673). Diese Akzentuierung stiftet allerdings Verwirrung. Denn was Winnicott als Abgrenzung meint, ist für die Bestimmung einer Symbolisierungsleistung definitiv. Ein Symbol besteht als *„symbolische Gleichung"* (H. Segal, 1957) zwischen einem Signifikanten und einem Signifikaten. Der Signifikant operiert dabei als „Stellvertreter" des Signifikaten, so daß ein abwesendes Signifikat durch den anwesenden ihm zugehörigen Signifikanten vergegenwärtigt werden kann. Diese Vergegenwärtigung gelingt aber nur dann, wenn zwischen beiden ein bekanntes Verweisungsverhältnis besteht. Denn nur indem der Signifikant auf das Signifikat verweist, kann er dessen „Stellvertreter" sein. Das heißt: Er be-deutet es und erhält durch das, was er bedeutet, Bedeutung. An bedeutungsstiftenden Verweisungen kommen raum-zeitliche Nähe, Ähnlichkeitsverhältnisse und – auf höchstem Niveau – Konventionen vor. Aber stets ist vorausgesetzt, daß derjenige, der eine symbolische Gleichung auch symbolisch gebraucht, „weiß", daß Signifikant und Signifikat verschieden und mithin getrennt sind. Gerade deshalb, weil das Sachobjekt, das ein Kind als Übergangsobjekt gewählt hat, ihm *nicht* (halluzinatorisch) als seine Mutter erscheint, sondern als von ihr und sich selbst unabhängiges Sachobjekt, das aber auf sie verweist, kann es zu einem „Stellvertreter" werden, der die Mutter bzw. die zwischen ihr und ihm lebenspraktisch eingespielte Beziehung symbolisiert. In symbolischen Gleichungen unterliegen Signifikanten einer anderen „Ökonomie" als Signifikate. Sie sind leichter verfügbar, kognitiv sparsamer und prägnanter, affektiv neutraler u.a.m. Diese Vorteile erlangt ein Signifikant aber nur, wenn er von dem Signifikat, auf das er verweist, *hinreichend verschieden* ist und in *Anerkennung dieser Verschiedenheit* gebraucht wird. Wie groß diese Verschiedenheit sein kann, hängt von der Ich-Entwicklung, insbesondere von der Abstraktionsfähigkeit desjenigen ab, der Symbole bildet. So zeigt sich, daß die Beliebigkeit der Wahl eines Übergangsobjektes letztlich doch eingeschränkt ist, da fast alle Übergangsobjekte weich und anschmiegsam sind und demnach sinnliche Qualitäten aufweisen, die auch der („weichen", „anschmiegsamen") Mutter zukommen, die sich in coenästhetischer Empathie auf ihr Kind einläßt. Nur aufgrund dieses Ähnlichkeitsverhältnisses kann das Übergangsobjekt die Erinnerungsspuren an die lebenspraktisch eingespielte Mutter-Kind-Beziehung evozieren und derart die dort niedergeschlagene Lebenspraxis als Entwurf einer erfolgversprechenden Affekt- und Handlungsregulation freisetzen.

Symbolische Gleichungen umfassen als *Signifikat* eine inhaltlich bestimmte Interaktionsform, die in den erlebten Interaktionssituationen und raum-zeitlich situiert ablaufenden Interaktionen, aus denen sie hervorgegangen ist, ihre Referenz hat; als *Signifikant* dient ein „inneres" Darstellungsmedium der Interaktionsform, das je nach Entwicklungsniveau der Erinnerungsspur eine sinnlich-symbolische (sensomotorisch, bildhaft-anschaulich) oder sprachsymbolische (begrifflich) Repräsentanz sein kann, die sich mit Hilfe eines geeigneten „äußeren" Darstellungsmediums (Aktion, Bild, Text) interaktiv externalisieren läßt. Gerade an dem lebenspraktischen Gebrauch eines symbolischen Objektes wie dem Übergangsobjekt, das zu einer Zeit auftritt, zu der die Repräsentanzen noch äußerst instabil sind, läßt sich erkennen, wie sehr die „äußere" symbolische Darstellung auf die „innere" symbolische Darstellung zurückwirkt und derart Selbst- und Mutterrepräsentanzen *aufzutrennen* hilft. Vom Übergangsobjekt her beschrieben, darf man zudem festhalten, daß der Entwicklungsprozeß der Symbolbildung nicht als autonome Selbstentfaltung der kommunikativen Vernunft vorankommt – wie dies die Ich-Psychologie sensu Hartmann anzunehmen scheint –, sondern tief in der affektiven Bewältigung ängstigender Trennungssituationen wurzelt.

Übergangsobjekte sind ein Spezialfall dessen, was Winnicott Übergangsphänomene nennt: Es müssen nicht Sachobjekte sein, an denen sich die kreative Fähigkeit, Symbole zu bilden, entwickelt, auch wenn sich diese aufgrund ihrer Dinglichkeit leichter der „äußeren" Realität zuordnen lassen und derart spürbarer halluzinatorischen Neigungen widerstehen. Ebenso können flüchtige „Objekte" wie vokale Gesten, die eine symbolische Brücke zwischen Kind und Mutter schlagen, einbezogen sein. Insgesamt geht es um die Etablierung einer alle möglichen Darstellungsmedien umfassenden „symbolischen Ordnung" (vgl. M. Eigen, 1981), wobei die Sprache bei normalem Entwicklungsverlauf zunehmend Leitfunktion gewinnt. Die *Verknüpfung von symbolischem Objekt und Sprachsymbol* hat S. Freud (1920g, G.W. XIII, S. 11f.) an dem „ersten selbstgeschaffenen Spiel eines Knaben im Alter von eineinhalb Jahren" beschrieben. Dieses Spiel besteht darin, eine bindfadenumwickelte Holzspule mit dem Ausruf „o-o-o-o", der nach Angabe der Mutter „Fort!" bedeutet, wegzuwerfen und dadurch aus dem Gesichtsfeld verschwinden zu lassen, um sie nach einiger Zeit an dem Bindfaden wieder zurückzuziehen und sie mit einem freudigen „Da!" zu begrüßen. Ihm geht eine ängstigende Trennungssituation voraus, in der das Kind die Abwesenheit der Mutter in hilfloser Passivität hat hinnehmen müssen. Im Fort-Da-Spiel wiederholt es diese Situation, um sie *aktiv* zu bewältigen. Das Kind geht mit der Garnrolle so um, wie die Mutter seinem Erleben nach mit ihm umgegangen ist: „Es entschädigt sich gleichsam dafür, indem es dasselbe Verschwinden und Wiederkommen mit den ihm erreichbaren Gegenständen selbst in Szene setzt" (a.a.O., S. 13). So kann die Garnrolle wechselweise Kind und Mutter symbolisieren, was dem Kind selbst einen *Rollenwechsel* und mit ihm einen *Perspektivenwechsel* ermöglicht. Darüber hinaus stellt es aber generell Zustände anschaulicher, zudem mittels des Bindfadens auch sensomotorisch spürbarer An- und Abwesenheit (Ängstlichkeit und Angstlosigkeit) her, wobei es bei Anwesenheit der Garnrolle (Angstlosigkeit) deren Abwesenheit (Ängstlichkeit) und bei Abwesenheit der Garnrolle (Ängstlichkeit) deren Anwesenheit (Angstlosigkeit) zu antizipieren lernt, so daß es fähig wird, sich den jeweils gerade nicht gegenwärtigen Zustand vorstellungsmäßig zu vergegenwärtigen. Affektiv erfolgt dabei eine aktive Bewältigung von Trennungsangst und der Aufbau von Hoffnung in einem Wechselspiel von aggressivem Ausschluß und liebevollem, die Aggression wiedergutmachendem Einschluß. Kognitiv wird das Kind gewahr, daß Wahrnehmung und Vorstellung zusammengehören, nicht obwohl, sondern weil sie unterschiedliche, aber *komplementäre* Realitäten sind, die erst zusammengenommen die ganze Realität ergeben. Diese durchgespielte Interaktionsform wird von der sie begleitenden Vokalisierung „benannt" und findet auf diesem Wege Eingang in die Sprache. Zwar benötigen seine vokalen Gesten bzw. Einwortsätze noch der Unterstützung der Garnrolle als eines symbolischen Objektes. Sie werden sich aber allmählich von der Sinnlichkeit des dinglichen Modells lösen und einen höheren Abstraktionsgrad erreichen. Das Kind erkennt dann, daß es das Sprachsymbol „Fort!" nicht fortzuschaffen braucht, um sich Abwesenheit vergegenwärtigen zu können, während die Garnrolle erst dann Abwesenheit gegenwärtig macht, wenn sie fortgeschafft ist. Indem es aber lernt, sich angesichts ihrer Anwesenheit vorzustellen, daß sie fort sei, benötigt es deren Unterstützung nicht länger. Vielmehr lassen sich nunmehr alle Objekte, die sich das Kind vorstellen kann, auch in seiner Vorstellung beliebig fort- und wieder herbeischaffen. Und spricht das Kind „Fort!" und „Da!" aus, dann wird es damit – wenn eine entsprechende sprachsymbolische Einigung gelingt – seine Mutter bewegen, sich tatsächlich von ihm zu entfernen oder sich ihm (wieder) zu nähern, während die Garnrolle dadurch auch bei größtem Nachdruck unbewegt bleibt. So *differenziert* es schließlich Wort und Ding sowie kommunikative und instrumentelle Interaktion, wobei es aber erleben kann, daß kommunikativer Sprachgebrauch mit der „magischen Kraft“ einer instrumentellen Wirkung ausgestattet, also kommunikatives Sprach-*Handeln* geworden ist, das in die Mitwelt *einzugreifen* vermag. (Weitere Interpretationen der Garnrollenepisode finden sich bei Winnicott, 1941; J. Lacan, 1953 und Lorenzer, 1981).

Der Spiel-Raum kreativer Bedeutungsstiftung

Zu den maßgeblichen Gebrauchsbedingungen von Übergangsobjekten (und -phänomenen) gehört, daß das Kind wählt. Die Art dieser Wahl hat Winnicott als *Paradoxie* gefaßt: „Das Kleinkind erschafft das Objekt, aber das Objekt war bereits vorher da, um geschaffen und besetzt zu werden“ (Winnicott, 1973, S. 104). Das Objekt muß es zulassen, daß das Kind es seinen Triebbedürfnissen gemäß gebraucht. Man mag einwenden, Sachobjekte ließen sich beliebig gebrauchen. Indessen trifft dies nicht zu. Denn jedes Sachobjekt birgt eine verdinglichte Gebrauchsanweisung in sich, mit der sich jeder, der es gebrauchen will, auseinandersetzen muß. Je spezifischer und ausschließlicher diese Anweisung ist, desto weniger eignet es sich als symbolisches Objekt, da sie einer kreativen Bedeutungsstiftung widersteht. Zudem sind die Sachobjekte der kindlichen Lebenswelt, die als Übergangsobjekte in Frage kommen, Gegenstand der gemeinsamen Aufmerksamkeit von Mutter und Kind. Hierbei wird wichtig, was Winnicott über die Entwicklung der *Fähigkeit, alleine zu sein*, zu sagen hat (vgl. Winnicott, 1958). Denn alleine kann das Kind – wiederum als Paradoxie gefaßt – nur in Anwesenheit seiner Mutter sein. Eine Mutter, die etwa die pädagogische Absicht verfolgt, den Realitätssinn ihres Kindes zu schulen und ihm dementsprechend einen realistischen Gebrauch eines Sachobjektes diktiert, läßt es in diesem Sinne nicht alleine, sondern raubt ihm durch ihren Übergriff seine kreativen Möglichkeiten, mit Bedeutungen zu spielen. Ein solches *Spiel* („play“ im Unterschied zu einem regelgeleiteten „game“) setzt voraus, daß die Realitätsprüfung suspendiert wird: „Hinsichtlich des Übergangsobjektes herrscht eine Art Übereinkunft zwischen uns und dem Kind. Wir werden nie die Frage stellen: ‚Hast du dir das ausgedacht, oder ist es von außen an dich herangebracht worden?' Wichtig ist, daß eine Entscheidung in dieser Angelegenheit nicht erwartet wird. Die Frage taucht gar nicht erst auf" (Winncott, 1969, S. 679). Kann eine Mutter ihrem Kind die Freiheit zugestehen, in ihrer Abwesenheit für sich zu spielen, dann eröffnet sie ihm einen *intermediären Bereich des Erlebens*, der zwischen innerer (subjektiver) und äußerer (objektiver, intersubjektiv objektivierter, normierter) Realität liegt: einen Spiel-Raum, in dem es Übergangsobjekte und Sprachspiele (er)finden kann sowie Erinnerungsspiele, deren Auswirkung auf die Fähigkeit, sich seiner Lebensgeschichte zu vergewissern, L. Schacht (1977) herausstellt. Alle diese kreativen bedeutungsstiftenden Spiele gehen aus der Interaktion zwischen Mutter und Kind hervor und münden auch wieder in sie ein. Wesentlich aber sind Zeiten der Trennung, wobei die Zeiten des Alleinseins in Anwesenheit der Mutter deshalb besondere Beachtung verdienen, weil hier die Trennung keine Not ist, sondern selbstgewählt in nächster Nähe vollzogen wird.

Der Gebrauch von Übergangsobjekten und Übergangsphänomenen erlaubt es dem Kind, sich *Illusionen* hinzugeben. Diese Illusionen reichen in die Symbiose zurück. Winnicott zufolge ist bei der Gestaltung dieser Beziehungsform eine Mutter gefordert, die sich in coenästhetischer Empathie „hinlänglich gut" auf die Triebbedürfnisse ihres Kindes einstellt, das heißt: sie genau dann befriedigt, wenn das Kind Befriedigung erwartet („halluziniert"). Gelingt ihr diese Einstellung, dann verhilft sie ihrem Kind zu der Illusion, es lebe in einer Welt, die seiner Kreativität korrespondiert: „Im Anfang bietet die Mutter mit ihrer fast vollkommenen Anpassung dem Kind die Möglichkeit, die Illusion zu entwickeln, daß die Brust zum Selbst des Kindes gehöre. Dergestalt hat es die Brust unter magischer Kontrolle" (Winnicott 1969, S. 677). Als Konsequenz wird ihm Omnipotenz nahezu eine Erfahrungstatsache. Deshalb bedarf das Kind auf seinem Weg vom Lustprinzip bzw. subjektiven Objekt zum Realitätsprinzip bzw. objektiven Objekt (= realitätsgerechten „Objektgebrauch", vgl. Winnicott, 1969) der *allmählichen Desillusionierung*, die Winnicott von der Entwöhnung her begreift und durch die sich eine Mutter erst als wirklich „hinlänglich gut" erweist. Nach Lockerung der Symbiose und deren Überführung in einen Spiel-Raum zwischen Mutter und Kind, werden Übergangsobjekte und Übergangsphänomene, mit deren Unterstützung das Kind in das Spiel der Bedeutungsstiftung eintritt (*in lusio*), zu Trägern von Illusionen, die es aber von nun an in dem „Wissen" um eine frustrierende Anpassung der Realität an seine Triebbedürfnisse genießt. In Winnicotts Arbeiten findet sich in diesem Zusammenhang eine (nicht immer durchgehaltene) *begriffliche Opposition von Phantasie und Illusion*. Dabei dient Phantasie der Simulation der verlorenen (symbiotischen) Omnipotenz: „Phantasien sind ein Teil der Bemühung des Individuums, mit der inneren Realität fertig zu werden. Man kann sagen, daß Phantasie und Wachträume omnipotente Manipulationen der äußeren Realität sind. Omnipotente Kontrolle der Realität impliziert Phantasien über Realität. Das Individuum erreicht die äußere Realität durch die omnipotenten Phantasien, die bei der Anstrengung, der inneren Realität zu entgehen, entwickelt werden" (Winnicott, 1958, S. 130). Phantasie dient der Realitätsflucht; sie tröstet – so wie das fetischistische Objekt im Unterschied zum Übergangsobjekt tröstet. Damit verleiht ihr Winnicott einen negativen Akzent. Sein positiver Begriff ist zweifellos der Illusionsbegriff. Illusionen beschwichtigen – so wie Übergangsobjekte beschwichtigen. Sie dienen nicht der Realitätsflucht, sondern einer symbolischen Umgestaltung der Realität im Dienste der Kreierung von Entwürfen einer sinnstiftenden Lebenspraxis. Illusionsbildung setzt Spiel-Raum voraus, während der Verlust von Spiel-Raum als dem intermediären Bereich zwischen innerer (subjektiver) und äußerer (objektiver, intersubjektiv objektivierter, normierter) Realität zu phantasieren zwingt.

Eröffnung und Wahrung des gruppenanalytischen Spiel-Raumes

Kultur zeichnet sich nach Winnicott dadurch aus und muß sich dementsprechend daran messen lassen, in welchem Umfang sie Spiel-Räume eröffnen kann, wobei das kulturelle Angebot als szenisches Übertragungsangebot nur dann dem Maß entspricht, wenn es über Individuationsängste nicht (entwicklungshemmend) hinwegtröstet, sondern sie (entwicklungsfördernd) im Dienste der Kreation sinnstiftender Lebensentwürfe beschwichtigt. An diesem Maß mißt Winnicott auch die psychoanalytische Kultur. Deshalb zählt er zu den vordringlichsten Aufgaben der Einzelanalyse, den Patienten „in einen Zustand zu bringen, in dem er zu spielen imstande ist" (Winnicott, 1973, S. 49). Diese Aufgabenformulierung kann zwanglos für die Gruppenanalyse übernommen werden. (Buchstäblich gilt sie für das

Psychodrama, für das K. Ottomeyer, 1987 den Entwurf einer „szenisch-materialistischen" Praxeologie vorgelegt hat.) Um dabei das anvisierte Ziel zu erreichen, müssen sich die Gruppenteilnehmer *verführen* lassen, ihre Realitätsprüfung zu suspendieren und ihren sprachsymbolischen Austausch für sinnliche Symbolbildungen zu öffnen, gleichzeitig aber sicher sein, sich nicht in Gruppeninszenierungen und Gruppenillusionen zu verlieren. Erst dann können sie szenisches Verstehen als Erkenntnismittel entwickeln. Winnicotts Beschreibung der Bedingungen, unter denen ein Kind fähig wird, Übergangsobjekte für seinen Individuationsprozeß zu wählen, liest sich hierbei wie eine Anweisung zur praktischen Gestaltung der gruppenanalytischen Situation. Man muß lediglich „Objekt" durch Gruppenanalytiker/Gruppe und „Kind" durch Gruppenteilnehmer ersetzen:

„1. Das Kind beansprucht dem Objekt gegenüber Rechte, denen wir Erwachsenen zustimmen. Doch ist ein gewisser Verzicht auf die eigene Allmacht von Anfang an ein charakteristischer Zug dieser Art von Beziehung.

2. Das Objekt wird zärtlich behandelt, aber auch leidenschaftlich geliebt und mißhandelt.

3. Es darf gegen kein anderes ausgetauscht werden, außer wenn das Kind es selbst durch ein anderes ersetzt.

4. Es muß die triebhafte Liebe ebenso aushalten können wie den Haß und gegebenenfalls auch die reine Aggression überleben.

5. Dennoch muß es dem Kind das Gefühl der Wärme vermitteln, muß durch Bewegung, Oberflächenstruktur oder scheinbare Aktion den Eindruck erwecken, daß es eigenes Leben und eigene Realität besitzt.

6. Es gehört nur für uns Erwachsene der Außenwelt an, nicht aber für das Kind; andererseits gehört es auch nicht zur inneren Welt des Kindes: das Übergangsobjekt ist keine Halluzination.

7. Sein Schicksal ist es, daß ihm allmählich die Besetzungen entzogen werden, so daß es im Laufe der Jahre zwar nicht in Vergessenheit gerät, jedoch in die Rumpelkammer verbannt wird" (Winnicott, 1969, S. 667 f.).

Der entstehende Spiel-Raum ist letztlich die psychische Freiheit der Gruppenteilnehmer, die gruppenanalytische Situation für ihre Individuationsbestrebungen zu nutzen. Deshalb verändert er sich in Abhängigkeit von der Angstentwicklung der Gruppe. Der Spiel-Raum schließt sich, wenn die regressive Bewegung, die zum Spielen verführt, unerträgliche Angst entbindet, da deren Abwehr szenisches Verstehen entweder in der Überwertigkeit der inneren oder in der Überwertigkeit der äußeren Realität stillstellt. Damit diese Angst nicht mißbräuchlich forciert wird, verpflichtet Winnicott den (Gruppen-)Analytiker auf eine spezifische Variante der *Abstinenzregel*: „Analytiker müssen sich, nachdem sie ein Gefühl des Vertrauens aufgebaut haben, davor hüten, diesen intermediären Bereich, in dem Spiel stattfinden kann, mit Interpretationen zu füllen ..., die in Wahrheit ihrer eigenen schöpferischen Phantasie [Kreativität, R. H.] entstammen. Solche Interpretationen können sich zu verfolgerischen Elementen akkumulieren" (Winnicott, 1970, S. 268). Diese Variante soll gewährleisten, daß die Gruppe die Chance erhält, alleine zu sein. Denn nur dann kann sie – mit Foulkes formuliert – ihre Selbstdeutungskompetenz entwickeln und die Autorität des Gruppenanalytikers durch ihre eigene ersetzen.

4. Die Bestuhlung des Gruppenraumes als szenisches Übertragungsangebot

Die Stühle, die einen Gruppenraum möblieren, sind sinnliche (sensomotorische, bildhaft-anschauliche) Symbole: „Auch ein Stuhl ist ein Symbol, da sich in ihm ein bedeutungsvoller Entwurf realisiert hat, in dem eine ‚Handlungsanweisung' enthalten ist. Im Gebrauch des Stuhls ist eine bestimmte Körperhaltung ‚vorgezeichnet', und der Stuhl ist Bestandteil einer Erlebnisszene" (Lorenzer, 1981, S. 30). Diese Szene kann von den Gruppenteilnehmern szenisch verstanden und in eine Gruppeninszenierung einbezogen werden. In der gruppenanalytischen Literatur findet man allerdings keine Überlegungen zur szenischen Bedeutung des Sitzens bzw. Zusammensitzens (vgl. kulturhistorisch M. Andritzky, M. Schwarz, 1982) und nur vereinzelte Überlegungen zu den szenischen Übertragungsangeboten, die bestimmte Arten von Sitzgelegenheiten machen:

„Die Patienten zeigen nicht selten Vorlieben für ganz bestimmte Stühle. Wenn zum Beispiel gleichzeitig feste Stühle und Klappsessel angeboten werden, bevorzugen jene Patienten die Stühle, die besonders viel emotionale Unterstützung durch die Gruppe brauchen. Patienten, die unabhängiger sind oder diesen Eindruck vermitteln wollen, wählen Klappsessel. Andere Patienten weichen Sofas in großem Bogen aus, weil sie nicht riskieren wollen, in intime Nähe zu einem

Sitznachbar zu geraten. ... Manche wollen geradelehnige Stühle, die aufrechte Haltungen erfordern, sei es aus psychischen oder aus körperlichen Gründen ... Andere wollen sich auf weichen Stühlen breitmachen und die Beine hochlagern, zum Beispiel um eine gewisse Gemütlichkeit zu erreichen oder um die Phantasie auszuleben, sie befänden sich auf einer Couch in Einzelanalyse“ (A. L. Kadis et al., 1982, S. 70).

An solchen Erfahrungsberichten fällt die *typologische* Behandlung des Problems auf, die suggeriert, es gäbe eine vorhersehbare persönlichkeitsspezifische Wahl der Art der Sitzgelegenheit. Diese mag es zwar tatsächlich geben, aber sie ist stets in Gruppeninszenierungen eingebunden und somit Element einer Bedeutungskonfiguration, was strenggenommen die isolierte Beurteilung eines einzigen Elementes ausschließen sollte. Aber mehr noch gilt diese Kritik für fast alle publizierten Erfahrungsberichte über die *Wahl von Sitzpositionen* (vgl. C. Winick, H. Holt, 1961), auf die sich Gruppeninszenierungen mit der Bestuhlung beschränken müssen, wenn – wie meist empfohlen – ein Kreis aus gleichen Sitzgelegenheiten angeboten wird. Als Beispiel mag der Bericht von M. Grotjahn (1979, S. 91) dienen:

„Zu meiner Rechten sitzt entweder meine ‚rechte Hand‘, Papis kleiner Helfer, oder jemand, der unter dem schützenden Flügel der Mutter Henne sitzen will. Den Stuhl zu meiner Linken nimmt gewöhnlich eine Frau ein, die sich für meinen Liebling hält. Unfehlbar sitzt die Opposition genau am entgegengesetzten Ende des Raumes, unmittelbar mir gegenüber. In der am weitesten entfernten linken Ecke sitzt derjenige, der beschlossen hat, vom Rande her zu beobachten, und der auf eine besondere Einladung zum Mitmachen wartet. Der Neuankömmling zieht es vor, nah bei der Tür zu sitzen, in der am weitesten von mir entfernten rechten Ecke, wie um zu zeigen, daß er noch nicht eingetreten ist und den Wunsch hat, sich den Rückzug offenzuhalten.

Wer beobachten möchte, bevor er selber gesehen wird, sitzt mit dem Rücken zum Fenster, während jemand, der im rechten Licht gesehen werden will, einen Platz wählen wird, auf den das Licht des Tages fällt.“

Dieser Bericht irritiert wegen der *suggerierten Gesetzmäßigkeit*, mit der es zu der beschriebenen Verteilung der Sitzpositionen kommt, zumal es Grotjahn auch nicht für notwendig erachtet, seine Position als Gruppenanalytiker – offensichtlich mit deklariertem Analytikerstuhl – im Hinblick auf diese Verteilung zu reflektieren und dabei sein eigenes – womöglich idiosynkratisches – szenisches Übertragungsangebot zu bestimmen. Indessen kann kein Zweifel darüber aufkommen, daß der Gruppenanalytiker Gruppeninszenierungen nie unbeteiligt gegenübersteht, sondern immer in sie *einbezogen* ist. K. Frank (1986) hat dies mit wünschenswerter Klarheit für seine besondere Art, Gruppenanalyse zu betreiben, vorgeführt. Problematischer noch als die fehlende Selbstreflexion seiner eigenen Position aber ist der triviale Symbolbegriff, mit dem Grotjahn arbeitet (die „rechte Hand" sitzt rechts, und derjenige, der im rechten Licht gesehen werden will, sitzt im Licht). Denn der verführt zu Trivialdeutungen der sinnlichen Symbole, die die Gruppe im Verlauf ihres Strukturierungsprozesses bildet, so daß es dann schwer wird, deren Kreativität, die unbewußte Gruppenmatrix in Szene zu setzen, zu erkennen und anzuerkennen. Das Unbewußte manifestiert sich eben nicht in einem standardisierbaren Symbolkatalog, der es dem „eingeweihten" Gruppenanalytiker erlauben würde, sich die gegenübertragungsintensive Teilhabe an den Gruppeninszenierungen zu ersparen. Denn seine Gegenübertragung ist unabdingbare Voraussetzung dafür, den latenten Strukturierungsprozeß einer Gruppe *szenisch angemessen* zu verstehen und das derart Verstandene gruppen*spezifisch* zu verbalisieren. Sie verlangt allerdings, daß der Gruppenanalytiker die psychische Freiheit hat, die gruppenanalytische Situation als einen Spiel-Raum anzubieten, um ihn auch selbst für ein Spiel mit sinnstiftenden Deutungen zu nutzen. Insofern erschließt er die Kreativität der Gruppe letztlich nach Maßgabe seiner eigenen Kreativität.

Nachfolgend werden einige Vignetten aus dem Verlauf einer Gruppe berichtet, die während eines gruppenanalytischen Workshops 1987 fünfzehn Mal in acht Tagen zusammengetroffen ist. Sie besteht aus fünf weiblichen und vier männlichen Teilnehmern und wird von einem Gruppenanalytiker und seiner Co-Leiterin geführt. Der Gruppenraum ist ein holzgetäfeltes Kaminzimmer in einem Landhaus, in dem elf Holzstühle der gleichen Machart in einem Kreis stehen, der topographisch eher Nähe als Distanz betont. Hinzu kommt ein großer runder Tisch, der von einer Ecke des Raumes in den Kreis hineinragt. Ihm gegenüber befindet sich ein kleiner viereckiger Tisch mit Bank, von dem aus ich und ein weiterer Beobachter den Gruppenverlauf verfolgt haben. Die ausgewählten Vignetten stellen diesen Verlauf nur insoweit dar, wie sich der latente Strukturierungsprozeß der Gruppenmatrix als Gruppeninszenierung anhand der dinglichen Elemente des Settings manifestiert. Von der ersten Stunde an entwerfen die Gruppenteilnehmer(innen) dabei die Gruppensituation als Familienszenario mit Elternpaar und Geschwistern, wobei die Familiarisierung zunächst Ausdruck einer offensichtlichen Erwartungshaltung ist, die zum Teil gruppenanalytischen Vorerfahrungen, mehr noch aber theoretischen Vorstellungen über Gruppenanalyse entstammt; indessen wird sie rasch durch echte Übertragungsbeziehungen ausgefüllt.

(1) Im Fokus der *ersten* Gruppen*stunde* stehen die Versorgungswünsche der Gruppenteilnehmer(innen) – was ihnen wohl „an guten Sachen aufgetischt" werden wird. Da der Gruppenanalytiker diese Wünsche frustriert, zieht er Aggressionen auf sich, die aber in seiner Idealisierung als unerreichbar potenter Aggressor befangen bleiben. Da sich die freigesetzten Aggressionen somit nicht offen artikulieren können, reagiert die Gruppe mit depressiv getönter Enttäuschung. In der *zweiten Stunde* wird deshalb der Gruppenraum als „Kinderheim" imaginiert, in dem „Findelkinder" versammelt sind. Die Gruppe verschiebt ihre eigene depressiv getönte Enttäuschung auf die Co-Leiterin, die sich bislang kaum bemerkbar gemacht hat. Man erlebt die junge Frau als depressiv, wähnt aber, daß ihre Depression verberge, wie gefährlich sie sei. Deshalb deutet die Gruppe dann auch das Muster ihres Kleides als „Spinnennetz" und sie selbst als „Spinne, die ihre Kinder frißt". Diese projektive Verschiebung der Gruppenaggression gegen den Gruppenanalytiker auf die Co-Leiterin ist aber nicht nur durch deren Schweigen begünstigt, sondern auch dadurch, daß beide getrennt sitzen und somit wahrscheinlich als gruppenanalytisches Elternpaar wahrgenommen werden, über dessen Beziehung Unklarheit besteht, zumal sich auch die Altersdifferenz zwischen beiden nicht übersehen läßt.

Vor diesem Hintergrund ist der Beginn der *dritten* Gruppen*stunde* zu verstehen: Die Co-Leiterin betritt als erste den Raum und besetzt den Stuhl vor dem Kamin, auf dem sie bereits die ersten beiden Stunden gesessen hat. Anschließend erscheinen nach und nach die Gruppenteilnehmer(innen) und verteilen sich so, daß nur neben und gegenüber der Co-Leiterin ein Stuhl frei bleibt. An vorletzter Stelle trifft der Gruppenanalytiker ein und setzt sich wie selbstverständlich neben sie. Eine verspätete Gruppenteilnehmerin schließt dann den Kreis. Daß diese Gruppeninszenierung einen Test auf die Beziehung zwischen den gruppenanalytischen Eltern darstellt, wird Mitte der Stunde deutlich, als die Gruppe beginnt, ihre

Wahrnehmungen des Gruppenanalytikers und der Co-Leiterin zu reflektieren. Dabei zeigt sich rückblickend, daß die Gruppe imaginiert hat, die „Mutter“ sei deshalb depressiv, weil der „Vater“ nichts von ihr wissen wolle. Indessen brauche man die Gewißheit, daß zwischen beiden eine tragfähige Beziehung bestehe. Denn nur dann – wäre zu ergänzen – verliert man das Stigma des unerwünschten Kindes, das fürchten muß, zum Opfer der elterlichen Beziehungslosigkeit zu werden. Dementsprechend sieht die Gruppe den Vorteil des für sie anschaulich gewordenen Bekenntnisses des „Vaters“ für die „Mutter“ in wachsender Bereitschaft, Konflikte untereinander („Geschwisterrivalität“) und mit den „Eltern“ offen auszutragen. So bietet eine tragfähige Beziehung zwischen den Eltern anscheinend die Gewähr, daß Aggressionen nicht destruktiv werden. Und diese Vergewisserung hat Folgen.

Die *vierte* Gruppen*stunde* beginnt wie die vorhergehende. Die Co-Leiterin kommt zuerst und besetzt ihren Stuhl. Danach nehmen die Gruppenteilnehmer(innen) wiederum ihre Sitzpositionen so ein, daß neben ihr und ihr gegenüber ein Stuhl frei bleibt. An vorletzter Stelle kommt diesmal aber Erich, der bislang durch kaum kaschierte Größenphantasien aufgefallen ist, mit deren Hilfe er eine offene Konkurrenz mit seinem Vater und beruflichen Autoritätspersonen ausweicht, da er insgeheim Angst vor deren Entwertung hat. Er geht zunächst auf den gegenüberliegenden Stuhl zu, besinnt sich dann und setzt sich demonstrativ neben die Co-Leiterin. Für den Gruppenanalytiker bleibt somit nur der Stuhl gegenüber. Das gruppenanalytische Elternpaar wird demnach – kaum vereint – aktiv getrennt. Der „Sohn“ hat seinen „Vater“ verdrängt, was szenisch ein inzestuöses Paar aus „Sohn“ und „Mutter“ zustande kommen läßt. Erich spricht dann auch über seine Ambivalenz seinem Vater gegenüber und macht deutlich, daß er real das Aufbegehren fürchtet, das er eben wunschgemäß in Szene gesetzt hat. Auf der anderen Seite neben der Co-Leiterin macht sich nun Marianne bemerkbar. Sie ist ihrerseits bislang durch die Klage aufgefallen, von Kindheit an als „älteste Schwester“ Mutterstelle vertreten zu haben, dabei als sexuell begehrenswerte Frau aber ständig mißachtet worden zu sein. Diese Teilnehmerin bekundet offen ihre Rivalität mit der Co-Leiterin, die sie in ihrer Konzentration auf den Gruppenanalytiker störe. Somit ist der Inzest zwischen „Sohn“ und „Mutter“ in Szene gesetzt und der zwischen „Tochter“ und „Vater“ angekündigt. Und dementsprechend kreist der größte Teil der Stunde thematisch um Inzest. Es werden zahlreiche Episoden aus der Kindheit über inzestuöse Gefühle und Aktivitäten erzählt, die alle auf subtile Weise die Berechtigung des Inzestverbotes in Frage stellen. Dabei deutet sich die Gruppe selbst, daß sie nunmehr die „heilige Familie“ als „scheinheilige Familie“ durchschaut habe.

In der *fünften Stunde* geht diese Gruppeninszenierung bruchlos weiter. Erich hat den Platz neben der Co-Leiterin, die wieder als erste eingetroffen ist, behauptet. Marianne sitzt neben dem Gruppenanalytiker. Der inszenierte Inzest ist komplett. Die beiden inzestuösen Paare sitzen sogar nebeneinander und sind nur durch Franz getrennt, der Erich als den „Bruder“, der den „Vater“ verdrängt hat, sowie den „Vater“ selbst neben sich hat. Aus dieser Position heraus erzählt er ausführlich über seine Kindheitserinnerungen an seinen Vater, der als Heimleiter eng mit männlichen Jugendlichen befaßt gewesen ist. Gegenüber diesen fühlte das Kind Franz starken Neid, da er ihnen einen privilegierten Zugang zu seinem Vater zuschrieb. In Konkurrenz mit ihnen habe er sich dann als Privileg herausgenommen, das Dienstzimmer des Vaters „ohne Anzuklopfen“ zu betreten. Die Gruppe deutet dies sofort als Urszene und spekuliert über die vielen „Geheimnisse“ des Vaters, denen man auf diese Weise auf die Spur kommen könne. Diese Spekulationen sind offen voyeuristisch und stellen den Vater als heterosexuellen, vor allem aber als homosexuellen Verführer dar. Das Kind Franz scheint imaginiert zu haben, es könne seinem Vater nur als Lustknabe gefallen. Der erwachsene Gruppenteilnehmer Franz setzt dies wenigstens so in Szene, wenn er sich bei der Verteilung der Sitzpositionen zwischen den Gruppenanalytiker als Vater und Erich als dem Repräsentanten der vermeintlich privilegierten männlichen Konkurrenten um die väterliche Gunst schiebt.

(2) Die Gruppe wird geradezu vom Inzestthema fasziniert. Zwischen der vierten und zwölften Gruppenstunde ist es permanent präsent. Dabei verhandeln die Gruppenteilnehmer(innen) vor allem über Vor- und Nachteile des Inzesttabus. Indessen erweist sich das Thema des Inzestes mit den Eltern zunehmend als Deckthema, das anstelle der Frage verhandelt wird, ob man es wagen soll, mit anderen Gruppenteilnehmern oder Gruppenteilnehmerinnen sexuelle Beziehungen einzugehen („Geschwisterinzest“). Allerdings besteht – von Treueproblemen gegenüber den zurückgelassenen Partnern einmal abgesehen – eine starke Angst vor den möglichen Auswirkungen auf den Gruppenzusammenhalt. Gleichzeitig ist aber auch der

Wunsch nach sexuellen Beziehungen, die immer auch „Ausbruchsversuche" aus der analytischen Situation sind, nicht weniger stark. Deshalb unternimmt die Gruppe einige Anstrengungen, um ihren Wunsch anzufeuern. In diesen Zusammenhang gehört wohl auch, daß sich die Gruppenteilnehmer(innen) während der Gruppenstunden bis auf ganz wenige Ausnahmen nie mit Namen anreden. Es scheint, als spürten sie die Illegitimität ihrer geheimen wunschgeleiteten Beziehungsangebote und würden sich in Anbetracht der Gefahr einer psychoanalytischen Aufdeckung ihres Geheimnisses vor der Verantwortungszuschreibung durch die gruppenanalytischen Eltern schützen wollen, indem sie für diese anonym bleiben. Der Konflikt zwischen Wunsch und Angst bildet sich indessen deutlich ab, wenn man die Inszenierungsebene der Sitzpositionenverteilung herausstellt:

Sechste Stunde: Die in der fünften Stunde gebildeten inzestuösen Paare haben sich getrennt. „Vater" und „Mutter" sitzen nebeneinander, ihren „Sohn" Armin zwischen sich. Der deutet sich und der Gruppe diese Position als „Reichschen Orgon-Apparat", in dem bekanntlich Sexualenergien akkumuliert werden sollen. Die Gruppe ist demnach deutlich sexualisiert, aber unentschieden, wie sie ihre sexuellen Wünsche leben kann. Denn die Position zwischen den Eltern stellt auch eine Position zwischen den (erwachsenen) Geschlechtern und mithin eine (noch) unsichere Geschlechtsidentität dar.

Siebte Stunde: Männliche und weibliche Gruppenteilnehmer sitzen – inklusive Gruppenanalytiker und Co-Leiterin – einander in homosexueller Frontstellung gegenüber. Indem Männer und Frauen unter sich bleiben, gibt es keine heterosexuelle Berührung. Zwischen beiden verläuft ein „Geschlechtergraben", den es zu überwinden gilt: Erich ist mit Frau und Kind angereist, was man ihm als Abwehr gegen sexuelle Versuchungen deutet. Da er aber gleichzeitig am meisten von allen mit seiner Potenz prahlt, versucht ihn die Gruppe zu einem Seitensprung zu provozieren. Denn wenn er es – unter den Augen seiner Frau – wagt, dann scheint es allen möglich. Deshalb bringt ihn die Gruppe dazu, sich das Wenn und Aber eines Seitensprungs auszumalen, was auf voyeuristische Weise ihre Sexualisierung verstärkt.

Achte Stunde: Die Frontstellung der Geschlechter ist aufgelockert. Erste Berührungen finden statt: Unter den Männern sitzt Hildegard. Sie hat in einer der vorherigen Stunden darüber geklagt, keine „Maria" sein zu wollen, aber große Schwierigkeiten zu haben, von diesem desexualisierten Selbstbild als Frau loszukommen. Insofern eignet sie sich besonders, um in dem Konflikt der Gruppe zwischen sexuellen Wünschen und Ängsten einen ersten Schritt auf das andere Geschlecht zuzugehen. In diesen Zusammenhang gehört auch, daß die Co-Leiterin, die nach wie vor als depressive, sexuell frustrierte „Mutter" imaginiert wird, und Marianne, die sich selbst als einer solchen Mutter den Kampf angesagt hat, nur durch den Tisch getrennt nebeneinander sitzen – so als habe die Gruppe mit ihnen die ihr auseinanderfallenden Frauenimagines buchstäblich an einen Tisch (zusammen-)gebracht. Thematisch geht es in dieser Stunde dann auch hauptsächlich um Kindheitserinnerungen, die um Entdeckung und Tabuisierung von Onanie kreisen. Dabei stellen sich vor allem die männlichen Gruppenteilnehmer in einer Ambivalenz von pupertären Potenzphantasien und Impotenzängsten dar, für die sie das literarische Vorbild von „Oskar, dem Trommler" wählen.

Neunte Stunde: Es wird dieselbe Frontstellung der Geschlechter wie in der vorhergehenden Stunde in Szene gesetzt. Allerdings ist bezeichnenderweise Hildegard durch Gerda ausgetauscht. Während zuvor mit Hildegard und Marianne das Ziel einer offensiveren heterosexuellen Berührung anvisiert worden war, verstärkt Gerda – als Reaktion auf die mobilisierten Impotenzängste – die Gruppenwahrnehmung von der Co-Leiterin als einer sexuell frustrierten Frau. Tatsächlich stellt sich später heraus, daß Gerda, die als sehr verbittert erlebt wird, unter einer nicht verkrafteten Scheidung leidet, die ihr alle Lebendigkeit und sexuelle Attraktivität raubt. Aber diese Gruppenabwehr setzt sich nicht durch.

Zehnte Stunde: Die Geschlechterfronten sind durcheinandergeraten. An beiden Seiten des Tisches sitzen Eva und Armin. Beide erzählen, daß sie versucht gewesen seien, sexuell miteinander zu verkehren. Aus Angst vor den Reaktionen der Gruppe sei es dazu aber nicht gekommen. So hätten sie bereits zusammen im Bett gelegen, einander aber unberührt gelassen. Auf vergleichbare Weise führt sie der Tisch zusammen und trennt sie zugleich. Das Paar stellt die Frage, ob wohl die „Gruppenfamilie" auseinanderbreche, wenn es zum „Geschwisterinzest" komme? Die Antworten aus der Gruppe reichen von vereinzelt bekundeter Gleichgültigkeit über Warnungen, der Gruppenzusammenhalt werde gefährdet, bis hin zu einer Neuentfachung des Gruppenvoyeurismus: Man möchte miterleben, wie sie es stellvertretend für alle tun. Am Ende der Stunde ist unklar, was weiter geschehen wird.

Elfte Stunde: Eva und Armin sitzen – ohne trennenden Tisch – nebeneinander und teilen der Gruppe mit, daß sie beschlossen hätten, abstinent zu bleiben. Dieser Entschluß scheint unumstößlich, da beide ohne topographische Distanzierung auskommen. Eva sitzt auf dem Stuhl vor dem Kamin, der in der Gruppenwahrnehmung längst der „Mutter"-Stuhl ist. Die Co-Leiterin hat dagegen den Stuhl besetzt, auf dem Eva in der vorherigen Stunde gesessen hat. Als Eva dieser Positionstausch auffällt, wird sie zunehmend unruhiger. Offensichtlich fühlt sie sich auf diesem Stuhl, der ihr szenisch die Übernahme der Mutterrolle anbietet, sehr unwohl. Und so beschwört sie – gegen den Protest der Gruppe – das Bild eines vorsexuellen Kindheitsparadieses, dessen Verlust ein unwiederbringlicher Verlust an romantischer Liebe sei. Von daher erscheint die Herstellung erwachsener sexueller Beziehungen als zerstörerisch.

Zwölfte Stunde: Die Co-Leiterin hat sich zu Eva gesetzt. Aber beide meiden den „Mutter"-Stuhl. Diese Annäherung der Generationen kommt indessen zu spät. Denn die letzten Stunden haben offensichtlich die Angst vor dem Gruppenzerfall derart anwachsen lassen, daß der Wunsch nach Vergewisserung des Gruppenzusammenhaltes vordringlich wird. Die Gruppe setzt dabei ihre Selbstvergewisserung auf bemerkenswerte Weise in Szene: Im Verlauf der Stunde kommt es zu einem ständigen Hin- und Herrücken der Stühle, was zur Folge hat, daß vor der Beobachterecke eine immer weitere Lücke im Kreis entsteht. Letztlich sind die Beobachter szenisch zu einem Teil des Kreises geworden. Diese Einbeziehung der Gruppenbeobachter kommt einem Ungeschehenmachen gleich. Die Gruppe scheint niemanden zu ertragen, der – ohne mit ihr verstrickt zu sein – bezeugen könnte, was stattgefunden hat.

(3) Hildegard ist eine Teilnehmerin, die den Gruppenprozeß zwar wach, aber ohne merklich einzugreifen verfolgt. Bis zur *achten Stunde* bleibt sie bis auf die bereits erwähnte Klage, keine „Maria" sein zu wollen, stumm. In dieser Stunde ist die Gruppe bereits versammelt, als Helga und die Co-Leiterin den Raum betreten. Helga besetzt den „Mutter"-Stuhl. Dadurch ist die Co-Leiterin zum ersten Mal gezwungen, ihre Sitzposition zu verändern. Kaum kehrt Ruhe in die Gruppe ein, ergreift Hildegard irritiert das Wort: Sie habe sich bislang bemüht, der Co-Leiterin möglichst gegenüberzusitzen, um sie im Auge behalten zu können. Aufgrund der nunmehr veränderten Sitzposition sei sie ihr aber zu nahe gekommen und fühle sich gefährdet. Über Helga aber ärgere sie sich wegen deren überraschender Aktion.

Obwohl die Gruppe überhaupt nicht auf diese Äußerungen eingeht, kann Hildegard die szenische Erfahrung für sich nutzen. In der *neunten Stunde* sitzt die Co-Leiterin wieder auf ihrem Stammplatz, auf der einen Seite neben sich Helga, auf der anderen Hildegard, die offensichtlich Helga nacheifert. Aber auch darüber wird nicht gesprochen. In der *zehnten Stunde* sitzt dann der Gruppenanalytiker auf dem „Mutter"-Stuhl, in der *elften* Eva und in der *zwölften* Erich. Gleich, welche Position die Co-Leiterin in diesen Stunden einnimmt, Hildegard legt, nachdem sie ihr derart nahe gewesen ist, wieder den größtmöglichen Abstand zwischen sich und sie. In der *dreizehnten Stunde* aber sitzt sie plötzlich selbst auf dem „Mutter"-Stuhl, Gruppenanalytiker und Co-Leiterin auf beiden Seiten neben sich. Mit diesem Schritt nimmt Hildegard ihr Leben szenisch in die eigene Verfügung: So erzählt sie zunächst ängstlich, aber zunehmend selbstbewußter über die Beziehung zu ihrer Mutter, einer Frau, die sie als sehr erpresserisch erlebt. Denn gerade zu dem Zeitpunkt, als sie bereit gewesen sei, ihr Elternhaus zu verlassen, habe die Mutter Krebs bekommen. Seitdem fühle sich Hildegard gezwungen, auf Individuation und sexuelle Beziehungen zu verzichten. Sie fürchte ständig den Tod der Mutter; bereits die Teilnahme an dieser Gruppe mache ihr Schuldgefühle, zumal sie den Tod der Mutter insgeheim auch herbeisehne, was indessen ihre Schuldgefühle noch verstärke. Die Besetzung des „Mutter"-Stuhles komme ihr da wie ein Probehandeln vor, sich zu ihren Wünschen, die Mutter endlich los zu sein, zu bekennen. Es bleibt bei dieser Erklärung. Aber sie wirkt befreiend. Denn in den *letzten beiden Stunden* sitzt Hildegard zum ersten Mal unter den anderen männlichen und weiblichen Gruppenteilnehmern – ohne Zwang, die „Mutter" im Auge behalten zu müssen.

Die beobachteten Gruppeninszenierungen lassen viele Fragen offen: So ist nicht eindeutig zu beurteilen, wie bewußt die Gruppe – inklusive Gruppenanalytiker und Co-Leiterin – mit der Verteilung der Sitzpositionen gespielt hat. Einzelne Züge in diesem Spiel sind zweifellos reflektiert erfolgt. Das Gesamt der Inszenierungen sowie der Inszenierungsverlauf dürften indessen unbewußt geblieben sein – und dies nicht nur, weil diejenigen, die mit ungleich größerer Unmittelbarkeit als die Beobachter vom Gruppengeschehen betroffen werden, den Überblick verlieren, sondern weil die Ebene der Gruppeninszenierungen offensichtlich nicht verbalisiert werden konnte. Die Fähigkeit, Erlebtes sprachsymbolisch zu fassen, ist aber für das

Bewußtwerden des Erlebten im Sinne seiner reflexiven Verfügbarkeit ein notwendiges, wenn auch nicht hinreichendes Kriterium. Nun läßt sich darüber ebenfalls nur unzureichend urteilen. Zu beobachten ist allerdings, daß mit wenigen Ausnahmen das Spiel mit den Sitzpositionen tatsächlich nie thematisch wird. Somit gibt es gute Gründe, dieses Spiel begriffsgerecht als Gruppeninszenierung im Rahmen des latenten Strukturierungsprozesses der unbewußten Gruppenmatrix zu bezeichnen. Weiterhin ist die Frage nach den Funktionen der Gruppeninszenierungen offen: Vermutlich fungieren sie generell als sinnlich-symbolischer (sensomotorischer, bildhaft-anschaulicher) Kommentar zu den sprachsymbolischen (begrifflichen) Selbstdeutungsversuchen der Gruppe und ihrer Teilnehmer(innen). Im Normalfall dürften es Kommentare sein, die dem verhandelten Thema szenische Relevanz- und Signifikanzakzente verleihen. Gruppenanalytisch von Interesse sind indessen *szenische Kontrapunktionen*. Diese fungieren vermutlich als eine Art unbewußter prozessualer „Wissensspeicher", der potentielle, aber aufgrund bestimmter starker affektiver Bewertungen konflikthaft zugespitzter und deshalb exkommunizierter Gruppenthemen in Form von Gruppeninszenierungen aufbewahrt. Auf diese Weise können sie szenisch verstanden und – meist restrospektiv, wenn die Konfliktfähigkeit der Gruppe vorübergehend oder auf Dauer stärker geworden ist – zur Sprache und womöglich auf den Begriff gebracht werden. Als besonders eindrucksvoll erweisen sich dabei die Situationen, in denen ein(e) Gruppenteilnehmer(in) auf seine (ihre) Sitzposition(en) aufmerksam wird, diese im Zusammenhang mit der gesamten Gruppeninszenierung szenisch zu verstehen beginnt und zu einer Selbstdeutung gelangt, in der sich Assoziationen zur Positionierung in der Gruppe und zur erinnerten Lebensgeschichte wechselseitig anregen und eventuell zu einem Entwurf einer veränderten Lebenspraxis führen.

Schließlich drängt sich die Frage auf, wovon es abhängt, ob eine Gruppe eine benigne Regression erreicht, die es ihr erlaubt, Gruppeninszenierungen als Mittel der Selbstaufklärung und -veränderung zu nutzen. Zweifellos ist die Zusammensetzung einer Gruppe hierfür wichtig. Entscheidend scheint allerdings, ob es im Zusammenspiel von Gruppe und Gruppenanalytiker bzw. gruppenanalytischem Elternpaar gelingt, die analytische Situation als Spiel-Raum zu gestalten, der als intermediärer Raum zwischen innerer (subjektiver) und äußerer (objektiver, intersubjektiv objektivierter, normierter) Realität alle Beteiligten dazu verführt, sich probehandelnd von ihren lebensgeschichtlichen und professionellen Autismen symptomatischer Selbstsicherheit zu trennen. Dem Gruppenanalytiker verlangt dies vor allen deutenden Eingriffen in den Gruppenverlauf die Fähigkeit und Bereitschaft ab, so lange, wie es begründet ist, der Selbstdeutungskompetenz der Gruppe zu vertrauen. Winnicott wird nicht müde, dieses Element der psychoanalytischen Haltung zu betonen. Dabei findet er Worte, die völlig den Intentionen von Foulkes entsprechen: „Wenn wir nur abwarten können, kommt der Patient von ganz allein kreativ und mit größter Freude zu einem Verständnis, und ich kann diese Freude heute mehr genießen als früher das Gefühl, klug zu sein. Ich glaube, meine Interpretationen haben heute vor allem die Aufgabe, dem Patienten die Grenzen meines Verständnisses erkennbar werden zu lassen. Dabei gehe ich von dem Prinzip aus, daß der Patient und nur er die Antwort weiß. Wir können erreichen oder unterlassen, ihn in die Lage zu versetzen, dem auszuweichen, was er weiß, oder sich dessen bewußt zu werden und es anzunehmen" (Winnicott, 1973, S. 101).

Bibliographie

Abel, F. M. (1960). Shift in intermediary object-gradient during the course of psychotherapy. Amer. J. Psychother. 14, S. 691–704.

Andritzky, M., Schwarz, M. (1982). z.B. Stühle. Ein Streifzug durch die Kulturgeschichte des Sitzens. Gießen.

Behr, H. L., Hearst, L. E., van der Kleiy, G. A. (1985). Die Methode der Gruppenanalyse im Sinne von Foulkes. In: *Kutter, P.* (Hrsg.): Methoden und Theorien der Gruppenpsychotherapie. Psychoanalytische und tiefenpsychologische Perspektiven. S. 83–120. Stuttgart-Bad Cannstatt.

Belgrad, J. et al. (Hrsg.) (1987). Zur Idee einer psychoanalytischen Sozialforschung. Dimensionen szenischen Verstehens. Frankfurt/M.

Beres, D. (1965). Symbol und Objekt. Psyche 24, 1970, S. 921–941.

Brody, S. (1980). Transitional objects: Idealization of a phenomenon. Psychoanal. Quarter. 49, S. 561–605.

Busch, F., Nagara, H., McKnight, J., Pezzarossi, G. (1973). Primary transitional objects. J. Amer. Acad. Child Psychiat. 12, S. 193–214.

Davidson, L. (1976). Inanimate objects in psychoanalysis and their relation to transitional objects. Contemp. Psychoanal. 12, S. 479–489.

Eigen, M. (1981). The area of faith in Winnicott, Lacan and Bion. Int. J. Psycho-Anal. 62, S. 413–433.

Foulkes, S. H. (1948). Introduction of Group-analytic psychotherapy. London.

Foulkes, S. H. (1964). Gruppenanalytische Psychotherapie. München 1974.

Foulkes, S. H. (1970). Dynamische Prozesse in der gruppenanalytischen Situation. Gruppenpsychother. Gruppendynamik 4, S. 70–81.

Foulkes, S. H. (1973). Address to First European Workshop Group Analysis 6, S. 73.

Foulkes, S. H. (1975). Group analytic psychotherapy. Methods and principles. London.

Foulkes, S. H., Anthony, E. J. (1957). Group psychotherapy. Harmondsworth.

Frank, K. (1986). Die Abstinenz und die Freiheit des Analytikers. Gruppenpsychother. Gruppendynamik 21, S. 181–193.

Freud, S. (1920). Jenseits des Lustprinzips. G.W. XIII, S. 1–69.
Gaddini, R. (1978). Transitional object origins and the psychosomatic symptom. In: *Grolnik, S.A., Barkin, L.* (Hrsg.): Between reality an fantasy – transitional objects an phenomena. New York, S. 212–226.
Gaddini, R., Gaddini, E. (1970). Transitional objects and process of individuation. J. Amer. Acad. Child Psychiat. 9. S. 347–365.
Grotjahn, M. (1977). Analytische Gruppentherapie: Kunst und Technik. München 1979.
Hong, K. M., Townes, B. D. (1976). Infants' attachment to inanimate objects. J. Amer. Child Psychiat. 15, S. 49–61.
Hoppe, K. D. (1964). Über den Einfluß der Übergangsobjekte und -phänomene auf die Symptombildung. Jahrb. Psychoanal. 3, S. 86–115.
Hoppe, K. D. (1967). Über den Einfluß der Übergangsobjekte und -phänomene auf die Behandlungssituation. Jahrb. Psychoanal. 4, S. 63–81.
Horton, P. C., Lony, J. W., Coppolillo, H. P. (1974). Personality disorder and transitional relatedness. Arch. Gen. Psychiat. 30, S. 618–622.
Kadis, A. L., Krasner, J. D., Weiner, M. F., Winick, Ch., Foulkes, S. H. (1963). Praktikum der Gruppenpsychotherapie. Stuttgart-Bad Cannstatt 1982.
Kahne, M. H. (1967). On the persistence of transitional phenomena into adult life. Int. J. Psycho-Anal. 45, S. 247–258.
König, H.-D. et al. (1986). Kultur-Analysen. Frankfurt/M.
Lacan, J. (1953). Funktion und Feld des Sprechens und der Sprache in der Psychoanalyse. In: *Ders.*: Schriften I. S. 71–169. Olten 1973.
Lorenzer, A. (1972). Zur Begründung einer materialistischen Sozialisationstheorie. Frankfurt/M.
Lorenzer, A. (1973). Der Gegenstand der Psychoanalyse oder Sprache und Interaktion. Frankfurt/M.
Lorenzer, A. (1976). Sprachspiel und Interaktionsform. Frankfurt/M.
Lorenzer, A. (1981). Das Konzil der Buchhalter. Die Zerstörung der Sinnlichkeit. Eine Religionskritik. Frankfurt/M.
Mitscherlich, M. (1978). Die Bedeutung des Übergangsobjektes für den psychoanalytischen Prozeß. Z. Psychother. Psychosom. 29, S. 153–156.
Ogden, Th. (1985). On potential space. Int. J. Psycho-Anal. 66, S. 129–141.

Ottomeyer, K. (1987). Lebensdrama und Gesellschaft. Szenisch-materialistische Psychologie für soziale Arbeit und politische Kultur. Wien.

Passman, R.H., Weisberg, P. (1975). Mothers and blankets as agents for promoting play and exploration by young children in novel environment. Developm. Psychol. 11, S. 170–177.

Provence, S., Lipton, R. C. (1962). Infants in institutions. New York

Ruhs, A., Shaked, J. (1986). Konzepte der Gruppe in der psychoanalytischen Gruppentherapie. In: Petzold, H., Frühmann, R. (Hrsg.): Modelle der Gruppe in Psychotherapie und psychosozialer Arbeit. Paderborn, Bd. 1, S. 318–337.

Schacht, L. (1977). Die Entdeckung der Lebensgeschichte. Psyche 32, 1978, S. 95–110.

Searles, H. (1960). The nonhuman environment. New York

Segal, H. (1957). Notes on symbol formation. Int. J. Psycho-Anal. 38, S. 391–397.

Volkan, V. D. (1972). The linking objects of pathological mourners. Arch. Gen. Psychiat. 27, S. 215–222.

Weisberg, P., Russel, J. E. (1971). Proxcinicty and interactional behavior of young children in their ‚security' blankets. Child Developm. 42, S. 1575–1579.

Winick, C., Holt, H. (1961). Seating position as a non-verbal communication in group analysis. Psychiatry 24, S. 171–182.

Winnicott, D. W. (1941). Die Beobachtung von Säuglingen in einer vorgegebenen Situation. In: Ders.: Von der Kinderheilkunde zur Psychoanalyse. S. 31–57. Frankfurt/M. 1983.

Winncott, D. W. (1953). Übergangsobjekte und Übergangsphänomene. Psyche 23, 1969, S. 666–682.

Winnicott, D. W. (1958). Collected papers: through paediatrics to psycho-analysis. London.

Winnicott, D.W. (1958). Über die Fähigkeit, allein zu sein. Psyche 12, 1958-59, S. 344–352.

Winnicott, D. W. (1966). Die Lokalisierung des kulturellen Erlebens. Psyche 24, 1970, S. 260–269.

Winnicott, D. W. (1969). Objektverwendung und Identifizierung. In: *Ders.:* Vom Spiel zur Kreativität. S. 101–110. Stuttgart 1973.

Die Autoren

Belgrad, Jürgen

geb. 1949, wissenschaftlicher Mitarbeiter an der Pädagogischen Hochschule Ludwigsburg, Leiter der Forschungsgruppe „Spiel- und Theaterpädagogik".
Nach dem Lehramtsstudium an der PH Ludwigsburg (Wissenschaftliche Politik, Deutsch), Soziologiestudium in Frankfurt (Schwerpunkt Sozialpsychologie und Sozialisationstheorie).
Arbeitsschwerpunkte:

- Spielerische und therapieunterstützte Lernformen in der schulischen und außerschulischen Erwachsenenbildung (Publikationen zur Didaktik des politischen Unterrichts, Sozialisation, Lernspiele in der Erwachsenenbildung, verschiedene Unterrichtsmaterialien, Jugendsachbuch)
- Formen der Subjektivitätsbildung (Publikationen zur Dialektik der Selbstaufklärung in der Lebensgeschichte, Notwendigkeit der Nichtidentität in der Subjektivitätsbildung, Konstitution des Subjekts als Verhältnis). Zum Beispiel: J. Belgrad, B. Görlich, H. D. König, G. Schmid Noerr (Hrsg.): Zur Idee einer psychoanalytischen Sozialforschung. Dimensionen szenischen Verstehens. A. Lorenzer zum 65. Geburtstag, Fischer Taschenbuch Verlag 1987.
- Forschungsprojekt zur Ermittlung von didaktischen Strategien im Ausbildungsbereich „Spiel und Theater" und zur Konzeptionierung teilnehmerorientierter spielerischer Lernformen.

Busch, Hans-Joachim

geb. 1951, Dr. phil, wissenschaftlicher Mitarbeiter am Sigmund-Freud-Institut Frankfurt und Lehrbeauftragter am Fachbereich Gesellschaftswissenschaften der Johann-Wolfgang-Goethe-Universität Frankfurt, veröffentlichte u. a. „Interaktion und innere Natur. Sozialisationstheoretische Reflexionen", Frankfurt a. M., 1985.
Mitherausgeber von „Forschen und Heilen. Auf dem Weg zu einer psychoanalytischen Hochschule", Frankfurt a. M., erscheint 1989.
Sein Hauptforschungsgebiet sind die Veränderungen von Sozialisa-

tion und Subjektivität in der gegenwärtigen Gesellschaft einschließlich deren mögliche Konsequenzen. Weitere Arbeitsgebiete sind u. a. Politische Psychologie, Supervisionsforschung und Institutionenanalyse.

Görlich, Bernard

geb. 1949 in Hofheim/Ts. Studium der Gesellschafts- und Literaturwissenschaften, Philosophie und Pädagogik an der Johann-Wolfgang-Goethe-Universtität in Frankfurt am Main. Von 1981 bis 1986 wissenschaftlicher Mitarbeiter (vornehmlich im Schwerpunkt Lorenzer) an der Abteilung Sozialisation/Sozialpsychologie des Fachbereichs Gesellschaftswissenschaften der Frankfurter Universität. Von 1987 an Akademischer Rat a. Z. am Lehrstuhl für Psychologie (Prof. Dr. Hans A. Hartmann) der Wirtschafts- und Sozialwissenschaftlichen Fakultät an der Universität Augsburg, zugleich Fortführung der Lehrauftragstätigkeit in Frankfurt. Die wichtigsten Publikationen – Herausgeber und Mitautor von „Der Stachel Freud" (1980) und Mitherausgeber und Autor von „Zur Idee einer psychoanalytischen Sozialforschung" (1987), sowie Aufsätze zur Sozialisationstheorie und zu Fragen der Freud-Interpretation – dokumentieren den wissenschaftlichen Schwerpunkt: die Verbindung von Psychoanalyse und kritischer Gesellschaftstheorie.

Haubl, Rolf

geb. 1951 in Frankfurt/Main, Dipl. psych, Dr. phil., Studium der Psychologie und Germanistik mit Schwerpunkt deutsche Sprachwissenschaft als Stipendiat der Studienstiftung des deutschen Volkes in Gießen. 1982 aus Gießen ausgewandert. Seitdem in Augsburg am Lehrstuhl für Psychologie II der Wirtschafts- und Sozialwissenschaftlichen Fakultät (Lehrstuhl: Prof. Dr. Hans A. Hartmann). Inzwischen als Akademischer Rat (lebenslänglich) verbeamtet. Außerdem Kopffüßler mit Lehranalyse und Ausbildung in Gruppenanalyse. Gelegentlich auch Märchenerzähler und Bildermacher mit einer unaufgelösten Fixierung an gute Bücher und schlechte Filme. Seriöse Arbeitsgebiete: Qualitative Sozialforschung, insbesondere Tiefenhermeneutik; psychoanalytische Sozialisationsforschung und Autobiographik; Psychohistorie und Analytische Sozialpsychologie; Gruppenanalyse. Natürlich auch Publikationen: Aufsätze und Bücher.

Kalck, Hans-Jürgen

geb. 1948, Dr. phil. Psychoanalytisch orientierter Sozialwissenschaftler mit Arbeitsschwerpunkt Kommunikationspsychologie.
Studium der Germanistik, Sozialpsychologie/Soziologie und Philosophie in Hamburg. 1. und 2. Staatsexamen.
Psychoanalytische Fortbildung. Nach kurzer Tätigkeit als Lehrer am Gymnasium Wechsel in die Werbebranche.
Aktuelle Forschungsgebiete: Visuelle Kommunikation in Massenmedien. Soziale Leitbilder in der Werbung.
Szenische Interpretationen moderner Werbefotografie. Vgl. hierzu auch den Aufsatz des Autors, „Fertig-Träume" in: WPB 11/1986.

Lorenzer, Alfred

geb. 8. 4. 1922 in Ulm, Studium der Medizin, Dr. med., psychiatrische Ausbildung an der Nervenklinik Tübingen, psychoanalytische Ausbildung an der psychosomatischen Klinik Heidelberg, danach von 1963 bis 1968 am Sigmund-Freud-Institut Frankfurt; anschließend Habilitation (für Psychologie, insbesondere Psychoanalyse und Sozialpsychologie) an der philosophischen Fakultät in Frankfurt am Main. 1970 bis 1974 Professor für Sozialpsychologie an der Universität Bremen, seit 1974 Professor für Sozialisationstheorie am gesellschaftswissenschaftlichen Fachbereich der Johann-Wolfgang-Goethe-Universität in Frankfurt am Main.
Das Schwergewicht der Arbeiten liegt auf der metatheoretischen Formulierung der psychoanalytischen Erfahrung in der Perspektive einer kritischen Sozialwissenschaft, und zwar
- in der Untersuchung dessen, „was der Psychoanalytiker macht" („Sprachzerstörung und Rekonstruktion", 1970),
- in der Bestimmung psychoanalytischer Erkenntnis- und Theoriebildung als tiefenhermeneutische Erfahrungswissenschaft nach dem Modell der kritischen Theorie („Die Wahrheit der psychoanalytischen Erkenntnis", 1974),
- in der sozialisationstheoretischen Begründung des psychoanaly-

tischen Erkenntnisgegenstandes, d. h. der Übersetzung des Triebbegriffs als „Interaktionsform" („Zur Begründung einer materialistischen Sozialisationstheorie", 1972) und der Interpretation der Spannung von Unbewußtem und Bewußtem als Widerspruch von Praxis und Sprache („Sprachspiel und Interaktionsformen", 1977).

Eine materiale Untersuchung auf der Grundlage dieses Konzepts, Analyse der Folgen der Symbolzerstörung einer nachinfantilen Sozialisationsinstanz, wurde vorgelegt in: „Das Konzil der Buchhalter" (1981). Um die Frühgeschichte der Psychoanalyse geht es in „Intimität und soziales Leid. Archäologie der Psychoanalyse" (1984). Neuere Arbeiten zentrieren sich um die Entwicklung des Konzepts einer tiefenhermeneutischen Kulturanalyse, wobei die Übertragung der psychoanalytischen Methode auf die Literaturinterpretation im Vordergrund steht („Tiefenhermeneutische Kulturanalyse" in: „Kultur-Analysen. Psychoanalytische Studien zur Kultur", 1986).

Weitere Buchpublikationen: „Kritik des psychoanalytischen Symbolbegriffs" (1970). „Über den Gegenstand der Psychoanalyse: oder Sprache und Interaktion" (1973). „Sprachspiel und Interaktionsformen" (1976).

suhrkamp taschenbuch
wissenschaft 1283

Kulturelle Bedingungen kognitiver Entwicklung erarbeitet die Bedeutung der genetischen Epistemologie Jean Piagets und der Kulturwissenschaft Ernst Cassirers für die soziologische Theorie. Das Werk zeigt die Sackgasse der bisherigen soziologischen Piaget-Rezeption, welche die Entwicklungspsychologie im engeren Sinne, nicht aber die transkulturelle Psychologie Piagets diskutiert. Erst diese ist jedoch unmittelbar relevant für Theorien des sozialen Wandels, für Modernisierungs- und Evolutionstheorien, für Sozialisations- und Bildungstheorien, für die kulturvergleichende Forschung und für die Rekonstruktion soziologischer Klassiker. Im Anschluß an Luria, Dasen und Hallpike analysiert Georg W. Oesterdiekhoff die Resultate der transkulturellen Psychologie. Er weist im einzelnen auf, in welcher Form die Wechselwirkungsverhältnisse zwischen Kultur und Kognition, Institutionen und Denkformen soziologisch greifbar und interpretierbar sind.

Georg W. Oesterdiekhoff, geb. 1957, arbeitet derzeit als wissenschaftlicher Mitarbeiter am Institut für Soziologie der Universität Münster und ist Habilitand an der Universität Karlsruhe.

Georg W. Oesterdiekhoff

Kulturelle Bedingungen kognitiver Entwicklung

Der strukturgenetische Ansatz in der Soziologie

Suhrkamp

Die Deutsche Bibliothek – CIP-Einheitsaufnahme
Oesterdiekhoff, Georg W.
Kulturelle Bedingungen kognitiver Entwicklung :
der strukturgenetische Ansatz in der Soziologie /
Georg W. Oesterdiekhoff
1. Aufl. – Frankfurt am Main : Suhrkamp, 1997
(Suhrkamp-Taschenbuch Wissenschaft ; 1283)
ISBN 3-518-28883-0
NE: GT

suhrkamp taschenbuch wissenschaft 1283
Erste Auflage 1997

Druck: Wagner GmbH, Nördlingen
Printed in Germany
Umschlag nach Entwürfen von
Willy Fleckhaus und Rolf Staudt

1 2 3 4 5 6 – 02 01 00 99 98 97

Inhalt

Jean Piaget
1896–1980

Ernst Cassirer
1874–1945

Vorwort

In dieser Studie werden die an Jean Piaget orientierte transkulturelle Psychologie und die Kulturphilosophie Ernst Cassirers in ihrer Bedeutung für die soziologische Theorie und für die Erklärung verschiedener sozialer Phänomene dargelegt und erläutert. Dabei wird sich zunächst die Ähnlichkeit zwischen der Kulturphilosophie Cassirers und der genetischen Epistemologie Piagets sowohl hinsichtlich vieler ihrer Grundannahmen als auch ihrer Schlußfolgerungen zeigen. Viel entscheidender als dieser Sachverhalt ist jedoch die Behauptung, daß das historisch-genetische Theorieprogramm, exemplarisch von Cassirer und Piaget formuliert, de jure ins Zentrum soziologischer Theoriebildung gehörte, ferner einen Schlüssel zum Verständnis grundlegender Probleme der Soziologie und auch zum Verständnis der Geschichte der Soziologie liefert. Schließlich ist das historisch-genetische Theorieprogramm nicht nur für die Rekonstruktion und Entwicklung klassischer und zeitgenössischer soziologischer Theorien applizierbar, sondern auch für die sozialwissenschaftliche Erklärung spezifischer sozialer Tatbestände im Kontext einer Vielzahl von Bindestrich-Soziologien, wie zum Beispiel der Bildungs- und der Wissenschaftssoziologie, der Theorie der sozialen Mobilität und Ungleichheit, der Sozialstrukturanalyse, Entwicklungs- und Modernisierungstheorie usw. Das historisch-genetische Theorieprogramm, korrekt entwickelt und interpretiert, ist aber nicht nur für makrosoziologische Theoriebildung, sondern auch für die Weiterentwicklung mikrosoziologischer Handlungs- und Verhaltenstheorien von Relevanz. Darüber hinaus ist dieses Programm nicht allein für die sozialwissenschaftliche Theoriebildung ausbaufähig, sondern ist auch für erkenntnis- und wissenschaftstheoretische Fragestellungen sowie für eine Vielzahl geisteswissenschaftlicher Disziplinen und Problemkreise von grundlegender Bedeutung.

Es gilt das historisch-genetische Theorieprogramm sowohl als kulturvergleichende *Sozialisationstheorie* als auch als kulturvergleichende *Konstitutionstheorie* zu entwickeln. Erkenntnistheoretisch *und* psychologisch ist nämlich evident, daß unterschiedliche soziale Umwelten entsprechend unterschiedliche psychische und Handlungspotentiale der Akteure bewirken (ein Grundgedanke der Sozialisationstheorie; bekannt als *Ferguson's law*); diese so beeinflußten subjektiven Potentiale wirken ihrerseits auf die Gestaltung sozialer Umwelten zurück (Konstitutionstheorie).[1] Vor diesem Hintergrund stellt sich die Frage, wie man den Zusammenhang unterschiedlicher sozialer Umwelten und subjektiv-psychologischer Strukturen von Populationen theoretisch fassen und empirisch prüfen kann. Zur Beantwortung dieser Frage ist es notwendig, eine Zusammenarbeit zwischen Soziologie (Analyse von sozialen Strukturen und Milieus) und Psychologie, insbesondere transkultureller Psychologie (Analyse von psychisch-kognitiven Strukturen unterschiedlicher Populationen), anzustrengen. Vorliegende Studie bemüht sich um eine Klärung dieser Problemstellung.

An dieser Stelle möchte ich mich für Anregungen und Hinweise bei Prof. Helmut F. Spinner, Prof. Bernhard Schäfers, Prof. Sven Papcke, Prof. Friedrich Fürstenberg, Prof. Thomas Leithäuser, Prof. Stefan Breuer, Prof. Gerd Vonderach, Axel Graf, Christof Duvenbeck, Silke Wolthaus, Hans-Georg Werding, Frank Erlenhoff und Günter Quäling bedanken.

1 Berry (Hg.) 1992; Alexander (Hg.) 1993.

1. Einleitung

Ein Grundproblem, vielleicht *das* Grundproblem sozialwissenschaftlicher Theoriebildung, mithin der Erklärung sozialer Phänomene, ist die Konzeption der Relation von Mensch und Umwelt, Akteur und Institution, Subjekt und Objekt. Das erkenntnistheoretische Grundproblem der Relation von Subjekt und Objekt findet sich demnach in dem soziologischen Problem der Relation von Akteur und Umwelt wieder. Anders ausgedrückt: Das genannte soziologische Problem ist eine Teilmenge des genannten erkenntnistheoretischen Problems.

Die reifsten erkenntnistheoretischen Konzeptionen sind diejenigen, die eine Wechselwirkung von Subjekt und Objekt annehmen, eine Konfusion von Subjekt und Objekt, in deren Rahmen aber den Differenzierungen innerhalb des Objekts solche innerhalb des Subjekts entsprechen. Dies schließt eine abbildtheoretische Reduktion des Subjekts auf das Objekt ebenso aus wie eine rein idealistische Reduktion des Objekts auf das Subjekt, sondern impliziert eine ökologische Betrachtungsweise, die infolge der Differenzierungspotentiale der Relationsbeziehungen über eine genetische und evolutionäre Perspektive verfügt. Nicht Idealismus oder Realismus, nicht Materialismus oder Skeptizismus sind die handhabbaren und konsequenten Lösungen erkenntnistheoretischer Reflexion, sondern eine ökologische Betrachtungsweise etwa im Sinne der genetischen Epistemologie Jean Piagets oder der Philosophie Ernst Cassirers: Objekte wirken auf Subjekte ein, welche in der Auseinandersetzung mit ihnen Strukturen entwickeln, die eine Transformation jener Objekte ermöglichen. Weder können die subjektiven Strukturen definiert werden unter Außerachtlassung ihres Austauschs mit Objekten, noch gibt es Objekte außerhalb von Subjekten, die sie vorstellen.[2]

Soziologisch gewendet führt dieser epistemologische Grundgedanke zu der Vermutung, daß unterschiedliche soziale Umwelten entsprechend unterschiedliche psychisch-kognitive und Handlungspotentiale der Akteure bewirken – und daß diese so beein-

2 Cassirer, 1969; 1982, S. 67; Piaget 1975, Bd. 8, 9, 10; Fetz 1988; 1988 b, S. 169.

flußten und geprägten subjektiven Potentiale ihrerseits auf die Gestaltung sozialer Umwelten zurückwirken. Objekte wirken auf Subjekte ein, und diese transformieren – so geprägt – jene.[3] Soziale Umwelten beeinflussen demnach nicht einfach menschliches Verhalten in einer unilateralen Weise; es ist vielmehr von einer Wechselwirkung auszugehen, der zufolge das umweltbedingte und durch spezifische Milieus geprägte Verhalten seinerseits gestaltend und in je besonderer Weise auf die Umwelt rückwirkt (Rückkoppelungen).[4]

Aus der erkenntnistheoretischen Reflexion ergibt sich somit eine in dieser Hinsicht dreifach bedingte Konstitution sozialer Phänomene:

– Objekte, mithin Umweltstrukturen (Institutionen, Sachzwänge), determinieren oder beeinflussen subjektives Handeln (dieses als Anpassungshandeln – *rational choice* – oder als »Differentialpsychologie« im weitesten Sinn konzipiert). Philosophisch formuliert: Subjekt = f (Objekt), soziologisch formuliert: Mensch = f (Umwelt).
– Subjekte (deren Handeln durch Motive, Weltbilder, Intelligenz usw. ausgelöst wird und das sich dementsprechend in die Handlungsbedingungen spezifiziert) determinieren oder beeinflussen Objekte, mithin Umweltstrukturen. Philosophisch formuliert: Objekt = f (Subjekt), soziologisch formuliert: Umwelt = f (Mensch).

3 Diese Schlußfolgerung ergibt sich als Konsequenz sozialisationstheoretischer Annahmen; Hurrelmann 1986; Alexander (Hg.) 1993. Über den Zusammenhang von relationaler, ökologischer, kritischer Erkenntnistheorie und soziologischer Theorie informiert Oesterdiekhoff 1993 b.

4 Dafür nur zwei Beispiele: In Gesellschaften ohne Gewaltmonopol herrscht eine Tendenz der physischen Unsicherheit und des Zwanges zur Selbstverteidigung. Dieser Zustand erhöht die Frequenz der Gewaltbereitschaft und -praxis. Diese spezifischen Umweltbedingungen erzeugen aggressivere psychische Dispositionen, die somit rückwirkend die Umweltbedingungen noch stärker belasten; Elias 1977. Die Niederlage Japans nach dem Zweiten Weltkrieg produzierte eine weltweit einzigartige Arbeitsmoral und spezifische Persönlichkeitsstrukturen, die nun trotz günstiger ökonomischer Strukturen perseverieren – die subjektiven Strukturen sind somit von ihrer ursprünglichen objektiven Funktion entkoppelt – und eine Eigendynamik entwickeln, die ihrerseits die Umweltbedingungen radikal verändert.

– Durch objektive Veränderungen bewirkte subjektive Transformationen determinieren oder beeinflussen ihrerseits jene objektiven Veränderungen. Objekte^{1} > Subjekte^{1} > Objekte^{2} > Subjekte^{2} > Objekte^{n} > Subjekte^{n} (> = Beeinflussung).

Aus der erkenntnistheoretischen Analyse ergibt sich schon, daß die ersten beiden Einflußgrößen nur theoretisch-methodisch haltbar sind, da sie bestimmte Momente der sozialen Wirklichkeit zum Zwecke der einfachen Darstellung einseitig isolieren, während die soziale Wirklichkeit tatsächlich am ehesten in der dritten Bestimmung, die den Rückkoppelungsfaktor enthält, zur Geltung kommt. Nur zum Zwecke der Theoriebildung, um bestimmte soziale Phänomene mit einem bestimmten Instrument zu untersuchen, kann man Theorien formulieren, die Faktoren aus nur einer Kategorie kennen und heranziehen. Die so beschnittenen Theorien dürfen in ihrer Erklärungsleistung infolge ihrer reduzierten Vorgehensweise nicht überschätzt werden. Es zeigt sich aber schon, wie sinnvoll es ist, die Einflußgrößen zunächst rein analytisch zu trennen, da sie in den gängigen soziologischen Theorien in der Regel unrettbar amalgamiert sind und so ein den Theoretikern unbewußtes, primärprozeßhaftes, daher aber oft unheilvolles Gespensterleben führen, bis sie, nachdem sie je für sich erkenntnistheoretisch bestimmt sind, wieder aufeinander bezogen werden und zu erkennen geben, daß soziale Realität nur durch eine Theorie, die von einer Wechselwirkung von Subjekt und Objekt ausgeht, adäquat repräsentiert werden kann.

Das hier gestellte Problem der Ableitbarkeit des Subjekt-Objekt-Verhältnisses innerhalb sozialwissenschaftlicher Theoriebildung (zum Zwecke der Strukturierung sozialer Phänomene als Akteur-Umwelt-Interaktionen) aus dem der philosophischen Erkenntnistheorie, der Anspruch, ja die Notwendigkeit, die erkenntnistheoretisch durchgeführte Ordnung und »Lösung« der Subjekt-Objekt-Relation als Kontrollinstrument und als Konstitutionsbedingung soziologischer Erkenntnisproduktion zu diskutieren, sind zwar nicht neu, aber in ihren Möglichkeiten noch weitgehend unerprobt und in ihrer Notwendigkeit kaum erkannt. Selbstverständlich kann die Erkenntnistheorie der soziologischen Theorie nicht im einzelnen vorschreiben, in welcher konkreten empirischen Form in Ansehung eines spezifischen sozialen Phänomens die Rolle subjektiver und objektiver Faktoren zu werten und zu gewichten ist: Dies ist eine rein empirisch entscheidbare Frage, die von Individualphänomen zu Individualphänomen variiert. Sie kann aber aufgrund des »transzendentalen« Status der Subjekt-Objekt-Wechselwirkung, die in jeder Erkenntnis und Erfahrung statthat – eine Feststellung, die das einzig Sichere ist, was kritische Erkenntnistheorie an Wissen den Einzelwissenschaften anzubieten hat –, behaupten, daß

- soziale Phänomene, gleich welcher Art, durch die Wechselwirkung von Subjekt und Objekt bestimmt sind;
- Theorien, die nur eine Bestimmung im oben genannten Sinne herausgreifen, entweder fehlerhaft konzipiert sind oder aus methodischen Gründen, gleichsam idealtypisch, nur eine Bestimmung zum Zwecke der künstlichen Vereinfachung der Darstellung hervorheben.

Vor diesem Hintergrund ist ein allgemeines Verständnis des hier behaupteten Verhältnisses von Erkenntnistheorie und Sozialwissenschaft, Philosophie und Soziologie und von der Rolle der Erkenntnistheorie als Kontroll- und Ordnungsinstrument soziologischer Theorie gegeben. Wenn auch der Großteil der soziologischen Theorien sich zumindest explizit nicht an dieses hier ausgeführte Schema hält, so lassen sie sich dennoch vor dem Tribunal dieses Schemas einordnen und bewerten. Ebenso kann man implizit Begrifflichkeiten und Argumentationen aufführen, die sich mit Interpretationsarbeit in das Schema einordnen lassen.

Wenn sich die erkenntnistheoretische Relation von Subjekt und Objekt in die soziologische Relation von Akteur und Umwelt verlängert bzw. sich dort wiederfindet, dann bedeutet dies für die soziologische Theorie, daß sich in ihr mindestens zwei allgemeine (aufeinander zu beziehende) Klassen von sozialen Phänomenen finden müssen, nämlich Phänomene der Objektseite und solche der Subjektseite. Phänomene der Objektseite sind geographische, institutionelle, ökonomische und dingliche Gegebenheiten; Phänomene der Subjektseite sind, allgemein gesprochen, solche, die die Strukturen menschlichen Denkens und Handelns betreffen (Motive, Affekte, Denkweisen, Mentalitäten, Intelligenz, Weltbilder). Der wissenschaftliche Fortschritt der Soziologie beruht darauf, daß sowohl die Objekt- als auch die Subjektseite immer präziser und grundlegender erforscht und erkannt wird, sowohl je für sich als auch in ihrer Wechselwirkung.

Es ist evident, daß die Subjektseite sozialer Phänomene zum

größten Teil Gegenstand der Fachpsychologie ist. Intelligenz, Denkweisen, Persönlichkeitsstrukturen und Motivationen sind Gegenstand der Psychologie. Sicherlich gehört eine Teilmenge subjektiver Phänomene, so zum Beispiel Religionen und Weltbilder, die menschliches Handeln beeinflussen, nicht per definitionem zur Psychologie, sondern auch zur Religionswissenschaft, Wissenssoziologie und Philosophie. Ferner ist plausibel und empirisch nachgewiesen, daß auch die im engeren Sinne zur Domäne der Psychologie gehörenden, oben genannten Phänomene ihrerseits sozial bedingt, beeinflußt und geprägt sind. Die soziale Beeinflussung von Intelligenz und von Motivationen betrifft aber weniger ihre Existenz, sondern mehr ihre Intensität und Ausprägung. Auch sozial beeinflußte psychische Phänomene sind immer noch psychische Phänomene. Diese Sachverhalte bedeuten, daß Soziologie und Psychologie aufeinander angewiesen sind. Die Soziologie entleiht der Psychologie das Instrumentarium der Erforschung der Subjektseite (der subjektiven Bedingungen sozialer Phänomene), und die Psychologie entleiht der Soziologie das Instrumentarium zur Erforschung der Objektseite (der sozialen Bedingungen psychischer Phänomene). Wie in der Erkenntnistheorie Subjekt und Objekt letztlich konfundiert sind, so kann man entsprechend in den Sozialwissenschaften letztlich Soziologie (die objektiven Bedingungen subjektiver Phänomene) und Psychologie (die subjektiven Bedingungen objektiver Phänomene) nicht trennen. Sozialwissenschaftlicher Erkenntnisfortschritt verlangt nach arbeitsteiliger und interdisziplinärer Integration von Soziologie und Psychologie zu beiderseitigem Vorteil.

Es ist leicht nachzuweisen, daß es kaum eine oder keine soziologische Theorie gibt ohne psychologische Annahmen über das Verhalten von Akteuren. Selbst soziologische Theorien, die vorgeben, unpsychologisch zu argumentieren, oder die sogar grundsätzlich gegen psychologische Annahmen votieren, sind fast immer mit psychologischen Annahmen durchsetzt. Es wäre leichtes Spiel, diese Behauptung auf ihre Richtigkeit durch eine Prüfung – schon eine Inhaltsanalyse würde hier genügen – sämtlicher relevanter soziologischer Theorien zu verifizieren.

Zwar gibt es Versuche, Theorien subjektiver Phänomene rein soziologisch zu entwickeln, Handlungstheorien rein soziologisch darzustellen, das heißt, soziale Phänomene nur aus anderen sozialen Phänomenen zu erklären, um die Grenzen zwischen Soziologie und Psychologie markant zu ziehen; aber unterderhand stellt man fest, daß in diesen Theorien psychologische Begriffe und Annahmen wieder auftauchen oder ad hoc und »selbstgebastelt« formuliert werden. Eine Soziologie, die psychologische Handlungsbegriffe verwendet, wenn auch nur implizit, ohne die Fachliteratur heranzuziehen, ist deshalb noch lange keine reine Soziologie, sondern eine Soziologie mit dilettantisch eingebauter Psychologie. Eine rein soziologische Subjekttheorie ist höchstens heuristisch sinnvoll zum Zwecke vereinfachender Darstellung, aber letztlich bedeutet sie eine Verarmung von Erkenntnis und eine Beugung wirklichkeitswissenschaftlicher Orientierung.

Somit steht aufgrund erkenntnistheoretischer Reflexion außer Zweifel, daß in die soziologische Theorie gleichsam a priori eine zunächst unbestimmte Arbeitsteilung von Soziologie und Psychologie eingebaut ist. Diese Diskussion findet sich, allerdings in teilweise nicht mehr zu korrigierenden Vermengungen und Ungereimtheiten, in den Analysen zum Verhältnis von Mikro- und Makrostrukturen in Ökonomie und Soziologie. Eine Teilmenge des Problems der Mensch-Umwelt-Relation, welche eine Teilmenge der erkenntnistheoretischen Subjekt-Objekt-Relation ist, ist das Problem der Mikro-Makro-Relation in Soziologie und Ökonomie. Die Differenzen zwischen mikrosoziologischen Handlungs- und Verhaltenstheorien – Differenzen hinsichtlich der Modellierung menschlichen Handelns – wirken sich auf die Strukturierung des makrosoziologischen Phänomens aus, zu dessen Erklärung eine Handlungstheorie appliziert wird. Die Divergenzen in der Mikro-Makro-Diskussion finden sich in der Suche nach der fähigsten Handlungstheorie. Es besteht die Auffassung, erst die geeignete Handlungstheorie erklärte adäquat das Makrophänomen und, mehr noch, die adäquate Mikrotheorie sei der Schlüssel zur korrekten Erklärung des Makrophänomens. Mikrotheorien haben somit die Aufgabe, soziale Phänomene von der Subjektseite her anzugehen. Der Fortschritt innerhalb der Entwicklung von Mikrotheorien besteht allgemein gesprochen darin, immer grundlegender menschliches Denken und Handeln erklären zu können, in Handlungstheorien immer stärker und effizienter fachpsychologisches Wissen einfließen zu lassen, um der »Natur« des Menschen theoretisch näher zu kommen.

Je genauer Denken und Handeln des Menschen erklärt werden kann, je effizienter mithin mikrosoziologische Handlungs- und Verhaltenstheorien sind, um so eher findet man den passenden Schlüssel zur Erklärung des Makrophänomens. Die Konzeptualisierung des Makrophänomens hängt auch an der des Mikrophänomens. Unterschiedliche Mikrotheorien erklären das Makrophänomen entsprechend unterschiedlich.

Es ist allerdings ein Irrglaube, das Problem der Erklärung sozialer Phänomene sei durch die Findung einer adäquaten Mikrotheorie gelöst. Im Bild gesprochen: die Mikrotheorie ist zwar der Schlüssel zur Erklärung sozialer Phänomene, aber nicht das Schloß. Denn das soziale Phänomen erschöpft sich ja nicht in der (korrekt erklärten) Subjektseite. Manche methodologischen Individualisten behaupten, eine soziologische Erklärung bestehe allein in einer Reduktion des sozialen Phänomens auf die Subjektebene; das soziale Phänomen wird dabei nur noch als Emergenzeffekt gesehen. Tatsächlich ist die Erforschung der Objektseite des sozialen Phänomens eine Arbeit für sich; eine gute Mikrotheorie erleichtert zwar die Erforschung der Objektseite, ersetzt sie aber nicht. Institutionen, Marktwirtschaften, Diebstahl, Kapitalbewegungen, Bevölkerungsvorgänge und Landnutzungsmethoden können nicht einfach durch Mikrotheorien erklärt werden; die soziologische Forschung besteht vielmehr darin, eine korrekt durchgeführte Untersuchung der Objektseite mit einer korrekt durchgeführten Untersuchung der Subjektseite zusammenzuführen.

Daher erinnert die Auseinandersetzung zwischen methodologischem Individualismus und Kollektivismus oft Spiegelgefechten und ist voller Widersprüchlichkeiten und Ungereimtheiten.[5] Dies kann hier nicht in der erforderlichen Breite erörtert werden. Kollektivistische und makrosoziologische Theorien untersuchen das soziale Phänomen tendenziell eher von der Objektseite und ignorieren weitgehend die Subjektseite; sie diskutieren eher entweder historisch spezifische oder allgemeine systemische Bedingungen gesellschaftlicher Entwicklung, ohne jedoch ganz auf psychologische Annahmen verzichten zu können.[6] Methodisch

5 Oesterdiekhoff 1993 b.

6 Es wäre ein leichtes Spiel, nachzuweisen, daß selbst die Systemtheorie Niklas Luhmanns von psychologischen Annahmen, allerdings sehr unbestimmter Art, ausgeht, obwohl sie im Selbstverständnis derlei

kann dieses Vorgehen durchaus erlaubt sein, wenn man die Einordnung dieses Vorgehens in das Raster obiger Überlegungen im Hinterkopf behält. Den Übergang vom Feudalismus zum Kapitalismus oder vom Sozialismus zum Kapitalismus rein makrosoziologisch, rein ökonomisch oder rein systemtheoretisch mit einem Minimum an Psychologie erklären zu wollen – dagegen ist erkenntnistheoretisch und methodisch *zunächst* gar nichts zu sagen. Es ist eine rein empirische Frage, in welchem Ausmaß zum Beispiel diese Phänomene psychologisch (mikrosoziologisch) oder systemstrukturell (makrosoziologisch) erklärt werden müssen. Vor diesem Hintergrund scheint mir die Auseinandersetzung zwischen funktionalistischen und individualistischen Ansätzen sinnlos zu sein, da sie jeweils nur eine Seite des Mondes sehen und vergessen, daß soziale Phänomene letztlich immer durch objektive *und* subjektive Phänomene konstituiert sind.

Das Problem des Verhältnisses von Erkenntnistheorie und Soziologie existiert in der Soziologie von Anfang an. Die Erkenntnistheorie des historischen Materialismus, die Abbildtheorie, sieht die Subjekt-Objekt-Relation als Relation von Bewußtsein und Sein mit der Vorgabe eines Spiegelungsverhältnisses, dem zufolge das Bewußtsein das Sein abbildet. Sie verlängert sich in die marxistische Soziologie als Relation von Basis und Überbau mit der Vorgabe der kausalen Vorreiterrolle der Basis. Zum Überbau werden auch Denkweisen und Religionen gerechnet, die in einem Adäquationsverhältnis zur Basis gesehen werden und keine determinierende Funktion haben. Der passiven Rolle des Bewußtseins in der Erkenntnistheorie entspricht im Marxismus die passive Rolle subjektiver Komponenten in sozialen Phänomenen. Dies macht sich besonders in der Frage der Erklärung sozialer Transformationen und langfristiger gesellschaftlicher Entwicklung geltend. In der »Soziologie« Hegels war das Verhältnis von Bewußtsein und Sein eher umgekehrt; daher sprechen die Marxisten gern davon, in der Überwindung Hegels die Soziologie vom Kopf auf die Füße gestellt zu haben.

Fast die gesamte bürgerliche Soziologie beschritt aber in dieser Hinsicht weiter eher den Weg Hegels als den Marxens. Der Erfinder des Begriffs »Soziologie«, Auguste Comte, verstand gesellschaftliche Entwicklung als ein Zusammenspiel von transfor-

perhorresziert. Vgl. die Diskussionen zum Subjektbegriff bei Luhmann 1985.

mierenden Denkweisen und adäquat transformierenden Institutionen. Diesen Grundansatz der Simultanbetrachtung subjektiver und objektiver Faktoren sozialer Entwicklung findet man in abgeschwächter Form auch in der französischen Soziologie von Emile Durkheim, in starker Form in der britischen Soziologie von L. Hobhouse und vor allem in der deutschen Soziologie Werner Sombarts, Max Webers, Georg Simmels, Karl Mannheims und Norbert Elias'.

Mühelos könnte man auch die Richtungen der Nachkriegssoziologie entsprechend rubrizieren. Während die bürgerliche Ökonomie, ähnlich wie die marxistische Ökonomie und Soziologie, psychologische Phänomene ignoriert bzw. in Form des *rational man* kaltstellt (was etwa auf das gleiche hinausläuft), hat sich der größte Teil der Nachkriegssoziologie mit ihrer Auffassung von der grundlegenden Rolle subjektiver Phänomene in sozialen Entwicklungsprozessen doch mehr in die Tradition Hegels, Comtes, Webers (seiner Religionssoziologie) und Elias' (seiner Zivilisationstheorie) gestellt.

Nur der am *Rational-choice*-Ansatz orientierte methodologische Individualismus steht in der hier interessierenden Frage in der Tradition des ökonomischen Ansatzes und hat, was die Konzeptualisierung der Subjektebene anbelangt, implizit auch eine thematische Nähe zum Marxismus. Oft wird *rational choice* als ein subjektiver, psychologischer Ansatz mißverstanden. Tatsächlich ist er wegen des Fehlens psychologischer Varianzen eine apsychologische und rein objektivistische Theorie. In *rational choice* werden soziale Phänomene allein aus alternierenden Umgebungsbedingungen und objektiven Konstellationen erklärt, denen sich rationale Akteure bei der Verfolgung ihrer apriorischen Zwecke situationslogisch oder mechanisch anpassen. Diese Vorgehensweise ist der marxistischen Basis-Überbau-Konzeption nicht unähnlich. Einem Erkenntnistheoretiker würde es leichtfallen, die Parallelen von Abbildtheorie und *rational choice* darzustellen.

Versuchen wir, diese knapp erwähnten Theoriegruppen vor das Tribunal der kritischen Erkenntnistheorie zu stellen, welche die letztlich nicht auseinanderzudividierende Konfusion subjektiver und objektiver Phänomene beherzigt hat. Zunächst wäre festzustellen, daß die marxistischen, die ökonomischen und teilweise die funktionalistischen, systemtheoretischen Ansätze eine überwiegend objektivistische Theoriegruppe bilden. Sie ignorieren den Anteil der Psychologie bei der Konstitution sozialer Phänomene und sozialer Entwicklung. Methodisch und heuristisch ist gegen eine solche Vorgehensweise *zunächst* nichts zu sagen, wenn man sich der Grenzen der Ansätze auch in dieser erkenntnistheoretischen Hinsicht bewußt ist. Mit *rational choice* kann man Erklärungsskizzen gut strukturieren und viele Phänomene sinnvoll erläutern, aber in einem strengen wirklichkeitswissenschaftlichen Sinne ist die Theorie falsifiziert und erkenntnistheoretisch unhaltbar.[7]

Rein idealistische Theorien, die den Primat sozialen Wandels allein in subjektiven Phänomenen sehen, widersprechen ebenfalls der kritischen Erkenntnistheorie, da sie den objektiven Faktor, der die subjektiven Phänomene mitkonstituiert, unterschlagen. Begehen sie diesen Fehler nicht, sondern isolieren den subjektiven Faktor allein aus theorietechnischen Gründen, dann ist diese Vorgehensweise *zunächst* völlig korrekt. Zu dieser Theoriegruppe könnte man beispielsweise die Ansätze Webers und Elias' rechnen. Insbesondere die Soziologie von Elias kommt der (erkenntnistheoretischen) Simultanbetrachtung subjektiver und objektiver Phänomene sehr nahe, denn seine Figurationssoziologie bezieht psycho- und soziogenetische Aspekte aufeinander.

Vielleicht wird nun verständlich, weshalb die kritische Erkenntnistheorie ein nützliches Kontroll-, Ordnungs- und Konstitutionsinstrument soziologischer Theoriebildung ist. Ohne eine kritische, ökologische Erkenntnistheorie im Sinne von Piaget und Cassirer könnte man den objektivistischen Charakter von *rational choice* und historischem Materialismus kaum erkennen. Ohne Erkenntnistheorie könnte man nicht so einfach erkennen, daß unterschiedlichen sozialen Milieus und Gesellschaftsordnungen fast zwangsläufig unterschiedliche psychische Strukturen der Populationen entsprechen müssen. Ohne Erkenntnistheorie könnte man nicht die »Dialektik von Sein und Bewußtsein« sowohl in der langfristigen sozialen Entwicklung als auch in den Gegenständen der Bindestrich-Soziologien erkennen.

Die Erkenntnistheorie kann nicht nur zur Bereinigung der Subjekt-Objekt-Relation bzw. der Mikro-Makro-Relation in der Makrosoziologie genutzt werden, sondern sie kann auch dazu

7 Oesterdiekhoff 1993 b.

beitragen, die Subjekt-Objekt-Relation in der Mikrosoziologie aufräumen zu helfen. Dies scheint nach obigen Ausführungen zunächst verwunderlich, da man nun meinen könnte, das Makrophänomen sei überwiegend objektiver und das Mikrophänomen überwiegend subjektiver Natur, da Handlungs- und Verhaltenstheorien doch gerade Subjektstrukturen thematisieren.

Tatsächlich muß man die Mikrosoziologie ihrerseits in eine subjektivistische Theoriegruppe, eine objektivistische Theoriegruppe und eine Mischgruppe unterteilen. Zu der subjektivistischen Theoriegruppe könnte man zum Beispiel die Spielarten sinnverstehender Soziologie und psychologisch fundierte Handlungstheorien rechnen, die von gruppen- und individualspezifischen Varianzen ausgehen, das heißt solche, die tatsächlich subjektive Bedingungen des Denkens und Handelns analysieren. Zu der objektivistischen Theoriegruppe müßte man, wider ihr Selbstverständnis, *rational choice* rechnen, da in diesem Modell ein fixes und apriorisches Verständnis menschlichen Handelns vorliegt. Obwohl die behavioristisch fundierte Soziologie subjektive Strukturen (Reaktionen) als von objektiven Strukturen (Reizen) determiniert versteht – und somit in dieser Hinsicht klar zur objektivistischen Theoriegruppe gehört –, weicht sie, erkenntnistheoretisch betrachtet, eindeutig von *rational choice* ab, indem sie im Gegensatz zu *rational choice* erkennt, daß durch unterschiedliche Milieus entsprechend unterschiedlich strukturierte Subjekte sich unterschiedlich verhalten (während *rational choice* keine Möglichkeiten hat, subjektiv bedingte Handlungsunterschiede zwischen Wildbeutern und Bankangestellten auszudrücken). Somit kommt die behavioristische Lern- und Verhaltenstheorie, scheinbar paradox, in dieser Hinsicht dem Verständnis einer ökologischen Betrachtungsweise und einer relationalen Erkenntnistheorie nahe, obwohl sie infolge der fixen Beziehung zwischen Reiz und Reaktion, Subjekt und Objekt, eine eindeutige Affinität zur objektivistischen Abbildtheorie hat. Letzteres erklärt auch, weshalb sie nicht den weiteren Schritt in diese Richtung gegangen ist, der darin bestanden hätte, Rückkoppelungseffekte geprägten Verhaltens auf das Milieu, das heißt subjektiv bedingte Veränderungen der objektiven Ausgangsgrößen, zu berücksichtigen.

Man erkennt an dieser Stelle bereits, daß erkenntnistheoretische Operationen mikrosoziologischer Ansätze zu Ergebnissen führen, die die Begrenztheit eines jeden Ansatzes erkennen lassen, da sie – jeder allerdings auf andere Weise – notwendige Konsequenzen nicht gezogen haben, die man eigentlich hätte ziehen müssen. Andererseits zeigt sich, daß die Ansätze einander keineswegs unbedingt ausschließen, sondern überwiegend nur unterschiedliche Aspekte des Handelns beleuchten, deren Geltung sogar erkenntnistheoretisch sichergestellt ist; aber in der Regel verabsolutieren sie diese Aspekte, da sie sich nicht um eine erkenntnistheoretische Kontrolle bemüht haben bzw. von falschen erkenntnistheoretischen Annahmen ausgegangen sind.[8] Erkenntnistheorie erzwingt, im Bilde gesprochen, ein Gerüst »notwendiger Beziehungen«, aus denen eine konsequente soziologische Theorie bestehen müßte – und die vorliegenden soziologischen Theorien berücksichtigen bisher immer nur verschiedene Träger dieses Gerüstes. Dieses im einzelnen aufzuzeigen würde erfordern, ein eigenes Buch zum Thema zu schreiben.

An dieser Stelle seien die Grenzen mikrosoziologischer Ansätze vor dem Tribunal relationaler, ökologischer Erkenntnistheorie in äußerster Kürze angedeutet. Die Sinnsoziologie und die subjektiven Ansätze haben die Tendenz, objektive Bedingungen der von ihnen untersuchten Phänomene zu unterschlagen. *Rational choice* hat ein vollkommen objektivistisches, gleichsam »transzendentales« Verständnis des Subjekts und unterschlägt gerade deshalb sowohl die Objektkonstitution des Subjekts als auch die spezifische subjektive Konstitution des Objekts. Der Behaviorismus kennt objektiv bedingte unterschiedliche Ausprägungen des Subjekts, aber nur in einer unilateralen, nicht reziproken Weise.

Der kognitionspsychologische Ansatz Jean Piagets, üblicherweise nicht als mikrosoziologische Handlungstheorie betrachtet, scheint mir, trotz mancher Mängel, den bisher genannten Ansätzen weit überlegen zu sein. Dies soll nicht bedeuten, daß er sie vollständig ersetzen sollte oder könnte. Aber sowohl nach fast allen Kriterien im einzelnen als auch nach erkenntnistheoretischer Orientierung im ganzen ist er ihnen überlegen. Der kognitionspsychologische Ansatz legt die Fundamente der Analyse menschlichen Handelns tiefer, da er

– die erkenntnistheoretische Fragestellung empirisch umsetzt, indem die kognitive Entwicklung als fortschreitende Subjekt-Objekt-Differenzierung (Äquilibration durch gegenläu-

8 Lenk 1986 diskutiert diesen Aspekt.

fige Assimilations- und Akkomodationsprozesse) beschrieben wird;

- die Analyse der Entwicklung von Handlungskompetenzen mit dem Säugling beginnen läßt und auf dieser Folie weiterentwickelt;
- über ein Instrument der Analyse von Entwicklungsstadien verfügt;
- Verhaltensweisen aus kognitiven Strukturen und diese aus ihrer Genese erklärt;
- Denkstrukturen thematisiert, die sich in sozialen, physikalischen und moralischen Inhaltsbereichen manifestieren;
- somit den Zusammenhang von Denken und Verhalten, Denkstrukturen und Wissensinhalten analysiert;
- über eindeutige empirische Indikatoren seiner theoretischen Konstrukte verfügt;
- den Zusammenhang von epistemischem und empirischem Subjekt, das heißt den Zusammenhang von Universalem und Individuellem, erkennt;
- eine grundlegende anthropologische Theorie darstellt, die gleichwohl über Anschlußfähigkeit zu biologischen, psychologischen und soziologischen Ansätzen verfügt;
- über die Stadientheorie vermittelt anthropologische Universalien mit kulturellen Differenzen verbinden kann;
- die bedeutendste und meistgeprüfte psychologische Theorie im Kulturvergleich ist;
- somit die Frage nach dem Zusammenhang zwischen unterschiedlichen kulturellen Milieus (objektiven Bedingungen) und psychologischen Strukturen (subjektiven Bedingungen), Makro- und Mikrosoziologie besser beantworten kann als jede andere Handlungs- und Verhaltenstheorie usw.[9]

Man müßte ein eigenes Buch schreiben, wenn man darlegen wollte, welche Rolle die Theorie Piagets im Kontext mikrosoziologischer Handlungs- und Verhaltenstheorien spielen könnte. Die Rezeption Piagets findet überwiegend im Kontext der allgemeinen Soziologie und Makrosoziologie statt, auch dort nur spärlich, zögerlich und meist dilettantisch; die mikrosoziologische Rezeption und Einarbeitung liegt noch in der Ferne. Das vorliegende Buch geht ebenfalls eher in eine andere Richtung,

9 Oesterdiekhoff 1992; Fetz 1988; Ginsburg/ Opper 1976; Berry (Hg.) 1992; Mogdil/Mogdil 1976, Bde. 1-8.

bemüht sich aber um eine strukturgenetische (und in diesem Sinne mikrosoziologische) Fundierung makrosoziologischer Sachverhalte.

Bevor diese Punkte näher diskutiert werden, noch einige resümierende und vermittelnde Ausführungen. Mikrosoziologien und Makrosoziologien sind, wie gezeigt, gleichermaßen in das Subjekt-Objekt-Problem involviert. Das Problem gewinnt vor dem Hintergrund sowohl einer Theorie des sozialen Wandels im allgemeinen als auch einer Theorie sozialer Modernisierung (siehe die oben aufgezählten klassischen soziologischen Ansätze) an Brisanz. Modernisierungstheorien kennen mindestens zwei Gruppen von objektiven sozialen Strukturen: traditionale und moderne Gesellschaftssysteme. Sie kennen ferner meistens, aber nicht immer, zwei Gruppen von subjektiven Strukturen, die Denk- und Handlungsweisen traditionaler *und* moderner Populationen.

Wird diese Fragestellung erkenntnistheoretisch betrachtet und aufbereitet, so ist davon auszugehen, daß es nicht nur ein Wechselverhältnis, sondern zumindest teilweise auch eine Wechselwirkung zwischen subjektiven und objektiven Strukturen in gesellschaftlichen Transformationsprozessen gibt. Diese lassen sich in mindestens acht erkenntnistheoretisch klassifizierbare Gruppen von Sachverhalten, die auf eine Vierteilung reduzierbar sind, untergliedern:

– Objektive (traditionale und moderne) Systeme werden objektiv mitbedingt;
– Objektive (traditionale und moderne) Systeme werden subjektiv mitbedingt;
– Subjektive (traditionale und moderne) Strukturen werden objektiv mitbedingt;
– Subjektive (traditionale und moderne) Strukturen werden subjektiv mitbedingt.

Die Soziologie Max Webers, besonders seine Religionssoziologie, ist die einzige mir bekannte Richtung, die zumindest ansatzweise alle acht Größen diskutiert. Dies ist insofern verständlich, als Webers Programm ebenso wie das hier vertretene auf dem Boden neukantianischer Reflexionen entwickelt ist.[10] Von allen mir bekannten Modernisierungstheorien werden wohl nur die Religionssoziologie Webers und die Zivilisationstheorie Elias'

10 Weber 1988; 1991.

diesem Kausalprogramm einer erkenntnistheoretisch fundierten Theorie sozialer Modernisierung einigermaßen gerecht. Weber und Elias diskutieren und lassen Raum für das Wirken der genannten Einflußgrößen. Dies gelingt ihnen unter Verzicht auf eine systematische mikrosoziologische Theorie; statt dessen nutzen sie Eigenkonstruktionen, die erfahrungswissenschaftlich kaum oder gar nicht operationalisiert wurden. Andererseits zeigt sich, daß es bis heute keine systematische, streng erfahrungswissenschaftlich orientierte Theorie sozialen Wandels und sozialer Modernisierung gibt, die durch erkenntnistheoretische Kontrolle sicherstellt, daß die acht genannten Faktoren, in welcher Form als Kausaldeterminanten auch immer, in einem Erklärungsmodell Berücksichtigung finden.

Vielmehr thematisiert die Mehrzahl der Modernisierungs- und Transformationstheorien nur einen Faktor, entweder aus der Klasse der objektiven oder aus der Klasse der subjektiven Faktoren. Diese Theorien lassen sich demnach auf dem Kontinuum »objektiv – subjektiv« fixieren. Rein materialistische, objektivistische und ökonomische Theorien stellen vielleicht die bedeutendste Gruppe dar, in der objektive Phänomene allein aus anderen objektiven Phänomenen erklärt werden. Zu dieser Gruppe (1) könnte man den historischen Materialismus, den Großteil der Ökonomie, die Institutionenökonomie und wohl auch die Systemtheorien rechnen. Der andere Pol dieses Kontinuums wird von einer Betrachtungsweise besetzt, die man als reine Ideen- und Geistesgeschichte bezeichnen könnte (Gruppe 4). Max Weber diskutiert ebenfalls Faktoren der Gruppe 4 in seiner Religionssoziologie, und zwar in der Form, daß Religionen sich *auch* nach rein inneren Motiven entwickeln und ihre Strukturen rein endogen verändern, dann aber gleichwohl kausal wirksam werden können, indem sie auf materielle Prozesse einwirken.[11]

Wenden wir das obige Klassifikationssystem zur Veranschaulichung einmal auf die Zivilisationstheorie von Norbert Elias an: Die Bevölkerungszunahme im europäischen Mittelalter und der frühen Neuzeit bewirkt laut Elias eine Verdichtung sozialer In-

11 Ein Beispiel: Weber sieht den protestantischen Geist als entscheidende Ursache des kapitalistischen Geistes (Gruppe 4), der seinerseits kapitalistisches Wirtschaftswachstum betreibt (Gruppe 2). Weber1988; Tenbruck 1975. Ein anderes Beispiel für diese Argumentationsstruktur ist Groethuysen 1978.

terdependenzen, Funktionsteilung und Staatsentstehung (Gruppe 1); diese institutionellen Prozesse verändern und sozialisieren neue Persönlichkeitsstrukturen (Gruppe 3), die aus sich heraus eine Eigendynamik bei der Modellierung von Verhaltensweisen entwickeln (Gruppe 4) und eine psychologische Voraussetzung dafür schaffen, daß das moderne, differenzierte soziale System sich weiter entwickeln kann (Gruppe 2).

Wenn auch in der Theorie von Elias alle Einflußgrößen enthalten sind, so interessiert er sich doch am meisten für Phänomene der Gruppen 2 und 3. In diesem Punkt trifft er sich mit dem größten Teil der bürgerlichen Sozialwissenschaften, auch mit Max Weber. Im Vordergrund des Interesses der Modernisierungstheorien steht nach wie vor: Welche sozialen Faktoren haben Mentalität und Denkweisen von Populationen verändert? Wie sind traditionale und moderne Mentalitäten im einzelnen strukturiert? Sind moderne soziale Systeme durch spezifische Mentalitäten und Denkweisen mitbedingt?[12] Demnach wird aus der erkenntnistheoretisch sichergestellten Gesamtheit an Einflußgrößen regelmäßig nur untersucht, daß und inwiefern

- traditionale und moderne Systeme unterschiedliche subjektive Strukturen sozialisieren und evozieren (Gruppe 3)
- und rückwirkend durch ihre Sozialisationsprodukte beeinflußt werden (Gruppe 2).

Im Zentrum der bürgerlichen Modernisierungstheorien – mithin des Großteils klassischer soziologischer Theorien – steht demnach eine gesamtgesellschaftliche und kulturvergleichende *Sozialisationstheorie* (spezifische institutionelle Strukturen sozialisieren spezifische Persönlichkeits- und Mentalitätsstrukturen) und eine *Konstitutionstheorie* sozialen Wandels (spezifische Persönlichkeitsstrukturen konstituieren gesamtgesellschaftliche Institutionen). Man kann an wohl jeder klassischen soziologischen Theorie sozialen Wandels und sozialer Modernisierung aufzeigen, daß aus der Gesamtheit erkenntnistheoretisch möglicher und erforderlicher Subjekt-Objekt-Relationen sozialen Wandels diese beiden Komponenten im Vordergrund gestanden haben. Man kann ferner feststellen, daß diese Subjekt-Objekt-Analyse die klassische Soziologie geradezu konstituiert hat, daß sie mithin eine wichtige Trennlinie von Ökonomie und Soziologie dargestellt hat und einer der Gründe für die Ausdifferenzierung der

12 Lerner 1971; Hagen 1958; Inkeles 1983; Oesterdiekhoff 1993 b.

Soziologie aus dem Kontext von Sozialwissenschaften, Moralphilosophie und Ökonomie gewesen ist (vgl. insbesondere die Entstehung der historischen Schule).

Je geringer die Differenzierungen innerhalb der Subjektebene sind (die Differenz zwischen traditionalem und modernem Subjekt), um so größer ist die kausale Bedeutung der Objektebene (der Institutionen), um so stärker vollziehen sich die Transformationsprozesse allein innerhalb objektiver Strukturen, und um so ähnlicher sind sich ökonomische und soziologische Methoden. Je größer hingegen die Differenz zwischen traditionalem und modernem Subjekt als Resultat der impliziten oder expliziten Sozialisationsforschung ausfällt, um so größer ist die Konstitutionsbedeutung des Subjekts in der sozialen Evolution, und um so konturierter ist die soziologische Theorie im Kontrast zur ökonomischen Theorie und Methode.

Welche Auffassungen hatten und haben nun klassische und moderne soziologische Theorien vom traditionalen und modernen Subjekt? Im Prinzip lassen sich Menschen in verschiedensten Hinsichten psychologisch erforschen. Dies ist auch so geschehen: Von der Leistungsmotivation über die Angstentwicklung bis zur Bildwahrnehmung wurden kulturvergleichende Untersuchungen angestellt, die Differenzen zwischen traditionalen und modernen Populationen erwiesen haben.[13] Man kann jedoch die vielgestaltigen Untersuchungen dahin zusammenfassen, daß die soziologischen Theorien ihr *Modernisierungsparadigma* auf dem *Rationalisierungsparadigma* fundiert haben. Wohl alle klassischen soziologischen Modernisierungstheorien haben nämlich eine Transformation von einfacheren, konkreteren Denk-, Mentalitäts- und Handlungsschemata in traditionalen Gesellschaften zu komplexeren, differenzierteren Denk-, Mentalitäts- und Handlungsschemata in modernen Gesellschaften angenommen. Die soziologischen Theorien unterscheiden sich voneinander nicht zuletzt darin, in welcher Form sie diese Behauptung formuliert und erläutert haben, und das heißt auch, welche spezifische historische Psychologie sie vorstellen, darstellen und soziologisch eingekleidet haben.

In äußerster Kürze sei nun diese Behauptung anhand der Theoriegeschichte belegt und in einen weiteren Kontext gestellt. Der

13 Alexander (Hg.) 1993; Dasen/Berry (Hg.) 1974; Irvine/Berry (Hg.) 1988.

Erfinder des Begriffs »Soziologie«, Auguste Comte, nahm an, daß den drei historischen Epochen der Menschheitsgeschichte drei Denkweisen entsprechen (theologisches, metaphysisches, positives Stadium): eine Bewegung, die sich von einem kindlichen zum wissenschaftlichen Denken vollzieht.[14] Und selbst bei Emile Durkheim korrespondiert der Evolution von mechanischer zu organischer Solidarität (traditionaler zu moderner Gesellschaft) eine psychologische Evolution. Der traditionale Mensch zeichnet sich nach Durkheim durch einen untersozialisierten natürlichen Egoismus und konkrete, einfache Denkweisen aus, während begriffliches Denken und internalisierte Moral dem zivilisierten Bürger eignet.[15] Lucien Lévy-Bruhl hat auf der Linie Durkheims grundlegende Bücher über das konkrete, prälogische Denken traditionaler Menschen geschrieben.[16]

In Deutschland haben Werner Sombart, Wilhelm Jerusalem, Bernard Groethuysen, Georg Simmel in seiner *Philosophie des Geldes*, Max Weber in seiner Rechts- und Religionssoziologie und Norbert Elias in seiner Zivilisationstheorie ähnliche Positionen eines kognitiven Evolutionismus vom mythischen zum rationalen, von einfachen zu differenzierten Handlungsschemata vertreten. In der britischen Soziologie wurden derartige Positionen von L. T. Hobhouse und Karl R. Popper vertreten.[17] In der amerikanischen Kulturanthropologie (Ruth Benedict, Margaret Mead) wurde das Konzept der kulturellen Basispersönlichkeit entwickelt, in der Annahme, daß einfache Kulturen in stärkerem Maße affektive Handlungsmuster tolerieren.

Das Rationalisierungsparadigma ist nicht nur ein Gemeinplatz und ein grundlegendes Erklärungsmuster der klassischen Soziologie, sondern der älteren Sozial- und Geisteswissenschaften überhaupt. In der Geschichtswissenschaft, Archäologie, Philologie, Volkskunde, Anthropologie, Kulturanthropologie, Ethnologie, Kunstgeschichte, Philosophie und Völkerpsychologie war das Rationalisierungsparadigma das typische Erklärungsmuster für die Transformation von traditionalen zu modernen Institutionen und Verhaltensweisen.

In der Rechtsgeschichte wurde typischerweise der Übergang

14 Kiss 1980; Elias 1993.
15 Durkheim 1977.
16 Lévy-Bruhl 1959.
17 Popper 1980.

von der Erfolgshaftung zur Schuldhaftung, von der Kadijustiz und vom Ordalprozeß zum Beweisprozeß, vom alten Recht zum gesatzten Recht als Evolution von einfachen zu logisch-rationalen Denkstrukturen erklärt.[18] In der Mentalitätsgeschichte wird der Übergang von traditionaler zu moderner Mentalität typischerweise als Transformation von affektiver, einfacher und konkreter zu rationaler und regulierter Mentalität dargestellt.[19] Ähnlich in der Kunstgeschichte, Volkskunde, Archäologie und Philologie.[20] In der Philosophiegeschichte ist das Rationalisierungsparadigma das beherrschende Muster sowohl für die Erklärung der Entstehung des philosophischen aus dem mythologischen Denken als auch für die Fortentwicklung der Philosophiegeschichte seit der Antike, das heißt für ihre Rekonstruktion nach der sogenannten historisch-kritischen Methode.[21]

In der deutschen Nachkriegssoziologie haben insbesondere Arnold Gehlen, Ernst Topitsch, aber auch Theodor W. Adorno und Max Horkheimer, implizit auch Alfred Sohn-Rethel, das Rationalisierungsparadigma weiter vertreten.[22] In abgeschwächter Form findet man es auch in der amerikanischen sozialpsychologischen Modernisierungsforschung[23] sowie vor allem im Umfeld der Elias- und Weber-Forschung.[24]

Trotzdem ist festzustellen, daß es insbesondere in den letzten 25 Jahren seine Rolle als beherrschendes Erklärungsmuster der Geistes- und Sozialwissenschaften zugunsten der institutionellen, objektiven Methode ein ganzes Stück eingebüßt hat. Dies hat mehrere Gründe. Ein wesentlicher liegt in außerwissenschaftlichen, politisch-ideologischen Motiven: Das Rationalisierungsparadigma wird als Verunglimpfung traditionaler Populationen und als Zivilisationsidolatrie mißverstanden.[25] Der andere, eindeutig weniger wichtige Grund liegt darin, daß die Sozial- und Geisteswissenschaften sich wenig Mühe mit der empirischen

18 Seagle 1967; Weber 1980; Oesterdiekhoff 1992.
19 Gurjewitsch 1980; Huizinga 1975.
20 Gombrich 1963; Snell 1975; Brunner-Traut 1993.
21 Nestle 1975.
22 Gehlen 1975; Topitsch 1973, 1979; Adorno/Horkheimer 1980; Sohn-Rethel 1980.
23 Inkeles 1983; Lerner 1971.
24 Breuer1989, 1990; Schluchter 1979; Blok 1977; Bogner 1989.
25 Duerr (Hg.) 1978, 1981, 1988, 1990; Kippenberg (Hg.) 1978.

Überprüfung des Rationalisierungsparadigmas gemacht haben. Von Comte über Durkheim, Elias und Weber zu Lévy-Bruhl und Cassirer findet sich zwar eine fortlaufend modernere, prägnantere und kritischere Fassung dieses Paradigmas, aber nichts, was mit einer an erfahrungswissenschaftlichen Regeln geschulten empirischen Überprüfung zu tun hätte. Vielmehr sind die Sozial- und Geisteswissenschaften so vorgegangen, daß sie die entsprechenden Erkenntnisse aus Kulturanthropologie und Ethnologie, die sich mit Denkweisen traditionaler Populationen beschäftigten, übernommen und für ihre Zwecke genutzt haben.

Ernsthaftere Diskussionen über die Gültigkeit des Rationalisierungsparadigmas findet man daher in der Ethnologie und Kulturanthropologie. Hier sind insbesondere die Beiträge von E. Tylor, J. G. Frazer, Franz Boas, B. Malinowski, E. E. Evans-Pritchard, L. Lévy-Bruhl, C. Lévi-Strauss, R. Horton, J. Agassi und C. R. Hallpike zu erwähnen. Während die Evolutionisten aus dieser Namenliste den Standpunkt vertreten, Hexerei, Magie, Mantik, primitive Religion, Toten- und Gespensterglauben, Astrologie, Animismus usw. seien eindeutige Indikatoren primitiveren, konkreten, undifferenzierten Denkens, glauben die Universalisten, das Rationalisierungsparadigma sei unhaltbar, da traditionale Populationen ebenso wie moderne zu kritischem, rationalem Denken befähigt seien.

Aber auch diese Diskussion innerhalb der Ethnologie und Kulturanthropologie hat letztlich keine eindeutigen empirischen Resultate erbracht. Zudem sind die Unterschiede zwischen den beiden Lagern oft mehr eingebildet als tatsächlich vorhanden. Die Unterschiede zwischen Evans-Pritchard und Lévy-Bruhl in dieser Frage sind nicht so groß wie oft angenommen; ihre Erklärungsmodelle von Hexerei und Magie unterscheiden sich letztlich wenig voneinander; beide zweifeln zudem an der formallogischen Denkfähigkeit traditionaler Populationen.[26] Auch die Unterschiede zwischen dem Universalismus Boas' und Malinowskis und dem Evolutionismus Frazers sind eher verbal.[27] Insgesamt hat diese Debatte die Frage nach der Geltung des Rationalisierungsparadigmas nicht entscheiden können.[28] Sie ist

26 Evans-Pritchard 1978, 1934, 1981; Lévy-Bruhl 1959; Schöfthaler/Goldschmidt (Hg.) 1984, S. 10 ff.; Cole et al. 1971.

27 Frazer 1977; Malinowski 1983; Lévi-Strauss 1979.

28 Duerr (Hg.) 1981; Schöfthaler/Goldschmidt (Hg.) 1984.

eher eine Glaubens- und Bekenntnisfrage und weniger eine Frage der empirischen Überprüfung theoretisch gehaltvoller Modelle zu Denkweisen und Persönlichkeitsstrukturen in differierenden sozialen Kontexten.

Es ist daher festzustellen, daß weder in der Kulturanthropologie und Ethnologie noch in der Soziologie, die doch zu einem Großteil auf dem Rationalisierungsparadigma basiert, gehaltvolle und theoretisch konsistente psychologische Modelle entwickelt wurden, welche die Denkstrukturen und die weiteren psychologischen Strukturen von Populationen traditionaler Gesellschaften hätten untersuchen können. Wenn der universalistische und kulturrelativistische Standpunkt von Lévi-Strauss, Malinowski, Duerr und Agassi sachlich richtig ist, dann sind große Theorieteile der Geistes- und Sozialwissenschaften falsifiziert.[29] Diese Falsifikation bezöge sich in der deutschen Soziologie besonders auf zentrale Annahmen der Zivilisationstheorie von Elias und auf die Rationalisierungs- und Entzauberungsthese Webers. Es ist daher wesentlich, eine theoretische Verbindung von Frazer, Lévy-Bruhl, Elias und Weber zu sehen. Das soziologische Rationalisierungsparadigma ist nämlich auf eine Stützung durch Theorien angewiesen, die stärker und effizienter die psychologische Frage der Entwicklung von Denkstrukturen untersuchen. Dieser Sachverhalt wird in der Soziologie ungern gesehen, da man zwar an der Rationalisierungs- und Zivilisationstheorie festhalten, die Fragen nach deren Voraussetzungen aber schon aus politisch-ideologischen Gründen gar nicht so gern untersuchen möchte und weil man im übrigen wohl auch befürchtet, eine empirische psychologische Untersuchung könne die Voraussetzungen der Rationalisierungs- und Zivilisationstheorie falsifizieren.

Es wird jetzt wohl verständlich, warum ich eingangs darauf hingewiesen habe, daß in die soziologische Theorie selbst eine zunächst unbestimmte Arbeitsteilung von Soziologie und Psychologie eingebaut ist. Es wird jetzt wohl auch nachvollziehbar, warum Soziologen diese Frage gern umgehen, indem sie sich mit dilettantischer Psychologie zufriedengeben und bestimmte psychologische Annahmen ihrer soziologischen Theorien ungeprüft auf sich beruhen lassen. Wenn auch die kulturanthropologische Diskussion über Rationalität und Logik im kulturellen Kontext

29 Vgl. Spinner 1978.

ein höheres Niveau hat als in der Soziologie, so leidet sie doch letztlich an demselben Problem: sie verfügt ebensowenig über eine empirisch überprüfbare psychologische Theorie von Denkstrukturen.

Wenn man die vorhandenen soziologischen und kulturanthropologischen Theorien vergleichen müßte hinsichtlich ihrer Fähigkeit, die hier interessierende Frage niveauvoll zu diskutieren, dann würde sich zeigen, daß in dieser entscheidenden Frage Lévy-Bruhl viel genauer und systematischer ist als die anderen erwähnten Soziologen. Und doch bleibt sie zunächst eine Glaubensfrage; Lévy-Bruhl hat keine erfahrungswissenschaftliche psychologische Theorie.

Es ist daher wesentlich, zu erkennen, daß in den letzten dreißig Jahren die Frage nach der Rationalität von Handlungsweisen in differierenden sozialen Kontexten sich von der Soziologie und Ethnologie zur transkulturellen Psychologie verschoben hat. Ein Wissenschaftstheoretiker, der noch in der geistigen Welt vor Thomas Kuhn lebte, hätte Probleme damit, festzustellen, daß ein großer Teil der Ethnologie und der größte Teil des soziologischen Rationalisierungsparadigmas von der wissenschaftlichen Revolution in der transkulturellen Psychologie entweder noch nie etwas gehört hat oder nichts damit anfangen kann, weil die Fähigkeit zur Einordnung fehlt. Soziologen untersuchen Rationalität weiter mit Weberschen Rationalitätsbegrifflichkeiten (Magie und Mythos als ein Nicht-zu-Ende-Denken) oder Eliasschen Hausrezepten (Langsicht, Enge des Gedankenraumes), während neben ihnen eine Theorie entwickelt und überprüft worden ist, welche die gleichen Phänomene mit stärkerer wissenschaftlicher Exaktheit und strenger Methodik im Kulturvergleich überprüft hat.[30]

Polemik beiseite – worum handelt es sich? Die Theorie Jean Piagets beschreibt die stadienweise Entwicklung von intuitiven, präoperationalen zu rationalen, logischen Operationen.

30 Man möchte sagen, es ist wie mit dem gleichzeitigen Nebeneinander von Astrologie und Astrophysik im Atomzeitalter. Wissenschaftliche Theorien sterben wohl tatsächlich erst mit den Wissenschaftlern, wie schon Thomas Kuhn feststellte (aber Astrologen sterben nie aus oder werden wiedergeboren). Oder ist es diesmal wie mit dem chinesischen Delinquenten, der nach erfolgter Exekution den Henker ungläubig anschaut und dessen Aufforderung zum Nicken erhält?

Diese Theorie beruht auf einem in sich konsistenten, hervorragend durchgearbeiteten Modell, das anhand eindeutiger Indikatoren empirisch überprüfbar ist. Die Theorie Piagets leistet das, was Frazer, Lévy-Bruhl, Malinowski, Weber und Elias nicht gelungen ist: eine Zuordnung bestimmter Denkinhalte und Handlungsweisen zu Stadienstrukturen des Denkens anhand eindeutiger Indikatoren, das heißt die Ausarbeitung einer streng empirischen Theorie der stufenweisen Entwicklung von Denkstrukturen.

Während Elias sich auf der Ebene der Handlungs- und Verhaltensweisen nur deskriptiv bewegen kann und für sein Psychogenese-Konzept keine empirisch fundierte Theorie hat, kann Weber sich nur auf der Ebene der religiösen Ideen und Vorstellungsgehalte bewegen, die sein Rationalisierungskonzept nicht empirisch zu fundieren vermögen. Ähnlich können sich Frazer und Malinowski ohne Kontrollmöglichkeit darüber streiten, ob Magie Indiz kognitiver Defizite ist, aber sie können den Streit nicht entscheiden, da sie keine Theorie der Entwicklung von Denkstrukturen besitzen. Erst seit Piaget verfügen die Wissenschaften über eine systematische und empirische psychologische Theorie der Entwicklung von kognitiven Strukturen. Die von Elias, Weber, Frazer und Malinowski nur beschriebenen kulturellen und ideellen Sachverhalte können nun endlich empirisch kontrolliert geprüft und somit theoretisch erklärt werden.

Das Problem der prä-piagetianischen Autoren bestand darin, daß sie keine strukturgenetische Theorie zur Diagnose der Rationalitätspotentiale hatten, die in den von ihnen untersuchten sozialen und kognitiven Phänomenen enthalten sein mochten. Sie konnten die Frage nicht entscheiden: Ist Magie, Ordalgebrauch, Animismus und Gespensterglauben durch Mangel an logisch-begrifflichem Denken, durch bloße, den Intellekt nicht betreffende Unwissenheit und Unkenntnis, durch eine nichtwestliche, aber gleichwertige Denklogik oder durch soziale und symbolische Regeln begründet – Regeln, die weder das Resultat fehlender Logik noch mangelnden Wissens, sondern rein institutionell bedingt sind? Ist die von fast allen Ethnologen beschriebene Unsystematik von Argumentationszusammenhängen und komplexen Theorien in einfachen Gesellschaften eine irrtümliche Behauptung von Ethnologen oder ein Tatbestand, der mit Denkstrukturen nichts zu tun hat, oder ist sie tatsächlich ein Resultat präoperationaler Denkstrukturen?[31]

Weber reduziert das seines Erachtens niedrigere Rationalitätspotential von Magie und Mythos teilweise bereits auf kognitive Strukturen, wenn er Magie und Mythos aus mangelnder Systematik und Stringenz des Denkens erklärt. Aber seine Diagnose bleibt unbestimmt; man weiß nicht recht, ob er nur von Ideen und Vorstellungsgehalten oder tatsächlich von kognitiven Strukturen spricht.[32] Selbst wenn letzteres zuträfe, hätte seine Theorie bloßen Behauptungscharakter, da sie weder fachpsychologisch fundiert noch empirisch operationalisierbar ist. Elias behauptet in seinem Psychogenese-Konzept gleichfalls den niedrigeren psychisch-kognitiven Entwicklungsstand traditionaler Kulturen, aber seine Vorgehensweise ist teilweise tautologisch, da er die primitiveren Verhaltensweisen traditionaler Kulturen aus psychisch-kognitiven Strukturen erklärt, welche ihrerseits aus jenen erklärt werden sollen. Elias hat somit nur Indizien für die Geltung seines Psychogenese-Konzepts, aber keine systematische psychologische Entwicklungstheorie, die als Grundlage der Erklärung der Unzahl von ihm beschriebenen mittelalterlichen Verhaltensweisen dienen könnte.[33]

Die kognitionspsychologische Stadientheorie allein verfügt über eine systematische und empirisch überprüfbare Theorie kognitiver Strukturen, die anhand eindeutiger Indikatoren sowohl voneinander unterscheidbar als auch in ihrem sequentiellen Zusammenhang identifizierbar sind. Diese Strukturen sind ferner die »transzendentalen« Bedingungen von spezifischen Wissensinhalten und Vorstellungsgehalten, welche sie operationalisieren.

Die kognitive Entwicklung vollzieht sich nach Piaget in vier Stadien. Das sensomotorische Stadium beinhaltet die Koordination von elementaren Sinnes- und Bewegungsabläufen; das präoperationale Stadium des symbolischen und anschaulichen Denkens ist durch den Erwerb der Repräsentationen (Sprache) gekennzeichnet; das Stadium der konkreten Operationen ist durch den Erwerb logischer Koordinationen im Bereich sinn-

31 Evans-Pritchard 1978; Luria 1982; Gay/Cole 1967; Piaget/ Inhelder 1977; Lévy-Bruhl 1959; Malinowski 1983.

32 Tenbruck 1975; Breuer 1989.

33 Zu diesem Thema arbeite ich derzeit an einer für 1997 vorgesehenen Buchpublikation, die einen Vergleich von Elias und Piaget anstrengt.

lich-materieller Objekte definiert; und das Stadium der formalen Operationen schließlich beinhaltet die logische Koordination verbaler und mentaler Sachverhalte.[34]

So sind zum Beispiel Magie und Animismus nach kognitionspsychologischer Forschung entwicklungsbedingt; sie sind Manifestationen von Denkstrukturen unterhalb des formal-logischen Denkens und, wie zahlreiche Untersuchungen erwiesen haben, transkulturell universal.[35] In ihnen wurde gezeigt, daß eine genau beschreibbare und erklärbare Denkstruktur, ein ganzer bestimmter Schematismus des Denkens, der sich von kognitiven Strukturen unterhalb (Instinkt, Sensomotorik) und oberhalb (Formallogik) seines eigenen Niveaus unterscheidet, Konstituens von Magie, Animismus und anderen vorrationalen Vorstellungsinhalten und -systemen ist. In einem weiteren Kontext bedeuten diese Ergebnisse, daß die von Frazer, Lévy-Bruhl, Malinowski, Weber und Elias diskutierten Sachverhalte im Rahmen der Kognitionspsychologie eine erfahrungswissenschaftliche, fachpsychologische Erörterung und Prüfung erfahren können.[36]

Wissens- und Vorstellungsgehalte, Verhaltensweisen und Kulturmuster lassen sich endlich auf kognitive Strukturen beziehen und somit fachpsychologisch erklären. Nun wird der Sinn obiger Behauptung deutlich, die Theorie Piagets verfüge über mikrosoziologische Kompetenzen und sei in vielen Dimensionen anderen Handlungs- und Verhaltenstheorien überlegen. Die klassischen soziologischen Theorien im Rahmen des Rationalisierungsparadigmas, die oben angeführt wurden, hatten keine strenge mikrosoziologische Basis, die mit der Theorie Piagets an empirischer Qualität und theoretischer Konsistenz vergleichbar wäre. In aller Regel bestand die mikrosoziologische Basis der soziologischen Theorien vielmehr aus Ad-hoc-Eigenkonstruktionen, aus Handlungstypologien, die das Ergebnis von Setzungen und Intuitionen waren, aber nicht fachpsychologisch und empirisch gewonnen wurden. Insofern ist die Theorie Piagets

34 Piaget 1975, Bde. 1-7; Piaget 1984; Piaget/Inhelder 1980; Piaget 1983; Petter, G. 1976; Ginsburg/Opper 1976; Mogdil/Mogdil 1976, Bde. 1 bis 8; Oerter/Montada (Hg.) 1988.

35 Piaget 1981; Dennis 1943; Havighurst/Neugarten 1955; Jahoda 1974; Petter 1976; Hallpike 1984; Oesterdiekhoff 1992; Mogdil/Mogdil 1976.

36 Hallpike 1984; Oesterdiekhoff 1992; Breuer 1989.

der Handlungstypologie Webers und seiner Magietheorie, dem historisch-psychoanalytischen Ansatz Elias', der Handlungstypologie Parsons' und auch den entsprechenden Handlungsannahmen der übrigen Rationalisierungs- und Modernisierungstheoretiker überlegen.[37] Es wird sich im weiteren Verlauf der Arbeit zeigen, welche innovative Potenz dem strukturgenetischen Ansatz in der mikrosoziologischen Fundierung gesamtgesellschaftlicher und kulturvergleichender Forschung zukommt.

Die Voraussetzung dafür, daß der strukturgenetische Ansatz das Erbe des soziologisch-ethnologischen Rationalisierungsparadigmas antreten kann, nämlich daß er im Kulturvergleich getestet wurde und daß Ergebnisse für traditionale und moderne Kulturen vorliegen, ist gegeben. Die kulturvergleichende Psychologie ist sich der Tatsache, daß sie der Erbe dieser sozialwissenschaftlichen Rationalitätsdiskussion ist[38], zum Teil auch bewußt. Über ihre Rolle bei der notwendigen Rückübersetzung ihrer Erkenntnisse in die Sozialwissenschaften, das heißt bei der Konfrontation ihrer Ergebnisse mit den Ansätzen Malinowskis und Frazers, Webers und Elias, ist sie sich wohl weniger oder gar nicht im klaren.

Seit den dreißiger Jahren wird die Theorie Piagets in unterschiedlichen sozialen Schichten und kulturellen Umwelten auf die Behauptung ihrer Universalität geprüft. Seit den sechziger Jahren hat sich eine Hochkonjunktur transkultureller Piaget-Psychologie entwickelt; inzwischen liegen über tausend Untersuchungen aus fast allen Ländern und Ethnien des Planeten vor.

37 In diesem Zusammenhang ist das Bemühen Habermas' (1976) zu erwähnen, die Theorie Piagets zur Rekonstruktion des Historischen Materialismus zu nutzen. Furth (1983) und vor allem Freitag (1983) haben korrekt herausgearbeitet, daß die Theorie Piagets der Leitfaden von Habermas' *Theorie des kommunikativen Handelns* (1981) ist, das heißt seiner Rekonstruktion der Theorien Parsons', Webers, Durkheims und Meads. Das Problem der meisten soziologischen Rezipienten der Theorie Piagets liegt allerdings vor allem darin, daß sie nicht mit der transkulturellen Piaget-Psychologie vertraut sind. Aber nicht die Theorie Piagets, das heißt die Kinderpsychologie im engeren Sinne, auf die sich Soziologen immer noch regelmäßig und ausschließlich beziehen, wenn sie Piagets Theorie soziologisch einzufangen suchen, sondern erst die transkulturelle Piaget-Psychologie ist unmittelbar von soziologischer Relevanz.

38 Cole u. a. 1971; Schöfthaler/Goldschmidt (Hg.) 1984.

Diese transkulturelle Applikation der Theorie Piagets brachte interessante und zunächst widersprüchliche Ergebnisse zustande. Es zeigte sich, daß die ersten beiden Stadien der kognitiven Entwicklung – das sensomotorische und das präoperationale Stadium des symbolischen und anschaulichen Denkens – von allen gesunden Menschen aus allen Kulturen und Umwelten mit weitgehend identischen Charakteristika, wie Piaget sie ermittelt hat, entwickelt werden. Dann aber stellen sich, im Gegensatz zu ursprünglichen Annahmen Piagets hinsichtlich der Universalität seiner Theorie, verschiedene kulturbedingte Abweichungen der kognitiven Entwicklung ein.

Das Stadium der konkreten Operationen wird nicht von allen Menschen auf allen inhaltlichen Gebieten erreicht; ferner gibt es große Unterschiede hinsichtlich des Lebensalters, in dem dieses Stadium elaboriert wird. Soziale, technische und andere Umweltanforderungen müssen vorhanden sein, um die Etablierung der konkreten Operationen zu provozieren. So entwickeln zum Beispiel Menschen aus Wildbeutergesellschaften konkrete Operationen in räumlichen Strukturen, aber weniger im Bereich der Mengen und Zahlen. In den zuletzt genannten Bereichen sind Handwerkerkulturen stark. Insgesamt zeigt sich, daß Populationen in Industriegesellschaften die konkreten Operationen am stärksten und in den meisten Inhaltsbereichen ausgeprägt haben. Andererseits existiert jedoch kaum eine Population, in der nicht bestimmte Inhaltsbereiche operationalisiert werden.[39] Selbst in Industrieländern erreicht ein großer Teil der Bevölkerung nicht das Stadium der formalen Operationen; des weiteren unterscheiden sich Individuen in Industrieländern hinsichtlich der Bereichsvielfalt und der Ausprägung des formalen Denkens. Nur ein geringer Teil der Populationen analphabetischer, agrarischer und traditionaler Milieus scheint das Stadium der formalen Operationen zu erlangen.[40]

So verzichteten Piaget und die Mehrzahl der transkulturellen Psychologen schließlich auf die Annahme von der universalen Ausbildung formaler Operationen, da sie erkannten, daß unterschiedliche soziale Milieus einen Einfluß auf die kognitive Ent-

39 Irvine/Berry (Hg.) 1988; Dasen/Berry (Hg.) 1974; Berry (Hg.) 1992; Mogdil/Mogdil 1976; Schöfthaler/Goldschmidt (Hg.) 1984.

40 Hallpike 1984; Piaget/Inhelder 1977; Piaget 1972; Luria 1982; Chapman 1988, S. 98; Gellathy 1987, S. 32; Tulviste 1979, S. 75.

wicklung ausüben.[41] Die Frage ist nur, in welcher Weise dieser kulturelle Bias konzeptualisiert wird:

»It seems reasonable to speculate that one reason for the relatively modest incidence of fully developed formal-stage functioning in the normal population, especially by comparison with the earlier stages, is that there is less of a ›demand‹ for it. It is probably correct that the ›average expectable environment‹ for most normal individuals does not make much demand for full formal function. By contrast, the ›demand‹ for concrete-level functioning (conservation of number, conservation of mass and volume, serial ordering, correspondence) is very considerable in modern society, even in ›everyday life‹. Piagetian studies of primitive or agrarian societies have shown that in such societies even adults man not function at the concrete level, which would tend to support speculation about some connection between the ›demand function‹ of the society and the degree to which the potential for each stage is actualized. One could draw a parallel here to the ›emergence‹ of childhood as a stage of life in medieval times and to the emergence of ›adolescence‹ and ›youth‹ as increasingly well-defined developmental stages in more ›advanced‹ industrial affluent societies. The nearly universal ›emergence‹ of the concrete stage in societies like our own and the still only partial emergence of the formal stage is a parallel phenomenon on the cognitive level.«[42]

Obwohl kulturrelativistische Positionen verbreitet sind, die behaupten, der kulturelle Bias zerstöre die Theorie Piagets, da der Einfluß der Kultur sich auf die Inhalte der kognitiven Entwicklung beziehe, zeigt sich bei Prüfung der Sachlage das Gegenteil; die Differenzen beziehen sich auf den Entwicklungsendstand, den Individuen (und Populationen) erreichen, nicht auf die Charakteristika der Stadien. Die These der Kulturbedingtheit der kognitiven Entwicklung bewirkt daher keine vollständige relativistische Soziologisierung der Thematik Kultur und Kognition, keine Elimination der Psychologie, sondern eröffnet die Perspektive auf die Konzeption einer relationalen Interaktionsstruktur beider.[43]

41 Dulit 1972, S. 294, 296 ff.; Galotti/Komatsu 1989, S. 85 ff.; Burg/Belmont 1990, S. 90 ff.; Chapman 1988; Cole 1988; Luria 1982; Irvine/Berry 1988; Gellathy 1987; Ross 1974, S. 413 ff.; Furth 1983, S. 193; Werner 1979.

42 Dulit 1972, S. 300.

43 Werner 1979; Piaget 1967, S. 84; Furth 1983, S. 193; Kohlberg/Gilligan 1971; Hallpike 1984; Oesterdiekhoff 1992.

»Formal-operational thinking might not appear at all or might appear in a less-generalized form among cultures and individuals whose experience is limited to one or few specialized or technical occupations. In other words, survival in a particular culture may not call for, nor be influenced by, formal logical thinking. Thus, formal thought processes are probably cultural alternatives that can be learned. Humans have the capacity for it, but may not have realized it in order to ›get by‹ in their particular society. In modernizing cultures, formal thought may be considered an essential adaptive mode that provides advantages in coping with the demands of technology, education, and urbanization. Since Western science and technology does not necessarily represent a form of thought valued in every culture around the world, nor, for that matter in some subcultures in the United States and Europe, the Piagetian sequence of the development of operational thinking from concrete to formal is likely to be somewhat ethnocentric.«[44]

Wenn das Stadium der formalen Operationen nicht elaboriert wird, dann zunächst deshalb, weil die unteren Stadien wirksam bleiben. Damit ist der Kulturrelativismus zumindest in diesem Punkt außer Kraft gesetzt. Daher müssen, so unter anderem Hallpike, in weiten Bereichen menschlicher Kulturen, insbesondere in traditionalen Kulturen, soziale und kognitive Phänomene existieren, die das Resultat präformaler Stadienstrukturen sind. Genau diese Behauptung ist eindeutig verifiziert.[45]

In diesem Buch wird im einzelnen dargelegt, daß nicht nur traditionale Weltbilder, Religionen, das Verständnis von Naturprozessen, ferner grundlegende Kategorien wie Zufall, Kausalität, Wahrscheinlichkeit, sondern auch soziale Institutionen, Familienstrukturen und Rechtssysteme, als Resultat präformaler, erkenntnisrealistischer Denkstrukturen identifiziert werden müssen. Piaget hat schon in den zwanziger Jahren gesehen, daß seine Theorie zur Rekonstruktion der Philosophiegeschichte, der Kultur- und Wissenschaftsgeschichte geeignet ist und damit, so kann man hinzufügen, für die Diskussion der hier in Frage stehenden Sachverhalte nützlich ist. Insbesondere in seiner Moralstudie, aber auch in seinen Untersuchungen zur Wissenschaftsgeschichte rekonstruiert er traditionale und historische Konzepte mit Hilfe der Stadientheorie und erklärt jene Phänomene aus kognitiven Strukturen.[46]

44 Werner 1979, S. 224.
45 Hallpike 1984; Oesterdiekhoff 1992; Luria 1982; Breuer 1989.
46 Piaget 1973; Piaget/Garcia 1989.

Der transkulturellen Psychologie gelang darüber hinaus die Isolierung der spezifischen Milieufaktoren, die gegeben sein müssen, soll formal-operationales Denken entwickelt werden. Insbesondere dreijährige moderne Schulbildung ist vonnöten, sollen die einfachen Aufgaben formal-logischen Denkens gelöst werden.[47] Die komplizierteren Substufen formal-logischen Denkens erfordern systematische Übungen und kulturelles Lernen.

»The specific hypothesis is that the theoretic approach to syllogistic tasks (scientific thinking) first appears in the sphere of school knowledge and latter can be applied to everyday knowledge ... So it seems correct to state that there may be no theoretic syllogistic reasoning in the cultures that are strictly traditional.«[48]

Zwar ist die Theorie Piagets wohl die bedeutendste Theorie innerhalb der transkulturellen Psychologie; ähnlich bedeutend ist jedoch die Psychometrie. Während die Theorie Piagets in einer ganz bestimmten Hinsicht in der Tradition Galtons steht, steht die Psychometrie in der Tradition Binets. Jene versteht unter Intelligenz angebbare Strukturen, diese eine nur statistisch zu messende Größe. Um so interessanter, daß die transkulturelle Psychometrie auf ihre Weise die Ergebnisse der transkulturellen Piaget-Psychologie bestätigen kann (vice versa), indem sie den gleichen Zusammenhang von sozialen Milieus und kognitiven Prozessen gefunden hat. Die ermittelten Resultate mit verschiedenartigsten Testverfahren ergeben ein eindeutiges Bild, das in die gleiche Richtung zeigt.[49] Eine jahrzehntelange Forschung, von Hunderten von Forschern in aller Welt mit unterschiedlichsten Verfahren unabhängig durchgeführt, sprechen eine eindeutige Sprache.

Damit ist das berühmte Gesetz Fergusons – »Individuals reared in different cultures will develop different patterns of abilities« – und somit der Grundgedanke der Sozialisationstheorie auf eine substantielle Weise bestätigt. Die transkulturelle Psychologie kann daher eine gesamtgesellschaftliche, historische und kulturvergleichende Sozialisationstheorie begründen als auch eine ebensolche Konstitutionstheorie, die beschreibt, auf welchen Subjektstrukturen Institutionen und Kulturmuster basieren. Sie

47 Scribner 1984; Luria 1982.
48 Tulviste 1979, S. 75, 77; Dasen et al. 1979.
49 Sternberg 1988; Royce 1988, S. 156; Vernon 1965, 1969; Vernon et al. 1988, S. 212, 222; Kendall et al. 1988.

ist die inhaltliche Füllung der eingangs aufgeworfenen erkenntnistheoretischen Problematik des Verhältnisses von Subjekt und Objekt in sozialen Prozessen und des Verhältnisses von Soziologie und Psychologie. Sie ist der Erbe des psychologischen Teils innerhalb des soziologischen Rationalisierungsparadigmas. Sie verifiziert eines der Grundmotive – eines der Gründermotive – der klassischen soziologischen Theorien seit Auguste Comte. Wäre sie zu dem Ergebnis gekommen, es existierte kein Zusammenhang von kognitiven und sozialen Strukturen, hätte dies als Falsifikation des soziologischen Rationalisierungsparadigmas gelten müssen.

Vor diesem Hintergrund scheint mir der Sachverhalt des Zusammenhangs von formaloperatorischen Kognitionsstrukturen und gesellschaftlicher Entwicklung ein Forschungsresultat höchster Relevanz zu sein, das noch nicht genügend anerkannt worden ist. Dieses Forschungsresultat scheint ein Kulminationspunkt von Forschungsfragen verschiedenster Disziplinen zu sein – von Soziologie, Psychologie, historischer Anthropologie und Mentalitätsgeschichte bis zur Wissenschaftsgeschichte.

Dabei sind die Fragen im einzelnen in vieler Hinsicht noch ungeklärt; je tiefer man gräbt, um so mehr interessante Probleme tauchen auf. Der Zusammenhang von Milieu und Kognition ist, allgemein formuliert, offenbar so zu verstehen, daß unterschiedliche Milieus unterschiedliche Anreize liefern, operationale Strukturen einzuüben. Training und Übung sind die Bindebegriffe von Milieu und Kognition.[50] Zumal für das formaloperationale Denken gilt, was für die eher automatische sensomotorische und präoperationale Entwicklung nicht zutrifft: Ohne sozial stimuliertes *und* individuell gewolltes Lernen, Üben und Trainieren keine kognitive Entwicklung.[51] Diese These kann vieles erklären, zum Beispiel die Rolle des einzelnen Subjekts im Lernprozeß, den Milieueffekt auf kognitive Entwicklung, die Asymptote kognitiver Entwicklung im gleichen Milieu, formaloperationales Denken weniger Menschen in einfachen Milieus, eines größeren Prozentsatzes in industriellen Milieus usw.

So zeigt die transkulturelle Psychologie uno actu Gleichheit *und* Verschiedenheit von Menschen unterschiedlicher Kulturen und widerlegt damit sowohl den radikalen Kulturrelativismus als

50 Price-Williams et al. 1974; Montada 1970; Dasen et al. 1979.
51 Piaget 1972; Bruner (Hg.) 1966; Montada 1970.

auch den radikalen Gleichheitsuniversalismus, sowohl den Rassismus als auch den behavioristischen Milieudeterminismus. Sie zeigt sowohl die Bedingungen der Kontinuität als auch der Diskontinuität kognitiver Entwicklung. Sie zeigt, daß einzelne, auch in retardierten Milieus, durch Eigenstimulanz, diese wie immer bedingt, zu formalem Denken befähigt sein können, während andererseits in industriellen, alphabetisierten Milieus einzelne sich dem Training formaloperationalen Denkens verweigern können. Dies ist piagetianisch durchaus logisch, wenn man sich den stadienstrukturellen Zusammenhang von Reflexion und formalen Operationen vor Augen führt.

Der Konnex zwischen Milieu/Modernisierung und formalem Denken erklärt, weshalb formales Denken in dem »griechischen Wunder«[52] auftaucht und in der Spätantike wieder versandet, in der Spätrenaissance und Klassik erneut auftaucht, um in der Industriegesellschaft zum Massenphänomen bei gleichzeitiger Perseveranz arationaler Vorstellungssysteme in Submilieus zu werden. Die Asymptote erklärt, weshalb auch in primitiven Milieus einzelne Denker ihre Skepsis gegenüber Totenkulten, Magie, Astrologie, Sonnenkulten usw. bewahren und die Stimme der Vernunft aufrechterhalten.

Dabei ist es von Bedeutung, formaloperationales Denken nicht als eine transzendentale Struktur, nicht als geschlossenes System zu verstehen. Denn es ist schließlich dadurch definiert, daß es durch Lernen, Übung und Training prinzipiell unendlich ausbau- und entwicklungsfähig ist. Dies erklärt die individuellen, sozialen und historisch bedingten Differenzen kognitiver Entwicklung innerhalb des formaloperationalen Bereichs. Dies erklärt, weshalb bestimmte Personenkreise in bestimmten Milieus, Berufsgruppen usw. trotz vorhandener formal-logischer Strukturen diese nicht weiter ausbauen können, um beispielsweise wissenschaftlich produktiv zu werden.[53]

Die transkulturelle Psychologie klärt den alten Streit um die Rationalität und Logik der sogenannten Primitiven; sie zeigt gleichzeitig vorhandene Kompetenzen und ihre Grenzen, indem sie stadienstrukturelle Zuordnungen ermöglicht. Sie schafft damit die Grundlagen einer sozialkognitiven Typologie von Wildbeutern, Kleinbauern und Bürgern, mithin eine historische An-

52 Gombrich 1963; Popper 1980; Nestle 1975; Snell 1975; Spinner 1978.
53 Suarez 1977; Piaget 1972.

thropologie, welche nach Meinung Wolfgang Frühwalds für eine Weiterentwicklung der Geisteswissenschaften fundamental ist.

Die transkulturelle Psychologie ist nicht nur der erfahrungswissenschaftliche Erbe der psychologischen Ingredienzien der klassischen soziologischen Modernisierungstheorien, sondern auch der vorzüglichsten philosophischen Strömungen und Reflexionen. Es war das Anliegen Piagets, die philosophische Erkenntnistheorie auf eine erfahrungswissenschaftliche Grundlage zu stellen. Seine Entwicklungspsychologie war Hilfsmittel und Unterbau seiner genetischen Epistemologie. Piagets Gedanke war, daß in der Geschichte des menschlichen Geistes, der Wissenschafts- und Kulturgeschichte, sich Sequenzen einer kognitiven Evolution manifestieren. Diese Aufbaugesetzlichkeiten des Denkens untersuchte er empirisch anhand der Ontogenese, um die Kulturgeschichte theoretisch verstehen zu können.[54]

Menschliches Denken ist nicht durch apriorische und transzendentale Bedingungen definiert und keine universale und fixe Größe, wie Kant angenommen hatte, sondern entwickelt sich stufenförmig. Überwand Kant den Empirismus durch seine »kopernikanische Wende«, wonach die Objekte um das Subjekt kreisen, nicht umgekehrt, so stellte Hegel fest, dieses Subjekt entwickele sequentiell seine »Denkwerkzeuge«, so daß eine weitere Wende erforderlich sei, um die Phänomenologie des Geistes zu beschreiben.[55] Piaget hat das Programm Kants und Hegels erweitert und verifiziert. Näher als diese beiden stehen ihm aber die Neukantianer, zu denen er in Paris auch persönlichen Kontakt hatte. Piaget bezieht sich lobend auf Cohen, Natorp und vor allem auf Cassirer, und noch 1975 stellt er sie als die vorzüglichsten Philosophen dar. In einem brillanten Aufsatz hat Fetz die Beziehungen zwischen Cassirer und Piaget dargelegt.[56]

Und in der Tat unterscheiden sich Piaget und Cassirer zwar in der Theoriesprache und in der Arbeits- und Herangehensweise, doch in den programmatischen Grundlagen und Ausführungen sind die Ähnlichkeiten überdeutlich. Cassirer bezieht sich auf die Entwicklungspsychologie (insbesondere auf H. Werner) und Piaget auf den Neukantianismus. Beide beschreiben in ähnlicher Weise die Stufen des Denkens vom Anschaulichen zum Ab-

54 Piaget 1975, Bde. 8-10; Piaget 1986.
55 Kant 1977; Hegel 1978; Kesselring 1981.
56 Fetz 1988 b, S. 158.

strakten, beide sehen den Zusammenhang von Ontogenese und Kulturentwicklung, beide verstehen Kultur- und Wissenschaftsentwicklung als Subjekt-Objekt-Differenzierung vom Mythos zur rationalen Wissenschaft.[57] Insbesondere im zweiten Band seiner *Philosophie der symbolischen Formen* kommt Cassirer dem Programm der genetischen Epistemologie sehr nahe.[58] Vieles von dem, was Cassirer analytisch vorweggenommen und vorgedacht hat, wurde von Piaget und seinen Mitarbeitern Jahre später empirisch eingelöst. Vor diesem Hintergrund sollte man Cassirer und Piaget als Autoren verstehen, die gemeinsam für ein strukturgenetisch fundiertes kulturwissenschaftliches Programm gearbeitet haben, das man als ein historisch-genetisches Theorieprogramm bezeichnen könnte.

So wie Comte und die Soziologie das philosophische Programm der Aufklärung und des deutschen Idealismus, die Annahme einer Bildungsgeschichte der Menschheit, empirisch wenden und soziologisch fundieren wollten, so hat im Anschluß an diese Bewegung Cassirers Kulturphilosophie den Neukantianismus weitergedacht (insbesondere Natorps Diktum: »Das Fieri allein ist das Faktum«) und kulturgeschichtlich zu erweitern versucht, bis es von Piagets Theorie schließlich empirisch verifiziert wurde. Diese knappen Hinweise werden besonders vor dem Hintergrund von Piagets Konzept eines »Kreises der Wissenschaften« verständlich, zumindest was die Relationen zwischen Philosophie, Psychologie und Soziologie anbelangt.

57 Fetz 1988 a, b.

58 Cassirer 1925. Seit 1981 ist mir klar, daß die Kulturphilosophie Cassirers eine Lösung mancher Rätsel der Kultur- und Geistesgeschichte darstellt, auch der im Zusammenhang mit Elias und Weber stehenden Fragen, aber eine empirische Fundierung durch Entwicklungspsychologie benötigte. Nachdem ich 1982 in einem Antiquariat H. Werners Lehrbuch über Entwicklungspsychologie erstanden und gelesen hatte, wußte ich, daß Piaget in direkter analytischer Verbindung zu Comte, Elias und Weber zu sehen ist. Als ich 1984 die transkulturelle Psychologie kennenlernte, war für mich der Weg zu einer empirischen Prüfung und theoretischen Klärung des soziologischen Rationalisierungsparadigmas geebnet.

2. Empirische Resultate am Leitfaden der Theorie Jean Piagets

Kulturvergleichende Psychologie und Sozialstrukturanalyse: Kognitionen und Institutionen

2.1 Entwicklungspsychologie und Handlungstheorie

Bekanntlich herrscht in den Geistes- und Sozialwissenschaften ein anhaltender Streit über die Grundlagen ihres Gegenstandsbereichs, über die zu wählenden Methoden der Erkenntnisgewinnung und der Theoriebildung. Während in den Naturwissenschaften die linearen Kausalbeziehungen zwischen den Phänomenen einen sicheren Boden der Theoriebildung, der Erklärungsmodelle und des Erkenntnisfortschritts bereiten, scheinen soziale Phänomene von einer Komplexität bestimmt zu sein, die eine allgemein anerkannte Formulierung fester Grundlagen und eines generellen Bezugssystems, das die Einordnung und Erklärung spezieller Phänomene gestattete, sehr erschwert.

Die Versuche der Philosophie, durch den Aufweis transzendentaler und apriorischer Strukturen sich und den Geisteswissenschaften einen Grundstock unbezweifelbarer Erkenntnis zu verschaffen, der den schrittweisen Aufbau weiterer sicherer Erkenntnis garantiert, muß man meines Erachtens als gescheitert betrachten.

Der Anspruch der Verhaltenstheorie, generelle psychologische Gesetze, die das Verhalten von Organismen erklären, aufstellen zu können, um so mit den Naturwissenschaften aufschließen zu können, ist in dieser Form nicht einzulösen. Selbst wenn die Verhaltenstheorie grundlagenwissenschaftlichen Bestand hätte, könnte sie doch wegen der Trivialität ihrer Annahmen das Problem der Komplexität sozialer Phänomene nicht bewältigen. Selbst wenn das Verhalten auch der höheren Organismen mit dem Reiz-Reaktions-Modell vollständig erklärt werden könnte, würde sowohl die Komplexität der Reize in der menschlichen Umwelt als auch die Komplexität der möglichen Reaktionsweisen eine in diesem Sinne reduktionistische Erklärung sozialer Phänomene ausschließen.

Diesen Schwierigkeiten sozialwissenschaftlicher Theoriebildung ist aber nicht dadurch zu begegnen, daß man versucht, die schwer zu erklärenden sozialen Phänomene mit noch dunkleren Methoden einzufangen. Die sinnverstehende Soziologie, Rollentheorie, schwach fundierte psychologische Modelle, Philosophische Anthropologie, *rational choice* usw. sind als grundlegende anthropologische Bezugssysteme zur Erklärung sozialer Phänomene vielfach überfordert. Denn der Versuch der Verhaltenstheorie, durch Reduktion auf organismische bzw. anthropologische Grundstrukturen ein Falsifikationsversuchen standhaltendes Bezugssystem zur Erklärung sozialer Phänomene zu finden und so die Naturwissenschaften gleichsam einzuholen, gibt einen korrekten Fingerzeig, die richtige Benennung des Problems, wenn auch die Lösung auf allzu generalisierendem Wege gesucht wurde.[1]

Die Verhaltenstheorie ist die falsche Lösung eines immerhin richtig gestellten Problems, insofern sie die strukturellen Differenzen zwischen niederen Tieren, höheren Tieren, Kindern, »primitiven« und »zivilisierten« Erwachsenen nicht angeben kann. Das S-R-Modell behauptet, das Verhalten aller Organismen gleichermaßen erklären zu können. Tatsächlich aber sind die strukturellen Differenzen zum Beispiel zwischen »Tieren« und Menschen so geartet, daß eine wie immer durchgeführte Manipulation der Umweltreize nicht zu einer Angleichung bzw. Transformation der Reaktionsweisen unterschiedlicher Arten führte. Unterschiedlichen Arten eignen nämlich unterschiedliche psychische Strukturen und Reaktionspotentiale, die durch Reizkonfigurationen nicht beliebig manipulierbar sind, sondern diesen vielmehr quasi apriorisch vorgeschaltet sind. Diese »apriorischen« Strukturen verhindern, einem Bären die Verhaltensweisen

1 Die Sozialwissenschaften schwanken zwischen den beiden Erklärungsweisen, soziale, institutionelle Prozesse institutionell oder psychologisch, makro- oder mikrosoziologisch zu erklären. Obwohl beide Erklärungsweisen legitim und wichtig sind, ist die psychologische fundamentaler, denn soziale Prozesse sind letztlich Resultat menschlichen Handelns. Eine Grundlagentheorie der Sozialwissenschaften müßte daher soziale Prozesse aus Handlungsstrukturen ableiten können.

eines LKW-Fahrers, einem fünfjährigen Menschenkind die Fertigkeiten eines Piloten oder eines Technikers anzutrainieren. Gegenüber diesen artspezifischen und strukturpsychischen Fakten versagt die Erklärungskraft des S-R-Modells.[2]

Eine Verhaltenswissenschaft, die weder behavioristisch die artspezifischen Fähigkeiten reduktionistisch unterschlagen noch auf eine quasi naturwissenschaftliche Konzeption der Verhaltenserklärung verzichten will, ist gehalten, eine allgemeine Theorie zu begründen, die sowohl die Gemeinsamkeiten der Arten als auch die psychisch-kognitiven Unterschiede zwischen ihnen vor dem Hintergrund einer allgemeinen Evolutionstheorie des Verhaltens erklärt. Nur einer Theorie, die sowohl die *Gemeinsamkeiten* als auch die *Unterschiede* erklärt, indem sie die einzelnen Schritte aufzeigt, die die differenzierteren Verhaltensweisen und Kognitionsstrukturen der höheren Säuger (insbesondere des Menschen) von den vergleichsweise undifferenzierten Verhaltensweisen der niederen Säuger und Nichtsäuger unterscheiden, kann die Skylla des Reduktionismus und die Charybdis des spekulativen Bewußtseins- und Humanbegriffs gleichermaßen umfahren. Erst einer solchen Theorie, die sich auf dem festen Boden der Evolutionstheorie, das heißt naturwissenschaftlicher Konzeptionen, befände, könnte es gelingen, eine nichtspekulative Theorie der Struktur menschlicher Verhaltensweisen zu formulieren, indem sie präzise und exakt die Differenzen zwischen dem humanen und dem subhumanen Verhaltensbereich fixierte. Dieser Ansatz versteht sich vor dem Hintergrund, daß man menschliche Verhaltensweisen zwar nur aus der Evolution der Arten verstehen, die menschlichen kognitiven- und Verhaltensstrukturen aber nicht mit subhumanen Fertigkeiten unterschiedslos konfundieren kann.

Während die »spekulativen« Theorien – *rational choice*, die philosophische Anthropologie, die Transzendentaltheorien, die Rollentheorie und andere sozioanthropologische Theorien – diesem Anspruch nicht genügen, da sie eine Theorie des Humanen durch ausschließliche Abgrenzung zu gewinnen suchen, scheitert die Verhaltenstheorie, da sie nur Gemeinsamkeiten qua Reduktion auf das S-R-Modell zu sehen meint. Die spekulativen Theorien gehen fehl, da eine Theorie der Humanstrukturen nur evolutionstheoretisch, durch Darstellung des Transformations-

2 Oesterdiekhoff 1992.

prozesses vom Subhumanen zum Humanen, die die Differenzen aus dem Entstehungszusammenhang kausalgenetisch erklärt, gewonnen werden kann. Auch die Verhaltenstheorie widerspricht den Grundlagen der Evolutionstheorie, indem sie durch Alleinberücksichtigung der Gemeinsamkeiten die evolutionär bedingten Differenzen unterschlägt. Die Verhaltenstheorie meint, das naturwissenschaftliche Pendant im Bereich des Humanverhaltens zu sein, tatsächlich widerspricht sie aber implizit naturwissenschaftlichen Erkenntnissen bzw. der Evolutionstheorie, indem sie durch Generalisierung des S-R-Modells zum Naturgesetz das Explanandum, die evolutionär bedingte kognitive Komplexität des Menschen, eliminiert bzw. unterschlägt.

Auch der Humanethologie ist es trotz ihrer thematischen Nähe bisher nicht gelungen, den analytischen und den synthetischen Aspekt zu kombinieren. Sie unterscheidet sich von den beiden genannten Theoriegruppen durch ihr Schwanken zwischen Differenz- und Identitätstheorie und nimmt somit gleichsam eine Mittelposition ein. Der Humanethologie fehlt das Konzept, eine grundlegende Theorie der Evolution der Verhaltensstrukturen. *Es ist klar, daß es zwischen »Tieren« und Menschen sowohl Gemeinsamkeiten als auch Differenzen gibt.* Theorien, die menschliche Strukturen nur durch Herausarbeiten der Unterschiede (zum Beispiel Plessner, Gehlen, Scheler) bzw. der Gemeinsamkeiten (zum Beispiel Skinner) zu erklären suchen, verfehlen zwangsläufig die richtige Erklärung der Unterschiede bzw. der Gemeinsamkeiten, da eine korrekte Erklärung nur in der wechselseitigen Beleuchtung des analytischen und des synthetischen Aspektes erkennbar wird. *Erst die reziproke Beziehung der beiden Aspekte ermöglicht es, die Trennebene an der richtigen Stelle einzuziehen; das heißt auch, die Ursachen und Eigenarten sowohl der Gemeinsamkeiten als auch der Unterschiede zu spezifizieren und zu präzisieren.*

Eine Theorie der basalen Humanstrukturen, die als grundlagenwissenschaftliche Fundierung der Geistes- und Sozialwissenschaften dienen könnte, muß demzufolge die Bedingung erfüllen, die Grundstrukturen der menschlichen Entwicklung, den phylogenetischen Transformationsprozeß, die Entwicklung vom Tier zum Menschen nachzeichnen zu können. Nur auf diesem evolutionspsychologischen Wege wird den Anforderungen naturwissenschaftlicher Theoriebildung im Bereich des Verhaltens, das heißt der Evolutionstheorie, Genüge getan, die strukturellen Differenzen aus den Gemeinsamkeiten zu erklären. Nur auf diesem Wege wird sowohl die behavioristische Identifizierung des Menschen mit Tauben und Hunden als auch die spekulative Identifizierung des Menschen als »vernunft- und freiheitsfähiges Geistwesen« vermieden.

Die Entwicklungspsychologie, insbesondere die Stadientheorie Jean Piagets, erfüllt diese Bedingungen meines Erachtens zur Zeit am besten.[3] Piagets Theorie ist der erfahrungswissenschaftliche und evolutionstheoretische Erbe der Apriori-Theorien. Ferner entstammt sie der Verhaltenstheorie, aber indem sie die Evolution der Verhaltensstrukturen erklärt, entgeht sie den Fallstricken des simplen Reduktionismus. Daher wird vorgeschlagen, sie als eine grundlegende Theorie der Verhaltenswissenschaften und der von ihnen abhängigen Disziplinen aufzufassen.

2.2 Entwicklungspsychologie kognitiver Strukturen

Piaget zufolge vollzieht sich die Entwicklung aller Menschen aller Kulturen in aufeinanderfolgenden Stadien, wobei die höheren Stadien sich gesetzmäßig und bio-logisch aus den unteren entwickeln. Die Grundmuster und Antriebe dieser unidirektionalen und invarianten Entwicklungssequenz umfassen biologische, soziale, physikalische und logische Faktoren.

Diese Entwicklung der basalen Strukturen, welche den Austausch des Individuums mit seiner Umwelt regulieren, vollzieht sich vom Säugling zum Erwachsenen in vier Stadien, deren weitere Unterteilung hier nicht näher interessieren soll: Das sensomotorische Stadium der vorstellungslosen, rein *praktischen Intelligenz* geht in die repräsentationale, präoperationale Phase über, in welcher der Symbolgebrauch – Sprache und *Denken* – erobert wird. Im Stadium der konkreten Operationen gelingt die opera-

3 Die Theorie Piagets, vor etwa sechzig Jahren schon entwickelt, findet auch heute noch weltweite Anerkennung, ihre Aussagen haben bisher Falsifikationsversuchen standgehalten. Vgl. Publikationen in den einschlägigen Zeitschriften *Child Psychology, Human Development, International Journal of Psychology, Developmental Psychology, Journal of Genetic Psychology.*

torische Koordination, der *logische Umgang* mit sinnlichem Material, und im Stadium der formalen Operationen erfolgt die operatorische Koordination, das *logische Denken* im verbalen, gedanklichen, das heißt sinnes- und handlungsentlasteten Raum.

Diese diskontinuierliche Entwicklung des Menschen läßt sich einem kontinuierlichen Grundzug unterordnen. Dieser Trend besteht in der kontinuierlichen Entwicklung vom Undifferenzierten zum Differenzierten, vom Konkreten zum Abstrakten. So ist die diskontinuierliche Stadienabfolge eingerahmt in eine kontinuierliche Intellektualisierung der psychischen Phänomene. Demnach besteht die Menschwerdung, die Entwicklung vom Säugling zum Erwachsenen, in der fortschreitenden Differenzierung, Intellektualisierung und Logisierung des Psychischen, das heißt in der Orthogenese der psychisch-kognitiven Phänomene.

Im ersten sensomotorischen Stadium (0–1;6 Jahre) ist die rein praktische Intelligenz des Kleinkindes noch nicht im Besitz von *Vorstellungen*. Diese Intelligenz ist ohne Bilder, Wörter, Denkvorgänge, kurz, ohne Symbole. Das sensomotorische Kleinkind denkt nicht; seine rein praktische Intelligenz beschränkt sich im wesentlichen auf quasi instinktive Prozesse, insbesondere auf die Koordination von räumlichen Bewegungen. So zeigt die Stadientheorie anhand des sensomotorischen Stadiums sowohl die Mechanismen und Möglichkeiten einer vorstellungslosen Intelligenz – ihre räumlichen und sozialen Fähigkeiten – als auch ihre Grenzen.[4]

Das sensomotorische Stadium mit seinen sechs Entwicklungsetappen findet sich auch bei anderen Säugern, zum Beispiel bei Menschenaffen und Katzen. Die Entwicklung animalischer Verhaltensstrukturen ist zwar nicht vollständig, aber weitgehend durch die Fähigkeiten des ausgereiften sensomotorischen Stadiums geradezu definiert. Die Intelligenz der Säuger ist rein praktisch und weitgehend vorstellungslos.

An dieser Stelle zeigt sich die oben behauptete Erklärungskraft der Stadientheorie: Die basalen Strukturen des Humanen sind so präzise fundiert und exakt erfaßt, daß die Strukturen älterer Kinder und Erwachsener – die Repräsentationen und Operationen – ableitbar sind aus der Intelligenzform der Säuger. Piagets Theorie erklärt die Strukturen der logischen und reflektierten Intelligenz am präzisesten, weil sie die biologischen Ursprünge, die einzel-

4 Piaget 1975, Bde. 1 und 2.

nen Etappen ihrer Herausbildung erfahrungswissenschaftlich am deutlichsten nachgezeichnet hat.

Erst die stadientheoretische Vermittlung animalischer, repräsentationsloser und reflektierter, logischer Intelligenz wird den evolutionstheoretischen und naturwissenschaftlichen Anforderungen gerecht, die man an eine Theorie des Mentalen und des Verhaltens stellen muß. Erst die stadientheoretische Fundierung liefert eine naturwissenschaftlichen Anforderungen genügende Theorie sowohl der animalischen als auch der menschlichen Intelligenz; das Verhältnis von Tier und Mensch, Kind und Erwachsenem wird strukturell darstellbar. Die Stadientheorie beweist uno actu die qualitativen Differenzen zwischen vorstellungsloser und abstrakter Intelligenz und ihre kausalgenetischen Beziehungen. Auf diese Weise gelingt es der Stadientheorie, sowohl dem unfundierten, spekulativen Essentialismus des Mentalen als auch dem die Differenzen mißachtenden Reduktionismus zu entgehen.

Piaget beschreibt minutiös, wie sich aus der praktischen Intelligenz des Säuglings die Fähigkeit des Kindes zu bildlichen Vorstellungen und symbolischem Denken entwickelt und wie schließlich aus diesen repräsentationalen Fähigkeiten das logische und begriffliche Denken des Jugendlichen erwächst.

Ab ca. 1;6 Jahren entwickelt das Kind die Repräsentationsfähigkeit, das heißt das symbolische Denken, die Fähigkeit, äußere Sachverhalte innerlich zu repräsentieren. Kann das sensomotorische Kleinkind dann und nur dann auf Dinge reagieren, wenn sie sinnlich präsent sind, so kann das präoperationale Kind sich auch dann mit Dingen und Sachverhalten beschäftigen, wenn sie nicht sinnlich präsent sind, weil es nun über Vorstellungen von ihnen verfügt. Das *präoperationale* Stadium des symbolischen und anschaulichen Denkens ist daher durch die Entwicklung des inneren Bildes, von Vorstellungen, von Antizipationen, mit einem Wort: von Repräsentationen definiert.

Mit der nun erworbenen Fähigkeit, zu sprechen und zu denken, ist das Kind gleichwohl vom logischen und begrifflichen Denken des formal-operatorischen Erwachsenen noch weit entfernt. Das präoperationale Denken hat zwar das Kind qua Repräsentation von der Herrschaft der Dinge ein gutes Stück befreit, hat es von diesen distanziert, aber das präoperationale Denken hat noch anschaulichen, konkreten Charakter. Es kann nur über

Sachverhalte nachdenken, diese Gedanken aber nicht in eine logische Form bringen.[5]

Von der Unzahl der Experimente und Untersuchungen, mit denen Piaget den anschaulichen und konkreten Charakter des kindlichen Denkens belegte, sei das Experiment zur Erhaltung von Mengen herausgegriffen. Ab dem Alter von ca. 4 Jahren sind Kinder dazu in der Lage, zu erkennen, daß in zwei gleich geformten und gleich großen Wassergläsern A und B, die dieselbe Wassermenge enthalten, auch tatsächlich dieselbe Menge Wasser enthalten ist.

Fordert man das Kind nun auf, den Inhalt eines der Gläser A in ein höheres und schmaleres Glas C zu gießen, dann behauptet es, daß in dem höheren Glas mehr Wasser enthalten sei als in den ersten beiden (A + B). Gießt es das Wasser aus dem Glas C in ein Glas D, welches breit und niedrigwandig ist, dann glaubt es, D enthalte weniger Wasser als A, B und C. Die Alleinbewertung der Dimension Höhe zeigt, wie das kindliche Denken und Urteilen vom Sinnlichen, Konkreten und Anschaulichen beherrscht ist. Das Kind kann zudem den Vorgang des Umgießens nicht rekapitulieren, es kann den Ursprungszustand A nicht gegen C aufrechnen. Diese Irreversibilität des Denkens verhindert es, verschiedene Aspekte eines Sachverhalts, zum Beispiel Höhe, Tiefe und Länge, gleichzeitig zu beachten und systematisch zu ordnen. Das präoperationale Bewußtsein zentriert auf den sinnlich dominierenden Aspekt.[6]

Jahre später gelingt es dem nunmehr *konkret-operationalem* Kind im Umgang mit sinnlichem Material, das richtige Urteil zu finden, das heißt, ihm gelingen die konkreten Operationen. Können die Kinder dieses Stadiums aber die Dinge, auf die sich ihre Urteile beziehen, nicht sehen, tasten und fühlen (wie im Falle des Wasserglases), fehlt ihnen also die sinnliche Stütze, dann bleiben ihre Denkprozesse irreversibel, präoperational. Die operatorische Koordination rein verbalen und rein gedanklichen Materials, ohne sinnliche Stütze, gelingt erst mit dem Einsatz formalen Denkens. Während die konkreten Operationen eine Logik dinglicher Bezüge darstellen, sind die formalen Operationen eine Logik gedanklicher Vorstellungen. Die Verzögerung ergibt sich aus dem unterschiedlichen Schwierigkeitsgrad. Somit ist ersichtlich,

5 Piaget/Inhelder 1980; Piaget 1984.
6 Piaget 1975, Bd. 4.

wie das logische Denken sich erst allmählich aus seiner Eingrenzung in konkrete Handlungen befreit und den verbal-gedanklichen Raum erobert.[7]

Hier seien nun einige Beispiele präoperationalen Denkens im verbal-gedanklichen Bereich gegeben, die sowohl für präoperationale als auch konkret-operationale Individuen gelten. Individuen unterhalb des *formal-operationalen* Stadiums finden auf folgende Testfragen keine Lösungen: »Edith hat blondere Haare als Susanne und dunklere Haare als Lilli. Wer ist die dunkelste von allen?« (Burt-Test). »Nehmen wir an, Hunde hätten sechs Köpfe. Wir haben fünfzehn Hunde im Hof. Wie viele Hundeköpfe gibt es dann im Hof?« Falsche Antworten auf diese Fragen sind insofern präoperational, als die verschiedenen Aspekte im verbalen Bereich nicht simultan gewärtigt und aufgerechnet werden können, was konkret-operationalen Denkern auf der Basis »sinnlicher Realitäten« schon gelungen ist. Im »Hunde-Beispiel« wird die Notwendigkeit logischen Schlußfolgerns nicht von der Frage der empirischen Möglichkeit des Sachverhalts abgetrennt, weil nur auf der Basis des Sinnlichen gedacht wird. Daher werden die Prämissen nicht angenommen, und es mißlingt der hypothetisch-deduktive Schluß. Daher werden Syllogismen in Erfahrungssätze umgewandelt. Der Stadientheorie zufolge sind korrekte Antworten im Zusammenhang hypothetischer und syllogistischer Probleme formale Operationen im verbal-gedanklichen Bereich, während korrekte Antworten im Umgang mit sinnlichem Material, zum Beispiel die »Erhaltung« von Wassermengen, als konkrete Operationen bezeichnet werden.[8]

Die präformale Schlußfolgerung nennt Piaget transduktiv, weil sie verschiedene Aspekte nicht verbinden kann, sondern vom Besonderen zum Besonderen wandert. So sagt das Kind zum Beispiel, ein Stein lasse in einem Wasserbehälter das Wasser ansteigen, weil er schwer sei, und ein Stück Holz, weil er dick sei. Multiplizierte das Kind die beiden Erklärungen, was erst im formalen Stadium geschieht, erkennte es automatisch ihre Falschheit und stieße auf die richtige Erklärung, die das Volumen der Körper als Ursache feststellte. So ist erst das formal-operatorische Denken zu Definitionen und zum Aufstellen von Gesetzen im naturwissenschaftlichen und sozialen Bereich befähigt. Erst das

7 Piaget 1984.
8 Piaget 1981 a.

formale Denken erobert die Welt der Hypothesen, der Theorien, der Logik, der Kombinatorik und der Möglichkeiten.

Von dieser Warte ist ersichtlich, daß der Prozeß der Intellektualisierung der Grundzug des menschlichen Entwicklungsprozesses ist. *Aus den Greifschemata des Säuglings entwickeln sich die Repräsentationen, aus diesen die operative Handhabung konkreter Dinge und schließlich gelingen die Operationen verbaler und rein mentaler Sachverhalte.* Es ist offenkundig, daß dieser Entwicklungsprozeß etwas mit biologischer Reifung, die eine sukzessive Etablierung logischer Strukturen zum Ausdruck bringt, zu tun hat.

Dieser Prozeß vollzieht sich unterhalb der Ebene kultureller Formen und kultureller Eigenarten, aber nicht ohne Stimulation durch kulturelle Umwelten überhaupt. Es handelt sich um einen Prozeß, in dem das Denken sich erst etabliert und sich allmählich von sinnlichen Bezügen distanziert. Es ist ein Prozeß der fortschreitenden Differenzierung subjektiver und objektiver Prozesse. Fortschreitende Intellektualisierung bedeutet, daß das Subjektive immer differenzierter wird und damit an den Objekten immer neue Einzelheiten zum Vorschein bringen kann.

Das Denken des präformalen Kindes ist noch beherrscht von den Wahrnehmungen, das heißt von dem Sinnlichen; Subjektives und Objektives sind noch konfundiert. Daher nennt Piaget das kindliche Denken ausschließlich des formalen Stadiums *erkenntnisrealistisch. Erst das formale Denken, in dem sich Gedanken logisch auf Gedanken beziehen können, überwindet die Konfusion von Subjektivem und Objektivem, den Erkenntnisrealismus in einem entscheidenden Sinne.*

Die Stadientheorie bezieht sich nun nicht nur auf die Entwicklung der Denkstrukturen, sondern sie bestimmt die gesamte kindliche (und erwachsene) Welterfahrung, Denken und Erfahrung in allen geistigen, sozialen, affektiven und moralischen Bereichen. Alles das, was der Mensch erlebt und erfährt, passiert den Filter der Denkstruktur des Stadiums, in dem er gerade verweilt. Piaget und seine Nachfolger zeigten auf, daß das Wort- und Sprachverständnis, die Raum-, Zeit- und Zahlauffassung, die physikalischen Konzepte, das Selbstbild, die sozialen Interaktionen, die moralischen Konzepte wie Strafe, Schuld und Gesetz sich entlang dem Entwicklungspfad der Stadientheorie entwickeln. *Diese Konzepte stammen aus inhaltlich ganz unterschied-*

lichen Bereichen und sind doch nur auf unterschiedliche Inhalte bezogene Ausdrucksformen derselben Denkstrukturen.

Es ist an dieser Stelle natürlich unmöglich, dies jetzt an jedem einzelnen Beispiel genau zu demonstrieren, wie diese Konzepte dem erkenntnisrealistischen Denken erwachsen. Das präformale Kind versteht das Wort nicht als Zeichen, sondern als Teil des Dinges; die Zeit wird nicht getrennt von konkreten Abläufen; in der Magie wird der persönliche Wunsch nicht von dem objektiven Verlauf der Dinge getrennt; im animistischen Denken können alle Dinge und Bewegungen belebt sein, es gibt keine mechanische Welt neben einer lebendigen, da alles Objektive immer zugleich auch subjektiv ist; das Kind kann seine Persönlichkeit nicht von seiner Körpergröße und dem, was es besitzt, unterscheiden. Diese Konfusion von Subjektivem und Objektivem zeigt sich auch in der Nichtunterscheidung physikalischer und juristischer Gesetze; Kinder glauben nämlich, die Naturdinge könnten moralisch handeln und Missetäter selbsttätig strafen – dieses Phänomen nennt Piaget die immanente Gerechtigkeit. Die Konfusion von Subjektivem und Objektivem zeigt sich auch in der sogenannten objektiven Verantwortlichkeit, die dadurch charakterisiert ist, daß das Ausmaß persönlicher Schuld an die Größe des Schadens geheftet wird; das heißt, Motive und Absichten werden mit Handlungskonsequenzen vermengt.

Es ist einzusehen, daß die Vielzahl dieser stadienstrukturell geprägten Phänomene hier nur angedeutet werden kann. Man wird aber wohl einen ersten Eindruck von der Theorie der erkenntnisrealistischen Prägung des kindlichen Denkens und des kindlichen Weltbildes bekommen, das heißt von der denkstrukturellen Erzeugung und Formung unterschiedlicher Erfahrungsinhalte.

Es gibt kaum eine andere sozialwissenschaftliche Theorie, die wie die Theorie Piagets eine Unzahl von kognitiven Phänomenen auf experimentelle Weise gewinnt, in ein kohärentes System einordnet und von anderer Seite immer wieder neue Bestätigungen erfährt. Aber die Faszination, die von Piagets System ausgeht, wächst, wenn man weiß, was Piaget leider nicht immer klar formuliert hat, aber auch nicht übersehen hat, nämlich welche Bedeutung seine Entwicklungspsychologie für die Soziologie, die Geschichts- und Religionswissenschaft, die Ethnologie, die Volkskunde, die Wirtschaftswissenschaften und die Philosophiegeschichte hat. Mit aller Entschiedenheit wird hier behauptet, daß für den Fortschritt dieser Disziplinen die Beschäftigung mit Piaget grundlegend ist.

Vor dem Hintergrund der Darstellung der Basisstrukturen, die den Austausch des Individuums mit seiner Umwelt erst ermöglichen, wird die Legitimität der entwicklungspsychologischen Auffassung von der Autonomie, Kulturunabhängigkeit und Unilinearität der Entwicklungssequenz der Stadien offenkundig. Der biologische Reifungscharakter, zum Beispiel die so beschriebene kognitive Struktur des Säuglings, ist ersichtlich unabhängig davon, ob es bei den Mongolen oder den Römern aufgewachsen ist. Kulturell divergentes Wissen, Erfahrungen und Umwelteinflüsse formen zwar das Kleinkind durchaus in unterschiedlicher Weise, aber die divergenten Umwelteinflüsse berühren nicht die Charakteristika der Strukturen, die Piaget beschreibt. Die basalen Strukturen liegen ersichtlich unterhalb der Ebene variierender kultureller Einflüsse. Eine kulturelle Determination der Stadienstrukturen bedeutete hingegen eine Widerlegung der Grundannahmen der Stadientheorie selbst, denn jede überhaupt mögliche psychische Entwicklung muß im Rahmen der Sequenz der Stadien zu verorten sein, sonst wären die Konzeptionen Struktur, Sequenz, Unilinearität und die Theorie, auf der sie basieren, falsch. Diese Möglichkeit wird aber von jahrzehntelanger entwicklungspsychologischer Forschung ausgeschlossen.

2.3 Die Resultate der entwicklungsorientierten transkulturellen Psychologie

Die völkerpsychologischen Untersuchungen, die den Zusammenhang von Kultur und psychisch-kognitiver Entwicklung ermittelten, stellten in der Tat die transkulturelle Übertragbarkeit der Theorie Piagets fest, nämlich in der Form, daß zwar alle Individuen sich stadienstrukturell verorten lassen, Kulturen aber einen Einfluß auf den Entwicklungsendstand ausüben, den Individuen erreichen. Alle Menschen durchlaufen dasselbe Entwicklungsschema, aber Menschen in einfachen Milieus stoppen auf der Entwicklungslinie früher ab als Menschen in differenzierten Milieus. Das Verhältnis von Kultur und Kognition läßt sich unter folgendes allgemeines Gesetz subsumieren: *Die Universalität der Theorie Piagets betrifft die stadienstrukturelle Klassifizierbarkeit aller Menschen, aber nicht den Entwicklungsendstand, den sie erreichen.*[9]

Dieses generelle völkerpsychologische Untersuchungsergebnis, daß Kulturen den adulten Entwicklungsendstand, nicht aber die Eigenarten der Strukturen determinieren, steht durchaus im Einklang mit den Grundannahmen der Entwicklungspsychologie: Die kognitive Entwicklung aller Menschen verläuft im Rahmen der Stadiensequenz, aber die Höhe des adulten Entwicklungsniveaus hängt von der Stimulation der Umwelt, von der Interaktion zwischen Individuum und Umwelt ab. Ohne Zweifel aber würden Piagetianer die hohe Bedeutung der Umwelt für die Entwicklung bzw. das Ausbleiben der operativen Stadien nicht erwartet haben, wenn dieser Sachverhalt auch keineswegs den Prämissen der Stadientheorie widerspricht, wie oft fälschlich angenommen wird.

Der alte Streit um das Verhältnis von Kultur und Kognition, zum Beispiel um die These Lévy-Bruhls von der »Prä-Logik« der »Primitiven«, hat sich in den letzten Jahrzehnten in die Frage der universalen Geltung der Theorie Piagets verdichtet. In circa tausend Untersuchungen in über hundert Kulturen wurde die Theorie Piagets getestet. Im Hinblick auf die beiden unteren Stadien, das sensomotorische und das präoperationale Stadium, wurde die Universalität der Stadientheorie in einem radikalen Sinne bestätigt: *Alle Menschen aller Kulturen durchlaufen diese beiden Stadien.* Auch die sechs Teilstadien, in die das sensomotorische Stadium unterteilt ist, fand sich überall wieder.[10]

Hinsichtlich der Entwicklung der konkreten und der formalen Operationen bestätigten die in den USA, in Europa und generell in modernisierten Regionen, auch in den Industrieregionen der Entwicklungsländer, durchgeführten Untersuchungen die

9 Der erste grundlegende Durchbruch hinsichtlich der Interpretation der völkerpsychologischen Ergebnisse gelang Dasen 1974 und dann vor allem auch Hallpike 1978 (dt. 1984), aber dieser untersuchte nur die Kognitionen im Bereich Logik und Physik. Zu der Diagnose der kognitiven, sozialen und moralisch-rechtlichen Phänomene primitiver Gesellschaften, des europäischen Mittelalters und traditionaler Regionen in Entwicklungsländern als präformale, erkenntnisrealistische Phänomene vgl. Oesterdiekhoff 1992.

10 Werner 1972: 128; LeVine 1970, S. 574 ff.; Dasen 1977, S. 156; Kilbride 1980.

Ergebnisse Piagets, während sich in traditionalen Regionen Afrikas, Asiens, Ozeaniens und auch Lateinamerikas deutliche Abweichungen zeigten. In traditionalen Regionen in Entwicklungsländern, die oft, aber nicht immer analphabetisch, dörflich und agrarisch sind, werden die *konkreten Operationen* nur von einem mehr oder weniger großen Prozentsatz der Erwachsenen, meist 30–50%, bzw. gar nicht entwickelt.[11] Sofern die Operationen gebildet werden, verzögert sich ihre Elaboration in der Regel um drei oder fünf Jahre im Verhältnis zur Altersentwicklung in Industriegesellschaften. Isolierte Populationen ohne Stimulation durch moderne Kultureinrichtungen scheinen das operative Stadium kaum zu erwerben.

In seiner bekannten Zusammenfassung der Erhaltungsexperimente stellt Dasen sowohl die transkulturelle Universalität der Theorie Piagets als auch die Richtigkeit der Defizitergebnisse bezüglich der Operationen in traditionalen Regionen fest.

»According to this evidence, it can no longer be assumed that adults of all societies reach the concrete operational stage. However, the cross-cultural differences summarized above are *quantitative* ones only. It is the rate of development which is in question, not the structure of thinking. As such, the generality of Piaget's system is not threatened.«[12]

Diese Auffassung wird von der Mehrzahl der Völkerpsychologen geteilt.[13]

Das Stadium der *formalen Operationen* wird in den Industrieländern von einem gewissen Prozentsatz der Bevölkerung nicht ausgebildet; von einem Großteil der Bevölkerung wird es mit erheblichen Unterschieden in der Reifung, in Abhängigkeit von beruflichen und anderen Erfahrungen, entwickelt.[14]

Formal-operationales Denken in einfachen Milieus, zum Beispiel in agrarischen, dörflichen, analphabetischen und traditionalen Milieus, wurde kaum oder nicht aufgewiesen.[15] Insbesondere

11 Dasen 1977; Mogdil/Mogdil 1976.

12 Dasen 1974 a, S. 418.

13 LeVine 1970; Vernon 1969; Berry 1984; Hallpike 1984; Bruner/Greenfield 1981.

14 Elkind 1961, S. 551 ff.; Tomlinson-Keasy 1972, S. 364; Kohlberg/Gilligan 1971.

15 Philp/Kelly 1974, S. 248 ff.; Peluffo1967; Maistriaux1955, S. 397 ff.; Kohlberg/Gilligan 1971; Hallpike 1984; Oesterdiekhoff 1992.

gebildete, urbane Mittelschichtangehörige in Entwicklungs- und Industrieländern gehören zu den Gruppen, die formales Denken am stärksten ausgebildet haben, während analphabetische Erwachsene im präformalen Bereich verbleiben.[16] Diese Ergebnisse sind angesichts des weitgehenden Fehlens konkreter Operationen in traditionalen Milieus zu erwarten. In Tests, in denen diese oft ausbleiben, sind formale Operationen schon gar nicht auffindbar.

Piaget selbst zog aus diesen Untersuchungen die Konsequenzen, indem er das formale Denken als Endpunkt der kognitiven Entwicklung in traditionalen Gesellschaften ausschloß:

»In particular it is quite possible (and it is the impression given by the known ethnographic literature) that in numerous cultures adult thinking does not proceed beyond the level of concrete operations, elaborated between 12 and 15 years of age in our culture.«[17]

Diese Auffassung wird durch die völkerpsychologischen Untersuchungen bestätigt. Diese Defizitresultate sind keineswegs an den Einsatz der Theorie Piagets gebunden, auch Untersuchungen zu anderen kognitiven Phänomenen, die mit anderen Instrumentarien wie zum Beispiel mit IQ-Tests durchgeführt wurden, zeigten jahrzehntelang immer wieder diesen Konnex von undifferenziertem, konkretem Denken und einfachen Kulturmilieus, von Parallelen des psychischen und des soziokulturellen Entwicklungsstandes.[18]

Jedenfalls ist festzuhalten, daß die völkerpsychologischen Untersuchungen einhellig die These von der verzögerten Entwicklung, vom bereichsspezifischen Ausbleiben der konkreten und vom Fehlen der formalen Operationen in einfachen Milieus beweisen, während sich in Industrieländern eindeutig eine stär-

16 Kagitcibasi et al. 1988.

17 Piaget 1974 b, S. 309; vgl. Piaget/Inhelder 1977, S. 324. In vielen Arbeiten Piagets finden sich von ihm aufgezeigte Homologien von präformalen und ethnologischen, historischen und wissenschaftsgeschichtlichen Phänomenen.

18 Crijns 1962, S. 290 ff., faßt die Forschungsergebnisse dahingehend zusammen, daß er den Intellekt von traditionell lebenden Schwarzafrikanern mit dem konkreten, synkretistischen Charakter der Denkprozesse und dem Kulturmilieu in Zusammenhang bringt. Vgl. Porteus 1937; Irvine/Berry (Hg.) 1988; Kendall/ Verster/v. Mollendorf 1988; Vernon et al. 1988; Jensen 1988; Biesheuvel 1943.

kere operative Entwicklung finden läßt. Wer anderes behauptet, kann sich zumindest nicht direkt auf die Untersuchungsergebnisse stützen. Die Geltung der in dieser Studie behaupteten Zentralthese vom präformalen Denken traditionaler Populationen ist nicht etwa nur an eine oder wenige Testaufgaben gebunden, sondern bezieht sich auf die ganze Breite kognitiver, sozialer und moralischer Phänomene. In keinem dieser Bereiche wurden in traditionalen Regionen formale Operationen gefunden; vielmehr wurde immer wieder hinsichtlich sämtlicher kognitiver Phänomene präformales Denken ermittelt. Wie sind die Tests nun zu interpretieren, und welche Schlußfolgerungen sind aus ihnen zu ziehen?

Die These der biologischen Überlegenheit der weißen Rasse[19] ist widerlegbar durch den Aufweis des Zusammenhangs von psychischem Entwicklungsstand und kulturellen Faktoren. Es gibt einen transkulturellen, rasse- und nationübergreifenden Konnex von Schichtzugehörigkeit, Urbanität, Bildungsstand einerseits und operativem Entwicklungsstand andererseits, der nativistische Theorien widerlegt.[20] Die Abwanderung von Süditalienern nach Genf war mit einer Zunahme ihrer Erhaltungsfähigkeiten verbunden.[21] Dorfkinder denken im Gegensatz zu Stadtkindern der Mittelschicht konkret und präformal.[22]

Die Entwicklung der *konkreten Operationen*, der logischen Koordination sinnlicher Objekte, ist abhängig von quasi physischen Umweltanforderungen. Eskimo haben operationale räumliche Fähigkeiten, entsprechend der hohen Bedeutung räumlicher Orientierungsfunktionen in ihrer Umwelt, aber ihr Umgang mit Mengen ist präoperational strukturiert. Umgekehrt haben die Baoulé im Umgang mit Mengen die Operationen entwickelt, während ihr Raumbewußtsein im präoperationalen Bereich verbleibt.[23] Da Baoulé auch mit Räumen und Eskimo auch mit Mengen umgehen, zeigt sich, daß Umweltreize besonders prägnant wirken müssen, sollen Operationen elaboriert werden. Industrieländer üben deshalb den nachhaltigsten Einfluß auf die Entwicklung auch der konkreten Operationen aus, da die techni-

19 Vgl. Porteus 1937; Jensen 1988.
20 Munroe/Munroe 1975, S. 93.
21 Peluffo 1962, S. 275 ff.
22 Maccoby/Modiano 1981, S. 314 f.; Kagitcibasi 1988.
23 Dasen 1984, S. 407 ff.; Berry 1984.

schen Funktionen der Handwerks- und Industriekultur in besonderer Weise Operationen erfordern.[24] So spielt hinsichtlich der Entwicklung der konkreten Operationen das technische Niveau der Auseinandersetzung mit der natürlichen Umwelt die herausragende Rolle.

Die Entwicklung der *formalen Operationen* ist hingegen in erster Linie von besonderen intellektuellen Anforderungen abhängig. Insbesondere eine mindestens dreijährige Schulbildung modernen Typs scheint für die Entwicklung formal-logischen Denkens unabdingbar zu sein. Analphabeten verschiedener Kulturen können nicht hypothetisch, kombinatorisch und syllogistisch denken, während Alphabeten mit dreijähriger Schulbildung aus denselben Kulturen diese Fähigkeiten erworben haben.[25] Die Bedeutung der Schulbildung für die Formalisierung der Denkprozesse ergibt sich aus den artifiziellen Ausbildungstechniken, die die Abstrahierung und Formalisierung der Denkprozesse bewirken.[26] Analphabeten in traditionalen Milieus abstrahieren und generalisieren ihre Tätigkeiten überwiegend nicht.[27]

Die Untersuchungen, die den Einfluß der Umweltfaktoren auf die kognitive Entwicklung isolieren, verifizieren nicht nur die Testergebnisse, sondern erklären zudem ihre Ursachen. Sie zeigen die besonderen Faktoren und Umstände auf, die vorhanden sein müssen, sollen die Individuen den universalen präoperationalen Bereich verlassen und operative Fähigkeiten ausbilden. Sie beweisen, daß im Falle des Fehlens bestimmter Faktoren die qualitative Entwicklung frühzeitig versandet. Die Untersuchungen belegen nahezu einhellig, daß Stadt-, Schul-, Berufs- und Mittelschichtkultur die entscheidenden Determinanten der Entwicklung der Operationen, insbesondere der formalen Operationen sind. So führen diese Ergebnisse nicht etwa zu skeptischen Zweifeln an den Resultaten, sondern zur Erkenntnis des Zusammenspiels von präformalen Kompetenzen und einfachen Milieus einerseits und formalen Kompetenzen und differenzierten Milieus andererseits.

24 Wagner/Heald 1979; Furby 1971.
25 Scribner 1984; Luria 1982.
26 Hallpike 1984, S. 155; Mogdil/Mogdil 1976, S. 47; Gay/Cole 1967; Bruner 1981, S. 87, 91.
27 Munroe/Munroe 1975, S. 87 f.

Obwohl diese Untersuchungsergebnisse so offensichtlich sind, wurden sie von verschiedener Seite bezweifelt beziehungsweise abgeschwächt. Diese Skepsis gründet sich aber in erster Regel nicht auf die Annahme von Testfehlern und auch nicht auf Zweifel an der Theorie Piagets.[28] So wird häufig behauptet, die Untersuchungen hätten keine Defizite, sondern nur Differenzen ermittelt. Die Erkenntnis der kulturellen und ökologischen Bedingungen der kognitiven Entwicklung führt nach Berry zu einer kulturrelativistischen Betrachtungsweise. Da alle Menschen sich den Umwelten, in denen sie leben, anpaßten, entwickelten sie differente kognitive Strukturen.[29] Bei derlei Erklärungen gewinnt man den Eindruck, daß die »Kulturrelativisten« meinen, die Erklärung der Defizite lasse diese verschwinden. Der Zweifel an diesem Ansatz wächst, wenn man weiß, daß die Kulturrelativisten durchaus an den Prinzipien der Stadientheorie, an ihre Universalität, an der Echtheit der Testergebnisse, an der sozialen Bedingtheit der Entwicklung der Operationen und gegebenenfalls an dem niedrigen Abschneiden bestimmter Populationen festhalten.

Kulturrelativismus und Stadientheorie sind aber unvereinbar. Differenzen hinsichtlich des kognitiven Entwicklungsstandes sind immer auch vergleichsweise Defizite. Die Stadientheorie impliziert, daß die kognitive Entwicklung aller Menschen entlang der Stadiensequenz verläuft. Daher gibt es einen gemeinsamen Maßstab, an dem Differenzen (höher/tiefer) gemessen werden können. *Die Differenzen beziehen sich demnach nicht auf die Charakteristika der Strukturen selbst, sondern nur auf den von den Individuen erreichten adulten Entwicklungsendstand innerhalb der Entwicklungssequenz.* Daher ist eine kulturrelativistische Position schon mit den Grundannahmen der Stadientheorie, nicht nur mit den völkerpsychologischen Testergebnissen, unvereinbar und implizierte, wäre sie korrekt, eine Widerlegung der Stadientheorie.

Eine kulturrelativistische Position zu beziehen verlangte nämlich, die Behauptung aufzustellen, daß unterschiedliche und

28 Dasen/Berry/Witkin 1979, S. 76; Dasen 1984, S. 412; Poortinga/Ype 1987, S. 259.

29 Berry 1984, S. 335 ff.;. Dasen 1975, 1984; Price-Williams 1975, S. 51 ff.; Buck-Morss 1975; Cole/Scribner 1974; Cole 1984. Zur Kritik: Oesterdiekhoff 1992.

inkomparable soziale Verhältnisse unterschiedliche und inkomparable kognitive Phänomene erzeugen. Daher müßte gezeigt werden, daß in fremden Kulturen exotische, nichtoperationale Denkstrukturen existieren, die in der Stadientheorie nicht vorgesehen sind. Die Kulturrelativisten haben aber nicht einmal im Ansatz Denkstrukturen aufgezeigt, die parallel, oberhalb oder jenseits der Stadien Piagets anzutreffen sind. Gleichwohl behaupten sie oft, die Fehl-Tests zeigten nur negativ das Ausbleiben von erwarteten Denkstrukturen, nicht aber positiv die tatsächlich vorliegenden. Diese Position ist nicht korrekt. *Denn die Untersuchungen zeigen durchaus, daß die höheren Stufen deshalb ausbleiben, weil die unteren Stufen noch wirksam sind.* So widerspricht ein kulturrelativistischer Ansatz zwar nicht ideologischen Modeströmungen, wohl aber den Prinzipien der Stadientheorie und den völkerpsychologischen Untersuchungen.

Die Untersuchungen beweisen nicht nur negativ das *Fehlen* formalen Denkens, sondern sie zeigen auch die *existenten* präformalen und präoperationalen Strukturen auf. In traditionalen Regionen wird animistisch, magisch, artifizialistisch gedacht; Finalismus, die immanente Gerechtigkeit, die objektive Verantwortlichkeit und sämtliche andere Phänomene des präformalen Denkens sind die Charakteristika traditionaler kognitiver Phänomene, wie die Untersuchungen immer wieder zeigten. Die fehlenden operativen Strukturen sind nicht durch neue, exotische Denkstrukturen ersetzt, sondern sie sind deshalb nicht elaboriert, weil die präformalen, erkenntnisrealistischen Strukturen das traditionale Denken bestimmen und prägen.

So beziehen sich die kulturbedingten Differenzen der kognitiven Entwicklung nicht auf die Charakteristika der Stadienstrukturen, auch nicht auf die Sequenz und die Entwicklungsrichtung, sondern auf die Altersabhängigkeit der Sequenz und besonders auf den adulten Entwicklungsendstand, das heißt auf das kulturbedingte Ausbleiben der Operationen in einfachen Milieus. So kann der Kulturrelativismus, auch wenn er in der Völkerpsychologie bedeutend ist (nicht in der empirischen Forschung, aber in der Interpretation derselben), keine Beziehung zu den experimentell ermittelten Tatsachen herstellen; er steht im Widerspruch zu den Forschungsergebnissen, die manche seiner Vertreter selbst ermittelt haben, und ist mit der Stadientheorie prinzipiell unvereinbar.

Die hier ausgearbeitete Defizittheorie ist diejenige, die sich direkt und unmittelbar aus den Experimentaluntersuchungen ergibt. Sie ist auch diejenige, die die Ergebnisse in eine kohärente Theorie fügen kann. Nur eine Defizittheorie, die die Ergebnisse ernst nimmt, sie buchstabengetreu behandelt und sie gleichsam beim Wort nimmt, kann die wesentlichen Resultate in ihren Beziehungen ordnen:

- Die Entwicklung der sensomotorischen und der präoperationalen Intelligenz bei allen Individuen in allen Kulturen.
- Die Verzögerung der Entwicklung der konkreten Operationen um ca. 3 bis 5 Jahre in traditionalen gegenüber modernen Milieus.
- Die bereichsspezifische und erfahrungsabhängige Entwicklung der Operationen.
- Das Ausbleiben der konkreten Operationen in bestimmten Milieus.
- Das Ausbleiben der formalen Operationen in traditionalen Milieus.
- Den Zusammenhang zwischen agrarischen, hergebrachten Arbeitstechniken, persönlich-konkreten Sozialverhältnissen und präformalem Denken.
- Den Zusammenhang zwischen moderner Industriewirtschaft, modernen Institutionen und formalen Operationen.

So führen die völkerpsychologischen Untersuchungen nicht zum Kulturrelativismus, sondern zur Analyse der kulturellen Bedingungen, die die Entwicklung der Operationen einfrieren bzw. stimulieren. Die Stadientheorie basiert auf dem Interaktionsmodell, der Annahme, daß der Mensch seine kognitiven Strukturen in der Auseinandersetzung mit der Umwelt bildet. So sind die völkerpsychologischen Resultate a priori ein unmittelbarer Teil der Entwicklungspsychologie selbst. Denn in einfachen Kulturen entwickeln sich Menschen weniger weit als in komplexen Kulturen; dieses Ergebnis ist in den Grundannahmen der Entwicklungspsychologie schon enthalten. Wenn man aber nun bedenkt, daß die Auffassung von der sozialen Bedingtheit der Entwicklung der Operationen die unter Völkerpsychologen herrschende Auffassung ist[30], der Kulturrelativismus als theore-

30 Mogdil/Mogdil 1976, S. 70 f.; Kendall et al. 1988, S. 302; LeVine 1970; Vernon 1965, S. 723 f.; Furby 1971; Dasen 1974; Bruner/Greenfield 1981; Hallpike 1984; Munroe/Munroe 1975.

tische Möglichkeit aber auszuschließen ist, dann ergibt sich die Folgerung, daß die hier formulierte Defizittheorie ein unmittelbares Resultat der völkerpsychologischen Ergebnisse ist.

2.4 Qualitative und quantitative Dimensionen kognitiver Entwicklung

Wie ist also zu erklären, daß eigentlich erst Hallpike die wesentlichen Schlußfolgerungen der Identifizierung traditionalen und präformalen Denkens gezogen hat? Woher der fast klinisch zu beurteilende Appetenz-Aversions-Konflikt der Völkerpsychologen? Meines Erachtens beruhen die Ausflüchte und Irritationen der Völkerpsychologen vor allem auf dem Fehlschluß, die Identifizierung traditionaler mit präformalen Phänomenen bedeute die Identifizierung präformaler Erwachsener mit Kindern. Dabei hätte die Berücksichtigung des Sachverhalts, daß viele Erwachsene auch in westlichen Kulturen im präformalen Bereich verbleiben, Jugendliche unter 15 Jahren, die gemäß den Altersangaben der Stadientheorie nicht formal denken, gleichwohl aber in vieler Hinsicht kompetent sind, schon zum Bedenken führen müssen, daß die Relationen zwischen präformalem und formalem Denken ungleich den Relationen zwischen Kind und Erwachsenem sind.

Die Antwort auf das Verhältnis von Kind, »Primitivem« und »Zivilisiertem« erhält man schon durch einen simplen Blick auf die Stadientheorie.[31] Das vierte Hauptstadium, das formal-operatorische Stadium, ist bei vielen Westlern in der Regel mit dem 16. Lebensjahr ausgebildet. Da es weitere Stadien nicht gibt, stoppt die qualitative Entwicklung in der Adoleszenz ab. Da der Mensch sich aber auch nach seinem 16. Lebensjahr deutlich fortentwickelt, ergibt sich die Folgerung, daß die unbestreitbare Entwicklungsdifferenz zwischen einem sechzehnjährigen und einem sechzigjährigen Formaldenker aus einer die Stadienstrukturen nicht berührenden quantitativen Reifung, Erfahrungs- und Wissensanhäufung herrührt. Die Theorie Piagets erklärt die Entwicklung der basalen Strukturen, innerhalb deren sich die menschliche Entwicklung vollzieht, aber weitgehend nicht die Ansammlung der einzelnen Inhalte in ihnen. Die Differenz zwi-

31 Oesterdiekhoff 1992.

schen der quantitativen und der qualitativen Entwicklung erklärt nicht nur die Differenz zwischen dem sechzehnjährigen und dem sechzigjährigen Formaldenker, sondern, unter Berücksichtigung der völkerpsychologischen Resultate, auch die Differenz zwischen dem präformalen Kind und dem präformalen Erwachsenen (traditionaler Mensch). Der präformale Erwachsene denkt und arbeitet jahrzehntelang mit präformalen Strukturen, während das westliche Kind nur wenige Jahre Wissen und Erfahrungen in ihnen sammelt.[32] Wie die menschliche Entwicklung des Formaldenkers lebenslang verläuft, wenn auch seine Stadienentwicklung mit 13 oder 16 Jahren abstoppt, so entwickelt sich auch der traditionale Mensch lebenslang, wenn auch seine qualitative Entwicklung mit zehn Jahren aufhören mag. *Der präformale Erwachsene entwickelt sich fort in Strukturen, die er als Kind erwarb, und der formal-operatorische Erwachsene entwickelt sich weiter in Strukturen, die er als Adoleszent erwarb.*

Nach diesem Modus, der sich logisch aus den Implikationen der Stadientheorie ergibt, sind die Relationen zwischen Kind, traditionalem und modernem Menschen theoretisch zu fassen. Wenn auch traditionale Menschen keine Kinder sind, so sind ihre Verhaltensweisen und Denkgewohnheiten doch in vieler Hinsicht als kindlich zu bezeichnen. Dies erklärt, warum viele Beobachter traditionaler Regionen in Entwicklungsländern, Beobachter der Naturvölker und auch Mediävisten immer wieder von den kindlichen Verhaltensweisen der Menschen dieser Gesellschaften sprechen.

Vor diesem Hintergrund ergibt sich ein breiter Spielraum an Möglichkeiten psychischer Entwicklung. Vorliegende Theorie darf man auf keinen Fall dahingehend mißverstehen, es gebe nur die zwei Erwachsenengruppen von präformalen und formalen Denkern, die sich nicht weiter unterteilen ließen. So gibt es zum Beispiel zwischen Formaldenkern erhebliche Unterschiede in der Ausprägung und in der Bereichsspezifität des formalen Denkens. Schon im Bereich der Formaldenker lassen sich daher viele Subklassen bilden. Es gibt Erwachsene, die zwar nur über präformale Denkstrukturen verfügen, aber viel und qualifiziertes Wissen in ihnen angehäuft haben. Einige sind bereichsspezifisch konkretoperational strukturiert, andere sind vollkommen präoperational strukturiert usw. Insofern gibt es nicht *die* traditionalen Men-

32 So auch Hallpike 1984, S. 57.

schen vs. *die* Zivilisierten, sondern viele Kombinationsmöglichkeiten. Während asiatische Dorfbauern zwar wie Aborigines präformal strukturiert sind, so haben sie doch eine überwiegend quantitativ bedingte reichere Entwicklung als diese durchlaufen. Auf diese Weise lassen sich vielleicht die Differenzen zwischen analphabetischen Stadt- und Dorfbewohnern in Entwicklungsländern, zwischen der antiken und mittelalterlichen Elite und dem einfachen Volk dieser Epochen, zwischen Römern und Germanen, zwischen traditionell lebenden Afrikanern und Urwaldindianern usw. erklären.

Trotz dieser erwähnten Differenzierungen ergibt sich folgende »grobe« Schlußfolgerung: *Die psychisch-kognitive Entwicklung in primitiven und traditionalen Gesellschaften verläuft im präformalen, teilweise im präoperationalen Bereich, während die Elaboration formalen Denkens eine Sonderentwicklung verschiedener Bevölkerungsgruppen der neuzeitlichen und modernen Kulturentwicklung der Industriegesellschaften ist.*

2.5 Denken und Praxis in Stadientheorie und Aprioritheorie

Eine Hauptschwierigkeit der Akzeptanz der völkerpsychologischen Forschungsergebnisse entstammt meines Erachtens mangelnder Reflexion über das Verhältnis von Denken und Logik einerseits und Lebenspraxis andererseits. Dieses Erkenntnisdefizit ist letztlich ein Mangel an Einsicht in die Eigenarten präformalen und formalen Denkens und in die durch die Entwicklungspsychologie ausgelöste Revolution in den Bereichen Humanpsychologie, Erkenntnistheorie und -psychologie, der Betrachtungsweise von Intelligenz und Erkennen überhaupt. Selbst die Entwicklungspsychologen haben meist nur ein schematisches Verständnis der Stadientheorie; ihre Implikationen und Konsequenzen sind ihnen oft fremd. Daher noch einmal: Die sensomotorische Intelligenz ist vorstellungslos, präoperationales Denken ist nicht mit logischen Strukturen durchsetzt, konkret-operationales Denken bewirkt die logische Koordination materieller Sachverhalte, und formales Denken bewirkt die logische Koordination mentaler Sachverhalte.

Während die Psychologen das Verhältnis von kindlicher Denkstruktur und Lebensführung nie diskutieren und offensichtlich als unproblematisch einstufen, erscheint ihnen erwachsene Lebensführung als grundsätzlich inkompatibel mit präformaler Denkstruktur. So wird immer wieder auch von Entwicklungspsychologen in transzendentalphilosophischer Manier, die ihren eigenen Voraussetzungen eindeutig widerspricht, behauptet, entwickelte Logik und operatorische Intelligenz seien unabdingbar für menschliche Lebensführung überhaupt, für das physische Überleben schlechthin. Daher, so die Argumentation, müßten die Operationen in den für primitive und traditionale Kulturen relevanten Bereichen entwickelt sein. Beherrschten traditionale Menschen nicht die Erhaltung von Wassermengen usw., so wären sie längst ausgestorben.[33] U. Müller zufolge ist formales Denken auch für die primitiven Techniken unabdingbar. Die Großwildjagd des Frühmenschen setze voraus, daß er formales Denken entwickelt habe.[34] Eine solche Argumentation, die für Sozialwissenschaftler in diesem Kontext typisch ist, basiert auf einer weltfremden, schematischen Aneignung der Stadientheorie, das heißt auf weitgehendem Unverständnis. Nach Jane Goodalls Beobachtungen gehen auch die Schimpansen, also sensomotorische Intelligenzler, auf Großwildjagd, in der die Aktivitäten der Jäger untereinander arbeitsteilig abgestimmt sind. Man sieht, wie die falsche Identifizierung von Denken und Verhalten, Kompetenzen und Performanzen zur Überschätzung der notwendigen psychologischen Voraussetzungen derartiger Praktiken führt. Man kann Großwildjagd mit dem Einsatz formalen Denkens betreiben, dieses ist aber zweifellos keine Voraussetzung. Wenn Schimpansen und die ausgestorbenen Hominiden schon dazu befähigt sind, dann ist es einleuchtend, daß die kognitiven Leistungen zum Beispiel von Achtjährigen, die nur repräsentational präformal denken können, für derartige Praktiken ausreichen. Wie dieses Beispiel zeigt, fallen Sozialwissenschaftler, die im Hinblick auf Kinder apriorische Naivitäten vermeintlich verloren haben, in diese im Hinblick auf Erwachsene zurück und ignorieren eindeutige Forschungsergebnisse.

33 Cole/Scribner 1974, S. 151 f.

34 Müller 1982, S. 66. Zur Kritik: Oesterdiekhoff 1992. Lebensprobleme und -anforderungen führen nicht per se zur Bildung von Operationen, vielmehr sind umfassende Milieutransformationen erforderlich. Hallpike 1984, S. 82; Dasen 1977, S. 172.

Die Diskussion des Zusammenhangs von Denken und Praxis ist in der Anthropologie generationenlang geführt worden. Zweifellos deckt sich die Analyse Lucien Lévy-Bruhls (1959), das Denken der Primitiven sei mystisch, konkret-anschaulich und prälogisch, bis in die Einzelheiten mit den Charakteristika präformalen Denkens im Sinne Piagets. Die Kritiker Lévy-Bruhls, Malinowski (1983), Evans-Pritchard (1934) und Lévi-Strauss (1979), meinten ihn durch Beispiele erfolgreichen und kompetenten Verhaltens von traditionalen Menschen widerlegt zu haben. Die Argumentation der Prä-Logik-Gegner ist durchweg so: Vom umweltangepaßten Verhalten traditionaler Menschen (Jagd, Kanubau, Kommunikation, Weltbild, komplizierte Verwandtschaftssysteme) wird behauptet, es erwachse logischen und abstrakten Denkstrukturen, während die verbleibenden Irrationalitäten im Denken und Handeln als Ausfluß sozialer Funktionen interpretiert werden. Der Kanubauer wird zum Wissenschaftler, der Magier zum Therapeuten.[35] Die Anthropologen sind offensichtlich so sehr von der logischen Denkkraft, die in den von ihnen angegebenen Tätigkeiten enthalten sein soll, überzeugt, daß sie erst gar nicht versuchen, die angegebenen Tätigkeiten auf die tatsächlich vorhandenen kognitiven Strukturen zu überprüfen.

Vor dem Hintergrund der Stadientheorie ist klar ersichtlich, daß Praktiken wie Großwildjagd, Umgang mit Pfeil und Bogen, Hütten- und Kanubau, Feldbestellung usw. nicht unter Einsatz formalen und logischen Denkens ausgeübt werden müssen. Dieser Einsatz ist zwar im Hinblick auf diese Tätigkeiten möglich und gegebenenfalls sinnvoll, ihre effiziente Durchführung verlangt diesen Einsatz aber keineswegs. Daß diese Fähigkeiten auch ohne formales Denken praktiziert werden können, kann man an der prinzipiellen Befähigung acht- oder zehnjähriger konkreter Denker, diese Dinge zu handhaben, ermessen. Wer behauptet, genannte Aktivitäten erforderten formal-logisches Denken, weiß einfach nicht, zu welchen Leistungen präformales Denken in der Lage ist und worin das Spezifische formalen Denkens liegt, das heißt, er hat von Entwicklungspsychologie keine Ahnung. (Wer aus ethischen Gründen meint, anderes behaupten zu müssen, unterschätzt und beleidigt die Kinder.)

35 Malinowski 1983, S. 11 ff.

Formal-logisches Denken manifestiert sich in Tätigkeiten, die sich in einfachen Gesellschaften nicht finden. Dazu gehören unter anderem hypothetisches und syllogistisches Denken, Naturwissenschaft und Technologie, formales Recht, differenzierte subjektive Kultur usw. Insofern gibt es in der Tat einen Zusammenhang von Kognitionen und Lebenspraxis. Für die Bewältigung der meisten Situationen des Lebens, insbesondere in einfachen Gesellschaften, aber nicht nur in ihnen, reicht präformales Denken aus. Die kulturellen und kognitiven Phänomene, die formales Denken erfordern, finden sich in Primitivkulturen nicht. Komplexere Institutionen, Techniken und Verfahrensweisen in modernen Gesellschaften resultieren aber in der Tat oft aus dem formalen Denken.

Die unreflektierte Identifizierung angepaßten, erfolgreichen Verhaltens mit logischem Denkvermögen fußt auf der aprioritheoretischen Auffassung, man müsse immer schon mit einem (angeborenen) logischen Verstand versehen sein, um Objekte strukturieren und Probleme lösen zu können.[36] Tiere und Säuglinge können nicht denken, Kinder können nicht logisch denken – kein Piagetianer bestreitet diesen Sachverhalt –, aber sie gehen nicht durch Wände, sondern durch Türen, das heißt, sie verhalten sich angepaßt an physikalische Gesetzmäßigkeiten durch natürliche, instinktive und gelernte Verhaltensweisen. Sie verhalten sich also oft in *Entsprechung* zu Logik und Kausalität – sie gehen nicht durch Wände –, aber eben nicht, weil sie logische Regeln und Kausalität, auch unbewußt nicht, *kennten* und *berücksichtigten*! Man kann durch den Einsatz formal-logischen Denkens vermeiden, vor eine Mauer zu laufen, doch die sensomotorische Intelligenz bewirkt das gleiche positive Vermeidungsergebnis.

Vor diesem stadientheoretischen Hintergrund ergibt sich, daß die ethologisch diagnostizierten Gemeinsamkeiten von Tieren und Menschen nicht aus der vermeintlichen operatorischen Intelligenz der Tiere stammen, sondern aus gemeinsamen instinktiven Wurzeln. Diese Gemeinsamkeiten sind aber an der Stelle erschöpft, an der die Leistungsgrenze von Tieren in Ermangelung repräsentationaler Umweltbeherrschung erreicht ist.

36 So Kant 1977, Bd. 1, S. 100 ff. Zur Kritik: Oesterdiekhoff 1992. An dieser Stelle zeigt sich der hohe Stellenwert einer Evolutionstheorie des Psychischen, die die Relationen zwischen kognitiven Strukturen grundlegend ordnet.

Die aprioritheoretische Identifizierung von erfolgreichem Verhalten einerseits und Logik, Denken, Reflexion andererseits kennt nur die Zweiteilung von Logik (= Menschen) und Mechanik (= Tiere).[37] Demgegenüber vermag die Stadientheorie sowohl die instinktiven und sensomotorischen Gemeinsamkeiten von Tieren und Menschen als auch die exakte Begründung der Differenzen, die Repräsentationen und gegebenenfalls die Operationen in der menschlichen Entwicklung, zu liefern. Demnach ist das Verhalten der Tiere bis zu einem gewissen Grade erfolgreich und angepaßt, obwohl es kein Resultat von Logik und Denken ist. Präformale Denker (= Kinder) verfügen über einen erheblich erweiterten Spielraum des Handelns, der repräsentational bedingt ist und erst bei nur logisch zu lösenden Aufgaben erschöpft ist. So ergeben sich die weitgehenden Ähnlichkeiten im Denken und Verhalten zwischen Kindern und Erwachsenen nicht aus einem gemeinsamen Bestand logischer Operationen, sondern aus den gemeinsamen Repräsentationsfähigkeiten. Die repräsentational bedingte Handlungsfähigkeit der Kinder ist aber angesichts von Problemen erschöpft, die zu ihrer Bewältigung die Applikation logischer Regeln erfordern – dies macht die Differenz zum formalen Denken aus, das den größeren Handlungsspielraum von Formaldenkern erklärt.

Die Stadientheorie erklärt somit positiv die Quelle und Struktur der kindlichen Intelligenz und Leistungsfähigkeit (Repräsentationen) und negativ ihre Grenzen (fehlende Operationen). Während die Aprioritheorie die angepaßten, erfolgreichen kindlichen Verhaltensweisen implizit als Resultat invarianter logischer Strukturen fehlinterpretiert, kann sie die Manifestationen kindlicher Prälogik (Transduktionen, Magie usw.) nicht erklären. Demgegenüber kann die Stadientheorie durch ihre Unterscheidung von Denken und logischem Denken, Repräsentationen und Operationen, aus einem Guß sowohl die Reichweite des angepaßten, erfolgreichen Verhaltens des Kindes (= Nichtwiderspruch mit logischen Regeln) als auch sein Scheitern bei nur logisch zu lösenden Aufgaben erklären. Sobald bei komplizierten Problemen die Leistungsfähigkeit der repräsentationalen Intel-

37 Descartes 1980. Dies ist theorieimmanent folgerichtig, aber die völlige Weltfremdheit dieser Auffassung zeigt schon die Absurdität der Prämisse und die Notwendigkeit einer stadienstrukturellen Konzeption.

ligenz erschöpft ist, herrschen im Denken Transduktionen, im Handeln magische Akte vor.

Gleiches gilt für die Diskussion der Prä-Logik-Konzeption. Es gibt weitgehende Ähnlichkeiten zwischen »Primitiven« und »Zivilisierten«, die aus den gemeinsamen Repräsentationen und gegebenenfalls den konkreten Operationen herrühren. Diese Gemeinsamkeiten gehen so weit, daß man in vielen Verhaltensweisen keine Unterschiede feststellen kann. Denn die meisten Lebenssituationen verlangen keinen Einsatz des formalen Denkens, zudem ist das formale Denken nicht bei allen Westlern – und wenn, dann oft nur bereichsspezifisch – entwickelt. Ferner ist bei der Mehrzahl der täglichen Aktivitäten der Menschen ohne Einsatz spezifischer Tests gar nicht entscheidbar, ob sie Resultat bloß repräsentationaler oder operationaler Kompetenzen sind. Wie will man feststellen, ob Menschen unter Einsatz repräsentationalen oder formalen Denkens Auto fahren und Reden halten? Erst in bestimmten Situationen, zum Beispiel bei logischen Denkaufgaben, zeigt sich das Vorliegen der Denkstrukturen. Viele Tätigkeiten, Verhaltensweisen und psychischen Phänomene, die sich sowohl in traditionalen als auch in modernen Gesellschaften finden, sind auch stadientheoretisch identisch, weil auch in zivilisierten Gesellschaften die Mehrzahl der Situationen und Phänomene nur präformale Reaktionsweisen evozieren.

Aprioritheoretiker, die das erfolgreiche Handeln von traditionalen Menschen als Ausfluß ihrer logischen Denkkraft bezeichnen, unterschätzen somit die Fähigkeit präformalen Denkens und überschätzen die Bedeutung der Logik für die menschliche Lebensführung. Immer dann aber, wenn Lebenssituationen verbal-logische Problemlösungsfähigkeiten erfordern, scheitern traditionale Menschen. Dies beweisen die völkerpsychologischen Testverfahren eindeutig. Dieser Sachverhalt ist auch die Ursache, daß die traditionale Gesellschaft wenig Verfahren kennt, die formales Denken erfordern. Fußt das traditionale Denken nicht auf natürlichem Wissen, verliert es sich in »mystischen Partizipationen« in Homologie zu den kindlichen Transduktionen. Die Magie ist die prälogische Ebene, die beim Überschreiten der Leistungsfähigkeit präformaler Strukturen betreten wird. Die Umweltangepaßtheit traditionaler Menschen und gleichzeitig ihr Scheitern bei logischen Problemen ist also kein Paradoxon, sondern erklärt sich unmittelbar aus den Erkenntnissen der stadientheoretisch fundierten Völkerpsychologie, aus der Natur präformalen Denkens. So ermöglicht die Theorie Piagets, für den alten Streit um Lévy-Bruhl eine tragfähige Lösung zu finden, indem sie auch das von ihm nicht gelöste Problem der Abgrenzung der Logik von der Umweltbewältigung klärt.

In diesem Sinne gelingt es der Stadientheorie, den Anforderungen einer Evolutionstheorie des Verhaltens gerecht zu werden, sowohl die Kontinuität als auch die Diskontinuität der psychischen Evolution, der Entwicklung kognitiver Strukturen einzufangen. So kann die Stadientheorie die Relationen, den jeweiligen Spielraum der Erfahrungs- und Handlungsfähigkeiten von Tieren, Säuglingen, Kindern, traditionalen und modernen Menschen unter Bezug auf kognitive Strukturen erklären. Es ist dabei kein logischer Fehler, sondern ein theoretisches Erfordernis, *sowohl die Gemeinsamkeiten als auch die Unterschiede zum Beispiel zwischen traditionalen und modernen Menschen stärker als andere Theorien herauszuarbeiten und zu betonen.* Der wissenschaftliche Erkenntnisfortschritt beruht prinzipiell auf der wechselseitigen Beleuchtung von Analysis und Synthesis, auf der Interferenz immer speziellerer Analysen der einzelnen Phänomene und uno actu auf der Konstruktion noch umfassenderer und grundlegenderer Theorien, Synthesen, Gesetze und Zusammenhänge, während ein idealtypischer Ausgangszustand wissenschaftlicher Forschung weder einzelne Phänomene erklären noch generelle Theorien formulieren kann.[38] Ganz in diesem Sinne befinden sich reine Differenztheorien des Humanen und zugleich reine Identitätstheorien des Biologischen, wie oben dargelegt, auf einem signifikant niedrigeren Niveau der Theoriebildung als die Stadientheorie.

Hinsichtlich des Verhältnisses von traditionalen und modernen Menschen zeigt sich an dieser Stelle die hohe theoretische Leistungsfähigkeit der oben formulierten Evolutionstheorie des Psychischen, welche die strukturellen Relationen zwischen »Tieren«, Kindern und Erwachsenen qua Stadientheorie exakt ordnet, für die Lösung entscheidender und grundlegender Probleme der Sozialwissenschaften. Die Stadientheorie ermöglicht durch ihre Unterscheidung von Repräsentationen und (formalen) Operationen die Konstruktion eines allgemeinen Bezugssystems individuellen Verhaltens, das korrekter als transzendentalphiloso-

38 Cassirer 1966.

phische und behavioristische Ansätze soziale Phänomene aus individuellen, kognitiven Strukturen erklärt. Der Stadientheorie gelingt es nämlich, systematische Zusammenhänge von traditionalen sozialen Phänomenen und präformalem Denken und von modernen sozialen Phänomenen und formalem Denken aufzudecken. Auf diese Art und Weise tauchen Korrelationen von kognitiver und sozialer Evolution auf. Einige traditionale soziale Phänomene können unter Bezug auf das präformale Denken, einige moderne soziale Phänomene unter Bezug auf das formale Denken erklärt werden.

Im folgenden seien einige Beispiele angeführt, die das präformale Denken in kognitiven, sozialen und moralisch-rechtlichen Bereichen traditionaler Gesellschaften, der Naturvölker, des europäischen Mittelalters und traditionaler Regionen zeitgenössischer Entwicklungsländer demonstrieren. *Diese Demonstration beruht letztlich auf einer einzigen These, die bisher ohne einschränkende bzw. falsifizierende Testuntersuchungen von der Völkerpsychologie bestätigt worden ist, nämlich der These vom Ausbleiben formalen Denkens in traditionalen Kulturen.* Dort wurden nahezu sämtliche von Piaget beschriebenen Phänomene präformalen Denkens mit traditionalen Phänomenen konfrontiert.

Es wurden das traditionale Raum-, Zeit-, Zahl-, Logik-, Kausalitäts- und Naturverständnis, dann die sozialen Konzepte – Perspektivenübernahmefähigkeiten und das Selbstbild –, ferner die moralisch-rechtlichen Konzepte – das Rechtsverständnis, das Prozeßrecht und das materielle Recht traditionaler Gesellschaften – und schließlich die sozialen Institutionen – insbesondere die Familie und die traditionale Religion – untersucht. Sämtliche genannten Phänomene sind nur unter Bezug auf präformale, erkenntnisrealistische Strukturen erklärbar.

Die Mehrzahl dieser Phänomene sind durch völkerpsychologische Untersuchungen erfahrungswissenschaftlich bestätigt. Ferner wurden Erkenntnisse von Historikern, Ethnologen, Philosophen, Soziologen, Rechts- und Religionswissenschaftlern angeführt, die sich zwanglos in die ausgearbeitete Theorie einfügen, ohne daß besondere Korrekturen und besondere interpretatorische Nachbesserungen vorgenommen werden mußten, und dies, obwohl die große Mehrzahl der zitierten Fachwissenschaftler im Falle des Vorschlags der Verwendung des Piagetschen Bezugssystems wahrscheinlich abschlägig urteilen würde; ein Tatbestand, der als Gegenprobe die Richtigkeit der behaupteten Gleichungen um so mehr bekräftigt.

So zeigt diese Untersuchung, indem sie die Gesamtheit der von Piaget dargestellten präformalen Strukturen mit den traditionalen Phänomenen konfrontiert, die durch die Theorie Piagets und die Völkerpsychologie ausgelöste Revolution in den Sozialwissenschaften.

2.6 Die Entwicklung formal-operationalen Denkens in traditionalen Gesellschaften

Lévy-Bruhl und andere behaupteten, das Denken traditionaler Menschen sei prälogisch. Anthropologen und Philosophen widersprachen und behaupteten, logische Strukturen seien angeboren, invariant und universal bzw. transkulturell inkomparabel – zwei kontradiktorische Behauptungen, oft von denselben Autoren in einem Atemzug vertreten. Piaget widerlegte letztere Auffassungen, indem er die ontogenetische Entstehung logischer Strukturen nachwies. Im Folgenden sei dargelegt, daß die ontogenetische Prälogik mit der traditionalen identisch ist.

Piaget zufolge ist das formal-operatorische Denken durch die Elaboration verbal-logischer und hypothetischer Schlußfolgerungen geradezu definiert. Entsprechend der Stadientheorie entwickeln sich die Deduktionen dreistufig. Unter sieben Jahren sind sie reduziert auf die Voraussicht von Geschehnissen, zum Beispiel »Wenn ich einen Drachen und einen Bären hinstellte, wer würde dann wohl gewinnen?« Ab sieben Jahren verändern sich die Deduktionen mit dem Auftreten des logischen »weil«. Aber die Kinder weigern sich noch, Prämissen als gegeben anzunehmen. Vor dem 11./12. Lebensjahr, in welchem die logische Deduktion und der Syllogismus in modernen Gesellschaften erworben werden, unterwirft das Kind die Prämissen unweigerlich seinem persönlichen Standpunkt. Es folgert nur auf der Basis von Sachverhalten, die es für empirisch, nicht hypothetisch richtig hält (= empirische Deduktionen). Die formal-logische Deduktion verlangt dagegen die hypothetische Akzeptanz der Prämissen als Basis logisch folgerichtiger Argumentation. Erst der Erwachsene trennt empirische Realitäten von logischen Notwendigkeiten, wodurch der rein logische Schluß unter Absehung empirischer Realitäten und geglaubter Annahmen möglich wird. So ist der entwicklungslogisch bedingte Übergang vom konkreten zum abstrakten Denken ersichtlich. Erst dann sind hypothetisch-deduktive und syllogistische Konklusionen möglich, weil erst dann die Annahme von (nicht geglaubten) Prämissen gelingt.[39]

Luria untersuchte 1931-1932 in Usbekistan in Zentralasien verbal-logisches Denken und stellte die gleichen Phänomene bei erwachsenen Analphabeten fest. Diese weigern sich, auf reine hypothetische Annahmen hin Schlußfolgerungen zu ziehen. Ihre Schlüsse können dagegen vollkommen korrekt sein, wenn sie sich auf persönlich Geglaubtes und konkrete Fakten beziehen. Lurias Probanden konnten aber weder hypothetische noch syllogistische Schlüsse ziehen. Inzwischen haben völkerpsychologische Untersuchungen gezeigt, daß Erwachsene ohne oder mit geringer Schulbildung (weniger als drei Jahre) aus traditionalen Regionen nicht zu syllogistischen Konklusionen befähigt sind.[40] Hunderte von Millionen Erwachsene aus Afrika, Asien, Lateinamerika und anderen Entwicklungsregionen antworten wie dieser 37 Jahre alte Kaschgare aus Usbekistan:

»Frage: Im hohen Norden, wo es Schnee gibt, sind alle Bären weiß. Nowaja Semlja ist im hohen Norden, und es gibt dort immer Schnee. Welche Farben haben dort die Bären?
Antwort: Es gibt dort verschiedene Arten von Bären.
F.: (Der Syllogismus wird wiederholt)
A.: Ich weiß es nicht; ich habe einen schwarzen Bären gesehen, ich habe nie andere gesehen. Jeder Ort hat seine eigenen Tiere; wenn es weiße sind, dann sind sie alle weiß; wenn es gelbe sind, dann sind sie gelb.
F.: Welche Arten von Bären gibt es aber in Nowaja Semlja?
A.: Wir reden immer nur von dem, was wir sehen, wir reden nicht von dem, was wir nicht gesehen haben.
F.: Was bedeuten aber meine Worte? (Der Syllogismus wird wiederholt).
A.: Nun, es ist so: Unser Zar ist nicht wie eurer, und eurer ist nicht wie unserer. Ihre Worte können nur von jemandem beantwortet werden, der dort war, und wenn eine Person nicht dort war, kann sie nur von ihren Worten aus nichts sagen.
F.: Doch können Sie aus meinen Worten – im Norden, wo es immer Schnee gibt, sind die Bären weiß – schließen, welche Arten von Bären es in Nowaja Semlja gibt?

39 Piaget 1981 a, S. 79 ff., 222.
40 Scribner 1984; Oesterdiekhoff 1992.

A.: Wenn ein Mann sechzig oder achtzig Jahre alt wäre und einen weißen Bären gesehen und darüber gesprochen hätte, könnte man ihm glauben, aber ich habe nie einen gesehen, und deshalb kann ich es nicht sagen. Das ist mein letztes Wort. Die, welche sahen, können darüber sprechen, und die, die nicht gesehen haben, können nichts sagen. (An dieser Stelle erlaubt sich ein junger Usbeke die Bemerkung: »Aus Ihren Worten geht hervor, daß dort die Bären weiß sind.«)
F.: Welcher von euch beiden hat nun recht?
A.: Was der Hahn weiß, was er tun muß, das tut er. Was ich weiß, sage ich, und nichts weiter.«[41]

Luria gibt für das Fehlverständnis seiner Interviewpartner dieselben Erklärungen wie Piaget für die präformal denkenden Kinder: Die Urteile beziehen sich nicht auf logische Implikationen, sondern auf persönliche Erfahrungen und bekannte Fakten. Die Prämissen werden nicht als universal akzeptiert, sondern als Einzelsätze. Der Syllogismus wird als einheitliches System zerstört, indem er in logisch unzusammenhängende Einzelsätze fraktioniert wird.[42]

Diese Untersuchungen wurden ab 1971 von Cole u. a. wieder - aufgenommen. Lurias Ergebnisse wurden in Afrika, Asien und Lateinamerika bestätigt. Scribner zufolge läßt sich das Interviewprotokoll eines Usbeken von dem eines Vai oder eines Kpelle nicht unterscheiden.[43] Die neueren Erklärungen für das Testscheitern sind mit Piagets und Lurias identisch.[44] Zwischen den Kulturen gibt es sowohl hinsichtlich des analphabetischen Scheiterns als auch hinsichtlich des alphabetischen Gelingens keine Performanzunterschiede. In allen untersuchten Kulturen können Individuen nach dem dritten Schuljahr logisch schlußfolgern, auch wenn ihre analphabetischen Nachbarn es nicht können.[45]

Alle Autoren erklären ausdrücklich das Unverständnis syllogistischer und rein hypothetischer Schlußfolgerungen in traditionalen Gesellschaften. In empirischen Deduktionen fehlen die logischen Multiplikationen von Sätzen, das Verständnis der Quantifikatoren und die Akzeptanz reiner Annahmen, um logi-

41 Luria 1982, S. 108 f., dt. Übersetzung bei Hallpike 1984, S. 146 f.
42 Luria 1982, S. 114 f.; Cole/Scribner 1974, S. 168; Scribner 1984.
43 Cole/Scribner 1974, S. 163; Scribner 1984, S. 314.
44 Scribner 1984, S. 319, 321, 327.
45 Scribner 1984, S. 316 f.

sche Interferenzen und Implikationen gedanklich notwendig aus ihnen abzuleiten. Die empirischen Deduktionen, die auf Fakten und Meinungen (konkretes Denken) reduziert sind, stellen eine niedrigere Stufe des Denkens dar als die formal-operatorische Aussagenlogik, die sich konkreter Bezüge entledigt hat. Die empirischen Deduktionen traditionaler Menschen sind identisch mit denen westlicher Kinder. Sie sind innerhalb der empirischen Form folgerichtig, wenn sie auch noch nicht das formale Niveau hypothetischer Deduktionen erreicht haben.

Westliche Adoleszenten beherrschen, was neunjährige Westler und erwachsene Analphabeten nicht können. Dies ist ein eindeutiger Beleg für die strukturelle Transformation des Denkens von empirischen zu logischen Deduktionen. Konkrete Operationen sind eine Logik der Fakten, formale Operationen sind eine Logik der Aussagen und der Operationen selbst.

Das obige Interview verschafft einen Einblick in die Arbeitsweise und in die kognitive Struktur präformalen Denkens. *Die Aussagen des Probanden sind nicht völlig irrational und absurd, sie zeigen eine wache Intelligenz, der man einiges zutrauen kann, aber eben nicht: verbal-logisches Denken. Prä-Logik zieht eben nicht generell Irrationalität nach sich, wie Aprioriker unterstellen, sondern gestattet in Grenzen Klugheit und geistige Reife, die nur bei rein logisch zu lösenden Problemen scheitert. Die innerhalb der empirischen Form vernünftigen und intelligenten Antworten des Probanden sowie sein Testscheitern sind daher keine Paradoxon, sondern erklären sich aus den Fähigkeiten repräsentationaler Intelligenz (= empirische Deduktionen), die aber noch keine Operationen internalisiert hat (= logische Deduktionen).* Derjenige ist ein transzendental-naiver Apriori-Philosoph, der meint, die Struktur obiger Aussagen müsse notwendig Resultat ausgereifter, universaler Logik sein. Eine solche Argumentation fußt auf einem prä-entwicklungspsychologischen Reflexionsstand.

Die Aussagen des Probanden offenbaren gleichzeitig eine geistige Nähe und Fremdheit, die durch den Unterschied zwischen Repräsentationen und Operationen, Intelligenz und reflektierter Intelligenz bedingt ist. Stellt der Interviewer dem Probanden keine logischen Probleme, kann er gegebenenfalls eine lange Zeit mit ihm kommunizieren, ohne sich des Vorliegens prälogischer, erkenntnisrealistischer Denkstrukturen bewußt zu werden.

Trotz aller äußerlichen Nähe zwischen präformalem und formalem Denken zeigt sich aber, daß dem Kind und dem präformalen Erwachsenen, bedingt durch die Absenz formal-logischer Strukturen, eine andere Struktur der intellektuellen Verarbeitung von Umwelterfahrungen eignet.

Die Tatsache, daß der Mehrzahl westlicher Erwachsener das Verständnis von syllogistischem und hypothetisch-deduktivem Denken erscheint, als wäre es ihnen angeboren, demonstriert den unterschiedlichen Formalisierungs- und Abstraktionsgrad des Denkens traditionaler und moderner Völker. Zweifellos läßt sich folgern, daß diese Differenz zwischen präformalem, traditionalem Erwachsenen und modernem Formaldenker hinsichtlich der Wirkungen auf kognitive, soziale und moralische Phänomene, generell hinsichtlich der Lebensführung und der Selbsterfahrung, außerordentlich weitgehend und folgenreich ist.

Gemäß der Stadientheorie ist die Prä-Logik verknüpft mit zum Beispiel animistischem, magischem Denken, mit der objektiven Verantwortlichkeit und sämtlichen anderen Phänomenen erkenntnisrealistischen, präformalen Denkens. Denn die Etablierung verbal-logischer Strukturen bewirkt per se die Formalisierung und Abstrahierung der Denkprozesse; formales Denken ist durch die Aussagenlogik geradezu definiert. Insofern läßt sich sagen: Weil der traditionale Mensch nicht formal-logisch denkt, denkt er auch magisch, animistisch usw. So ist die Theorie Lévy-Bruhls durch die völkerpsychologischen Untersuchungen erfahrungswissenschaftlich abgesichert. Bezüglich der Diskussion um die traditionalen Ordalverfahren wird sich im weiteren zeigen, daß diese nur unter Bezug auf die Prä-Logik verständlich sind. Somit ergibt sich ein Konnex zwischen der Syllogismusforschung und dem primitiven Gerichtsverfahren, der Ableitung von Institutionen aus kognitiven Strukturen.

2.7 Naturverständnis und Weltbild traditionaler Gesellschaften

Glaubt die Apriori-Philosophie, *Raum* und *Zeit* seien als reine Formen der Anschauung apriorische und invariante Strukturen, beweist hingegen die Stadientheorie, daß das präformale, konkrete Denken weder eine abstrakte Konzeption des Raumes noch den linearen, metrischen und abstrakten Zeitbegriff besitzt.[46] Vielmehr sind die präformalen Raum- und Zeitvorstellungen sinnlich-konkret. Den völkerpsychologischen Untersuchungen zufolge sind auch die Raum- und Zeitkonzeptionen traditionaler Populationen durch präformale Strukturen charakterisiert.[47] »Literarische« Untersuchungen zu den Raum- und Zeitkonzeptionen traditionaler Völker haben immer wieder ihren sinnlich-konkreten Charakter herausgestellt.[48]

Gemäß entwicklungspsychologischer Forschung ist das präformale, kindliche Denken symbolisch und magisch. Kinder glauben, Wünsche, Gedanken und Rituale könnten in direkter Form Einfluß auf empirische Kausalitäten nehmen. Sie glauben, das bloße Haben einer subjektiven Intention könne, ohne empirische Mittelprozesse, empirische Kausalitäten in gewünschtem Sinne evozieren.[49] Die Ableitbarkeit der *Magie* aus dem präformalen, erkenntnisrealistischen Denken ergibt sich aus der Konfusion, der mangelnden Differenzierung subjektiver (Wünsche, Gedanken) und objektiver Vorgänge (empirische Kausalitäten). Subjektives und Objektives werden nicht hinreichend differenziert, sondern beide Seiten haben Bestandteile der je anderen Seite. Daher ist im magischen Denken Objektives immer schon intentional und Subjektives immer schon kausal wirksam. Entsprechend ist das Verständnis von Kausalvorgängen, die sich zwischen Subjekt und Objekt einschieben, gering entwickelt. Das Kind verfügt nicht über physikalische Konzepte wie Zufall, Notwendigkeit, Wahrscheinlichkeit usw.

Völkerpsychologische Untersuchungen zeigten, daß in Entwicklungsregionen das Verständnis für Kausalprozesse wenig entwickelt ist.[50] Ebenfalls fehlt ein formales Verständnis von Wahrscheinlichkeiten und Zufällen.[51] Die Neigung traditionaler

46 Piaget 1975, Bd. 6; Piaget 1974.

47 Hallpike 1984, S. 334; Gay/Cole 1967; deLemos 1974; Bovet 1975; Prince 1969.

48 Eliade 1984; Elias 1984; Gurjewitsch 1980; Wendorff 1980; Lee 1984 und Cassirer 1954. In Oesterdiekhoff 1992 finden sich Ausführungen zum traditionalen Raum- und Zeitverständnis.

49 Piaget 1981 b, S. 114 ff.; Piaget 1975, Bd. 9, S. 75.

50 Langgulung/Torrance 1972.

51 Wright et al. 1978; Hallpike 1984.

Völker zu fabulieren ist kindlich.[52] Magische Denkstrukturen halten sich lebenslang.[53]

Auch die »literarischen« Untersuchungen belegen nahezu einhellig die universale Verbreitung magischen Denkens in traditionalen Gesellschaften. Abgesehen von funktionalistischen Theorien, findet sich unter ihnen auch die Erklärung der Magie aus mangelnder Subjekt-Objekt-Trennung.[54] Da gemäß der Stadientheorie das magische Denken ein Teil präformalen Denkens ist, implizierte die Applikation eines anderen Erklärungsansatzes des magischen Denkens traditionaler Völker die Widerlegung der Stadientheorie. Kritiker des erkenntnisrealistischen Erklärungsansatzes der Magie behaupten immer wieder, diese Erklärung sei inkompatibel mit den kognitiven Voraussetzungen, die an das bloß physische Überleben gebunden sind. Überlebensfähigkeit überhaupt und Konfusionen von Subjektivem und Objektivem seien kontradiktorisch. Diese aprioristische Kritik beruht auf der schon erwähnten Unterschätzung prälogischer Intelligenz. Wenn Tiere mit vorstellungsloser Intelligenz in Grenzen sich angepaßt verhalten können – obwohl sie sich am Ausgangszustand des kognitiven Differenzierungsprozesses befinden –, dann ist dies repräsentationalen Lebewesen, wenn sie auch fehlerhafte, etwa magische Vorstellungen haben, erst recht möglich.

Über diesen Grundbestand prälogischer Umweltangepaßtheit hinaus sind magische Vorstellungen andererseits in der Tat mit defizitären Handlungsfähigkeiten verknüpft. Formale Techniken sind selbstverständlich magischen Vorstellungen überlegen, wie die naturwissenschaftliche Medizin im Verhältnis zur magischen Heilkunde, die modernen Techniken im Verhältnis zur magischen Naturbeherrschung usw. hinreichend belegen. Die Entstehung der Naturwissenschaften und die Überwindung der Magie sind daher komplementäre Phänomene, die sich aus der Transformation präformalen Denkens in formales Denken in der neuzeitlichen Bildungselite erklären lassen.

Gemäß entwicklungspsychologischer Forschung ist das animistische Denken aller Kinder Ausfluß der präformalen Denk-

52 In Oesterdiekhoff 1992 finden sich genauere Ausführungen zum Symbolismus und zur Magie.

53 Jahoda 1974.

54 Frazer 1977, S. 71 ff., 1033 ff.; Cassirer 1925, S. 261 ff.; Werner 1933, S. 324; Gurjewitsch 1980, S. 367 ff.

struktur. *Animismus* ist die Betrachtung auch der physischen Dinge als belebter und beseelter. Die Undifferenziertheit von psychischen und physischen, subjektiven und objektiven Phänomenen impliziert, daß die physischen Dinge mit psychischen Eigenschaften versehen sind. Die Sonne wärmt, also will sie, daß die Menschen nicht frieren. Demzufolge ist der Animismus keine bloß nachträgliche Projektion des am Subjekt selbst wahrgenommenen Ichhaften auf die physischen Dinge, sondern ganz ursprünglich werden diese physiognomisch und ausdruckshaft wahrgenommen. Statt Dinge kausal aus ihren Interrelationen zu erklären, unterstellt das Kind ihnen vielmehr eine Absicht.[55] Die Dinge sind da und arbeiten, um einen höheren Zweck zu erfüllen.

So ist der Animismus verbunden mit einer Moralordnung. Nicht natürliche, sondern moralische Gesetze bestimmen die Naturordnung.[56] Und so ist ersichtlich, wie der Animismus mit der Magie verknüpft ist. Legt das Kind den Akzent auf den Eigenwillen der Sonne, handelt es sich um Animismus. Folgt die Sonne aufgrund fremden Willens, liegt Magie vor.[57]

Völkerpsychologische Untersuchungen am Leitfaden Piagets zeigten, daß erwachsene Indianer, Afrikaner usw. den animistischen Glauben lebenslang bewahren, während er bei Adoleszenten moderner Gesellschaften abgestorben ist.[58] Mit sechs Jahren denken zum Beispiel Indianerkinder (aus zehn in der zitierten Studie überprüften Stämmen) genauso animistisch wie Kinder moderner Kulturmilieus. Die elf- bis achtzehnjährigen Indianer befinden sich hingegen zu über 60% immer noch auf der Stufe 1 des animistischen Denkens. Die Erwachsenen denken so animistisch wie die Adoleszenten auch.[59]

Über das animistische Denken der Antike, des Mittelalters, Asiens und Afrikas gibt es eine umfangreiche ethnologische, religions- und sozialwissenschaftliche Literatur. Oft sind die dort angegebenen Erklärungen der entwicklungspsychologischen ähnlich.[60]

55 Piaget 1981 b, S. 114, 143 ff.
56 Piaget 1981 b, S. 183 ff.
57 Piaget 1981 b, S. 114.
58 Russell 1940, S. 353 ff.; Lerner 1937; Jahoda 1974.
59 Havighurst/Neugarten 1955, S. 155 ff.
60 Mbiti 1974, S. 71; Lévy-Bruhl 1930, S. 5 ff.; Cassirer 1982, S. 95, 103.

Auch die Naturphilosophie des Mittelalters ist animistisch, ihre Ablösung durch die neuzeitliche Naturwissenschaft ist daher ein Teil der historischen Transformation vom präformalen zum formalen Denken. Die Naturphilosophie des Aristoteles ist teilweise bis in die Einzelheiten strukturell identisch mit dem dritten Stadium des animistischen Denkens der Zehnjährigen.[61]

Gemäß entwicklungspsychologischer Auffassung ist der Animismus verknüpft mit der Vorkausalität, der Konfusion psychologischer, kausaler und moralischer Vorgänge. Die Dinge sind von Gott/Göttern/Menschen geschaffen worden, damit sie intentional vorgegebene Zwecke erfüllen. So steht die Fabrikation der Dinge (= *Artifizialismus*) nicht im Widerspruch zu ihrer Lebendigkeit. Die Gegenstandswelt ist nicht aus Kausalprozessen, sondern aus den Motiven der Schöpfer hervorgegangen. In der Sicht des Kindes ist die Welt für den Menschen da, aber die Menschen müssen einen Beitrag leisten, sie müssen magisch für die Erhaltung der Welt sorgen.[62] Dann scheint die Sonne, damit es die Menschen warm haben, die Pflanzen wachsen und die Tiere leben, damit die Menschen sich ernähren können. Dies ist in äußerster Kürze die religiöse Grundauffassung des Kindes.

Piaget ermittelte drei Stadien der Entwicklung der kindlichen Naturauffassung. Im ersten Stadium sind alle Dinge direkt, ohne kausale Mittelprozesse fabriziert. Im zweiten Stadium vermischen sich fabrikatorische und natürliche Prozesse, im dritten Stadium werden die göttlich-artifizialistischen Tätigkeiten durch physikalische Prozesse ersetzt.

Diese Vorstellungen finden sich bekanntlich in traditionalen Gesellschaften, wie man der gesamten religionsethnologischen Literatur entnehmen kann. Es gehört zum Wesensbestand der primitiven Religion, daß Menschen und Götter mit der Schaffung und Erhaltung der Natur beschäftigt sind. Das primitive Denken glaubt sowohl von den Einzelphänomenen als auch von den Regelmäßigkeiten, sie seien mit einem Zweck versehen geschaffen worden. Die Sonne und die Gestirne sind mit einem Zweck ausgestattet produziert worden, um die Erde zu wärmen und zu beleuchten.[63] Gott, die Götter, die Ahnen haben die

61 Piaget 1978, S. 64 ff.; Piaget 1975, Bd. 9, S. 80; Fetz 1982, S. 474 ff.; Oesterdiekhoff 1992. Vgl. Aristoteles 1967, II, 1 (Wagner).

62 Piaget 1981 b, S. 207 ff.

63 Mbiti 1974, S. 51, 65 f.; Schadewaldt 1979, S. 88 f., 203, 228.

Welt und die Dinge in ihr geschaffen – das ist die Antwort aller Völker aller Zeiten, deren Geltung nur von naturwissenschaftlich Aufgeklärten bestritten wird. Diese Antwort findet sich in den Schöpfungsmythen aus aller Welt, sie ist eben eine ursprünglich kindliche, artifizialistische Auffassung.

A. Nitschke unterscheidet zwei Phasen des mittelalterlichen Denkens, die mit Piagets übereinstimmen, ohne daß er auf Piaget Bezug nimmt (Nitschke ist sogar Piaget-Gegner). In der ersten Phase, die bis zum 12. Jahrhundert andauert, sind alle einzelnen Körper direkt von Gott geschaffen und bleiben ständig auf ihn bezogen, der für ihre permanente Erhaltung zuständig ist. Der Universalienstreit bekundet, wie auch die im Mittelalter vertretene Elementenlehre, die mit derjenigen der Vorsokratiker identisch ist, hinlänglich die permanente Abhängigkeit aller Dinge vom Schöpfer, vom Macher. Jedes Ding besteht nur durch Gott.[64] Dies ist offenkundig mit der ersten Phase artifizialistischen Denkens identisch. – In der zweiten Phase wird nicht mehr jeder Körper und jede Bewegung direkt auf Gott zurückgeführt. Gott verlieh vielmehr bei der Erschaffung der Welt den Körpern ihnen eigentümliche Kräfte zwecks Selbstbewegung und -vermehrung. So gesellt sich in der zweiten Phase zur göttlichen Abhängigkeit das natürliche Einwirken der Körper aufeinander hinzu.[65] Dies entspricht ersichtlich der zweiten Phase Piagets. Die dritte Phase, die mechanische Konzeption der Adoleszenten, entsteht historisch bekanntlich in der europäischen Neuzeit.

Im Zentrum der primitiven Religion befindet sich auch der kindliche Glaube, daß die Erschaffung und Erhaltung der Natur vom menschlichen Zutun abhängt. Die Menschen partizipieren an der Natur in unmittelbarer Weise, sie bestimmen und befehligen sie. Die historischen und ethnologischen Entsprechungen dieses Kinderglaubens sind der Religionswissenschaft längst bekannt. Wie ursprünglich diese Phänomene sind, kann man daran ablesen, daß sie auch bei den Aborigines existieren. Etwa zur Zeit des Pflanzenwuchses feiern die Aborigines ihre wichtigsten religiösen Riten, die nach Durkheim all das in sich enthalten, was

64 Nitschke 1967, S. 77, 84, 86.

65 Nitschke 1967, S. 83. Piaget erklärte selbst die Naturkonzeptionen der Vorsokratiker aus dem artifizialistischen Denken der Kinder; Piaget 1981 b, S. 223.

man in den religiösen Kulten aller Zeiten und Kulturen beobachten kann.

»Alle Jahre sterben die Pflanzen: werden sie wieder auferstehen? Die Tiergattungen neigen zum Erlöschen durch den natürlichen oder gewaltsamen Tod; werden sie sich rechtzeitig und wie gewohnt vermehren? ... Diese periodischen Schwankungen der Natur zeugen davon, daß in den entsprechenden Perioden die heiligen Wesen, von denen die Tiere, die Pflanzen, der Regen usw. abhängen, ihrerseits durch ernste Krisen gehen... Der Mensch kann aber bei diesem Schauspiel nicht unbeteiligter Zeuge bleiben... Demnach versucht er, (die Götter) zu unterstützen, ihnen zu helfen. Dafür stellt er die Kräfte, über die er verfügt und die er für diesen Umstand mobilisiert, in ihren Dienst. Das Blut, das in seinen Adern fließt, hat befruchtende Kräfte: darum vergießt er es ... Mit einem Wort: er bringt Darbietungen.«[66]

Die Initiationsriten, in denen die Aborigines die Tiere und Pflanzen nachahmen, haben nach Durkheim den erklärten Sinn, die nachgeahmten Wesen zu erzeugen, zu vermehren und in ihrer Lebendigkeit zu erhalten. »Die einfache Tatsache, daß ein Tier dargestellt wird, erschafft dieses Tier und gibt ihm Leben ... Es handelt sich um eine Erschaffung im eigentlichen Sinne des Wortes.«[67] Durkheim hebt hervor, daß die Gläubigen wirklich davon überzeugt sind, daß sie die nachgeahmten Wesen sind (= participation mystique). Wenn in der Regenzeit das Leben wieder sprießt, ist dies auf die religiösen Riten zurückzuführen. So sind die Naturphänomene wie in der Auffassung der Kinder menschliche Artefakte; die Initiationsriten regulieren das Sterben und Blühen der Natur.

Frazer wies ebenfalls nach, daß in vielen Völkern der Welt dieser Glaube bestanden hat, das Naturgeschehen überhaupt und der Lauf der Sonne zumal hinge von menschlichen Handlungen ab. Wichtige religiöse Kulte auch Europas haben laut Frazer im Verbund mit einem Sonnen- und Vegetationskult gestanden, der diese artifizialistische Abhängigkeit zum Ausdruck bringt. Im Frühling, im Sommer und am Jahresende wurden in verschiedensten Teilen der Welt Feuer entzündet, die die erklärte Funktion gehabt haben, der Sonne auf die Sprünge zu helfen. Die Feuerfeste fanden in Europa seit Jahrtausenden etwa zur Frühjahrs-Tag- und Nachtgleiche, also etwa zu Ostern, am häufigsten zur Sommersonnenwende (Johannisnacht) und zur Wintersonnenwende

66 Durkheim 1981, S. 465.
67 Durkheim 1981, S. 480 f., 476 ff.

statt. Frazer zeigt auf, daß diese Feuerfeste der Beförderung der Sonnenenergie dienten; man glaubte tatsächlich, die vielen auf der Erde lodernden Flammen würden die Sonne speisen.[68] Piaget zufolge glauben auch die Kinder, die Sonne und die Gestirne würden durch die Feuer der Menschen auf der Erde in Gang gehalten werden.[69] Als Sonnenkulte sind die Feuerfeste auch zugleich Vegetationskulte. Wie die Sonne selbst, so tragen auch sie zum Blühen, Gedeihen und zur Vermehrung der pflanzlichen und tierischen Natur bei. In Afrika wie in Europa macht der Rauch des Sonnenfeuers Tiere und Feldfrüchte fruchtbar.

Durkheim und Frazer zufolge gehören die Vegetationskulte zum Kernbestand der »elementaren Formen des religiösen Lebens«, die sich in allen Religionen traditionaler Völker wiederfinden, auch in den Weltreligionen. Auch das mittelalterliche Christentum wird von vielen Mediävisten als eine magische Religion verstanden, die man erst unter Bezug auf die Ethnologie, das heißt auf Naturreligionen, versteht.[70] Frazer zeichnet den Weg, den das Christentum aus den orientalischen Vegetationskulten, deren geistige Nähe zu den Riten der Aborigines auch Durkheim betont hat, in das Mittelalter gegangen ist, genau nach.[71] Laut Frazer, Durkheim und anderen ist primitive Religion im wesentlichen, wenn auch nicht ausschließlich, durch die aktive Beteiligung des Menschen an der Erhaltung der Natur, des Verlaufs der Jahreszeiten und des biologischen Lebens definiert.[72]

Den Religions- und Sozialwissenschaftlern ist demzufolge längst bekannt, daß in der traditionalen Religion und Naturkun-

68 Frazer 1977, S. 903 ff., 931, vgl. S. 112, 144. Die primitive und mittelalterliche Kosmologie kennt nicht den Unterschied zwischen Meteorologie und Kosmologie, man hatte von den Entfernungen und Proportionen keine Vorstellungen. So glaubte Albertus Magnus, die Gestirne entstünden aus den Ausdünstungen der Erde (Eicken 1923, S. 616). Diese Vorstellung ist nicht sehr weit von den Praktiken der Ojebways entfernt, durch Abschießen brennender Pfeile die Sonne zu stärken, und von dem alten Brauch, durch »Feuer des Himmels« in jedem Gehöft die am Himmelsgewölbe wandernde Sonne zu schüren. Frazer ist daher zuzustimmen: Man hat wirklich geglaubt, die Feuer speisten die Sonnenglut im wahrsten Sinne des Wortes!

69 Piaget 1981 b, S. 209, 221.

70 Delumeau 1985, S. 539 ff.; Gurjewitsch 1980, S. 367 ff.

71 Frazer 1977, S. 444 ff.

72 Die artifizialistische Tätigkeit von Menschen kann man auch am

de der Glaube herrscht, Menschen (Magie) und Götter (Religion) seien direkt an der Erhaltung der Natur beteiligt. Die Religion und Physik sowohl der Kinder als auch traditionaler Menschen ist gleichermaßen durch die Auffassung bestimmt, daß Menschen und Götter die Natur erschaffen und erhalten. Demzufolge lassen sich die religiösen Phänomene traditionaler Gesellschaften unter Bezug auf Piagets Artifizialismustheorie aufhellen und erklären. Dies überrascht nicht, wenn man weiß, daß der Artifizialismus erst durch die Entstehung des formalen Denkens aufgelöst wird und die kognitive Entwicklung traditionaler Populationen im präformalen Bereich versandet.[73]

Bekanntlich ist die mittelalterliche Naturphilosophie, der Vorläufer der neuzeitlichen Naturwissenschaften, durch magisches, animistisches, symbolisches und artifizialistisches Denken charakterisiert. Piaget, Cassirer und andere haben gezeigt, daß naturwissenschaftliche Konzepte und Gesetze direkter Ausfluß formalen und logischen Denkens sind. Formaldenkende Adoleszenten entwickeln selbsttätig, nicht einfach durch Lernen von »Inhalten«, naturwissenschaftliche Konzepte.[74] Demnach ist die Evolution der Natur- und Ingenieurwissenschaften, mithin der

Ahnenkult und am Sakralkönigtum aufzeigen. In primitiven Gesellschaften herrscht der Glaube, die Welt sei von den Ahnen erschaffen und die einzelnen empirischen Ereignisse seien von ihnen bestimmt. Derlei Fähigkeiten mutete man auch den Ältesten, Ahnen, Häuptlingen und Königen zu. Der Königszauber, in der ganzen Welt verbreitet, findet sich bis in die europäische Neuzeit. Von diesen Zauber- und Gottkönigen wurde verlangt, daß sie für gute Ernten, gutes Wetter, Frieden, Sieg, Kinderreichtum und überhaupt für den Bestand des Weltalls sorgen. Daher wurden diese Gottkönige häufig auch nach einem bestimmten Zeitabschnitt oder wenn sie alt wurden, getötet, damit ihre magische Kraft zwecks Welterhaltung auf einen Nachfolger übergehen konnte. Frazer 1977, S. 130, 388 ff.; Kern 1954, S. 104; Nitschke 1967, S. 155.

73 Das artifizialistische Denken, die kindliche Naturkunde, ist Piaget zufolge durch sämtliche Phänomene präformalen Denkens, durch Prälogik, Vorkausalität, durch die Konfusion intentionaler, physischer und moralischer Attribute, durch die Nichtunterscheidung von moralischen und physikalischen Gesetzen, durch den Finalismus usw. definiert. Die antike und mittelalterliche Naturphilosophie ist durch diese Phänomene charakterisiert.

74 Piaget/Inhelder 1977; Piaget 1975, Bd. 9 und 10; Cassirer 1966.

Industriewirtschaft, in der industriellen Welt in entscheidender Hinsicht Produkt einer Evolution kognitiver Strukturen.

Die Analyse der traditionalen *sozialen* Konzepte und *affektiven* Verhaltensweisen unter Bezug auf präformale Strukturen soll hier ausgespart werden. Das Selbstbild und die Persönlichkeitsentwicklung, die Perspektivenübernahmefähigkeiten und die sozialen Konzepte wie Freundschaft, Strafe, Autorität, Gerechtigkeit usw. in traditionalen Gesellschaften sind präformaler Natur.[75] Bekanntlich sind die affektiven und emotionalen Strukturen mancher südlicher Völker (nicht aber vieler asiatischer Populationen), insbesondere in Entwicklungsregionen, impulsiver und weniger moderat als die moderner Populationen. Diese Phänomene hat Norbert Elias im Hinblick auf das europäische Mittelalter als Ausdruck einer niedrigeren Affektregulation und -dämpfung dargestellt.[76] Diese affektiven Strukturen sind die emotionalen Entsprechungen präformaler Kognitionsstrukturen.[77]

2.8 Rechtsverständnis, Prozeßrecht und materielles Recht in traditionalen Gesellschaften

Gemäß entwicklungspsychologischen Forschungsergebnissen bilden sich die moralischen Vorstellungen des Kindes in Abhängigkeit von der Entwicklung der Stadienstrukturen. Piaget unterschied zwei Moralkonzeptionen: den moralischen Realismus, die Moral des Zwangs bzw. die heteronome Moral, einerseits und die autonome Moral andererseits. Die erste Moral, die Kindermoral, erklärte er durch das Zusammenspiel des präformalen Erkenntnisrealismus mit erzieherischen Einflüssen, gleichviel wie letztere im einzelnen charakterisiert sind.[78] Während in der Kindermoral intellektuelle Defizite mit sozialem Zwang eine Symbiose einge-

75 Oesterdiekhoff 1992.

76 Elias 1977, Bd. 1, S. 276 f., Bd. 2, S. 368 ff.; Huizinga 1975, S. 6 f., 10 f., 25, 28; Bloch 1983, S. 9 f. Man studiere unter diesem Aspekt die *Protestantische Ethik* Max Webers.

77 Oesterdiekhoff 1992.

78 Piaget 1973 a, S. 62 ff., 100. Die zeitgenössische Entwicklungspsychologie hält im wesentlichen an der Diagnose Piagets fest: Lickona 1976, S. 229; Hoffmann 1983, S. 271 ff.; Kohlberg 1971; Mogdil 1976.

hen, ist die autonome Moral Ausdruck formalen Denkens und demokratischen sozialen Austauschs.

Da in traditionalen Gesellschaften präformales Denken vorherrscht, zudem das Individuum – ungleich den Verhältnissen in modernen Gesellschaften – in Familien, Altersklassen, Verbänden, Gottesstaat usw. bar jeglicher individueller Persönlichkeitsrechte vergesellschaftet ist[79], sind die nämlichen Phänomene zu erwarten. Demgegenüber finden sich in der modernen Gesellschaft die Phänomene Demokratie, formales Denken und autonome Moral.

2.8.1 Traditionales Rechtsverständnis und Rechtspraxis

Im folgenden wird gezeigt werden, daß man das traditionale Rechtsverständnis entwicklungspsychologisch als Ausdruck präformalen Denkens verstehen muß. Piaget zufolge entwickelt sich das menschliche Regelbewußtsein in drei Stadien. Im ersten Stadium sind Regeln motorische Übungen, die rituell, aber egozentrisch gehandhabt werden. Im zweiten Stadium, das bis zum zehnten Jahr andauert, werden die Praktiken anderer nachgeahmt, Handlungen werden bis zu einem gewissen Grade aufeinander abgestimmt, obwohl letztlich »objektive« Regeln durch subjektive Motive immer noch systematisch gebeugt werden. Im präformalen Rechtsbewußtsein werden die Regeln als von den Eltern/Erwachsenen/Göttern zu Beginn der Zeit in die Weltordnung installierte Regelmäßigkeiten aufgefaßt. Daher werden physikalische Gesetze als moralische Gebote mißverstanden. Natur und Recht, Naturgesetze und Regeln sind unterschiedslos und gleichermaßen heilig, göttlich, ewig und unabänderlich. Erkenntnisrealistisch werden (subjektive) Regeln – Gesetze, Sitten und Vorschriften – mit (objektiven) Regelmäßigkeiten – Naturgesetzen – konfundiert.[80]

79 Vgl. Durkheim 1977 (»Mechanische Solidarität«). Piaget erkannte durchaus, daß in primitiven Gesellschaften die heteronome Moral auch auf der Erwachsenenebene andauert. In keiner anderen Studie Piagets finden sich so viele von ihm dargestellte Homologien von kindlichen und primitiven Phänomenen wie in seiner Moralstudie.

80 Piaget 1973 a, S. 54 ff.

Sowohl der Sakralcharakter der Regeln – elterliche Gebote – als auch ihre quasiphysikalische Natur schließt die erkannte Möglichkeit der Veränderung, der menschlichen Beeinflussung der Regeln, aus. Diese sakrale und ewige Natur der Regeln verhindert, daß sie durch das menschliche Bewußtsein ausgearbeitet, durchdacht und internalisiert werden. Infolge der mangelnden Internalisierung der Regeln ergibt sich der scheinbar paradoxe Sachverhalt, daß sie in der Praxis nur dann Berücksichtigung finden, wenn ein äußerer Zwang ihre Einhaltung bewerkstelligt bzw. wenn sie mit individuellen Intentionen kompatibel sind. Das Kind, das glaubt, sich den unveränderlichen Regeln zu subordinieren, lebt tatsächlich seine momentanen Neigungen aus, wenn es daran nicht gehindert wird. Auf diese Weise werden (objektive) Regeln mit (subjektiven) Absichten und Begierden konfundiert. Die Auffassung von der Heiligkeit und Unveränderlichkeit der Regeln sowie die regellose Praxis, so gegensätzlich Ideologie und Praxis auch erscheinen mögen, sind nur zwei derivatäre Aspekte des erkenntnisrealistischen Denkens.

Zur Sakralität des Verbots (Adaption) gesellt sich gleichursprünglich ein inneres Unverständnis desselben, verknüpft mit seiner mangelnden Interiorisierung und folgeweise möglichen Nichtbeachtung (Assimilation). Das präformale Individuum, das die Nichtbefolgung von Regeln nicht einmal reflektiert, kann gerade deshalb ihnen einen heiligen Status verleihen und glauben, ihnen untergeordnet zu sein. So kann das Kind oft nicht zwischen eigenem und fremdem Wunsch, zwischen Erfindungen und Erinnerungen unterscheiden und glaubt, momentane Wünsche entsprächen hergebrachten Regeln und Weisungen.[81]

Formale Denker, welche die defizitäre Regelbefolgung erkennen, gehen der Sakralideologie verlustig. Erst nach dem zehnten Lebensjahr entnaturalisieren sich die Regeln und werden als rein menschliche Setzungen konzeptualisiert, die in freien und demokratischen Verfahren geschaffen werden. Nun erfolgt eine strengere Regelbefolgung, obwohl Regeln nicht mehr heilig sind, sondern ihre Geltung nur noch vom jederzeit wandelbaren Mehrheitswillen bestimmt ist.[82]

81 Piaget 1973 a, S. 58 ff. Die nachfolgende Forschung hat diese Ergebnisse im wesentlichen bestätigt: Lickona 1976, S. 221 ff.; Turiel 1983, S. 88 ff.; Damon 1982, S. 127; Tapp/Kohlberg 1971.

82 Piaget 1973 a, S. 66 ff.

Havighurst und Neugarten untersuchten das Regelverständnis von mehreren nordamerikanischen Indianerstämmen. Sie stellten das Aussetzen der altersmäßigen Progression von der heteronomen zur autonomen Moral fest. Die Achtzehnjährigen antworten fast genau wie die Sechsjährigen, daß Regeln heilig seien, sie von Gott/den Vorfahren/vom »heiligen Volk« in der Urzeit gemacht worden seien usw. Die Autoren stellten auch bezüglich anderer Bereiche die Dominanz der heteronomen Moral bei adulten Indianern fest. Sie erklärten sie überwiegend aus der Gerontokratie, die eine Ausweitung familiärer Verhältnisse auf Stammesebene bedeutet.[83]

Rechtswissenschaftliche Untersuchungen traditionaler Rechte haben ohne Kenntnis der Theorie Piagets die nämlichen Phänomene seit langem dargestellt. Traditionale Rechtsanschauungen beruhen auf der Konfusion von Recht und Natur (»Ordo«), positivem Recht und Sitte, Sakralrecht und privater Rechtsüberzeugung und -verfolgung. Fritz Kerns berühmte Analyse des mittelalterlichen Rechtslebens zum Beispiel ist bis in die Einzelheiten, teilweise bis in die Wortwahl, identisch mit der Analyse Piagets.[84] Kern zufolge stammt nach mittelalterlicher Auffassung das Recht von Gott und ist Teil der Weltordnung. Wie die physischen Dinge rechtlich strukturiert sind, so sind die rechtlichen Verhältnisse physisch-dinglich. Daher ist das Recht ungesetzt, von Menschen unbeeinflußbar und unveränderlich; es ist einfach so, wie physische Dinge »sind«.[85] So ist das göttliche, sittliche, natürliche, moralische Recht nicht neben, über oder außerhalb des positiven (faktisch von Menschen gemachten) Rechts, sondern das Recht ist gerecht, moralisch und in Geltung zugleich. Insofern ist das Recht gut und alt. Daher ist Rechtsschöpfung, Rechtsänderung ausgeschlossen und wird als Rechtsbewahrung fehlinterpretiert. Erkannte Rechtsänderung aber gilt als Rechtsbruch. Bei der faktischen Neuschöpfung, bei neuen Gesetzen, Urteilen usw. wird einfach behauptet, das »gute, alte Recht« sei wieder eingesetzt. Kern zufolge konfundiert das mittelalterliche Recht Rechtsschöpfung und Rechtsbewahrung, wie das präformale Denken

83 Havighurst/Neugarten 1955, S. 125, 139, 142.
84 Oesterdiekhoff 1992.
85 Kern 1952, S. 4 ff., 17, 25; vgl. Brunner 1984, S. 133 f.; Seagle 1967, S. 158.

nach Piaget Erfindung und Imitation nicht differenziert. Als zitierte Piaget Kern, schreibt er:

»Andererseits sind Fal und seinesgleichen mit jeder beliebigen Abänderung der feststehenden Gewohnheiten einverstanden. Nichtsdestoweniger bestehen alle darauf, diese Regeln seien immer so gewesen, wie sie jetzt sind, und hätten in der Autorität der Erwachsenen und insbesondere des Vaters ihren Ursprung.«[86]

Entsprechend diagnostiziert Kern eine erhebliche Kluft zwischen der »schwerlastenden Erhabenheit« des mittelalterlichen Rechtsbegriffs und einer Rechtswirklichkeit, die viel weniger heilig und jedenfalls willkürlicher und ungeregelter als die moderne Rechtswirklichkeit war. Denn auch die Fixpunkte des heiligen Rechts waren keineswegs Schranken des Handelns. Vielmehr wurden sie ignoriert, wenn sie dem Handeln im Weg standen. Mißliebige Rechtstatbestände wurden kurzerhand für verderbt erklärt und durch eine Erneuerung, die als Bewahrung deklariert wurde, ersetzt. Beliebige Änderungen wurden als Findungen und Resurrektionen »des« Rechts ausgegeben.[87]

Die letzte Quelle des Rechts im Mittelalter ist faktisch die private Überzeugung, die aber von sich behauptet, der Weltordnung überhaupt zu entsprechen.[88]

»Nur eben, daß den Menschen jener Zeit ihre Überzeugung vom Rechten, Billigen als unwandelbar, als ewig erscheint und alles ›positive‹ Recht als Teil dieser dauernden Ordnung empfunden wird, so daß ein Gegensatz von Recht und Gerechtigkeit gar nicht aufbrechen kann.«[89]

Nach Brunner konnte jedes Individuum letztlich jedes Urteil anfechten und seinen privaten, subjektiven Rechtsanspruch als mit dem göttlichen Recht identisch behaupten. Bis weit hinein in die Neuzeit gab es das legitime, »verfassungsmäßige« (!) Recht zur Fehde und zum Widerstand des einzelnen, wenn er sein Recht angegriffen fühlte. Es gab keine Institution, die in letzter Instanz die Privatbehauptung des einzelnen anfechten konnte, sein Recht sei göttlich legitimiert.[90] So findet man auch im mittel-

86 Piaget 1973 a, S. 58.

87 Kern 1952, S. 40; zu Afrika: Gluckman 1955, S. 253 f.

88 Brunner 1984, S. 136 ff., 32 ff., 48 ff. Denselben Sachverhalt für das alte China beschreibt Needham 1977, S. 267, für die Antike: Fustel 1981, S. 313 ff., für die Naturvölker generell: Thurnwald 1934, S. 117.

89 Brunner 1984, S. 140.

90 Brunner 1984, S. 136 ff.

alterlichen Recht die Konfusion von unabänderlichem Sakralrecht und egozentrischer Regelanwendung, jede Verletzung subjektiven Rechts eines einzelnen konnte von ihm als Verletzung göttlichen Rechts behauptet werden. Zweifellos sind demnach die rechtswissenschaftlichen Analysen traditionalen Rechts identisch mit der Analyse des präformalen Rechtsbewußtseins.

Die Ähnlichkeiten zwischen der shari'a, den Rechten des alten China und Indiens sowie dem afrikanischen *customary law*[91] mit dem guten, alten Recht sind unbestreitbar. Das Ausbleiben formalen Denkens in traditionalen Gesellschaften erklärt diese Gemeinsamkeiten des Rechts.[92]

Piaget zufolge glauben die formal-operatorischen Adoleszenten nicht mehr an die Ewigkeit der Regeln und an ihren theokratischen und elterlichen Ursprung. Sie schaffen sich ihre Regeln in demokratischen Verfahren und kodifizieren und systematisieren sie. Obwohl die Regeln nicht mehr heilig sind, verbessert sich die Rechtspraxis nachhaltig.[93]

In der Aufklärung der Neuzeit wächst der Gedanke, der in der modernen westlichen Welt Wirklichkeit geworden ist, daß das Volk sich seine Gesetze selbst schaffe. Die Legitimität des Rechts ist nicht mehr an seine Heiligkeit, sondern an demokratische Verfahren gebunden. Die Differenzierung physikalischer und juristischer Konzepte, eine demokratische Legislative und ein systematisches Satzungsrecht – Konzepte, die Piaget als Errungenschaften des formalen Rechtsdenkens der Adoleszenten beschrieben hat –, sind Novitäten der europäischen Neuzeit; im alten Rom, im Islam und im Mittelalter hat es sie nicht gegeben.

2.8.2 Die Struktur des traditionalen Ordalprozesses

Die Ordalverfahren traditionaler Gesellschaften sind nur unter Bezug auf die immanente Gerechtigkeit, die ein Teil der heteronomen Moral, das heißt präformalen Denkens ist, zu erklären. Ohne sie ist ein echtes und umfassendes Verständnis der wohl wichtigsten Institution traditionaler Streitschlichtung ausgeschlossen. Piaget zufolge besteht die immanente Gerechtig-

91 Bryde 1976, S. 109.
92 Oesterdiekhoff 1992.
93 Piaget 1973, S. 66 f., 101 f.

keit in dem Glauben der Kinder an das Vorhandensein automatischer Strafhandlungen, die von den natürlichen Phänomenen selbst ausgehen. Ein Missetäter entkommt nicht seiner Strafe, da die Natur und die Dinge in ihr ihn selbständig, aber im Dienste der Gerechtigkeit strafen. In Piagets Sample glauben 86% der Sechsjährigen, 73% der Sieben- bis Achtjährigen, 54% der Neun- bis Zehnjährigen und 34% der Elf- bis Zwölfjährigen, daß eine Brücke unter einem flüchtenden Dieb nicht zufällig, sondern absichtlich zusammenkracht, um ihn zu strafen.[94] Im präformalen Denken können alle Dinge beseelt sein, um ihren polizeilichen Aufgaben nachkommen zu können.

Piaget erklärt die immanente Gerechtigkeit aus dem Artifizialismus (Konfusion von Moral und Physik), aus dem Animismus, aus der Magie usw. Erst das formale Denken mit seiner Ausbildung naturgesetzlicher Konzeptionen trennt zwischen Subjektivem und Objektivem, Recht und Natur und überwindet somit die immanente Gerechtigkeit

Völkerpsychologische Untersuchungen bestätigen sowohl Piagets Erklärungsmodell der immanenten Gerechtigkeit als auch, daß alle Kinder in verschiedenen Kulturen ihr verhaftet sind.

94 Piaget legte den Kindern unter anderem folgende Geschichte vor: Zwei Kinder stehlen Äpfel und fliehen vor einem Wächter. Das eine Kind wird erwischt, das andere entkommt über eine baufällige Brükke, die aber zerbricht, so daß es ins Wasser fällt. »Wie hat sich das abgespielt? Gra (6 Jahre): ›Die Brücke ist zerbrochen.‹ – ›Warum?‹ – ›Weil er Äpfel gegessen hatte.‹ – ›Wenn er keine Äpfel gegessen hätte, wäre er dann ins Wasser gefallen?‹ – ›Nein.‹ – ›Warum nicht?‹ – ›Weil die Brücke nicht zerbrochen wäre...‹ – ›Was denkst Du darüber?‹ – Pail (7 Jahre): ›Das ist recht. Das geschieht ihm recht.‹ – ›Warum?‹ – ›Weil er nicht hätte stehlen dürfen.‹ – ›Wenn er nicht gestohlen hätte, wäre er dann ins Wasser gefallen?‹ – ›Nein.‹ – ›Warum nicht?‹ – ›Weil er dann nichts Böses getan hätte.‹ – ›Warum ist er gefallen?‹ – ›Um ihn zu bestrafen.‹« Piaget 1973 a, S. 287. In einem Übergangsstadium sagen die Vp, daß das Kind auch im Falle der Unschuld ins Wasser gefallen wäre, weil die Brücke morsch war, aber es ist ins Wasser gefallen, weil es gestohlen hat. Mit dem Einsatz formalen Denkens wird diese Konfusion von moralischer und mechanischer Kausalität überwunden. Die Verbindung zwischen der immanenten Gerechtigkeit und der Unveränderlichkeit der Regeln ist offensichtlich. Die physischen Dinge sind rechtlich-moralisch ambitioniert: Recht = Natur. Hier zeigt sich auch die vorkausale Konfusion mechanischer, psychologischer und moralischer »Kausalität«.

Während die Erwachsenen in traditionalen Regionen ihr weiterhin anhängen, stirbt nur in Industrieländern der Glaube an die Polizeifunktion der Natur ab.[95] In Afghanistan gibt es in der Altersgruppe der Sieben- bis Neunjährigen zunächst einen Rückgang, dann bleibt die Entwicklung bei den Älteren stehen.[96] So diagnostiziert Thompson bei nordamerikanischen Indianern ein lebenslanges Andauern der immanenten Gerechtigkeit.[97] Über 80% der zwölf- bis achtzehnjährigen nordamerikanischen Indianer aus mehreren Stämmen bleiben diesem Vorstellungssystem verhaftet.[98] Ähnliche Ergebnisse wurden für den Libanon, West-Afrika und China ermittelt.[99] Trotz der Vielzahl transkultureller Untersuchungen fand sich auch hinsichtlich der immanenten Gerechtigkeit immer wieder der Konnex von präformalem Denken und Traditionalität und formalem Denken und Modernität.[100] Demnach ist davon auszugehen, daß fast alle traditionalen Erwachsenen aller Völker und aller Zeiten in Ansehung des flüchtenden Diebes, unter dem die Brücke zerbirst, so geantwortet hätten wie Gra und Pail.

Die Institutionen und Praktiken des traditionalen Ordalverfahrens sind auf der immanenten Gerechtigkeit aufgebaut. Ohne die immanente Gerechtigkeit, das heißt ohne Piagets Theorie, ist ein auch nur annäherungsweises Verständnis des Ordalverfahrens ausgeschlossen. So ist sie keine bloß ideologische Vorstellung, sondern ein mit Handlungskonsequenzen verbundenes Konzept, ein notwendiges Ingredienz der Funktionsweise von ordalmäßigen Gerichtsverfahren.

Ordalverfahren bzw. gerichtsförmige Gottesurteile hat es bei den Germanen, im gesamten europäischen Mittelalter, in der Antike, in Afrika bis auf den heutigen Tag, im gesamten asiatischen und pazifischen Raum, in Altamerika und bei den Aborigines gegeben. In traditionalen Gesellschaften gibt es neben Ordalver-

95 Lerner 1937; Caruso 1948; Dennis 1943, S. 22 ff.; McRae 1954; Medinnus 1959; Johnson 1962; Mogdil/Mogdil 1976, Bd. 6, S. 24 ff., 49ff.; Lickona 1976, S. 224.
96 Rawan 1974, S. 169.
97 Thompson 1948.
98 Havighurst/Neugarten 1955, S. 150.
99 Jahoda 1958, S. 241 ff.; 1974; Medinnus 1959, S. 253 ff.; Najarian-Svajian 1966; Liu, Ching Ho 1950.
100 Oesterdiekhoff 1992.

fahren auch andere Formen der Konfliktregelung wie Schlichtungsverfahren, Fehde und Blutrache[101], aber der Ordalprozeß ist sowohl in Alteuropa als auch in Afrika wohl das bedeutendste Rechtsverfahren gewesen.[102] Obwohl es kulturelle Unterschiede gibt, wurden die Ordalverfahren in teilweise sehr ähnlichen Formen praktiziert, und das Grundmuster ist universal.

Wenn Streitende auf andere Formen des Rechtsgangs verzichten wollten oder mußten, dann wurden sie im Ordalprozeß mit folgendem Verfahren konfrontiert. Kläger, Beklagter und gegebenenfalls Urteilsleute finden sich zum Termin ein. Der Beklagte hat sich, um sich von der Klage reinzuwaschen, dem Ordalverfahren zu unterziehen. Dies auch dann, wenn der Kläger kein Beweismaterial vorbringt. Er klagt an, gleichviel aus welchen Gründen, und schon ist es an dem Beklagten, mittels des Ordals seine Unschuld darzutun. Eventuelles empirisches Material der Entlastung interessiert nicht, da die Antwort auf die Frage nach Schuld und Unschuld allein das Ordal gibt. Es ist nicht Aufgabe der Richter, Beweise zu überprüfen, sondern sie kontrollieren nur den rechtmäßigen Verlauf des Ordalverfahrens, und gegebenenfalls regeln sie den Befriedungs- bzw. Bestrafungsmodus, aber den Prozeß entscheidet das Ordal.[103]

Im Ordalverfahren ist es allein Sache des Ordals, die Beweisführung, den Urteilsspruch und sogar gegebenenfalls die Vollstreckung zu vollziehen. Die Ordale lassen sich im wesentlichen dreiteilen: Ordale im engeren Sinne (zum Beispiel Feuer-, Wasser-, Giftordal), Eide und Zweikampf der Parteien. Eide und Ordale sind regelmäßig die prinzipalen Beweismittel, bei ihrem Scheitern findet gelegentlich der Zweikampf statt, der somit gleichsam die zweite Reihe der Beweismittel bildet.[104]

Im Ordalgebrauch wird einem natürlichen Vorgang die Beweiskraft und das Urteil über Schuld und Unschuld zugetraut und überantwortet. Am Verlauf natürlicher Dinge wird abgelesen, ob die Klage zu Recht oder zu Unrecht besteht. Ein berühmtes Or-

101 Für Europa: Mitteis 1978; Siegel 1970; Brunner 1967; für Afrika: Evans-Pritchard 1978, S. 182, 189; Huber 1959; Roberts 1965.

102 Zur Fehde und Blutrache in Europa: Brunner 1984; Dahn 1877, S. 38; in Afrika: Spittler 1980. Für Naturvölker: Seagle 1967, S. 91.

103 Siegel 1970, S. 109, 50 ff., 147 ff.; Seagle 1967, S. 135 ff.; Schultz-Ewerth 1929, S. 348 f.; Thurnwald 1934, S. 146 ff.

104 Mitteis 1978, S. 37; Siegel 1970, S. 166 f., 206, 209.

dal, zum Beispiel des Mittelalters und Schwarzafrikas, war der Kesselfang. In einen Kessel siedenden Wassers wurden Gegenstände hineingeworfen, die der Beweisführer mit nacktem Arm herauszuholen hatte. Fanden sich dann Wunden am Arm bzw. heilten diese nicht im Verlauf von Tagen, dann war er schuldig.[105] Weltweit gab es ebenfalls den Griff ins Feuer, die Berührung erhitzten Metalls, die Wasserprobe, das Lanzenordal, die Giftprobe, die Folter usw.[106] Kam der Beklagte durch die Hitze oder durch zuviel Gift usw. zu Schaden, dann war der Beweis erbracht, daß er im Sinne der Klage schuldig war.[107] Der Unschuldige hingegen bleibt vom siedenden Wasser, vom glühenden Metall oder vom Gift verschont – so der weltweite Glaube.

Weshalb gelten empirische Beweise nicht, während Ordalen geglaubt wird? Worauf beruht ihre Glaubwürdigkeit? Ethnologen und Rechtswissenschaftler behaupten, daß traditionalen Menschen tatsächlich die *physikalische Notwendigkeit* des Zusammenhangs von Giftmenge und Todesfolge, zwischen Feuer und Verbrennung nicht evident ist.[108] Es herrscht tatsächlich volles Vertrauen in das durch das Ordal gefällte Urteil, dem sich die Individuen gläubig unterordnen. Das Ordal wird als Beweis und als Urteil allgemein akzeptiert.[109] Die Begründung ist, daß in den genannten Naturvorgängen Ahnen/Geister/Götter/Gott sich zum Ausdruck bringen, diese sprechen das korrekte Urteil.

Gesetzt, ein tatsächlich Unschuldiger, aber des Mordes Angeklagter muß sich einer Giftprobe unterziehen und stirbt daran, dann war der Beweis erbracht, daß er gemordet hatte. Die Ahnen/Götter liefern in den Wirkungen des Giftes den Beweis von Schuld und Unschuld, das Urteil und die Vollstreckung. Tradi-

105 Siegel 1970, S. 238; Schultz-Ewerth 1929, S. 363; Erler 1941.
106 Nottarp 1956; Roberts 1965; Lévy-Bruhl 1959; Huber 1959; Erler 1941.
107 Evans-Pritchard 1978, S. 186; Mayer-Homberg 1921, S. 67.
108 Evans-Pritchard 1978, S. 212, 62 ff.; Lévy-Bruhl 1959, S. 209; und Schultz-Ewerth 1929, S. 362.
109 Evans-Pritchard 1978, S. 216, 188; Huber 1959; Lévy-Bruhl 1959, S. 201, 210, 212, 233. »Zu den Basutos kam gestern früh eine Frau aus dem Nachbardorf, um mir mitzuteilen, daß sie sich der Probe mit dem kochenden Wasser wegen Zauberei unterwerfen möchte... Meine Nachbarin ängstigte sich durchaus nicht bei der Aussicht auf die Ordalie. Sie wußte, daß sie keine Hexe war, und war gewiß, nicht verbrüht zu werden.« Lévy-Bruhl 1959, S. 202.

tionalen Menschen leuchtet es nicht ein, daß die physikalische Wirkung dieser Vorgänge naturgesetzlich und bar jeder Intention sich auswirkt, daß man sich immer verbrennt, wenn man die Hände ins Feuer hält, daß man stirbt, wenn man zuviel Gift einnimmt, oder im Zweikampf verliert, wenn man der Schwächere ist. So ist in diesem Verfahren eine erhebliche Fehlerquote eingebaut; viele Schuldige hatten Glück und viele Unschuldige Unglück.

Gleiches gilt für den Eid. Den Eid zu schwören, dem in der gesamten traditionalen Welt eine etwa gleiche prozessuale Bedeutung wie dem Ordal zukam, war Sache des Beklagten. Dieser konnte sich im Prinzip von jeder Klage durch die Beeidigung seiner Unschuld losschwören, sofern der Kläger keine Möglichkeit hatte, den Eid durch Ordal oder Zweikampf zu verlegen. Wie ist es möglich, daß ein Prozeßsystem auf einem Eid, das heißt auf einer Behauptung des Beklagten, als Beweis basieren konnte? Rechtshistoriker und Ethnologen erklären diese Verfahren aus dem religiösen Motiv; der Eid ist eine bedingte Selbstverfluchung. Man meinte, daß im Falle des Meineids der Schwörende von höheren Mächten bestraft werde.[110] Eid und Ordal unterscheiden sich darin, daß das Ordal sofort straft, während die Rechtsfolgen des Meineids sich später einstellen können.

Auch vom gerichtsförmigen Zweikampf wurde weltweit geglaubt, daß der Sieger im Recht bzw. unschuldig sei.[111] Somit eignete sowohl dem Ordal im engeren Sinne als auch dem Eid und dem Zweikampf eine Ordalfunktion.

Selbst wenn man die Eigenarten präformalen Denkens traditionaler Menschen kennt, ist die Funktionsweise dieses Systems, insbesondere wegen seiner praktischen Konsequenzen, zunächst kaum verständlich. Daher einige Erläuterungen zur Funktionsweise, bevor das Ordalverfahren aus dem präformalen Denken abgeleitet wird. Der Schuldbewußte konnte vom Eid und Ordal Abstand nehmen und gestehen; so verfuhr er aus religiöser Furcht.[112] Ansonsten konnte sich der Schuldige allerdings in der Tat durch den Eid losschwören. Dem Ordal konnte der Beklag-

110 Hirzel 1966, S. 19 ff.; Mayer-Homberg 1921, S. 61; Thurnwald 1934, S. 177; Binet 1963, S. 113; Kahn 1954; Roberts 1965.

111 Siegel 1970, S. 208 ff;. Mitteis 1978, S. 38; Erler 1941, S. 59; Thurnwald 1934, S. 180 ff.; Lévy-Bruhl 1959, S. 246.

112 Bringer 1978, S. 244 f.; Mbiti 1974, S. 271; Hirzel 1966, S. 89.

te, war er schuldig oder unschuldig, durch die gegebenenfalls schwache Dosierung des Giftes entkommen; im Falle heißen Wassers oder Eisens wurde oft nicht die Entstehung, sondern die Heildauer der Wunden als Schuldkriterium behandelt.

Vor diesem Hintergrund läßt sich die Funktionsweise der Ordale verstehen, vorausgesetzt, man unterstellt den echten Glauben an sie. Es versteht sich, daß rationales Denken mit diesen Institutionen vollkommen inkompatibel ist. Ordale sind nur erklärbar, wenn man sie aus magisch-animistischem Denken ableitet. Diese Institutionen können nur funktioniert haben, wenn ein echter magisch-religiöser Glaube geherrscht hat, der mit elementarer naturwissenschaftlicher Bildung unverträglich ist.

Die Rechtswissenschaftler und Ethnologen erklären diese Institutionen teilweise oder gänzlich aus Phänomenen, die den Bestandteilen des präformalen Denkens entsprechen:

- Die empirische Welt, die Naturdinge werden nicht kausal und logisch kogniziert. Die Konzepte Naturgesetz, Notwendigkeit, Zufall, Wahrscheinlichkeit sind nicht vorhanden.
- Geister / Ahnen / Götter / Gott bekunden mittels der Elemente ihren Willen.
- Dinge können im magisch-animistischen Denken intentional und polizeilich agieren.[113]

Diese Phänomene sind nur vor dem Hintergrund des in Entwicklungsregionen diagnostizierten präformalen Denkens und der immanenten Gerechtigkeit verständlich. Wie die Kinder Piagets glauben, die Brücke berste unter dem flüchtenden Dieb, um ihn zu strafen, so glauben traditionale Menschen, Feuer, Wasser, Eisen und Gift bestrafe die Schuldigen und verschone die Unschuldigen. In einer Welt ohne Naturgesetze, welche erst im formalen Denken konzeptualisiert werden, können Naturphänomene magisch-intentional handeln.

Ein Ordal, zum Beispiel ein Feuerordal, basiert notwendigerweise auf folgenden präformalen Implikationen:

- Das Feuer verbrennt nicht immer die in ihm steckenden Hände (Es gibt also keine Naturgesetze, keine Mechanik der Naturvorgänge, keine empirische Kausalität).
- Das Feuer verbrennt nur die Hände des Schuldigen und ver-

113 Evans-Pritchard 1978, S. 62 ff., 183, 212, 217; Lévy-Bruhl 1959, S. 362; Thurnwald 1934, S. 177; Schultz-Ewerth 1929, S. 354; Binet 1963; Hirzel 1966, S. 19 ff.; Mayer-Homberg 1921, S. 61 ff.

schont immer die Hände des Unschuldigen. Es verbrennt daher nur, wenn es strafen will (Animismus) bzw. wenn die Götter es wollen (Artifizialismus) bzw. wenn es auf einen Schuldigen trifft (immanente Gerechtigkeit, Magie).

- »Kausalität« ist daher psychologisch, moralisch und physikalisch zugleich: Vorkausalität.
- Wie Unschuldige in diesem Verfahren kein Pech haben können (sie verbrennen sich nie), so können Schuldige nie zufälligerweise Glück haben (zum Beispiel wenn die Hände schnell heilen, kurze Verweildauer im Feuer usw.); denn das Feuer verbrennt nur die Hände der Schuldigen, diese aber immer, und es verschont ausnahmslos die Unschuldigen: In einer Welt ohne Naturgesetze gibt es auch keine Ausnahmen (akausale Koinzidenzien, sich kreuzende Kausalitäten, Zufall), weil alles moralisch bestimmt ist (Finalismus).

An Evans-Pritchards Beispiel der Giftprobe (*benge*) dargestellt:

- Die Zande sehen keinen Zusammenhang zwischen der Dosis und dem Überleben des Huhns (Mensch bis ins 19. Jahrhundert).
- Ist jemand schuldig, stirbt das Huhn sowohl bei kleiner als auch bei großer Dosis.
- Ist jemand unschuldig, überlebt das Huhn sowohl bei kleiner als auch bei großer Dosis (keine Mechanik der Naturvorgänge).
- Die Schuldfrage allein ist es nämlich, die die Wirkung des Giftes bestimmt (Vorkausalität, immanente Gerechtigkeit). Die Ahnen und die Götter bzw. die Seele des *benge* urteilen (Magie, Animismus, Artifizialismus).

Konfrontiert man diesen notwendigen inneren Zusammenhang des Ordalverfahrens mit elementarer Logik, dann ergibt sich ersichtlich seine prälogische Struktur. Sämtliche Einzelphänomene, die den Ordalprozeß konstituieren, sind Bestandteile präformalen Denkens, während die Bestandteile formalen Denkens vollkommen fehlen. Formales Denken allein trennt zwischen empirischen Kausalvorgängen und moralisch-intentionalen Phänomenen. Formales Denken erkennt, daß man immer stirbt, wenn die Dosis zu groß ist (wenn die Hände im Feuer sind), egal ob Schuld oder Unschuld vorliegt. Es erkennt, daß man immer überlebt, wenn die Dosis zu klein ist (die Hände nicht richtig im Feuer waren), egal ob Schuld oder Unschuld vorliegt. Das formale Denken trennt nämlich die verschiedenen Aspekte (Analysis) und setzt sie nach logischen Kriterien wieder zusammen (Synthesis), während das präformale Bewußtsein irreversibel auf einen Aspekt zentriert: Gifttod gleich Schuld. So erfaßt erst das formale Denken die Notwendigkeit des Naturgeschehens (Immer wenn ..., dann...) und erkennt zugleich die von der Notwendigkeit abgeleitete Größe, den Zufall. Wenn man nur die beiden Größen Kausalmechanik und Zufall aus der Gesamtheit dessen, was formales Denken ausmacht, herausgreift, erkennt man schon, daß ein Bewußtsein, das mit ihnen ausgestattet ist, niemals den Ordalprozeß installieren oder akzeptieren könnte. Nur bei Unterstellung anderer, prälogischer Denkstrukturen ist die Existenz der Ordale denkbar, denn auch unter Heranziehung verschiedenster Hilfsmittel läßt sich eine Verständnisbrücke zwischen Logik und Ordalen unmöglich konstruieren. So zeigt sich übrigens ein stringenter Zusammenhang zwischen der transkulturellen Syllogismusforschung und dem traditionalen Prozeßrecht.

Daher setzt das psychologische Leben, welches in den Institutionen des Ordalprozesses logisch zwingenderweise verkörpert gewesen sein muß, voraus, daß es präformal strukturiert gewesen ist. Unterstellt man die präformale Natur der kognitiven Strukturen traditionaler Menschen, werden die Institutionen des Ordalprozesses mit einem Schlag plausibel. Allein die Stadientheorie kann diese Phänomene schlüssig und kohärent erklären. Formal-logisches Denken und Ordalprozeß sind hingegen absolut kontradiktorisch. Es ist absolut ausgeschlossen, daß ein mit formal-logischem Verstand ausgestattetes Individuum, dem (ungerechtfertigt) eine Anklage wegen Mordes mit Aussicht auf Todesstrafe anhängig gemacht würde, sich einem Beweis- und Urteilsverfahren unterzöge, in dem es über glühende Pflugscharen gehen müßte – bzw. daß formal-logisch strukturierte Individuen derartiges einem Beklagten zumuten würden!

Wer allerdings, wie die Kinder und präformale Erwachsene, glaubt, daß Brücken Bösewichter strafen, der glaubt auch, daß Dinge wie Eisen, Feuer, Gifte, Lanzen, Schwerter und Wasser dazu in der Lage sind, gerechte Urteile zu fällen und Strafhandlungen auszuüben. Im präformalen Denken übernehmen die Dinge im Dienste der Weltordnung Polizei- und Justizfunktionen: »Die Morde, die der Polizei entgehen, bringt die Sonne an den Tag.« Die Welt ist eine Moralinstitution und die natürlichen Vorgänge, im Besitz mystischer Kräfte, garantieren richterliche Wahrheiten und gerechte Strafen. So ist klar erwiesen, daß der Ordalprozeß Ausdruck der immanenten Gerechtigkeit ist, deren Existenz die völkerpsychologischen Experimentaluntersuchungen schon erwiesen hatten.

So ist dieses prominente Rechtsverfahren der traditionalen Welt Produkt präformaler Denkstrukturen; insofern ist die neuzeitliche Entstehung des Beweisprozesses Ausdruck der Elaboration formalen Denkens. Und in der Tat berichten die Rechtswissenschaftler, daß es die Zweifel, der Atheismus und die Bildung gewesen sind, die den Formalprozeß in der Neuzeit haben absterben lassen.[114] Die Historiker geben für den Niedergang des Ordalprozesses kognitive Ursachen an, wie auch Piaget das Absterben der immanenten Gerechtigkeit bei den Adoleszenten der Entstehung der kritischen Intelligenz, den formalen Operationen zuschrieb. So entspricht das primitive Prozeßrecht dem Denken von Gra und Pail. Die alten Völker hätten wie die Erwachsenen in den zeitgenössischen Entwicklungsregionen auch gesagt, die morsche Brücke sei kollabiert, um den flüchtenden Dieb zu strafen.

2.8.3 Die Struktur des traditionalen materiellen Rechts

Nicht nur das Rechtsverständnis und das Prozeßrecht, sondern auch das materielle Recht in traditionalen Gesellschaften ist teilweise entwicklungspsychologisch erklärbar. Die Entstehung des Schuldstrafrechts aus der Erfolgshaftung in Gesetzen und Urteilen, im Racherecht und im magischen Prozeßsystem ist stadientheoretisch greifbar.

Der Entwicklungspsychologie zufolge haben präformale Kinder in besonderer Weise systematische Schwierigkeiten, Motive, mentale Phänomene, das heißt subjektive Vorgänge von Handlungen und Ereignissen, das heißt von objektiven Vorgängen, zu differenzieren. Grundsätzlich existiert dieses Problem der Differenzierung von Motiven und Ereignissen lebenslang, denn es läßt

114 Hirzel 1966, S. 70, 89, 205; Mayer-Homberg 1921, S. 24, 33, 42 f.; Nottarp 1956, S. 202; Erler 1941, S. 58.

sich nicht allein auf den intellektuellen Reifungsstand reduzieren. Gleichwohl erleichtert die fortschreitende Differenzierung von Subjektivem und Objektivem im Verlauf der Ontogenese die Differenzierung von Motiven und Ereignissen.

Unterhalb von drei Jahren mißlingt dem Kind die Unterscheidung zwischen einem materiellen Fehler und subjektiver Schuld. Oberhalb von drei Jahren gelingen dem Kind in einfachen, unkomplizierten Vorgängen und im Hinblick auf das eigene Tun partielle Differenzierungen von Motiven und Handlungskonsequenzen. Aber mindestens bis zum zehnten Lebensjahr neigt das Kind dazu, nur die Handlungskonsequenz, nicht das Motiv, als Kriterium von Schuld und Unschuld zu wählen. Es glaubt, das (faktisch unbeabsichtigte) Ereignis sei beabsichtigt gewesen, oder es läßt das Motiv im Hinblick auf das Ereignis nicht gelten. Insbesondere wenn das empirische Ereignis einen starken Affekt auslöst, wenn es beeindruckend ist, wenn es von anderen Leuten bewirkt wurde, glaubt das Kind, das Ereignis sei von der anderen Person beabsichtigt gewesen.

So hat das Kind die Tendenz, die Zuschreibung von Schuld und Verantwortlichkeit nicht nach den Intentionen, sondern nach Schadensausmaß und materieller Qualität der Handlungsresultate allein vorzunehmen. So werden im Vergleich zum formal denkenden Erwachsenen in besonderer Weise Zufälle, Ungeschicklichkeiten, gute Absichten und äußere Umstände oft nicht als Entschuldigungsgründe akzeptiert. Das Kind hat die Tendenz, eindimensional von schlechten (bzw. guten) Handlungskonsequenzen auf schlechte (bzw. gute Absichten) zu schließen.[115] So

115 Piaget ließ Kinder unter anderem zwei Arten von Ungeschicklichkeiten vergleichen, von denen eine ganz zufällig und im Verfolg einer guten Absicht geschah, aber beträchtliche negative Konsequenzen heraufbeschwor. Die andere Ungeschicklichkeit entsprach einer schlechten Absicht, brachte aber nur geringe negative Konsequenzen mit sich. Wer absichtlich nur eine Tasse zerbricht, einen kleinen Tintenklecks verursacht oder ein kleines Loch schneidet, wird für weniger strafbar und verurteilbar angesehen als jemand, der unabsichtlich viele Tassen zerbricht, große Löcher und große Kleckse verursacht. Auch wenn Absichten erkannt werden, gelten sie im Hinblick auf die Moral nicht viel. Das Kind denkt, wenn der Täter wirklich das Geschehen hätte vermeiden wollen, dann hätte er es auch vermeiden können. Handlungsmagie, objektive Verantwortlichkeit und eine Moral, in der nur der Buchstabe gilt, die jedes

ist die Ableitbarkeit der objektiven Verantwortlichkeit sowohl hinsichtlich des generellen orthogenetischen Gesetzes als auch hinsichtlich der präformalen Teilkonzepte aus dem präformalen, erkenntnisrealistischen Denken offenkundig.

- Intentionen als Funktionen von Handlungsfolgen und Ereignissen zu kognizieren ist Ausdruck des anschaulichen, sinnlich-konkreten Denkens. Dem anschaulichen Denken gelingt nicht, die Hülle des Sichtbaren, den Wahrnehmungseindruck des Ereignisses zu durchstoßen, um das Motiv zu entdecken.
- Es zeigt sich auch die Irreversibilität des präformalen Denkprozesses: Dem Kind mißlingt die simultane und operative Berücksichtigung der Aspekte, des Ereignisses und des Intentionalen, und es zentriert auf einen Aspekt, nämlich den, der den größten Eindruck evoziert.
- Der Animismus, durch die Nichtdifferenzierung von Absichtlichem und Unabsichtlichem geradezu definiert, legt in mechanische und zufällige Kausalitäten subjektive Vorgänge. So ist an dieser Stelle übrigens auch der Konnex von immanenter Gerechtigkeit (Ordale) und objektiver Verantwortlichkeit (Erfolgshaftung) evident.
- Der Artifizialismus schließlich hat die Tendenz, Ereignisse generell, auch das »Zufällige« als Resultat einer (moralischen) Absicht zu deuten.

Die Fähigkeit der formaloperatorischen Adoleszenten, Intentionen reflektiert von Ereignissen zu differenzieren, verläuft daher konkomitant mit ihrer Überwindung des anschaulichen, animistischen, artifizialistischen usw. Denkens. Die Etablierung der subjektiven Verantwortlichkeit ist daher eine Folge der Reifung formal-logischen Denkens im Bereich der Moral.

Die nachfolgende und neuere Entwicklungspsychologie hat Piagets Ergebnis sowohl hinsichtlich der ontogenetischen Transformation von objektiver zu subjektiver Verantwortlichkeit als auch hinsichtlich der speziellen kognitiven Ursachen dieser Phänomene im wesentlichen bestätigt.[116] Transkulturelle Experimente ermittelten die Verzögerung bzw. das Ausbleiben der

Billigkeitsrecht ausschließt, sind so ineinander verschränkt. Piaget 1973 a, S. 146 ff.

116 Shantz 1983; Rest 1983; Berndt/Berndt 1975, S. 904 ff.; Kohlberg/Turiel 1978; Gutkin 1972, S. 187 ff. Eine weitere Entwicklung der Intentionen-Konsequenzen-Forschung liefert Heider 1977.

Entwicklung der subjektiven Verantwortlichkeit in traditionalen Milieus.[117]

Im folgenden wird der Nachweis geliefert, daß das traditionale materielle Recht durch die Phänomene der objektiven Verantwortlichkeit charakterisiert ist. Sämtliche von Piaget dargestellten Aspekte finden sich auch in den rechtswissenschaftlichen Darstellungen traditionaler Rechte wieder, sowohl in der Rechtsgeschichte Europas als auch in der Rechtsethnologie. Bezüglich der Charakterisierung traditionalen Rechts ist die Erfolgshaftungstheorie die in der Rechtswissenschaft herrschende Lehre: *Rechtswissenschaftler beschreiben und erklären die Erfolgshaftung des alten Rechts genauso wie Piaget die objektive Verantwortlichkeit der Kinder.*

Da gemäß eindeutiger entwicklungspsychologischer Erkenntnisse die objektive Verantwortlichkeit Ausdruck präformalen und die subjektive Verantwortlichkeit Ausdruck formalen Denkens ist, ergibt sich zwingend der Schluß, daß die historische Erfolgshaftung nur unter Bezug auf das präformale Denken erklärbar ist, während das in der europäischen Neuzeit entstandene Schuldstrafrecht[118] Produkt der Evolution formalen Denkens ist. Diesen Schluß abzulehnen bedeutete unweigerlich, sich entweder außerhalb der etwa zweihundertjährigen rechtswissenschaftlichen Hauptlehre von der Erfolgshaftung des alten Rechts oder/und sich außerhalb der bis heute geltenden entwicklungspsychologischen Forschungsergebnisse zu stellen.

Bezüglich der Frage nach der Schuld im alten Recht, der Schicksalsfrage der Strafrechtsgeschichte (E. Schmidt), kann man im wesentlichen drei Antwortrichtungen einteilen:

- Die herrschende Lehre, die *objektive Erfolgshaftungstheorie* (vertreten insbesondere von H. Brunner), betont, das alte Recht beabsichtige zwar den Willen zu strafen; dies mißlinge ihm aber infolge intellektueller Defizite, weshalb das Recht tendenziell den Erfolg strafe, den es als gewollt fehldeute (offenkundig identisch mit der Analyse der objektiven Verantwortlichkeit Piagets).

117 Shaw/Briscoe/Garcia-Esteve 1968; Shaw/Schneider 1969; Shaw/Iwawaki 1972; Ugwuegbu 1976. Piaget 1973, S. 370 ff., identifizierte viele Phänomene des alten Rechts mit der objektiven Verantwortlichkeit.

118 Liszt 1898, S. 152.

– Die *subjektive Erfolgshaftungstheorie* (vertreten insbesondere von E. Schmidt, H. Mitteis, H. Fehr, E. Mayer-Homberg) glaubt, das alte Recht wolle die Absicht gar nicht als Voraussetzung der Strafbarkeit behandeln, sondern die wie immer bewirkte Herbeiführung schädlicher Folgen genüge ihm schon, um eine Person zu strafen (offenkundig identisch mit der Analyse der objektiven Verantwortlichkeit Piagets).
– Die *Schuldhaftungstheorie* (vertreten insbesondere von W. E. Wilda, K. Binding, E. Kaufmann) glaubt, auch das alte Recht strafe die Schuld und nicht den Erfolg.[119]

So groß zunächst der Unterschied erscheint, ob man sagt, das alte Recht beruhe auf der Erfolgs- oder auf der Schuldhaftung – genau besehen sind die Grenzen zwischen 1. Wollen und Nicht-Können, 2. Nicht-Wollen und Nicht-Können und 3. Wollen und Können fließend.

Denn das alte Recht kann und will gelegentlich die Schuld und nicht den Erfolg strafen, oft aber kann es das nicht und oft will es das auch gar nicht. So haben alle drei Positionen ein partielles Recht. Insofern die Schuldhaftungstheorie aber behauptet, das alte Recht *beruhe* auf dem Gedanken der Schuldhaftung[120], liegt sie ganz falsch.

Offensichtlich fehlt es also den Rechtswissenschaften an einer kohärenten psychologischen Theorie, die dazu in der Lage ist, die disparaten Phänomene in einen einheitlichen Rahmen zu fügen. Allein die Stadientheorie vermag die von den rechtswissenschaftlichen Positionen gleichzeitig festgestellte ausgedehnte, die Schuldfrage weitgehend ignorierende Haftung des alten Rechts sowie seine gelegentliche Berücksichtigung des Motivs zu erklären. Denn das präformale Denken ist schließlich exakt dadurch definiert, daß es zwar generell zur Beugung des Motivs neigt, aber es gelegentlich durchaus berücksichtigt. Kinder wollen oft nicht und oft können sie auch nicht das Motiv von den Handlungsfolgen differenzieren – wie das alte Recht. Piaget zufolge kennen die Kinder nicht das grundbegriffliche Schuldprinzip, sondern schwanken zwischen Motivberücksichtigung und Motivnichtberücksichtigung – wie das alte Recht.

So ist das alte Recht weder ein Schuldstrafrecht noch ein abso-

119 Zu dieser Einteilung vgl. Kaufmann 1958, S. 10 ff.; Mikat 1963, S. 9 ff.

120 Kaufmann 1958, S. 10; Wilda 1960, S. 166, 148.

lutes Erfolgshaftungsrecht, sondern es schwankt zwischen subjektiver und objektiver Verantwortlichkeit – wie die Kinder des präformalen Moraldenkens. Die moderne Prinzipialisierung des Schuldprinzips[121] hingegen entspricht der Elaboration der subjektiven Verantwortlichkeit bei westlichen Kindern oberhalb des ersten Lebensjahrzehnts. Im großen und ganzen sind also die von den Rechtswissenschaftlern dargestellten Phänomene des alten Rechts identisch mit den von Piaget beschriebenen; eine bloße Beiordnung der rechtswissenschaftlichen und der entwicklungspsychologischen Daten genügt daher schon, um ihre Identifizierbarkeit behaupten zu können. Somit wird sich zeigen, daß die Behandlung von Zufall, Mißgeschick, Vorsatz, Fahrlässigkeit usw. im alten Recht mit den kindlichen Konzepten identisch ist.

»Das Strafrecht aller einfachen Staaten sieht auf den Erfolg. Die äußerlich wahrnehmbare, sichtbare und hörbare Veränderung in der Außenwelt, die durch die Tat hervorgerufen wurde, ist zunächst entscheidend für die Bewertung der verbrecherischen Handlung. Es hat eines Ringens von Jahrhunderten bedurft, um das Moment der bösen Absicht im Strafrecht richtig zu bewerten. Das allmähliche Herauswachsen des Schuldbegriffs ist eine der interessantesten Erscheinungen in jeder Strafrechtsgeschichte.«[122]

Nicht einmal die Kritiker der Theorie der Erfolgshaftung bestreiten, daß das traditionale Haftungsrecht sehr ausgedehnt war. In vielen Gesetzen und Rechtsverfahren kam zum Ausdruck, daß Menschen für Ereignisse Buße zahlen mußten und bestraft wurden, für die sie nach modernem Verständnis nichts konnten. Regelmäßig wurden der Zufall und äußere Umstände nicht berücksichtigt, um Menschen zu verurteilen. Zunächst ein Beleg für die Haftungsextension aus dem Munde eines Schuldhaftungstheoretikers:

»Für die Haftungspflicht nach germanischem Recht ist ein Zwiefaches charakteristisch, beides gleich geeignet, unser Erstaunen zu erwecken. Zunächst die maßlose Ausdehnung der Annahme einer Art Täterschaft: der Germane haftet – gleichgültig, ob er handlungsfähig oder handlungsunfähig ist –, nicht nur für das, was er selbst tut, sondern auch für das, was seine Tiere und Unfreien aus freien Stücken sündigen, ja selbst für das, was vielleicht mit seinen Waffen von dritter Hand gesündigt wird. Er muß doch als Urheber dieses Unheils erscheinen. Dann aber die

121 Liszt 1898, S. 152; vgl. § 276 BGB; NJW 1952, 593.
122 Fehr 1962, S. 54 f.

Anerkennung der Haftungspflicht auch für das Ungefährwerk, ja auch für den Schaden durch rechtsmäßige Handlung, wie die Notwehr ... Von jenen äußersten Grenzen der Haftungsvorstellung bis zum Gewinn der Erkenntnis, daß allein der Schuldige, und keiner sonst, für die rechtswidrige Tat zu haften habe, ist der Weg außerordentlich weit. Und er wird mit großer Unsicherheit zurückgelegt...«[123]

Will man jeden Zweifel an der Identifizierbarkeit der historischen und der entwicklungspsychologischen Phänomene ausräumen, dann muß man bezüglich der drei Lehren nur noch die Behauptung der Schuldhaftungstheorie widerlegen, das alte Recht habe auf dem Schuldprinzip basiert und die Haftungsextension verstehe sich aus rein zivilrechtlicher Gefährdungshaftung. Die Schuldhaftungstheoretiker bringen die unbestritten extensive Haftung mit der unbestrittenen Differenz zwischen Absicht (Willenswerk) und Absichtslosigkeit (Ungefährwerk) in einen Zusammenhang, indem sie die Haftungsextension als Gefährdungshaftung, die auf dem Gedanken des Schadensersatzes basiert, interpretieren.[124] Insbesondere die an der britischen Sozialanthropologie orientierte Rechtsethnologie versucht, indem sie kognitive Erklärungen ablehnt, die Haftungsextension aus der Gefährdungshaftung, das heißt aus ihrer sozialen Funktion, zu erklären.[125] Indem sie generell die Haftungsextension auf die Rechtsfolgen der Rache zwischen Sippenfremden reduziert, unterschlägt sie die Phänomene der Haftungsextension, die gar nicht soziologistisch aus den »außenpolitischen« Beziehungen zwischen Sippen und damit aus dem Schadensersatzprinzip abgeleitet werden können. So ist der soziologische Ansatz dieser rechtsethnologischen Richtung unter Bezug auf die Haftungsextension, der auch der Gesippe unterworfen war, der Individuen bei Tathandlungen unterworfen waren, die mit Stammes- und Sippenauseinandersetzungen nichts zu tun hatten, und unter Be-

123 Binding 1965, Bd. 4, S. 22 ff.; vgl. Wilda 1960, Bd. 2, S. 552 f.: »Es galt als Regel, daß man jeden Schaden ersetzen mußte, dessen, wenn auch unschuldige Veranlassung man geworden war ... Der also hatte die Last des Geschickes zu tragen, der gleichsam das willenlose Werkzeug in der unsichtbar lenkenden Hand gewesen...«

124 Kaufmann 1958, S. 82 ff.; Benöhr 1975, S. 190 ff.; Wilda 1960, S. 578.

125 Moore 1972, S. 94, 61 ff.; Wesel 1985, S. 347; Gluckman 1965, S. 205 ff.

zug auf viele andere Rechtsphänomene wie Tierstrafen usw. eindeutig widerlegbar.

Aber auch die Haftungsextension im Falle intertribalen Racherechts ist vorrangig kognitiv, nicht einfach nur soziologistisch zu erklären. Bekanntlich existierte das Racherecht in wohl allen traditionalen Gesellschaften und hatte einen ähnlichen Status wie das Gerichtsverfahren; es oblag in der Regel der Wahl des Betroffenen, welche Form des Rechtsgangs er wählte. Auch die Gefährdungshaftungstheoretiker erkennen an, daß die Rache nicht danach fragt, ob der Gegner absichtsvoll oder aus Versehen die Tat begangen hat. In jedem Fall verlangte der Rächer Genugtuung, nur zu oft, indem er den Gegner, dessen Sippschaft verletzte und tötete oder ganze Landstriche befehdete, auch wenn die Tat des Gegners ungleich geringeren Schaden verursacht hatte und auch noch schuldlos begangen war. *Ersichtlich basierte die eine Hauptkomponente des traditionalen Rechtsgangs, das Racherecht, auf der fast systematischen Nichtberücksichtigung der Motivseite.*[126] Gelegentlich erhielt der von der Rache Bedrohte die Möglichkeit, sich durch Zahlung einer Buße von der Rache freizukaufen. Die Gefährdungshaftungstheoretiker sehen nun in der Buße einen zivilrechtlichen Schadensersatz, welcher bekanntlich die Schuldfrage nicht stellt.[127] Aber unterderhand erkennen auch sie die Straffunktion der Buße sogar im Falle der Ungefährwerke an. Die Buße ist ein Racheersatz, nicht etwa ist die Rache Reaktion auf nicht gezahlten Schadensersatz.[128] Unter durchschnittlichen Bedingungen ist zudem kaum denkbar, daß Rache an einem aus Notwehr oder Ungeschick Tötenden geübt wird, wenn die Motivfrage klar gesehen wird. Nur unter Voraussetzung primitiver Mentalität erschließen sich daher die wesentlichen Aspekte des Racherechts:

»Rache aber sieht auf die Tat als solche, auf den Schaden und die Kränkung, die sie hervorgerufen hat; sie ist dem Täter gegenüber blind und fragt nicht viel, ob er etwas dafür gekonnt hat, ob er im heutigen Sprachgebrauch in schuldhafter Weise gehandelt hat. Das germanische Straf-

126 Schultz-Ewerth 1929, S. 289 ff.; Thurnwald 1934, S. 25; Spittler 1980, S. 150, 157; Tanner 1970; Winter 1971, S. 279, 287; Löffler 1895, S. 12 ff.; Binding 1965, Bd. 4, S. 13; Brunner 1984; Steinmetz 1929, S. 300 ff.

127 Kaufmann 1958, S. 10, 79, 83, 108.

128 Wilda 1960, Bd. 2, S. 547 ff.

recht beruht daher nach heute noch immer herrschender und, richtig verstanden, auch durchaus zutreffender Lehre auf dem Gedanken der Erfolgshaftung. ›Die Tat tötet den Mann.‹ So wird denn auch der Unwert der Taten grundsätzlich vom Erfolg, das heißt von dem durch die Tat verursachten Schaden her bestimmt ...«[129]

Damit erweist sich die gefährdungshaftungstheoretische Interpretation des traditionalen Rache- und Bußerechts als falsch. Nahezu sämtliche Rechtswissenschaftler, auch die Gefährdungshaftungstheoretiker en passent, geben kognitive Ursachen der Rache an, die mit Piagets Theorie greifbar sind: Nichtberücksichtigung des Motivs infolge intellektueller Defizite, infolge des Racheaffekts, infolge magisch-animistischen Denkens, infolge strenger Moral usw.[130]

Es ist nun aber keineswegs so, daß es überhaupt keine Unterscheidung zwischen absichtsvoll und absichtslos erfolgten Handlungen gegeben hätte. Es kam also durchaus vor, daß man Absichtslosigkeit erkannte und entsprechend behandelte. Es fehlt aber das systematische Schuldprinzip, es fehlen allgemeine Definitionen von Fahrlässigkeit, Vorsatz, Schuld usw., die erst in der europäischen Neuzeit entwickelt wurden.[131] So erklärt sich das den modernen Beobachter irritierende Nebeneinander von Berücksichtigungen und Nichtberücksichtigungen von Motiven im traditionalen Strafrecht. Weshalb finden sich Gesetze und Urteile, die dem Bluträcher einer nur zufällig begangenen Tat Straffreiheit zugestehen, während andere Gesetze und Urteile in diesem Falle Strafen vorsehen? Weshalb ist es unter den Naturvölkern und im Mittelalter bis in die Neuzeit hinein »Verfassungsrecht«, daß der in seiner Ehre Gekränkte ganze Landstriche vernichten darf, während andererseits gelegentlich Fehden geächtet werden?[132] Dieses von den Rechtswissenschaftlern oft beschworene paradoxe Nebeneinander von subjektiver und objektiver Verantwortlichkeit ist identisch mit dem kindlichen Schwanken zwischen Motivberücksichtigung und -ignoranz.

»Doch fehlt dem älteren Recht der durchgreifende Rechtssatz, dass absichtslose That anders zu behandeln sei als absichtliche. Es wird nicht im

129 Schmidt 1965, S. 31.
130 Oesterdiekhoff 1992.
131 Binding 1965, Bd. 4, S. 35, 39, 89 ff.; Hippel 1971, S. 148; Schmidt 1965, S. 32, 70, 117 ff. Für die Kinder: Piaget 1973 a, S. 206.
132 Brunner 1984; Hippel 1971, S. 46; Thurnwald 1934, S. 25.

Einzelfall untersucht, ob die That mit oder ohne fara begangen worden sei.«[133]

So erklärt sich der *Rechtstypismus*. Von bestimmten Tathandlungen nahm man von vornherein an, daß sie immer mit Vorsatz bzw. immer mit Ungefähr verbunden seien. So wurde unterstellte Absicht bzw. Absichtslosigkeit als Ingredienz in die Tathandlung eingebaut:

»Wenn jemand einen Menschen überreitet oder ihn überfährt, indem er auf dem Wagenpferde sitzt oder neben dem Wagen hergeht, so gilt die Tat als ungewollt. Wenn er aber auf dem Wagen steht oder sitzt, so büßt er die Tat, als ob er sie mit der Hand getan hätte. Die Stelle zeigt einmal, daß das Groninger Recht noch im 15. Jahrhundert die Abgrenzung zwischen absichtlicher und ungewollter Missetat ganz nach typischen äußeren Merkmalen vornahm und ferner, daß man damals noch jede mit der Hand getane Tat ohne weiteres als gewollt behandelte.«[134]

So konnte nach sächsischem und englischem Recht jeder abseits von der Straße gehende Fremde, der nicht rief oder ins Horn blies, als mutmaßlicher Dieb erschlagen werden. Wer immer so handelte, konnte erschlagen werden, ohne Rücksicht darauf, ob er vielleicht aus anderen Gründen von der Straße abgekommen war, sein Horn versagt hatte usw.[135]

In Lübeck stürzte ein Dachdecker unglücklich durch das Dach des Rathauses und erschlägt dabei einen Ratsherrn. Die Ratsherren urteilten, daß der Rächer des Toten seinerseits den Dachdekker durch Herabfallen auf ihn zu Tode bringen solle.[136] Dieses letztere Verfahren, den Schaden eines (unglücklich) Stürzenden durch Herabfallen auf ihn zu rächen, gab es auch in England und in Schwarzafrika.[137] So ist diese Prinzipien- und Begriffslosigkeit Mitursache für das Phänomen, daß zum Beispiel Notwehr in einem Gesetzbuch entlastet – und zwar in jedem Falle –, während die Tötung durch ein versehentliches Stürzen dies nicht tut und in einem anderen Gesetzbuch die Relationen umgekehrt sein mögen. In manchen Rechten müssen die Notwehrenden gleich-

133 Brunner 1890, S. 823.

134 His 1964, Bd. 1, S. 93 (Groninger Stadtbuch von 1425). Vgl. zum Typismus auch: Amira 1960, S. 128; Mitteis 1978, S. 27; Gluckman 1965, S. 213; Thurnwald 1934, S. 88; Brunner 1961, Bd. 1, S. 212 f.

135 Mikat 1963, S. 23 f.

136 His 1964, Bd. 1, S. 101.

137 Leges Henrici 90, 7; Mikat 1963, S. 22; Post 1885, Bd. 2, S. 27.

wohl büßen, während sie in anderen nur dann freikommen, wenn sie vor der Notwehrtat drei Schritte zurücktraten. Gelegentlich müßen sie zunächst einen Hieb einstecken, bevor sie straflos Notwehr üben dürfen.[138] Diese Beispiele vertypten Rechts lassen sich endlos vermehren.

»[Es] wird gemäß dem formellen Zuschnitt der ganzen Rechtsordnung aus dem schädlichen Erfolg mit einer Logik, welche blind ist gegen die Lage des einzelnen Falles, auf das Dasein des verbrecherischen Willens geschlossen.«[139]

Man erkennt, daß zwar die Unterscheidung von Absicht- und Absichtslosigkeit vorhanden ist, daß die Motivfrage aber nicht getrennt werden kann von den Handlungen. Subjektives und Objektives können nicht oder nur schlecht diffundiert werden. Man kann die Absichtsfrage (Subjektives) nicht prinzipiell von Handlungen und Ereignissen (Objektives) ablösen, sondern schließt immer direkt von der Handlung auf die Absicht. Und damit sind die Phänomene identisch mit der objektiven Verantwortlichkeit Piagets, denn auch die Kinder interpolieren Tathandlungen und Ereignissen die »passenden« Motive. Rechtstypismus ist Erkenntnisrealismus im Bereich materiellen Rechts.

Demgemäß gab es auch viele Rechte, Urteile und Gesetze, in denen die Motivfrage überhaupt keine Rolle spielte. Zum Beispiel das Dortmunder Recht und das niederländische Recht des ausgehenden Mittelalters verlangen bei Tötungen grundsätzlich die Todesstrafe, einerlei, ob der Totschlag »upsettlik of unversiens« geschah.[140]

Rechtswissenschaftlicher Auffassung zufolge neigt auch das traditionale Prozeßrecht ganz zur Erfolgshaftung. Weil der Prozeß gar nicht die Tatumstände untersucht, ignoriert er auch die Motivfrage. So sind die Unzulänglichkeiten des Prozeßrechts, die Motivfrage zu untersuchen, mit den gleichen Mängeln des materiellen Rechts sachlogisch verbunden.[141]

138 His 1964, Bd. 1, S. 198 ff.

139 Brunner 1890, S. 815.

140 His 1964, Bd. 1, S. 98. Man stelle sich dies illustriert vor: Man wird von einem Mörder angegriffen, tötet ihn in Notwehr und wird dann vom Gericht zum Tode verurteilt!

141 Schmidt 1965, S. 32; Mikat 1963, S. 19. Achter 1951 zufolge kann von Strafe nur gesprochen werden, wo die Schuldfrage gestellt wird. Im magischen Prozeßrecht wird diese Frage nicht gestellt, so

Aus dem Munde eines Schuldhaftungstheoretikers:

»Auf jeden Fall neigt der Prozeß, der in keiner Weise die subjektiven Elemente zu berücksichtigen bereit ist, zur Erfolgshaftung.[142] ... Man wird vermuten dürfen, daß es dem mittelalterlichen Prozeß ebenso wenig auf die Erkenntnis der *Persönlichkeit* des Täters als auf dessen Willen und Absicht usw. ankommen wird. Alle Momente, die im modernen Prozeß als sog. innere Tatseite für die Beurteilung der Schuldfrage von Bedeutung sind, interessierten das mittelalterliche Recht nicht.[143]... Der Beklagte kann im Prozeß nicht in freier Rede seine Unschuld geltend machen, er kann nicht erzählen, wie es mit seiner Absicht und seinem Willen hinsichtlich des ihm vorgeworfenen Verbrechens stand ... Ein erklärendes Wort könnte vielleicht den ganzen Prozeß zugunsten des Angeklagten entscheiden ... Das Verfahren scheint also gar nicht darauf zu achten, ob für den Erfolg oder für die Schuld gehaftet wird.«[144]

Ferner beweist die Strafbarkeit von Tieren und Gegenständen, wie wenig in alter Zeit strafrechtliche Verantwortung mit Willensschuld verknüpft gewesen ist. Tiere und Gegenstände, die Missetaten begangen hatten, wurden, versehen mit allen Förmlichkeiten, angeklagt, dem Beweisverfahren unterzogen, und sie wurden gegebenenfalls hingerichtet. Hähne, die Eier legen; Bäume, Balken und Schwerter, die Menschen erschlagen; Pferde, die beim Fluchtversuch halfen, wurden vor Gericht gezerrt und wie Menschen bestraft.[145] Diese Bestrafungen subhumaner Wesen finden sich in der gesamten traditionalen Welt; die Auslieferung verbrecherischer Tiere und Gegenstände an die geschädigte Sippe sowie der Tierprozeß hielt sich sogar in England bis ins 19. Jahrhundert.[146]

Die Rechtswissenschaftler erklären diese Phänomene aus dem magisch-animistischen Denken[147], das heißt implizit aus präfor-

daß die Magie des Prozeßrechts mit der Magie der Erfolgshaftung im Zusammenhang steht. Dies ist, wie gezeigt, die Haltung der Kinder.

142 Kaufmann 1958, S. 37.

143 Kaufmann 1958, S. 36.

144 Kaufmann 1958, S. 41; vgl. auch Brunner 1967.

145 Brunner 1890, S. 839 ff.; Löffler 1895, S. 132; Kaufmann 1958, S. 88 f.; Mikat 1963, S. 28; Hentig 1954, S. 1, 71.

146 Mikat 1963, S. 28; Steinmetz 1929, S. 321, 3, 7; Thurnwald 1934, S. 25.

147 Hentig 1954, S. 71, 75 ff., 19 ff.; Brunner 1890, S. 841.

malem Denken. Die Bestrafung geistloser Wesen erschließt erst den vollen Sinn der Erfolgshaftung. Wenn man nicht befähigt ist, Moral, Strafe und Schuld an Willensfreiheit, Intentionalität und Subjektivität anzubinden, bzw. magisch-animistisch glaubt, das Substitut derselben befinde sich in allen Dingen gleichermaßen, kann man natürlich auch folgerichtig Tote, Tiere und Steine verurteilen und hinrichten. Es liegt auf derselben Ebene des Denkens, einen Balken oder einen zufällig stürzenden Mann für die sich aus ihrer bloßen Existenz und rein kausalen Wirkungsweise ergebenden Konsequenzen zu strafen.

Die Rechtswissenschaft vermag den historischen Übergang von objektiver zu subjektiver Verantwortlichkeit zu markieren. Die Erfolgshaftung wird durch die Etablierung des Beweisprozesses, durch die Beseitigung der Kollektiv- und Tierstrafen und durch das genaue Herausarbeiten von Vorsatz, Zufall, Fahrlässigkeit, Notwehr, Versuch usw. überwunden. Letztere Definitionen lieferte in Deutschland erstmalig die Carolina, in der sich die Überwindung der groben Zweiteilung in Willens- und Ungefährwerk findet. Exakte Definitionen lieferte aber erst die Rechtswissenschaft des 19. Jahrhunderts.[148]

Die Stadientheorie erklärt die objektive Verantwortlichkeit aus dem präformalen Denken. Daher implizierte der Versuch, die objektive Verantwortlichkeit des traditionalen Rechts anders als stadientheoretisch zu erklären, notwendigerweise die Widerlegung der Stadientheorie. Die Rechtswissenschaftler, mit Ausnahme der britischen Rechtsethnologen, erklären die Erfolgshaftung aber aus denselben Phänomenen, die auch die Entwicklungspsychologen anführen: Animismus, Magie, Mangel an begrifflichem und analytischem Denken, sinnlich-anschauliches Denken, Egozentrismus, Typismus, Nichtberücksichtigung der Motive, Alleinberücksichtigung der Konsequenzen, Affektivität, Triebhaftigkeit usw. So ist die Identifizierung der Erfolgshaftung, einer Basisstruktur traditionalen materiellen Rechts, mit der objektiven Verantwortlichkeit eine sachlogische Konsequenz und eine notwendige Implikation der völkerpsychologischen Untersuchungsergebnisse, die das präformale Strukturniveau traditionaler Populationen immer wieder ermittelten.

Insofern ist die Etablierung des Schuldstrafrechts in der euro-

148 Hippel 1971, S. 148; Schmidt 1965, S. 32, 117 ff.; Binding 1965, Bd. 4, S. 15, 35, 39, 89 ff.

päischen Neuzeit aus der Entstehung formalen Denkens zu erklären, das heißt aus der Elaboration der subjektiven Verantwortlichkeit und des Schuldpurismus, deren Entwicklung Piaget bei den westlichen Adoleszenten feststellte. Die Überwindung der Erfolgshaftung ist demnach als Ausdruck des Zivilisationsprozesses, des höheren Niveaus der gesellschaftlichen Kommunikation, der sozialen Perspektivenübernahmefähigkeiten und der sozialen Interaktionen zu verstehen. Die moderne Kritik am Schuldprinzip[149] ihrerseits ist nicht als Rückkehr zur Erfolgshaftung zu interpretieren[150], sondern als Fortsetzung der zivilisatorischen Standards und Vertiefung der subjektiven Kultur aufzufassen.

2.9 Traditionale Familienstrukturen

Auch die in traditionalen Familienstrukturen herrschende Psychologie kann aus dem präformalen Denken abgeleitet werden. Die jetzt zu analysierende Familienstruktur ist identisch mit der germanischen und teilweise mit der mittelalterlichen, mit der römischen und griechischen, mit der chinesischen und indischen und mit den patrilinearen Familiensystemen der Afrikaner bis in dieses Jahrhundert. Nach Auffassung von Ethnologen und Historikern beruht die Struktur der traditionalen Familie in allen genannten Gesellschaften auf der Herrschaft des Oberhaupts, des Erstgeborenen, über die Familienmitglieder, zu denen Kinder, (erwachsene) Anverwandte und Bedienstete gleichermaßen gehören; ferner basiert sie auf dem Ahnenkult, der die Kommunikation zwischen lebenden und toten Familienmitgliedern organisiert, und auf der pietas, ein zugleich religiöses und familiales Phänomen, das den Austausch von religiöser Verehrung und Gehorsam einerseits und väterlichem Schutz und Liebe andererseits zwischen den Familienmitgliedern und den lebenden und toten Vätern zum Ausdruck bringt.[151]

149 Plack 1973.
150 Fauconnet 1920, S. 344.
151 Die nun folgende Darstellung beruht auf einer direkten Wiedergabe der Aussagen von Fachwissenschaftlern; entwicklungspsychologisch induzierte Rekonstruktionsanstrengungen sind überhaupt nicht erforderlich, um die Homologien herauszustellen.

Zunächst sei die soziologische Struktur der traditionalen Familie erörtert. Das Oberhaupt ist der Erstgeborene, der im Auftrag der Ahnen der Familie voransteht.[152] Aufgrund der Primogenitur herrscht er nicht nur über seine Frau und seine Kinder, sondern auch über seine jüngeren Geschwister und deren Ehepartner sowie über die Bediensteten. Alle Familienmitglieder, die Kinder und die Erwachsenen, stehen gleichermaßen unter der Vormundschaft des Oberhaupts. Sie können nämlich in Heirats-, Rechts-, Berufs- und Wirtschaftsfragen nicht selbständig handeln, auch wenn sie schon vierzig oder fünfzig Jahre alt sind. Die Herrschaft des Oberhaupts ist durch die Ahnen sakral gestützt, das Oberhaupt ist der Priester des Hauskults. Es vertritt seine Angehörigen nach außen, kann sie verheiraten, und in allen genannten Gesellschaften, insbesondere in deren archaischen Zeiten, saß er zu Gericht über sie, konnte sie verkaufen und töten.[153] So haben die Frau und die Blutsverwandten Knechtsstatus, wie auch die Sklaven und Bediensteten kindlichen Status haben im Bezug zum Vater und Herrn. Diesem pater familias sind folglich nicht nur seine vielleicht längst erwachsenen Söhne unterworfen, sondern auch deren Kinder. Der Großvater, das Oberhaupt, hat größere Gewalt über die Kinder seines Sohnes als dieser selbst. Der erwachsene Sohn, der selbst Vater ist und gegebenenfalls eine hohe berufliche Funktion ausübt, schuldet dem Oberhaupt lebenslang Gehorsam und Ehrerbietung.

Die Familie aller traditionalen Hochkulturen und der meisten Völker Afrikas ist also patrilinear; patrilineare Lineagesysteme mit genannten Ahnenkulten sind der Kern dieser Familienverfassungen.[154] Die Fachwissenschaftler lassen an der transkulturellen

152 Für die Antike: Fustel 1981, S. 73 ff.; für Afrika: Fortes 1983, S. 202, 211, 215 f.; für Indien: Stietencron 1979, S. 52 ff.; für China: Debon 1979, S. 81; für das Mittelalter: Schulze 1986, S. 41.

153 Für die Antike: Fustel 1981, S. 73 ff., 120, 150 ff., 64 ff., 127 f.; Wlosok 1978, S. 20 ff.; für China: Debon 1979, S. 80 ff., Granet 1985, S. 181 ff.; für Indien: Stietencron 1979, S. 52, 62, 68; für Afrika: Fortes 1983, S. 200 ff., 210 ff.; Malinowski 1950, S. 37; für Europa: Schulze 1986, S. 28 ff.; Le Goff 1970, S. 475; Feilzer 1971, S. 117, 58 ff.

154 In matrilinearen Kulturen verschieben sich diese Relationen ein wenig, der Mutterbruder steht in vieler Hinsicht an der Stelle des Vaters; die Frau steht unter der Schutzgewalt ihres Bruders: Radcliffe-Brown 1983; Malinowski 1983, S. 32 ff.

Identifizierbarkeit dieser patrilinearen Familienstruktur keinen Zweifel:

»... daß das römische System der patrilinearen Abstammung und der patriarchalischen Familie mit enger Bindung an den Ahnenkult direkte Parallelen zu den Systemen afrikanischer Völker aufweist wie zu dem der Tallensi, der Yoruba, der Thonga und vieler anderer, die ebenfalls segmentäre patrilineare Abstammung und patriarchalische Familienstrukturen untrennbar mit Ahnenkulten verbinden.«[155]

Für ein modernes Lebensverständnis ist es nur schwer nachvollziehbar, daß in genannter Weise ein Oberhaupt über junge und erwachsene Familienmitglieder herrscht. Es ist in allen genannten Kulturen die pietas, welche die Funktionsweise des patrilinearen Familieninstituts verständlich macht. Fortes beschreibt, wie die Tallensi, auch als Erwachsene, ihrem Oberhaupt mit kindlicher Ergebenheit begegnen. Er vergleicht die pietas der Tallensi mit der Sohnesmentalität der Römer, einer conditio sine qua non des Verstehens der römischen Gesellschaft.[156] Gleiches gilt für die chinesische Familie, in der Pietät gegenüber den Eltern und Älteren seit Jahrtausenden fortdauert. Granet definiert die Söhne in China »als gläubige Anhänger ihrer Väter«.[157] Auch im zeitgenössischen Indien verehren die Frauen ihre Väter und Ehemänner als Götter; der Vater in Indien ist »wie ein Gott, dessen überlegener Leitung sich der Sohn bedingungslos unterwirft«.[158] Seit Jahrtausenden ist es in Asien und Afrika selbstverständlich, daß Erwachsene ihren lebenden und toten Vätern bedingungslos pietätvoll subordiniert sind – wie im europäischen Altertum und Mittelalter. Alle genannten Autoren bemerken, daß die Beziehung zwischen lebenden Vätern und Kindern religiöser Natur ist, schon zu Lebzeiten werden die Eltern von ihren Nachkommen religiös verehrt.[159]

Vor diesem Hintergrund versteht sich der Ahnenkult der traditionalen Gesellschaften. *Die toten Eltern werden deshalb von den Kindern als Götter verehrt, weil die Eltern schon zu Lebzeiten von den Kindern religiös verehrt werden. Daß die Kinder,*

155 Fortes 1983, S. 214.
156 Fortes 1983, S. 209, 214, 217, 222; vgl. Fustel 1981, S. 134; Wlosok 1978, S. 41.
157 Granet 1985, S. 181, 188 f.; Debon 1979, S. 84.
158 Stietencron 1979, S. 57.
159 Fortes 1983, S. 212 ff.; Wlosok 1978, S. 58; Granet 1985, S. 181.

selbst wenn sie schon längst erwachsen sind, qua Furcht und Liebe (= pietas) ihren Vätern subordiniert sind, ist die Bedingung der Möglichkeit des Totenkultes, der Verehrung der Eltern über ihren Tod hinaus. Der Ahnenkult ist die Verlängerung der lebenslang anhaltenden kindlichen Beziehung traditionaler Menschen zu ihren Eltern über den Tod der letzteren hinaus.

»So dient der Begriff der Ahnenschaft und die religiösen Institutionen, in denen sie sich rituell und sozial verkörpern, als das Mittel, durch welches das Individuum seine Beziehung zum Vater auch nach dessen Tod erhalten kann, als wäre er ein Teil seiner selbst.« [160] Teezien erklärt Fortes die Ernteriten:

»›Wir versorgen sie [die Ahnen] und bitten um die Ernte. Wir geben ihm [das heißt dem als Kollektivität aller Ahnen personifizierten *boghar*] Kost, so daß er essen und uns seinerseits etwas gewähren mag. Wenn wir es ihm versagen, wird er nicht für uns vorsorgen, wird uns nichts geben, weder Frau noch Kinder. *Er ist es, der über uns herrscht, so daß wir leben können. Wenn Du Dein Land bestellst und Deine Ernte verdirbt, wirst Du dann nicht sagen, daß es Dein Vater ist, der dies geschehen läßt? Wenn Du Vieh züchtest, und es stirbt, wirst Du dann nicht sagen, daß Dein Vater es zugelassen hat? Wenn Du ihm nichts gibst, wird er dann Dir etwas geben? Er ist Herr aller Dinge* [hervorgehoben von G. O.]. Wir brauen Bier für ihn und opfern Hühner, damit er sich sattessen kann, und dann wird er für uns Guineakörner und Hirse sichern.‹ (Ich wandte ein: die Ahnen sind tot; wie können sie essen und so materielle Dinge verrichten, wie das Getreide gedeihen lassen?) – ›Es verhält sich geradeso wie mit den Lebenden‹, antwortete er gelassen, …« [161]

Es ist in der Ethnographie bekannt, daß die toten Eltern behandelt werden, als lebten sie noch. Fortes zufolge hat man den Eindruck, daß die Tallensi von ihren toten Eltern sprechen, als glaubten sie an ihre leibhaftige Gegenwart. Die schützende, artifizialistische und sanktionierende Tätigkeit der toten Eltern wird aufgefaßt wie die lebender Eltern. Da die Haltung der Lebenden gegenüber den Toten die des Kindes zu den Eltern ist, ergibt sich, daß die Totengeister auch elterliche Funktionen einnehmen. Die Totengeister sorgen sich in derselben Weise um ihre Kinder, wie

160 Fortes 1983, S. 226.

161 Fortes 1983, S. 225 f. Man achte insbesondere auf die den Eltern und Ahnen zugetrauten artifizialistischen Tätigkeiten – dies entspricht vollkommen dem Glauben der Kinder, auch wenn letztere keine Landwirtschaft betreiben!

sie es zu Lebzeiten taten. Alle Leistungen und Erfolge, die die Lebenden erreichen, sind von den Ahnen gestattet.[162]

So ist die traditionale Doppelverwendung von pater und pietas in Familie und Religion zu begreifen. Pater bezieht sich gleichermaßen auf Götter und Väter, so wie pietas nicht nur das Wesen der familiären, sondern auch der religiösen Beziehungen ausmacht. Die Götter sind zu verehrende Väter, weil die toten wie die lebenden Väter Götter sind.

»Aus dieser besonderen Analogie zwischen Gott und Vater ... erklärt sich auch, daß in der lateinischen Sprache die schuldige Haltung gegenüber Göttern und Vätern mit ein und demselben Wort pietas bezeichnet wird.«[163] »Durch pietas wird die Autorität unter den Lebenden (in der Familie) annehmbar. In rituelle Form transponiert, wird sie zu *pietas in bezug auf die Ahnen, die das Wesen ihrer kultischen Verehrung ausmacht*«[164] (hervorgehoben von G. O.).

Diese religiöse Verehrung der toten Eltern und Vorfahren als Ahnengeister findet sich wohl in allen traditionalen Gesellschaften.[165]

Laut Fustel, Fortes u. a. findet man den Zugang zur soziologischen Struktur sowohl der traditionalen Familie als auch der traditionalen Gesellschaft nur über den Ahnenkult.[166] Denn die Herrschaft des Oberhaupts ist legitimiert durch und beruht auf der Herrschaft der Ahnen. Die autoritäre Organisation der Familie, mithin die Unselbständigkeit der Mitglieder und die Herrschaft des Oberhaupts, ist verknüpft mit der privilegierten Position des Oberhaupts, des Priesters des Hauskultes, zu den Ahnen.[167]

Der Totenkult ist in allen genannten Kulturen zunächst eine an das Haus und die Familie gebundene Religion. In archaischer Zeit standen die Gräber sogar im Haus, später vor dem Haus. In

162 Fortes 198, S. 225 f., 210 f., 223; Mbiti 1974, S. 103; Lévy-Bruhl 1930, S. 62, 246, 322; Abramovitch 1975; Durkheim 1981, S. 337.
163 Wlosok 1978, S. 38.
164 Fortes 1983, S. 222.
165 Für Afrika: Lienhardt 1983, S. 167; Abramovitch 1975; Evans-Pritchard 1983, S. 179 ff.; für China: Debon 1979, S. 78, 83 ff.; für das Mittelalter: Ariès 1980, S. 776; Schulze 1986, S. 41.
166 Fustel 1981, S. 35; Fortes 1983, S. 197, 219; Granet 1985, S. 188 ff.
167 Wlosok 1978, S. 39; Stietencron 1979, S. 52; Debon 1979, S. 74 f.; Fustel 1981, S. 119, S. 123 ff.

der archaischen Zeit der Antike, Asiens, in Afrika und in der Südsee standen die Gräber in den Häusern, in der Spätantike sowie im zeitgenössischen ländlichen Afrika und auch in traditionalen Regionen der Südsee befinden sich die Ahnengräber auf den Gehöften.[168] In den Häusern wurde aber weiterhin der Hauskult gepflegt, das Herdfeuer[169] symbolisierte die Ahnen, mit denen man lebte, speiste und opferte.

So brauchten die Menschen nie auf elterlichen Beistand zu verzichten, die göttlichen und mächtigen Ahnengötter konnten um Hilfe, Trost und Verzeihung angerufen werden. Die häusliche Religion vereinigte die Toten und Lebenden zu einer Gesamtheit, in der die Toten die Lebenden beherrschten.[170] »Daher sehen oder hören die Menschen«[171] die Ahnen, »die beauftragt sind, die Sterblichen zu bestrafen und über alles zu wachen, was im Inneren der Häuser vor sich geht ... sie nähren unseren Körper und bringen unserer Seele Harmonie.« [172] »Der Lebende konnte den Toten und der Tote den Lebenden nicht entbehren. So knüpft sich ein starkes Band zwischen allen Generationen ein und derselben Familie und schuf ein ewig untrennbares Ganzes.«[173]

So ist der Kult Ausdruck der empfundenen Präsenz väterlicher

168 Fustel 1981, S. 56, 61; für Afrika: Mbiti 1974, S. 110; Fortes 1983, S. 212, 222; für China: Debon 1979, S. 74 f., 82, 86; für Indien: Stietencron 1979, S. 64 f., für das Mittelalter: Sprandel 1975, S. 38; Schulze 1986, S. 52. Auch in Catal Hüyük, der »ältesten Stadt der Welt«, waren in jedem Haus die Gräber der Vorfahren: Jaynes 1976, S. 152.

169 Das die Ahnen symbolisierende Herdfeuer ist transkulturell universal: für die Antike: Fustel 1981, S. 42 ff., 57; für Indien: Fustel 1981, S. 47; Stietencron 1979, S. 64; für Afrika: Evans-Pritchard 1983, S. 187; für das Mittelalter: Schulz 1986, S. 52 f.

170 Fustel 1981, S. 57; Mbiti 1974, S. 104.

171 Mbiti 1974, S. 110.

172 Zitiert bei Fustel 1981, S. 130. Fustel zufolge wurden die Toten als Götter von den Römern (Laren, Penaten, Manen, Genien) und von den Griechen (Heroen, Dämonen) verehrt. Cicero sagte: »Gebt diesen Göttern, den Manen, was ihnen gebührt. Sie sind Menschen, die das Leben verlassen haben; haltet sie für göttliche Wesen.« Fustel 1981, S. 37. Gleiches bei den Aborigines: Durkheim 1981, S. 372 ff.; bei den Afrikanern: Mbiti 1974, S. 101 ff.; bei den mittelalterlichen Europäern: Ariès 1980, S. 776; Fichtenau 1984, S. 414 f.

173 Zitiert bei Fustel 1981, S. 55; Mbiti 1974, S. 134.

Herrschaft. Die Schreine der Väter und Ahnen »zieren die Gehöfte, ihre Gräber sind in der Nähe, in Verhandlungen werden ständig ihre Namen erwähnt. Oft ist es unmöglich zu sagen, ob Tallensi sich auf einen Lebenden oder auf einen Ahnen beziehen.«[174]

Der Ahnenkult in dieser Ausprägung setzt natürlich voraus, daß traditionale Menschen an ein Weiterleben nach dem Tode glauben, und zwar in der Form, daß ein starker Kontakt und innige Kommunikation zwischen Toten und Lebenden möglich ist. Nun ist der Glaube an ein Weiterleben der selbstverständliche traditionale Glaube. Ariès zufolge hat sich die Morphologie des traditionalen Todeskonzepts seit Jahrzehntausenden bis ins 18. Jahrhundert nicht verändert. Die Möglichkeit der unwiderruflichen Vernichtung der Persönlichkeit durch den Tod kennt das traditionale Denken nicht.[175] So glaubten die Ärzte und Juristen noch des 17. Jahrhunderts an die Lebendigkeit und das Empfindungsvermögen der Leichname[176], in diesem Zusammenhang denke man auch an die in Australien, Afrika und Alteuropa verbreitete Bahrprobe usw.[177] So verwundert es nicht, daß man in der gesamten traditionalen Welt geglaubt hat, die Toten ruhten und schliefen in ihren Gräbern[178], empfänden Hunger, Durst und Kälte[179] und beherrschten das Leben ihrer Nachfahren.

Vor diesem Hintergrund ist die klassische Auffassung verständlich, die Religion sei aus dem Ahnenkult erklärbar. Denn in der

174 Fortes 1983, S. 222.
175 Ariès 1980, S. 13, 123 ff.
176 Ariès 1980, S. 433 ff.; Delumeau 1985, S. 109.
177 Erler 1941, S. 45; Delumeau 1985, S. 109.
178 Ariès 1980, S. 45; Fustel 1981, S. 28 ff.; Mbiti 1974, S. 104 ff.; Lévy-Bruhl 1930, S. 311.
179 Fustel 1981, S. 30 ff.; Lévy-Bruhl 1930, S. 288 ff.; Mbiti 1974, S. 104. Die Entwicklungspsychologie zeigt auf, daß erst formales Denken naturwissenschaftliche Todeskonzeptionen und die Möglichkeit der Vorstellung der unwiderruflichen Auslöschung der Persönlichkeit einräumt. Das konkrete, egozentrische Denken des Kindes verhindert die Abstraktionsleistung, die für eine Abstraktion vom eigenen Ich, mithin für ein Überwinden der Vorstellung vom Weiterleben nach dem Tode erforderlich ist (Childers/Wimmer 1971). Insofern ist die Universalität des traditionalen Todeskonzepts aus dem präformalen Denken traditionaler Populationen zu erklären.

Tat besteht die primitive Religion in der religiösen Verehrung der Toten, das heißt in der Herrschaft der Toten über die Lebenden.[180] Die Entstehung der Stadt-, Stammes- und Weltgötter aus den Ahnengöttern und der Zusammenhang zwischen ihnen wird für die Antike, Afrika und das Mittelalter behauptet.[181] Diese Verallgemeinerung religiöser Personen entspricht der Erweiterung der sozialen Einheiten. Sie negiert aber keineswegs die traditionale Identifikation sowohl der religiösen als auch der politischen Herrschaft mit der Vaterschaft.[182]

Die Haltung des traditionalen Menschen zu seinen Eltern, seien sie tot oder lebendig, ist nun entwicklungspsychologisch erklärbar. Im Anschluß an P. Bovet definierte Piaget die Beziehung des Kindes zu seinen Eltern als im wesentlichen durch Religiösität, durch Furcht und Liebe (= pietas) charakterisiert. Piaget zufolge verehren die Kinder Eltern und Erwachsene als göttliche Personen, denen sie übernatürliche Fähigkeiten zutrauen.[183] Die kritische Haltung der Kinder zu ihren Eltern wächst mit zunehmender kognitiver Reife, aber erst in der Adoleszenz verliert die Vertrauensbeziehung ihre religiöse Natur.

Während im Westen die Adoleszenten sich von der Herrschaft der Väter und Götter befreien, entwächst der traditionale Mensch zeitlebens nicht der pietas. Er verhält sich zu seinem Vater, der bis zu seinem Tode reale väterliche Macht über ihn

180 An dieser Stelle wird der Zusammenhang mit dem artifizialistischen Erklärungskonzept der traditionalen Religion deutlich. Nach Piaget besorgen die Eltern in der Auffassung der Kinder die Erhaltung der Naturprozesse. In der Auffassung traditionaler Menschen ist es die Aufgabe der Ahnen und Götter (Ahnenkult), den Bestand des Kosmos zu gewährleisten (Artifizialismus).

181 Fustel 1981, S. 157 ff.; 235 ff.; Wlosok 1978, S. 39 ff., 48 ff.; Debon 1979, S. 78, 83 ff.; Evans-Pritchard 1983, S. 179 ff.; Lienhardt 1983, S. 167; Mbiti 1974, S. 276, 90, 101; Duby 1981, S. 57, 60.

182 Wlosok 1978, S. 42.

183 Oser zufolge unterliegt das religiöse Bewußtsein einer stadienstrukturell erfaßbaren Entwicklung. Zunächst versteht das Kind unter Religion die Abhängigkeit von konkreten Personen, Eltern und Erwachsenen, die es verehrt; dann befreit es sich von diesen Abhängigkeiten (Oser 1985; Loomba 1970). Auch in liberalen Mittelschichtfamilien Kaliforniens sind die kindlichen Konzepte der Eltern-Kind-Beziehungen autoritär, unilateral und religiös geprägt (Damon 1984, S. 199 ff.; Selman 1984, S. 169).

ausübt, wie ein Kind und verehrt ihn auch dann noch, wenn er tot ist. Aber auch die Väter selber, die von ihren Kindern verehrt werden, sind in bezug auf *ihre* Väter noch Kinder, denn sie verehren schließlich ebenfalls ihre (toten) Väter. So ist die häusliche Religion die Transformation der Verehrung der Eltern nach ihrem Ableben.

Die autoritäre traditionale Familienverfassung, die Unselbständigkeit der erwachsenen Familienmitglieder und die religiöse Verehrung der Ahnen ist daher nur aus dem lebenslangen Andauern der kindlichen Pietätshaltung zu erklären. So kann man die primitive Familienstruktur und den Ahnenkult als Lösung der Doppelrolle des traditionalen Menschen ansehen, der im Hinblick auf seine Nachkommen Vater ist und im Hinblick auf seinen Vater, sei er tot oder lebendig, kindlich geblieben ist. So ist Religion in dieser Hinsicht die Aufrechterhaltung von Beziehungen, nachdem diese in der empirischen Welt durch die Tatsache der durch den Generationswechsel bedingten Ungleichzeitigkeit des Todes verunmöglicht sind. Die Struktur der traditionalen Familie, die das Modell auch der übrigen Institutionen der traditionalen Gesellschaft ist, ist somit entwicklungspsychologisch erklärbar.[184]

2.10 Kulturvergleichende Psychologie und die Rekonstruktion sozialwissenschaftlicher Theorien

Somit ist bewiesen, daß die kognitiven, sozialen und moralisch-rechtlichen Denk- und Verhaltensweisen des traditionalen Menschen durch präformale, erkenntnisrealistische Strukturen bestimmt sind. Die Beweisführung basiert auf folgenden soliden Grundlagen: Nichthypothetisches, prälogisches Denken, Transduktionen, Irreversibilität und Konkretheit der Denkprozesse, Vorkausalität, Magie, Animismus, Artifizialismus, »Naturrecht«, immanente Gerechtigkeit, objektive Verantwortlichkeit und pietas sind nach eindeutigen, bisher nicht ansatzweise falsifizierten (experimental-)psychologischen Erkenntnissen, die sich bruchlos in eine kohärente Theorie fügen lassen, Manifestationen präformaler Denkstrukturen. Wer daher behauptete, einzelne, meh-

184 Oesterdiekhoff 1992.

rere oder diese Phänomene in ihrer Gesamtheit ließen sich auch oder nur anders als aus präformalen Denkstrukturen erklären, wäre daher genötigt, Piagets Stadientheorie – nicht etwa nur völkerpsychologische Erkenntnisse – in ihren Grundlagen zu widerlegen und aufzulösen. Ob diese Phänomene daher bei Kindern, Jugendlichen oder Erwachsenen nachgewiesen werden: sie sind, da sie nur unterschiedliche Manifestationen präformaler Strukturen sind, die mit dem Einsatz formalen Denkens ihr Ende finden, stadientheoretisch eindeutig zuzuordnen. Jede andere Position steht in einem klaren Gegensatz zu sämtlichen impliziten und expliziten Grundannahmen der Stadientheorie.

Zudem steht die hier dargestellte völkerpsychologische Theorie in einem nahtlosen Einklang mit nahezu eintausend völkerpsychologischen Felduntersuchungen (nicht aber mit manchen Interpretationen derselben), die in über einhundert Kulturen durchgeführt wurden und die immer wieder den Zusammenhang von Traditionalität und präformalem Denken einerseits und Modernität und formalem Denken andererseits ermittelten. *Die hier dargestellte Theorie ist daher nichts anderes als eine konsequente und sachlogisch zwingende Zusammenfassung der völkerpsychologischen Untersuchungen.* Sämtliche an traditionalen Populationen exemplifizierten kognitiven Phänomene sind, wie kapitelweise gezeigt, schon von völkerpsychologischen Untersuchungen als präformal diagnostiziert worden. Neu ist im wesentlichen nur die zusammenfassende Darstellung dieser Ergebnisse, die daher nur defizittheoretisch interpretiert werden können.

So führte der Versuch, die dargestellten Ergebnisse zu bestreiten, unweigerlich zu der Folgerung, die Stadientheorie und die entwicklungspsychologische Theorie und Methode überhaupt bis in ihre Grundannahmen zu bestreiten. *Denn die hier dargestellte völkerpsychologische Theorie ist nichts anderes als ein sachlogisch notwendiges Implikat der Theorie Piagets. Völkerpsychologische Defizittheorie und die Theorie Piagets sind nicht auseinanderzudividieren. Die Falsifikation der Stadientheorie implizierte die der Defizittheorie und umgekehrt; die Verifikation der Stadientheorie impliziert die der Defizittheorie und umgekehrt. Tertium non datur.*

Auch die kapitelweise den psychologischen Felduntersuchungen addierten sozial- und geisteswissenschaftlichen Analysen von Fachwissenschaftlern bestätigen die durch die Stadientheorie ermöglichte korrekte Erklärung derselben; sie dienen als Gegenprobe und indizieren die Notwendigkeit der völkerpsychologischen Fundierung nicht nur genannter Analysen, sondern großer Bereiche der Sozial- und Geisteswissenschaften überhaupt.

So hat sich klar gezeigt, daß der Anspruch der Theorie Piagets, die Entwicklung der basalen Humanstrukturen aufzuzeigen, die autonom und unterhalb der Ebene variierender kultureller Einflüsse verlaufen, transkulturell bestätigt ist. Alle Menschen durchlaufen dasselbe Schema; aber Menschen in einfachen Kulturen stoppen auf dem universalen Entwicklungspfad früher ab als Menschen in komplexen Kulturen. Auch dieses Ergebnis ist in den Grundvoraussetzungen der Stadientheorie enthalten: Der Mensch entwickelt sich in Auseinandersetzung mit der Umwelt. Differenzierte Milieus erfordern die Elaboration differenzierter Kognitionsstrukturen, einfache Milieus lassen die kognitive Entwicklung im präformalen Bereich versanden. Wie immer aber der Entwicklungsendstand von Menschen ausfällt, er läßt sich in jedem Fall stadientheoretisch orten.

Die ermittelten Korrelationen von Traditionalität und präformalem Denken einerseits und Modernität und formalem Denken andererseits erzwingen die Konstruktion einer allgemeinen ökologischen Theorie, die die Interdependenzen »materieller« institutioneller Prozesse und kognitiver Strukturen im einzelnen untersucht und aus ihrem Zusammenhang begreift. Die hier formulierte Theorie versteht sich eben nicht als eine empirisch-analytisch gewendete hegelianische Philosophie der Selbstbewegung des Geistes, der aus freien Stücken kognitiven und materiellen Fortschritt erzeugt. Vielmehr ist die Evolution der formalen Operationen als ein Erfordernis an kognitive Kapazitäten zu beurteilen, angesichts differenzierter sozialer Prozesse adäquate Problemlösungsmechanismen auszubilden.

Nun weisen die neuzeitlichen und modernen sozialen und institutionellen Prozesse Strukturen auf, die in den übrigen und bisherigen Gesellschaftsformen hinsichtlich ihrer sozialen und technischen Qualitäten nichts Gleichwertiges finden. Neuzeitliche Natur- und Ingenieurwissenschaften, mithin die Industriewirtschaft, kapitalistische Unternehmungen, formalisiertes Recht und Verwaltung, das Berufsausbildungssystem und das alphabetisierte und technische Berufswissen, die sozial-kognitiven Anforderungen angesichts sich überschneidender sozialer

Kreise usw. erfordern unmittelbar formal-logisches Denken. So stellen die Institutionen und technischen Verfahren der industriellen Gesellschaft Anforderungen an die kognitiven Kompetenzen der Populationen, die ersichtlich über das Niveau der Arbeitstechniken und der institutionellen Zurüstung traditionaler Gesellschaften hinausgehen. *Damit läßt sich zumindest eine allgemeine Antwort und Erklärung angeben, weshalb Populationen entwickelter, modernisierter Regionen in besonderer Weise formales Denken ausgebildet haben: Nur in ihnen finden sich Institutionen und Verfahren, die entsprechende kognitive Anforderungen stellen.*

Komplementär ergibt sich die Erklärung für das präformale Denken in traditionalen Milieus von selbst: In Gesellschaften, in denen ungefähr 90% der Bevölkerung von Jagd und Agrarwirtschaft leben, genügt repräsentationales Denken zur Bewältigung der hergebrachten Arbeitstechniken in Landwirtschaft, Handel und Handwerk sowie der kommunikativen Abläufe. Aus dieser Betrachtung ist die generelle Schlußfolgerung zu ziehen, daß unter »normalen« Umweltbedingungen, wie sie die funktional nicht differenzierten Beuter- und Agrargesellschaften darstellen – gemessen an den Jahrtausenden menschlicher Existenz –, die ontogenetische Entwicklung im präformalen Bereich verbleibt. Logisches, abstraktes und diskursives Denken, die dem Aprioriker als universal menschlich erscheinen, sind tatsächlich exotische psychologische Phänomene.

Wie in den ersten Kapiteln dieser Studie dargestellt, ist der Konnex von Kultur und Kognition, das heißt die Erörterung der sozialen und kulturellen Bedingungen des Ausbleibens bzw. der Entwicklung der formalen Operationen, die bedeutendste und verbreitetste völkerpsychologische Theorie. Es ist in der Völkerpsychologie weithin anerkannt, daß Mittelschicht-, Industrie-, Stadt-, West- und Bildungskultur die wesentlichen soziokulturellen Determinanten der Ausbildung der insbesondere formalen Operationen sind. Hierbei gehen aber die Völkerpsychologen im klassischen soziologischen Sinne davon aus, daß das Verhältnis von Kultur und Kognition einseitig ist. Sie unterstellen, daß soziokulturelle Faktoren die kognitive Entwicklung determinieren und bedingen, das heißt stimulieren bzw. hemmen.

Diese Auffassung von der unilateralen Beziehung von Kultur und Kognition ist einseitig, ungenau, soziologistisch und verdeckt eine entscheidende Perspektive, die die Forschungsresultate für die Sozialwissenschaften aufschließen. Denn das Verhältnis von Kultur- und Kognitionsniveau ist nicht unilateral, sondern wechselseitig. Nicht nur determinieren soziokulturelle Faktoren kognitive Prozesse, sondern diese bestimmen auch jene. *Industrie-, West-, Berufs- und Mittelschichtkultur sind nämlich auch das Resultat des formalen Denkens der Populationen. Kultur und Kognition sind einander zugleich Ursache und Wirkung.* Dies haben die Völkerpsychologen milieutheoretisch bisher weitgehend übersehen.

Erst die Einsicht in diesen Interdependenzprozeß überwindet den impliziten und expliziten Materialismus und Soziologismus der Völkerpsychologie. Denn sogar die Völkerpsychologen teilen implizit und reflexionslos den Soziologismus (»Soziales ist nur durch Soziales zu erklären«), der in den Sozialwissenschaften überhaupt, nicht etwa nur im historischen Materialismus, den dummen und deshalb anerkannten und mächtigen Platzhirsch mimt. Vorliegende Studie beansprucht nichts weniger, als dieses Dogma und seine Konsequenzen zu widerlegen. Denn die Einsicht in das wechselseitige Bedingungs- und Kausalverhältnis von Kultur und Kognition erschließt die volle Bedeutung der transkulturellen Psychologie, das heißt der Theorie Piagets, für die Sozialwissenschaften. Im System des unilateralen Soziologismus, den auch die Völkerpsychologen internalisiert haben, sind die völkerpsychologischen Ergebnisse letztlich eine zu vernachlässigende Größe, ein bloßes Appendix materieller sozialer Prozesse, die im wesentlichen das Kausalgeschehen sozialen Wandels bestimmen. Die hier dargestellte bilaterale Betrachtungsweise von Kultur und Kognition durchbricht diese Geringschätzung der Psychologie hinsichtlich sozialer Vorgänge im allgemeinen und sozialen Wandel im besonderen, indem sie den Kausaleinfluß kognitiver auf soziale Prozesse herausarbeitet – eine sachlogische Notwendigkeit, deren theoretische Möglichkeit selbst die Völkerpsychologen bisher noch nicht erwogen haben.

So ist sowohl der Zusammenhang von Traditionalität und präformalem Denken als auch der von Modernität und formalem Denken nicht nur im Sinne der Völkerpsychologen dahingehend zu verstehen, daß bestimmte Sozialstrukturen bestimmte Kognitionsstrukturen determinieren, sondern komplementär sind die Strukturen von Traditionalität und Modernität auch Manifestationen der kognitiven Kompetenzen der Populationen. Und erst vor dem Hintergrund dieser Erkenntnis läßt sich der Gewinn der transkulturellen Psychologie für die Sozialwissenschaften ausschöpfen. Die Folge dieser Betrachtungsweise ist nichts weniger als eine paradigmatische Revolution der Behandlung bestimmter Themenkomplexe innerhalb der Sozialwissenschaften.

Am Beispiel des traditionalen Rechts war gezeigt worden, daß nicht nur das traditionale Rechtsdenken, sondern auch die Institutionen des Rechts, das Prozeßsystem und das materielle Recht als Manifestationen präformaler Kognitionen verstanden werden müssen. Die oben dargestellten Rechtsinstitutionen können nicht einfach aus materiellen sozialen Prozessen erklärt werden, denen sich die Kognitionen nachgerade anpassen, sondern sie sind im wesentlichen direkt und unmittelbar Produkte kognitiver Kompetenzen. Dieser Sachverhalt schließt keineswegs aus, daß kognitionsunabhängige materielle Umstände und kognitive Strukturen sich angleichen; so ist das traditionale System des Racherechts und der Selbsthilfe natürlich auch unter Bezug auf kognitionsunabhängige soziale Strukturen (Fraktionierung der Populationen in Sippen und Stämme, letztlich infolge geringer Bevölkerungsdichte) zu erklären. Die Erklärung der *spezifischen* Strukturen der Selbsthilfe usw. erfordern aber die Unterstellung primitiver Mentalität, die in jenen Institutionen verkörpert gewesen ist. Aus diesem Ansatz ergibt sich die oben genannte ökologische Perspektive.

Auch die sozialen Institutionen traditionaler Gesellschaften wie Familie, Königs- und Adelsherrschaft, Gerontokratie und Patriarchalismus usw. sind natürlich aus materiellen sozialen Prozessen in klassischer sozialwissenschaftlicher Manier zu erklären, aber das psychologische Leben, das in ihnen herrschte und den genannten Institutionen das spezifische Gepräge verlieh, ist nur unter Bezug auf präformale Strukturen verständlich. Dies war am Beispiel der traditionalen Familie deutlich geworden. Ihre essentiellen Strukturen: Pietätshaltung der Angehörigen, Position des Oberhaupts, Ahnenkult einschließlich Unsterblichkeitsglaube usw. sind unmittelbare Manifestationen präformaler Strukturen.

Das niedrige Niveau traditionaler Naturbeherrschung, traditionaler Techniken und der materiellen Kultur ergeben sich auch aus dem präformalen Denken. Vorkausalität, Prä-Logik, Magie,

Animismus, Artifizialismus bedeuten einen niedrigen Stand der kognitiven Konzeptualisierung natürlicher Vorgänge. Die primitive Naturkunde ist durch diese präformalen Konzepte geradezu definiert. Daher ergibt sich unweigerlich die Schlußfolgerung, daß der niedrige Stand der traditionalen Technologien nicht einfach nur die Folge fehlenden Wissens, das heißt äußerer Umstände ist, sondern auch aus den präformalen Kompetenzen der Populationen resultiert. Die materiellen Lebensumstände traditionaler Gesellschaften mußten weder die modernen Technologien noch die für ihre Konstruktion erforderlichen kognitiven Kompetenzen erzwingen.

Gemäß der Stadientheorie entsteht die adoleszente Ablösung der kindlichen Naturkunde durch naturwissenschaftliche Konzepte als direkte Folge der Etablierung formal-logischen Denkens.[185] Denn die operatorische Multiplikation mentaler Aspekte ermöglicht ohne Voraussetzung spezifischen Wissens die Entdeckung einfacher Naturgesetze und die Formulierung begrifflicher Definitionen. Daher ist die Ablösung des traditionalen Ordokonzepts und des animistisch-artifizialistischen Naturdenkens durch die Naturwissenschaften und die sogenannte kritische Philosophie in der europäischen Neuzeit als Ausdruck der kognitiven Evolution der Populationen, zunächst der Bildungselite, zu interpretieren. Nur unter Bezug auf die Transformation zugrundeliegender Denkstrukturen, niemals durch die Annahme der Kumulation von Wissen oder eines mirakulösen *gestalt switch*, ist die Überwindung steinzeitalten Naturdenkens durch physikalische Theorien zu erklären.

Nur weltfremde Intellektuelle (Frank Capra, Hans Peter Duerr, Mircea Eliade, Peter Winch und andere) können dem Gedanken verfallen, traditionale und moderne Naturkonzeptionen seien alternative Systeme, die entweder im Sinne der Gleichrangigkeit oder sogar im Sinne der Überlegenheit des traditionalen Denkens bewertet werden müßten. Tatsächlich ist die Ersetzung der Alchimie durch die Chemie, der alten Naturphilosophie durch die Physik, der Astrologie durch die Astronomie, der magischen Heilkunde durch die naturwissenschaftliche Medizin, der Handwerkskunst durch die Ingenieurwissenschaften, der Agrar- durch die Industriewirtschaft usw. auch als Fortentwicklung kognitiver

185 Piaget/Inhelder 1977; Piaget 1975, Bde. 9 und 10.

Strukturen, als Transformation präformalen, symbolisch-magischen Denkens in formales Denken zu begreifen.

Insofern die moderne Gesellschaft im wesentlichen durch ihre technologische Fundierung charakterisiert ist, ergibt sich schon bei Alleinberücksichtigung dieses Aspektes, in welch hohem Maße die Phänomene der modernen Gesellschaft Ausdruck formalen Denkens sind.

Letztlich aber haben sich sehr viele charakteristische Phänomene der modernen Gesellschaft gegenüber traditionalen Phänomenen im Sinne der Stadientheorie verändert. Daher kann vorliegender Ansatz die Modernisierungstheorien, welche den Totalcharakter der Veränderung vieler Institutionen beleuchten, ohne einzelne hervorzuheben, und diese Veränderung als Fortschritt deuten, sowohl bestätigen als auch stadientheoretisch fundieren.

Die Stadientheorie vermag nun dabei zu helfen, die Frage zu beantworten, weshalb so viele Phänomene der modernen Gesellschaft sich gegenüber Phänomenen der traditionalen Gesellschaft gewandelt haben. Die konkomitante Fortentwicklung des naturwissenschaftlichen, politischen, juristischen, moralischen, theologischen usw. Denkens im neuzeitlichen und modernen Gesellschaftsprozeß ergibt sich aus der stadientheoretischen Verzahnung dieser unterschiedlichen Bereiche, der denkstrukturellen Erzeugung physikalischer, sozialer und moralischer Bereiche; sie ergibt sich gleichermaßen auch aus den formalisierten Denkstrukturen der neuzeitlichen und modernen Populationen.

Auch an dieser Stelle zeigt sich die Überlegenheit des hier formulierten völkerpsychologischen Ansatzes gegenüber materialistischen und soziologistischen Ansätzen, die Gleichzeitigkeit und den inneren Zusammenhang dieser zivilisatorischen Prozesse, insbesondere den Konnex von mentalen und materiellen Prozessen, aufzuzeigen und zu erklären. Die Ableitung der Zivilisationsprozesse aus der Evolution der Denk- und Handlungskompetenzen der Populationen erklärt nämlich die Bereichsvielfalt der Modernisierungsvorgänge. Es ist einleuchtend, daß Populationen, die mit effizienteren Denk- und Handlungskompetenzen ausgestattet sind, sich nicht mit der Optimierung zum Beispiel ihrer materiellen und beruflichen Lebensgrundlagen zufriedengeben werden, sondern auch die Optimierung der rechtlichen, politischen, kulturellen, familiären, wissenschaftlichen, medizinischen, künstlerischen usw. Strukturen und Lebensäußerungen in Angriff nehmen werden.

Die Modernisierung als Verbesserung sämtlicher kultureller Lebensäußerungen wird aber besonders dann verständlich, wenn man sie direkt aus dem Handeln der Menschen ableitet. Diese These vom Primat des Handelns wird dadurch bekräftigt, daß die Modernisierung der genannten Teilbereiche sich direkt als Manifestation formalisierter Denkstrukturen begreifen läßt.

Auch ohne Applikation der Völkerpsychologie sind die kognitiven Partialursachen der Entstehung der modernen Gesellschaft greifbar: Entstehung der Naturwissenschaften, politische Aufklärung, Rechtsformalisierung, protestantische Ethik, persönliche Selbstbestimmung usw. sind mentale Phänomene. Während materialistische Theorien diese Phänomene nur unter Benutzung dialektischer Kunststücke in dem rein »objektiven« Erklärungsmodell materieller Prozesse – vornehmlich das »Kapital« als deus ex machina – unterbringen können, erlaubt die transkulturelle Psychologie, sowohl die Erhöhung der materiellen Zivilisation als auch des soziokulturellen Bildungsstandes aus einem Guß zu erklären. Die oben genannten Teilursachen indizieren, daß die Modernisierung schon auf präentwicklungspsychologischer Theorieebene als eine Modernisierung auch mentaler Phänomene konzipiert werden kann (und auch konzipiert worden ist). *Insofern ist es naheliegend, die nahezu gleichzeitige Modernisierung vieler mentaler und materieller Lebensäußerungen auch als Ausdruck der Modernisierung der Denk- und Handlungsfähigkeiten der Populationen zu begreifen.*

Die Materialisten neigen dazu, den Industrialisierungsprozeß aus der Veränderung nur einer oder weniger Variablen abzuleiten; sie unterstellen implizit, das Denken und Handeln der Menschen bleibe zumindest in dieser entscheidenden Hinsicht grundlegend von den angenommenen ehernen Entwicklungsgesetzen unberührt. Die Erkenntnis des Totalcharakters der Modernisierung hingegen zieht die Schlußfolgerung der totalen Verwobenheit der individuellen Handlungen in ihr nach sich. Am Beispiel der Entstehung der Naturwissenschaften, des Schuldstrafrechts, des Beweisprozesses, der Aufklärung usw. wird zudem deutlich, daß die individuellen Handlungen, das Denken und Tun der Akteure, auch wenn es eine Antwort auf drängende soziale Probleme gewesen sein mag, durchaus auch eine autonome Rolle der gesellschaftlichen Modernisierung gespielt haben mag. Die Ableitung dieser evolutionären Phänomene aus dem formalen Denken zeigt, daß nicht allein soziale Umstände, nicht nur immanente materielle Prozesse, sondern individuelle Handlungen, verbesserte Fähigkeiten der Populationen, zumindest in diesen Bereichen, die Schrittmacher der Modernisierung gewesen sind.

Dieser Ansatz steht ersichtlich im Gegensatz zu impliziten und expliziten Grundannahmen einiger soziologischer Theorien. Man kann behaupten, das Selbstverständnis der Soziologie und die Konzeption dieses Faches – in Abgrenzung zur Psychologie – beruht auf dem *Glauben*, es sei ihre Aufgabe, gesellschaftliche, überindividuelle, materielle Prozesse aus ihrer rein kausalen Wirkung aufeinander zu untersuchen. So erscheint der Schulsoziologie soziale Entwicklung überwiegend aus Prozessen erklärbar, die mit den Individuen und ihren Strukturen nichts oder wenig zu tun haben, sondern die quasi eigengesetzlich, selbsttätig und mechanisch oberhalb des Handelns der Individuen verlaufen. Demnach beschäftigt sich die Soziologie nur mit Institutionen und mit Menschen nur insoweit, als diese sich dem mechanischen Gefüge der Institutionen, das zu untersuchen die soziologische Aufgabe sei, nachgerade anpassen (vgl. Theorien rationalen Handelns). Viele glauben sogar, der wissenschaftliche Charakter der Soziologie, ihre »Objektivität«, komme erst durch diese Abstraktion von psychologischen Phänomenen, durch die Alleinberücksichtigung der mechanischen Prozesse, zustande.

Dies sei am Beispiel des historischen Materialismus exemplifiziert. Ihm erscheint das Bewegungsgesetz der Industriegesellschaft, mithin ihre Entstehung aus der Agrargesellschaft, im wesentlichen durch das Kapital definiert. Daher identifiziert er die Kausalfaktoren der Industrialisierung im wesentlichen mit der »ursprünglichen Akkumulation«. Ursprung, Entwicklung und Ende der kapitalistischen Industriegesellschaft sind diktiert durch Kapitalbildung und Kapitalverzinsung. Folgerichtig erscheint die anhaltende Unterentwicklung zeitgenössischer Entwicklungsregionen als Folge der Behinderung der Kapitalbildung, insbesondere als Entzug von Kapital. Gängige Theorien der Unterentwicklung, die Dependenztheorien, verorten entsprechend die Ursachen der Armut im System internationaler Ausbeutung, in internationalen Kapitalbewegungen. Demzufolge sind arme Länder arm, weil reiche Länder reich sind. Dieser fatale und folgenreiche Irrglaube ist ein deutliches Beispiel der Ableitung gesellschaftlicher Entwicklung aus einem rein materiellen Prozeß, aus einem mechanischen Kausalfaktor.

Aber auch nichtmaterialistische Entwicklungstheorien, die zusätzliche Faktoren wie Technik, Bevölkerungswachstum, Agrarentwicklung usw. anführen, um den Industrialisierungs- und Modernisierungsprozeß zu erklären, nehmen überwiegend an, diese Makrotendenzen seien mechanische Prozesse, die überindividuellen Ursprungs seien und daher nicht auf tieferliegende Vorgänge, das heißt insbesondere nicht auf veränderte Handlungsstrukturen der Populationen, bezogen werden können. Dabei wird unterschlagen, welchen Anteil optimierte Handlungsweisen an den jeweiligen, als unreduzierbar unterstellten Makrotendenzen haben.

Neuere demographische Theorien betonen die Bedeutung der Erweiterung des Ernährungsspielraums für das neuzeitliche Bevölkerungswachstum. Das Bevölkerungswachstum erzwang die Agrarintensivierung der europäischen Neuzeit. Der Theorie Boserups (1965) zufolge bewirkte das Bevölkerungswachstum sowohl die Erfindung der Landwirtschaft im Neolithikum, mithin das Ende der Wildbeutergesellschaft, als auch die weiteren Phasen der Agrarintensivierung. Laut Boserup sind Zivilisationsprozesse Resultate demographischer Bewegungen. Zunehmende Besiedlungsdichte erzwingt Produktivitätssteigerungen auf knapper werdendem Boden. Diese Theorie ist weithin applikationsfähig; sie vermag die Agrarentwicklung der Tropen und Europas weitgehend zu erklären.[186] Boserups Theorie benennt objektive materielle Umgebungsbedingungen als Determinanten sozialer Evolution.

Im folgenden soll gezeigt werden, wie diese Umgebungsbedingungen das »ökologische Milieu« definieren, in denen psychisch-kognitive Entwicklungen erforderlich wurden. Veränderte Umgebungsbedingungen erzwangen modifizierte Denk- und Verhaltensmuster, die ihrerseits auf jene einwirkten.

Die Erhöhung der landwirtschaftlichen Arbeitsproduktivität entstand in der europäischen Neuzeit durch den Einsatz verbesserter Technologien, einer rationelleren Nutzung (Ersetzung der Sichel durch die Sense, des Zugochsen durch das Pferd, der Drei-

186 Vgl. Oesterdiekhoff 1993 a.

felder- durch die Fruchtwechselwirtschaft, Einsatz des Eisenpflugs usw.). Alle diese Maßnahmen sind direkt erkennbar als Ausdruck der Erhöhung individueller Bemühungen, nicht als unmittelbare Folge mechanischer Prozesse, die sich an Individuen nur vollzögen. Nun ist bekanntlich die Erhöhung der landwirtschaftlichen Arbeitsproduktivität nicht nur die Basis des Bevölkerungswachstums, sondern auch die der Entstehung des Industriesektors.[187] Die Erhöhung der landwirtschaftlichen Arbeitsproduktivität ist hinsichtlich der Verwendung der freigesetzten Arbeitskräfte, der Konsumtion der Industrieprodukte, der Finanzierung des Industriesektors usw. der Geburtshelfer der Industriewirtschaft – in Japan wie auch im Westen.[188] *So ist die aus der Intensivierung individueller Bemühungen ableitbare Erhöhung der Agrarproduktivität nicht nur die Ursache des Bevölkerungswachstums, sondern auch der Industriewirtschaft.* Diese ist somit insofern nicht nur hinsichtlich ihrer technologisch-naturwissenschaftlichen Grundlage, wie oben gezeigt, aus individuellen Bemühungen ableitbar, sondern auch hinsichtlich ihrer wirtschaftlichen Grundlagen. Daher empfiehlt es sich, die Unternehmung, nicht das Kapital als Charakteristikum der Industriewirtschaft zu verwenden. Die Analyse der Unternehmung zeigt die fortsetzbare Ableitbarkeit der Industriewirtschaft aus individuellen Handlungen; das Kapital ist nur der Niederschlag dessen, nicht prima movens. *So ist die wirtschaftliche Entwicklung Europas seit dem Spätmittelalter durch eine ständige Erhöhung der Arbeitsproduktivität gekennzeichnet, die unmittelbar aus individuellen Handlungen, das heißt ihrer ständigen Verbesserung, ableitbar ist.*

Diese Erkenntnis ist für den wirtschaftswissenschaftlichen Streit zwischen Gleichgewichts- und Entwicklungstheorie unmittelbar relevant. Wirtschaftliche Phänomene sind nur aus ihrer Entwicklung erklärbar. Diese wiederum ist im wesentlichen durch die ständige Erhöhung der Arbeitsproduktivität gekennzeichnet.[189] Der Reichtum der Nationen resultiert aus der Verschiebung des Schwerpunkts des Wirtschaftens vom ersten zum zweiten und dritten Sektor. Diese sektorale Transformation ihrerseits ist unmittelbar die Folge der Erhöhung der Arbeits-

187 Kuznets 1972; Hartwell 1972.
188 Hesse 1982.
189 Fourastié 1969.

produktivität. Erhöhung der Arbeitsproduktivität wiederum ist nichts anderes als Weiterentwicklung von Wissen und Fertigkeiten, die in den Produktionsprozeß einfließen. In diesem Sinne sind Reichtum und Entwicklung einer Nation eine unmittelbare Folge der verbesserten Fertigkeiten und des vermehrten Wissens der Populationen zu verstehen, die der Erhöhung der Produktivität zugrunde liegen. *So ist nicht das Kapital die Grundlage der Wirtschaftsentwicklung, sondern die Erhöhung der Arbeitsproduktivität, das heißt die Fähigkeiten der Populationen.*

So ist die Arbeitsproduktivität das Bindeglied zwischen dem nach außen sichtbaren Reichtum und Entwicklungsstand der Nationen und den im Inneren wirksamen Fertigkeiten, Handlungs- und Organisationsstrukturen der Bevölkerung. Vor dem Hintergrund der völkerpsychologischen Untersuchungsergebnisse ist evident, daß die entwickelteren Fertigkeiten der Bevölkerung, die die Erhöhung der Arbeitsproduktivität bedingen, mit der Elaboration formalen Denkens zusammenhängen. Als herausragendes Bindeglied zwischen der Erhöhung der Arbeitsproduktivität und der kognitiven Entwicklung ist besonders das Berufswissen zu erwähnen. Sowohl die Entwicklung qualifizierten Berufswissens als auch seine Aneignung durch die Auszubildenden erfordern formales Denken. Denn es ist ersichtlich, daß die Fähigkeiten des Technikers, Ingenieurs, Mediziners, Managers, Juristen, Wissenschaftlers usw. formale Denktechniken voraussetzen. In diesem Zusammenhang denke man an die Bedeutung der Schulbildung sowohl für die Elaboration formalen Denkens[190] als auch für den Erwerb qualifizierten Berufswissens. Auf diese Weise kann man hinsichtlich der Entwicklung der materiellen Zivilisation und der wirtschaftlichen Entwicklung den Konnex von kognitiver und ökonomischer Entwicklung denken und theoretisch fassen. In diesem Sinne ist die bedingte Ableitung der sozialen und wirtschaftlichen Entwicklung aus dem Denken und Handeln individueller Akteure bzw. von Populationen verständlich zu machen.[191] Modernisierung ist auch dadurch

190 Scribner 1984.

191 Es gibt in den Sozialwissenschaften aber auch Ansätze psychologischer, nichtmaterialistischer Modernisierungstheorien. Zu erwähnen sind dabei insbesondere die Rationalisierungs- und Entzauberungsthese und die *Protestantische Ethik* Max Webers (1981), die Zivilisationstheorie Norbert Elias', die psychologischen Moderni-

gekennzeichnet, daß Individuen sich permanent innovativ betätigen, sich mühen, Dinge und Verfahren effizienter zu gestalten.

Natürlich haben *Ökonomen* das Unbefriedigende der Wachstums- und der Gleichgewichtstheorien gesehen. Immer wieder

sierungstheoretiker (McClelland 1966; Lerner 1971; Hagen 1958; Inkeles 1983), und auch die französischen Mentalitätenhistoriker lassen sich hier erwähnen. Die Genannten gehen alle davon aus, daß der soziale Modernisierungsprozeß nicht zu verstehen ist ohne entsprechende psychische Wandlungen, denen zufolge der mittelalterliche und nichtwestliche Mensch im Gegensatz zum neuzeitlichen und westlichen Menschentypus durch ein geringeres Maß an Rationalität, methodische Lebensführung und Selbstkontrolle gekennzeichnet ist. Zum Beispiel Weber zufolge sind der neuzeitliche Okzident und die modernen Institutionen im wesentlichen ein Produkt intellektueller Rationalisierung. Moderne Institutionen wie der kapitalistische Betrieb, das moderne Recht und Wissenschaft konnten nach ihm in anderen Teilen der Welt nicht entstehen, weil dort Mythos und Magie Barrieren des Rationalisierungsprozesses gewesen sind. Wirtschaftswachstum und Modernität sind nach Weber mitbedingt durch die protestantische Ethik, die genau dadurch gekennzeichnet ist, daß sie diese Barrieren beseitigt. So resultiert laut Weber die Modernisierung der Institutionen aus veränderten Handlungsstrukturen der Menschen – Stichwort: methodische Lebensführung – und aus veränderten Denkweisen – Stichwort: Rationalisierung und Entzauberung. Elias charakterisiert analog den mittelalterlichen Menschen im Gegensatz zum neuzeitlichen Höfling und bürgerlichen Menschen als von Affekten beherrscht, als durch eine geringere Triebkontrolle gekennzeichnet und nicht zur Langsicht über verlängerte Handlungsketten befähigt. McClelland (1966) erklärt den Reichtum und die Armut von Nationen aus Differenzen der Entwicklung der Leistungsmotivation, Hagen (1958) aus Unterschieden der Entwicklung der Kreativität und Lerner (1971) aus Differenzen der Entwicklung der Empathie. Diese und andere Theorien erklären die soziale Entwicklung im allgemeinen und die Modernisierung im besonderen aus dem Handeln der Individuen. Gesellschaftliche Prozesse sind nicht das Produkt der von Menschen unabhängig und eigengesetzlich sich vollziehender Vorgänge, sondern das Resultat menschlicher Bemühungen. Die Einbettung der von genannten Autoren analysierten Phänomene in die völkerpsychologische Theorie ist offensichtlich, insofern ist die völkerpsychologische Theorie eine Weiterentwicklung und Vertiefung genannter Ansätze. Im Hinblick insbesondere auf die Theorien Webers und Elias' sei behauptet, daß erst die völkerpsychologi-

wurde der Konnex von sozialen und ökonomischen Faktoren hervorgehoben. Der *spezifische* Modus der Einflußnahme des sozialen Faktors im Wirtschaftsgeschehen wurde aber selten erörtert; eine sozialwissenschaftliche Erlösung von der »Astronomie der Güterbewegungen« gelang nicht.[192] Es sei daher behauptet, daß der Rekurs auf individuelle, das heißt kognitive Strukturen der Wirtschaftstheorie weiterhelfen kann. Es sei die Hypothese aufgestellt, daß es präformale und formale Arbeitstechniken und Unternehmerhandlungen (ökonomische Verhaltensweisen) gibt. Diese kognitive Strukturierung ökonomischer Handlungen ist verknüpft mit dem Stand der Arbeitsproduktivität, das heißt mit Armut und Wohlstand einer Nation.

Die Anwendung der Völkerpsychologie in der *Entwicklungspolitik* verlangt die Konzeptualisierung einer Modernisierungstheorie, die die Bedeutung des menschlichen Faktors, des Humankapitals[193] bzw. des psychologischen Faktors[194] für Unterentwicklung bzw. Entwicklung hervorhebt.

Ein theoretischer Ansatz, der die Modernisierung auch als Resultat formal-operatorisch optimierten Handelns der Individuen versteht, kann plausibler erklären, weshalb die Entwicklung der materiellen Zivilisation, das heißt wirtschaftlichen Wachstums, der politischen Institutionen, der Aufklärung, der Naturwissenschaften usw. nahezu konkomitant verlaufen ist: Alle diese Evolutionsprozesse finden ihre Gemeinsamkeiten in ihrer formalen Struktur und in ihrer Ableitung aus den Handlungsstrukturen der Individuen. Populationen, die aus formaldenkenden Individuen bestehen, setzen ihre Fähigkeiten zur Gesamtverbesserung ihrer Leistungen und Lebensäußerungen ein. Dieses Erklärungskonzept läßt den Zusammenhang zwischen Newton, Watt, Voltaire, Kant und Beethoven klarer werden als ein materialistischer Ansatz, der mit dialektischen Tricks den »Überbau« aus Produktivkräften abzuleiten sucht. Die Bereichsvielfalt der Modernisierung kann schlecht aus mechanisch-materiellen Prozessen, aus der Veränderung einer oder weniger Variablen, zum Beispiel

sche Theorie die von den beiden Autoren genannten Phänomene erfahrungswissenschaftlich absichert und in eine kohärente psychologische Theorie fügt.

192 Albert 1968.

193 Harbison 1973.

194 Lerner 1971; McClelland 1966; Hagen 1958.

der Kapitalakkumulation verstanden werden. Die Bereichsvielfalt der Modernisierung zeigt, daß die Veränderung der Denk- und Handlungsstrukturen der Populationen an dem Modernisierungsprozeß beteiligt ist.

Die effizienteren Verfahrensweisen entwickelter Gesellschaften sind nicht einfach in institutionellen Prozessen abgespeichert, die das Handeln der Populationen mechanisch und äußerlich regulierten. Vielmehr beruht die Effizienzsteigerung der Gesellschaften auf der Steigerung der Wirksamkeit des Handelns der Populationen. So wie gesellschaftliche Prozesse auf dem Handeln der Menschen aufbauen, so sind auch die gespeicherten Informationen und Verfahrensweisen nur der Niederschlag des Handelns der Individuen. *Demnach ist die Effizienzdifferenz der Gesellschaften weithin reduzierbar auf die Effizienzdifferenz des Handelns, das heißt des Wissens und der Fertigkeiten der Populationen.* So besteht das institutionelle Gehäuse nicht nur aus menschlichen Handlungen, es ist vielmehr weithin mit ihnen identisch. Es gibt keine sozialen Prozesse außerhalb des menschlichen Handelns. In diesem Sinne ist der Konnex von Traditionalität und präformalem Denken und von Modernität und formalem Denken nicht nur milieutheoretisch, sondern reziprok und interaktionistisch zu denken.

Das bisherige Ergebnis dieser Überlegungen ist die Überwindung der milieutheoretisch verkürzten Perspektive der Völkerpsychologen und die Implementierung der völkerpsychologischen Resultate in die Sozialwissenschaften durch Ableitung der Modernisierung aus stadientheoretisch greifbaren Handlungsfertigkeiten.

Es stellt sich nun die Frage nach den *Ursachen* der Formalisierung der Denkprozesse der Populationen. Die Antwort ergibt sich aus dem entwicklungspsychologischen Interaktionstheorem. Soziale Probleme und Phänomene evozieren die kognitive Entwicklung, wie auch diese ihrerseits die sozialen Phänomene befördern und entwickeln. Die Frage zu stellen, ob zuerst die sozialen Probleme (soziale Modernisierung) oder die kognitiven Phänomene (formales Denken) existiert haben, hieße die Frage nach dem Vorher von Huhn und Ei zu stellen. Die Forderung nach der Explikation eines sozialen Phänomens aufzustellen, dem der Status des ersten Bewegers der kognitiven (und sozialen) Evolution zukäme, hieße einem veralteten, nichtfunktionalistischen Kausalmodell anzuhängen. Vielmehr ist das Verhältnis von kultureller und kognitiver Entwicklung hinsichtlich des Kausalmodells im Sinne der Erklärung des Zivilisationsprozesses durch Norbert Elias (1977) zu konzipieren. Aus der Interaktion der Individuen resultieren die sozialen Prozesse, die ihrerseits auf die Individuen rückwirken. So schaukeln sich sowohl der materielle als auch der individuelle Zivilisationsprozeß gegenseitig hoch.

Dies sei am Beispiel der Entstehung der Naturwissenschaften exemplifiziert. Soziale Prozesse, die ihrerseits das Produkt individueller Innovationen sind, veranlassen Experimentatoren und Naturforscher zur Konzipierung physikalischer Theorien. In der Auseinandersetzung mit den von ihnen studierten Phänomenen entwickeln sie uno actu formale Operationen. Auf diese Weise versteht sich die individualpsychologische Entstehung einer Verfahrensart (ähnlich die Entstehung von Institutionen usw.). Die nachfolgende Generation, die sich die neuerworbenen Kenntnisse aneignet, bildet die Operationen im Prozeß der Aneignung des Wissensbestandes aus. Auf dieser Basis kann ihr in einem weiteren Schritt die Weiterentwicklung des akkumulierten Wissens gelingen. Dieses Interdependenzphänomen kann man sich auch am Beispiel der Interaktion von Berufswissen (und damit Arbeitsproduktivität) und Operationen verdeutlichen.

Das genannte Beispiel hat natürlich aus methodischen Gründen der Vereinfachung von dem Phänomen abstrahiert, daß Denkfähigkeiten, die in anderen Bereichen gewonnen wurden, sich in neuen Bereichen evolutionär auswirken. Dieser Ausstrahlungseffekt erklärt schließlich erst das Phänomen der Bereichsvielfalt der Modernisierung. So sind die sozialen Phänomene, insbesondere die mentalen und die materiellen Phänomene, in einem Netzwerk ineinander verflochten, sie interferieren und überlagern sich, so daß die Initialfunktion eines Phänomens zu Rückkopplungen führt. Und so treiben sich die kognitiven Strukturveränderungen und ihre Objektivationen, die »materiellen« sozialen Prozesse, durch vielfältige und verzweigte Interferenzen und Rückkoppelungen gegenseitig an, sowohl das präformale Denken als auch die Institutionen der traditionalen Gesellschaft zu überwinden. In diesem Netzwerkmodell sind in geschilderter Weise kognitive und soziale Prozesse einander Ursache und Wirkung zugleich. So versteht sich komplementär der Konnex differenzierter sozialer Institutionen (Niklas Luhmann) mit differenzierten kognitiven Strukturen (Jean Piaget).

Die Überlegenheit dieses Erklärungsmodells über monokausale oder lineare Erklärungsmodelle ist offensichtlich. Die Erklärungen der Modernisierung aus der Kapitalakkumulation (Marx, Nurkse), aus der Struktur der vorindustriellen Landwirtschaft (Abel, Bairoch, Moore), aus Niederschlagsmengen (Hesse), aus psychologischer Modernität (Inkeles, McClelland, Lerner, Hagen, Boesch), aus der protestantischen Ethik, der Rationalisierung und Entzauberung (Weber), der Zentralisierung der politischen Gewalt, der Zivilisierung des Verhaltens (Elias), der Demokratisierung, dem Christentum, den Naturwissenschaften, der Aufklärung, dem Bevölkerungswachstum usw. bedeuten jeweils eine unzulässige Hypostasierung eines Einzelfaktors. Diese Phänomene mögen einen mehr oder weniger großen Einfluß im Modernisierungsprozeß haben, aber sie alle sind weder die ersten Beweger noch die prominentesten Determinanten.

Diese Form der Theoriebildungen erklärt sich aus einem für die Sozialwissenschaften nicht geeigneten Kausalitätsverständnis. Komplexe soziale Phänomene erfordern einen funktionalistischen Kausalbegriff. Aufgabe der Modernisierungsforschung muß daher sein, ein Netzwerkmodell zu entwickeln, in dem die Determinanten in ihren Interrelationen approximativ gewichtet werden.

Eine völkerpsychologische Modernisierungstheorie bedarf zu ihrer Bestätigung zweierlei: (1) der Bestätigung der völkerpsychologischen Zentralthese vom präformalen Denken traditionaler Populationen und (2) der Ableitung bzw. Korrelation der einzelnen Modernisierungsphänomene aus bzw. mit (1). Wie gezeigt, besteht zur Zeit nicht einmal ein Ansatz der möglichen Falsifizierung von (1) und (2). Denn entscheidend für die Bestätigung dieser Theorie ist nur, *daß* ein Zusammenhang von formalen Operationen und modernen Sozialstrukturen existiert. Selbst wenn also der Nachweis geführt werden könnte, daß in keinem Bereich der Modernisierung kognitive Strukturen initiierende oder determinierende Funktionen einnehmen, sondern die Modernisierung sämtlicher Lebensbereiche ausschließlich aus materiellen Kausalprozessen erfolgte, dann wäre vorliegender Ansatz überhaupt nicht falsifiziert. Vorliegende Theorie würde nur den Status verlieren, die Kausalantezedentien erklären zu können;

kognitive Strukturen würden die Rolle von bloßen Wirkungen, Transmissionsriemen usw. einnehmen.

Der bloße Nachweis präformalen Denkens in traditionalen Gesellschaften und formalen Denkens in modernen Gesellschaften ist per se schon ein Beweis der Existenz des kognitiven Entwicklungsfaktors – auch ohne Diagnose der Verzahnung kognitiver und sozialer Prozesse –; dieser Nachweis allein liefert allerdings noch keine Angabe über den Kausaleinfluß und die Determinationsstärke des kognitiven Faktors auf die sozialen Modernisierungsprozesse.

Am Beispiel des Prozeßrechts usw. wurde aber die Vorreiterrolle der kognitiven Strukturen demonstriert. Eine Widerlegung der völkerpsychologischen Entwicklungstheorie könnte daher nur über den Weg der Widerlegung der Stadientheorie erfolgen (denn die These vom präformalen Denken traditionaler Populationen ist, bei Berücksichtigung der Untersuchungsergebnisse, ein Ingrediens derselben). Für eine derartige Möglichkeit einer Widerlegung ist bisher ein tragfähiger Ansatz noch nicht einmal in Aussicht.

Vor dem Hintergrund der so explizierten Modernisierungstheorie, die auf der Wechselwirkungskausalität von kognitiven und sozialen Prozessen basiert, ergibt sich die Nichtidentifizierbarkeit der kognitiven Evolution mit dem bekannten Trick des Barons von Münchhausen bzw. mit dem perpetuum mobile. Nicht hegelsche Selbstentfaltung des Geistes, sondern die Interaktion des Individuums mit seiner Umwelt ist das Grundmuster der Erklärung. Demzufolge liegt die Evolution nicht in der freien Verfügung der Individuen und Populationen, wenn man die Evolution aus kognitiven Strukturen ableitet. Es obliegt kaum der freien Wahl der einzelnen bzw. der Populationen, ob sie sich kognitiv fortentwickeln wollen. Daher haben weder moderne Populationen Anlaß, stolz auf ihren Entwicklungsstand zu sein, noch ließen sich aus dem Untersuchungsergebnis Dünkel und Vorwürfe gegen traditionale Populationen ableiten. Denn der Entwicklungsendstand, den Individuen erreichen, ist schließlich sozial bedingt, das heißt, er erfolgt nicht aus freier Wahl. *In dieser Hinsicht »geschieht« einem Individuum das psychische Entwicklungsniveau, der präformale bzw. formale Entwicklungsendstand, in gleicher Weise wie seine Geburt und sozialisatorische Plazierung in eine bestimmte soziale Umwelt.*

Die Addition des Faktors »kognitive Struktur« zu den bekannten Entwicklungsfaktoren impliziert, daß die kognitiven Strukturen in ähnlicher Weise wie die übrigen materiellen und mentalen Faktoren gleichzeitig Determinanten und Determinierte sind. In diesem Sinne versteht sich die Forderung nach einer ökologischen Theorie, die das Zusammenspiel von kognitiven und sozialen Faktoren analysiert. Weder Milieudeterminismus noch transzendentaler Voluntarismus, sondern erst eine interaktionistisch fundierte kognitive Psychologie begründet die ökologische Theorie.

In diesem Kapitel sollte die Bedeutung der Theorie Piagets für die Geistes- und Sozialwissenschaften skizzenhaft, aber grundsätzlich herausgestellt werden. Da viele Phänomene der Soziologie, der Wirtschaftswissenschaften, der Entwicklungspolitik, der Geschichtswissenschaft, der Rechtswissenschaft, der Philosophiegeschichte, der Religionswissenschaft, der Ethnologie, der Psychologie, der Politologie usw. historischer Natur sind, ist die völkerpsychologische Erkenntnis vom Zusammenhang präformalen Denkens und Traditionalität und formalen Denkens und Modernität für den Fortschritt genannter Disziplinen relevant. Vorliegende Studie konnte einen Einblick darin verschaffen, welche Bedeutung die stadientheoretische Überwindung des impliziten und expliziten Apriorismus der Sozialwissenschaften, die Erkenntnis vom präformalen Denken traditionaler Populationen für die Diagnose kognitiver, religiöser, rechtlicher, familiärer usw. Phänomene hat.

Ohne valide Kenntnis der psychisch-kognitiven Strukturen der Populationen führt die implizite Unterstellung universaler kognitiver Strukturen bzw. die Nichtberücksichtigung derselben zu Kausalerklärungen hinsichtlich gesellschaftlicher Phänomene und ihrer historischen Differenzen, die im rein materiellen Bereich isoliert und lokalisiert werden. Diese Unterschlagung des psychologischen Faktors führt – wie gezeigt – überwiegend notgedrungen zu einer systematischen Fehleinschätzung und zu verzerrten Erklärungsmodellen der sozialen Phänomene. Materiellen Phänomenen werden Erklärungsaufgaben zugemutet und überantwortet, die sie nicht leisten können. Am Beispiel des »Kapitals« wurde diese Fehlentwicklung einschließlich der Folgen für die Entwicklungspolitik skizzenhaft aufgezeigt. Hinsichtlich sozialwissenschaftlicher Erklärungsmodelle der Entstehung der modernen Gesellschaft führte dies zu einer bald disziplinweiten Überschätzung des Herrschafts- und Unterschätzung des Leistungsaspekts als Kriterien der Gesellschaftsdiagnose und des Vergleichs von Gesellschaften. Daher fordern die völkerpsychologischen Erkenntnisse eine Korrektur wichtiger Bereiche sozialwissenschaftlicher Theoriebildung. Soziale Phänomene müssen auch unter Bezug auf die kognitiven Strukturen der Akteure erklärt werden.

Nun bestätigt sich die im ersten Kapitel aufgestellte Behauptung, daß die Gewinnung einer stabilen Grundlage sozialwissenschaftlicher Theoriebildung abhängig ist von der Erarbeitung einer psychologisch-anthropologischen Theorie, die vor dem Tribunal erkenntniskritischer, evolutionspsychologischer und naturwissenschaftlicher Fragestellungen Bestand hat. Dies kann nur eine Theorie sein, die die Humanstrukturen aus ihrer Entstehung begreift, die die Entwicklung vom Säugling zum Erwachsenen darstellt und die ausdrücklich die Frage nach dem Entwicklungsendstand von Menschen thematisiert. Daher ist einzig die entwicklungspsychologische Theorie und Methode in der Lage, diese Aufgabe zu erfüllen.

Die Theorie muß die basalen Strukturen des Menschen beschreiben, die unterhalb der Ebene variierender kultureller Inhalte verlaufen, indem sie die conditio humana, die stadienstrukturellen Bedingungen der Möglichkeit kulturellen Lernens demonstriert. Dies kann nur eine erfahrungswissenschaftlich abgesicherte Theorie sein, die die Humanstrukturen aus der kausalgenetischen Abgrenzung von subhumanen Lebewesen gewinnt, um so sowohl die Gemeinsamkeiten als auch die Differenzen trennscharf herauszuarbeiten. Erst auf diesem Wege kann durch Vermeidung des Transzendentalismus und des Biologismus das Humane am exaktesten dargestellt werden.

Die Theorie muß die Entwicklung der Humanstrukturen unter variierenden kulturellen Umständen austesten können. Diese Aufgabe hat die an Piaget orientierte cross-cultural psychology erfüllt. Das so gefundene Ergebnis muß als psychologisches Bezugssystem der Erklärung sozialer Phänomene dienlich sein. Diese Studie hat die überragende Leistungsfähigkeit des entwicklungspsychologischen Erklärungsmodells mehrfach demonstriert.

Insofern ist die Überlegenheit des stadientheoretisch fundierten psychologischen Bezugssystems über vergleichbare in den Sozialwissenschaften applizierte psychologisch-anthropologische Bezugsysteme die Ursache der vergleichsweise höheren Erklärungskraft der völkerpsychologisch fundierten Sozialwissenschaft.

Diese höhere Leistungsfähigkeit soll durch Konfrontation mit vergleichbaren mikrosoziologischen Theorien veranschaulicht werden. So beansprucht die *Rollentheorie*, menschliches Verhalten als Ausführen einer sozialen Rolle und entsprechend soziale Systeme als Netzwerke von spezifischen Rollen erklären zu können. Es soll hier überhaupt nicht bestritten werden, daß die Rollentheorie bis zu einem gewissen Grade bestimmte Aspekte darstellen und sogar erklären kann; ihre Leistungsfähigkeit verbleibt aber überwiegend auf der deskriptiven Ebene. So beschreibt sie nur Phänomene in einem eingegrenzten Erfahrungsbereich, die in Konfrontation mit einer leistungsfähigeren Kausaltheorie zwar nicht einfach widerlegt werden, aber keinen Anspruch auf Allgemeinheit, Gesetzlichkeit und Objektivität erheben können. Humanstrukturen mit dem Verkörpern von Rollen zu identifizieren entspricht quasi dem Niveau einer physikalischen Theorie, die bestimmte physische Phänomene erklärt, indem sie deren Farben und Geräusche darstellt. Eine erklärungsstärkere Theorie, die zum Beispiel elektrochemische Gesetze als Erklärungsmodell der Phänomene in Anwendung bringt, widerlegt nicht unbedingt obige sinnlich-naive Theorie, sie erklärt sie aber exakter und systematischer, indem sie die Phänomene auf allgemeinere und grundlegendere Bedingungskreise bezieht.

Gleiches gilt für den Vergleich zwischen der Stadientheorie und der Rollentheorie: Die Reduktion sozialer Phänomene auf basale Humanstrukturen verspricht eine ungleich exaktere, grundlegendere und objektivere Kausalerklärung der sozialen Phänomene als ihre Ableitung aus dem Rollenkonzept. Dies allein deshalb, weil die menschliche Fähigkeit, Rollen und Perspektiven zu übernehmen, einer stadientheoretisch greifbaren Entwicklungssequenz unterliegt[195], das heißt bloße Folgewirkung und singuläre Ausdrucksform kognitiver Reifung ist. Eine Theorie des Humanen, die die Fähigkeit hat, die Entwicklung adulter Kompetenzen aus Säuglingsverhalten zu erklären, die die strukturellen Relationen zwischen Pferden, Kindern, präforma-

195 Selman 1984.

len und formalen Denkern aufdeckt, gestattet eine ungleich schärfere Analyse sozialer Phänomene als eine Theorie, die soziale Phänomene auf vergleichsweise derivatäre Aspekte wie Normen, Werte und Erwartungshaltungen bezieht.

Der Vergleich zwischen *Lerntheorie* und Stadientheorie fällt für erstere ähnlich ungünstig aus. Schon aus erkenntniskritischen Gründen ist sie, streng genommen, kaum haltbar. Denn indem sie Reaktionen (Subjektives) auf die gleiche Ebene wie Reize (Objektives) zieht, um Reaktionen in eine mechanische Abhängigkeit von Reizen zu bringen, unterschlägt sie die mentalen Vorgänge (Repräsentationen und Operationen), die nicht nur einfach Reize und Reaktionen vermitteln, sondern sie erst erzeugen. Indem die Stadientheorie die strukturpsychischen Differenzen (die artbedingten Differenzen der Konstitution von »Reizen« und »Reaktionen«) zwischen den Lebewesen aufzeigt, gelingt ihr eine ungleich solidere Erklärung des Verhaltens und damit der sozialen Phänomene als der Lerntheorie. Diese ist in einem strengen Sinne schon dadurch eingeschränkt, daß die Sozialisation von Hunden ins Technikermilieu mißlingt. Die Erklärung sozialer Phänomene aus dem S-R-Modell mißlingt oft oder ist oft oberflächlich, da die mechanische Abhängigkeit der Reaktionen von den Reizen den Soziologismus nicht aufhebt, sondern legitimiert, indem die Akteure die Rolle bloß von Exekutivorganen materieller sozialer Prozesse (= Reize) einnehmen.

Ein Vergleich anderer mikrosoziologischer, psychologisch-anthropologischer Bezugsysteme mit der Stadientheorie soll hier ausgespart bleiben. Die Abhängigkeit des Niveaus sozialwissenschaftlicher Erklärungen vom Niveau des psychologischen Bezugsystems dürfte aber hinreichend deutlich geworden sein. Piagets Theorie hat diesbezüglich ein sehr hohes Niveau, da sie die Humanstrukturen fundiert geprüft und analysiert hat; sie verknüpft biologische und kognitive Verhaltensaspekte und wird sowohl erkenntniskritischen als auch naturwissenschaftlich-evolutionstheoretischen Anforderungen gerecht, indem sie die logische Intelligenz aus der Intelligenz der Säuger erklärt. Sie ist sowohl der erfahrungswissenschaftliche Erbe der sogenannten kritischen Philosophie, das heißt der genetischen Transformation derselben (vgl. Piaget mit Cassirer), als auch eine differenzierte Variante der Verhaltenstheorie.[196]

196 Kohlberg 1974.

Obwohl Piagets Theorie auf einer einzigartigen Synthese biologischer, kognitiver, sozialer und logischer Aspekte basiert, sind ihrer Fortentwicklung kaum Grenzen gesetzt. Denn sie beschreibt nur die kognitiven Basisstrukturen des Menschen. Eine »komplette« anthropologische Theorie bedürfte aber der Integration und der exakten Kausalbestimmung des phylogenetischen Verhaltensprogramms, des Instinktiven, der kognitiven Strukturen, des Erlernten usw. hinsichtlich menschlicher Denk- und Verhaltensweisen, erst eine solche noch ausstehende Synthese könnte von sich behaupten, eine exakte Wissenschaft des Humanen zu sein. Da eine derartige Theorie ein fundierteres Bezugsystem zur Erklärung sozialer Phänomene lieferte, wäre erst sie die Voraussetzung einer Sozio-Logik und exakter Sozial-Wissenschaften.

In Ermangelung einer solchen Wissenschaft der Humanstrukturen werden soziale Phänomene noch lange im Dunst des Unbekannten liegen. Der einer perfektionierten anthropologisch-psychologischen Theorie entstammenden Soziologie müßte es gelingen, sowohl die Gemeinsamkeiten als auch die Differenzen der menschlichen Gesellschaften mit Ameisen- und Primatensozietäten einerseits und mit Gesellschaften substanzloser, aber rationaler Geister andererseits herauszuarbeiten, von denen Soziologen reden, wenn sie bezüglich menschlicher Gesellschaften realitätsfern die Konzepte symbolische Kommunikation, Sinn, Normen und Rollen unangemessen in den Vordergrund rücken. Daß die repräsentational erfolgende Kommunikation der Menschen der instinktiven Kommunikation der Schimpansen »näher« ist als der chemische Medien benutzenden Kommunikation der Termiten, ist völlig klar. Ebenso ist evident, daß eine solide Abgrenzung der menschlichen Gesellschaft von denen der Termiten und der Schimpansen die Voraussetzung einer wissenschaftlichen Soziologie ist. Diese mißlingt sowohl, wenn biologistisch die Differenzen zu schwach herausgearbeitet werden, als auch, wenn sie in typisch geisteswissenschaftlicher Manier zu stark betont werden. *Insofern hängt das wissenschaftliche Niveau der Soziologie auch vom wissenschaftlichen Niveau der komparativen Analyse der psychisch-kognitiven Strukturen ab.* Das auf dem Weg zu diesem Ziel der Fundierung makrosoziologischer Phänomene auf mikrosoziologische Erklärungsmodelle bislang Solideste liefert meines Erachtens die Theorie Piagets.

2.11 Kulturvergleichende Psychologie, Zivilisationstheorie und Rationalisierungsthese

Bisher wurde in diesem Kapitel die Bedeutung der kulturvergleichenden Psychologie für die Entwicklung einiger Bereiche makro- und mikrosoziologischer Theoriebildung dargelegt. In diesem Abschnitt soll gezeigt werden, welche Rolle die kulturvergleichende Psychologie für die Rekonstruktion klassischer soziologischer Theorien spielen könnte. Es wird insbesondere nachgewiesen, daß die Theorie Piagets der Zivilisationstheorie Elias' und der Rationalisierungs- und Entzauberungsthese Webers einen empirischen Unterbau verschaffen kann.

Die Entstehung der Soziologie ist in entscheidender Hinsicht ein Resultat des Versuchs, die Rolle von Ideen und psychisch-kognitiven Phänomenen höher zu veranschlagen, als dies die ökonomische Geschichtsbetrachtung zuließ. Die Gründerväter der Soziologie Comte, Durkheim, Weber und viele andere vertraten eine Evolutions- oder Modernisierungstheorie der Mentalitäten und Kollektivpsychen. Die Modernisierung der Institutionen wurde von vornherein mit der Modernisierung der Mentalitäten und Ideen verknüpft. Die Soziologie verstand bis weit ins 20. Jahrhundert hinein viel stärker als heute die Entstehung der westlichen Welt als Rationalisierung und Zivilisierung, als mitbedingt durch rationale Ideen, Mentalitäten und Motive. Webers Rationalisierungsthese, der zufolge die Überwindung der mittelalterlichen Lebensführung durch die methodisch-rationale Lebensführung, eine Mitursache der Heraufkunft des Industriekapitalismus war, bringt nur klarer und eindeutiger zum Ausdruck, was ein Großteil der Geistes- und Sozialwissenschaften schon längst angenommen hatte. Die These vom Mythos zum Logos bestimmte die Interpretation der Geschichte der Philosophie, des Rechts, der Institutionen und der Kunst gleichermaßen. Der Bogen der gemeinsamen Überzeugung von der Legitimität genannter These spannte sich von der Soziologie über die Ethnologie und Geschichtswissenschaft bis zur Philosophie.

Der anhaltende und ungelöste Streit zwischen der ökonomischen und der psychohistorischen Tradition der Sozialwissenschaften ist bis heute aktuell. Dieser Streit ist Ausdruck einer Unsicherheit über die Möglichkeiten der Erforschung des psychologischen Faktors. Was ist nämlich unter einer Entwicklung psychisch-kognitiver und mentaler Phänomene zu verstehen?

Allerdings hat es in der älteren Sozialwissenschaft bemerkenswerte Versuche zur Erhärtung der These »Vom Mythos zum Logos« und der historischen Psychologie gegeben. Will man die großen Schulen nennen, die diesen gemeinsamen Ansatz vertreten und vor allem Beiträge zu seiner Ausarbeitung geleistet haben, dann sind unter anderem zu erwähnen: die klassische britische Anthropologie (zum Beispiel J. G. Frazer) und die britische Soziologie (zum Beispiel L. T. Hobhouse), im Grunde die gesamte ältere Ethnologie (zum Beispiel R. Thurnwald), die Soziologie Durkheims und Lévy-Bruhls, die deutsche historische Schule, hier insbesondere die Rationalisierungs- und Entzauberungsthese Webers, die französischen Mentalitäten-Historiker (L. Febvre, J. LeGoff, G. Duby, M. Bloch), die ältere Entwicklungspsychologie (H. Werner, J. Piaget), die ältere transkulturelle Psychologie oder Völkerpsychologie (A. R. Luria, S. Biesheuvel, S. Porteus, A. Crijns), die Philosophie der symbolischen Formen E. Cassirers, die Anthopologie A. Gehlens und die Zivilisationstheorie N. Elias'. Ferner könnte man W. Sombart, J. Huizinga, S. Freud, und viele andere, weniger bekannte Autoren und Schulen aufzählen. In der Gegenwart wären Teile der transkulturellen Psychologie (zum Beispiel C. Hallpike, P. Vernon, P. Tulviste) und der Mediävistik (zum Beispiel A. Gurjewitsch) anzuführen, in den sechziger Jahren in einem allerdings eingeschränktem Maße die sozialpsychologische Modernisierungsforschung (zum Beispiel D. McClelland, E. E. Hagen, D. Lerner, A. Inkeles).

Alle diese Autoren und Schulen vertraten unisono die Auffassung von der psychisch-kognitiven Strukturdifferenz zwischen der traditionalen und modernen Mentalität. Meine These ist, daß Elias ein Teil dieser Tradition ist. Wenn Elias den mittelalterlichen Menschen als durch einen Mangel an Langsicht und Ratio und durch Enge des Gedankenraumes und von wenig regulierten Affekten beherrscht sieht, dann bringt er die gemeinsame Überzeugung der genannten Autoren und breitester Strömungen der älteren Sozialwissenschaften zum Ausdruck.

Vergleicht man zum Beispiel die Aussagen Webers und Elias' hinsichtlich der Psychologie des mittelalterlichen Menschen, dann findet man eine gemeinsame Grundauffassung. Weber definierte in der Religionssoziologie den mittelalterlichen Persönlichkeitstypus 1. durch das Vorherrschen magischen Denkens und 2. durch eine niedrige ethische Spannung zur Welt. Ersteres bezeugt nach Weber einen Mangel kognitiver Rationalität, zweites einen Mangel motivationaler Rationalität. Dies erlaubte den Menschen laut Weber ein unbefangenes Dasein, ein Leben nach Trieb und Gefühl. Erst die durch die protestantische Selbstkontrolle mögliche ethisch einheitlich geschlossene Persönlichkeit schafft die methodisch rationale Lebensführung. Nicht nur die Grundauffassungen, sondern zum Teil auch die psychologischen Begriffe und Kategorien von Weber und Elias ähneln sich.

Auf die Unterschiede von Weber und Elias kann ich hier nicht eingehen. Auch nach über siebzigjähriger Diskussion ist die Solidität, die Richtigkeit und die Erklärungsreichweite der *Protestantischen Ethik* und der Rationalisierungsthese völlig offen. Dies hängt auch damit zusammen, daß bei Weber und auch bei Elias eine erfahrungswissenschaftliche Theorie psychisch-kognitiver Entwicklung fehlt. Vertreter des Rationalmodells und des methodologischen Individualismus haben immer wieder die Differenz zwischen traditionaler und moderner Mentalität und Psychologie bestritten.

Sicherlich kann die Behauptung von Elias, im Mittelalter finde man in stärkerem und ungezügelterem Maße leidenschaftliche Äußerungen von Gewalt und Sexualität sowie eine niedrigere Schamgrenze bei körperlichen Verrichtungen und im zwischenmenschlichen Bereich, durch das historische Material bestätigt werden. Aber ist diese Bestätigung auch nur in irgendeiner Form eine Bestätigung seiner Theorie? Beweisen die häufigeren und vielleicht auch durchschnittlich heftigeren Entladungen von Gewalt, Speichel und Winden und die Zerlegung toter Tiere bei Tisch im geringsten eine schwächere Affekt- und Selbstkontrolle, gar eine geringere intellektuelle Ratio? Der individualistische Theoretiker hat leichtes Spiel, die Eliassche Argumentation vom Tisch zu wischen. Denn Elias hat selbst festgestellt, daß im Mittelalter staatliche polizeiliche Funktionen zur Unterbindung von Gewaltäußerungen fehlen. Demzufolge, so der Individualist, sind die häufigeren Gewaltakte die simple Folge bestimmter äußerer Umgebungsbedingungen und nicht etwa wenig regulierter Persönlichkeitsstrukturen. Verweist der Individualist auf die Grausamkeitsentladungen des 20. Jahrhunderts, die bei Aussetzen staatlicher Kontrolle geschehen und an martialischer Natur den Beispielen von Elias nicht nachstehen, dann gerät Elias in Beweisnot. Das schwache theoretische Instrumentarium der Ableitung tatsächlicher Verhaltensdifferenzen aus psychologischen Strukturen kann der Individualist leicht auch in anderen Verhaltensbereichen aufzeigen. Sicher bereitet die Absonderung von Winden und Speichel, das Essen mit den Fingern und der Anblick eines Schweinskopfes auf dem Mittagstisch den Menschen im Mittelalter und in den Tropen weniger Übelkeit als den meisten Zeitgenossen im Westen. Aber diese bestimmten Affektregulierungen sollen nachweisbar Ausdruck einer anderen Persönlichkeitsstruktur sein? Brot, Obst und Geflügel nehmen auch viele Europäer ohne metallische Werkzeuge zu sich. Und tote Tiere liegen nicht mehr auf dem Tisch, weil die Subsistenzwirtschaft durch die Marktwirtschaft ersetzt worden ist. Daß man sich die Steaks vom Metzger holt, liegt also an der Änderung der Umstände, nicht der Sitten.

Es ist Elias nicht gelungen, die von ihm korrekt dargestellte Geschichte der tatsächlichen Verhaltensweisen aus seiner Theorie der Geschichte der Persönlichkeitsstrukturen, der Geschichte psychisch-kognitiver Strukturen abzuleiten. Daher beweisen seine unzähligen korrekten Beispiele von veränderten Verhaltensweisen nicht das, was sie beweisen sollen: nämlich die Geschichte der Veränderung von Verhaltens- und Persönlichkeitsstrukturen. Seine Materialsammlung hilft ihm nicht weiter: Ein Wildbeuter kann selbstverständlich, ohne seine psychische Struktur zu ändern, in wenigen Tagen das Essen mit Messer und Gabel lernen und das Spucken verlernen. Komplementär kann ein zivilisierter Bildungsbürger sich in einer geeigneten Umgebung schnell schlechte Manieren aneignen.

Max Weber steht aber nicht besser da. Sicherlich: Die Menschen im Mittelalter arbeiteten nicht so viel, ein Großteil des Jahres wurde mit Feiertagen zugebracht. Wie neuere Berechnungen gezeigt haben, arbeitete im Hochmittelalter ein europäischer Landwirt zwischen 1000 und 1500 Stunden jährlich, während in der Neuzeit die Zahl auf über 2000, im 19. Jahrhundert auf über 3000 Stunden jährlich anstieg. Ohne Zweifel dachte man im Mittelalter auch nicht so intensiv über Sparen, Investitionen und Gewinne nach wie der protestantische Bourgeois Jahrhunderte später. Die Religion des mittelalterlichen Katholiken bestand mehr aus Wetter- und Fruchtbarkeitszauber als die spirituelle Religion des protestantischen Frömmlers. Aber beweist die protestantische Religion tatsächlich, wie Weber behauptet, die Entstehung der inneren ethisch geschlossenen Persönlichkeit, der kritischen Ratio und der methodisch rationalen Lebensführung? Hatte die tatsächlich unbestreitbare Veränderung der Arbeitszeiten und der Religionsform wirklich intellektuelle Ursachen und nicht objektiv-gesellschaftliche?

Auch hier kann es sich der individualistische Theoretiker leichtmachen. Die niedrigeren Arbeitszeiten im Mittelalter ergeben sich, wie uns die Agrargeschichtswissenschaft belehrt, aus der relativ niedrigen Besiedlungsdichte, die extensive Bewirtschaftungsformen ohne großen Arbeitseinsatz erlaubte. Lebten in Europa im Jahre 1000 weniger als 7 Personen auf einem Quadratkilometer, so waren es um 1500 14 und um 1700 20 Personen. Die enorme Erhöhung der Arbeitszeiten und -moral ist in erster Linie keine Folge einer neuen Arbeitsethik, wie Weber behauptete, sondern Diktat des bloßen Überlebenskampfes. Der Bevölkerungsdruck auf knapper werdendem Boden führte insbesondere zwischen 1500 und 1800 zu permanent einsetzenden Hungerkrisen. Ohne dies hier näher ausführen zu wollen, sei festgestellt: Der Bevölkerungsdruck auf knapper werdendem Boden kann nach dem unbezweifelten Gesetz Turgots nur mit Intensivierung und zunächst erhöhtem Arbeitseinsatz aufgefangen werden. In diesem Sinne erscheint mir die protestantische Ethik und Mentalität eher die psychologische Wirkung und Ausdrucksform der ökonomischen Veränderungen zu sein als ihre Ursache.

Das Problem ist klar. Der individualistische Theoretiker kann gegen Elias und Weber einwenden, die von ihnen beschriebenen Verhaltensänderungen entsprächen zwar der historischen Realität, bewiesen aber nicht die von Elias und Weber unterstellten psychisch-kognitiven Strukturveränderungen. Der methodologische Individualist bestreitet die Erklärung der veränderten Verhaltensweisen aus der Rationalisierung des Denkens, aus der veränderten Affekt- und Persönlichkeitsstruktur, indem er sie allein aus den veränderten objektiven Umgebungsbedingungen ableitet. Zwar kann der Individualist nicht die voraussetzungsreichen Psychologien Webers und Elias' widerlegen, diese aber mit ihren Mitteln auch nicht seine Theorie. Unter Zuhilfenahme von *Occam's razor* als methodologisches Kriterium ist der Individualist dann im Vorteil: Wozu Dinge kompliziert erklären, wenn es auch einfach geht?

Das Problem liegt darin, daß es weder Elias noch Weber, noch den meisten anderen Autoren der historischen Psychosoziologie gelungen ist, den deskriptiven Gehalt, nämlich die tatsächlichen Verhaltensänderungen, stringent und eindeutig aus psychisch-kognitiven Strukturdifferenzen abzuleiten. Dies hängt mit der Schwäche ihres psychologischen Instrumentariums zusammen. Während Weber mit den Begriffen der Alltagspsychologie spekulativ arbeitet, hat Elias immerhin aus den Mitteln der Psychoanalyse einen Ansatz formuliert. Aber der hartnäckigen, an erfahrungswissenschaftlichen Kriterien erprobten Kritik des Skeptikers ist er nicht gewachsen. Denn Elias und Weber bewegen sich nur auf der Ebene der tatsächlichen Verhaltensweisen und Denkinhalte, nicht aber, wie sie glauben machen wollen, auf der Ebene der Strukturen der Persönlichkeitssysteme, des Denkens und der psychischen Funktionen. Erst wenn Weber beweisen könnte, daß magische Denkinhalte aus magischen Denkstrukturen und eine unbefangene, laxe Lebensführung aus einer unregulierten Motivstruktur erwachsen, dann hätte er seiner Theorie ein echtes Fundament beschafft. Statt aber diesen systematischen Weg zu gehen, der auch anhand des damals vorliegenden Materials möglich gewesen wäre, verliert er sich in seiner Religionssoziologie in der gigantischen Anhäufung theologischer, historischer und soziologischer Details der Weltreligionen, die ihn in der entscheidenden Frage keinen Schritt weiterbringen konnten. Obwohl der psychologische Ansatz Elias' beachtlich ist, bestreitet auch er nicht den Weg der systematischen psychologischen Analyse primitiver psychischer Funktionen, sondern verliert sich in endlosen Beschreibungen historischer Details.

Gleichwohl bin ich davon überzeugt, daß die psychologischen Grundannahmen der Rationalisierungs- und Zivilisationstheorie im Kern richtig sind. Wer Weber und Elias verteidigen will, ist aber genötigt, sich das Material aus anderen Quellen zu beschaffen, welche die psychischen und kognitiven Strukturen thematisieren. Es muß der Nachweis der Existenz der Entwicklung psychisch-kognitiver Strukturniveaus geliefert werden. Ohne diesen Nachweis einer Psychologie der Entwicklung psychisch-kognitiver Strukturdifferenzen haben die historischen Psychologien keine Argumentationsgrundlage und keinen empirischen Bestand. Erst diese Nachweise ermöglichten die Ableitung der diskutierten Verhaltensweisen aus psychisch-kognitiven Strukturen. Nicht Verhaltensweisen, sondern Verhaltensstrukturen, nicht Denkinhalte, sondern Denkstrukturen müssen analysiert werden.

Die beachtlichsten Untersuchungen zu diesem Thema stammen von Ernst Cassirer und Lucien Lévy-Bruhl auf begrifflich-analytischem Wege und von Piaget, Vernon und Hallpike auf der Grundlage der experimentalpsychologischen cross-cultural psychology. Im zweiten Band seiner *Philosophie der symbolischen Formen* weist Cassirer in einer unerreicht brillanten Analyse die psychisch-kognitive Strukturdifferenz zwischen mythischem und rationalem, zwischen konkret-anschaulichem und begrifflich-abstraktem Denken nach. Auf der soliden Grundlage seiner neukantianischen Erkenntnistheorie formuliert er eine historisch-genetische Theorie der Erkenntnis. Seine wichtigste Materialquelle sind die Werke Lévy-Bruhls, mit dem er im Grundsatz einig ist. Es ist für mich keine Frage, daß man von Cassirer und Lévy-Bruhl mehr über die Strukturen der mittelalterlichen Mentalität erfahren kann als von Weber und Elias.

Aber auch die hervorragenden Analysen Cassirers und Lévy-Bruhls können trotz ihrer ungemeinen Solidität und Konsistenz erfahrungswissenschaftlichen Kriterien nicht unbedingt standhalten. Wer die Suche nach einer empirischen Bestätigung psychisch-kognitiver Strukturdifferenzen und damit der Thesen der historischen Psychologie nicht aufgibt, muß sich daher nach anderen Quellen umschauen. Es ist zu diesem Zweck eine Entwicklungstheorie psychisch-kognitiver Strukturdifferenzen gefragt, die im transkulturellen Bereich erfahrungswissenschaftlich geprüft ist. Die Frage nach der Identität und Differenz der Denkstrukturen hat sich daher in den letzten Jahrzehnten aus dem Bereich der theoretischen Analyse in den Bereich der an Jean Piaget orientierten transkulturellen Psychologie oder cross-cultural psychology verschoben. In über eintausend Untersuchungen in über einhundert Kulturen wurde die Entwicklungspsychologie Piagets getestet. Damit ist die Theorie Piagets seit über dreißig Jahren zur bedeutendsten Theorie der Völkerpsychologie avanciert. Piagets Entwicklungspsychologie ist damit nicht nur eine Theorie der kognitiven Entwicklung, sondern auch die völkerpsychologische Grundlagentheorie des Verhältnisses von

Kultur und Kognition. Hier wird die historisch-psychologische Grundfrage der Sozialwissenschaften auch in Zukunft ihre grundsätzliche Behandlung finden. Damit ist die Feststellung fällig, daß über das Schicksal der klassischen Soziologie und der historischen Psychologie nicht mehr in der Soziologie und Ethnologie, sondern in der Völkerpsychologie geurteilt wird. Daher ist die Soziologie genötigt, die entsprechenden Untersuchungen zu rezipieren und in die völkerpsychologische Diskussion einzusteigen.

Erst auf diesem Wege ist eine erfahrungswissenschaftliche Bestätigung und Interpretation insbesondere der Arbeiten Cassirers, Lévy-Bruhls, Webers und Elias' und generell der historischen Psychologie möglich. So ergeben sich radikal neue Möglichkeiten zur Diskussion der Weber-These. Denn die Theorie Piagets erklärt zum Beispiel das magische Denken aus der präformalen Denkstruktur. Nach den Untersuchungen denken traditionale Populationen präformal und magisch. Damit ist bewiesen: Was Weber mit Entzauberung und Rationalisierung bezeichnete, ist experimentalpsychologisch gesehen die Ersetzung präformalen Denkens durch formales Denken. Gleiches gilt für die Eliasschen Kategorien: Affekt- und Selbstkontrolle und die Langsicht; erst das formale Denken ermöglicht eine Kombinatorik und Reflexivität des Denkens.

Daher die Schlußfolgerung: Wer verhindern will, daß die Zivilisationstheorie sich ähnlich wie die *Protestantische Ethik* und die Rationalisierungsthese als ein ungelöster Forschungsgegenstand durch Generationen ratloser Studenten und Forscher schleppt, studiere Cassirer und vor allem die erfahrungswissenschaftliche cross-cultural psychology.

Vergleich von Weber, Elias und Piaget in den Bereichen: Kulturelle Umwelt, soziales Verhalten und psychische Struktur

1. Weber

Traditionale Gesellschaft

Kulturelle Umwelt: Traditionale, nichtkapitalistische Gesellschaft (hier: mittelalterlicher Katholizismus).
Soziales Verhalten: geringer Arbeitsfleiß, kein Sparen, keine langfristigen Kapitalinvestitionen, Leben von der Hand in den Mund, Alkoholkonsum, Spiel, sexuelle Freizügigkeit, Gewaltsamkeit.
Psychische Struktur: keine innerweltliche Askese, Leben nach Trieb und Gefühl, nach Augenblick und Leidenschaft, niedrige ethische Spannung zur Welt, keine regulierte Persönlichkeitsstruktur, Mythos und Magie, keine innerweltliche Rationalisierung des Handelns.

Moderne Gesellschaft

Kulturelle Umwelt: Neuzeitliche, protestantisch beeinflußte kapitalistische Gesellschaft.
Soziales Verhalten: Sparen, Mehrarbeit, Langfristinvestitionen, Rationalisierung der Lebensordnungen, Überwindung von Mythos und Magie, keine Genußsucht, weniger triebhafte Gewalt, reguliertes und gedämpftes Triebleben.
Psychische Struktur: innere ethisch geschlossene Persönlichkeit, rationales und systematisches Denken, Entzauberung der Welt, innerweltliche Askese.

2. Elias

Traditionale Gesellschaft

Kulturelle Umwelt: mittelalterliche, feudale, nichtstaatliche Gesellschaft. Niedrige Besiedlungsdichte.
Soziales Verhalten: Leidenschaftliche und unregulierte Äußerungen in Gewalt, Sexualität, Spiel und im sozialen Umgang. Direktheit und Unmittelbarkeit der Lebensäußerungen.
Psychische Struktur: Nicht streng regulierte psychisch-kognitive Funktionen, Enge des Gedankenraumes, niedrige Affekt- und Selbstkontrolle, niedrige Schamgrenze.

Moderne Gesellschaft

Kulturelle Umwelt: zunächst höfische Gesellschaft der Neuzeit, später kapitalistische Gesellschaft.

Soziales Verhalten: Eindämmung von Gewaltäußerungen und von sexuellen Äußerungen, Etikette, strenge Verhaltensregeln.
Psychische Struktur: Regulierung und rationale Steuerung der Affekte und Handlungen, Über-Ich-Funktionen, Hebung der Schamgrenze, Verstärkung der Selbstkontrolle, Langsicht über verlängerte Handlungsketten, rationales Denken.

3. Piaget / transkulturelle Psychologie

Traditionale Gesellschaft

Kulturelle Umwelt: Wildbeuterkultur, Agrarkultur, Schriftlosigkeit, keine oder geringe Schulbildung.
Soziales Verhalten: Kein begriffliches oder wissenschaftliches Denken, kein hypothetisches Schlußfolgern, Nichterhaltung physikalischer Eigenschaften, Erkenntnisrealismus, Mythos, Magie, Symbolismus, Animismus, Artifizialismus, keine reziproke Perspektivenübernahme, immanente Gerechtigkeit, Unveränderlichkeit der Regeln, objektive Verantwortlichkeit.
Psychische Struktur: Kaum formal-logisches Denken, geringes und nur bereichsspezifisches konkret-operationales Denken. Überwiegend präoperationales und erkenntnisrealistisches Denken. Die oben genannten Phänomene sind Dimensionen erkenntnisrealistischen Denkens, dieses läßt sich mit ihnen eindeutig operationalisieren.

Moderne Gesellschaft

Kulturelle Umwelt: Industrie, Technik, Handwerk und Schulbildung.
Soziales Verhalten: Wissenschaft, Technologie, Systematisches Denken, Prinzipialisierung, Abstrahierung, formales Recht.
Psychische Struktur: Operationales Denken und auch formal-logisches Denken in vielen Inhaltsbereichen bei einem Großteil der Population.

3. Theoretische Resultate am Leitfaden der Theorie Ernst Cassirers

Der Beitrag der *Philosophie der symbolischen Formen* zur kulturvergleichenden Forschung

Die vorliegende Arbeit untersucht einige Bedingungen der Entwicklung des »okzidentalen Rationalismus«. Es wird die Grundthese vertreten, daß die Entstehung der modernen Industriegesellschaft auch durch die Transformation intellektueller Prozesse bedingt gewesen ist. Diese Evolution kognitiver Strukturen beschränkte sich keineswegs auf eine bloße Ideengeschichte, auf eine mögliche Rationalisierung von Denkinhalten und Wissensbeständen. Der in die Moderne mündende Prozeß der Intellektualisierung ist nicht nur ein Prozeß der Transformation und »Falsifikation« von Ideologien und Weltbildern. Nicht nur die Denkinhalte, sondern die Strukturen des Denkens selbst, in denen mögliche Inhalte erscheinen, waren einem Formwandel unterworfen.

Komplementär erscheinen Theorien, welche die bestimmte Prägung des Mentalen als Konstituens der Evolution vernachlässigen, um diese materiellen Faktoren ökonomischen und sozialen Einflüssen zu überantworten, als zu kurz gegriffen. Die bloße Allegorisierung des fremden Bewußtseins, wie es in Mythos und Magie manifest ist, als bloß poetischer Zusatz eines sonst gleichermaßen rationalen Denkens, von der Form des Denkens modernisierter Gesellschaften, unterschlägt die wesentlichen Eigenheiten der traditionalen Geistes- und Kulturwelt.

Die Bedingungen der kulturellen Entwicklung liegen nicht allein in materialen gesellschaftlichen und ökonomischen Prozessen, sondern deren je bestimmte Eigenart ist vielmehr auch ein Erzeugnis kognitiver Prägungen. Institutionelle Strukturen werden in ihrem eigentümlichen Bestand auch durch kognitive Faktoren geformt. Der Prozeß der Rationalisierung, der als die Struktur der auf den Okzident zulaufenden kognitiven Evolution behauptet wird, fixiert die sozialen und institutionellen Strukturen in einer bestimmten Korrelation zum Grad seiner

Entwicklung selbst. Der Ort dieser Intellektualisierung ist sicherlich kein von Individuen abgehobener Weltgeist, der sich an ihnen nur vollzöge. Sondern die Intellektualisierung ist eine Transformation individueller Denkstrukturen; die Individuen formen sich in der Gesamtheit ihres Weltverhältnisses um. Das Sehen und Hören, das Denken und das Selbstbild, das soziale Handeln usw. unterliegen einem generellen Strukturwandel. Dieser Prozeß der Intellektualisierung, der Entstehung des »begrifflichen Denkens« aus dem »sinnlichen Bewußtsein«, läßt sich meines Erachtens auf dem Kontinuum vom Mythos zur Wissenschaft abtragen.[1] Mythos und Wissenschaft sind so nicht parallele, austauschbare Denkgebilde, die von einem gleichgearteten Geist beliebig gedacht werden können, sondern resultieren aus jeweils bestimmten, exklusiven Formen des Denkens selbst. Dem Wissenschaftler ist die »innere« Welt des Mythos verschlossen – ein Nachempfinden ist nicht möglich –, wie dem originären mythischen Menschen die Theorien der Wissenschaft unzugänglich sind. Es gibt also eine Korrelation zwischen Strukturen der Persönlichkeit und wissenschaftlichen bzw. mythischen Denkgebilden.

Nicht die ganze Breite der Kulturerscheinungen soll in dieser Arbeit auf die Formen des Weltbegreifens bezogen werden, sondern der Hauptakzent liegt auf sozialen und persönlichkeitsstrukturellen Aspekten, die in ihrer jeweiligen kognitiven Prägung aus dem Kulturganzen gewissermaßen isoliert werden.

Die Einleitung soll nicht weiter ausgedehnt werden, da das erste Kapitel ebenfalls als Einleitung dienlich sein kann. Es wird dort unter anderem die Problematisierung des »wilden« Denkens durch die klassische Anthropologie und die Ethnologie erörtert. Das Vorherrschen »materialistischer« Theorien der sozialen Evolution ist die Kehrseite der Projektion des europäischen Denkens in das fremde Bewußtsein. Die vergangenen und primitiven Kulturerscheinungen werden so lange keine angemessene Würdigung erhalten, wie sie als von einem formal-logischen Denken geschaffen interpretiert werden.

Erst mit der Abkehr von einer falschen Assimilation des »wilden« Denkens an das moderne ist eine Kulturgeschichte möglich,

1 Mythos und Wissenschaft haben hier den Status von »Idealtypen«. Wie sie im folgenden in ihrem essentiellen Aufbau aufgezeigt werden, finden sie sich in dieser Reinform in der Realität eher nicht wieder.

die den je bestimmenden Geist der Kulturkreise und Epochen verstehbar macht und so erst die moderne industrielle Welt in ihrer mentalen Eigentümlichkeit hervortreten läßt.

3.1 Die Universalismusthese in den Sozialwissenschaften

3.1.1 Die Universalismusthese als Problem einer Theorie kultureller Evolution

Die Einheit und das Fundament des menschlichen Bewußtseins ist ein Thema der Philosophie. Mit der Beschäftigung vergangener und außereuropäischer Kulturen wurde die Struktur des Bewußtseins aber auch zum Problem der Geisteswissenschaften überhaupt.

Die Verschiedenheit der Kulturen kann meines Erachtens nicht allein auf die je verschiedene Kapazität des technischen Know-how, auf die je besondere geographische Lage, auf Klassenkämpfe oder auf die Wirtschaftsstruktur reduziert werden. Auch die Addition solcher materialen Bestandteile der Kultur kann diese in ihrem spezifischen Gepräge nur unzureichend erfassen. Alle biologisch[2] und materialistisch[3] orientierten Konzepte werfen ein zu ungenaues Bild auf Geschichte und Eigenart menschlicher Kulturen.

Wie können australische Intichiuma-Riten, die europäische Hexerei und das Bankwesen, die chinesische Ahnenverehrung und die kultischen Menschenopfer Altmexikos einer einheitlichen kognitiven Struktur des Menschen erwachsen?

Es machte sich die Auffassung geltend, Kulturen als individuelle Organismen zu deuten. Alle materiellen und kognitiven Bereiche einer Kultur sind demnach nicht als einander äußerliche Elemente aufzufassen, sondern sie sind vielmehr von einem spezifischen, individuellen Stil durchwirkt.[4] Der Geist des römischen Baustils findet sich entsprechend auch zum Beispiel in der römischen Kosmologie und Rechtsprechung wieder. Der Stil ist dann ein geistiges Formprinzip, welches allen kulturellen Le-

2 Malinowski 1949, S. 27 ff.
3 Jaeggi (Hg.) 1977.
4 Zum Begriff des »Stils« vgl. Rothacker 1948.

bensäußerungen eine Eigenart und einen Charakter verleiht. Unter diesem Gesichtspunkt wird die Kulturgeschichte dann zu einer Kulturbiographie und -psychologie. Eine Kultur wird als Individuum im Großformat vorgestellt.

Die Konsequenz einer solchen Position ist der Verzicht auf eine Logik der Kulturwissenschaften. So unverwechselbar Individuen sind und einer Typisierung letztlich widerstehen, so könnte dann auch eine Kultur nicht unter objektivierenden Generalisierungen gefaßt werden. Da die historische Erkenntnis, bei zugrunde gelegtem Primat des individuellen Stils vor anderen Bestimmungen, selbst ein durchstilisiertes Moment einer spezifischen Kultur ist, vermag sie in anderen Kulturen nur ein Zerrbild der eigenen sich vor Augen zu führen. Versucht es die Geschichtsschreibung aber mit der eigenen Kultur, so kann ihr der Ausdruck ihrer Physiognomie gelingen – die Erkenntnis wie das Erkannte sind schließlich von einem Stil geprägt –, nie aber das rationale Begreifen derselben. Das Fehlen eines kulturunabhängigen Standpunktes verunmöglicht eine objektive Erkenntnis. Die Kulturwissenschaften geraten in das Dilemma, zwar die intellektuelle Formbestimmtheit der Kulturen in den Mittelpunkt ihrer Betrachtungen gerückt zu haben, aber gerade damit den Schlüssel zum Verständnis der Kulturen überhaupt verloren zu haben. Oswald Spengler, der dem verborgenen geistigen Prinzip der Kulturen nachspürte, ist hierfür ein deutliches Beispiel.

> »Wer weiß es, daß zwischen der Differentialrechnung und dem dynastischen Staatsprinzip der Zeit Ludwigs XIV., zwischen der antiken Staatsform der Polis und der euklidischen Geometrie, zwischen der Raumperspektive der abendländischen Ölmalerei und der Überwindung des Raumes durch Bahnen, Fernsprecher und Fernwaffen, zwischen der kontrapunktischen Instrumentalmusik und dem wirtschaftlichen Kreditsystem ein tiefer Zusammenhang der Form besteht?«[5]

Der Stilbegriff stellt einerseits die Anforderung, kulturelle Tatbestände symbolisch, eben durch eine »Seelenform« (Spengler) bestimmt zu deuten, und er ist andererseits ein Grenzbegriff überhaupt möglicher Interpretationen. Der gotische Dom muß zum Beispiel nach Spengler im Zusammenhang mit dem unendlichen Streben des »faustischen« Ich gedeutet werden, er kann nicht nur als zufällige Verwirklichung bloß architektonischer Möglichkeiten gesehen werden – dies ist die Anforderung des Stilbegriffes an

5 Spengler 1983, S. 8.

die Deutung eines Tatbestandes –, er kann aber nach Spengler auch nicht als symbolische Himmelsleiter gedeutet werden, weil dies dem faustischen Lebensgefühl und seiner Kosmologie widerspräche – dies hieße die Grenze möglicher Interpretationen fabulierend überschreiten.

Der kulturelle Tatbestand verliert für den Betrachter seine Zufälligkeit, Beliebigkeit und Dunkelheit, indem durch die Beziehung auf den Stil seine seelische Form erkennbar wird.

So überzeugend es beispielsweise Spengler gelingt, historische Fakten als Symbole eines einheitlich geformten Weltverhaltens und -begreifens zu deuten und sie auf einen Stil als seine Quelle zu beziehen, so verbleibt ihm der Stilbegriff selbst jedoch als Rätsel. Dies erklärt sich aus seinen philosophischen Grundlagen. Ihm ist das »Denken« nur eine mittelbare Funktion des »Lebens«. Das Leben ist unbewußt und organisch. Der Stil, die Hochkultur und das Denken sind Emanationen des Lebens, ein künstliches, vorübergehendes »Wachsein.«[6] Das Denken gewinnt keine Selbsttransparenz, weil das Leben sein Ausgangspunkt ist und in das Erkannte miteingeht. Deswegen kann man zwar nach Spengler die einheitliche Seelenform eines Stils begreifen, aber es gibt keine Möglichkeit, einen Stil als Weiterentwicklung eines anderen zu deuten. Jede Seelenform ist in sich verschlossen und vermag keinen Zugang zu einer anderen zu finden.

So vermutet Spengler Verzerrungen in seiner Darstellung der antiken und arabischen Kultur, weil seiner Philosophie ja eine andere, nämlich die abendländische, faustische Seelenform eignet. Und dies ist ihm kein Paradoxon, weil nur der faustischen Philosophie der eminente historische Sinn zukommt, welcher der griechischen völlig fremd ist. Gedanken darüber, wie stark seine Verzerrungen des Stoffes denn sein könnten, macht Spengler sich nicht.

Das Dilemma Spenglers und anderer ließe sich dann lösen, wenn man den Begriff der »Seelenform« schärfer fassen könnte. Es gilt eine Einheit zu finden, einen gemeinsamen Bezugspunkt, zu dem die Stile und Seelenformen als spezifische Weltverhältnisse überhaupt in Beziehung gesetzt werden könnten. Ist ein solcher Bezugspunkt nicht auffindbar, bleiben die Seelenformen ein irrationales unreduzierbar Letztes. Gibt es einen gemeinsamen Maßstab, dann schließen sich die Stilformen zu einer logischen

6 Spengler 1983, S. 28 ff., 561 ff.

Entwicklungsreihe zusammen und beziehen sich aufeinander als ein Mehr oder Weniger desselben Zusammenhanges. Ein Geschichtsrelativismus ist damit allerdings keineswegs widerlegt. Eine evolutionäre, rationale Theorie der Geschichte ist nur möglich, wenn der Bezugspunkt, die Einheit in der Vielheit der historischen Formen, ein absolutes Fundament hätte. Bestimmte, konstruktiv erfaßbare Tendenzen müßten als Determinationsschwerpunkte, die andere Entwicklungen überformen und richten, endgültig erfaßbar sein. Eine objektivistische Theorie der Geschichte löst sich so in das erkenntnistheoretische Problem der Nichtbeweisbarkeit eines absoluten Bezugspunktes auf. Die Bezugspunkte, die die Einheit der Geschichte konstituieren, können verschieden gesetzt sein. Der Stilbegriff könnte erst dann ein Gesetzesbegriff sein, wenn er alle möglichen Aspekte und Momente des Kulturlebens in eine Form brächte, in ein Woher aller Bedingungen und in ein Wohin aller Konsequenzen zerlegte und so ein durchdringendes Über- und Unterordnungsverhältnis der geschichtlichen Kräfte erkennbar machte. Man kann mit verschiedenen Fragestellungen an die Geschichte herantreten, und man wird die Antworten immer mehr hineinlesen als heraushören. Die Kultur und ihre Erforscher beziehen sich aufeinander wie Gesprächsteilnehmer. Es soll hier der Versuch unternommen werden, Kulturen sowohl aus ihrer individuellen ideellen Struktur zu verstehen, als auch das Konzept einer Einheit der Kulturen beizubehalten.

Bei aller Betonung des historischen Entsprechungsverhältnisses von »Sein« und »Bewußtsein« hat gerade der historische Materialismus die geschichtlichen Dimensionen des Bewußtseins, die Entwicklung der psychischen Strukturen übersehen. Das Bewußtsein ist ihm bei aller Dialektik letzlich durch das Sein gegeben. Ganz naturalistisch ist ihm das gesellschaftliche Sein eine Summe technischer, ökonomischer und politischer Fakten. Wenn dergestalt gegebene, daseiende Tatbestände in eine Korrelation zu einem Bewußtsein gebracht werden, so ist dieses auf eine bloß abbildende Funktion verkürzt.[7] Der Wandel der Erscheinungsweisen des Bewußtseins vollzieht sich hier als Wechsel bestimmter ideologischer Vorstellungsweisen, die den geschicht-

7 Die Ungeschichtlichkeit der Denkprozesse bei aller Entwicklung der Ideen betont Karl Marx in einem Brief an Kugelmann. Marx 1973, Bd. 32, S. 553.

lichen Durchbruch der »Seinsfaktoren« (Produktivkräfte usw.) ermöglichen oder zumindest erleichtern.[8] Die marxistische Fassung des Bewußtseinsbegriffs läuft, formelhaft ausgedrückt, auf seine Identifizierung mit politischer Theorie hinaus. Bewußtsein ist primär politisches Bewußtsein und steht in definierbarer Entsprechung zur sozialen Position von Individuen, die es verkörpern.

Auch die Soziologie Max Webers, die die geschichtswirkende Kraft religiöser Ideen und Weltbilder maßgebend untersucht hat, kennt bei aller Gegensätzlichkeit zum historischen Materialismus die Bewußtseinsgeschichte nur als Prozeß ideologischen Deutens und Vorstellens. Webers Problem war die Frage nach dem Anteil ideeller Vorurteile an geschichtlichen Prozessen. Wie stark im allgemeinen und im einzelnen der determinierende Faktor der ideellen Kräfte zu bemessen ist, formulierte Weber nicht. Er beschränkte sich aber nicht nur darauf, Ideen als verstärkende Bedingungen materieller Interessenverhältnisse zu untersuchen, sondern er wies auch auf ihre Bedeutung für die Neubildung gesellschaftlicher Prozesse hin.[9] Eine Fülle religiöser Antriebe müssen gegeben sein, um das System magischer Heilsgewinnung zu überwinden im Hinblick auf eine ethische und kognitive Rationalisierung, welche sozusagen als bloßes Nebenprodukt unter bestimmten Bedingungen den Okzident mit seinen nur ihm eigenen Kulturerscheinungen hervortreten läßt. So ist das zweckrationale System des Kapitalismus laut Weber nicht ganz oder vielleicht gar nicht in seinen Entstehungsbedingungen zu verstehen ohne den motivierenden Einfluß der protestantischen Ethik. Diese ist heute teilweise abgestorben, teilweise ist sie auf den allgemeinen, nicht mehr reflektierten, aber dennoch wirksamen Boden des modernen Bewußtseins gesickert.

Die sich an die *Protestantische Ethik* anschließende, jahrzehntelange sozialwissenschaftliche Kontroverse[10] leidet bis heute an der Schwierigkeit, die Weberschen Thesen exakter zu erfassen und weiter zu entwickeln.

Meines Erachtens ist eine sinnvolle Verfolgung der Weberschen

8 Marx 1973, Bd. 3, S. 20 ff.

9 Zur Bedeutung der Rationalisierungsproblematik im Werk Max Webers vgl. insbesondere Schluchter 1979 und 1980 sowie Habermas 1981.

10 Winckelmann 1981.

Problematik nur möglich, wenn die Natur der ideellen Vorurteilsstruktur genauer untersucht wird. Magie und Religion sind die Vorstadien, die überwunden werden müssen, soll der Typus okzidentaler Rationalität entstehen. Max Weber begriff die Vorformen des modernen Bewußtseins als Ideen, als Theorien. Diese eingeengte Sichtweise der Geschichtlichkeit des Bewußtseins dürfte sich langfristig als ein Mitgrund der ungelösten Problematik der Weberschen Rationalisierungsthese herausstellen: Die Bewußtseinsgeschichte ist nicht als Wechsel bloß von Ideen und Einstellungen zu begreifen. Sicher hat Weber ein hinsichtlich dieser Thematik tieferes Problembewußtsein als »ökonomische« Geschichtstheorien. Aber eine Vorurteilsstruktur ist ihnen bei aller Gegensätzlichkeit gemeinsam: Sie überschätzen die Einheit und Gleichförmigkeit des menschlichen Denkens und unterschätzen gerade deshalb dessen initiierenden Einfluß auf die Kulturentwicklung. Die Differenzen zwischen Ideen, Theorien, Denkweisen und kognitiven Strukturen müssen klarer herausgearbeitet werden.

Webers Untersuchungen der funktionellen Entsprechung zwischen ideellen und institutionellen Strukturen beschränkte sich im wesentlichen auf die Wirtschaftsethik und die Rechtssoziologie. Die Einbeziehung aller Kulturbereiche in ein System funktioneller Korrelationen und ihre Betrachtung auf der Folie einer historisch bestimmten »Denkform«, was zumindest programmatisch Spengler ausarbeitete, versuchte er nicht. Wenn Magie und Religion nur als Ideologien verstanden werden, die aus den gleichen Denkformen entstehen, aus denen auch wissenschaftliche Theorien hervorgehen, dann ergeben sich für eine soziologische Analyse der mit den fremden Bewußtseinsgebilden verbundenen Institutionen erhebliche Probleme.

Spenglers Radikalität liegt nun darin, daß er den eine Epoche bestimmenden Geist bis in die ihm zugehörige Sinneswahrnehmung, Raum- und Zeitanschauung analysiert hat. Je tiefer die konkret-historische kognitive Formung der scheinbar elementaren Wahrnehmung ins scharfe Licht der Betrachtung gerückt und plausibel gemacht werden kann, um so deutlicher wird die voraussetzungsreiche Intellektualität der institutionellen und ideellen Kulturtatbestände. Diese erscheinen nunmehr in einem viel plastischeren Gepräge, als wenn man sie nur im Verhältnis zu Theorien und Einstellungen sieht. Übersieht man bei einer

Gleichsetzung von Theorien und Seelenform wesentliche Dimensionen der historischen Besonderheit kultureller Strukturen, so gewinnen diese unter dem Blickwinkel der Intellektualität der Wahrnehmung an individuellen Konturen. Im anderen Falle kann man sich noch weniger von einer ethnozentrischen Überformung vergangener Epochen oder fremder Kulturen durch die Projektion eigener Denkstrukturen in das zu Erkennende befreien. Je differenzierter die bestimmte »Symbolik der Wahrnehmung« (Spengler) erkannt wird, um so größer wird der kulturelle Abstand zwischen dem Betrachter und dem fremden Kulturgebilde, welches von diesem immer weniger bloß assimiliert wird, sondern ihm gegenüber an Objektivität zunimmt.

Auch hier wieder muß die Forderung nach der unbedingten Objektivität der kulturwissenschaftlichen Erkenntnis als sinnlos abgewiesen werden. Es kann wohl auch die bloße Möglichkeit der vollständigen Diskontinuität der Kulturen nicht widerlegt werden. Die Behauptung, daß es schlechterdings kein gemeinsames Maß zwischen Kulturen gibt, an dem man sie vergleichen könnte, ist zwar logisch denkbar, aber kulturwissenschaftlich wenig hilfreich.

Es wird aber noch zu zeigen sein, daß ein Verstehen »primitiver« Denkformen im Sinne eines Nachempfindens dem modernen Bewußtsein wirklich ausgeschlossen ist. Arnold Gehlen betont diesen Aspekt entschieden:

»Nach unserer Ansicht können wir aber weder die archaische Mentalität noch den archaischen Außenweltaspekt nachvollziehen, und folglich können wir nur versuchen, gewisse Kategorien des fraglichen Verhaltens herauszufinden, ohne die Möglichkeit sie von innen her inhaltlich zu besetzen. Eins ist doch evident: aufgrund der ›Vorstellungen‹, die wir den Primitiven unterstellen und die wir nachvollziehen zu können glauben, würden wir niemals handeln – sie aber tun es, und also ist die ihnen verstehend zugeschriebene Seelenlage von vorneherein rätselhaft.«[11]

Mir scheint, daß hier ein Zentralproblem der Geisteswissenschaften überhaupt angesprochen ist. Ein Verstehen fremder Subjektivität ohne Nachempfinden derselben – ist das nicht eine »Widerlegung«, eine Negation des »Geistbegriffs« überhaupt, die sich aber selbst wiederum gar nicht denken läßt, da eine solche Nega-

11 Gehlen 1975, S. 117. Die Unmöglichkeit des Nachempfindens primitiven Bewußtseins betont auch Hegel 1966, Bd. 1, 2. Teil, S. 67.

tion selbst ein geistiger Akt wäre? Ein Verstehen ohne Nachempfinden scheint eine Methode zu sein, die wir in den Naturwissenschaften anwenden. Keineswegs lassen sich aber diesbezüglich die Geisteswissenschaften auf die Naturwissenschaften reduzieren. Dann nämlich ließe sich die Negation ja logisch einwandfrei durchführen. Die »Natur« ist vielmehr anscheinend genausowenig »erklärbar« wie der »Geist« verstehbar. Jene ist vielleicht genausowenig objektivierbar wie dieser verständlich – wenn man beidseitig das natürliche Weltverstehen durch eine Verfeinerung der Methoden und Fragestellungen zersetzte. Denn der fremde Geist, der in uns nicht zum Nacherleben gebracht werden kann und damit für uns den Charakter des Arationalen, des »Naturhaften« erhält, kann uns mindestens dies aufzeigen: Wir müssen rückbezüglich einräumen, daß möglicherweise die Rationalität, Klarheit und Verständlichkeit unseres Intellekts nur uns erscheint.

Diese Problematik gehört scheinbar zum Arsenal der ewigen Rätsel der Philosophie, auf das engste mit der Lösung der Fragen nach dem »Selbstbewußtsein« und der »Objektivität«, dem »Geist« und der »Natur« verknüpft. Diese Probleme ragen in das Gebiet der hier zu diskutierenden Sachgebiete hinein und verunmöglichen ihre exakte Klärung. Eine klare Stellungnahme dazu, ob – radikal skeptisch – die Klarheit und Vernünftigkeit des Bewußtseins eine vollständige Illusion ist oder aber in allen Irrungen und bei aller exotischen Verschiedenheit der Geister sich ein universelles Maß der Rationalität in ihnen enthüllt, ist schwierig. Wenn man »die Bücher nicht weglegen will«, gilt es, das letztere zumindest in seinem Minimalbestand zu erweisen.

Die Möglichkeit einer unendlichen Heterogenität der kognitiven Phänomene, die im übrigen zwar abstrakt formuliert, aber nicht inhaltlich vorgestellt werden kann, war im Hinblick auf die implizite These ihrer Gleichförmigkeit, wie sie in den Sozialwissenschaften oft vertreten wird, erwogen worden. Die mangelnde Reflexion auf die historischen Wandlungen kognitiver Strukturen als Bedingungen der untersuchten Kulturerscheinungen gerät zum Hemmschuh ihrer präzisen Erfassung.

Wenn die Einheit des menschlichen Denkens durch die Epochen auch behauptet werden kann, so muß in dieser Einheit doch zugleich eine größere Verschiedenheit gesetzt sein, als sie materialistische Soziologien zum Ausdruck bringen.

So konnte der historische Materialismus seine Interpretation der Religion als eine Mischung von Priesterbetrugstheorie und psychologischer Kompensationstheorie (soziales Elend und ökonomische Knappheit) aufrechterhalten.[12] Aber auch Max Weber projizierte soziale Probleme und Ideologieformen seiner Zeit in die Vergangenheit, wenn er das Hauptmotiv der Religion in der Theodizee sah, die er als Antwort auf die Ungleichverteilung des Glücks soziologisch deutete.[13]

Die soziologischen Evolutionstheorien sahen wohl unter anderem deshalb keinen triftigen Anlaß, die Fremdheit vergangener Kulturen zu thematisieren, da die Wissenschaften, die sich mit den vergangenen, primitiven und nichtwissenschaftlichen Bewußtseinsformen beschäftigten und jenen das zu verarbeitende Material verschafften, gleichermaßen ihre Denkformen in die Fremdkulturen projizierten.

3.1.2 Evolution von Denkstrukturen als Thema der klassischen Anthropologie und der modernen Ethnologie

Die klassische britische Anthropologie untersuchte die Logik des »primitiven« Denkens. Die anthropologische Schule war von einem aufklärerischen Evolutionismus geprägt, der die Universalismusthese mit einer Evolutionstheorie des Denkens, mit einem auf die Wissenschaft bauenden Fortschrittsglauben verknüpfte. Die britische Anthropologie sah sich einem Material exotischer Vorstellungen und primitiver Institutionen aus allen Teilen der Welt gegenüber.

Anstatt die unwahrscheinlichen Grundlagen des »rationalen« Europa in diesem »Meer des Aberglaubens« zu erörtern, interpolierten die Anthropologen ihre Wissenschaftlichkeit in nichteuropäische Kulturen, um so zu verstehen, wie diese zu ihren seltsamen »Wahnvorstellungen« kommen konnten. Indem sie ihr Denken in das fremde verpflanzten, konnten sie deren Resultate als bloßen Unsinn dartun, um auf dessen gebührlichen Abstand von den erfolgreichen europäischen Wissenschaften und der modernen Zivilisation hinzuweisen.

12 Marx 1968, S. 207 ff., 340 f.
13 Weber 1980, S. 314 f.

Dies sei am Beispiel des wohl bedeutendsten Vertreters der anthropologischen Schule, James George Frazer, veranschaulicht. Er gibt ein deutliches Beispiel für die aufklärerische Auffassung der Gleichheit des menschlichen Geistes, die mit einer evolutionistischen Deutung der Geschichte als Prozeß von rohen Anfängen zum modernen Zeitalter gleichwohl verbunden ist. Nicht die Denkstrukturen, sondern die Vorstellungen und die Gedankeninhalte wechseln.

Die Evolution der Geschichte besteht nach Auffassung der britischen Anthropologie im »Falsifikationsprozeß« der Philosophien. Die Intellektualität entfaltet sich laut Frazer stufenförmig in drei Phasen, die von je unterschiedlichen Kosmologien beherrscht werden: Magie – Religion – Wissenschaft. Nach Frazer unterscheidet sich ein Zauberer in seiner Denkstruktur nicht von einem Wissenschaftler. Der Magier glaubt keineswegs, daß er willkürlich der Natur gebietet, sondern vielmehr, daß er wie der Wissenschaftler unter Beachtung von Naturgesetzen Prozesse auslöst.

»Beide nehmen die Aufeinanderfolge der Ereignisse als vollkommen regelmäßig und sicher an, da sie durch unwandelbare Gesetze bestimmt ist, deren Auswirkung sich genau voraussehen und berechnen läßt ... Beide eröffnen eine scheinbar endlose Reihe von Möglichkeiten für denjenigen, der die Ursachen der Dinge und die geheimen Triebfedern kennt, welche das ungeheuer verwickelte Getriebe der Welt in Bewegung setzen.«[14]

Magische Riten wie Naturgesetze ergeben sich aus gedanklichen »Assoziationen«. Die Magie resultiert aus falschen Assoziationen, und die Wissenschaft wächst als das Produkt der Widerlegung jener.

»Der verhängnisvolle Fehler der Zauberei liegt nicht in der allgemeinen Annahme einer Aufeinanderfolge von Ereignissen, die durch das Gesetz bestimmt sind, sondern in ihrer völligen Verkennung des Wesens der besonderen, einzelnen Gesetze, welche diese Aufeinanderfolge beherrschen ... Eine mißverstandene Assoziation gleichartiger Ideen ruft homöopathische oder imitative Magie hervor. Die mißverstandene Assoziation einander berührender Ideen führt zu Berührungsmagie. Die Grundsätze der Assoziation sind an sich ausgezeichnet und in der Tat unbedingt notwendig für die menschliche Denktätigkeit. Richtig ange-

14 Frazer 1977, Bd. 1, S. 71.

wandt ergeben sie Wissenschaft. Unrichtig angewandt zeitigen sie Magie, die Stiefschwester der Wissenschaft.«[15]

Der Leerlauf der magischen Praktiken ließ nach Frazers Theorie die Völker alsbald nach anderen Mitteln suchen. So wandten sie sich an höhere Mächte, an Geister und Götter, die jenseits der Erscheinungen die Welt regieren. Aber auch die Götterhypothese konnte sich nicht lange halten. Ist doch die feste Ordnung der Dinge den subjektiven Intentionen zu gleichgültig, als daß die Religion größere Erfolgschancen garantieren könnte als die Magie. Nur kann sie die Mißerfolge besser erklären. Die Wissenschaft nun baut das System der Ordnung dichter und weiter aus, indem sie immer neue Regelmäßigkeiten entdeckt und den Zufall ausschaltet.[16] Die Wissenschaft ist also gewissermaßen eine Verlängerung der Magie – nur unter Verwendung richtiger Mittel.

Frazers Auffassung – und die Argumentationsweise ist typisch für die klassische Anthropologie – läßt sich so resümieren: Die Religion ist eine Verirrung des gleichen Denkens, das auch Magie und Wissenschaft hervorgebracht hat. Alle drei Vorstellungssysteme sind intellektuelle Denkmodelle. Magie und Religion werden zu rohen und unzugänglichen kognitiven Systemen entmachtet, zu bloßen Vorstufen der Wissenschaft. Frazer interpoliert seinen Wissenschaftsbegriff in die nichtrationalen Mythengebilde. Er unterstellt ihnen dieselben Ziele wie seiner Wissenschaftskonzeption und diagnostiziert am Maßstab dieser, daß Magie und Religion gescheitert sind. Für Frazer ist das Ziel der drei Denkmodelle generell ein genuin zweckrationales und praktisches.

Hier muß noch eingefügt werden, worin genau das Streben der magisch-religiösen Praktiken besteht. Die Wetterbeherrschung, die Baumverehrung, die Vegetationskulte und die Feuerfeste machen den Inhalt des »Golden Bough« aus. Das Gerüst des Christentums ist nach Frazer der orientalische Vegetationskult, welcher dem primitiven Geist universell eignet.[17] So dienen Magie und Religion einer illusionären Nahrungsbeschaffung und Weltbewältigung. Das Ziel der »Philosophien« ist: die Assimilation der Naturphänomene an menschliche Bedürfnisse. Sie sind Denkmuster zur technisch-praktischen Lebensbewältigung.

15 Frazer 1977, Bd. 1, S. 1033.
16 Frazer 1977, Bd. 1, S. 72 ff.
17 Frazer 1977, Bd. 1, S. 472 ff.

Eine ähnliche »hermeneutische« Argumentationsfigur findet sich in der »animistischen« Religionswissenschaft, wie sie von Edward B. Tylor begründet wurde.[18] Die Entstehung der Religion geht nach ihm auf Fehlinterpretationen des Traumes zurück. Die im Traum erscheinenden Erlebnisse werden durch Ablösung der Seele vom Körper begriffen. Jeder Mensch scheint also ein Doppelwesen zu sein, wobei der Seele eine unsinnliche Existenz zukommt. Alsbald, so die Theorie, wurde der Primitive ein Opfer seiner Seelenvorstellungen. Hinter jedem seltsamen Phänomen vermutete er das Wirken einer verstorbenen Seele. Der Ahnenkult wird so zur ersten Religionsform, um die Seelen zu beschwichtigen. Schließlich wucherte der Ahnenkult aus zu einem Götter- und Dämonenwesen.

In der sogenannten animistischen Theorie wird die Mannigfaltigkeit der religiösen Vorstellungswelt aus dem Prinzip der »Seele« deduziert. Diese wurde angeblich in alle Objekte projiziert, welche das religiöse Gefühl affizierten. Nach der animistischen Theorie ist es möglich, mit unseren Denkformen sich in die Gedanken traditionaler Menschen zu versetzen. Denn die sind klar und vollkommen logisch, wenn man die Prämissen akzeptiert.

In seiner Kritik intellektualistischer und psychologischer Theorien der Religion kommt Edgar Edward Evans-Pritchard am Anfang der sechziger Jahre zum Schluß:

»Da man keinerlei Möglichkeit hat, zu erforschen, wie die Vorstellung von Seele und Geist entstanden ist und sich entwickelt haben könnte, wird dem Primitiven eine logische Konstruktion des Wissenschaftlers übergestülpt und als Erklärung für seine religiösen Überzeugungen repräsentiert. Die Theorie hat die Qualität eines Ammenmärchens nach dem Muster ›Wie der Leopard zu seinen Flecken kam‹.«[19]

Evans-Pritchard kommt zu dem Ergebnis, daß es in der vergleichenden Religionswissenschaft, Kulturanthropologie und Ethnologie keine einzige Theorie gibt, die eine befriedigende und zusammenhängende Erklärung primitiver Religionen gibt. Sein Buch ist eine Ansammlung vernichtender Kritiken an verschiedensten Theoretikern.

»Tatsächlich – so muß ich schließen – kann uns wohl keine der hier behandelten Theorien mehr bieten als allgemeinverständliche Hypothe-

18 Zur Darstellung und Kritik: Soederbloem 1962, S. 9 ff.
19 Evans-Pritchard 1981, S. 59.

sen, die außerdem meist noch daneben treffen. Und zusammengenommen helfen sie auch nicht weiter ... Wir scheinen immer durch die gleiche Tür herausgekommen wie hineingegangen zu sein. Aber Sie sollten nicht glauben, daß soviel Arbeit vergeblich war.«[20]

Lucien Lévy-Bruhl suchte dem primitiven Denken in seiner Eigenart gerecht zu werden, indem er auf seine radikale Andersgeartetheit hinwies. Trotz seines Gebrauchs der Begriffe »Prä-Logik« und »Mystische Partizipation« suchte er die Behauptung der Diskontinuität der primitiven und wissenschaftlichen Denkformen nicht etwa auf ungleichwertige Intelligenz zu reduzieren, sondern als Resultat gesellschaftlich bestimmter Kollektivvorstellungen zu fassen. Dies nicht zu begreifen erleichterte er seinen Kritikern dadurch, daß er die mögliche Evolution des wissenschaftlichen Denkens nicht untersuchte – und so die tiefere Einheit der Denkformen nicht deutlich machte. Zum anderen blieb die Einbettung der jeweiligen »Kollektivvorstellungen« in die primitive bzw. zivilisierte Kultur bloßes Programm.[21]

Nach ihrer Abkehr von Lévy-Bruhl wurde es eine Grundthese der Ethnologie, Magie und Religion nach ihrer bloßen gesellschaftlichen »Funktion« zu beurteilen – unter Absehung ihres geistigen Selbstverständnisses. Evans-Pritchard beispielsweise versuchte das Defizit Lévy-Bruhls auszufüllen und zugleich die von ihm behauptete Diskontinuität der Denkformen einzuebnen.

»The fact that we attribute rain to meteorological causes alone while savages believe that gods or ghosts or magic can influence the rainfall is no evidence that our brains function differently from their brains. It does not show that we ›think more logically‹ than savages, at least not if this expression suggests some kind of hereditary psychic superiority ... This particular idea formed part of my culture long before I was born into it and little more was required of me than sufficient linguistic ability to learn it. Likewise a savage who believes that under suitable natural and ritual conditions the rainfall can be influenced by use of appropriate magic is not on account of this belief to be considered of inferior intelligence ... He and I are both thinking in patterns of thought provided for

20 Evans-Pritchard 1981, S. 170 f.
21 Es ist wohl so, daß man in jeder Methode der Abkehr vom Ethnozentrismus auch das Gegenteil erblicken könnte. Ein deutliches Beispiel für das Gewicht des moralisch determinierten Arguments in der Ethnologie ist Diamond 1976.

us by the societes in which we live. It would be absurd to say that the savage is thinking mystically and that we are thinking scientifically about rainfall.«[22]

Auch Evans-Pritchard zweifelt nicht an der Überlegenheit des wissenschaftlichen Denkens. Beide Denkformen sind nach ihm logisch, aber die eine ist in objektiver Übereinstimmung mit der Realität, die andere Illusion. Die von Evans-Pritchard selbst aufgewiesene gesellschaftliche Bedingtheit des Denkens hindert ihn nicht daran, darüber hinaus die Adäquanz der europäischen Denkform mit der objektiven Realität zu behaupten. Evans-Pritchard schränkt zudem die Bedeutung der mystischen Sichtweise ein und behauptet den größeren Stellenwert des rationalen und objektiven Denkens in Primitivkulturen. »Mystical thought is a function of particular situations.«[23]

Evans-Pritchard gehört zu der Generation von Ethnologen, die im Wechsel vom »armchair-philosopher« zum Feldforscher die Voraussetzung für einen sicheren Gang ihrer Disziplin sahen. Nun brachte die empirische Wende zwar eine weitgehende Abkehr von spekulativen Ursprungstheorien, keineswegs aber unbedingt eine wesentliche Vertiefung des Einblicks in fremdes Denken und fremde Kulturen. Das empiristische Vorurteil, durch Beobachtung und Datenstudium sicheres Wissen zu gewinnen, wirkte sich im fortgesetzten Mißverständnis des Problems des Verstehens fremder Denkweisen aus.

So zeichnete zum Beispiel Bronislaw Malinowski den »Primitiven« als einen nüchternen Tatsachenmenschen, der sich rationaler Methoden sehr wohl zu bedienen weiß. Die Magie dient zweckrationalen Zielen und findet dann Verwendung, wenn die empirischen Mittel versagen oder unsicher sind.[24] Der Mensch ist nach Malinowski durch seine biologischen Bedürfnisse definiert, die zu allen Zeiten gleich sind. Die Kultur ist eine verschieden qualifizierte Apparatur, um diesen Bedürfnissen gerecht zu werden.[25] Die Ethnologen sollten darauf verzichten, Religionen in ihrem Inhalt und aus ihrem Ursprung zu deuten. Es gelte, ihre Funktion in den Kulturen zu ergründen und sie im Zusammenspiel mit anderen gesellschaftlichen Institutionen zu verstehen.

22 Evans-Pritchard 1934, S. 21.
23 Evans-Pritchard 1934, S. 28.
24 Malinowski 1973, S. 12.
25 Malinowski 1949, S. 27 ff.

Durch den Aufweis ihrer gesellschaftlichen Logik solle die imperiale Methode des intellektuellen Ethnozentrismus überwunden werden.

In der »Rationalitätsdebatte« der siebziger Jahre, die in diesem geschichtlichen Rückblick hier als letzte Etappe erwähnt wird, wurde von der Auffassung der Magie als einer Quasitechnologie mehr und mehr abgegangen. In einer Kritik an Malinowski bestreitet Peel, daß die Magie ein aus Angst geborenes Hilfsmittel sei: »Magische Wunderheilungen sind dann am erfolgreichsten, wenn diejenigen, die sie praktizieren, vom Funktionieren voll und ganz überzeugt sind und gerade keine Angst haben.«[26]

Die empirische Verwendungsfähigkeit magischer Riten wird gar nicht getestet, Orakelsprüche sind keine Hypothesen.[27] Man versteht einen Ritus falsch, wenn man ihn im Sinne des Kriteriums wahr/falsch beurteilt. Die von Evans-Pritchard untersuchten Zande ziehen die Magie nicht in Zweifel, selbst wenn die erwarteten Resultate ausbleiben. Das System der magischen Praktiken selbst bleibt von jeder Kritik unbehelligt. Dies ist nun eben nicht im Sinne von Evans-Pritchard zu deuten, der unbedingte Glaube der »Primitiven« beweise deren Unwissenschaftlichkeit, weil sie diesen von ihm unterstellten Anspruch gar nicht haben. Und dies beweist nach Tambiah nicht etwa ihre Irrationalität.[28] Tambiah sieht magische Riten als soziale Akte. Sie erlauben es, den Zufall auszumerzen und das Unbekannte in Bekanntes zu transformieren, weil die Individuen die Welt als subjektiv verständlich und beeinflußbar voraussetzen.

Eine vergleichbare Betonung der Rationalität der Magie unter Ausschaltung des empirischen Aspektes versucht Beattie. Es gehe der Magie nicht darum, realistische Mittel bereitzustellen, um rationale Zwecke zu erreichen, sondern die Magie sei ein »symbolischer Ausdruck«. Die Magie sei »expressiv«, nicht »instrumentell« ausgerichtet, indem sie gesellschaftliche Werte betone. Der magische Anteil am Kanubau oder an der Feldbestellung diene nicht der technischen Verrichtung, vielmehr symbolisiere er den Wert dieser Tätigkeiten für die Gesellschaft.[29] So bestreitet Beattie keineswegs die Rationalität der Magie, indem er ihren

26 Peel 1978, S. 169.
27 Jarvie 1978, S. 145.
28 Tambiah 1978, S. 292.
29 Beattie 1978, S. 140 ff.

Inhalt nicht in die Technologie, sondern in die Psychologie verortet.

Auch nach mehrmaliger Lektüre dieser Aufsätze verliert man nicht den Eindruck, daß es zu einer Ethno-Logik noch gar nicht gekommen ist. Der Vorwurf einer ethnozentrischen Verformung der Fremdkultur scheint jederzeit, von einem anderen Gesichtspunkt betrachtet, in ein pluralistisches Motiv konvertierbar zu sein. Behauptet man den Anspruch der empirischen Rationalität der Magie – um so die rationale Einheit des menschlichen Geistes aufzuzeigen –, so beweist das Scheitern dieses Anspruches gerade die Irrationalität traditionaler Menschen. Die allegorische oder symbolische Interpretation der Magie (Durkheim, Beattie) behauptet hingegen dadurch die Objektivität des fremden Denkens, indem sie ihre psychologische Funktion aufweist. Dies gelingt ihr aber nur, indem sie das Selbstverständnis traditionaler Menschen unterläuft und ausschaltet. Denn diese glauben tatsächlich, daß ohne Riten die empirischen Verrichtungen erfolglos bleiben werden.

Eine Ethnologie, die die industrielle und die traditionale Kultur auf einer Ebene objektiv vergleicht, bleibt Fiktion. Eines scheint sowohl subjektiv unvermeidlich als auch im objektiven Sinne nie verifizierbar zu sein: »Mit unserem okzidentalen Weltverständnis verbinden wir implizit einen Anspruch auf Universalität.«[30] Das hermeneutische Grundproblem der englischen Diskussion ist die Frage, welches »Element« der fremden Subjektivität identisch ist mit einem der eigenen, um von diesem Konsens aus das verbleibende idiosynkratische Moment aufzuschließen. Eine Erscheinung ist schließlich nicht verständlich, wenn nichts im erkennenden Subjekt enthalten ist, was jener entspräche. Wie kann ein Ethnologe den Dämonenglauben verstehen, wenn er ihn nicht in irgendeiner Beziehung teilt? Andererseits aber verbessert sich zumindest in einer Dimension das Verstehen keineswegs mit dem Grad der Identifikation. Das Verstehen scheint zwar auf das Nacherleben angewiesen zu sein, aber es wird dadurch auch zugleich verunmöglicht. Der Hexenglaube oder ein Tabu läßt sich nur mit einem gewissen geistigen Abstand verstehen, den der nicht haben kann, dessen Bewußtsein in diesen Vorstellungen befangen ist. Es ist die Frage, ob und wie diese Paradoxie aufzulösen ist.

30 Habermas 1981, S. 73.

Vergleicht man den argumentativen Rahmen der klassischen Anthropologie mit dem der neueren Ethnologie, so verflüssigen sich bei genauerem Hinsehen die Grundunterschiede als bloß scheinbare. Man hat zwar nun auf eine evolutionäre Stadienlehre verzichtet, man gebraucht bestimmte Termini (»der Wilde«) nicht mehr, aber das Schema des Vergleichs hat die gleichen Züge. So wie Frazer seinen Wissenschaftsbegriff in den primitiven Geist interpoliert, um Magie und Religion als Unsinn abzutun, so deuten Durkheim und Beattie sie als symbolische Verkörperung gesellschaftlicher Werte, was dem traditionalen Selbstverständnis auch widerspricht. Irgendein gesellschaftlicher oder geistiger Inhalt des modernen Bewußtseins wird auf die anthropologische Ebene verallgemeinert, um von diesem Inhalt aus das obskure Prinzip des traditionalen Bewußtseins aufzuspüren. Die Diskussion bewegt sich nur um die bestimmte Heraussonderung des zu universalisierenden Inhalts. Es kann bestritten werden, ob es auf diese Weise je zu einer trennscharfen Gegenstandsbestimmung kommen kann. Nach den vorliegenden Erklärungen bestehen Magie und Religion in einer Verhüllung und Vernebelung der Realität, ohne daß für diese Realitätsverkleidung eine triftige Ursache angegeben werden könnte. Religion und Magie bekommen vielmehr poetischen Charakter.

3.2 Die *Philosophie der symbolischen Formen* in ihren erkenntnistheoretischen Grundlagen

Auf Teile der modernen Ethnologie trifft der Vorwurf zu, den Ernst Cassirer vor siebzig Jahren der »Völkerpsychologie« machte:

> »Denn statt die Einheit des Geistes durch die Analyse aufzuzeigen und sie als Ergebnis der Analyse sicherzustellen, behandelt sie sie vielmehr als ein an sich bestehendes Datum. Aber hier wie in der Erkenntnis steht die Gewißheit der systematischen Einheit nicht sowohl am Anfang als vielmehr am Ende; bedeutet sie nicht sowohl den Ausgangspunkt als das Ziel der Betrachtung.«[31]

Die Völkerpsychologie wie auch die Ethnologie versuchen die fremden Bewußtseinsgebilde, um in ihnen kein bloßes Spiel der Phantasie und wirrer Einbildungskraft zu sehen, durch Anknüp-

31 Cassirer 1925, S. 17 f.

fung an empirisch-psychologische Tatbestände zu erklären. Man bemüht sich um eine rationale Einheit der phantastischen Vorstellungen, indem man sie auf einen realen psychischen Faktor bezieht. Die Tylorsche Seelenmythologie, die Durkheimsche Symbolisierung der Autorität der Gesellschaft wie auch die verschiedenen Naturmythologien, die in den Mythengebilden ein natürliches Faktum (Mond, Sonne usw.) verkleidet sehen, begehen den Grundfehler, die Einheit des Mythos in empirischen Elementen verhaftet zu sehen.[32]

»Mehr und mehr befestigte sich daher die Einsicht, daß die bloß faktische Einheit der mythischen Grundgebilde, selbst wenn es gelänge, sie über allen Zweifel zu erheben, solange ein bloßes Rätsel bleiben muß, als sie nicht auf eine tiefere Strukturform der mythischen Phantasie und des mythischen Denkens zurückgeführt wird.«[33]

Cassirer fordert nichts Geringeres als die »kopernikanische Wende« der Kulturwissenschaften. Es gilt, das »Phantastische« des fremden Bewußtseins weder als Darstellung der realen Anwesenheit von Dämonen und Göttern noch als Repräsentation eines natürlichen Faktums (Naturerscheinung, psychisches Faktum) zu erklären. Die tautegorische wie die allegorische Deutung objektivieren das Phantastische gleichermaßen. Demgegenüber gilt es, die Mythengebilde nicht in der Wirklichkeit der Fakten, sondern in einer bestimmten Struktur des Intellekts zu verankern. Es ist die bestimmte Form des mythischen Bewußtseins, das nicht etwa ein Teil des wissenschaftlichen Erkennens ist, sondern einen eigenen Blickpunkt und eine eigene Strukturform hat, welches die mythischen Gebilde als notwendiges Erzeugnis entwickelt. Cassirer fordert den entsprechenden Schritt vom Empirismus zu seiner Variante des kritischen Idealismus, will man zu einem wahren Verständnis auch des mythischen Denkens gelangen. Die konstitutive Einheit auch dieser Form des Denkens erwächst ihr nicht aus spezifischen Objekten, sondern aus einer spezifisch strukturierten Form des Weltbegreifens. Es ist Cassirer gelungen, das mythische wie das wissenschaftliche Denken bis in die ihnen zugehörige Wahrnehmungs- und Anschauungswelt zurückzuverfolgen.

Bei aller verschiedenartigen Ausgestaltung dieser Gebilde liegt ihnen nach Cassirer nun das gemeinsame Prinzip zugrunde, gei-

32 Cassirer 1925, S. 22 ff.
33 Cassirer 1925, S. 25.

stige Bedeutungsgehalte durch sinnliche Zeichen auszudrükken. Das Gemeinsame der verschiedenen symbolischen Welten, beispielsweise des Mythos wie auch der wissenschaftlichen Erkenntnis, liegt nach Cassirer darin, daß die Leistungen des Bewußtseins nicht einfach darin aufgehen, Eindrücke von äußeren Gegenständen zu empfangen, sondern diese vielmehr mit geistigen Formen zu durchsetzen. Das Symbol ist kein Abbild, keine Hülle eines fertig gegebenen Inhalts, sondern ein Organ seiner Erzeugung. Das Symbol oder symbolisch strukturierte Gebilde bildet und bestimmt vielmehr erst die Inhalte.

»Nicht mehr greift die Erkenntnis, sei es als Ganzes, sei es mit einem bestimmten Teil ihrer selbst, in die transzendente Gegenstandswelt ›über‹ noch vermag diese in sie ›hineinzuwandern‹. Alle diese räumlichen Bilder werden vielmehr jetzt als Bilder erkannt. Das Wissen wird weder als ein Teil des Seins noch als seine Abbildung beschrieben – und doch wird ihm andererseits die Beziehung auf dieses Sein so wenig genommen, daß sie vielmehr unter einem neuen Gesichtspunkt begründet wird.«[34]

Alles geistige Geschehen, das über die »Rhapsodie« der Wahrnehmungen hinausgeht, verlangt eine geistige Tätigkeit, die die Zeitlichkeit der Bewußtseinsabläufe, das bloße Auftauchen und Verschwinden von Eindrücken in eine konstante Form bringt. Der scheinbare Widerspruch zwischen dem ununterbrochenen Fließen der Wahrnehmungen und dem Entstehen konstanter Wahrnehmungen und fester Begriffe löst sich laut Cassirer durch das Anknüpfen der Bedeutungen an die sinnlichen Elemente der Symbolwelten. Indem die Bedeutungen sich den sinnlichen Zeichen, den Lauten, den Bildern der Kunst und des Mythos und den mathematischen Zeichen in der naturwissenschaftlichen Erkenntnis anhängen, werden diese zum Instrument der Bewegung und Artikulation jener Bedeutungen.[35]

Schon Wilhelm von Humboldt wies darauf hin, daß das Wort kein Abdruck des Gegenstandes sei, sondern des von diesem in der Seele erzeugten Bildes.

»Wie der einzelne Laut zwischen den Gegenstand und den Menschen, so tritt die ganze Sprache zwischen ihn und die innerlich und äußerlich auf ihn einwirkende Natur. Er umgibt sich mit einer Welt von Lauten, um die Welt von Gegenständen in sich aufzunehmen und zu bearbeiten.

34 Cassirer 1982, S. 7.
35 Cassirer 1977, S. 175.

Durch denselben Akt, vermöge dessen der Mensch die Sprache aus sich herausspinnt, spinnt er sich in dieselbe hinein, und jede zieht um das Volk, welchem sie angehört, einen Kreis, aus dem es nur insofern hinauszugehen möglich ist, als man zugleich in den Kreis einer anderen hinübertritt.«[36]

Die Lautzeichen sind daher ein Vehikel der Gedanken, indem sie deren Gliederung durch die eigene Differenzierung prägen und formen.[37] Die sinnlichen Elemente der symbolischen Gebilde geben diese in ihrem geistigen Ausdruck genauso wenig wider, wie diese symbolischen Gebilde an sich seiende Sachverhalte repräsentieren. Wie die Artikulation dem Gedanken das Gepräge verleiht, so gibt dieser dem »Material« die Formung. Die Modulationsfähigkeit des Lautes wird zum Vehikel gedanklicher Differenzierungen, so wie diese an den »Dingen« immer neue Aspekte zutage fördern.

So sind nach Cassirer alle Gebilde des Bewußtseins durch eine Doppelnatur bestimmt. In jedem intellektuellen oder sprachlichen Zeichen, in jeder mythischen oder künstlerischen Gestalt formt sich ein Bedeutungsgehalt, für den jene Zeichen nur stehen und der alles Sinnliche und Dingliche übersteigt.[38] Die gedanklichen Beziehungen, die die Aktivität des Bewußtseins ausdrücken, sind nicht der sinnlichen Wahrnehmung einfach entnommen, sondern prägen deren »Material« in ihre Form um. Wenn aber dergestalt die symbolischen Formen generell das einfache Dasein der Dinge nicht abspiegeln, sondern in geformte Gestalten, Anschauungen und Begriffe fassen, dann können sie auch nicht mehr an den Dingen, sondern bloß an ihrer eigenen Stimmigkeit und Kohärenz gemessen werden. Und so wird die Frage danach sinnlos, wie diese Sinnwelten zu der ansichseienden Welt, zum außerhalb jeglicher geistigen Formgebung existierenden Seienden, stehen. So trennen uns die Zeichen nicht einfach nur von dem Seienden, sondern sie schaffen die einzig mögliche Vermittlung, weil es ohne sie gar keine Welt gibt. »Die Wirklichkeit scheint für uns nicht anders als in der Eigenart dieser Formen faßbar zu werden; aber darin liegt zugleich, daß sie sich in ihnen ebenso verhüllt wie offenbart.«[39]

36 Humboldt 1973, Bd. VII, 1, S. 60.
37 Cassirer 1954, S. 18, 26.
38 Cassirer 1954, S. 42.
39 Cassirer 1982, S. 3.

Erst vor diesem Hintergrund wird der Symbolbegriff Cassirers von seiner allegorischen Verwendungsweise deutlich absetzbar. Es ist jetzt die Funktion der subjektiven Formen, den für uns überhaupt möglichen Gegenstand zu konstituieren. Ein ausschließlich sinnliches Bewußtsein, in welchem sich bloß der Eindruck eines objektiven Gegenstandes findet, ohne alle symbolische Prägung, gibt es daher nicht. So sind nach Cassirer Sinnlichkeit, Anschauung und Verstand kein bloßes Übereinander, sondern ein logisch aufeinander bestimmtes Ineinander. In seiner Kant-Kritik zu Beginn des dritten Bandes behauptet er, »daß eben das, was unter einem bestimmten Gesichtspunkt als ›Materie‹ der Erkenntnis bezeichnet werden kann, in einer anderen Hinsicht wieder als etwas Geformtes oder doch Formhaltiges erkannt wird«.[40] Da Kant die *Kritik der reinen Vernunft* nach dem Ideal der mathematisch-naturwissenschaftlichen Erkenntnis ausrichtete, so korreliert dieser Erkenntnisform eine bestimmte Struktur der Wahrnehmung.[41] Wer die erkenntnistheoretische Fundierung der wissenschaftlichen Weltsicht in Angriff nimmt, wird entsprechend Anschauung und Begriffe in dieser Hinsicht strukturieren.

»Und so findet sich jetzt in der scheinbaren ›Rezeptivität‹ der Anschauung die Spontaneität des Verstandes wieder – eben jenes Verstandes, der kraft seiner eigenen Gesetzlichkeit die Bedingung der reinen Naturerkenntnis, der Gesetzlichkeit der wissenschaftlichen Erfahrung und ihres Gegenstandes, ist.«[42]

Die *Philosophie der symbolischen Formen* versteht unter »Erkenntnis« hingegen nicht nur die Form des wissenschaftlichen Erklärens, sondern alle Formen und Richtungen des Weltbegreifens. Ihnen allen ist das Ziel der gedanklichen »Objektivierung« gemeinsam, doch der Weg und die Mittel, mit denen die Sinneseindrücke zu geistigen Einheiten gefaßt werden, weichen voneinander ab.[43] Und erst indem die Kritik der Vernunft zur Kritik der Kultur sich ausweitet, kann die Dominanz der »natürlichen« Weltsicht gebrochen werden. Denn gerade die Kulturgebilde sind nicht durch ein natürliches Sein, sondern durch ein geistiges Tun bestimmt. So sind Wissenschaft, Kunst, Mythos,

40 Cassirer 1982, S. 13.
41 Cassirer 1982, S. 16, 222 ff.
42 Cassirer 1982, S. 17.
43 Cassirer 1977, S. 208.

Religion und Sprache nicht fertige Gebilde, sondern Mittel der Weltgestaltung.

»Ebenso wie die Mittel verschieden sind, deren sich jede Funktion hierbei bedient, wie es ganz verschiedene Maßstäbe und Kriterien sind, die von jeder einzelnen vorausgesetzt und zur Anwendung gebracht werden, so ist auch das Ergebnis ein verschiedenes.«[44]

Sosehr Cassirer auch die Besonderheit der Symbolwelten, ihren je verschiedenen Wirklichkeitsbegriff betont und das Gemeinsame nur im Symbolbegriff zu finden meint, so sehr fällt in der materialen Ausgestaltung seines Programms doch auf, daß die Spezifizität der Symbolwelten auch eine Funktion des Grades ihrer symbolischen Strukturierung ist. Bei aller Betonung des relativistischen Vorgehens, des inkomparablen Nebeneinander der Symbolwelten, ist bei Cassirer eine evolutionär angelegte Perspektive dominierend. Das periphere Dasein des mythischen Denkens in der modernen Kultur resultiert aus seiner prinzipiellen Überwindung durch das wissenschaftlich-rationale Erkennen.[45]

Die Wissenschaft knüpft an die Benennungen der Sprache an, indem sie die Wörter zu Begriffen weiterentwickelt. Es gibt einen inneren Zusammenhang zwischen Sprache und Mythos[46] wie zwischen diesem und der Kunst.[47] In allen Symbolwelten gibt es nun eine evolutionäre Entwicklung vom sinnlichen zum geistigen Bewußtsein. Diese Entwicklung vollzieht sich als fortschreitende Polarisierung von Ich- und Weltbewußtsein. Und so erscheint in Cassirers Ausführung seines Programms die Wissenschaft als ein dem Mythos überlegenes, ihm entwachsenes Symbolgebilde.

Die *Philosophie der symbolischen Formen* überwindet die Metaphysik, indem sie deren Voraussetzung des Gegensatzes zwischen einem starren Ich und einer ebenso festen, gegenüberste-

44 Cassirer 1954, S. 24.

45 In einem seiner letzten Bücher neigt Cassirer zu einer pessimistischen und negativen Einschätzung des Mythos. Er findet eine Affinität zwischen Mythos und Nazismus, wobei dieser als Produkt des Hervorbrechens geistiger Archaismen erscheint. Der Mythos wird zu einer die Kultur bedrohenden Macht: Cassirer 1949, S. 360 ff.

46 Cassirer 1925 b.

47 Der Kunst widmete Cassirer in der *Philosophie der symbolischen Formen* keine eigene Darstellung, jedoch in seiner *Logik der Kulturwissenschaften*.

henden Welt in ein fließendes, dynamisches Verhältnis überführt. Schon in einem frühen Werk hat Cassirer diese Grundvoraussetzung seiner Philosophie ausführlich dargestellt. Die alte metaphysische Scheidung zwischen der Identität des Ich und der Vielheit der Objekte, zwischen dem Subjekt und dem Objekt der Erkenntnis, wird als bloß relative Setzung in der Einheit des Erfahrungswissens selbst verstanden. Denn der unmittelbarsten Stufe der Erfahrung ist dieser Gegensatz noch völlig fremd. »Ursprünglich« ist alles, was im Bewußtsein präsent ist, diesem objektiv, und zwar in der Form, in der es sich unmittelbar zeigt. »Die mannigfachen Inhalte ordnen sich gleichsam in einer Ebene: noch gibt es keine bestimmten Gesichtspunkte, die irgendeinen Vorrang des einen vor dem anderen begründen könnten.«[48]

Die Trennung zwischen subjektiv und objektiv ist hier unanwendbar, da alles vom Bewußtsein Erfaßte unbefragt bleibt. Erst durch die Scheidung von flüchtigen und typischen Wahrnehmungen tritt ein Verhältnis der Über- und Unterordnung derselben zueinander auf. Jedes Bedenken über den Stellenwert einer Wahrnehmung im Horizont des Bewußtseins eröffnet das Auseinandertreten zwischen der subjektiven und der objektiven Welt. Die sinnliche Wahrnehmung gewinnt alsbald, da sie an einen festeren und allgemeineren Kreis von Bedingungen geknüpft ist, gegenüber dem Traum und der Halluzination an Objektivität.[49] Gegenüber den Definitionen der exakten Physik aber verbleibt sie wiederum im Bannkreis des Subjektiven, weil sie nur einen individuellen Zustand unter eingeschränkten Bedingungen angibt. Objektiv werden solche Erfahrungen genannt, die sich gegenüber anderen als beharrend gezeigt haben. Sie selbst bekommen einen subjektiven Status gegenüber solchen Inhalten, die sich als noch konstanter erweisen.

Die Objektivität der Erfahrung bestimmt sich also danach, welche Position ein Aspekt im jeweiligen theoretischen Gesamtsystem einnimmt.[50] Was sich zum Zwecke einer festen Definition zunächst als unentbehrlich erweist, mag unter einem neuen Gesichtspunkt auf einen eingeschränkten Erfahrungskreis begrenzt werden. Die wissenschaftliche Entwicklung besteht darin, daß alle Urteile sich in zunehmendem Maße als bedingt erweisen. »Es

48 Cassirer 1969, S. 361.
49 Cassirer 1969, S. 365.
50 Cassirer 1969, S. 369.

ist somit die logische Differenzierung der Erfahrungsinhalte und ihre Einordnung in ein gegliedertes System von Abhängigkeiten, was den eigentlichen Kern des Wirklichkeitsbegriffs bildet.«[51]

Die Objektivität besteht also nicht darin, festzuhalten, inwieweit unsere Urteile mit den Dingen übereinstimmen, sondern sie ist auf der Stimmigkeit der Urteile selbst im Gesamtsystem der Erfahrung gegründet. Sie ist keine irgendwie nachträgliche Ergänzung zu subjektiven Vorstellungen, sondern der Ausdruck einer begrifflichen Unterscheidung. Das Subjektive kann nur im Vergleich zu einem Objektiven als solches gewußt werden. Die Erkenntnis des Subjektiven ist also ein spätes gedankliches Produkt. Je weniger das Subjekt vermeint, Eindrücke von Gegenständen zu haben, sondern diese vielmehr in verschiedene begriffliche Objektivierungskreise stellt, die je neue Aspekte an ihnen aufzeigen, um so mehr kommt es zum wahren Verständnis seiner geistigen Tätigkeit. Das Bewußtsein erlernt Reflexionskompetenz, indem es die Gegenstände in vermehrten, immer neuen begrifflichen Setzungen aufgehen läßt, von welchen es weiß, daß sie seiner Tätigkeit entstammen.

Die Ausdifferenzierung zwischen Ich- und Weltbewußtsein vollzieht sich als Bildungsgeschichte des Symbols von sinnlicher Gebundenheit zum begrifflich-logischen Denken. Das Symbol hat also eine logisch-evolutionäre Perspektive. Vor diesem Hintergrund stellt sich die Frage nach dem Zusammenhang der Symbolwelten, der Cassirer ausweicht, in einem anderen Licht dar. In seinen konkreten Ausführungen ist das mythische Denken sowohl der Prozeß der Herausbildung des Symbolbewußtseins als auch sein frühes, zu überwindendes Stadium. Der auf die Moderne zulaufende Geschichtsprozeß ist in seiner Logik ein Prozeß der »Intellektualisierung«, wobei die jeweiligen Formen des Weltbegreifens alle Bereiche des kulturellen Lebens erfassen. Dies ist meines Erachtens der Kern der *Philosophie der symbolischen Formen*.

51 Cassirer 1969, S. 371.

3.3 Die mythische und die wissenschaftliche Konstruktion der Wirklichkeit

3.3.1 Der mythische Eindruck und der wissenschaftliche Begriff

Die Bildungsgeschichte des Bewußtseins, zunächst am Verhältnis der mythischen zur wissenschaftlichen Denkform aufzeigbar, findet Cassirer am Leitfaden seiner Interpretation des Wirklichkeitsbegriffs. Die wissenschaftliche Weltsicht bricht das bloße Beisammen der Wahrnehmungen auf, um es durch gedankliche Zergliederung in Gründe und Folgen neu zu ordnen. Die Wirklichkeit des wahrgenommenen Objekts bekundet sich nicht in der Sinneswahrnehmung, sondern in der fortschreitenden Gesetzlichkeit des Erfahrungswissens überhaupt.

Die mythische Wirklichkeitskonstruktion hingegen kennt kaum diese Scheidung zwischen »Schein« und »Wirklichkeit«. Die verschiedenen Kreise schrittweiser Objektivierung, in denen der Stellenwert einer Erfahrung ermittelt wird, in denen die Bedingungen ihrer relativen Gültigkeit angegeben werden, gehen dem mythischen Denken noch ab.[52] Die mythische Wirklichkeit ist noch einheitlich, homogen, die Differenzen zwischen den Sinneswahrnehmungen sind wenig nach bestimmten Wertkriterien geordnet. Zwischen Bild und Sache, Ideellem und Reellem, Traum und Wirklichkeit ist wertmäßig nicht trennscharf geschieden. Keineswegs ist die mythische Welt ein Chaos, sondern ihre Denkgebilde korrespondieren mit ihrer Wahrnehmung so sehr, daß sie miteinander verwachsen.[53] Die mythische Wahrnehmung hält sich ganz im Banne des unmittelbaren Eindrucks, ohne ihn gedanklich zu zergliedern.[54] Das »Wesen« eines Wahrgenomme-

52 Cassirer 1925, S. 47.

53 Cassirer 1982, S. 72; vgl. Foucault 1977; Werner 1933; Lévy-Bruhl 1921, 1959; Godelier 1973.

54 Die Fesselung des mythischen Bewußtseins durch einen »Eindruck« ist eine grenzbegriffliche Definition. Sie entspricht einem angenommenen Ausgangszustand der kulturellen Evolution und einer Undifferenziertheit von Subjekt und Objekt. Nicht die ganze Fülle mythischer Vorstellungen entspricht dieser weitgehenden Undifferenziertheit. Schließlich ist es nach Cassirer der Mythos selbst, der die Bedingungen seiner Überwindung herausbildet: Cassirer 1925,

nen wird nicht erst ermittelt, indem es – unter Umständen sogar gegen den Schein der Wahrnehmung – in der Reflexion auf seine Bedeutung im Erfahrungskontext geprüft wird, sondern das Wahrgenommene ist das Wesen selbst. Das mythische Bewußtsein ist gewissermaßen im Augenblick des Eindrucks gefangen. Es vermag nicht den Eindruck an einem Maßstab vergangener oder zukünftiger Erfahrungen zu messen, welche als Kriterien der Gültigkeit auftreten könnten.

Auch in der Psychologie ist die spezifische Wirklichkeitsauffassung des mythischen Denkens bekannt:

»Die subjektiven Bilder und die objektiven Wahrnehmungen erreichen beim Naturmenschen oft nicht jene sachliche Verschiedenheit, die nötig wäre, um die beiden Sphären der Bildwirklichkeit und der Wachwirklichkeit zu trennen ... Abgebildete Gegenstände haben oft genug den leibhaftigen Charakter von wirklichen Gegenständen; Tiere und Menschen, auf Papier gezeichnet oder photographiert oder aus Holz geschnitzt, sind keineswegs tot nach der Meinung vieler Naturvölker, sondern lebendig.«[55]

Das Bild wird nicht in seinem repräsentierenden Charakter verstanden, weil das mythische Bewußtsein Erscheinungen vor dem Hintergrund anderer nicht so stark relativiert. Es ist auch in der Ethnologie bekannt, daß den Träumen mit gewissen Einschränkungen ein ähnlicher Realitätsgehalt zugemessen wird wie der Wachwelt. So vollziehen »Primitive«[56] in der Wachwelt prakti-

S. 296 ff. Der mythische »Eindruck« ist nicht der einer sensualistischen Erkenntnistheorie, in der das Datum als ansichseiendes Datum, als objektive Basis der Wissenschaft interpretiert wird. Der mythische Eindruck beinhaltet, wie noch gezeigt werden wird, mythische »Gestalten«. Der Gebrauch der Wortes »Eindruck« bezeichnet nur das Fehlen einer begrifflichen Gegenstandskonstitution. Die Analyse Cassirers ist der Analyse Piagets des präoperationalen Denkens auch in diesem Punkt ähnlich.

55 Werner 1933, S. 297.

56 Wer heute den Begriff des »Primitiven« gebraucht, ist zu mannigfachen Erklärungen verpflichtet. Die Zeit, wo der Gebrauch dieses Terminus im Zusammenhang mit einem satten, überlegenen Zivilisationspathos stand, dürfte vorbei sein. Gleichwohl ist dieser Terminus – in seiner Ursprungsbedeutung: einfach – eine unverzichtbare Kategorie. Der »zivilisierte« Mensch ist tatsächlich komplementär differenzierter und komplizierter. Ob der Primitive aber letztlich dem »Zivilisierten« unter- oder überlegen ist, gehört in den Bereich

sche Konsequenzen, die sich aus den Träumen ergeben.[57] Dies ist nicht dahin falsch zu verstehen, daß sie nicht wüßten, ob sie wachen oder träumen. Vielmehr wird dem Traumerlebnis eine reale Bedeutung zugemessen, weil die Wertdifferenz zwischen der Objektivität von Sinnestäuschungen, Träumen und praktischen Erlebnissen weitgehend fehlt.

Ein weiteres Beispiel für das Fehlen ideeller Beziehungen im traditionalen Bewußtsein ist das Phänomen der Verschmelzung von Wahrnehmungen und Vorstellungen in »urtümlichen seelischen Verhaltungsweisen«.[58] »Was wir objektive Realität nennen, ist bei ihnen mit unfaßbaren mystischen Elementen gemischt und diesen Elementen, die wir heute als subjektiv ansehen, oft untergeordnet. Kurz, sie ist in diesem Sinn dem Traum verwandt ..., ihr Traum ist eine Wahrnehmung wie die anderen.«[59]

Es ist also dies ein Grundzug des mythischen Bewußtseins, daß ihm die Sphäre des bloß Gedanklichen, des Ideellen und Hypothetischen fehlt. Von diesem Grundzug der »konkreten« Wahrnehmung erschließt sich eine Fülle aus der Ethnologie und der Folklore bekannter »exotischer« Phänomene. Von hier aus läßt sich ein Verständnis der Magie und verschiedenster mythischer Vorstellungen finden.

Der naturwissenschaftliche Kausalitätsbegriff hingegen findet die Verknüpfungen nicht einfach in der Sinneswahrnehmung vor, sondern indem er diese in ihre verschiedenen Bedingungen zerlegt, wird das Geschehen zum Beispiel eines allgemeinen Gesetzes. Der Einzelvorgang wird vor dem Hintergrund allgemeiner Gesetze erklärt. So wird die Wahrnehmungswelt sowohl dahingehend auseinanderdividiert, daß ähnlich erscheinende Dinge auf verschiedene ursächliche Bedingungskreise bezogen werden, als auch verschiedenartige Erscheinungen unter ein allgemeines Gesetz gefaßt werden. So unterstehen dem Gravitationsgesetz beispielsweise der freie Fall der Körper, die Planetenbahnen und der Wechsel von Ebbe und Flut.[60] Diese Zersetzung der Wahrnehmungswelt durch logische Konklusionen fixiert Beziehun-

schwer entscheidbarer Wertfragen. Für beide Seiten lassen sich verschiedenste Gesichtspunkte geltend machen.

57 Lévy-Bruhl 1959, S. 79 ff.

58 Werner 1933, S. 124, 304 ff.

59 Lévy-Bruhl 1921, S. 42; Zucker 1950, S. 143 ff. Vgl. Piaget 1981.

60 Cassirer 1925, S. 60.

gen zwischen jeweils bestimmten Ursachen und bestimmten Wirkungen.

In der mythischen Welt hingegen ist jede Ähnlichkeit der Erscheinung auch eine des Wesens.[61] Dinge, die in räumlicher und zeitlicher Nähe zueinander stehen, werden in das Verhältnis von Ursache und Wirkung zueinander gesetzt. Wie das Zusammentreffen eines Gewitters mit einem Unfall erklärt werden mag, indem das Gewitter den Unfall verursachte, so »ist es tatsächlich die Schwalbe, die den Sommer macht«.[62] Insbesondere die Kontiguität ungewohnter Ereignisse wird als »Verursachungsverhältnis« gesehen.[63] Erklärungen erschöpfen sich in konkreten Beschreibungen individueller Erscheinungen.

Es findet auch keine Aussonderung von Gefühlen und Anschauungen statt, da eine jede Situation ihren komplexen Charakter im gegenständlichen Denken behält. Dies heißt nicht, daß traditionale Menschen Anschauungen und Gefühle miteinander vermengen, sondern vielmehr werden sie in der Evolution des Denkens allmählich und nachträglich auseinanderdividiert.[64]

Während die mythische Kausalität in der sinnlichen Anschauung völlig untertaucht, versucht die wissenschaftliche Weltbetrachtung einen sinnlich gegebenen Inhalt in einen Kontext verschiedenster gedanklicher Beziehungen zu stellen. Dieser Inhalt verliert dadurch seine Isolierung, indem seine Geltung sich nach seiner Stellung im theoretischen System bemißt. Das Subjekt ist in dem Maße vom sinnlichen Inhalt ungebunden, als es ihn kraft logischer Operationen in ein Element auflöst, welches eine bestimmte Funktion in dessen Erfahrungswissen einnimmt.

Von dieser Ausdifferenzierung zwischen Ich und Welt ist das mythische Bewußtsein noch entfernt. Die mannigfachen Eindrücke nehmen es vielmehr so in Beschlag, daß es ihnen gewissermaßen nichts entgegensetzen kann.[65] Das mythische Bewußtsein wird von den Eindrücken tendenziell so überflutet und beherrscht, daß in ihm nichts mehr neben ihnen besteht. Es umfaßt den Eindruck nicht durch logische Operationen und gedankliche

61 Man beachte unter diesem Gesichtspunkt das Prinzip Frazers sympathetischer Magie. Vgl. auch Foucault 1977.

62 Cassirer 1925, S. 60.

63 Lévy-Bruhl 1921, S. 253 f.

64 Werner 1933, S. 259 ff.

65 Cassirer 1925, S. 48 f.; 1925 b, S. 29 f.

Vorstellungen, sondern es ist von dem sinnlichen Eindruck beherrscht. Der Eindruck wird nicht in seiner Bedeutung für das Erfahrungswissen geprüft, sondern seine bloße Existenz bezeugt zugleich seine absolute »Wahrheit«. Das Bewußtsein nähert sich dem Eindruck nicht durch ein prüfendes und kritisches Herantasten und durch ein geistiges Umfassen, vielmehr wird es von ihm schlichtweg ergriffen und überwältigt. Diese »Besessenheit« des Bewußtseins durch den Eindruck kann verstanden werden, wenn man die Trennung von Ideellem und Reellem, Wahrnehmung und Denken als allgemeingültige Grundlage des Denkens beiseite stellt. Die Intensität und Mächtigkeit, mit der der Eindruck das Bewußtsein erfaßt, wird abstrakt verständlich, wenn man sich das Fehlen einer ideellen Ordnung von Aspekten und Bedingungen vor Augen führt. Dem mythischen Bewußtsein gehen die Mittel ab, im »Haben« eines Inhalts zugleich auch sich selbst zu haben. Es ist sich nicht als subjektive Bedingung jenes Inhalts bewußt. Aus diesem Mangel an Reflexion erwächst erst die »Ergriffenheit« durch den Eindruck und dessen absoluter Geltungsanspruch auf Objektivität. Indem so der Inhalt nicht auf logische Relationen bezogen wird, lebt er in einer einzigartigen, individuellen Atmosphäre.

3.3.1.1 Mythische Wirklichkeitskonstruktion

In dieser Absorption des Bewußtseins durch einen Wahrnehmungsinhalt sieht Cassirer die Vorbedingung für das mythische Denken. An dieser Stelle zeigt sich auch die Strukturgleichheit religiösen und mythischen Bewußtseins. Wenn das Subjekt durch einen Eindruck vollständig ergriffen ist, »dann springt gewissermaßen der Funke über: die Spannung löst sich, indem die subjektive Erregung sich objektiviert, indem sie als Gott oder Dämon vor den Menschen hintritt«.[66] So meint Cassirer mit Hermann Usener, diese Struktur des mythischen Denkens in der Sprach- und Religionsgeschichte aufzeigen zu können. Usener, von einer Evolutionsgeschichte religiöser Vorstellungen überzeugt, glaubt diese in der Sprachgeschichte belegen zu können. Die Analyse der Wortformen soll bis zur Entstehung der mythischen Gestalten zurückführen. Die »Augenblicksgötter« sind nach Usener

66 Cassirer 1925, S. 48 f.; 1925 b, S. 29.

die erste Stufe mythischen Empfindens.[67] In ihnen werden nicht bestimmte Objekte repräsentiert, sondern sie sind das Erzeugnis einer flüchtigen und augenblicklichen seelischen Erregung.

»Infolge dieser Beweglichkeit und Reizbarkeit der religiösen Empfindung kann ein beliebiger Begriff, ein beliebiger Gegenstand, der für den Augenblick alle Gedanken beherrscht, ohne weiteres zu göttlichem Rang erhoben werden: Verstand und Vernunft, Reichtum, der Zufall, der entscheidende Augenblick, der Wein, die Freuden des Mahls, der Körper eines geliebten Wesens.«[68]

Was immer auch die mythische Empfindung berührte und in Erregung versetzte, wurde in einen Augenblicksgott umgesetzt »In voller Unmittelbarkeit wird die einzelne Erscheinung vergöttert, ohne daß ein auch noch so begrenzter Gattungsbegriff irgendwie hineinspielte: das eine Ding, das du vor dir siehst, das selbst und nichts weiter ist der Gott.«[69]

Usener glaubt wie Cassirer, daß die Augenblicksgötter Ausdruck eines mythischen Stadiums der Menschheitsentwicklung angehören. Cassirer zitiert Spieth, der in der Religion der Eweer die nämlichen Phänomene untersucht hat. Das religiöse Leben der Eweer drückt sich in der Vergötterung von Objekten aus, die im räumlichen Zusammenhang mit plötzlich auftretenden Gefahren oder freudigen Ereignissen stehen.[70] Usener untersuchte anhand der Sprachgeschichte, wie über den Weg der »Sondergötter« zu den »persönlichen Göttern« sich allmählich die Sprache zur Entwicklung von Gattungsbegriffen bewegte.[71]

67 Usener 1948, S. 279 ff.
68 Usener 1948, S. 290.
69 Usener 1948, S. 280.
70 Cassirer 1925 b, S. 19.
71 So zeigt auch Bruno Snell, wie die Abstrakta sich im Griechischen nicht etwa aus Dingworten und Eigennamen entwickeln, sondern aus mythischen Namen (zum Beispiel homerisch das Fürchten, die Furcht tritt als der Dämon Phobos auf). So entwickelt sich nach Snell die naturwissenschaftliche Begriffsbildung aus den Namen mythischer Gestalten. Snell 1975, S. 207.

Gewissermaßen mit der Phase der Augenblicksgötter verwandt sind die religiösen Phänomene, die mit dem Terminus »Mana« verbunden sind. Es handelt sich hierbei um eine (mystische) »Kraft« oder »Macht«. Sie vermag in verschiedensten Objekten und Personen zu verweilen, die das Gewöhnliche oder irgendwie Erwartete übertreffen. Das Mana ist keine bloß substantielle oder bloß geistige und keine nur dingliche oder nur persönliche »Kraft«. Diese Kraft ist sowohl verehrungswürdig als auch zu fürchten. Zum Mana gesellt sich das Tabu.[72] Analogien zur melanesischen Manavorstellung findet man in allen traditionalen Kulturen, so daß Religionswissenschaft und Ethnologie sich veranlaßt glaubten, in ihr die Grundkategorie des mythisch-religiösen Denkens gefunden zu haben.[73] Cassirer sieht in der Mana-Vorstellung nicht einen bestimmten Inhalt des mythischen Bewußtseins, sondern vielmehr seine ursprünglichste Form, in der verschiedenste Inhalte erscheinen können. Die Unbestimmtheit, die diffuse Existenz des Mana in allen möglichen Erscheinungen gibt den Hintergrund ab, von dem erst sich fortschreitend mythische Göttergestalten allmählich ablösen. Das Mana ist laut Cassirer ein aus dem Staunen geborener Ausruf, der in der Religion wie die Interjektion in der Sprache, in der gleichen eingeschränkten Hinsicht (also ohne deren Prinzip zu bestimmen), den undifferenzierten Ausgang der Entwicklung bildet.[74] Diese »Interjektionen des mythischen Bewußtseins« haben noch keine objektivierende und Darstellungsfunktion. Die Augenblicksgötter wie das Mana gehören zu einer Bewußtseinsstruktur, in der es noch nicht zu einer fortschreitenden Ausdifferenzierung zwischen Ich und Welt, Dingen und Eigenschaften, Ursachen und Wirkungen gekommen ist.

Wie sehr Cassirer auch betont, daß das wissenschaftliche Denken eine »wissenschaftliche Wahrnehmung« voraussetzt, so sieht er doch, daß es in der modernen Welt noch Residuen der mythi-

72 Mana ist stark mit dem Begriff des Heiligen verwandt, das ebenfalls ursprünglich »Kraft« ausdrückte, bevor es ethische Bedeutung annahm. Vgl. Colpe 1977, S. 119 ff.

73 v. d. Leeuw 1962; Mauss 1978, Bd. 1, S. 145.

74 Cassirer 1925 b, S. 58 ff. Vgl die Analyse von Magie und Animismus bei Piaget 1983.

schen Weltauffassung gibt. Das Erleben des »Du«, also große Bereiche der sozialen Wirklichkeit, geht in den Erkenntniszusammenhang bloßer Körper, in die naturwissenschaftliche Weltdeutung schlechterdings nicht auf. Die Gewißheit des Fremdseelischen kann theoretisch nicht erklärt und nicht bewiesen werden.[75] Das »Verstehen von Ausdruck« ist nach Cassirer die ursprünglichste Weltsicht, die aller Erkenntnis der Welt als einem System von Sachverhalten vorausliegt. Unterstellten wir die theoretische Dingerkenntnis als Grundeigenschaft des Bewußtseins überhaupt, müßten wir »Tieren« wie auch Kindern das Bewußtsein absprechen.[76] Die Fähigkeit, den Charakter des Anziehenden oder Drohenden wahrzunehmen, des Vertrauten und Unheimlichen, des Freundlichen oder Feindlichen, des Plumpen oder Energischen, ermöglicht es Tieren, sich aufeinander abzustimmen. Das Ausdrucksverstehen wird nicht gelernt, sondern es ist die nicht suspendierbare Grundweise des Bewußtseins, die Welt wahrzunehmen. Cassirer versteht diese Erlebniswelt als die dem Mythos eigentümliche. Der Ausdrucks-Sinn gesellt sich der Wahrnehmung nicht nachträglich hinzu, sondern macht ihren ursprünglichen Inhalt aus. Die Empfindungsdaten erfassen wir hingegen erst dadurch, indem wir die Schicht der physiognomischen Wahrnehmung beiseite stellen.[77] Jene Ausdruckswerte haften den Inhalten vielmehr selbst an. Der Ausdruckswert »ist an sich sowenig subjektiv, daß er es vielmehr ist, der der Wahrnehmung gleichsam die ursprüngliche Farbe der Realität gibt, – die sie erst zu einer Wahrnehmung von Wirklichkeit macht«.[78] Der Ausdruck haftet den Inhalten allerdings in der Weise nur lose an, da er nicht an sie als bestimmten Objekten gebunden ist. Denn das ist ja das Eigentümliche der im Mythos herrschenden Ausdruckswahrnehmung, daß sie zur Erkenntnis einer Welt von naturwissenschaftlich konzipierten Dingen und Sachen erst gar nicht gelangt. So ist die physiognomische Weltsicht die Wurzel der mythischen Metamorphose der Gestalten. Denn die Gestalten sind durch ihr »Gesicht« bestimmt, nicht durch räumliche Konfigurationen und feste Eigenschaften.

75 Cassirer 1982, S. 95.
76 Cassirer 1982, S. 76 f.
77 Cassirer 1982, S. 85.
78 Cassirer 1925, S. 86.

»Für ihn (den Mythos) kann die Welt in jedem Augenblick ein anderes Gesicht gewinnen, weil der Affekt es ist, der dieses Gesicht bestimmt. In Liebe und Haß, in Hoffnung und Furcht, in Freude und Schrecken verwandeln sich die Züge der Wirklichkeit. Jede dieser Erregungen kann eine neue mythische Gestalt, einen Augenblicksgott aus sich hervorgehen lassen.«[79]

Die Wissenschaft kann diese Ausdruckswelt nicht ganz zerstören, »denn, täte sie es, so wäre damit nicht nur die mythische Dämonen- und Götterwelt versunken, sondern es wäre damit auch das Grundphänomen des Lebendigen überhaupt erloschen«.[80] Zur Trennung zwischen »Innerem« und »Äußerem« kommt es erst, wenn das Bewußtsein die Welt nicht mehr nur als ein Ganzes von Ausdruckscharakteren erlebt, sondern wenn es sie in konstante Dingsegmente und deren logische Relationen zerlegt. Die empirische Erkenntnis stellt die Ausdruckswahrnehmung der »Charaktere« zunehmend beiseite, indem sie zunächst die reinen Sinnesqualitäten der Farbe, des Tones usw. hervorkehrt, um in der Form der Wissenschaft schließlich auch diese Eigenschaften gegenüber der mathematischen Physik als »sekundäre« Qualitäten zurücktreten zu lassen.

Die physiognomische Weltsicht ist also nicht eine Ästhetisierung der theoretischen Erkenntnis. Die Dinge werden in ihr nicht nachträglich beseelt, gar »personifiziert«, sondern sind ursprünglich ausdrucksfähig. Während dem modernen Bewußtsein Gesichter und gelegentlich Landschaften als heiter oder traurig erscheinen, sind dem mythischen Denken alle Inhalte zu einem physiognomischen Ausdruck fähig.

Von einer »Personifikation« der Objekte im mythischen Denken kann insofern keine Rede sein, als der Begriff der Person dem der Sache komplementär ist. Die mythische Weltsicht differenziert aber nun keineswegs zwischen Personen und Sachen. Sie sieht in allem ein »Du«. Die Eigentümlichkeit des Gesichthaften und Bewegten findet der traditionale Mensch in sämtlichen Wahrnehmungsinhalten. Die Scheidung zwischen der Menschenwelt, der Welt der Personen und der Sachwelt, der physikalischen Objekte ist ein spätes Produkt der Reflexion, des formallogischen Denkens im Sinne Piagets. Das Rauschen des Waldes und das Flimmern über dem Wasser hat im mythischen Bewußt-

79 Cassirer 1961, S. 40.
80 Cassirer 1982, S. 103.

sein dämonische Züge. Alles Wirkliche ist von einem »Zauberdunst« umgeben, aus dem unerwartet dämonische Gesichte und dämonisches Wirken hervortreten. Die Dinge sind selbst tätig. Sie gehen nicht in funktionalen Beziehungen auf, sondern sind »Aktionsdinge« (Werner).

3.3.2 Die Denk- und Anschauungsform in Mythos und Wissenschaft

Die Augenblicksgötter, die Mana-Religion und die physiognomische Weltsicht müssen als ursprüngliche Zustandsformen des Bewußtseins verstanden werden, in welchen sich eine operationale Strukturierung nur in beschränktem Umfang vollzogen hat.

Wie die Kausalität der theoretischen Erkenntnis in ihrer Modalität von der mythischen Kausalität geschieden ist, wie die Dinge und Eigenschaften in der Wissenschaft eine andere Struktur aufweisen als in der physiognomischen Welt, so stehen Raum, Zeit und Zahl unter einer je verschiedenen Formbestimmtheit.[81] Die logische und die mythische »Synthesis« stehen unter ganz verschiedenen Zielen.

In der Wissenschaft dienen Raum, Zeit und Zahl der Formung aller Inhalte zu einer Gesetzlichkeit des Erfahrungswissens überhaupt. Cassirer sieht in ihnen Vehikel des »Satzes vom Grunde«. Sie sind ihm konstante, universelle Systeme, in denen alle Inhalte eine bestimmte Funktion einnehmen.[82] Die Inhalte verlieren ihre spezifische Besonderheit und ihr sinnliches Sein, indem sie als »Stellen« in den homogenen, geometrischen Raum und als »Punkte« in den gleichförmigen Zeitablauf eingetragen werden. Der unendliche, mathematisierte Raum schließt alle seine Elemente zu einem funktionalen, ideellen System zusammen. Außerhalb dieses Relationssystems kommt ihnen kein Inhalt zu, sie bestimmen sich vielmehr nur durch ihr wechselseitiges, funktionales Verhältnis. Der künstliche Charakter dieser »Formenkonstrukte« dient der mathematischen Fixierung der Inhalte, um die individuelle und zufällige Struktur der Wahrnehmungsinhalte in ein notwendiges Gesetzeswissen umzubilden.[83] Werden in der

81 Cassirer 1954, S. 29 f.
82 Cassirer 1925, S. 108.
83 Husserl 1962, S. 20 ff.

wissenschaftlichen Weltsicht Raum, Zeit und Zahl zu Ordnungsformen, so sind sie in der mythischen Welt konkrete Bewußtseinsgebilde.

3.3.2.1 Grundkategorien der Wirklichkeitskonstruktion

Die Trennung von endlicher Wahrnehmung und unendlichem Raum, von »Inhalt« und »Stelle« ist im mythischen Bewußtsein nicht gegeben. In der mythischen Welt ist ein Ort nicht umsetzbar in ein ideelles, allgemeines Bezugsverhältnis geometrischer Stellen, sondern mit einer je individuellen Nuance versehen. Wie die physiologischen Raumempfindungen im Gegensatz zum geometrischen die Vertauschbarkeit von links und rechts, vorn und hinten, oben und unten verhindern, so sind im mythischen Raum Richtungen und Bezirke mit religiösen Gefühlswerten besetzt.[84] Reduziert die wissenschaftliche Erkenntnis die sinnlichen Differenzen auf Größen- und Raumunterschiede, so bezieht das mythische Denken qualitative Unterschiede auf bestimmte Richtungen im Raume.

Anhand der Entwicklung der Sprachbegriffe legt Cassirer eine evolutionistische Deutung des Geistes vor. Indem der Trieb und der Affekt am direkten Erfassen eines Gegenstandes gehindert werden, gelingt ein stetiger Übergang von »Greifen« zum »Begreifen«, vom »Weisen« zum »Beweisen«. »Das sinnlich-physische Greifen wird zum sinnlichen Deuten – aber in diesem letzteren liegt bereits der erste Ansatz zu den höheren Bedeutungsfunktionen, wie sie in der Sprache und im Denken hervortreten.«[85]

Die Projektion gedanklicher Beziehungen auf räumliche Verhältnisse scheint ein frühes Mittel gewesen zu sein, um sie zur Bestimmtheit zu bringen. Cassirer zeigt, wie aus der Differenzierung der Orte die Differenzierung verschiedener Objektkreise gelingt.[86] Er behauptet zum Beispiel, die Personalpronomen gingen aus den Demonstrativpronomen hervor.[87] Nur ganz allmählich entwickeln die Sprachen eine operationale Dimension, die

84 Cassirer 1925, S. 109.
85 Cassirer 1954, S. 129.
86 Cassirer 1954, S. 155.
87 Cassirer 1954, S. 168.

über das sinnliche Beschreiben und die deiktische Funktion hinausweisen. Es ist die Gliederung des Raumes, deren Anschaulichkeit ein Vehikel der Differenzierung qualitativer Inhalte ist.

Cassirer sieht im Zentrum der totemistischen und astrologischen Anschauungskreise die Beziehung qualitativer Eigentümlichkeiten auf räumliche Verhältnisse verwirklicht. Es handelt sich hier um Klassifizierungssysteme, die alle Dinge des Kosmos nach bestimmten Verwandtschaftsverhältnissen ordnen.

Wie Emile Durkheim aufgezeigt hat, gehen Klassifikationsschemata von der sozialen Gliederung der Clans und Phratrien aus. Die Natur wird in Linien aufgeteilt, die der sozialen Welt entnommen sind. Ein jeder Clan gewinnt seine »Identität« durch ein bestimmtes Totem, das meist ein natürliches Objekt ist. Dieses Totem ist aber nicht nur ein soziales Kennzeichen, sondern zugleich der »Oberbegriff« zur Fixierung verschiedenster Dinge. Das Totem stellt eine sachliche Verwandtschaft, eine Wesensidentität fest zwischen einer bestimmten sozialen Gruppe und bestimmten Tieren, bestimmten Pflanzen, Farben, Steinen usw. Das Insgesamt der Dinge und Sachverhalte entspricht der »Sozio-Logik« der Clans.[88] Versuchte Durkheim die Klassifikationssysteme in der sozialen Ordnung zu verankern, so sieht Cassirer das Grundschema der Gliederung im Raume gegeben. Am Beispiel des Weltbildes der Zuni und am altchinesischen Denken führt er aus, wie dort alle Elemente des Kosmos ihren Platz und ihre Zuordnung zu je bestimmten Himmelsrichtungen haben. So verschiedenartige Sachverhalte wie Berufe, Affekte und Naturobjekte sind darin identisch, daß sie einer Himmelsrichtung angehören. Die Berufe selbst zum Beispiel differenzieren sich aber untereinander dadurch, daß sie verschiedenen Richtungen angehören.

»Da alle Arten und Gattungen des Seins irgendwo im Raume ihre Heimat haben, hebt sich dadurch auch ihre gegenseitige absolute Fremdheit auf: die ›örtliche‹ Vermittlung führt zur geistigen Vermittlung zwischen ihnen, zu einem Zusammenschluß aller Differenzen in einem großen Ganzen, in einen mythischen Grundplan der Welt.«[89]

Der Raum der wissenschaftlichen Weltsicht ist hingegen die Bedingung möglicher Erscheinungen und an sich dem, was in ihm erscheint, indifferent, wie es der mathematischen Auflösung der

88 Durkheim 1981, S. 196 ff.

89 Cassirer 1925, S. 112; Cassirer 1922, S. 26 f.

Inhalte in gestaltlose, homogene Elemente entspricht. Die physischen Gebilde, verschiedensten Transformationsgesetzen unterworfen und daher mannigfachen Neubildungen zugänglich, sind inhaltlich gewissermaßen von der Raumstelle, in der sie sich befinden, unabhängig.

Im mythischen Raum herrschen vielmehr affinite Beziehungen zwischen »Stellen« und »Inhalten«. Durch die Beimischung qualitativer Bestimmungen ist der Raum der mythischen Weltsicht selbst ein physischer Körper. So herrscht im entwickelten mythischen Denken vielfach die Ansicht vor, der Kosmos sei ein großes Lebewesen (Hylozoismus).

»Dieselbe Betrachtungsweise, jedoch in umgekehrter Richtung, stellt sich uns dar, wenn wir zum Beispiel im christlich-germanischen Anschauungskreis der Auffassung begegnen, daß Adams Leib aus acht Teilen geformt wurde, so daß sein Fleisch der Erde, sein Blut dem Meer, sein Haar den Pflanzen, seine Gedanken den Wolken gleichen.«[90]

Cassirer meint an der Analogie von Leib und Kosmos aufzeigen zu können, wie räumlich und qualitativ Entferntes – vom wissenschaftlichen Standpunkt beurteilt – im Mythos immer wieder als Wesensidentität, die Nähe schafft, gedeutet wird. Im mythischen Denken ist nichts so weit voneinander entfernt, als daß es nicht irgendwie miteinander in einen Wesenszusammenhang gebracht werden könnte. So wie nach gereifter astrologischer Anschauung der Brust eines jeden Menschen ein bestimmter Planet innewohnt, aus dessen Wesen das Schicksal der Menschen abgelesen werden kann, so ist eine jede Erscheinung ein verkleinertes Modell des Kosmos. Das Ganze ist nicht ein Erzeugnis der es bildenden Teile, sondern ihnen substantiell identisch. »Die Welt gleicht einem Kristall, der, wie sehr man ihn auch in kleine und immer kleinere Teile zerschlagen mag, doch in ihnen allen immer noch die gleiche charakteristische Organisationsform erkennen läßt.«[91]

In der wissenschaftlichen Weltsicht stehen Prozesse zwar ebenfalls unter Gesetzen, aber diese erfassen niemals die Unendlichkeit individuell unübersehbarer Umstände, in welchen sich die Spontaneität der »Teile« demonstriert. Es gibt in der astrologischen Welt kein eigentlich neubildendes Werden, sondern das Schicksal der »Teile« ist unmittelbar das fatische Gesetz des Kos-

90 Cassirer, 1925, S. 116.
91 Cassirer 1922, S. 34.

mos. So errechnete die Astrologie zum Beispiel den günstigsten Zeitpunkt für die verschiedensten täglichen Verrichtungen. So glaubt sie bis auf den heutigen Tag, die psychischen Charakteristika eines Menschen nach dem planetaren Schema angeben zu können.

Dieses Verhältnis von Raum und Körpern, Ganzem und Teilen ist auf die Eigentümlichkeit des »konkreten« Denkens zu beziehen. Dieses führt alle Sachverhalte auf dingliche, anschauliche Verhältnisse zurück, da ihm die Fähigkeit zu formal-logischem Reflektieren fehlt. Die mangelnde Begrifflichkeit des »konkreten« Denkens läßt die auf unendliche Weise differenzierenden Trennlinien, die die wissenschaftliche Theorie zwischen den Sachverhalten einzieht, noch nicht zutage treten. Indem der Mythos in seiner weitgehenden Gebundenheit durch das Sinnliche sich die Sachverhalte nur als Dinge, als anschauliche Gegebenheiten vor Augen führen kann, verwischt sich ihm der Unterschied zwischen Attributen, Eigenschaften und Dingen. So sind dem mythischen Denken alle Eigenschaften und Zuständlichkeiten selbst Körper. So gelten ihm Schmerzen, Sünden und Krankheiten beispielsweise, ja die Seele überhaupt als materielle Substanzen. Die Deutung der Subjektivität als körperliches Ding ist ein Moment der mangelnden Dissoziation zwischen Ich und Welt, zwischen Subjektivem und Objektivem. Die Verschmelzung heterogener Sachverhalte, ein Merkmal begrifflosen Denkens, läßt die Eigenschaften und Merkmale also nicht als funktionale Beziehungen hervortreten, sondern versteht sie selbst als Substanzen. Vollzieht das begriffliche Denken eine fortschreitende Bewegung der Analysis und Synthesis, so genügt dem traditionalen Denken die Feststellung eines gemeinsamen Merkmals an unterschiedlichen Objekten, um deren Identität zu behaupten. »Das Rot der Rose ist auch das Rot des Blutes, auch das Rot des Feuers, auch das der Sonne.«[92] Dem begrifflichen Denken ist eine Ähnlichkeit eine Relation, die nach den jeweiligen Vergleichsgesichts-

92 Foucault 1977; Schadewaldt 1978, S. 159. Unter diesem Aspekt wird die in der Magie so wichtige Identifizierung von Person, Name, Bild und Schatten verständlich. Ein Bild oder Name sind nicht nur »Mittel« der Verzauberung, sondern diese vollzieht sich im Verständnis des Magiers an ihnen selbst. Das konkrete Denken trennt schließlich nicht zwischen »Wesen« und »Erscheinung«, zwischen »Ideellem« und »Reellem«.

punkten statthat. Ähnlichkeiten zwischen Objekten sind eine Frage der Spontaneität des Bewußtseins, welches ganz verschiedene Aspekte und Kriterien anlegen kann. Der mythischen Weltsicht hingegen genügt ein gleichartiges Wirken und Erscheinen von Vorgängen und Objekten, um in ihnen eine identische Substanz fixiert zu sehen. Jede Ähnlichkeit in der sinnlichen Erscheinung wird damit erklärt, daß in ihnen ein und dieselbe dingliche Ursache enthalten ist. Von hier aus wird die »Metamorphose« der Dinge verständlich, die einen so wichtigen Platz im mythisch-astrologischen Denken einnimmt. Alle Dinge sind durch kaum merkliche Übergänge voneinander getrennt. Der Mythos webt alle Erscheinungen zu einem Kosmos von Beziehungen zusammen. Jede Erscheinung mag unter einem bestimmten Gesichtspunkt jeder anderen ähneln.

»Indem es alle Möglichkeiten des analogischen Vergleichs von Natur und Kultur systematisch erforscht, baut das Denken ein riesiges Spiegelbild auf, in welchem das gegenseitige Bild vom Menschen und der Welt sich bis ins Unendliche widerspiegelt und sich im Prisma der Beziehungen von Natur und Kultur fortwährend spaltet und wieder zusammensetzt ... Durch die Analogie gewinnt die ganze Welt einen Sinn, wird alles Bezeichnendes und kann alles bezeichnet werden.«[93]

Indem Eigenschaften, Merkmale und Beziehungen in die eine Ebene der anschaulichen »Dinge« zerfließen, gewinnen sie alle den Modus substantiellen Daseins.[94] Dieses »konkrete« oder »konkreszierende« Denken umspannt geistige Zeiträume, zu denen sich noch die Alchimie rechnen läßt. Vom Ritual des »Sündenbocks« bis zur Suche nach dem »Stein der Weisen« führt eine identische Linie der Auffassung von der Übertragbarkeit der Eigenschaften. So beruht die Alchimie laut Cassirer auf der Annahme der Existenz »einfacher Grundqualitäten«, die durch Aggregation je bestimmte Körper bilden.[95] Die Dinge sind nur in der Mischung dieser Grundstoffe voneinander verschieden. Wer nun die Mischungen kennt, durch welche die Dinge konstituiert sind, vermag sie beliebig ineinander zu verwandeln. So gelangt man zum »Stein der Weisen«, indem man einem gewöhnlichen Quecksilber das Element des »Beweglichen« und das Element

93 Godelier 1973, S. 316.
94 Cassirer 1925, S. 84 f.; Foucault 1977.
95 Cassirer 1925, S. 85.

des »Luftartigen« entzieht.[96] Die Entfernung und Hinzufügung von Eigenschaften beruht also auf ihrer Verdinglichung zu elementaren Substanzen. Die Naturwissenschaften hingegen definieren eine Eigenschaft als bedingte Reaktion eines Körpers mit einem anderen, aber nicht als Substanz.[97]

Ein Charakteristikum bestimmter primitiver Sprachen ist nach Cassirer die Sorgfalt, die sie auf die individuelle Bezeichnung konkreter Einzelvorgänge verwenden, welche in begriffsstarken Sprachen unausgedrückt bleiben. Wie unmöglich es auch das eigentümliche Prinzip der Sprache sein kann, die Dinge abzubilden und nachzuahmen, so schmiegen sich primitive Sprachen gleichwohl ganz intensiv den sinnlichen Einzelheiten und Nuancen an. Das Bedürfnis nach konkretem Ausdruck äußert sich in einer Wucherung grammtikalischer Formen, die die besonderen, konkreten Umstände exakt aufzeigen sollen. Diese Genauigkeit bezieht sich überwiegend auf die räumlichen Umstände.[98] So werden beispielsweise Bewegungen durch jeweils andere Worte bezeichnet, je nach ihrer Schnelligkeit, nach ihrer Richtung und nach weiteren Umständen. Es handelt sich bei diesen Worten häufig um Eindrücke nachahmende Lautbilder. So gibt es in der Ewe-Grammatik dreiunddreißig Lautbilder für das Verb »gehen«, die die Haltung und die Eigentümlichkeiten des Gehens so genau schildern, daß ein Maler oder Bildhauer nach ihnen arbeiten könnte.[99] Die Mittel, einen empfangenen Eindruck wiederzugeben, beziehen sich aber nicht nur auf Bewegungen, sondern umfassen die Realität schlechthin. Die konkrete Ausdrucksweise wird nicht nur nach Bedarf verwendet. Selbst wenn – nach unserer Logik – nur ein Aspekt eines Sachverhalts wiedergegeben werden müßte, um einem Gesprächsziel zu genügen, werden gleichwohl eine Fülle von Details zusätzlich ausgedrückt. Es wird beispielsweise nie nur die Anwesenheit einer Person angegeben, sondern immer auch die näheren Umstände dieser Anwesenheit. Die Präsenz einer Person wird durch je andere Lautbilder ausgedrückt, die präzisieren, ob sie sitzt, steht, liegt usw. Aber auch diese jeweiligen Ausdrücke werden durch andere Lautbilder ersetzt, wenn die betreffende Person alleine sitzt

96 Cassirer 1925, S. 86.
97 Cassirer 1925, S. 87.
98 Lévy-Bruhl 1921, S. 125.
99 Lévy-Bruhl 1921, S. 140.

usw...[100] So urteilt Lévy-Bruhl, daß es den primitiven Sprachen generell eigne, nicht den subjektiven Eindruck oder die geistige Bedeutung eines Sachverhalts wiederzugeben, »sondern die Form, den Umriß, die Stellung, die Bewegung, die Wirkungsweisen der Gegenstände im Raum zu beschreiben, mit einem Wort, das, was sich wahrnehmen und zeichnen läßt«.[101] So glaubt Cassirer, daß der »onomatopoetische« Charakter primitiver Sprachen ein Zeichen der Befangenheit der Subjekte im äußeren Eindruck sei. Das geistige und symbolische Prinzip der Sprache überhaupt ist in ihnen noch nicht zur vollen Entfaltung gelangt.[102] Die These des anschaulichen Denkstils primitiver Sprachen wird durch die Ausführung Lévy-Bruhls über die weltweite Gebärdensprache in Primitivkulturen plausibler. Die Gebärden- wie die Lautsprache sind der Ausdruck desselben konkreten Denkens. Die Lautsprache scheint noch ganz im Banne der Gebärdensprache zu stehen. Die Lautsprache schildert die räumlichen Details so genau, weil die Gesten gleichermaßen Vorgänge mimisch wiederholen. So ist das primitive Denken durch eine Wechselwirkung von Hand und Geist bestimmt.[103] Lévy-Bruhl glaubt im Anschluß an F. H. Cushing, daß eine Rekonstruktion der traditionalen Denkweise an das Erlernen der Gebärden gebunden ist. Die Wörter können nur dann erschöpfend erfaßt werden, wenn man sie zugleich als »Hand-Begriffe« (manual concepts) versteht. Der traditionale Mensch denkt nicht ohne die anschauliche Verwendung von Gesten. Die Hände sind mit dem Intellekt verknüpft.[104] Das konkrete Denken ist gewissermaßen ein Beschreiben anschaulicher Vorgänge.[105] Unter diesem Gesichtspunkt wird laut Cassirer das weitgehende Fehlen von Gattungsbegriffen und abstrakten Ausdrücken in primitiven Sprachen verständlich. Werden sie gebraucht, dann unter Hinzufügung eines Possessivpronomens. Es gibt in vielen Gegen-

100 Lévy-Bruhl 1921, S. 127.
101 Lévy-Bruhl 1921, S. 133.
102 Cassirer 1954, S. 130. Die Frage stellt sich, ob die moderne vergleichende Linguistik diesen Auffassungen noch in allen Punkten zustimmen kann.
103 Lévy-Bruhl 1921, S. 136 ff.
104 Lévy-Bruhl 1921, S. 137; vgl. Cassirer 1954, S. 132.
105 Die Vorrangigkeit des »dinglichen« Sehens für die frühen Griechen betont auch Schadewaldt 1979, S. 160.

den der Welt keine Gattungsnamen wie Baum, Fisch oder Vogel, aber jede seltene Baumart vermag mit Eigennamen benannt zu werden.[106] So entspricht dem Fehlen von klassifizierenden Gattungsnamen ein ungeheurer Wortschatz für alle Einzelheiten des konkreten Daseins.

Es ist nun zu erwarten, daß die Dominanz der räumlichen Anschauung auf die schrittweise Herausbildung der geistigen Beziehungen abfärbt. Die Sphäre des »Sinns« koppelt sich erst allmählich von der der »Sinnlichkeit« ab (Cassirer). Dies zeigt schon die Etymologie der den Intellekt betreffenden Ausdrücke (im Deutschen: vorstellen, verstehen, begreifen, begründen, erörtern, beweisen etc.).[107] Die räumlichen Bestimmungen sind noch mit dinglichen Vereigenschaftungen verschmolzen und stehen mit ihnen auf der gleichen Ebene.[108] Qualitative und geistige Charakteristika können, wenn sie nicht völlig vernachlässigt werden, nur durch die Vermittlung räumlicher Angaben dargestellt werden. Der Zweck einer Handlung oder eine Zustandsaussage werden durch lokale Illustration benennbar.[109] Aber auch das Bewußtsein des Raumes selbst entfaltet sich nur schrittweise. So werden nach Cassirer die Unterschiede der Orte und Richtungen zunächst durch ihre Ausbildung anhand des menschlichen Körpers und seiner Glieder bewußt. Die Namen von Körperteilen sind die ursprünglichen räumlichen Termini.[110] Aber auch hier muß natürlich betont werden, daß die konkreten »Dinge«, die vom sinnlichen Bewußtsein erfaßt werden, nicht die der wissenschaftlichen Sicht sind. Vielmehr ist die Vorrangigkeit des Gegenstandes im Bewußtsein, der nicht in gedankliche Beziehungen gesetzt wird, die eine Seite des mythischen Denkens, dessen andere seine dämonische Besessenheit durch diese »Gegenstände« ist.

Die abstrakte Vorstellung der Zeit bedarf logischer Operationen im Sinne Piagets. Sind dem räumlichen Bewußtsein die Teile quasi »gegeben«, so hat das Subjekt die Zeit nur, indem es ihre Teile gedanklich durchläuft. Das im Sinnlichen noch weitgehend verhaftete Bewußtsein befindet sich daher im Zustand relativer

106 Lévy-Bruhl 1921, S. 144 ff.
107 Cassirer 1954, S. 150.
108 Cassirer 1954, S. 174.
109 Cassirer 1954, S. 151.
110 Cassirer 1954, S. 156, 271 ff.

Zeitlosigkeit. Die Fassung der Zeit ist identisch mit der Raumbestimmung. So werden in primitiven Sprachen die Ortsadverbien auch im zeitlichen Sinne gebraucht, »so daß zum Beispiel das Wort für ›hier‹ mit dem für ›jetzt‹, das für ›dort‹ mit dem für früher oder später zusammmenfließt«.[111] Die Differenz zwischen »hier« und »dort« ergibt aber noch keine lineare Strecke, keine unumkehrbare Richtung, wie sie der modernen Zeitauffassung das Gepräge gibt. Wo die Zeit unter dem Gesichtspunkt des räumlichen »Beisammen« verstanden wird, bleibt die Stetigkeit und Unumkehrbarkeit der zeitlichen Dimension unentdeckt. So ist auf dieser frühen Stufe nach Cassirer die einzige Zeiteinteilung die Trennung zwischen Jetzt und Nicht-Jetzt.[112] Das Nicht-Jetzt ist noch nicht in Vergangenheit und Zukunft auseinandergetreten. Als Beispiel führt Cassirer die Ewe-Grammatik an, in der ein und dasselbe Adverbium zur Bezeichnung des »Gestern« und des »Morgen« dient.[113] Die Zeit ist noch keine bloße Relation, in der sich die Stellen fortwährend verschieben und zueinander in einem eindeutigen Verhältnis stehen. Das früheste Zeitgefühl kennt vielmehr nur eine bestimmte, situative Erlebniseinheit.[114] So kann auch eine Handlung nur dadurch vor Augen geführt werden, daß sie in ihre Teile zerlegt wird, »daß es (das Bewußtsein) diese Stadien, eins nach dem anderen, gleichsam in die Helle des Jetzt hineinrückt.«[115] Indem das Bewußtsein sich über das Ganze eines Tuns erhebt, gewinnt dieses eine spezielle Zeit. Auf dieser zweiten Stufe trennt sich die vollendete Handlung von der unvollendeten.[116] So hat jede Aktionsart eine bestimmte Zeit. Und erst allmählich mündet das Zeitgefühl in den relationalen Zeitbegriff, in welchem die Zeitstufen sich in wechselseitiger Bedingtheit konstituieren.[117]

111 Cassirer 1954, S. 171; 1925, S. 135; Werner 1933, S. 151; Piaget 1974.
112 Cassirer 1954, S. 172; Werner 1933, S. 148.
113 Cassirer 1954, S. 176. Piagets Theorie des Zeitbegriffs ist ungleich exakter als die Cassirers, aber in einigen Grundannahmen ähnlich.
114 Cassirer 1954, S. 173.
115 Cassirer 1954, S. 178.
116 Cassirer 1954, S. 174, 179 ff.
117 Cassirer beschreibt ausführlich die Entwicklung der dinglichen Auffassung der Zeit. Im entwickelten mythisch-religiösen Denken entfaltet sie sich zu einer kosmischen Schicksalsmacht. Cassirer 1925, S. 132 ff.

In vielen pimitiven Gesellschaften gibt es nur die Zahlworte Eins, Zwei und gelegentlich die Drei. Das nicht mehr Gezählte bekommt die Bezeichnung »viele« oder »eine Menge«.[118] Über die Zahlworte hinaus wird der eigene Körper als Zahlschema verwandt. An der konkreten Abfolge von Bewegungen und Körperteilen wird ein »sinnliches Zählen« vollzogen. Es wird gezählt, indem die Anzahl der Objekte auf den eigenen Körper übertragen wird. Der Körper wird zu einer Zahlgestalt, deren Glieder auf die zu zählenden Gegenstände bezogen werden. »Alle Zahlbegriffe sind demgemäß, ehe sie zu Wortbegriffen werden, rein mimische Handbegriffe oder sonstige Körperbegriffe.«[119] So zählen die Murrayinsulaner (Meerenge von Torres) mit Hilfe des Körperschemas bis 31.

»Man beginnt bei dem kleinen Finger der linken Hand, dann geht es zu den Fingern, zum Handgelenk, zum Ellbogen, zur Achsel, zur Schulter, zur Höhlung über dem Schlüsselbein, zum Brustkorb, endlich geht es in der umgekehrten Ordnung über den rechten Arm zurück, um beim kleinen Finger der rechten Hand aufzuhören.«[120]

Nach einem Bericht Karl v. d. Steinens ist es den Eingeborenen auf Borneo generell unmöglich gewesen, zwei oder mehr Maiskörner zu zählen, ohne sie mit den Fingern der einen Hand zu berühren und mit denen der anderen zu berechnen. Schon bei drei Stück ist es ihnen unmöglich, bei bloßer Betrachtung der Körner mit den Fingern einer Hand zu rechnen. Die Zählung gelingt nur bei gleichzeitiger Berührung der Stücke.[121] Zur Projektion der Objekte auf die Körperteile bedarf es also gleichsam ihrer zusätzlichen Umsetzung in unmittelbare Körpergefühle. Das Körperschema ist offensichtlich kein Instrument, um die Objekte in ein geistiges Zahlverhältnis zu transformieren. Die Körperteile sind keine Äquivalente von Zahlworten. Gleichwohl hält das primitive Zählen aber eine Ordnung in der Abfolge ein. Andererseits hat die Zählung nur Erfolg, wenn sie mit eins beginnt und die Reihe der Gliedmaßen durchläuft.

So erfüllt das primitive Zählen nach Cassirer noch nicht die Anforderungen, die für den wissenschaftlichen Begriff der Zahl gegeben sein müssen. Die Glieder des Zahlsystems müssen näm-

118 Lévy-Bruhl 1921, S. 155; Werner 1933, S. 252; Cassirer 1954, S. 205.
119 Cassirer 1954, S. 187.
120 Lévy-Bruhl 1921, S. 158 f.
121 Werner 1933, S. 253; Cassirer 1954, S. 188.

lich im rationalen Denken von allen inhaltlichen Unterschieden gereinigt werden. Ihr einziges Sein muß aus ihrer homogenen Stellung zueinander entspringen. Um eine einfache Addition durchzuführen, muß sowohl der Größenwert einer Zahl festgehalten werden als sie auch zugleich als Null gesetzt werden muß, da sie als Anfangspunkt einer neuen Reihe fungiert.[122]

Nun dürfen die Grenzen der primitiven Arithmetik nicht als die Grenzen der primitiven Auffassung einer Mannigfaltigkeit von Gegenständen gedacht werden. Die Unterscheidung konkreter Vielheiten führt vielmehr zu Resultaten, die ein abstraktes Zählen nicht so effektiv erreichen mag. Das konkrete Denken erfaßt eine Vielheit, indem sie deren individuelle Charakteristik und deren qualitatives Gesamtmerkmal überschaut.[123] Die Leistung der abstrakten Zählweise kann durch die eines »anschaulichen Gestaltens« übertroffen werden. Dieses unmittelbare Erfassen einer konkreten »Zahlgestalt« verdankt sich den Wahrnehmungs- und Gedächtnisleistungen.[124] Das konkrete Denken arbeitet mit Hilfe des Gedächtnisses, während das abstrakte Denken mehr die Logik in Anspruch nimmt.

3.4 Die mythische Einheit von »Sein« und »Sinn«

Die Einheit der Welt, die in der Wissenschaft eine theoretische Konstruktion ist mit der gleichen methodischen Berechtigung wie die von ihr betriebene Zerfällung des Seins in disparate Realitätsbereiche, wird nach Cassirer im Mythos unmittelbar erlebt. Man könnte, von einer gewissen Warte aus betrachtet, die

122 Bei der Zerstörung symbolischer Leistungen (Rückfall in das »sinnliche Bewußtsein«) aphasisch »Kranker« ist dies nicht mehr gegeben. »Viele Kranke können, wenn man ihnen die Frage stellt, welche von zwei Zahlen, etwa 13 oder 25, die größere sei, diese Frage, wenn überhaupt, so nur dadurch beantworten, daß sie sich die Gesamtreihe der Zahlen von 1 bis 25 laut vorzählen und dann feststellen, daß in diesem Prozeß der Name der 25 nach dem der 13 auftaucht.« Cassirer 1982, S. 293.

123 So wird von den amerikanischen Abiponen berichtet, daß sie an einer abendlich heimkehrenden Herde von vier- bis fünfhundert Rindern sofort feststellen, »ob einige von ihnen, ja auch welche von ihnen fehlen«. Cassirer 1954, S. 191.

124 Lévy-Bruhl 1921, S. 87 ff., 157.

Einheit des »Lebensstromes«, der alle Teile der Welt durchflutet, als Kennzeichen des mythischen Denkens behaupten. Die Auftrennung des Seins in Sphären mit verschiedenen Strukturen und Entwicklungsgesetzen hat sich noch nicht bemerkbar gemacht. Das mythische Denken beruht vielmehr auf einer eigentümlichen Vermengung von für die Wissenschaft grundsätzlichen Differenzierungen. Der Mythos stattet die Natur mit den Prädikaten des Belebten und des »Persönlichen« aus, wie er andererseits die kulturelle Welt als Naturphänomen versteht.

Eine menschliche Natur wächst mit einer naturalisierten Kultur als Ausfluß des gleichen Lebens zusammen. Der Umgang mit der Natur ist gleichermaßen soziales Handeln wie die Kultur den Status eines unter Gesetzen stehenden Gebildes erhält.[125] Soziales Handeln ist so weitgehend ritualisiert. Die soziale Welt ist ein unmittelbarer Bestandteil des Kosmos.[126]

Die Welt der Objekte ist noch nicht geschieden von der Welt der Subjekte. Die Sprache, die Deutungen und Absichten sind nicht als bloße Hypothesen und ideelle Beziehungen im rein subjektiven Bereich verhaftet, sondern haben selbst »objektiven Sachcharakter«. Wo das Subjekt und das Objekt, der Sinn und das Sein noch so nah beieinander sind, gilt der Satz:

> »Indem es die objektiven Gegebenheiten der in dem Bewußtsein vorhandenen Erfahrung aufgreift, erzeugt das analogische Denken eine doppelte Illusion: eine Illusion über sich selbst und eine Illusion über die Welt: eine Illusion über sich selbst, da das Denken den Idealitäten, die es spontan erzeugt, eine Existenz außerhalb des Menschen und unabhängig von ihm verleiht und sich somit in seinen eigenen Weltbildern entfremdet; eine Illusion über die Welt, die es mit imaginären Wesen schmückt, die dem Menschen analog sind und die in der Lage sind, günstig oder ablehnend auf seine Bitten einzugehen.«[127]

Die Quintessenz dieser Aussage ist meines Erachtens dies: Indem das mythische Denken die Natur mit subjektiven Eigenschaften

125 Hans Kelsen weist den ursprünglich ambivalenten Begriff des Gesetzes und der Kausalität auf. Kelsen 1982. Die ursprüngliche Vermengung von »Natur- und Sozialgesetzen« betont auch Nelson 1979, S. 200 ff.; Piaget 1973, 1983.

126 Das primitive Selbstverständnis von Kultur und Natur kann natürlich nicht durch eine bloße Vermengung der Inhalte unserer Begriffe erkannt werden. Ihr Gebrauch ist daher rein metaphorisch.

127 Godelier 1973, S. 308.

versieht, verzahnen sich das Subjektive und das Objektive derart, daß das Denken selbst als ein natürlicher Prozeß in die Welt der Objekte eingreift. Aus der mythischen Welterklärung erwächst die Praxis der Magie. Die magische Beschwörung versteht sich vor dem Hintergrund, daß einmal die Welt der »Dinge« gesichthaft, dämonisch und subjektiv ist und zum anderen die Sprache und das Denken »dinglichen« Charakters sind. Das konkrete Denken unterscheidet nicht zwischen Signifikanten und Signifikaten, da die sprachlichen Mittel wenig geschieden sind von dem, was sie aussagen sollen. Der gedanklich zu fassende Inhalt wird mit den Gedanken, ja mit den sie ausdrückenden Zeichen konkresziert.

Diesen Zusammenhang hatte schon Cassirer aufgezeigt, indem er als Charakteristikum der Sprache in ihrer »mimischen Phase« festhielt, daß das sprachliche »Zeichen« und der Inhalt ineinander aufgingen. Der symbolische und also »hypothetische« Zug der Sprache gelangt erst mit der Trennung von Laut und Bedeutung zum eigentlichen Durchbruch.[128] Die Verbindung des konkreten Denkens mit der Magie ist nun darin begründet, daß das Wort selbst als »materielle Kraft« verstanden wird. Es repräsentiert einen Sachverhalt nicht nur, sondern als ihm identischer greift es in den Prozeß materieller Geschehnisse unmittelbar ein. Das Wort hat nie bloße Bedeutungsfunktion, sondern die Kräfte des realen Gegenstandes sind in ihm enthalten.

Im Grunde ist dieser Sachverhalt schon in Useners These der mythischen Herkunft der Sprachgebilde gefaßt. Danach ist die mythische Sprache ein unmittelbar mythische Mächte beheimatendes Gebilde. Als solche vermochten die Worte in Form konkreter Kräfte die Gegenstandswelt zu manipulieren. Gerade im Namen konzentriert sich das Wesen eines Sachverhalts. So ist nach Cassirer im Mythos das Ich des Menschen unlösbar mit seinem Eigennamen verbunden.[129]

Cassirer erklärt die magische Aufladung des Wortes aus dem gleichen Vorgang, aus welchem der Augenblicksgott hervorgeht. Hat das Wort im diskursiven Denken Bedeutungsfunktion, indem es zwischen die Bewußtseinsinhalte tritt und sie aufeinander bezieht, so findet sich die »Besessenheit« des mythischen Bewußtseins durch einen Eindruck auch in seiner Verwendung der

128 Cassirer 1954, S. 136.
129 Cassirer 1925 b, S. 42; Cassirer 1925, S. 54.

Wörter. Indem das Bewußtsein sich auf die einfache, sinnliche Gegenwart des Wortes konzentriert, geht es ganz in ihr auf.[130] Das im Wort Fixierte ist das Wirkliche und Wirksame.

So wie das Wort sind alle »Zeichen« nicht als Bedeutungsfunktionen, sondern als Wirkkräfte gebraucht.[131] Die Vorgänger der Buchstaben, die nachahmenden Bildzeichen, gelten als Inbegriff dämonischer Wirkungen, die in dem entsprechenden Gegenstand enthalten sind. Der frühe Schreiber glaubt den Gegenstand in seiner Verfügung zu haben, so er ihn hieroglyphisch darstellt.[132] Gleiches gilt für die mythische Bildwelt. In ihr gewinnen bis weit in die Hochkulturen die Götter ihr eigentliches Dasein. Die religiöse Plastik soll nie nur bezeichnen und auf ein Transzendentes verweisen, sondern sie ist der Gott. Erst mit dem Auftauchen der prophetischen und Erlösungsreligionen werden die mythische Bildwelt und der religiöse Bilderdienst als Schein durchschaut. Der mythische Rest der Erlösungsreligionen ist in einer Hinsicht, daß sie mit den Bildern zugleich die empirische Welt überhaupt herabsetzen.[133]

Der mythische Geist ist solchermaßen in der sinnlichen Welt verflochten, daß er – nach seinem Selbstverständnis – zum ununterscheidbaren Element derselben wird. Das Prinzip der wissenschaftlichen Entwicklung hingegen beruht auf der Gewinnung immer größerer Unanschaulichkeit ihrer Konstrukte, die bloß hypothetischen Charakter haben. Alles wissenschaftliche Erkennen hat hypothetischen Charakter. Denn erst durch die Herausbildung »formaler Weltkonzepte« (Habermas), das der subjektiven Innenwelt, das der objektiven Außenwelt und das der sozialen Welt geltender Normen, »können Meinungen als systematisch falsch, Handlungsabsichten als systematisch aussichtslos, können Gedanken als Phantasien, als bloße Einbildungen erscheinen ..., können Absichten, Wünsche, Einstellungen, Gefühle als illegitim oder auch nur idiosynkratisch, als nicht verallgemeinerbar und bloß subjektiv erscheinen«.[134] Im Umkehr-

130 Cassirer 1925 b, S. 47 ff.

131 Werner 1933, S. 218 ff.

132 Földes-Papp 1966.

133 Liebrucks versucht das seines Erachtens falsche Verständnis der mythischen Bildwelt, das von den Propheten bis zur modernen Philosophie führt, aufzudecken. Liebrucks 1958.

134 Habermas 1981, S. 83. Habermas untersucht in seiner nur we-

schluß gilt dann folgerichtig, daß in der mythischen Welt ein geistiger Ausdruck selten den Charakter des bloß Vermeintlichen und Fiktiven hat.[135] Die mythische Erfahrung ist noch nicht in den Bereich der Wahrnehmung und in den der Vorstellung zergliedert. Wahrnehmungen von Dingen und Vorstellungen von Sachverhalten sind in einer komplexen, untrennbaren Einheit miteinander verbunden. Gleichermaßen sind Gedächtnisbilder und Träume keine ideellen Vorstellungen, sondern werden als konkrete Wahrnehmungen »gesehen«.[136]

So stellt Werner fest, daß aus der Gleichartigkeit der Innenwelt und der Welt äußerer Geschehnisse, der Vorstellungen und der Tatsachen die magische Praxis erfolgt. Wünsche, Absichten und Gedanken ziehen durch ihre bloße Existenz die Realisation ihrer Inhalte nach sich. Eindeutiger formuliert: diese subjektiven Phänomene sind die Wirklichkeit selbst.[137]

Man hat die Konzeption der »Allmacht der Gedanken« (Sigmund Freud) als absurd hingestellt, weil man den modernen Wirklichkeitsbegriff fälschlich in den traditionalen projizierte. Der traditionale Mensch hat eben nicht formal-operatorische Vorstellungen, die unangesehen tatsächlicher Geschehnisse hypothetisch gedacht werden.

Mitnichten wird der traditionale Mensch die faktische Verfügung über einen Gegenstand mit einer erträumten verwechseln. Aber wie die verschiedensten magischen Rituale aus aller Welt zeigen, ist die gefühlsmäßige Befriedigung, die sich im rituell

nige Seiten umfassenden Analyse des mythischen Denkens diesen Aspekt nicht weiter. In einer kulturgeschichtlich angelegten *Theorie des kommunikativen Handelns* hat er aber zentrale Funktion. Vor dem Hintergrund der »objektivistischen« Einstellung des primitiven Geistes gegenüber seinen Gebilden gewinnen die Strukturen des modernen Bewußtseins erst einmal klare Konturen.

135 Schadewaldt geht in seinem Werk von dem Grundsatz aus, daß man das frühe Griechisch fehlinterpretiert, wenn man ihm den uns geläufigen Dualismus von Subjekt und Objekt unterlegt: »Dies Eigentümliche also, daß in der Sicht Subjekt und Objekt immer schon einander begegnet sind, konstituiert das griechische Sehen und Wissen ... Der Gedanke war ein Bemerktes für die Griechen, nie nur Illusion, nichts Ausgedachtes oder von der Welt Getrenntes.« Schadewaldt 1978, S. 163.

136 Werner 1933, S. 114 ff.

137 Werner 1933, S. 324.

repräsentierten Haben einer subjektiven Intention einstellt, nicht ganz unähnlich der, welche sich bei der Realisierung dieser Intention ergibt. Denn schließlich trennt das traditionale Bewußtsein nicht so sehr Inneres und Äußeres, Denken und Sein. Insofern erzeugt zum Beispiel das magische Ritual des Tötens eines Menschen im Zauberer ein Gefühl, das einem solchen ähnlich ist, welches sich in der empirischen Ausführung des Todeswunsches eingestellt hätte. Ich erwähne diese Unterscheidung zwischen empirischer Tatsächlichkeit und traditionalem Wirklichkeitsbegriff, weil durch sie ein richtiges Verständnis der »Allmacht der Gedanken«, wie sie Cassirer formuliert, gegeben ist.

Das Bewußtsein des Wunsches durchtränkt nach Cassirer die primitive Wahrnehmung dergestalt, daß ihm das Sein schlechthin unterworfen zu sein scheint. Die Gegenstände haben kein eigenes Dasein, das in ihnen selbst und ihren Interrelationen fundiert ist, sondern sind dem Wunsch unmittelbar subordiniert. »Dem Wunsch selbst wohnt hier eine unmittelbare Kraft inne: es genügt, seine Äußerung aufs höchste zu steigern, um eben in ihr eine Wirksamkeit zu entbinden, die von selbst zur Erreichung des gewünschten Zieles hinführt.«[138]

Im Anschluß an Hegel begreift auch Cassirer das magische Bewußtsein nicht als ein »in sich freies Bewußtsein«, welches sich nämlich erst in Anerkennung der unabhängigen Existenz der objektiven Dinge zu konstituieren vermag. Eine Distanz zwischen Ich und Welt ist erst durch den Hiatus zwischen sinnlichem Trieb und seiner Erfüllung geschaffen.[139]

138 Cassirer 1925, S. 261. An dieser Stelle wird das Erbe der Religionsphilosophie Hegels deutlich, aus der Cassirers Theorie des Mythos erwächst. Hegel definiert die Zauberei als erste Form der Religion. »Die Hauptbestimmung also in dieser Sphäre ist die direkte Beherrschung der Natur durch den Willen, das Selbstbewußtsein, daß der Geist etwas Höheres ist als die Natur ... Das Zweite ist, daß diese Macht eine direkte Macht über die Natur überhaupt ist, die nicht mit der indirekten zu vergleichen ist, wie wir sie durch Werkzeuge über die natürlichen Gegenstände in ihrer Einzelheit ausüben ... Der gebildete Mensch übt eine Macht dadurch aus, daß er die Qualitäten der Dinge kennt, das heißt, der Dinge, wie sie relativ zu anderen sind, da macht sich anderes in ihnen geltend, da zeigt sich ihre Schwäche.« Hegel 1974, Bd. 1, II. Teil, S. 78 f.

139 Cassirer 1954, S. 262 ff.

An der Erkenntnis des Gegenständlichen bricht sich das magische Wollen. Das »Innere« und das »Äußere« trennen sich als Momente eines Zusammenhanges der Erfahrungswirklichkeit, indem die kausale Vermitteltheit des Seins reflektiert wird. Diese letztere Erkenntnis resultiert laut Cassirer aus dem zunehmenden Bewußtsein der für die Erreichung eines Zieles erforderlichen Mittel. Indem zwischen Wunsch und Ziel sich zunehmend klar erfaßte Mittelglieder einfügen, gewinnen sowohl die Objekte als auch das Ich an Prägnanz.

Die vermeintliche Allmacht des bloßen Wunsches ist die eine Seite der Medaille, deren andere die vollständige Absorption des magischen »Ich« durch die Gegenstände ist. Dies ist nicht einfach nur dahingehend gemeint, daß die subjektiven Phänomene in der Magie selbst gegenständliche Züge besitzen. Das bloße Wünschen, das nicht auf die Bindungen seiner möglichen Realisierung achtgibt, ist vielmehr ein Reflex der »Besessenheit« des sinnlichen Bewußtseins durch die sich ihm aufdrängenden Gegenstände. Das Ich und die Dinge kleben förmlich noch aneinander. Das Ich geht in dem sinnlichen Begehren der Gegenstände auf. Es legt nicht in einem vergleichsweise reflektierten Verhältnis Hypothesen und Bestimmungen an die Dinge an, um ihren Sinn und ihre Verwendungsmöglichkeiten nachgerade zu explorieren, sondern der Nutzen und die Bedeutung der Gegenstände ergibt sich unmittelbar aus dem »pragmatischen Kontext«.

3.5 Der Beitrag der Umweltlehre und der philosophischen Anthropologie zur historischen Anthropologie

Die Analyse der traditionalen geistigen Welt drängt auf ihre Einbettung in den thematischen Zusammenhang, den die Umweltlehre Jacob von Uexkülls und komplementär die »philosophische Anthropologie« aufgeworfen hat. Uexküll glaubte, daß Tiere wie Menschen gleichermaßen in einer eng begrenzten, artspezifischen »Umwelt« leben. Die »philosophische Anthropologie« hingegen setzte dagegen, die Kategorie der »Weltoffenheit« verbürge einen universellen Begriff des Menschen überhaupt – in eindeutiger und solider Abgrenzung von der Sphäre des bloß sinnlichen Bewußtseins.

Anstelle eines struktur-anthropologischen Begriffs vom Menschen überhaupt thematisierte die philosophische Anthropologie wohl eher die anthropologische Verfaßtheit des modernen Menschen. Die Explikation des traditionalen menschlichen Daseins weist nämlich auf, daß bei aller zugestandenen biologischen und geistigen Einheit der Menschen das frühe Bewußtsein nur eingeschränkt zu einer »exzentrischen Positionalität« (Helmuth Plessner) fähig war. Die Darstellung der mythischen Anschauungswelt verrät eine eigentümliche, nicht nur terminologische Nähe zu Positionen der »Umweltlehre«.

»Tiere« sind überwiegend eingespannt in eine eng umgrenzte Umwelt, in der das Insgesamt aller Eindrücke und Reize der Außenwelt als »Merkwelt« auf bestimmte Reaktionen, auf die »Wirkwelt« zugeschnitten ist. Die Dinge der Merkwelt haben Auslöserfunktionen für Reaktionen. »Tiere« haben für das vital Nutzlose keine Sinnesorgane. Im ererbten Instinkt sind überwiegend die Auslöser- und Reaktionsschemata programmiert. Im Instinkt ist sowohl der Reiz, der Drang als auch die Reaktion, der Modus des Auslebens festgelegt. Der Vollzug eines Verhaltens ist weitgehend eingespannt in angepaßte Instinktbewegungen, die auf bestimmte Signale hin erfolgen. Das »Tier« ist in seiner Umwelt fest verschlossen, sie ist ihm die ganze Welt. Die Aufmerksamkeit des Tieres ist von momentanen Eindrücken verbraucht.[140]

Die Leistungen der Tiere vollziehen sich unter unmittelbarem Triebdruck. Dieser unmittelbar nach Erfüllung strebende Vitaldrang verhindert, daß Dinge nach verschiedensten Hinsichten zerlegt werden. Das tierische Bewußtsein kennt nicht das Auseinandertreten von Subjektivem und Objektivem, ihm ist alles »objektiv«. Das Tier kann sich einem als »Signal« oder Reiz auftretenden Gegenstand nicht entziehen. Die Dinge haben einen eindeutigen Determinationscharakter. Das Tier hat nicht die Möglichkeit der Entscheidung. Es kann sich dem »gebieterischen« Charakter der »Auslöser« nicht entziehen – die »Natur« schlägt es ganz in ihren Bann.

Das Tier lebt laut Plessner frontal auf die Welt hin. Sein Leben aus seinem Zentrum ist ihm aber nicht selber reflexiv gegeben.[141]

140 So kann ein fast zu Tode gehetztes Tier, wenige Minuten nach seiner Rettung, anfangen, sich beispielsweise zu putzen.

141 Plessner 1975, S. 292.

Es erlebt zwar, aber es erlebt nicht sein Erleben. Dem Tiere ist die Bezogenheit der Welt auf seine Instinkte so unmittelbar gegeben, daß es sich dessen nicht einmal bewußt werden und sich dessen vergewissern könnte. Die elementare Bezogenheit aller Dinge auf seine Existenz eignet ihm so innig, daß es sich als den »selbstgesetzten« Mittelpunkt seiner Umwelt gar nicht gewärtigen kann. Das in Reiz und Reaktion verschlossene, vom Instinktapparat vereinnahmte tierische Bewußtsein hat ein abgerundetes, sich immerzu selbst »schließendes« Verhältnis zur Welt. Dem Tier muß die Umwelt so inwendig sein, daß es sich nicht von dieser separat empfinden kann. Die Bruchlosigkeit des animalischen Weltverhältnisses verhindert jede Selbsterfahrung. Das Tier lebt gewissermaßen in einem absoluten Bewußtseinsmodus. Diese »Absolutheit« ist derart rigoros, daß es sie nicht einmal als solche erfährt (begreifen heißt hingegen immer schon relativieren und dezentrieren). Wüßte es nämlich um diese, stünde es jenseits von ihr und könnte sie als bloße illusionäre Konstruktion anschauen. Dem Tier ist seine Absolutheit derart unauslöschlich inwendig, daß es diese gar nicht realisiert. Das menschliche Schwanken zwischen Ohnmacht und Allmacht (Blaise Pascal) hingegen ist ein Resultat der begrifflichen Scheidung der Wirklichkeitssphären in Subjektives und Objektives. Das Zurücktreten der Determination durch die Außenwelt gestattet die Öffnung eines Bewußtseinsinnenfeldes, in dem selbstreflektorische Kommunikationsprozesse auf in sich begründete Selbstfindung abzwecken. Die Tragik dieser begrifflichen Relativierung liegt nun darin, daß der Relativierungsschub sich auf die Begriffe selbst ausdehnen kann und die »Identitätsgewinnung« zum infiniten Progreß auswachsen läßt. Die exzentrische Daseinsweise und das menschliche Verlangen nach Rechtfertigung und Legitimation sind Teile eines Konnexes.[142]

Möglicherweise liegt die Differenz zwischen dem magischen und dem »tierischen« Positionalitätsmodus darin, daß das sinnliche Bewußtsein dem Menschen zwar nicht fragwürdig wird, aber in der zunächst affirmativen Form der »Allmacht der Gedanken« allmählich bewußt wird, worin sich die spätere Krisis schon andeuten mag. Die egozentrische Positionalität des Tieres und seine Unfähigkeit zum symbolischen Ausdruck bedingen sich. Die Magie als Ausdruck der Omnipotenz des Wirkens lebt

142 Landmann 1976, S. 167.

also in einer Hinsicht noch von der Egozentrik, aber in einer anderen Hinsicht übersteigt es sie allmählich, gerade indem sie diese ausdrückt.

Die egozentrische »Allmacht der Gedanken« resultiert also aus einer frühen Krisis des sinnlichen Bewußtseins. Das entwickelte Selbstbewußtsein, nicht »der Mensch«, wie die philosophische Anthropologie wohl vorschnell annahm, hat hingegen ein exzentrisches Verhältnis zur Welt. Es kann auf sich selbst reflektieren und sich idealiter asymptotisch als einen Gegenstand unter anderen auf eine Fläche idealer Gleichzeitigkeit und Abgewogenheit projizieren. Der »instinktreduzierte« und »auslöserentdifferenzierte« Mensch (Konrad Lorenz) ist der tierischen Borniertheit verlustig gegangen. Der Mensch versucht nach Plessner, seine Zuständlichkeit zu vergegenständlichen, seinen Leib als Körper zu beherrschen und sein Leben in »natürlicher Künstlichkeit« zu führen.[143]

»Positional liegt ein dreifaches vor: das Lebendige ist Körper, im Körper (als Innenleben oder Seele) und außer dem Körper als Blickpunkt, von dem aus es beides ist. Ein Individuum, welches positional derart dreifach charakterisiert ist, heißt Person.«[144]

In dieser Rückwendung des »Blicks« auf das eigene Dasein konstituiert sich das Ich als unerreichbarer, auf Nichts gestellter Fluchtpunkt, »als leeres Hindurch der Vermittlung«.[145] Und erst durch die Distanz zu sich selbst ist das Subjekt sich als Innenwelt gegeben und die Dinge als Außenwelt. Das »heimatlos, ortlos und zeitlos im Nichts« stehende Wesen entdeckt, daß es primär Bewußtseinsinhalte hat. Zwischen seiner subjektiven Existenz und der Außenwelt einerseits und dem Prozeß des Reflektierens andererseits schiebt sich immer das unsichere Wissen ein.[146] Die These der exzentrischen Positionalität ist nach Plessner die Grundaussage über den Menschen. Von hier aus erschließen sich die kulturellen Daseinsbedingungen. Aus der biologischen Exponiertheit erwächst des Menschen Ergänzungsbedürftigkeit. Kultur und Religion springen zwar als Garanten einer nachgerade Stabilisierung ein, aber auch sie unterliegen dem Ferment des intellektuellen Prozesses.

143 Plessner 1975, S. 310.
144 Plessner 1975, S. 293.
145 Plessner 1975, S. 290 ff.
146 Plessner 1975, S. 340 ff.

Gerade vor dem Hintergrund der Thesen der philosophischen Anthropologie gewinnt der Vergleich zwischen dem traditionalen und dem modernen Bewußtsein an Tiefe. Die Bewußtseinsgeschichte ist auch eine der Instinktreduktion. Das moderne Denken ist nicht mehr unmittelbar an die Dinge gebunden und gewinnt zu ihnen ein abstraktes Verhältnis; es geht nicht in ihnen auf, sondern überschießt sie mit einem »Überbedarf« an »Sinn«. Das Verhältnis von Welt und Ich wird dadurch hypothetischer und abstrakter.

Nun verfügt der Mensch über die Welt nach den Bestimmungen seines Selbstbewußtseins, aber nur durch den Verlust, daß sie ihn in bestimmter Weise nicht mehr fest in ihrem Bann hält.[147] Indem der Mensch sich selbst zum Objekt der Reflexion macht, wird er sich selbst als Subjekt unverständlich.

3.6 Historische Anthropologie am Beispiel des homerischen Menschen

3.6.1 Die homerische Persönlichkeitskonzeption

Die Explikation der mythischen Denk- und Anschauungsform legte dar, daß in ihr keineswegs eine objektive Welt (als theoretisches Ideal) logisch und kausal erkannt wird. Von einem fertigen Bild eines einheitlichen, unteilbaren und reflektierten Ich geht der Mythos nicht aus. Das reflektierte Ich bedeutet vielmehr das Ende der mythischen Gebilde und der mythischen Lebensform. Ist in der durchdachten Ausbildung des Bewußtseins die Einheit des Bewußtseins sein vielleicht wesentlichstes Grundmerkmal, so existiert im Mythos eher eine Vielfalt »dinglich« aufgefaßter »Seelen«.[148] So wohnen in einem Individuum mehrere Seelen

147 Dies ist wohl auch eine Grundthese der Gehlenschen Theorie der Naturreligion. Der Frühmensch hat eine unvermerkte Welt und spezialisierte Bedeutsamkeiten. Außenweltereignisse haben unmittelbar religiösen und verpflichtenden Charakter. Der Frühmensch hat noch kein – ethisches – Selbstbewußtsein, sondern »versteht« sich über die Außenwelt. Und hier ist es insbesondere die Nahrung, die als religiös bedeutsame Außenwelt den Frühmenschen »verpflichtet«. Gehlen 1975, S. 139 ff., 151 ff., 184 ff.

148 Böhme 1929.

mit zum Teil nur schwer unterscheidbaren Funktionen. Diese Seelen werden häufig selbst wieder als Individuen vorgestellt. Aber nicht nur existieren mehrere Seelen nebeneinander im gleichen Individuum, sondern die phasenhafte Lebensgeschichte eines Individuums kann auch auf verschiedene »Subjekte« verteilt werden.[149] Die mythische Seele ist also noch kein Prinzip der autonomen Persönlichkeit, der geistigen Einheit des Selbstbewußtseins, welches sich gegenüber einer Vielheit von Objekten behauptet. Die Seelen sind vielmehr selbst empirische Inhalte, die von anderen verdrängt oder ergänzt werden können.

Wie langlebig solche Vorstellungen in die Kulturgeschichte hineinragen, zeigten Untersuchungen verschiedener klassischer Philologen. Noch für den homerischen Menschen gilt eine so große Übereinstimmung mit den primitiven Seelenvorstellungen, daß alle ausmachbaren Differenzen hinter ihr zurücktreten. In einem Vergleich der homerischen Seelenvorstellungen und der verschiedener »Naturvölker« stellte Jacob Böhme bis in Details gehende Gemeinsamkeiten fest. Der graduelle Unterschied besteht laut Böhme ausgerechnet darin, daß die generell primitiven Vorstellungen bei Homer nur präziser und systematischer zum Ausdruck kommen.[150] Bei aller Besonderheit des homerischen Griechentums zeigt sich auch in ihm noch das Fehlen wesentlicher Bestimmungen des modernen formal-logischen Denkens. Es finden sich aber eine Fülle detaillierter Eigenschaften traditionaler psychischer Charakteristika.

Wenn man also die Frage nach dem Ich und der Seele des homerischen Menschen stellt, dann lautet die erste Antwort der Texte, daß diese Frage ganz unhomerisch ist. Es fehlt der Begriff einer einheitlichen Seele, wie auch komplementär ein Begriff des Körpers.

Der homerische Gebrauch des Wortes »Psyche« betrifft nicht Bewußtseinsphänomene. Psyche ist die auf den ganzen Körper verteilte magische Lebenskraft, die ihn im Tode verläßt.[151] Diese Wirkkraft ist in allen Teilen des Körpers präsent. Nicht nur verschiedene Organe, sondern auch Haare und Nägel sind der Sitz dieser Lebenskraft.[152] So ist die Seele in der Gesamtheit des sinn-

149 Cassirer 1925, S. 204.
150 Böhme 1929, S. 126.
151 Snell 1975, S. 18.
152 Daher genügt in der Magie die Verfügung über diese anorganischen

lichen Daseins verhaftet. Von den Wörtern Psyche und Soma (Körper) wird bei Homer nur nach dem Tode Gebrauch gemacht. Psyche ist dann die im Hades weilende Totenseele und Soma der Leichnam.[153] In Ansehung eines toten Menschen schwankt Homer, ob dieser selbst nun die Totenseele oder der Leichnam ist. Und so glaubt Snell, daß die alten Griechen ihren Körper nicht als Körper »fühlten«, sondern als Summe von Gliedern.[154] Sie »fühlten« ihn wohl nicht als Körper, weil sich ihm gegenüber noch keine einheitliche Seele konzeptualisiert hatte. Der homerische Grieche ist nicht in Leib und Seele getrennt, sondern überall gleich belebt und beseelt.[155]

Körperliche und seelische Organe haben gewissermaßen ein Eigenleben, sie vermögen je nach Situationserfordernis einzeln aufzutreten. Wenn sie aber so aus dem Ganzen des Menschen hervortreten, stehen sie vollgültig für das, was dem begrifflichen Bewußtsein die Persönlichkeit ist. Hermann Fränkel sieht dies meines Erachtens am klarsten, wenn er sagt, daß die Arme ebensogut ein Organ des Menschen sind, nicht bloß des Körpers, wie der Thymos (Organ der Erregungen) den Menschen überhaupt, nicht nur die Seele repräsentiert.[156] Fränkel illustriert dies an einer Stelle der Ilias (13, 59 ff.), in der Poseidon zwei Krieger durch die Berührung eines Stabes mit »sieghafter Energie« erfüllt.

»Der eine sagt: ›der Thymos in meiner Brust regt sich stärker zu Kampf und Streit, und es toben von unten die Beine und die Arme oben‹, und der andere bestätigt mit ähnlichen Worten: ›ebenso toben auch meine Arme im Griff der Lanze, meine Energie ist in Bewegung geraten, und unten mit beiden Beinen strebe ich vorwärts!‹«[157]

Das Pronomen »ich« findet sich häufig ersetzt durch »meine Arme« oder »meine Beine«.[158] Wie sehr die körperlichen Organe

Teile, um das Leben eines Menschen überhaupt zu vernichten. Im Haar ist die Persönlichkeit ähnlich präsent wie im Tun und Denken.

153 Snell 1975, S. 19.

154 Snell 1975, S. 18.

155 Hier zeigt sich die problematische Anwendung der Begriffe Leib–Seele und Körper–Geist auf archaische Zuständlichkeiten.

156 Fränkel 1963, S. 85.

157 Fränkel 1963, S. 85.

158 Cassirer versucht anhand der Sprachentwicklung nachzuweisen, wie sich das Selbstbewußtsein in der Sprache allmählich daran ent-

unmittelbar das »Ich« sind, wie sehr sie selbst beseelt und gefühlsmäßig ausgestattet sind, zeigt die bei Homer so häufige Verwendung folgender Ausdrücke: »liebe Hände«, »liebe Arme«, »liebe Knie« usw.[159] Die frühgeschichtliche Einheit von Leib und Seele ist wörtlich zu nehmen.[160] Wie die körperlichen Organe unmittelbar beseelt sind, so arbeiten die seelischen Funktionen als körperliche Organe. Der Thymos ist das Organ der Regungen, der Noos das der Vorstellungsinhalte.[161] Das Organ der Einsicht und der Gedanken kommt eigentlich gemäß seiner Funktion dem modernen Intellekt am nächsten. Snell betont aber ausdrücklich, daß zumindest bei Homer die Wahrheit weniger ein Resultat schlußfolgernden Denkens sei. Die Wahrheit wird vielmehr in einer plötzlichen Intuition »gesehen«.[162]

Ähnliches gilt für einen weiteren das Denken bezeichnenden »Geistbegriff«: phren (Zwerchfell). Das homerische Denken ist nach Snell ein passiver Vorgang, es handelt sich um das Erfahren »lebhafter Eindrücke«. Das Fehlen einer begrifflichen Aktivität bekundet sich daran, daß »Homer nichts kennt, was unserem ›der Kopf denkt‹, ›das Herz fühlt‹ oder auch nur einem ›er strengt seinen Kopf an‹ entspräche«.[163] Der Ausdruck Seelenorgan ist

wickelt, daß es sich in seinen Gegenständen anschaut. Vor der Ausbildung des Ichbegriffs herrscht eine eigentümliche Indifferenz zwischen Personal- und Possessivpronomen. Ein »Ich« wird im »Mein« angeschaut. Eine Fülle verschiedener Possessivpronomen drücken den jeweiligen Grad der Zugehörigkeit der Dinge zum Ich aus. Cassirer 1954, S. 92. Ob dies den Erkenntnissen der modernen Sprachgeschichtsforschung noch entspricht, sei dahingestellt.

159 Fränkel 1963, S. 92.

160 Diese Einheit war offensichtlich viel tiefer, als moderne psychologische Ansätze sie als Ideal bloß theoretisch konstruieren. Heute ist sie schon deshalb fiktiv, weil, wollte man sie realisieren, eine Dispension vom begrifflichen Denken erforderlich wäre. Die Differenz der anthropologischen Strukturen ist aber größer.

161 Snell 1975, S. 21 ff.; Fränkel 1963, S. 86; Schadewaldt 1978, S. 162 ff.

162 Schadewaldt definiert den Nus als das Auge der Seele. Die homerische Bedeutung von noein ist ein instinktives Bemerken, ein totales Merkvermögen. Schadewaldt leitet noein etymologisch von snovos, snow her (dt. »schnaufen«, »schnauben«!?). Schadewaldt 1978, S. 163 f.

163 Snell 1978, S. 55. »... da der Mensch das Zwerchfell ganz gut kennt durch den Druck, den es auf das Herz ausüben kann, wenn man

bloß ein metaphorischer Terminus, da dem begrifflichen Denken »Seele« und »Organ« gegensätzlich sind. »Was wir als Seele interpretieren, interpretiert der homerische Mensch so, daß drei Wesenheiten dort sind, die er nach Analogie von körperlichen Organen deutet.«[164]

Der Thymos ist als Organ der Regungen auch das des Schmerzes. So zerfetzt und zerreißt im homerischen Sprachgebrauch scharfer, gewaltiger und schwerer Schmerz den Thymos. Die gleichen Worte werden bei der Beschreibung einer Verletzung oder Zerstörung eines Körperteils verwendet.[165]

Wie sehr in der undifferenzierten Psyche der Ausdruck von Gefühlen an körperlichen Erlebnissen haftet, konstatiert die Entwicklungspsychologie. So wird beispielsweise die Sehnsucht als Gefühl der Gedärme, das Schämen als Beißen der Stirne und tiefe Trauer als Müdigkeit der Kinnlade geschildert. So knüpft auch der Ausdruck von Emotionen an äußerlich sichtbaren Körpervorgängen an. Ursprünglich scheint das Gähnen mit dem Gefühl der Unlust verbunden gewesen zu sein. Es ist von hier aus wohl ersichtlich, daß die so verwachsene Einheit körperlicher und seelischer Erlebnisse die Ausdifferenzierung hochgradig spezialisierter, prägnanter und entschiedener Emotionen erschwert.[166]

Die Vorstufe des Selbstbewußtseins und des reinen Ich ist auch nach Cassirer das an den eigenen Leib gebundene, konkrete Selbstgefühl. In verschiedenen primitiven Sprachen werden die Ausdrücke für »Ich«, »Person« und »Selbst« in gegenständlicher Weise durch »mein Körper«, »mein Herz«, »mein Antlitz« und

erregt oder bedrückt ist, so lokalisiert man hier eine bestimmte Weise des inneren Sinnes, wie ich lieber statt ›denken‹ sagen will, und das phronein ist dann die Tätigkeit dieses Zwerchfells.« Schadewaldt 1978, S. 166.

164 Snell 1978, S. 25. Wobei im Umkehrschluß natürlich gilt, daß die homerischen Organe nicht die der naturwissenschaftlichen Medizin sind.

165 Snell 1978, S. 27. Man muß das vielleicht wörtlich nehmen: Ein psychischer Schmerz wurde unmittelbar physisch empfunden, wie »ein scharfer Speer« in ein Organ dringt.

166 So betont Werner, daß primitive Gefühle komplex, mit der Gesamtheit des Sinneslebens, der Wahrnehmung und der Vorstellung verschmolzen sind. So sind Hunger und Liebe, ethische Gefühle und solche der Nützlichkeit miteinander verwoben. Werner 1933, S. 68 ff., 75.

»mein Fleisch« usw. wiedergegeben.[167] Die Anfänge des Selbstbewußtseins finden sich im rein sinnlichen Selbstgefühl, wie im Mythos ja auch die Seele bloß als zweites Individuum, als zweiter Leib verstanden wird.

Snell verneint die mögliche Deutung der Seelenorgane als kohärente Teile einer Gesamtseele, indem er auf ihre besonderen Funktionen hinweist. Die verschiedenen Seelenteile korrespondieren miteinander als »innere Stimmen«, als wenn das sie übergreifende Bewußtsein ihrer Einheit fehlte.

In einem bestimmten Organ gibt es keine zweideutigen Empfindungen. Es gibt keine Seelenspannung und keinen Zwiespalt in ihm, wie es auch keinen Zwiespalt in der Hand oder im Auge geben kann.[168] Wohl können Organe gelegentlich miteinander konfligieren, es ist dies aber gleichsam ein Streit mehrerer Individuen. »Es gibt deshalb bei Homer auch keine echte Reflexion, keine Zwiesprache der Seele mit sich selbst.«[169]

Die altgriechische Persönlichkeitsstruktur kennt also kein hypothetisches, erkenntnisskeptisches Verhältnis zur Realität. Das Denken konstituiert nicht die Einheit des Geistes gegenüber allem Dinglichen, den eigenen Körper eingerechnet. »Nie geht Homer in seiner Beschreibung von Gedanken und Gefühlen über die rein räumliche oder quantitative Bestimmung hinaus; nie versucht er, ihre besondere unkörperliche Beschaffenheit auszudrücken.«[170]

In der frühgriechischen Lyrik findet sich nach Snell eine erste »Entdeckung des Geistes«. Es ist insbesondere der Zwiespalt des Gefühls, die innere Spannung des »bitter-süßen Eros«, die ein persönliches Empfinden allmählich hervorwachsen lassen. Das erste persönliche Gefühl ist das der Hilflosigkeit und der Todesnähe.[171] In ihm bekundet sich die Erkenntnis, als Einzelwesen vom Strom des allgemeinen Lebens abgeschieden zu sein. Die unerfüllte Emotion führt zu ihrer Intensivierung, zu ihrer persönlichen Bewußtwerdung.[172] Keineswegs aber entdecken Archilochos, Sappho und Anakreon die erkenntniskritische Per-

167 Cassirer 1954, S. 215 f.
168 Snell 1978, S. 27.
169 Snell 1978, S. 27.
170 Snell 1978, S. 18.
171 Snell 1978, S. 63, 65.
172 Snell 1978, S. 71, 76.

sönlichkeit. Die Gefühle selbst haben ihre Quelle nicht in der Seele, sondern sind eine Gabe der Gottheit. Nur die aus diesem göttlichen Eingriff zuweilen entstehende Notlage ist die erste Insel der Persönlichkeitsbildung.[173] Die Erkenntnis des Handelns als persönliche Leistung bricht nach Snell erst in der griechischen Tragödie hervor.[174] Und erst Heraklit trennt zwischen Körper und Geist. Er entdeckt die für Homer undenkbare Vorstellung der »Tiefe« und Intensität des Geistes. Ein weiteres Merkmal des Logos ist nach ihm, daß er durch alles hindurchgeht. So können mehrere Individuen den gleichen Geist haben, was Homer sprachlich nicht ausdrücken konnte. Eine dritte Qualität des Geistes ist es, daß seine Inhalte wachsen und sich umbilden können. Eine solche Möglichkeit der Steigerung kennt Homer nicht.[175]

3.6.2 Das Göttliche im Menschen bei Homer

Dem homerischen Menschen fehlt die geistige Spannkraft eines formal-operationalen Denkens. Dieser Reflexionsmangel bedeutet die Unwissenheit über die Grenzen des Eigenen vom Fremden. Und so finden sich denn auch in den Epen keine echten, reflektierten Entscheidungsszenen. Da ein reflektiertes Ich als Zentrum möglicher Handlungen nicht existiert, werden diese von anderen Handlungen oder von göttlichen Einflüssen (die häufig »Sachen« sind) bewegt. So steht der Mensch nach Snell vielerlei Kräften offen, die auf ihn eindringen können.[176] Diese Kräfte wirken – da ein Ich fehlt – unmittelbar auf die »Organe« des Menschen, welche dann reaktiv und unabhängig von zentralen Bewußtseinsleistungen die Energie oder die Anleitung aufnehmen und umsetzen.[177] Eine der entscheidenden Einwirkungen göttlicher Kräfte besteht darin, Menschen zu verblenden oder zu verlocken, um die Geschehnisse in eine bestimmte Richtung zu lenken. Menschliche Handlungen sind also entweder als bloß menschliche oder als göttlich bestimmte identifizierbar. Ein

173 Snell 1978, S. 81.
174 Snell 1978, S. 95 ff.
175 Snell 1978, S. 26 ff.
176 Snell 1978, S. 28.
177 Dodds 1970, S. 14.

Handeln in der Verblendung (ate) erkennt der Grieche untrüglich daran, daß es den Rahmen des subjektiv Erwarteten sprengt. Alle Arten von Ereignissen können so dämonischen oder göttlichen Kräften zugeschrieben werden.[178]

Das Erkennen einer Person, plötzliches Erinnern, die Zunahme an Kraft, ein aufkommender Gedanke oder die Folgen des Alkoholgenusses werden als »psychische Beeinflussung« durch göttliche Kräfte interpretiert. So erscheint das plötzliche Gewahrwerden einer Gegebenheit dem homerischen Menschen nicht als eigene Bewußtseinsleistung. E. R. Dodds versucht, diesem Phänomen nachzuspüren:

»Oft ist man sich keiner Beobachtung, keines Gedankenganges bewußt, die der Anlaß (einer Gegebenheit) hätten gewesen sein können. Wie soll man diese Vorgänge also ›sein eigen‹ nennen können? Kurz zuvor waren sie noch nicht im Bewußtsein; jetzt sind sie da! Irgend etwas hat sie eingegeben, und dieses Unbestimmte ist etwas anderes als man selbst.«[179]

So umfaßt das Handeln der homerischen Menschen einen größeren Bereich, als ihnen selbst bewußt ist. Sie haben eine mangelnde Einsicht in die Selbsterzeugtheit ihrer eigenen Handlungen und in das von ihnen bewirkte Geschehen. Emotionale und gedankliche Vorgänge werden nicht als dem eigenen Ich gebürtig vorgestellt, sondern als von außen kommende Beeinflussungen »objektiviert«.[180]

Das moderne Bewußtsein eröffnet sich durch das begriffliche Denken eine unendlich erweiterungsfähige Innenwelt – in Akten bloßer Selbsttätigkeit. Das mythische Bewußtsein macht sich sein »Inneres« wie das »Äußere« gleichermaßen durch Bil-

178 »Ares« ist nicht der Gott des Krieges, sondern der sowohl sachlich als auch persönlich auffaßbare Gott Krieg. Er ist sowohl der Schwung der Waffen als auch der Schmerz des Opfers usw. Fränkel 1963, S. 67.

179 Dodds 1970, S. 10. Man sieht deutlich, daß die so häufig vertretene Ansicht, die homerischen Götter seien eine lustige Fiktion der Dichter, falsch ist. Sie werden im in diesem Sinne religiös durchtränkten Alltagsleben unmittelbar erfahren.

180 Von einer Objektivation kann, genau besehen, nicht gesprochen werden. Denn das Nichtwissen um das, was einem persönlich zukommt, setzt auch das fehlende Innesein einer »objektiven Außenwelt« voraus, die ja nur im Kontrast zu einem konturierten Ich, zu einer subjektiven Welt existieren kann.

der, durch mythische Gestalten vorstellig, die es nicht als selbst produzierte begreift. Die Differenz zwischen den Bewußtseinsstrukturen ist auch die zwischen »Bild« und »Begriff«.

Die angemessene Erklärung dieser Phänomene ist die, daß den Bewußtseinsinhalten die übergreifende Einheit der Reflexion abging, die den Ablauf jener im jeweiligen Bewußtseinshorizont präsent hielt. Zur Konstitution einer solchen Einheit des Bewußtseins ist diskursives, formal-logisches Denken vonnöten, das den Ablauf der Geschehnisse in ihrer Kausalität zu verfolgen vermag. Das archaische Bewußtsein hingegen war zu sehr auf das Erfahren von Eindrücken beschränkt. Diese Eindrücke nahmen das Bewußtsein so sehr in Beschlag, daß der Wechsel derselben nicht als logisch aufeinander beziehbar gefaßt wurde.[181] Der archaische Mensch empfindet sein Innenleben plastisch. Er hat tatsächlich Gemüts-Bewegungen.

Das moderne Bewußtsein mutet diese Eigentümlichkeit fremdartig an, da das begriffliche Denken instantan den Wechsel immer neuer, logisch aufeinander beziehbarer Inhalte erzeugt. Die Quelle des Handelns und der Emotionen wird hingegen bei Homer nicht in reflektierten, subjektiven, also voraussetzungsreichen und folglich ständiger Transformation unterliegen-

181 In die Konstitution der olympischen Götter scheinen noch eine Fülle von Eigenheiten einzugehen, die Usener den Augenblicksgöttern zuschrieb. Jedenfalls ist die Existenz der Götter als Kunstwerke, in welchen die Griechen ihre Identität anschauen, ein Beleg des sinnlichen Charakters des homerischen Bewußtseins. Vgl. Hegel 1974, S. 143. Spengler betont den plastischen Charakter der antiken Göttervorstellungen. Die Antike kennt nicht die Ferne und das Unanschauliche, alles Seiende ist Gestalt und Körper. Während der Okzident nach Spengler den greifbaren Dingen mit Skepsis gegenübertritt, kennt die »apollonische« Erkenntnis das Universum nur als Summe von Dingen. Diese antike Statik von Körpern findet in der nackten Statue ihr höchstes Sinnbild. Und so sind die Götter vollkommen gestaltete Körper – aber eben Körper. So bedeutet die unbegrenzte Menge antiker Götter, daß jedes greifbare Ding ein für sich bestehendes Wesen ist. »In der altrömischen Religion ist Tellus mater nicht die ›Urmutter‹, sondern der handgreifliche Acker selbst. Faunus ist der Wald, Volturnus der Fluß; die Saat heißt Ceres, die Ernte heißt Consus. Sub Jove frigido heißt bei Horaz echt römisch: unter kaltem Himmel ... Im Hause ist Janus die Tür als Gott, Vesta der Herd als Göttin.« Spengler 1983, S. 518 f.

den Bedingungen (= überwiegend Vorstellungen) gesucht, sondern in göttlichen Eingebungen.

Die Frage der Legitimation des Tuns stellt sich dann kaum. Die berühmte Rechtfertigung des Agamemnon zeigt, daß auch und gerade das irrationale Tun der Menschen, weil von Zeus bewirkt, statt heftiger Kritik einen göttlichen Unterpfand erntet. Wie die altgriechische Subjektivität sich selbst nie nur Illusion sein kann, so scheint auch das menschliche Handeln nie vollständig sinnlos sein zu können. Alles menschliche Dasein hat einen festen Boden, gleichsam von Götterhand gezimmert. Vor dem Hintergrund des modernen »Subjektivismus« ist dieser Wechsel des Seelenlebens ein entscheidendes kulturgeschichtliches Phänomen.

Wenn der archaische Mensch sein Tun nicht aus seinem Ich und aus den verschiedenen Bedingungen seines Seelenlebens zu erklären vermochte, dann läßt sich vom Standpunkt des entwickelten Selbstbewußtseins dem Griechen eine unbefragte Selbstverständlichkeit und alternativfremde Einstellung des »Selbstbildes« zusprechen. Wenn das »Subjektive« als »situationslogische«, »objektive« Gegebenheit erlebt wird, liegt ein Defizit an Objektivität vor. Die Menschen dieser Zeit fühlten sich für ihr Tun nicht so verantwortlich, was sie ja auch von ihren Göttern nicht gerade verlangten, an deren Vorbild sie ihr eigenes Tun erst formten.

Die »Objektivierung« seelischen Geschehens mündet nun aber nicht in einen hemmungslosen »Egoismus«, ein aktives Ich ist der archaischen Zeit schließlich noch fremd. So wie der Erkennende dem Ding gegenüber eine rezeptive Haltung einnimmt, so ist der Handelnde Teil eines Aggregats, in welchem er eine bestimmte Rolle einnimmt. Der Mensch wird von geistigen Einflüssen, göttlichen Kräften besucht, so wie alle Dinge aufeinander Einfluß nehmen. Da Handlungen nicht nur egodeterminiert sind, werden sie vor allem von anderen Kräften aktiviert. Das Fehlen eines einheitlichen Selbstbewußtseins läßt das Bewußtsein gleichsam in verschiedene Vorgänge auseinanderfallen, die mit rein körperlichen auf gleicher Ebene reaktive Verbindungen eingehen.

Anhand einer Deutung der frühgriechischen Kunst als organischer Bestandteil einer kompletten archaischen Kosmologie kommt Paul K. Feyerabend zur Auffassung, daß der homerische

Grieche nicht nur als »Puppe« dargestellt sei, sondern sich wohl auch so gefühlt habe.[182] Nach Feyerabend ist der frühe Grieche eine Sammlung von Gliedern, Verbindungen und eine Austauschstelle von objektiven Ereignissen.[183] Diese Puppe ist aus mehr oder weniger ausgebildeten Teilen zusammengesetzt, die in keiner organischen Verbindung zueinander stehen. Den Körperdarstellungen der geometrischen Zeit fehlt die innere Einheit wie auch die Kennzeichnung der Gesamtbedeutung der Situation, die sich in jedem Element verkörpert. Die Natur eines Elements bleibt ungeachtet kontingenter Situationen konstant. Der Körper einer aufgebahrten Leiche ist identisch mit einem lebenden Körper dargestellt.[184] Fränkel zieht aus der Struktur des frühgriechischen Menschen einige Konsequenzen bezüglich des sozialen Handelns. Es gibt keine bei sich bleibende Innerlichkeit, die nicht oder bloß schemenhaft sichtbar wird. Es fehlt eine innerliche Resistenz gegen die Umwelt, wie auch der Mensch sich zugleich rückhaltlos im Handeln ausgibt.[185] Die Einheit von Gefühl und Handlung demonstriert Fränkel daran, daß dieselben Wörter für Angst und Flucht, für zittern und weichen gebraucht werden. Ein spontanes Eingreifen heißt auf homerisch »scharf verstehen«.[186] So gibt es wenig Trennung zwischen einer Hand-

182 Ein Kennzeichen des »Puppencharakters« des Griechen ist vielleicht auch die Teilnahmslosigkeit des Auges. Das Auge des Dargestellten »führt« nicht sein Tun, so daß es, die Leitung einer Handlung übernehmend, in einem überblickenden Verhältnis zur Umwelt stünde. Snell 1978, S. 16. Der Antike ist der Mensch ein »Körper« unter »Körpern«, und Erkennen ist eine Berührung, die vom Gegenstand zum Subjekt hinübergeht. Von einer funktionellen Abhängigkeit der Dinge vom Subjekt kann keine Rede sein. Spengler 1983, S. 397 f.

183 Feyerabend kennzeichnet den archaischen Stil als additiv. Diesen Stil findet er im parataktischen Satzbau, im geometrischen Stil, in der Wissensbildung und in Göttervorstellungen. Diese »Additivität« ist meines Erachtens wiederum ein Indiz für die mangelnde Einheit des Ich, das die »Dinge« in ihrem Ineinander aufzeigte. Es fehlt dem Bewußtsein die perspektivische Auflösung der Frontalität des sinnlichen Eindrucks. Zur Bedeutung der Perspektive für die Entwicklung des menschlichen Denkens siehe Gebser 1973.

184 Feyerabend 1976, S. 363.

185 Fränkel 1963, S. 89 f.

186 Fränkel 1963, S. 87.

lungsabsicht und -ausführung. Das subjektive Innenleben läßt sich vom Handeln her erschließen, weil es sich in ihm weitgehend erschöpft.

»Wenn sofort und hemmungslos alles in Tat umgesetzt wird, was der Mensch will und ist, strömt sich jedes Menschentum und jeder Charakter unaufhörlich in Lebensäußerung und Leistung aus; ..., wird alles ausgesagt, was die Menschen sind, weil sie eben nur das sind, was sie tun und reden und leiden.«[187]

Dies alles läßt sich nur verstehen, wenn man sich hütet, die moderne Antithese von Ich und Nichtich in das homerische Bewußtsein hineinzudeuten. Das Bewußtsein muß von geringer »Ausfaltung« und Differenziertheit gewesen sein, daß seine Inhalte sich im wesentlichen in den Handlungen wiederfinden konnten. Das Handeln des modernen Menschen ist in einem anderen Sinne nur zu einem kleinen Teil ein Resultat seiner Subjektivität. Dies gilt einmal bezüglich der die Realität überschießenden Strebungen und zum anderen in bezug auf die »Umstände«, die das Ich zum zwiespältigen, unliebsamen Handeln veranlassen.

Fränkel bescheinigt dem homerischen Menschen eine elementare Vitalität. Aus dieser Triebhaftigkeit entstammen seine spontanen und heftigen Reaktionen. Die ihnen zugrundeliegenden Stimmungen vergehen aber spurlos.[188] Der altgriechischen Persönlichkeit ermangelt es an Kompliziertheit und Mehrdeutigkeit.[189] Sie hat scheinbar nicht viele verschiedene Aspekte, wel-

187 Fränkel 1963, S. 88.
188 Fränkel 1963, S. 92.
189 So urteilt Spengler, daß von einem antiken Innenleben nicht gesprochen werden sollte. Der Grieche war kein Subjekt, sondern Objekt des äußeren Lebens. Das Gegenwärtige und das Augenblickliche waren der Vordergrund des Lebens. Anhand des Vergleichs zwischen der antiken und der modernen tragischen Dichtung stellt Spengler fest, daß den Griechen eine eigentümliche Starrheit und Unbildsamkeit eigne. »Der tragische Mensch der Antike ist ein ›euklidischer Körper‹, der in seiner Lage, die er nicht gewählt hat und nicht ändern kann, von der Heimarmene getroffen wird, und der sich in der Belichtung seiner Flächen durch die äußeren Vorfälle unveränderlich zeigt.« Spengler 1983, S. 410. Das attische Drama kennt keine seelischen Charakteristika. Daher die starre Maske anstelle eines Mienenspiels. In der antiken Tragödie wird irgend jemand vom Blitz des Schicksals getroffen. Daraus ergibt sich eine

che ihr Wesen unterschiedlich belichten könnten. So ist nach Fränkel jeder homerische Held gewissermaßen ein Urbild, das sich in allen Wesensäußerungen gleich ausprägt. Häßlichkeit ist die äußere Erscheinung der Charakterlosigkeit, körperliche Stärke Zeichen des Muts, » ... und wenn Achilleus der ›schnellfüßige‹ heißt, so liegt darin auch ein stürmisches Temperament«.[190] Zusammenfassend läßt sich also festhalten, daß der frühe Mensch überwiegend in Handlung und Wirkung – mit wenig kritischer Reflexion – lebt und gestaltet.[191] So wie die Außenwelt ihm keine theoretisch zu explorierende Sachwelt ist – sondern eine physiognomische Aktionswelt –, so gibt ihm sein Seelenleben keinen Anlaß zum Reflektieren – sondern ist ein Element in einem umfassenderen Handlungs- und Wirkungsaggregat.

3.7 Die mythische Einheit des Lebens

Der traditionale Mensch fühlt sich in ganz unmittelbarer Weise als Teil des »Naturgeschehens«. Wie das Mana sich in beliebigen Ereignissen manifestiert, so erfaßt es auch das menschliche Dasein. Das mythische Lebensgefühl ist von der Anschauung einer alle Gattungen und Arten durchwirkenden Lebensmacht erfüllt.[192]

Und so wurde die Idee der Einheit des Lebens in der Religionswissenschaft häufig als das Generalthema der Religion überhaupt bezeichnet. So behauptet Frazer, daß der Inhalt der Religion das Wachsen und Verdorren des pflanzlichen Lebens sei. Der Ritus ist ihm die aktive Anteilnahme des Menschen an diesem dramatischen Geschehen. Das menschliche Schicksal ist so intensiv im Naturprozeß angeschaut, daß im Bilde des getöteten und wiederauferstandenen Vegetationsgottes sowohl das menschliche Schicksal als auch die Natur überhaupt befaßt ist.

Episode, die mit der besonderen Persönlichkeit des Helden nichts zu tun hat. In der modernen Tragödie ist das Schicksal ein unsichtbarer Faden, der sich durch das Leben eines Menschen spinnt. Alle scheinbar zufälligen Kausalitäten sind von dem je besonderen Charakter durchwirkt.

190 Fränkel 1963, S. 94.
191 Werner 1933, S. 364.
192 Lévy-Bruhl 1930, S. 1 ff.

Die von Durkheim interpretierten Intichiuma-Riten der Aborigines wie auch die Frühlingskulte zum Beispiel der orientalischen Religionen beinhalten diese schicksalhafte Verwachsenheit des Menschen mit dem organischen Sterben und Aufblühen. So sind nach Durkheim die Intichiuma-Riten sowohl Förderer des biologischen Lebens als auch der moralischen Energie des sozialen Verbandes.[193] Diese Riten zeigen, daß die Gläubigen ihre Identität nicht bloß metaphorisch im Naturleben spiegeln, sondern vielmehr ihr biologisches und soziales Schicksal im Wachsen der Vegetation verbürgt wissen.

Erst in den orientalischen Kulten der »Magna Mater« und in den hellenistischen Mysterienkulten scheint das Motiv zu wachsen, sich erst nachgerade von der individuellen Existenz dramatisch befreien zu müssen, um das unmittelbare Einswerden mit dem kosmischen Geschehen erleben zu können.[194] Erst in Griechenland sucht der Myste im Eros allmählich ein Prinzip der Erlösung, und selbst im Christentum, dessen Inhalt selbst überwiegend den Kulten des Attis und des Adonis usw. gebürtig ist, wächst das geistige Prinzip der Erlösung nur langsam über das vitale dionysischer Entselbstung.[195]

Wie der Tanzende im Ritus zum Gott wird, so vermag der Magier die Einheit mit der Natur herzustellen, indem er ein natürliches Geschehen – wie beispielsweise im Regenzauber – derart beherrscht, daß er sich selbst (subjektiv) in den Naturvorgang verwandelt (Mimikry). So werden nach Werner Naturprozesse in der Magie nicht einfach antropomorph aufgefaßt, sondern der Mensch wird selbst zum Naturgeschehen.[196] So läßt sich eine Differenzierung zwischen magischen und »naturhaften« Verläufen gar nicht vollziehen. Das »Innere« des Menschen ist noch nicht auf konkrete Naturvorgänge unreduzierbar gefaßt. Die »subjektiven« Inhalte können vielmehr von der gleichen Beschaffenheit sein, wie sie in der anorganischen Natur vorkommen.

»Der Papua reibt sich Rücken und Glieder an einem Felsen, um stark und widerstandsfähig wie dieser Felsen zu werden.«[197] Die-

193 Durkheim 1981, S. 473 ff.
194 Schubart 1980, S. 43, 93 ff.
195 Schubart 1980, S. 24, 44, 123 ff. und 231 ff.
196 Werner 1933, S. 339.
197 Werner 1933, S. 334.

se »Materialisierung« von Eigenschaften findet sich wohl auch in dem bekannten Brauch des Eids auf einem Stein wieder. Die Härte des Steins soll die Stabilität des Schwurs garantieren. Auch in der Ilias werden nach Snell seelische Vorgänge als das Wirken von elementaren Kräften gedeutet, die gleichermaßen in der Natur vorkommen.[198] Die im Epos benutzten Gleichnisse sind keine Stimmungsbilder, sondern die adäquaten Mittel, intensive Vorgänge auszudrücken.[199] Wenn das Ausharren eines Helden als das Ausharren eines Felsens in der Brandung verstanden wird, so gilt nach Snell, daß zum einen nur im Bild des Felsens das Tun des Helden veranschaulicht werden kann, und zum anderen, daß die den Felsen anbrandende Flut nur als subjektives Ausharren des Felsens gegen sie gedeutet werden kann. Alles »Verstehen« in den homerischen Gleichnissen und in allen echten Metaphern beruht nach Snell auf dieser Wechselwirkung von »Naturalisierung« und »Anthropomorphisierung«.[200] Es handelt sich um ein eigentümliches Ineinander von petromorpher und anthropomorpher Sicht.

Es zeigt sich, daß der traditionale Mensch die Bestimmungen seines Daseins keineswegs von den übrigen Bereichen der Natur absondert, sondern sie ihnen vielmehr entnimmt. Dies äußert sich gerade an den Phänomenen, die mit dem Totemismus verbunden sind. Durkheim und andere haben in ihm den Grundstock der Religion überhaupt gesehen. Bei aller divergenten Diskussion zeigt sich doch rein phänomenologisch, daß im Totemismus die Bereiche des Göttlichen, des Menschlichen und des Animalischen fließend ineinander übergehen.[201] Durkheim greift meines Erachtens in der Interpretation des Totemismus fehl, wenn er die totemistischen Klassifikationen, die Einteilung der Arten und Gattungen der Natur in die Gliederung der Clans und Phratrien zurückzuführen sucht.[202] Die Ordnung der Gesellschaft ist nicht einfach das Tatsächliche, auf das die Gliederung der Natur nur assoziativ bezogen werden kann. Vielmehr

198 Snell 1978, S. 187.
199 Snell 1978, S. 184.
200 Snell 1978, S. 185.
201 Es ist in den Religionswissenschaften bekannt, daß mythische Persönlichkeiten bis weit in die historische Zeit theriomorphe Züge besaßen. Frazer 1977, S. 650 f.
202 Durkheim 1981, S. 201 ff., 321 ff.

ist das Gefühl der Wesensidentität zwischen Menschen und Tieren so wirksam, daß es eben zu einem konturierten Begriff einer bloß menschlichen Gesellschaft im primitiven Selbstverständnis erst gar nicht kommt. So behaupten die brasilianischen Bororos, daß sie nicht nur Araras heißen, sondern wirklich rote Papageien *sind*. Dieser Sachverhalt leuchtet gegen Durkheims Grundthese der sozialen Bedingtheit der Klassifikationen in seinem Text aber doch gelegentlich unterderhand auf.

Man kommt einem Verständnis des Totemismus näher, wenn man das innere Band zwischen Tier und Mensch im Mythos analysiert. Die totemistische Vorstellung der Wesensidentität von Mensch und Tier betrifft physiologische und psychologische Aspekte. So berichten die Ethnologen davon, daß aggressiven Totemtieren auch kriegerische Sozialverbände entsprechen.[203] Diese sehr starke These wird sogar von Claude Lévi-Strauss vertreten, obwohl er diesen Zusammenhang wohl als zufälligen Effekt betrachtet, da für ihn der Totemismus nur ein nominalistisches Element der Anwendung klassifikatorischer Benennungssysteme ist. Gleichwohl stellt er fest, daß die Individuen sich nach den Eigenschaften der Totemwesen formen.[204] In der Anschauung von Tieren als Charakteristika formt sich das psychische Gepräge des Menschen.

So ist die totemistische Vorstellung der Abstammung des Menschen von einem Tiere nach Zucker dahin zu interpretieren, daß der frühe Mensch in der Physiognomie und im Gebaren bestimmter Tiere eine erste Anschauung dessen gewann, was an »Eigenschaften« ihn selbst bewegte. Im Anschluß an Leo Frobenius behauptet Zucker, daß in den ältesten Tierfabeln ausschließlich Tiere die Rolle des »Menschlichen« spielen. Sie stellen nicht etwa menschliche Rollen dar, sondern die Rolle des Menschlichen überhaupt. Nie spielen Menschen gewissermaßen sich selbst. Eine bestimmte tierische Gegenständlichkeit wird zum Ausdruck einer bestimmten menschlichen Zuständlichkeit.[205]

Es ist nach Zucker nun nicht so, daß der Mensch an seinem Charakter etwas entdeckt, was auch einem Tiere zukommt, mit welchem er sich dann etwa nachträglich identifizierte.[206] Mensch

203 Thurnwald 1919, S. 496 ff.
204 Lévi-Strauss 1979, S. 199 f., 223 ff.
205 Zucker 1950, S. 285.
206 Zucker 1950, S. 287.

und Tier sind nicht Träger einer gemeinsamen Eigenschaft (welche ja gar nicht von einem Ding losgelöst und abstrakt gedacht werden konnte), sondern das Tier ist die Eigenschaft selbst. Sofern am Menschen eine bestimmte Eigenschaft auffällig wird, ist sie unmittelbar das entsprechende Tier. »Die Tiere haben nicht, sie sind Charakter und nur Charakter (der sich hier immer in einem Hauptzug erschöpft).«[207] Erst in späteren Fabeln wird das Tier zum Träger von Eigenschaften und damit zunehmend zum Träger menschlicher Eigenschaften.

Die Mittel, Tiere als Veranschaulichung menschlicher Verhaltensweisen zu verwenden, finden sich laut Snell auch in der *Ilias*. Die Tiervergleiche beschreiben zunächst allgemeine Tätigkeiten und erst später Eigenschaften. Das Tier wird mit einem typischen Verhalten identifiziert. So ist der Löwe bei Homer grundsätzlich aggressiv (nie die sei es faule, sei es spielende Katze).[208] Eine Eigenschaft ist eben kein Abstraktum, sondern eine anschauliche Ganzheit zum Beispiel in Form eines Tieres. So ist der Vergleich eines vorwärtsstürmenden Helden mit einem Raubtier kein Stimmungsbild, sondern der Hinweis auf eine gemeinsame Existenz, auf einen faktischen Zusammenhang.

»Wir müssen Homer beim Wort nehmen, wenn er sagt, ›wie ein Löwe‹ stürzt sich jemand auf den Feind. Es ist dasselbe, was in dem Löwen und in dem Krieger wirkt; das Menos, der Vorwärtsdrang, wird öfter ausdrücklich als dies selbe genannt.«[209]

Sofern der Held also attackiert, *ist* er Löwe. Snell bezieht die Starrheit des homerischen Menschen auf den Tiervergleich. Da Magie und Totemismus in der *Ilias* von den olympischen Götterpersönlichkeiten jedoch fast verdrängt sind, sind auch die starren Schematismen im Verhältnis zum persönlichen, an den Göttern sich orientierenden Verhalten zunehmend seltener.[210]

207 Zucker 1950, S. 288.
208 Snell 1978, S. 185, 191.
209 Snell 1978, S. 186.
210 Snell 1978, S. 189.

3.8 Kognition und Institution

Vor diesem Hintergrund läßt sich festhalten, daß die Durkheimsche Religionssoziologie in Betreff ihrer Reduktion der religiösen Formen auf »die« Gesellschaft nicht weit genug gesehen hat. Im Anschluß an Cassirer ließe sich auch hier wieder sagen, daß das mythische Denken die bestimmten Formen der sozialen Gruppierung erst einmal hervorbringt. Der Ausgangspunkt des mythischen Lebensgefühls ist die unmittelbare Einheit der Lebewesen in einer Ordnung, in welcher der Kosmos sowohl die Gesellschaft ist als auch das menschliche Zusammenleben ein unmittelbarer Teil der Naturordnung.

Die Absonderung der menschlichen Gesellschaft gegenüber den übrigen Bereichen des Lebens aufgrund auszeichnender sozialer und geistiger Errungenschaften (Pfeil und Maisstampfer nach Ansicht der Bororos) ist ein späteres Produkt des Denkens.

Wie die wissenschaftliche und die mythische Weltsicht die Gegenstände anders erfassen und ordnen, so gliedern sie auch das Gefüge der Gesellschaft nach anderen Gesichtspunkten. Die Gesellschaft ist nicht ein materiales, ein bloß faktisches Sein, das man aus den ideologischen Vorstellungen der Menschen als nur empirischen, in sich selbst Bestand habenden Mechanismus etwa herauslösen und entflechten könnte – um von ihm aus dann diese ideologischen Gebilde deduktiv abzuleiten. Eine solche »materialistische« Gesellschaftsauffassung ist selbst ein »Mythos«. Vielmehr wird das institutionelle Gepräge einer Gesellschaft selbst durch intellektuelle Bestimmungen in seinem eigentümlichen Bestand geformt. Wenn man glaubt, eine Religion sei aus einer Gesellschaft einfach erwachsen, so vergißt man, daß die bestimmte Gesellschaft schon religiös durchwirkt und gebildet ist. So ist die Gesellschaft selbst auch eine kognitive Konstruktion.

Mythos und Religion sind also nicht einfach Widerspiegelungen gesellschaftlicher Strukturen. Der Mythos ist weder das Resultat der bloßen Einbildungskraft des Individuums noch die illusorische Legitimation einer Gesellschaftsordnung. Die kognitiven Phänomene sind nicht nur ein Abdruck »manifester Dinge«. Die psychischen und persönlichen Charakteristika eines Individuums wie das institutionelle Gepräge einer Gesellschaft ergeben sich vielmehr auch aus kognitiven Prozessen, deren Formungsprinzipien sich auf der Entwicklungslinie vom Mythos zur Wissenschaft abtragen lassen. Der Prozeß der »Intellektualisierung«, der als die Grundlinie der kulturellen Evolution behauptet wurde, erzeugt die individuellen und sozialen Phänomene erst in ihrer Eigentümlichkeit. So gehen die mythische und die wissenschaftliche Weltsicht den sozialen Tatbeständen in gewisser Weise vorher. Das moderne Recht, der Geldverkehr und der Individualismus setzen die »Entzauberung der Welt« durch das begriffliche Denken voraus. Nun sind andererseits die mythischen und die wissenschaftlichen Gebilde in bestimmten Denk- und Anschauungsformen fundiert, welche in Individuen »lokalisiert« sind. Nur Individuen mit je bestimmten kognitiven Strukturen vermögen mythische bzw. wissenschaftliche Gestalten hervorzubringen. Die kognitiven Phänomene sind also in bestimmten psychisch-kognitiven Strukturen verankert. Insofern läßt sich also von persönlichkeitsstrukturellen Voraussetzungen von Mythos und Wissenschaft reden. Es existiert eine strukturelle Koinzidenz von bestimmten kognitiven und bestimmten gesellschaftlichen Formen. Es existieren eine mythische Lebensform, eine mythische Persönlichkeit und ein mythisches soziales Handeln – im Unterschied zur logisch-rationalen Persönlichkeit usw.

Kognitive Phänomene sind nicht das primum movens sozialer Entwicklung. Andererseits aber beschränkt sich das Bewußtsein nicht nur darauf, den denkstrukturellen Bedingungen zu genügen, die gegeben sein müssen, damit die diesen entsprechenden Sozialgebilde eigendynamisch existieren können. Die Transformation gesellschaftlicher Strukturen verlangt vielmehr, daß sie vom Bewußtsein als »Problem«, als »Gegebenes« erst einmal gesetzt werden. So kann der Geldverkehr nur unter der Bedingung funktionieren, daß die Individuen beispielsweise zählen können. Dies ist, wie gezeigt, keine anthropologische Konstante.

Kulturelle Phänomene unterliegen einem geistigen Formprinzip. In dieser Arbeit wurden aus dem Insgesamt der kulturellen Phänomene soziale und persönlichkeitsstrukturelle Aspekte isoliert und in ihrer Korrelation zu Mythos und Wissenschaft herausgearbeitet.

Ursprünglich ist das »Selbstgefühl« noch eins mit dem religiösen Gemeinschaftsgefühl. In einfachen Gesellschaften findet man weniger die autonome Persönlichkeit als vielmehr ein Ich, das unmittelbar mit dem sozialen Verband verknüpft ist. Während das moderne Individuum durch die Zwischenschaltung der persönlichen Urteilsfähigkeit nach Maßgabe seiner Ideen und Interessen kommuniziert, ist der traditionale Mensch von vornherein ein Kollektiv-Ich.

So behauptet Lévy-Bruhl, daß der traditionale Mensch ganz im Sinne des sozialen Verbandes handelt.[211] Die Ansichten und die Handlungsschemata sind oft bis ins einzelne prädeterminiert. Der Mensch gehört unmittelbar der Gruppe.[212] Die Mitglieder einer Sippe stehen in einem geradezu organischen Zusammenhang, was sich an ihren Reaktionen auf Handlungen oder den Tod eines Mitgliedes bekundet.[213] So gehen die Folgen einer individuellen Handlung auf die Gruppe als ganze über. Die Verwendung derselben Substantive für Verwandtschaftsgrade und Körperteile in vielen primitiven Sprachen sieht Lévy-Bruhl im Zusammenhang traditionaler Vorstellungen, die Gruppe nicht nur metaphorisch als einen einheitlichen Körper aufzufassen, deren Mitglieder den Körperteilen entsprechen.[214]

Die Immanenz der Gruppe im Individuum bekundet sich auch in den Seelenvorstellungen. Individuen werden als Verkörperungen vorelterlicher Seelen verstanden.[215] Der Ahne lebt im Nachgeborenen nicht nur gänzlich weiter, sondern er ist mit ihm identisch. So ist die Seele kein Prinzip persönlich-privaten Fühlens, sondern Implikat der kollektiven Identität.

Die Universalität des primitiven Kollektivismus ist gleichermaßen in der Ethnologie wie in der Kulturgeschichte bekannt.[216] Selbständiges Denken und Handeln bedeutete in alter Zeit Aus-

211 Lévy-Bruhl 1930, S. 58 ff.
212 Lévy-Bruhl 1930, S. 89 ff.
213 Lévy-Bruhl 1930, S. 235.
214 Lévy-Bruhl 1930, S. 66 ff. und S. 100.
215 Auf die näheren Momente dieses Zusammenhangs kann hier nicht weiter eingegangen werden. Lévy-Bruhl 1930, S. 193 ff. und Durkheim 1981, S. 337 ff.
216 Grönbech 1980.

stoß aus der Gruppe.[217] Ein Ausgestoßener war zum Beispiel bei den Germanen kein Mensch mehr, sondern ein »Neiding«. Die Seele des einzelnen ist vielmehr die der Sippe, die Verwandten sind unmittelbar eines Sinnes (hugr). Mit allen Fasern hing das Leben des einzelnen vom »Frieden« und dem »Heil« der Sippe ab, wobei das »Heil« die magische Potenz der Sippe beinhaltete.[218] Ein Handeln des einzelnen ohne aktiven Mitvollzug der »Gesippen« ist kaum möglich.

»Man könnte sich vorstellen, daß eine starke seelische Bewegung das Individuum aus dem Ganzen herauszerren, es sich selber fühlen und aus sich selber reden lassen müßte. Aber gerade das Umgekehrte geschieht: je mehr die Seele in Bewegung gesetzt wird, desto mehr geht die Persönlichkeit in die Sippe auf.«[219]

Im folgenden soll nun die traditionale Form der Vergesellschaftung aus den Bedingungen des mythischen Bewußtseins abgeleitet werden. Es war gezeigt worden, daß das sinnliche Bewußtsein zwischen »Tatsachen« und »Bedeutungen« nicht trennt und sie vielmehr als Bilder und Gestalten miteinander vermengt. Die Sphäre der »internen Sinnzusammenhänge« als Insgesamt von »ergreifenden« Eindrücken wird nicht als subjektives Erlebnis von der Außenwelt abgetrennt. Der »subjektive Sinn« hat selbst den asymptotischen Charakter eines Dinges. So »versteht« sich der traditionale Mensch über eine ihn religiös verpflichtende Außenwelt. So wenig er sich nun den Eindrücken der Natur entziehen kann, so wenig vermag er der Autorität gesellschaftlicher Phänomene seine eigene Persönlichkeit entgegenzusetzen. Die rezeptive Einstellung gegenüber Sinneseindrücken wie die Eingebundenheit des Individuums ins Kollektiv sind zwei Aspekte des gleichen theorielosen Bewußtseins. So läßt der Mangel an persönlichen Vorstellungen die Dominanz des »Kollektivbewußtseins« in traditionalen Gesellschaften hervortreten. Während das formal-operationale Denken eine Reichhaltigkeit proliferierender Vorstellungen erzeugt, die in immer neuen Verknüpfungen unterschiedlichste Bewußtseinsinhalte komponieren, muß das sinnliche Bewußtsein durch eine vergleichsweise Gleichförmigkeit komplexer und kollektiver Bilder charakterisiert sein.

217 Grönbech 1980, Bd. 1, S. 281 ff. und S. 331 ff.; Lévy-Bruhl 1930.
218 Grönbech 1980, S. 33 ff., 163, 257.
219 Grönbech 1980, S. 41.

So behauptet Zucker im Anschluß an Thurnwald und Lévy-Bruhl, daß der traditionale Mensch in komplexen Vorstellungen denkt, aus denen Einzelheiten, Gesichtspunkte, Affekte und Bedeutungen nicht herausgetrennt werden. Wenn der traditionale Mensch an einen Sachverhalt denkt, drängen sich ihm unwillkürlich eine Fülle von Bildern auf, die wohl auch mit dem Sachverhalt irgendwie zusammenhängen, immer aber mit ihm verbunden werden. Nach Zucker sind die primitiven Komplexvorstellungen sphärische Erlebnisse.[220] In Ansehung eines Sachverhalts treten sie insgesamt ins Erleben, so daß ihre Spaltbarkeit in Einzelelemente unmöglich wird.

So steht anstelle der Aktivität des formal-logischen Denkens die mehr assoziative Tätigkeit der komplexen Vorstellungen. Die Einzelteile werden nicht als trennbare erlebt, wodurch eine Scheidung zwischen Wesentlichem und Unwesentlichem entfällt. Die Vorstellungen stellen sich zwangsweise und mit dem Charakter des Wahrgenommenen ein. Sie sind kein Ergebnis flexibler, reflektierter Gedankenführung, und so erscheint an ihnen nicht das Moment des Subjektiven und Persönlichen. Die komplexen Vorstellungsbilder sind einer diskursiven Zerlegung unzugänglich. Sie sind zugleich kollektiv, so daß Verständigung kein erst herzustellendes Ziel einer Diskussion ist, weil das Gesprochene schon weitgehend konsensual ist.

Vor diesem Hintergrund versteht sich die Uniformität des Urteilens und Handelns als Ausfluß der Vorrangigkeit des Kollektivbewußtseins. Die in diesem Sinne direkte Gesellschaftlichkeit des traditionalen Bewußtseins verhindert, wie schon gezeigt, die reflektierte, persönliche Urheberschaft kognitiver Prozesse. Die Kollektivvorstellungen schließen keineswegs individuelle Besonderheiten des biologischen Temperaments und charakterliche Eigentümlichkeiten aus.[221]

220 Zucker 1950, S. 111 ff., 160.

221 Man hat gegen die Konzeption der Kollektivvorstellungen Durkheims und Lévy-Bruhls eingewandt, sie würde die persönliche Differenziertheit und den ausgeprägten Charakter traditionaler Menschen unterschlagen. Untersucht man diese Einwände, so stellt sich heraus, daß es meist das vitale Verhalten ist, das in Anschlag gebracht wird. So zum Beispiel Beck 1924, S. 74 f. Schon Durkheim hat darauf hingewiesen, daß die vergleichsweise Gleichförmigkeit in den bewußten Abläufen, in den Komplexvorstellungen zu finden

Gleichwohl ist aber zu betonen, daß das Tun und Denken traditionaler Menschen in vieler Hinsicht ritualisierten Charakter hat. Ihre Identität ist eine annäherungsweise Gruppenidentität. Diesen Sachverhalt der gesellschaftlich imponierten Gemeinsamkeit von Motiven und Vorstellungen als Ausgangszustand einer Evolution von »mechanischer« zu »organischer« Solidarität hat Durkheim herausgearbeitet. Er beschreibt die ausgedehnte und detaillierte Reglementierung des alltäglichen Lebens, die allmächtige Herrschaft des Brauchtums und die imperative Gewalt präziser Pflichten in traditionalen Gesellschaften.[222]

Die Macht der Sitte versteht sich auch vor dem Hintergrund der Konfusion von Natur und Kultur. Wenn die Sitte das Handeln und Fühlen der Menschen so in den Bann zieht, daß sie ihnen kaum einen freien Spielraum läßt, dann kann sich die soziale von der physischen Welt nicht als eigene Sphäre abheben.

Diese Sitten sind überwiegend mit Gesetzeskraft ausgestattet. Die Reaktion auf verletzte Tabus bestimmt weitgehend den Inhalt des archaischen Rechts. Dieses war, was Durkheim insbesondere am hebräischen Recht und am Zwölftafelgesetz aufzeigt, kein privates Restitutionsrecht, sondern ein sühnendes, sakrales Strafrecht. Jedes Vergehen galt unmittelbar als Sakrileg.[223] Die Religion ist derart der Garant rechtlicher, wirtschaftlicher und sozialer Beziehungen, daß ihr wesentlicher Inhalt nach Durkheim die Intensität und Entschlossenheit des Kollektivbewußtseins selbst ist. Gesellschaftliche Solidarität und Religion sind für ihn Synonyme. Es ist nicht einfach eine zusätzliche Funktion der Religion, gesellschaftliche Ordnung zu stiften, sondern die Religion selbst ist der symbolische Ausdruck der Autorität der Gesellschaft.[224] In archaischen Gesellschaften wurde nicht nur ein Bereich für die Religion abgegrenzt, sondern diese wurde unmittelbar in allen ihren Teilen ausgeübt. Der rituell hergestellte Konsensus, der das Kollektivbewußtsein in seinem Bestand bekräftigte, war das religiöse Element schlechthin.

ist, nicht in den individuellen Verhaltensweisen. Durkheim 1977, S. 239; Zucker 1950, S. 119, 183. Zur Unterscheidung zwischen charakterlicher und intellektueller Differenziertheit vgl. Plessner 1976, S. 115.

222 Durkheim 1977, S. 179, 200.

223 Durkheim 1977, S. 123 ff.

224 Durkheim 1981, S. 449 ff., 548 ff.

Diese Ritualisierung der Lebensvollzüge ist ein Ausdruck der Dominanz des Kollektivbewußtseins.[225] Dann – so ließe sich Durkheim interpretieren – ist das Sakralrecht die Antwort auf spontanes, deviantes Verhalten. Die geforderte Gleichförmigkeit des Tuns und die harten Strafen auf Abweichungen sind ein Reflex der Entschlossenheit des Kollektivbewußtseins. So war die gemeinsame geistige Welt nicht nur vergleichsweise größer, sondern auch intensiver und entschiedener als in der modernen Welt. Diese Entschiedenheit ergibt sich aus dem konkreten Denken, das Durkheim übrigens auf die gemeinsam geteilte Lebenswelt zurückführt.[226] Das feste Gefüge der Vorstellungen, das wenig Reflexion kennt, hat im Hinblick auf die Lebenspraxis eine zwingende Kraft. Da die Einstellungen und der Habitus konkret festgelegt sind – und aufgrund der Überschaubarkeit der Lebenswelt fixierbar zu sein scheinen –, bestehen die Biographien in der Ausführung vorbestimmter Rollen- und Handlungsmuster. Devianzen, Unbestimmtheiten und Neuerungen liegen nicht nur überwiegend jenseits der Toleranzgrenze, sondern werden auch mit Entschiedenheit abgelehnt und streng verurteilt.

3.8.2 Die Entstehung der modernen Persönlichkeit als Versprachlichung des Sakralen

Die kollektiv geteilte Lebenswelt ergibt sich nun aus der Einfachheit der Lebensführung. Es ist nach Durkheim nun die Arbeitsteilung, die zur Zerrüttung des Kollektivbewußtseins und zur Entstehung der autonomen Persönlichkeit führt. Die Arbeitsteilung bewirkt eine Ausdifferenzierung von Spezialtätigkeiten. Die für ihre Ausübung erforderlichen Wissensbestände sprengen die Kapazität kollektiv geteilter Vorstellungen. Der Prozeß der Komplizierung der Tätigkeiten läßt erst die Welt der rein persönlichen Erfahrungen auftreten. Das Kollektivbewußtsein wird komplementär immer schwächer und unbestimmter, ohne allerdings völlig zu verschwinden. Es wird abstrakt und weit-

225 Durkheims Annahmen beruhen weitgehend auf Materialien aus Hochkulturen. Den rigiden Konformismus und Misoneismus traditionaler Kulturen bestätigt auch Lévy-Bruhl 1959, S. 288 ff.

226 Durkheim 1977, S. 328.

maschig, um individuellen Vorstellungen Platz zu eigendynamischer Entwicklung zu bieten. »Weil das Kollektivbewußtsein rationaler geworden ist, wird es also auch weniger imperativ, und das ist ein Grund mehr, warum es die freie Entfaltung der individuellen Abweichungen weniger behindert.«[227]

Die vervielfachten individuellen Varianzen merzen jetzt umgekehrt das Kollektivbewußtsein aus, da dieses nur existieren kann, wenn es keinen Widerspruch dulden muß. Die Toleranz von Ritualfehlern und Nachlässigkeiten führt alsbald zu Entmoralisierung.[228]

Durkheim belegt seine Theorie der Entzauberung, Rationalisierung und Individualisierung am anteiligen Wachsen des Restitutionsrechts zuungunsten des Strafrechts und am Niedergang der Religion.

»Wenn es eine Wahrheit gibt, die die Geschichte über jeden Zweifel erhoben hat, dann ist es die, daß die Religion einen immer kleineren Anteil des sozialen Lebens umfaßt ... Nach und nach lösen sich die politischen, wirtschaftlichen und wissenschaftlichen Funktionen von der religiösen Funktion ... Gott, der zuerst, wenn man so sagen darf, in allen menschlichen Beziehungen gegenwärtig war, zieht sich fortschreitend zurück ... Das Individuum wird sich seiner also bewußt, es wird immer weniger von außen bewirkt.«[229]

Wenn Durkheim auch den Prozeß der fortschreitenden Arbeitsteilung unter kritischem Vorbehalt sieht, da seines Erachtens das durchschnittliche Glück in der Geschichte sinkt, Selbstmorde und Zivilisationskrankheiten zunehmen usw., so geht aus diesem Prozeß doch zugleich eine neue Form der sozialen Integration hervor.[230] Die arbeitsteilige Gesellschaft nimmt die Züge eines Organismus an, in der alle Teile aufeinander angewiesen sind.[231] Das wechselweise Verflechtungsverhältnis der Berufe wird zu einer Hauptquelle der Solidarität.

Wenn man der Differenzierung der beruflichen Tätigkeiten auch eine Initialfunktion im Prozeß der Entzauberung und Individualisierung zubilligen will, so transzendiert dieser doch die Probleme der Arbeitsteilung bei weitem. Die Möglichkeiten der

227 Durkheim 1977, S. 332.
228 Durkheim 1977, S. 343.
229 Durkheim 1977, S. 210 f.; siehe auch S. 329 f.
230 Durkheim 1977, S. 281 ff.
231 Durkheim 1977, S. 169 ff., 222 ff.

autonomen Persönlichkeit sind ja gar nicht auf den Problemkreis ihrer beruflichen Tätigkeit zu begrenzen. Die einer autonomen Persönlichkeit erwachsenen Konfliktfelder, welche einer – auch sozialen – Integration bedürfen, lassen sich nicht auf die berufliche Tätigkeit und deren Wirkungen kontingentieren.

Es ist meines Erachtens diese Schwachstelle der Durkheimschen Argumentation, aus der heraus Habermas' Fortentwicklung des Durkheimschen Ansatzes im Sinne einer »Theorie des kommunikativen Handelns« hervorgeht. Habermas erweitert Durkheims Konzept der »organischen Solidarität« zur Idee des diskursiv erzeugten Konsensus. Auch er geht von einer grenzbegrifflich definierten sozialen Integration in traditionalen Gesellschaften aus, in der die traditionale Gesellschaft gleichsam in allen konkreten Handlungen des praktischen Alltags ihrer Mitglieder omnipräsent ist. So herrscht in der traditionalen Gesellschaft eine hohe Kongruenz von Institution, Weltansicht und Person. Die Gesellschaft »reproduziert sich in jeder einzelnen Interaktion als ganze«.[232] In einer solchen Gesellschaft hat die Sprache wenig diskursiv verständigungsleistende und koordinierende Funktion. Habermas behauptet en passant, daß die in Riten benutzten religiösen Symbole Auslöserfunktion haben.[233]

Die Verzweigung der monolithischen, biologisch verankerten Solidarität in die ausdifferenzierten Institutionen und regelungsbedürftigen Kommunikationen vollzieht sich so, daß arbiträre und dispositive Handlungsvollzüge »biologisch-moralisch« kanalisiert werden.

»Die religiösen Symbole sind aus den Funktionen der Anpassung und der Realitätsbewältigung ausgeklinkt und dienen speziell dazu, die Verhaltensdispositionen und Antriebsenergien, die sich von angeborenen Programmen lösen, an das Medium der symbolischen Kommunikation anzuschließen.«[234]

Es ist nicht exakt zu erkennen, wie Habermas diesen Gedanken mit seiner Idee der Versprachlichung des Sakralen verbindet. Auf lange Sicht jedenfalls verflüssigt sich im evolutionären Prozeß die Autorität des Heiligen in sprachlich erzielte, normative Übereinkünfte. »Die Aura des Entzückens und Erschreckens, die vom Sakralen ausstrahlt, die bannende Kraft des Heiligen wird zur

232 Habermas 1981, Bd. 2, S. 234.
233 Habermas 1981, S. 87 f.
234 Habermas 1981, S. 87.

bindenden Kraft kritisierbarer Geltungsansprüche zugleich sublimiert und veralltäglicht.«[235]

So löst sich zwar der religiös erzeugte Grundkonsensus auf, die gemeinsame Identität wird aber durch sprachliche Kooperation auf individuelle Bedürfnisse und Situationen je neu appliziert. Aus dem sakral legitimierten Staat beispielsweise erwächst die Demokratie, die Herrschaft reflektierter Gemeinsamkeit.[236] Das Prinzip, das den diskursiv erzeugten Übereinkünften zugrunde liegt, ist die Allgemeinheit des Interesses.[237] So übernehmen die kommunikativen Akte zunehmend die Funktion der Koordination und Steuerung gesellschaftlicher Prozesse. Die Sprache wird nach Habermas in der modernen Gesellschaft zu einem ersten Medium der gesellschaftlichen Reproduktion und ihrer fortgesetzten Rationalisierung.[238] Die Sprache wird zu einem flexiblen, sublimen und daher individuellen Mittel reziproker Verständigungsleistungen. Nun steuern nicht mehr sakral fundierte institutionelle Mechanismen die Vergesellschaftungsprozesse, sondern die Institutionen bedürfen selber der sprachlichen, konsensualen Legitimation. »Dann vollzieht sich die soziale Integration nicht mehr unmittelbar über institutionalisierte Werte, sondern über die intersubjektive Anerkennung der mit Sprechhandlungen erhobenen Geltungsansprüche.«[239]

Nun können Handelnde auf Normen selbständig Bezug nehmen, sie mit Gründen stützen oder abweisen. Die Geltungsbasis der Normen gilt nicht mehr per se, sondern ergibt sich aus dem Diskussionskontext, in dem Interaktionsteilnehmer sich miteinander austauschen.

Die gewachsene Komplexion der Handlungssituationen bedarf zu ihrer Koordinierung zunächst einer Abstraktion und Universalisierung geltender Normen. Die Verallgemeinerung von normativen Sätzen ist die Kehrseite ihrer individuellen Vermittlung. Die Beteiligten einer Interaktion müssen nach Habermas selbst allgemeine Normen auf die jeweilige Situation beziehen und für spezielle Aufgaben zuschneiden.[240] Verständigungen sind nicht

235 Habermas 1981, S. 119.
236 Habermas 1981, S. 125.
237 Habermas 1981, S. 124.
238 Habermas 1981, S. 132.
239 Habermas 1981, S. 136.
240 Habermas 1981, S. 137.

mehr präjudiziert, sondern den Subjekten selbst überantwortet. Die Transformation der Autorität des Heiligen in diskursiv einlösbare Geltungsansprüche ist ein Prozeß der Individualisierung. Die Individuen können sich gegenüber Traditionen und Erwartungen querstellen und schöpferisch neue Handlungskontexte und Verhaltensmuster produzieren.

Es ist meines Erachtens gegen Habermas einzuwenden, daß er die verständigungsstiftende Kraft diskursiver Integrationsprozesse überschätzt. Die letzte Instanz der Gültigkeit eines Konsensus ist nämlich nicht die Idee der prozedural hergestellten Übereinkunft, sondern die Stellungnahme des einzelnen Subjekts, inwieweit es sich ihr verpflichten bzw. entziehen will. Das letzte Ergebnis der »Versprachlichung« ist nicht die Transformation des Heiligen in den Konsensus, sondern die Autonomie und der Individualismus des einzelnen Subjekts. Schon Durkheim sah in der Individualisierung eine Übertragung der Religiosität des Kollektivbewußtseins auf die persönliche Autonomie.

»In dem Maß, wie alle anderen Überzeugungen und alle anderen Praktiken einen immer weniger religiösen Charakter annehmen, wird das Individuum der Gegenstand einer Art von Religion. Wir haben für die Würde der Person einen Kult, der, wie jeder starke Kult, schon seinen Aberglauben hat.«[241]

An anderer Stelle stellt sich ihm die zunehmende Individualisierung als fortlaufendes Streben nach außergewöhnlichen Eigenheiten dar.

»Bei den zivilisierten Menschen dagegen dringt der Egoismus bis in den Schoß der höheren Vorstellungen ein: jeder von uns hat seine Ansichten, seine Überzeugungen, seine eigenen Gelüste, an denen er festhält. Er mischt sich sogar in den Altruismus ein, denn es kann vorkommen, daß wir eine eigene Art haben, altruistisch zu sein, die von unserem persönlichen Charakter und von unserem Geist abhängt, und von der abzugehen wir uns weigern.«[242]

Diese Religion der Persönlichkeit zwingt uns, »eine Person und immer mehr eine Person zu sein«.[243]

Gerade im Kontext der Evolution von traditionaler zu moderner Mentalität werden diese Bemerkungen Durkheims plausibel. Indem die Bedeutungen von den Tatsachen zunehmend getrennt

241 Durkheim 1977, S. 213.
242 Durkheim 1977, S. 239.
243 Durkheim 1977, S. 446.

werden, wandern jene ins Subjekt, während die Außenwelt entwertet wird. Die Subjektivität reichert sich mit Sinn an, indem sie ihn der Umwelt entzieht.

Aus dieser Perspektive betrachtet, scheint die Diskursethik gleichermaßen wie die »organische Solidarität« in der Fähigkeit, rational motivierte Einverständnisse herbeizuführen, überfordert zu sein. Es ist fraglich, ob man der Sprache eine Kompetenz aufbürden kann, die der Autorität des Heiligen funktional adäquat sein soll. Habermas' *Theorie des kommunikativen Handelns* steht aber in der nur leicht gebrochenen Tradition der Aufklärung:

»Je mehr das kommunikative Handeln von der Religion die Bürde sozialer Integration übernimmt, um so stärker muß auch das Ideal einer unbegrenzten und unverzerrten Kommunikationsgemeinschaft empirische Wirksamkeit in der realen Kommunikationsgemeinschaft gewinnen.«[244]

Was aber bleibt denn von dem gesicherten Einvernehmen über konkrete Werte und Inhalte übrig, wenn die Restethik darin besteht, daß es Diskurs-Prozeduren gibt oder, positiv gewendet, daß Menschen sich abstrakt irgendwie verständigen wollen? Gibt es nicht eher arationale Grenzen der Integrationsfähigkeit verständigungsorientierten Handelns und Grenzen der Wirksamkeit rationaler Intentionen?

Zweifel an der Ohnmacht kommunikativer Vernunft erwachsen Habermas nicht aus ihr selbst und ihren inneren Bedingungen und Möglichkeiten, sondern aus der Widerständigkeit des sich über entsprachlichte Kommunikationsmedien reproduzierenden modernen Gesellschaftssystems, welches sich der unterstellten Vernunft der Subjekte widersetzt.[245]

Aus der bloßen Bereitschaft zu Verständigungsverfahren aber ergeben sich mitnichten zwangsläufig Verständigungsresultate. Der subjektive Wille zur Verständigung mag in der Moderne sogar noch größer sein als in alter Zeit. Gleichwohl läßt sich ein eminenter »Leerlauf des sozialen Instinkts« (Gehlen) konstatieren. Vielleicht werden Übereinkünfte eher hohler und äußerlicher, wenn die sukzessive Individualisierung das Treffen gemeinsamer Schnittpunkte zum Zufallsergebnis geraten läßt. Dabei soll keineswegs unterschlagen werden, daß eine substantielle Verständigung gerade im Modus der mechanischen Solidarität, der

244 Habermas 1981, S. 147.
245 Habermas 1981, S. 169, 173 ff.

»Solidarität der Ähnlichkeiten« äußerlich ist. Sie geriete um so tiefer und wirklicher, je mehr sie in den geistigen Inhalten der Subjekte selbst verankert wäre. Wenn diese Inhalte aber nach verschiedenen Gesichtspunkten proliferieren und sich ausweiten, verflüchtigt sich das kommunikative Handeln zur Fiktion bei ihrer gleichzeitigen Ersetzung durch das »Pathos der Distanz«. Es bedarf also einer eingehenderen Analyse der modernen Subjektivität.

3.8.3 Die Struktur des abstrakten Denkens und der modernen Persönlichkeit

Die traditionale Mentalität klebt stark an konkreten Umweltbedingungen, die Äußerungen der Subjektivität entstammen nicht beweglichen, begrifflich arbeitenden Vorstellungen, sondern sind an die sinnliche Welt gebunden. Das moderne Bewußtsein hat diese sinnliche Gebundenheit der Erkenntnis überwunden, wenn auch nicht immer in seinem theoretischen Selbstverständnis, so doch in seinen praktischen Leistungen. Im theoretischen Denken zeigen Sachverhalte nicht von sich aus die Bedingungen der Möglichkeit ihres Begreifens her, sondern sind überhaupt erst erkennbar in an sie heranzutragenden, begrifflichen Zusammenhängen. Diese aber sind unendlich erläuterungsbedürftig und vermittlungsfähig. Wenn die Erkenntnis des Ding-an-sich verunmöglicht ist, so haben Vorstellungen und Theorien bloß hypothetischen Charakter. Es läßt sich von keinem Sachverhalt sagen, er erschöpfe sich in angebbaren Prädikationen. Die Erkenntnis appliziert lediglich eine Palette von Bedingungen, die mit dem »Sachverhalt« irgendwie zusammenhängen und einige seiner Aspekte darstellen, über deren kausalen Stellenwert wir aber nicht sicher sein können. Eminentere, nur nicht explizierte Bedingungen können den Sachverhalt – der außerhalb der Konstruktionen ein bloßes x ist – nämlich beliebig variieren. Die Möglichkeit, einem Sachverhalt auf unendliche Weise immer neue Hinsichten abzugewinnen, verhindert ja zugleich die Eindeutigkeit, fixe Relationen zwischen den Bedingungen herzustellen. Formal-logisches, wissenschaftliches Denken besteht also in der Konstruktion immer neuer, prinzipiell unendlich erweiterungsfähiger und revidierbarer Begriffe und Theorien.

Vor dem Hintergrund der anderen Ausrichtung der traditionalen und archaischen Mentalität ergibt sich, daß das formal-logische Denken sich nicht nur in der Wissenschaft entfaltet, sondern diese vielmehr das moderne Bewußtsein nur elaboriert und zur weiteren Theoriebildung ausformt und entwickelt.

Das moderne Bewußtsein erst hat ein formal-logisches Verhältnis zur Realität. Dies hat nicht nur kognitive, sondern auch psychologische, persönlichkeitsbildende Bedeutung. Psychologie und Soziologie mögen durch verschiedenste Theorien versuchen, die moderne Psyche in ihre Bedingungskomplexe zu zerlegen, sie in ihren einzelnen Vermögen und Abhängigkeiten prädikativ zu erfassen – durch die spezifische, formal-logische Struktur des modernen Bewußtseins hat es sich immer schon allen »materialen« Erklärungen entzogen. Weder mit naturwissenschaftlichen noch mit sinnpsychologischen Modellen gelingt es der Psychologie, formal-logische Bewußtseinsinhalte vollständig auszuloten, da sie beliebig reflexiv entwickelbar sind.

Es ließe sich darauf hinweisen, die Probleme der Psychologie seien die der Erkenntnistheorie überhaupt. Gleichwohl haben sie in der Psychologie ihre besondere Bewandtnis. Denn deren mittelbares Objekt ist gerade der sich allen Deskriptionen widersetzende und materiale Definitionen immer schon überschießende Intellekt.

Alle »materialen« Erklärungsversuche psychischer Phänomene durch Umwelteinflüsse, Sozialisation, Ödipuskomplex, Deprivation usw. haben bloß hypothetischen Charakter, da diesen Phänomenen immer schon zugrunde liegt: ein formal-logisch denkendes Bewußtsein, das diesen »materialen« Faktoren je eigene Bedeutung zumißt und für sich erst »nachgerade« aufbaut.

Die Hypothetizität der Vorstellungen und Deutungen – als Ergebnis des begrifflichen, formal-logischen Denkens – ist das ubiquitäre Grundphänomen des modernen Bewußtseins, das allen sonstigen Bestimmungen und Prädikationen nicht nur vorangeht, sondern ihnen erst einen je individuellen Stellenwert einräumt, sie je persönlich auf sich einwirken läßt. Der »Subjektivismus« selbst ist die Grundeigentümlichkeit des modernen Bewußtseins, der allen Bewußtseinsleistungen und »Vermögen« das besondere Gepräge verleiht.

Auf der Folie dieser Überlegungen ergibt sich ein Zugang zum modernen Individualismus. Der »moderne Kult der Person« ist –

prägnant formuliert – im hypothetischen Denken mitfundiert. Das theoretische Denken selbst übt einen unnachsichtigen Zwang prinzipiell unendlicher Individualisierung aus. Eine jede Vorstellung ist nämlich in unterschiedlichste Symbolkontexte gelagert, von nach verschiedenen Kriterien gesponnenen Bedeutungsnetzen gehalten.

Oszillierende Horizonte von Vorstellungen erzeugen erst kognitive Prozesse. Im Prozeß des Denkens verknüpfen sich Vorstellungen zu immer anderen Gebilden, so daß sie in immer anderen, sich überlappenden Vorstellungshorizonten schwimmen. Die Möglichkeit der Bildung von Vorstellungsverknüpfungen erscheint prinzipiell unendlich. Hieraus ergibt sich, daß Individuen über unterschiedlich aufgebaute Deutungsinstrumente und Weltbilder verfügen. Die mit verschiedensten »Assoziationen« arbeitenden Verstehensprozeduren konstituieren andere Horizonte mit je anderen Erkenntnis- und Bewertungsinhalten. Das Verständnis eines Sachverhalts ist geknüpft an einen je individuell unterschiedlich aufgebauten »Mechanismus« der Öffnung und Schließung verschiedenster »Tore« möglicher Interpretationsverweise, durch die der Sinn eines gegebenen Sachverhalts überhaupt erst konstituiert wird. So verunmöglicht die Positionierung von »Erfahrungen« in je anderen Kontexten die Identität und Intersubjektivität von Sinnzusammenhängen.

Und so ist jede Subjektivität ein geistiges Symbolnetz, geknüpft als ein Modell unter unendlich vielen. Persönlichkeiten mit ihren endlichen, je verschieden strukturierten Wissensbeständen und Urteilsformen besetzen willkürliche Nischen undurchschaubar dichter Kausalbeziehungen. Eine jede Persönlichkeit ist so allgemeinen Bestimmungen nicht subsumierbar, da sie als idiosynkratisches Modell symbolischer Bedeutungen allgemeinen Bestimmungen vorangeht und diese nach ihrem eigenen Maß auf sich wirken läßt, sie für sich aufbaut.

Nun ließe sich gegen diese These des »Apriori« des je individuellen und beziehentlichen Denkens – als persönlichkeitsbildende Instanz – vor allen materialen Definitionen einwenden, daß nicht jedes moderne Individuum wie ein Methodologe denkt. Aber andererseits gehört das formal-logische Denken annäherungsweise zur kognitiven Grundausstattung der »modernisierten« Persönlichkeit, und es konstituiert das auf sich selbst reflektierende Selbstbewußtsein.

Gleichwohl bedarf der vorliegende Ansatz einer Theorie der modernen Subjektivität methodischer Reflexionen. Die allgemeine wissenschaftstheoretische und erkenntnistheoretische Reflexion wurde auch für die Psychologie geltend gemacht. Und dies in einem zweifachen Sinne. Zum einen erschließt sich das menschliche Bewußtsein als Objekt der Psychologie unter prinzipiell unendlich vielen Aspekten – es gibt keine objektivistisch beschreibbare, menschliche Persönlichkeit mit fix definierbaren Vermögen und Eigenschaften. Zum anderen wird die Art, wie das menschliche Bewußtsein selbst die innere und äußere Welt erfaßt, gleichfalls als theoretische Wirklichkeitsauffassung behauptet.

Man könnte nun einwenden, die Struktur des menschlichen Selbstbewußtseins sei von anderer Art als die kritische Reflexion der Wissenschaften auf sich selbst. Auch das moderne Individuum hat ein konkretes Verhältnis zu sich, eine unmittelbare Selbstgegebenheit seines Weltverhältnisses – so ein möglicher Einwand. Sicherlich verdinglichen sich Menschen nun in ihren Selbstbeschreibungen, indem sie sich mit allgemeinen und objektivierenden Bestimmungen zu umreißen oder gar zu fixieren suchen. Die Inhalte dieser Bestimmungen mögen durchaus auch als real existierende Attribute oder Eigenschaften aufgefaßt sein. Menschen deuten sich in allgemeinen Termini, die auch anderen Menschen zukommen und eine Auslegbarkeit individueller Psychen nach Maßgabe dieser allgemeinen Prädikationen suggerieren. So deuten Menschen sich oder vergleichen sich untereinander, indem sie den Anteil ihrer einzelnen persönlichen Vereigenschaftungen an diesen generellen Charakterisierungen abschätzen. Nun ist die Nähe dieser Charakteristika zur magischen Weltsicht deutlich – gerade im alltäglichen Gebrauch. Wenn Menschen sich an diesen Charakteristika messen, scheinen sie eine quantifizierende Deutbarkeit ihrer Persönlichkeit zu unterstellen – eine Alchimie seelischer Elemente. Eine sich so selbst deutende Person würde sich dann als Summe einer individuell abgewogenen, magischen Elementmischung vorstellen.

Sicherlich deuten sich Menschen auch vor dem Hintergrund dieser quantifizierenden Charakteristika[246], aber diese Deutun-

246 Man achte im übrigen auf ihre Nähe zur archaischen Selbstinterpretation im Sinne göttlicher Beeinflussung oder göttlicher Anwesenheit im Individuum. Dieses Selbstverständnis als von Göttern und

gen werden zunehmend von einem begrifflichen, formal-logischen Denken zersetzt.

Die Überwindung der Abbildtheorie der Erkenntnis des seelischen Geschehens in der (Alltags-)Psychologie ist nicht nur ein Prozeß veränderter Selbstdeutung der gleichen Persönlichkeit, sondern in der fortschreitenden »Entdeckung des Geistes« strukturiert diese Persönlichkeit sich um. Motivstrukturen und Eigenschaften werden durch symbolische Deutungen ausdifferenziert. Die Einbettung »materialer« Verhaltensweisen in verschiedenartigste Interpretationskontexte gibt ihnen nun ihr Gepräge. Das menschliche Dasein wird insgesamt durch die fortschreitende Symbolisierung umgeformt.

Wenn man die obige Definition der Subjektivität als ein je individuell geknüpftes Netz symbolischer Beziehungen nun als transparente Selbstauslegung der modernen Persönlichkeit unterstellt, dann ginge man sicherlich zu weit. Auch das moderne Individuum weiß nicht um die Selektivität und um die hochgradige Bedingtheit seiner Selbstplazierung. Dies ist nun auch ganz einsichtig, denn der Voraussetzungscharakter des Denkens kann grundsätzlich nie vollständig ins reflektierte Selbstverhältnis gehoben werden. Die These der Relativität der Erkenntnis erzwingt ja ihren unaufhebbaren Verbleib im Horizont der Relativität. Die sukzessive »Entdeckung des Geistes« erfüllt sich keineswegs in der Liquidierung der Relativität, sondern in ihrer fortschreitenden Bestätigung und Vertiefung. Die Bedingtheit des Geistes wird um so intensiver erfaßt, je zahlreicher, komplizierter und divergenter isosthenische Konstrukte im Hinblick auf einen Sachverhalt gebildet werden.

Vor diesem Hintergrund wird verständlich, warum die moderne Persönlichkeit kein durchreflektiertes Selbstverhältnis in diesem Sinne haben muß, um sich gleichwohl in geistigen Bahnen zu bewegen, deren methodischer Ausdruck die These des »Primats

Dämonen beherrscht, zeigt sich wohl auch im veralteten Sprachgebrauch: Eine Furcht beschleicht mich, Trauer befiel mich usw. Die Redeweise von »den« seelischen Eigenschaften, also universellen und nicht restlos individualisierten Kategorien, zeigt, daß auch die (Alltags-)Psychologie noch mit halbem Bein im Mythos steht, das Innere noch verdinglicht. Gewissermaßen kann die Sprache generell dem geistigen Rahmen mythischen, konkreten Denkens nicht ganz entraten.

des Denkens« vor den materialen Bestandteilen der Persönlichkeit ist.

Denn die nicht suspendierbare Grundeigentümlichkeit des modernen Bewußtseins ist das Denken in Aspekten, der Wechsel der Vorstellungen, das hypothetische Reflektieren über Sachverhalte – also die Betrachtung der gleichen Sachverhalte unter möglicherweise ganz verschiedenen Gesichtspunkten, welche ihnen nicht einfach nur konkurrierende, sondern sogar diametral entgegengesetzte Bedeutungen zumessen können. Es sind eben nicht spezifische materiale Sachverhalte, an denen das moderne Bewußtsein laboriert, sondern die prinzipiell beliebig wechselnden Vorstellungen von ihnen und die mit diesem Wechsel sich einstellende Ungewißheit über die zumeßbare Bedeutung verschafft der modernen Subjektivität die berühmte »Seinsvergessenheit«. Die modernen Dämonen, die an der modernen Selbstgewißheit nagen, sind die eigenen Vorstellungen, weil das Maß ihrer Gültigkeit schlecht geschätzt werden kann. Die Relativierung der materialen Selbstplazierung und Selbstgewißheit des modernen Subjekts durch seine eigenen Vorstellungen ist ein Kennzeichen der Moderne.

Die Identifizierung der Strukturtheorie der Persönlichkeit mit der Analyse begrifflichen Denkens in Aspekten wird nun verständlich. Psychologische und sozialpsychologische materiale Deskriptionen leiden an der Unfähigkeit, der Struktur des Denkens Rechnung zu tragen. Denn das logische Denken wird zum Prinzip der Individuierung, die sich so allen Deskriptionen entzieht. Die als Konglomerat von Urteilen und Vorstellungen verstandene Struktur der Persönlichkeit ist insofern eine grenzenlos individuelle, als Gedanken und Theorien immer schon übergreifend, hypothetisch und in prinzipiell alle Richtungen möglicher Kausalverküpfungen offen sind. Das Selbstbild eines Menschen gerät im wesentlichen zur artifiziellen Konstruktion. Jeder Verstand konstruiert nach je anderen Wissensbeständen eine andere geistige Ordnung. Gerade, indem die Individuen sich verstärkter Beobachtung und Analyse unterziehen, werden sie sich in vieler Hinsicht unverständlich. Aus der Hypothetizität von Vorstellungen, welche in ganz verschieden gebildeten Horizonten und Zusammenhängen eingesponnen sind, ergibt sich ein prinzipieller Solipsismus der Bewußtseinsinhalte. Es läßt sich kein Maßstab namhaft machen, Bewußtseinsinhalte verschiedener Subjekte aufeinander abzustimmen, sie zur möglichen Dekkungsgleichheit zu lancieren. Es gibt ja keine isolierte oder isolierbare Vorstellung. Wieviel logische Triftigkeit und empirische Richtigkeit einem Urteil zukommt, ist nicht evident, sondern ergäbe sich aus Kontexten, die sich aber nie vollständig deduzieren lassen. Wenn jeder Gedanke, jede Erfahrung in immer anderen Kontexten gestellt ist, welche immer wieder anders strukturiert und aufgebaut sind, dann heißt dies, daß nicht nur Erfahrungs- und Gedankenaustausch im einzelnen nicht symmetrisch möglich ist, sondern, daß eine Persönlichkeit im Ganzen, mit ihren wesentlichen »Eigenschaften« und Merkmalen, sich und anderen letztlich unzugänglich bleibt.

Nun läßt sich ein absoluter Skeptizismus und Relativismus inhaltlich nicht denken. Wenn sich auch zwei oder mehrere gleichwertige Vorstellungen in Betreff eines Sachverhalts, die zu ihrer Gültigkeit die Ungültigkeit der anderen implizieren, beliebig denken lassen, woraus sich die Falsifizierbarkeit aller Urteile logisch folgern ließe, so ist ein totaler Skeptizismus inhaltlich gar nicht durchführbar. Denn das Wissen um die Relativität und Nichtigkeit bleibt immer auf bestimmte Inhalte kontingentiert. Schließlich muß das Subjekt einen Standort einnehmen können, von dem aus diese Relativität zu überblicken ist – und dieser Standort kann ihm dann nicht relativ sein, soll jene Relativität als »gültig« erkannt werden können. Jede Diagnose partieller Unzulänglichkeit setzt ihre Transzendenz voraus. So ist der Boden der Selbstgewißheit der modernen Subjektivität nur schwankend, aber nicht zerstörbar.

Die moderne Ungewißheit ist zwiespältigen Charakters. Denn die jeweilige Selbstplazierung erlaubt Varianzen, die sich in verschiedensten Richtungen bewegen. So legt die Nichtevidenz der Gültigkeit einer Theorie, eines Urteils, einer Handlung usw. deren Nichtigkeit nahe, aber auch zugleich die Möglichkeit ihrer Angemessenheit. Trotz bedingter Einsichtigkeit in die Kontingenz der Vereigenschaftungen und der Urteile vermeint jedes Subjekt letztlich, daß in deren Unausgegorenheit sich zugleich ein positives Element verberge. Wenn es nur die *Einsicht* in die eigene Unzulänglichkeit ist, so genügt eben diese Deutung, um der Relativitätsbetrachtung Einhalt gebieten zu können.

4. Sozialpsychologische Modernisierungstheorie, sehr langfristige gesellschaftliche Entwicklung und Entwicklungspolitik

4.1 Subjektive Faktoren
Zur Rolle der Psychologie in der sehr langfristigen gesellschaftlichen Entwicklung

4.1.1 Methodologische Probleme und paradigmatische Struktur einer psychologisch fundierten Entwicklungstheorie

Eine allgemein anerkannte und schlüssig bewiesene Entwicklungstheorie, die die Prozesse der Industrialisierung und der Modernisierung exakt erklärte, indem sie die Entwicklungsfaktoren in ein strenges Kausalschema transformiert, existiert nicht. Es fehlen präzise und überzeugende Kausaltheorien, die die Entwicklungsbedeutung und die Determinationsstärke der Faktoren Kapital, Technik, Bevölkerungswachstum, Agrarstruktur, internationale Arbeitsteilung, Bildung, Mobilität, Leistungsbereitschaft, Flexibilität usw. erklären und das Kausalverhältnis der Faktoren zueinander exakt aufzeigen. Es besteht zwar kein Zweifel daran, daß die genannten Faktoren am Entwicklungsprozeß beteiligt sind, aber das Fehlen einer generellen Kausaltheorie der Entwicklung läßt notgedrungen die Ursache-Wirkungs-Relationen weithin offen, ob also etwa Kapitalmangel eine (bzw. die) wesentliche Ursache der Unterentwicklung oder eine bloße Folge anderer Faktoren ist, die Unterentwicklung bedingen. So behauptet zum Beispiel die Theorie der Leistungsmotivation McClellands, daß materielle Faktoren der Unterentwicklung bloße Wirkungen, Symptome und Manifestationen mangelnder Leistungsbereitschaft von Populationen sind, welche dann die prima causa der Unterentwicklung sei. Die »Kapitaltheorie« gehört zu einem materialistischen Erklärungstyp, die »Motivationstheorie« zu einem psychologischen Erklärungstyp der Unterentwicklung.

Wahrscheinlich kann eine Entwicklungstheorie, welche die Entwicklungsfaktoren in ein strenges Kausalschema transformierte, aus prinzipiellen Problemen sozialwissenschaftlicher Theoriebildung, nämlich der unmöglichen Übersetzung komplexer sozialer Phänomene in lineare Beziehungen, wie man sie aus der Physik kennt, grundsätzlich nicht konzipiert und verifiziert werden. Demnach können die Entwicklungsfaktoren nicht streng gewichtet und kann ihre Determinationsstärke nicht in Prozenten ausgedrückt werden. Gleichwohl kann aber diese prinzipielle Skepsis nicht von der Mühe entbinden, die Entwicklungsfaktoren im einzelnen zu untersuchen und annäherungsweise ihre Entwicklungsbedeutung aufzuzeigen.

Schon seit Jahrzehnten behaupten Entwicklungstheoretiker immer wieder, psychologische Faktoren gehörten zum Kern eines Erklärungsmodells der Unterentwicklung. In diesem Kapitel wird nun versucht, den psychologischen Faktor durch Heranziehung der Theorie Piagets auf eine exakte Grundlage zu stellen. Die transkulturelle Psychologie auf eine exakte Grundlage zu stellen bedeutet nun aber nicht, die *Entwicklungsbedeutung* des psychologischen Faktors exakt herauszuarbeiten. Dies ist streng auseinanderzuhalten, will man die These des vorliegenden Ansatzes verstehen. *Eine exakte Völkerpsychologie gestattet zwar die Präzisierung des psychologischen Faktors, nicht aber unbedingt die Präzisierung des Kausaleinflusses des wie immer präzisierten psychologischen Faktors im Entwicklungsprozeß.*

Deshalb besteht der Argumentationsgang meines Ansatzes aus zwei Schritten. Von gesicherten Erkenntnissen transkultureller Psychologie ausgehend, wird der so explizierte psychologische Faktor zum Anlaß genommen, eine allgemeine Entwicklungstheorie zu formulieren, die eine bestimmte Zuordnung der Entwicklungsfaktoren behauptet. Sollte diese allgemeine Zuordnung der Entwicklungsfaktoren, das heißt die allgemeine Entwicklungstheorie, von manchen Interpreten als ungenau oder unwahrscheinlich eingeschätzt werden, wäre die Wirkung des psychologischen Faktors nicht widerlegt, sondern könnte nur seinen Rang als Determinante verlieren zugunsten eines Ranges, von x, y determiniert zu sein.

Die theoretische Annahme der Existenz eines Phänomens ist schließlich nicht dadurch falsifiziert, daß es nur die Wirkung und nicht die Ursache bestimmter Prozesse ist. Die Existenz des psychologischen Faktors als Entwicklungsfaktor zu leugnen wird hier vor dem Hintergrund des dargelegten Forschungsstandes der Psychologie als theoretische Möglichkeit bestritten. Der theoretische Interpretationsspielraum ist nur im Bereich der Gewichtung und der prozentualen Bedeutung des psychologischen Faktors im Entwicklungsprozeß möglich. Diese Überlegungen sind vor dem Hintergrund zu verstehen, daß die verschiedenen Entwicklungsfaktoren, zum Beispiel die materiellen mit den kognitiven Faktoren, Wechselwirkungsverhältnisse eingehen, die sich nicht in linearen Beziehungen darstellen lassen.

Obwohl die Entwicklungspsychologie Jean Piagets seit Jahrzehnten weltweite Anerkennung gefunden hat, sie die Frage nach dem Entwicklungsstand von Menschen ausdrücklich stellt und sie das bedeutendste Untersuchungsgebiet der transkulturellen Psychologie ist, fand sie bisher kaum Berücksichtigung in der entwicklungspolitischen Diskussion. In der transkulturellen Psychologie jedenfalls ist die Frage nach dem Verhältnis von Kultur und Kognition weithin identisch mit der Frage nach der Bewährung der Theorie Piagets im transkulturellen Kontext. Piaget beschreibt die Entwicklung des Menschen als Aufeinanderfolge von vier Stadien, dem sensomotorischen, dem präoperationalen, dem konkret- und dem formal-operationalen Stadium. In einer Vielzahl von Untersuchungen wurde nun die Frage nach der universalen Geltung dieser Stadientheorie gestellt. Es zeigte sich, daß die beiden unteren Stadien in allen Kulturen von allen Individuen entwickelt werden. Die Entwicklung der beiden oberen Stadien findet sich nicht bei allen Erwachsenen, sondern ist von soziokulturellen Stimulantien abhängig, die auf die Individualentwicklung Einfluß nehmen. In der Regel wird das Stadium der konkreten Operationen in traditionalen und analphabetischen Regionen nur von 30-50% der Erwachsenen durchlaufen. Es gibt keine Untersuchungen, die formales Denken in genannten Milieus als ein verbreitetes Phänomen ermittelten. Auch in Industriegesellschaften wird das formale Denken von einem Großteil der Bevölkerung kaum entwickelt. Ferner gibt es dort erhebliche Unterschiede in der Ausbildung und in der Bereichsspezifizität des formalen Denkens. Die Milieufaktoren, die zur Entwicklung der Operationen beitragen, sind im wesentlichen experimentell isoliert worden: Schulbildung, Schichtzugehörigkeit, industrielle und Stadtkultur. Es ist herrschende Auffassung unter den Testpsychologen, daß der niedrigere Entwicklungsverlauf in traditionalen Milieus durch genannte soziokulturelle Faktoren bedingt ist.

Vor dem Hintergrund dieser Forschungsergebnisse läßt sich solide behaupten: Es existiert einerseits eine Korrelation von abstraktem, formalem Denken und entwickelter materieller Kultur (Zivilisation) und andererseits existiert eine Korrelation zwischen konkretem, präformalem Denken und einfachen Milieus.

Die Theorie Piagets hat demzufolge transkulturell universale Gültigkeit: Alle Menschen lassen sich stadienstrukturell erfassen. Allerdings üben soziokulturelle Faktoren einen Einfluß auf den Entwicklungsendstand (nicht auf die Stadienstrukturen!) von Individuen aus. Demnach gibt es ein psychisch-kognitives Entwicklungsgefälle zwischen Menschen, das durch ihre soziale Lage bestimmt ist (nicht durch biologische Faktoren). Man kann daher feststellen, daß tendenziell Individuen mit höherer Bildung, entwickelterem sozio-kulturellem Umfeld (Stadtkultur, Berufskultur, günstige soziale Lage) psychisch-kognitiv einen differenzierteren Entwicklungsstand aufweisen als Individuen aus einfachen, analphabetischen und agrarischen Milieus.

Die Stadientheorie betrifft nicht nur die kognitive, sondern auch die soziale und moralisch-rechtliche Entwicklung. Es wurde inzwischen umfassend gezeigt, daß man die kognitiven, sozialen und moralisch-rechtlichen Phänomene primitiver und traditionaler Gesellschaften nur verstehen kann, wenn man sie unter Bezug auf die präformale Denkstruktur erklärt. Traditionale Naturkonzepte (Animismus, Artifizialismus, Magie), traditionale Sozialstrukturen (traditionale Familie, Gerontokratie, Gottesstaat, Autoritarismus) und traditionale Rechtsstrukturen (Sakralrecht, Ordalverfahren) sind präformale Konzepte. Demgegenüber sind die Entwicklungen der westlichen Neuzeit, Naturwissenschaften, Technik, Industriewirtschaft, formales Recht, die aufklärungsbedingten politischen Strukturen usw. direkter Ausfluß formalen Denkens.

Damit ist der Beweis der Existenz des psychologischen Entwicklungsfaktors erbracht. Modernisierung und Entwicklung betreffen nicht nur materielle und institutionelle Faktoren, sondern lassen sich bis auf die Ebene der psychisch-kognitiven Strukturen der Individuen zurückverfolgen. Die Psychologie Piagets dient der Verifizierung und Vertiefung des psychologischen Entwicklungsfaktors. Entwicklung und Modernisierung bedeuten auf psychologischer Ebene unter anderem die Ausbildung der Operationen, die Entstehung abstrakten Denkens.

Vor dem Hintergrund dieses Ergebnisses soll nun eine allgemeine Entwicklungstheorie konzipiert werden. Zunächst einmal ist ungeklärt, welche Entwicklungsbedeutung dem nun präzisierten psychologischen Faktor zukommt. Es ist aber einleuchtend, die Entwicklungsbedeutung des entwicklungspsychologisch validierten psychologischen Faktors hoch einzustufen und Revisionen und Rekonstruktionen von Entwicklungstheorien einzufordern.

Auch wenn der Evolution von Denkstrukturen im wesentlichen keine kausale und iniitierende Rolle im Modernisierungsprozeß zukommen sollte, so wäre sie doch eine notwendige Funktion materieller Entwicklungsprozesse. Es ist aber wohl von Interdependenzen zwischen materiellen und kognitiven Vorgängen auszugehen: Die Elaboration formalen Denkens ist Ursache und Wirkung von Modernisierungsprozessen zugleich. Die gelegentliche Vorreiterrolle der Denkstrukturen (Operationen) in Modernisierungsprozessen kann man sich am Beispiel der Entstehung der Naturwissenschaften und der Evolution der Rechtspflege (Übergang vom Ordalprozeß zum Beweisprozeß) exemplarisch vor Augen führen.

Eine völkerpsychologisch rekonstruierte Entwicklungstheorie geht vom Ansatz der »menschlichen Ressourcen« aus. Wohlstand und Entwicklung einer Nation hängen auch vom Entwicklungsstand einer Bevölkerung ab. *Materielle Entwicklung und Zivilisation sind im wesentlichen die Außenseite der im Inneren wirksamen Fähigkeiten und Kenntnissen der Bevölkerung.*[1]

Demzufolge wären folgende Ansätze in eine analytische Verbindung zu bringen, um genannte These zu begründen: Völkerpsychologie, Humankapitaltheorie und Theorie der Arbeitsproduktivität. Armut und Reichtum der Nationen sind im wesentlichen eine Folge des unterschiedlichen Entwicklungsstandes der Arbeitsproduktivität. Die Höhe der Arbeitsproduktivität hängt wiederum im wesentlichen vom Stand der Technologie und vom Berufswissen der Populationen ab.[2] Auf diese Weise läßt sich die makrogesellschaftliche Entwicklung direkt aus den

1 Harbison 1973.
2 Fourastié 1969.

Handlungskompetenzen der Populationen ableiten. Nun ist evident, daß die Berufsfertigkeiten des Ingenieurs, Computertechnikers, Naturwissenschaftlers, Juristen usw. unmittelbar mit der Entwicklung formaler Operationen verknüpft sind. Das jeweilige Berufswissen konnte nur dank formaler Operationen entwickelt werden, wie auch die jeweilige Berufsausbildung die Entwicklung der Operationen fördert. Somit ergibt sich ein Kausalzusammenhang zwischen elaborierten Denkstrukturen, Handlungskompetenzen, gesellschaftlicher Arbeitsproduktivität und zivilisatorischem Entwicklungsstand.
Die analytischen Verbindungen zwischen transkultureller Psychologie und Entwicklungstheorie ließen sich dann so darstellen:

Denkstrukturen → Berufswissen → Arbeitsproduktivität → materielle Entwicklung

Ersichtlich sind alle vier Größen in Industriegesellschaften erheblich stärker als in Entwicklungsländern ausgebildet. Der Einfachheit halber wurde die Entwicklungsbedeutung der Denkstrukturen hier nur am Beispiel des Berufswissens illustriert. Selbstverständlich wirken sie auch auf politische, religiöse und andere Rahmenbedingungen der Entwicklung ein.

Vor dem Hintergrund dieser Theorie historischer und internationaler Ungleichheiten als Folge des unterschiedlichen Entwicklungsstandes des Humankapitals sind Dependenztheorien, Kapitaltheorien und Rassentheorien als erklärungsschwach einzustufen.

4.1.2 Transkulturelle Psychologie und Modernisierungstheorie

Vor dem Hintergrund einer völkerpsychologisch fundierten Theorie der Entwicklung der »menschlichen Ressourcen« sollen Handlungsweisen in Entwicklungsländern analysiert werden. Das Instrumentarium der Analyse traditionaler und mentalitätsbedingter Verhaltensweisen, die Entwicklungspraktikern bekannt sind, ist die am Leitfaden der Theorie Jean Piagets entwickelte Völkerpsychologie oder cross-cultural psychology. Die Erkenntnisse, die aus der Analyse der wirtschaftlichen Verhaltensweisen gewonnen werden, sollen einfließen in eine Theorie der Entwicklung der »menschlichen Ressourcen«, die geeignet ist, entwicklungspolitische Fragestellungen zu rekonstruieren und neu zu interpretieren.

Die Untersuchung verbindet drei Sachgebiete, die überwiegend isoliert voneinander behandelt werden:
- Entwicklungspolitik
- Völkerpsychologie
- wirtschaftliche Verhaltensweisen

in Entwicklungsländern.

Der Beweisgang der Untersuchung, der auf der wechselseitigen Beleuchtung und der Synthese der drei Sachgebiete basiert, läßt sich in folgender Aussage zusammenfassen: Die Entwicklung der Entwicklungsländer ist in mancher Hinsicht, wenn auch nicht ausschließlich, das Resultat eines Wirtschaftshandelns der Menschen, das Modernisierungstheorien und Entwicklungspolitik zwar zur Kenntnis nehmen, aber nicht im Rahmen völkerpsychologischer Erklärungsmodelle.

Gemäß den Ergebnissen der am Leitfaden der Theorie Piagets durchgeführten völkerpsychologischen Untersuchungen entwickeln nicht alle Erwachsenen in westlichen Ländern und wenige Erwachsene in nichtmodernisierten Regionen von Entwicklungsländern das Stadium der formalen Operationen. Demnach ist von weitverbreiteten Defiziten kognitiver, technischer und sozialer Handlungskompetenzen in Entwicklungsländern auszugehen, die sich auch im Wirtschaftshandeln auswirken. Diese These wird auch durch nicht völkerpsychologisch argumentierende wissenschaftliche Analysen und durch Erfahrungen von Entwicklungspraktikern gestützt. Die transkulturelle Psychologie ermöglicht, diesen Sachverhalt mit einer experimentell fundierten Theorie zu konfrontieren und exakt zu erklären.

Dieses Ergebnis bestärkt entwicklungspolitische Theorien, die die Ursachen sozioökonomischer Unterentwicklung in endogenen und nicht in exogenen Faktoren verorten. Einschränkend sei hinzugefügt, daß die Reichweite der völkerpsychologischen Erklärung über das Wirtschaftshandeln hinausgeht, ferner erfaßt die Völkerpsychologie andererseits nicht sämtliche endogene Faktoren und schließt zudem exogene Faktoren der Unterentwicklung natürlich nicht aus. Die Einbeziehung der transkulturellen Psychologie in die Entwicklungspolitik zeigt aber, daß verschiedene Ansätze der Modernisierungsforschung, die implizieren, Verfügung über Kapital und Technik bewirke automatisch Wachstum und Entwicklung, zu kurz greifen. Die soziokulturellen Voraussetzungen der Modernisierung liegen tiefer, sie sind mit materiellen Hilfsmaßnahmen nicht zu verändern, da ökonomische und institutionelle Wandlungen psychische Veränderungen voraussetzen, die sich wiederum völkerpsychologisch erklären lassen. Der alte Streit in der Ethnologie, Anthropologie und Soziologie um das Verhältnis von Kultur und Kognition, um die Rationalität des Denkens traditionaler Völker, der dank völkerpsychologischer Untersuchungen nun experimentell überprüfbar ist, hat daher eine entscheidende Bedeutung für die Entwicklungspolitik.

In einem weiten Sinne ist es das Anliegen dieser Überlegungen, die Resultate der mit Hilfe der Theorie Piagets in Entwicklungsregionen durchgeführten Untersuchungen für die entwicklungspolitische Diskussion der Ursachen sozioökonomischer Entwicklung und Unterentwicklung nutzbar zu machen. Es liegen inzwischen überzeugende Zusammenfassungen der in den letzten Jahrzehnten durchgeführten völkerpsychologischen Untersuchungen vor. Eine Arbeit, die die Bedeutung genannter Untersuchungen für die Entwicklungspolitik thematisiert, wurde bisher aber noch nicht in Angriff genommen. Es fehlen bislang Versuche, einen Brückenschlag zwischen der transkulturellen Psychologie und der Entwicklungspolitik zu unternehmen.

Die Dringlichkeit dieser Überlegungen ergibt sich auch daraus, daß die Theorie Piagets – im Verhältnis zu anderen entwicklungspolitisch relevanten psychologischen Theorien der sozioökonomischen Entwicklung – über eine ungleich solidere Basis verfügt. Diese besteht sowohl in ihrer experimentellen Überprüfbarkeit als auch in ihrer theoretischen Differenziertheit und Kohärenz. Die empirisch-praktische und theoretisch-analytische Relevanz einer so konzipierten Untersuchung ergibt sich hauptsächlich aus zwei Gründen:

1. In der entwicklungspolitischen Diskussion verstummen die Stimmen nicht, die die Bedeutung der psychologischen und sozialpsychologischen Faktoren für die Probleme der sozioökonomischen Entwicklung, der Modernisierung und generell der Entwicklungsländerforschung immer wieder hervorheben. Die oben genannten Autoren gehören zu dieser Gruppe. Letztlich sind

es nur wenige Autoren, die den psychologischen Faktor diesbezüglich für unbeachtlich einschätzen. In den letzten Jahrzehnten wurde immer klarer, daß die sozioökonomische Entwicklung keine bloße Funktion rein »materieller« Prozesse ist, daß also Kapitalbildung und Techniktransfer nicht genügen, um einen »take-off« der unterentwickelten Volkswirtschaften zu bewirken; ferner reichen institutionelle Modernisierungen des Rechts- und Ausbildungswesens als flankierende Maßnahmen nicht aus, um sozioökonomische Entwicklung in dynamische, stetige und irreversible Bahnen des Wachstums und des sozialen Wandels zu lenken. Es fehlt trotz aller Betonung der psychologischen Einflußgrößen nach wie vor an einer konsistenten psychologischen Theorie der gesellschaftlichen Entwicklung, die entwicklungspsychologische Erkenntnisse thematisiert und die entwicklungspolitische Relevanz einklagen könnte. Daher kann man folgern, daß die Schwächen der Entwicklungsländerforschung auch mit den Defiziten der in ihr herangezogenen Psychologie und folglich mit dem unbekannten Stellenwert zusammenhängen, den der psychologische Faktor im Netzwerk der Kausalfaktoren ausmacht, die Entwicklung und Unterentwicklung bedingen. Fazit: Die entwicklungspolitische Diskussion benötigt verstärkt Hilfestellungen von seiten einer theoretisch und methodisch verbesserten Psychologie.

2. Der Stellenwert der Psychologie Jean Piagets für die Entwicklungsländerforschung und Entwicklungspolitik ergibt sich unter anderem auch daraus, daß sie sich in der Völkerpsychologie oder cross-cultural psychology in den letzten Jahrzehnten als bedeutsamste Forschungsrichtung etabliert hat. Die Fragen nach den Unterschieden bzw. der Gleichheit von Menschen verschiedener Kulturen, nach dem Einfluß kultureller Determinanten auf die psychische Entwicklung und nach dem Konnex von Kultur und Kognition, insbesondere der Entwicklung rationaler Denkstrukturen, sind in der Völkerpsychologie und den ihr benachbarten geistes- und sozialwissenschaftlichen Disziplinen nahezu identisch geworden mit der Frage nach der Berechtigung des Anspruchs der Entwicklungspsychologie Jean Piagets, ein kulturunabhängiges, universales Schema der menschlichen Entwicklung vom Säugling bis zum Erwachsenen liefern zu können. Ob alle Menschen über die gleichen rationalen und logischen Strukturen verfügen oder nicht, ob die kognitiven, affektiven,

sozialen und moralischen Phänomene und Verhaltensweisen bei allen Menschen unterschiedlicher kultureller Milieus gleich geartet sind oder benennbare Differenzen ausweisen – alle diese Fragen sind in die transkulturellen Untersuchungen eingegangen und dort verdichtet worden, welche den Geltungsbereich der Stadientheorie Piagets unter variierenden kulturellen Bedingungen überprüften.

Die wissenschaftliche Entwicklung dieser Fragestellung ist logisch zwingend, auch wenn die daraus abzuleitenden Konsequenzen für Politik, Wirtschaft und Kultur auf normativer Grundlage umstritten sind; Piagets Theorie kann aber eine Führungsposition zur Beantwortung der genannten Fragestellung beanspruchen. Denn gegenüber anderen psychologischen Forschungsrichtungen thematisiert die Entwicklungspsychologie die Frage nach der Entwicklungsrichtung und dem Entwicklungsstand des Menschen. Sie beansprucht vor allem, ein universales Entwicklungsschema zu liefern. Sie erklärt die Entwicklung der rationalen und logischen Denkstrukturen im Verlaufe der Ontogenese und ist daher auch zur Aufklärung des alten Streites um Lévy-Bruhl und seiner These von der Prä-Logik traditionaler Menschen geradezu prädestiniert.

Wenn die Resultate der Völkerpsychologie ergeben hätten, alle Menschen erreichten den gleichen Entwicklungsstand, könnte dies auf ein geringes Gewicht des psychologischen Faktors im Netzwerk der Kausalfaktoren von Entwicklung bzw. Unterentwicklung schließen lassen. Zeigen sich hingegen Differenzen des ontogenetischen Entwicklungsstandes in verschiedenen Kulturen, lassen sich die Fragen nach dem Zusammenhang von Entwicklungspolitik und Entwicklungspsychologie, von Kultur und kognitiver Entwicklung sowie von sozioökonomischer Entwicklung und psychologischem Faktor genauer als bisher beantworten. Daher eignet sich die Theorie Piagets nahezu konkurrenzlos, die psychologische Lücke in der entwicklungspolitischen Diskussion zu schließen. Wie immer die Schlußfolgerungen aus den völkerpsychologischen Untersuchungen gezogen werden: Wird diese Fragestellung einmal ins kritische Licht des wissenschaftlichen Bewußtseins gerückt, dann ist die Sachlogik des Zusammenhangs von Entwicklungspolitik und Entwicklungspsychologie kaum zu bestreiten. Sie zwingt uns, Fragen und Probleme der Entwicklungsländerforschung und der entwicklungspolitischen Strategien mit dem Instrumentarium der Völkerpsychologie zu überarbeiten. Ihre Beantwortung erschließt uns den Zugang zu neuen Einsichten und Problemstellungen. Fazit: Als Erbin entwicklungspolitisch relevanter psychologischer Theorien läßt die transkulturelle Entwicklungspsychologie erwarten, Einsichten in den psychologischen Faktor im Netzwerk der Entwicklungsfaktoren zu gewinnen und zu vertiefen.

Man kann die verschiedenen Erklärungsansätze der sozioökonomischen Entwicklung und der Modernisierung grob in psychologische und nichtpsychologische einteilen. Nichtpsychologische Ansätze sind zum Beispiel die Theorien des historischen Materialismus, die Weltsystemtheorien und die Dependenztheorien.[3] Auch liberale Ökonomen wie Rostow (1967) und Robinson (1971) verstehen Industrialisierung und Entwicklung aus ökonomisch bestimmten Wachstumsprozessen, aus Kapitalbildungs-, Investitions- und Rentenbildungsprozessen. Modernisierung wird dann weitgehend mit Industrialisierung und diese mit dem Phänomen der »ursprünglichen Akkumulation« identifiziert. Wenn Modernisierung als Funktion der Kapitalbildung erklärt wird, versteht man, warum die Nichtmodernisierung der unterentwickelten Regionen dependenztheoretisch als Entzug von Kapital, das heißt als Behinderung eines »natürlichen« Kapitalbildungsprozesses durch Ausbeutung, erklärt wird.

Hinter dieser »Kapitaltheorie« steckt ein blinder Glaube, sozioökonomische Entwicklung sei sozusagen ein technischer Automatismus. Dieses hydraulische Modell der Kapitalflüsse als Entwicklungsdeterminanten isoliert aus einer N-Zahl gleichrangiger Faktoren den Kapitalfaktor, um ihn zur prima causa zu hypostasieren. Tatsächlich aber ist das Kapital weder für die europäische Industrialisierung ein herausragender Faktor gewesen[4] noch für die Industrialisierungsprobleme der zeitgenössischen Entwicklungsländer, was den Stellenwert der Dependenztheorien vermindert.[5]

Industrialisierung, sozioökonomische Entwicklung, Wachstum und Modernisierung sind daher erheblich voraussetzungsreichere Phänomene. Sie entwickeln sich nur dann, wenn eine Vielzahl

3 Senghaas 1973, 1982; Mandel 1972; Frank 1982.
4 Hartwell 1971; Kuznets 1972; Crouzet 1972; Borchard 1972.
5 Behrend 1965, S. 88 ff.; Hemmer 1978; Eisermann 1968, S. 164 ff.

von Faktoren moderne Qualitäten angenommen haben. Entwikkelte Länder unterscheiden sich von unterentwickelten Regionen in nahezu allen sozialen und institutionellen Komponenten: Technik, Naturwissenschaften, Religion, Ausbildung, Alphabetismus, Recht, Medizin, Religion, Arbeitseinstellung, Persönlichkeitsbildung, Familie, Politik usw. Modernisierung ist ohne Rechtsmodernisierung, ohne Alphabetisierung usw. nicht möglich. In diesem Sinne unterscheiden sich entwickelte Länder von unterentwickelten Ländern fundamental. Die Fähigkeiten ihrer Bewohner und die Institutionen ihrer Gesellschaften besitzen insgesamt einen höheren Effizienzgrad.[6]

Es bedarf mehr als eines oder weniger Katalysatoren, wie zum Beispiel einer neuen Weltwirtschaftsordnung oder der Technik- und Kapitalhilfe, um den Transformationsprozeß durchzuführen. Es ist vielmehr ein radikaler sozialer Wandel notwendig, der einen Transformationsprozeß vor allem der psychischen Strukturen der Populationen impliziert.

Die effizienteren Verfahrensweisen entwickelter Gesellschaften sind nicht einfach in Institutionen und materiellen Prozessen abgespeichert, die das Handeln der Populationen mechanisch und äußerlich regulierten. Vielmehr beruht die Effizienzsteigerung der Gesellschaften auf der Steigerung der Wirksamkeit des Handelns der Populationen. So wie gesellschaftliche Prozesse auf dem Handeln der Populationen aufbauen, sind auch die gespeicherten Informationen, Verfahrensweisen und Institutionen nur der Niederschlag des Handelns der Individuen. Demnach ist die Effizienzdifferenz der Gesellschaften reduzierbar auf die Effizienzdifferenz des Handelns, das heißt des Wissens und der Fertigkeiten der jeweiligen Bevölkerungen. Hieraus folgt, daß die Ursachen von Entwicklung und Wirtschaftswachstum auch im Handeln der Menschen liegen. Die verschiedenen Einzelfaktoren, die der gesellschaftlichen Entwicklung zugrunde liegen, sind Produkte menschlicher Effizienzsteigerung. Der »menschliche Faktor« ist demnach ein Dreh- und Angelpunkt der Entwicklungspolitik.

Den »menschlichen Faktor« als Grundlage des entwicklungspolitischen Ansatzes zu wählen ist freilich nicht neu. Insbesondere die nordamerikanische Bildungsökonomie der sechziger Jahre betonte die Abhängigkeit des gesellschaftlichen und wirt-

6 Behrend 1965, S. 79.

schaftlichen Entwicklungsstandes einer Nation vom Ausmaß und der Qualität der schulischen und beruflichen Ausbildung ihrer Bevölkerung.[7] Da ein Zusammenhang zwischen Schulbildung und der Elaboration der formalen Operationen existiert[8], läßt sich durchaus eine Verbindung zwischen den Erkenntnissen der Völkerpsychologie und der Bildungsökonomie herstellen.

Daß die menschlichen Ressourcen das Unterpfand des Wohlstandes der Nationen sowie Wirtschaftswachstum und Entwicklung die Außenseite der menschlichen Fähigkeiten seien, behaupteten Bildungsökonomen immer wieder.[9] So wurde von diesen Autoren die These vertreten, der Reichtum der Nationen hänge nicht von Boden und Kapital ab, sondern von der Fähigkeit, diese Faktoren zu nutzen. Demnach ist der Schlüsselfaktor der Entwicklung die Qualität des wirtschaftlichen und unternehmerischen Verhaltens.[10] In diesem Zusammenhang stellt das unternehmerische Verhalten keine prima causa dar, sondern bedarf der gleichzeitigen Entwicklung der übrigen menschlichen Fähigkeiten. Das Argument, wirtschaftliche und soziale Entwicklung sei Folge menschlicher Handlungsfähigkeiten, kann auf eine lange Tradition zurückblicken: Schon Max Weber erklärte das neuzeitliche Wirtschaftswachstum unter anderem durch die effizienteren Handlungsweisen – methodische Lebensführung, Selbstkontrolle, Pflicht- und Arbeitsethik – der protestantischen Christen. Es wurden eine Vielzahl von psychologischen Modernisierungstheorien entwickelt, von denen einige im folgenden Erwähnung finden sollen.

David McClelland versuchte nachzuweisen, daß erfolgreiche Kulturen und Epochen durch Leistungssteigerungen der Bevölkerungen verursacht sind. Durch verschiedene Testverfahren wie Inhaltsanalysen und graphologische Tests versuchte er nachzuweisen, daß in erfolgreichen Kulturen ein höherer Anteil an individueller Leistungsbereitschaft vorhanden ist. Die Schule McClellands[11] erklärt den Reichtum des Westens und die Armut des

7 Tohidipur 1974.
8 Scribner 1984.
9 Harbison 1973; Harbison/Myers 1959.
10 Lewis 1961, S. 196; Robock 1962; Harbison/Myers 1959; Harbison 1956; Davis 1964, S. 65 f.; Sayles 1954, S. 17; Vakil/Brahmanand 1956; Laumas 1962.
11 McClelland 1966.

Südens rein psychologisch aus der ungleichen Entwicklung der Leistungsmotivation. Sie glaubt daher, mit Trainingsmethoden das managerielle Verhalten zum Beispiel indischer Unternehmer verbessern zu können.[12]

Darüber hinaus wurden von anderen Autoren Zusammenhänge zwischen Kulturtypen, Erziehung und Leistungsmotivation herausgearbeitet.[13] E. E. Hagen[14] sieht in dem unkreativen und unselbständigen Handeln der Menschen traditionaler Gesellschaften die Hauptursachen ihrer Stagnation. Die autoritäre Sozialstruktur und Kindererziehung traditionaler Gesellschaften verhindere die Entwicklung des kreativen Denkens und Handelns und einer auf Problemlösung ausgerichteten Gesellschaft. D. Lerner[15] sieht im Mangel an Empathie der traditionalen Bevölkerung die Hauptursache der Nichtmodernisierung. Die Rollenübernahme, die Fähigkeit, sich vom Standpunkt eines anderen zu sehen und sich in andere Standpunkte zu versetzen, ist laut Lerner eine Sonderfähigkeit des modernen Menschen, die seine spezifische Mobilität und Dynamik ausmacht, welche Eigenschaften der Modernisierung zugrunde liegen. Ein ausdehnungsfähiges und adaptives Persönlichkeitssystem, eine umfassende Charakteränderung erzeugen eine psychische Mobilität, die der kulturellen und wirtschaftlichen vorausgeht. P. Parin und andere Ethnopsychoanalytiker versuchten aufzuzeigen, daß das Streben nach Macht, Geld und Rationalität Ausdruck spezifischer tiefenpsychologischer – analer – Strukturen sei, die kultur- und erziehungsbedingt Westlern eigen sei, nicht aber oral strukturierten Afrikanern.[16]

An dieser Stelle ist die vielleicht bedeutendste psychologische Modernisierungstheorie zu erwähnen, die traditionale bzw. moderne Sozialstrukturen direkt mit einem traditionalen bzw. modernen »Menschentyp« in Verbindung bringt. Inkeles[17] zufolge ist erst das moderne Individuum »offen« und »flexibel«, um sich sozialen Veränderungen anzupassen bzw. sie zu bewirken. Das moderne Individuum hat einen weiten Interessen- und Bildungs-

12 McClelland/Winter 1969.
13 Heckhausen 1965; Rosen 1969; Vontobel 1970; Dittmann 1973.
14 Hagen 1971, S. 350 ff.
15 Lerner 1958.
16 Parin/Morgenthaler 1985, S. 531 ff.
17 Inkeles 1983.

horizont, während das traditionale Individuum sich nur für das Unmittelbare und Greifbare engagiert. Inkeles beschreibt die »psychologische Modernität« auf den Ebenen der Planung, Umweltanpassung, Lebensführung, Religion, Familie und politischer Partizipation. Vor dem Hintergrund der völkerpsychologischen Untersuchungen, die das Ausbleiben der Entwicklung formaler Operationen in Populationen traditionaler Regionen diagnostizierten, drängen sich die Parallelen zwischen dem von Inkeles beschriebenen traditionalen Typ und dem konkreten Denker im Sinne von Piaget bzw. zwischen dem modernen Typ und dem formalen Denker geradezu auf. Die transkulturelle Psychologie kann den Ansatz Inkeles' nicht nur bestätigen, sondern auch in einen umfassenderen und erfahrungswissenschaftlich abgesicherten Rahmen stellen.

Es ließe sich noch eine Vielzahl anderer psychologischer Entwicklungstheorien auflisten, aber der Argumentationsmodus derselben dürfte hinreichend klar geworden sein. Die genannten Theorien erzeugen ein Unbehagen hinsichtlich ihrer Operationalisierbarkeit und ihrer Erklärungskraft.

Die Frage ist: Wie und in welcher Weise läßt sich ein zuverlässiges Instrumentarium beschaffen, mit dem man die psychischen Veränderungen moderner gegenüber traditionalen Populationen messen kann? Die Theorien Lerners, Hagens und anderer genügen alles andere als strengen wissenschaftlichen Standards – was nicht besagt, daß die von ihnen genannten Phänomene falsch sind. Wie lassen sich die psychischen Strukturen von Bevölkerungen messen, die in Gesellschaften leben, die durch eine Periode der Rationalisierung und Entzauberung (Weber), der Differenzierung (Luhmann), der Zivilisation (Elias), der Individualisierung (Simmel, Durkheim) und Industrialisierung (Marx, Galbraith) gegangen sind?

Was liegt bei Beantwortung dieser Frage näher, als die Ergebnisse der transkulturellen Psychologie daraufhin zu prüfen, ob und inwiefern sie Aussagen über Gemeinsamkeiten und Unterschiede zwischen traditionalen und modernen Populationen macht? Ob man Medizinmann oder naturwissenschaftlich ausgebildeter Arzt wird, hängt von kulturellen Umständen ab, in die man hineingeboren wird. Für die magische oder wissenschaftliche Struktur des Wissens kann der Lernende nicht, der es sich aneignet. Daher muß man, wenn man die Existenz psychischer

Strukturdifferenzen testen will, von der Ebene der erlernten Kompetenzen abstrahieren, um die Ebene der basalen Grundstrukturen, wie sie die Entwicklungspsychologie mißt, zu betreten. Zeigen sich hier dann Differenzen, ist die These von der psychologischen Bedingtheit kultureller Entwicklung verifiziert. Gibt es also unterhalb der Ebene schwer operationalisierbarer psychologischer Phänomene wie Kreativität, Neugierde und Flexibilität psychologische Phänomene, die allen konditionierbaren und direkt situations- und umweltabhängigen Lerninhalten und Fertigkeiten vorausliegen? Die Antwort auf diese Frage liefert die Stadientheorie Piagets, welche die Ebene der basalen Grundstrukturen kognitiver Entwicklung beschreibt. Damit wird nichts Geringeres behauptet, als daß die transkulturelle Psychologie, angewandt auf die Modernisierungsforschung, der erfahrungswissenschaftliche Erbe und die theoretische Weiterentwicklung der soziologischen Theorien Webers, Durkheims, Parsons' und Elias' ist.

Es sei an dieser Stelle mit aller Deutlichkeit gesagt, daß ein völkerpsychologischer Ansatz der »menschlichen Ressourcen« keineswegs bedeutet, sozioökonomische Entwicklung resultiere allein oder auch nur im wesentlichen aus kognitiver Entwicklung. Wohl aber ist letztere Implikat und Voraussetzung für erstere. Natürlich ist McClellands Ansatz überzogen, denn sonst müßte in High-Tech ein größerer Anteil von Leistungsmotivation enthalten sein als in der Entwicklung von Bessemer-Stahl. Vielmehr ist psychologische Entwicklung, die zum Beispiel durch soziale Probleme und Anreize ausgelöst wird, die Basis für neue Problemlösungsfähigkeiten, deren Produkte (technisches Wissen, soziale Institutionen) dann in anderen Bereichen Veränderungen bewirken, die ihrerseits Wellenbewegungen auslösen. Gleichwohl müssen sich alle sozialen, ökonomischen und technischen Probleme der Modernisierung auf psychologische Voraussetzungen und auf die Handlungsfähigkeiten der Individuen beziehen lassen. Psychologische und institutionelle Phänomene interferieren. Die Rede vom psychologischen Faktor ist genau in diesem Sinne gemeint.

Der transkulturellen Psychologie kommt eine grundlegende Bedeutung für das Verständnis von traditionalen und modernen Gesellschaften zu. Modernisierung bedeutet in psychologischer Hinsicht insbesondere auch die Ausbildung formaler Operationen, ohne die differenzierte soziale Strukturen und komplexe Institutionen nicht entstehen. Die Problemkreise der Soziologie der modernen Institutionen, des Kulturvergleichs und des sozialen Wandels sind mit den Ergebnissen der transkulturellen Psychologie zu konfrontieren. Dies gilt auch für die Analyse von Kontakten zwischen fremden Kulturen, der Diffusion und des Transfers von Bräuchen und Techniken von einer Kultur zur anderen und der Prozesse der Unterordnung und der Einverleibung, die sich zwischen Kulturen abspielen. Welche Bedeutung hat also die schwache oder fehlende Entwicklung formalen Denkens in traditionalen Gesellschaften? Eine Antwort auf diese Frage setzt voraus, daß eine empirisch abgesicherte und theoretisch kohärente Interpretation der Testergebnisse gefunden wird. Denn frühere völkerpsychologische Untersuchungen thematisierten meist nur eine Kompetenz. Die ersten bahnbrechenden Zusammenfassungen und Deutungen der Untersuchungen wurden von Dasen (1974) und Hallpike (1984) vorgelegt. Inzwischen liegt nun auch eine die soziale und moralisch-rechtliche Entwicklung berücksichtigende Gesamtanalyse vor.[18]

Es ist an dieser Stelle unmöglich, die Unzahl der Homologien in den einzelnen Bereichen aufzuzeigen. Es wurde dargelegt, daß die logische Struktur des Denkens, die Transduktionen, der Symbolismus, die Anschaulichkeit und Konkretheit des Denkens, das Wort- und Sprachverständnis, die Kausalitäts-, Zufalls- und Wahrscheinlichkeitskategorien, generell das Naturbild und physikalische Verständnis (zum Beispiel Finalismus, Animismus, Artifizialismus, Magie), aber auch die sozialen Konzepte des Selbstbildes, der Perspektivenübernahme, des Fabulierens usw. sowie schließlich die moralisch-rechtlichen Konzepte des Rechtsverständnisses, des Prozeßrechts und des materiellen Rechts in traditionalen Gesellschaften präformalen, erkenntnisrealistischen Strukturen entsprechen. Dies wurde unter Heranziehung sowohl völkerpsychologischer Erhebungen als auch soziologischer, ethnologischer, rechts- und geschichtswissenschaftlicher Literatur gezeigt. Diese Homologien ergeben sich nicht bloß aus der Logik der Stadientheorie, sondern schon allein aus dem Sachverhalt des Ausbleibens formal-logischen Denkens in traditionalen Gesellschaften.

Eine substantielle Widerlegung der hier vorgetragenen Kern-

18 Oesterdiekhoff 1992.

these kann nur über einen Weg erfolgen: Allein der Nachweis der Unrichtigkeit der völkerpsychologischen Untersuchungen, die das Ausbleiben formalen Denkens bei analphabetischen Erwachsenen primitiver agrarischer Milieus ermittelten, könnte die hier erörterte Theorie der »menschlichen Ressourcen« im Kern widerlegen. Andere Einwände, die dieses Resultat entweder unberücksichtigt oder sogar gelten lassen, können zwar eine abweichende Gewichtung der einzelnen Entwicklungsfaktoren, das heißt eine stärkere Bedeutung des Kapital-, des Ausbeutungs-, des demographischen und anderer Faktoren betonen und gegebenenfalls beweisen. Einwände dieser Art beseitigten aber nicht die Existenz des hier behaupteten Zusammenhangs von sozialer Entwicklung und Denkstrukturen, sondern gewichteten sie nur anders.

Diese prinzipielle Überlegung verlangt nach einer Erörterung der Kausalitätsproblematik. Will man die transkulturelle Psychologie für die entwicklungspolitische Debatte nutzbar machen, so zieht dies keineswegs die Schlußfolgerung nach sich, die einzige »Ursache« von (Unter-)Entwicklung sei kognitiver Natur. Es wird nur behauptet, daß (Unter-)Entwicklung nicht angemessen verstanden werden kann, wenn man psychologische Faktoren als nicht bedeutsam oder gar nicht existierend im Hinblick auf den Entwicklungsprozeß einschätzt. Diese oft formulierte Einschätzung der Unbeachtlichkeit der Psychologie wird durch die völkerpsychologischen Resultate widerlegt. Präformales und formales Denken sind durch sehr unterschiedliche Merkmale gekennzeichnet, die sich in einem erheblichen Maße auf die Struktur sozialer, politischer, ökonomischer und technischer Phänomene einer Gesellschaft auswirken.

Auch wenn kognitive Strukturen einen kausalen Einfluß auf die zivilisatorische und materielle Entwicklung einer Gesellschaft ausüben, so lassen sich aus methodologischen Gründen keine präzisen Aussagen über die Determinationsstärke des psychologischen Faktors machen. Es ist daher ausgeschlossen, zum Beispiel den Anteil des psychologischen Faktors an der Gesamtheit der Entwicklungsfaktoren in Prozent zu bestimmen. Es ist nicht möglich, genau anzugeben, zu welchen Anteilen psychologische Entwicklung Ursache oder Wirkung anderer Entwicklungsfaktoren ist. Rechtsmodernisierung, Alphabetisierung, Kapitalisierung, Technisierung, Individualisierung und Bürokratisierung sind mit der Elaboration formalen Denkens verknüpft. Ob aber die Entwicklungsumstände, ob die sich modernisierenden Verfahren, Institutionen und Prozesse den Anstoß zur Ausbildung des formalen Denkens geben bzw. ob dies die sozialen Prozesse initiiert – diese Frage nach dem Gewicht der determinierenden Einflüsse bleibt unbeantwortet. Hier befindet sich das lineare Kausaldenken in einer theoretischen Sackgasse und muß ersetzt werden durch ein Kohärenzmodell, in dem lineare Relationen von Ursachen und Wirkungen durch Netzwerkrelationen ersetzt werden, in denen Wechselwirkungen vorherrschen.

Monokausale Theorien haben somit in der Entwicklungspolitik keinen Platz. Damit ist nun aber keineswegs dem Irrationalismus Tür und Tor geöffnet, lassen sich doch die Entwicklungsfaktoren und die Entwicklungsebenen durchaus darstellen. So können die Unterschiede zwischen traditionalem und modernem Recht, Wirtschaft, Politik, Weltbild und Medizin schließlich relativ präzise herausgearbeitet werden. Und auch die Prozesse der Wechselwirkung, die sich zum Beispiel zwischen der Formalisierung des Denkens und der Alphabetisierung abspielen, sind zumindest im Modell darstellbar. Nur lassen sich die Prozesse der Wechselwirkung, der Rückkoppelung und der Verstärkung, die die Entwicklungsfaktoren im Verhältnis zueinander ausüben, nicht in ein lineares Kausalmodell transformieren. Diese Grenze wissenschaftlicher Erkenntnis findet sich nun aber nicht nur in der Modernisierungstheorie, sondern ist ein grundsätzliches Problem sozialwissenschaftlicher Theoriebildung. So kann dieses Analyseergebnis auch nur diejenigen enttäuschen, deren wissenschaftstheoretischer Denkrahmen vom Hempel-Oppenheim-Schema umgrenzt ist.

Fazit: Eine Widerlegung der hier ausgearbeiteten entwicklungspolitischen Theorie bedürfte der Widerlegung der Untersuchungen der transkulturellen Psychologie. Für einen solchen Ansatz ist aber kaum eine argumentative Stütze ersichtlich. So könnten dependenztheoretische Argumente die Aussagekraft des hier formulierten entwicklungstheoretischen Ansatzes wohl ergänzen oder korrigieren helfen, aber kaum widerlegen.

Es muß daher zunächst offenbleiben, ob und inwiefern Bevölkerungswachstum, Kapitalausstattung, Ausbildungsdefizite und ungleiche Handelsbedingungen Ursachen, Randbedingungen oder bloße Folgen der Unterentwicklung sind. Vor dem Hintergrund des Rückkoppelungsmodells läßt sich die Behauptung aufstellen, daß diese Faktoren im Hinblick auf jeweils andere Entwicklungsfaktoren ganz unterschiedliche Stellenwerte einnehmen. Es wäre daher unsinnig, Bevölkerungswachstum oder ungleichen Tausch als prima causa der Unterentwicklung hinzustellen – das hieße, Symptome mit Monokausalität zu verwechseln. Vielmehr sind die genannten Phänomene im Netzwerkmodell sowohl Ursachen als auch Wirkungen, Randbedingungen und Symptome – je nach Relationierung im Hinblick auf andere Entwicklungsfaktoren.

Es stellt sich nun die Frage nach den Bedingungen der Möglichkeit einer Theorie des »Humankapitals«. Alle Randbedingungen, Mitursachen und Voraussetzungen müssen auf den Entwicklungsstand der menschlichen Ressourcen bezogen werden, da gesellschaftliche Prozesse aus menschlichen Handlungen resultieren. Entwicklungsprobleme und Kapitalmangel würden in einer Nation verschwinden, wenn das Humankapital ihrer Bevölkerung entsprechend entwickelt wäre. Insofern sind die beiden Phänomene – bezogen auf den Entwicklungsfaktor »Humankapital« – Randbedingungen und Wirkungen von Entwicklungsdeterminanten. Entfernte man diesen Faktor aber aus der wissenschaftlichen Analyse, dann wären sie als Ursachen diagnostizierbar.

Der Humankapital-Ansatz, der auf die psychisch-kognitive Entwicklung der Bevölkerung abstellt, ist natürlich immer vor dem Hintergrund der sozialen Bedingtheit kognitiver Entwicklung zu verstehen. Die kognitive Entwicklung ist schließlich keine letzte Bedingung von Entwicklung, sondern ihrerseits sozial vermittelt. Die Überlegenheit des Netzwerkmodells über das lineare Kausalitätsdenken wird damit augenscheinlich. Der Humankapital-Ansatz will kein idealistisches Denken wiedererwekken, sondern vielmehr eine Berücksichtigung der kognitiven Einflußfaktoren in der Geschichte einer Gesellschaft und im Entwicklungsvergleich zwischen Gesellschaften – im Gegensatz zur Unterbelichtung kognitiver Prozesse in materialistischen und ökonomischen Theorien – bewirken. Wenn auch keine exakten Angaben über das Ausmaß der kausalen Wirkung des kognitiven Faktors im Entwicklungsprozeß gemacht werden können, so versprechen die an Piaget orientierte Untersuchung des kognitiven Faktors und die aus ihr resultierenden völkerpsychologischen Resultate gleichwohl eine erhebliche Verbesserung der Einsichten in das Wirken mentaler Phänomene im Entwicklungsprozeß und im Ablauf menschlicher Geschichte überhaupt.

Es wäre daher sinnvoll, den Einfluß des kognitiven Faktors auf die materielle Entwicklung durch die Untersuchung der Auswirkungen präformaler Strukturen auf die wirtschaftliche Organisation in Entwicklungsländern zu überprüfen. Ein positives Ergebnis würde die Determinationskraft des psychologischen Faktors veranschaulichen und die Richtigkeit des Humankapital-Konzepts unter Beweis stellen.

4.1.3 Anwendungsbeispiele

Logik und Organisation. Erst formal-logisches Denken ermöglicht hypothetische, abstrakte und syllogistische Denkoperationen. Untersuchungen in Afrika, Asien und Lateinamerika haben gezeigt, daß analphabetische Erwachsene traditionaler Milieus in der Regel nicht formal-logisch denken. Mindestens dreijährige Schulbildung ist vonnöten, damit syllogistisches und hypothetisches Denken eingeübt werden kann.[19] Demnach ist davon auszugehen, daß mehrere hundert Millionen Erwachsener nicht formal-logisch denken. Dies bestätigt die Thesen Lévy-Bruhls und stellt sie auf eine experimentelle Basis.

Die Bedeutung dieses Befundes für die Entwicklungspolitik kann kaum überschätzt werden. Beobachtern traditionaler Wirtschafts-, Organisations- und Geschäftspraktiken ist immer wieder der Mangel an formaler Logik aufgefallen. Besters und Boesch[20] führen den häufigen Mangel an unternehmerischem und organisatorischem Geschick in manchen Entwicklungsregionen auf fehlende Zweckrationalität bzw. auf das Vorhandensein von Magie in Entscheidungsfindungen zurück. Mangelnde Rationalität und fehlende Zweck-Mittel-Orientierungen von Verhaltensweisen wurden immer wieder analysiert.[21]

Auch die manageriellen und die unternehmerischen Organisationsprobleme leiden unter der Irrationalität sowie der mangelnden Prinzipialisierung und Dynamisierung wirtschaftlichen

19 Luria 1982; Scribner 1984; Cole/Scribner 1974.

20 Besters/Boesch 1966, S. 1619 f.

21 Schedl 1975, S. 4; Knall 1962, S. 233; Freund 1968.

Handelns.[22] Die Ursachen des Scheiterns der meisten modernen afrikanischen Betriebe liegen in Managementfehlern.[23] Die mangelnde Rationalität des Organisationsverhaltens wurde am Beispiel deutsch-indischer joint-ventures dargestellt und aus der Struktur indischer Mentalität abgeleitet.[24] Managementprobleme in Entwicklungsregionen wurden immer wieder mit der psychologischen Forschung logischen, hypothetischen Denkens in Verbindung gebracht.[25]

Natürlich sind nicht alle Organisations- und Managementdefizite in der mangelnden Übung formalen Denkens begründet. Auch verfügen ausgebildete Unternehmer und Manager mit moderner Ausbildung in Afrika, erst recht in Lateinamerika und Fernost, zweifellos über formale Denkfähigkeiten. Gleichwohl sind die Beispiele Legion, die Organisations- und Managementdefizite, generell Wirtschaftsprobleme aus einem Mangel an rationalem Denken ableiten. Dieser Befund gilt insbesondere für die agrarischen und kleingewerblichen Produktionsweisen.

Nun einige Angaben zur *Psychologie der Technikakzeptanz*. Der Entwicklungspsychologie zufolge sind naturwissenschaftliche Konzeptionen von Natur und Technik unmittelbarer Ausdruck formal-logischen Denkens im Bereich der Physik. Bei Adoleszenten in Industriegesellschaften reifen mit dem Einsatz formalen Denkens automatisch naturwissenschaftlich-technische Grundkonzeptionen. Die Bindeglieder zwischen formalem Denken und Physik sind Konzeptbegriffe wie Kausalität, Zufall, Kombinatorik und Wahrscheinlichkeit. Schon Piaget wies nach, daß die traditionalen Naturkonzepte präformal seien und die Geschichte der europäischen Naturwissenschaften daher eine direkte Folge der Etablierung formalen Denkens sei.[26]

Das in traditionalen Regionen oft fehlende Verständnis für technische Abläufe resultiert auch aus dem Vorherrschen des erkenntnisrealistischen, magischen und animistischen Denkens. Die schulmäßige Entwicklung formalen Denkens ist ein Weg, soll dieses Problem entwicklungspolitischer Maßnahmen beiseite geräumt werden.

22 Schedl 1975, S. 255, 272; Hesse 1962, S. 251.
23 Schedl 1975, S. 164; Oesterdiekhoff 1993 b.
24 Kumar 1975, S. 172 ff.
25 Keller 1982, S. 169.
26 Piaget/Inhelder 1977; Piaget 1975, Bde. 8-10.

Der Transfer moderner Technik in fremde Kulturen ist vor allem deshalb problematisch, weil dort die soziokulturellen Voraussetzungen für eine erfolgreiche Adaption fehlen.[27] Die Probleme, die traditionale Menschen mit der Technik haben, und die hieraus für die industrielle Arbeitsorganisation erwachsenden Schwierigkeiten schildern K. Röh (1971) am Beispiel Rourkelas und J. U. Mohr am Beispiel Nigerias:

»Die Arbeitsproduktivität ist bei Tätigkeiten, die eine Koordination verschiedener Arbeitsvorgänge, technisches und technologisches Denken, Organisationsfähigkeit, eigene Entscheidung, Urteilsvermögen und Improvisation verlangen, äußerst gering und erreicht bei weitem nicht das Niveau ... der Europäer.«[28]

G. Berger (1986) zeigt am Beispiel der Industrialisierung Irlands ähnliche Phänomene auf – mit Hilfe der Zivilisationstheorie Elias'. So kann daher das in der Entwicklungspolitik bekannte Problem der Technikakzeptanz ebenfalls teilweise entwicklungspsychologisch erklärt werden.

Zeitbewußtsein und Organisation. Gemäß entwicklungspsychologischer Forschung ist das lineare, metrische und abstrakte Zeitbewußtsein kein angeborenes Apriori der kognitiven Entwicklung, sondern entwickelt sich als Ausfluß formalen Denkens. Das präformale Zeitbewußtsein ist statisch, räumlich, konkret und zyklisch.[29] Völkerpsychologische Untersuchungen zeigen, daß das traditionale Zeitbewußtsein präformal strukturiert ist.[30] Dies deckt sich mit »literarischen« Untersuchungsergebnissen zum traditionalen Zeitverständnis.[31] Das Fehlen eines abstrakten Zeitbewußtseins wird durch die mangelnde methodische Lebensführung erklärt.[32]

Die Entwicklung zu einer modernen Industriegesellschaft ohne Zeitplanung, ohne lineares Zeitbewußtsein, in welchem die Zeitebenen operativ gruppiert werden, ist logisch undenkbar und faktisch nicht möglich. In traditionalen Regionen von Entwicklungsländern herrschen bekanntlich große Probleme hinsichtlich Pünktlichkeit und Zeitplanung auch am industriellen Arbeits-

27 Goldschmidt 1977; Freund 1968.
28 Mohr 1968, S. 213; vgl. auch Gussmann 1953.
29 Piaget 1974.
30 Bovet 1975; Hallpike 1984.
31 Elias 1984; Eliade 1984; Wendorff 1980; Gurjewitsch 1980.
32 Lee 1984.

platz, im Handel, im Management und in der Verwaltung.[33] Die in der Entwicklungsdiskussion bekannten Probleme des Zeitbewußtseins, die eine wirksame Organsiation erschweren, sind entwicklungspsychologisch erklärbar.

Soziales Handeln und Organisation. Auch die sozialen Probleme wirtschaftlicher Organisationen in Entwicklungsregionen sind teilweise entwicklungspsychologisch erklärbar. Laut entwicklungspsychologischer Forschung wird das präformale Denken über soziale Belange im wesentlichen von zwei miteinander verbundenen Phänomenen bestimmt: Autorität und Egozentrismus. Erst das formale Denken entdeckt die demokratische Kooperation und die reflexive Perspektivenübernahme.[34] Die gleichen Phänomene stehen im Zentrum der Forschung sozialer und ökonomischer Organisationen in Entwicklungsländern.

Traditionale Autoritäts- und Herrschaftskonzepte lassen sich also tendenziell aus dem präformalen Denken, demokratische Herrschaftskonzepte aus dem formalen Denken ableiten.[35] Der autoritäre, patriarchalische, teilweise despotische Charakter traditionaler Herrschaftsstrukturen in Familie, Staat und Organisationen ist oft dargestellt worden. Die Dominanz dieser patriarchalischen und autoritären Strukturen in Wirtschaftsorganisationen der Entwicklungsländer ist gleichfalls untersucht worden.

Da die Familie und die Lehnsbeziehung das Vorbild der Unternehmung sind, verhindert der Patriarchalismus eine klare Kompetenz- und Verantwortungsabgrenzung.[36] Der Manager gleicht oft einem Patron, der väterliche Schutzfunktionen übernimmt und Ergebenheit fordert[37], ähnlich wie es im Mittelalter der Lehnsherr tat. Diese Verhaltensweisen bewirken die bekannten Phänomene: Anciennitätsprinzip, Informationsblockaden, die Dominanz des Persönlichen über das Sachliche und der persönlichen Macht über das rationale Geschäftsinteresse.[38] Genau

33 Wendorff 1980; Berger 1986, S. 290 ff.; Mohr 1968, S. 143; Keller 1982, S. 195 ff.

34 Piaget 1973; Damon 1984.

35 Oesterdiekhoff 1992.

36 Keller 1982, S. 489.

37 Keller 1982, S. 450 ff.; Cochran 1965, S. 123 ff.

38 Schedl 1975; Keller 1982; Cochran 1965.

diese Phänomene finden sich nicht nur auf der Führungsebene, sondern auch in der Arbeiterschaft.[39]

Ein effektives Leistungshandeln verlangt aber, daß Organisationen nach klaren Regeln und Strukturen aufgebaut sind, daß Arbeitsbeziehungen berechenbar und Kompetenzen funktional differenziert sind.[40] So erklärt auch Boesch (1971) das niedrigere Leistungsniveau in Entwicklungsmilieus aus der permanenten Beugung der Sachlichkeit unter die Autorität. Dieses Phänomen erklärt er mit der pietätvollen Unterordnung der Untergebenen unter die patriarchalischen Führungskräfte. Der fehlende Sachbezug traditionaler Autorität und der Patriarchalismus der Führung ergeben sich aus dem verallgemeinerten Schema unilateraler, familiärer Generationsbeziehungen. Die Verlängerung der kindlichen Pietätshaltung der Untergebenen ins Erwachsenenalter und komplementär der patriarchalische Führungsstil können daher mit Hilfe entwicklungspsychologischer Kategorien verständlicher gemacht werden. Demokratischer und kooperativer Führungsstil ermöglicht durch die funktionale Anbindung der Autorität effektive Leistungssteigerungen.[41] Möglicherweise liegt der Grund für die Effizienz der japanischen Unternehmensführung, die am Clanmodell orientiert ist, in den darin eingebauten Prinzipien der Harmonie, Loyalität und Kooperation, während der Patriarchalismus in lateinamerikanischen Unternehmungen zu Mißtrauen, Mißgunst und schlechter Kooperation führt.[42]

Egozentrismus und soziales Handeln. Erst das formale Denken gestattet eine effektive Dezentrierung der Perspektiven, wodurch sich das Subjekt in ein Bezugssystem mit anderen Subjekten einordnen kann. Erst dann gelingt eine reflexive Übernahme fremder Perspektiven und eine Einordnung des eigenen Standpunktes in ein Bezugssystem. Unterhalb des formalen Denkens wird soziale, organisatorische und materielle Sachlichkeit durch den eigenen, unreflektierten Standpunkt permanent gebeugt. Dieser Egozentrismus ist nicht das Gegenteil, sondern das Komplement der Willkürautorität. Willkürautorität führt nicht zu einer effektiven Sozialisierung der Individuen, sondern konserviert den

39 Fürstenberg 1966; Röh 1971; Seibel 1968; Mohr 1968.
40 Simon 1955; Weber 1980.
41 Drucker 1967; Hartmann 1968; Damon 1984.
42 Deutschmann 1984; Keller 1982, S. 445 ff., 492 ff.

Egozentrismus des Untergebenen wie den des Befehlenden, weil kein sachlicher Austausch der Standpunkte stattfindet.[43]

Dieser Mangel an Anpassung der Individuen an sachliche Erfordernisse und Funktionen ist, wie er Entwicklungspraktikern bekannt ist, ein Hauptproblem der Organisation und des Wirtschaftsgeschehens in Entwicklungsländern. Keller analysiert das Zusammenspiel von Willkürautorität und extremem Individualismus im lateinamerikanischen Management, während Cochran aus dem Egozentrismus des lateinamerikanischen Unternehmers den Mangel an konstruktiver Kritik, an organisatorischer und ökonomischer Effizienz ableitet.[44] Diesem Egozentrismus sind unter anderem zuzurechnen:

- die Unfähigkeit der Arbeiter und Angestellten, ihre Kompetenzen in betriebliche Zusammenhänge einzuordnen, ihre Fähigkeiten einigermaßen einzuschätzen. Hierzu gehört der unter Leitenden weitverbreitete Glaube, direkt nach einer theoretischen Ausbildung Betriebe leiten zu können und darauf einen Anspruch zu haben.[45] Arbeiter neigen dazu, nicht bereit zu sein, persönliche Prestigebedürfnisse zugunsten betrieblicher Abläufe zurückzustellen. Das Denken in Positionen dominiert die Anpassung an funktionale Arbeitsabläufe. Daraus resultieren niedrige Arbeitsproduktivität und hoher Produktionsausfall und -ausschuß[46];
- das unrealistisch hohe Anspruchsniveau der Unternehmer und Manager hinsichtlich der Gewinn- und Rentabilitätsziele, des Verhältnisses von Zielen und Mitteln, der Formulierung der Planziele und des Zeit- und Arbeitsaufwandes usw. Hier zeigt sich, wie Praktiker sagen, ein Wunschdenken und ein Wunderglaube, der dem egozentrischen Fabulieren in traditionalen Regionen entspricht[47];
- die mangelnde Bereitschaft, initiativ zu werden, Verantwortung zu übernehmen, Fehler zu erkennen und einzugestehen.[48]

43 Piaget 1973, 1981, 1984; Damon 1984.
44 Keller 1982, S. 445 ff.; Cochran 1965, S. 126 ff.
45 Mohr 1968, S. 170 ff.; Kumar 1975, S. 153, 158; Richman/Copen 1972; Keller 1982; Röh 1971; Seibel 1968, S. 53.
46 Röh 1971; Mohr 1968, S. 170 ff.; Fürstenberg 1966.
47 Oesterdiekhoff 1992.
48 Kumar 1975; Berger 1986, S. 260 ff.; Röh 1971; Mohr 1968, S. 184; Keller 1982.

Das immer wieder beklagte Scheitern der entwicklungspolitischen Hilfsmaßnahmen, insbesondere der Kapital- und Technikhilfe, ist ein Fingerzeig auf tieferliegende Bedeutungen und weitreichende Voraussetzungen materieller Entwicklung. Im Mittelpunkt dieser sogenannten soziokulturellen Voraussetzungen stehen psychologisch-kognitive Strukturen der Populationen. Damit hohe Investitionen im infrastrukturellen, technischen und wirtschaftlichen Bereich Früchte tragen können, müssen die erforderlichen Handlungsfähigkeiten der Bevölkerung ausgebildet sein.

Daher müssen in der Bevölkerung entsprechende Mobilitätsneigungen, kognitive Flexibilität und Handlungsfähigkeiten entwickelt sein, wenn materielle Prozesse in Gang kommen sollen. Entwicklungshilfe fällt nur dann auf den sprichwörtlich fruchtbaren Boden, wenn diese Korrespondenzbedingungen beachtet werden, was offenbar in der Vergangenheit nicht getan wurde bzw. bei kapitalintensiven Großprojekten wegen der prestigeträchtigen Vorzeigequalität politisch nicht opportun war. Maßnahmen für Entwicklung des Humankapitals umfassen insbesondere Bildungs- und Ausbildungsinvestitionen, wissenschaftliche Forschung und Organisationsfähigkeit, aber auch familien- und kommunikationspolitische Maßnahmen.

Die Entwicklung des formalen Denkens verlangt, daß Individuen frühzeitig und fortgesetzt mit Lösungen komplexer Probleme konfrontiert werden. Mehrjährige Schulbildung ist ein entscheidender Schrittmacher der Formalisierung von Denkprozessen. Diese Transformation der kognitiven Strukturen bewerkstelligt eine Rationalisierung der Handlungsfähigkeiten, was den Individuen den Zugang zu einer wirksameren Handhabung organisatorischer, ökonomischer und technischer Verfahren, aber auch zur besseren Lösung politischer, sozialer und kultureller Probleme eröffnet. Formalisierung des Denkens bedeutet eine Erweiterung des intellektuellen Horizonts, die für ein innovatives Handeln ebenso von Bedeutung ist wie für soziale Mobilität.

Die Schaffung individueller Handlungsspielräume durch Abbau traditionaler Handlungszwänge und autoritärer Strukturen ist sowohl Bedingung als auch Folge der Erweiterung des intellektuellen Horizonts, von mehr Handlungsflexibilität und größerer Neigung zu Mobilität.

Organisationsstrukturen zählen zu den wichtigsten Faktoren,

welche die Produktivität der Arbeit bestimmen, denn Unternehmungen können in der Regel nur Bestand haben, wenn ihre Rentabilität unter anderem durch wirksame Organisation gewährleistet ist.[49] Wenn die erforderlichen Verhaltensweisen in einer Bevölkerung nicht in ausreichendem Maße entwickelt sind, gefährdet dies Unternehmungen in ihrer Existenz. (Unter-) Entwicklung ist nicht nur das Resultat von »mechanischen« und »materiellen« Prozessen, sondern vor allem das Resultat dessen, was Menschen tun bzw. was sie unterlassen. Dieses Urteil wird in seiner Geltung nicht durch den Einwand entkräftet, daß die Entwicklung des »menschlichen Faktors« ihrerseits wieder sozial vermittelt ist, sondern nur in einen umfassenderen theoretischen Rahmen gestellt.

Die Untersuchungsergebnisse bestätigen die Auffassung, daß das Entwicklungsniveau der Produktivität der Arbeit, auch insofern es technologisch bedingt ist, im wesentlichen durch die Qualität der menschlichen Arbeit bestimmt ist. Armut und Reichtum der Nationen ergeben sich letztlich aus dem Entwicklungsstand der Produktivität der Arbeit, wobei sich im Laufe der industriellen Entwicklung der Schwerpunkt des Wirtschaftens vom ersten zum zweiten und dritten Sektor verschoben hat.[50] Der sektorale Wandel ist nicht zuletzt Folge der Erhöhung der Produktivität der Arbeit, die sich zunächst im Agrarsektor auswirkt, die Entstehung des Industriesektors ermöglicht und dann einen weiteren Schub in der Produktivität der Arbeit bewirkt. Reichtum und Entwicklung einer Nation sind in diesem Sinne eine Folge der verbesserten Arbeitsfähigkeiten der Bevölkerung. Die entwickelten Fertigkeiten und das vermehrte Wissen der Bevölkerung, die die Erhöhung der Produktivität der Arbeit bedingen, sind direkt mit der kognitiven Weiterentwicklung, das heißt mit der Elaboration des formal-operationalen Denkens in modernen Gesellschaften verbunden. Um den Zusammenhang zwischen Schul- und Berufsausbildung und Entwicklungspsychologie einschätzen zu können, sei hier noch einmal auf die Bedeutung der (mindestens dreijährigen) Schulbildung für die Formalisierung der Denkprozesse verwiesen. Die Aneignung des Wissens und der Fertigkeiten, die für den Ablauf vieler komplexer moderner Institutionen konstitutiv sind, verlangt die vor-

49 Harbison 1956, S. 371.
50 Fourastié 1969.

gängige bzw. gleichzeitige Elaboration der formalen Strukturen. Demnach bedeutet die Umsetzung der völkerpsychologischen Forschungsergebnisse in Entwicklungspolitik, die endogenen Faktoren zuungunsten der exogenen Faktoren der Unterentwicklung hervorzuheben. Armut und Reichtum der Nationen haben weniger mit einer ungleichen internationalen Verteilung der Mittel zu tun, wie die Vertreter von Dependenztheorien glauben machen wollen, sondern sind im wesentlichen Folge der unterschiedlichen Produktivität der Arbeit. Die Struktur der Weltwirtschaftsordnung, Kapitalbewegungen, Entwicklungs- und Technikhilfe haben keinen letztdeterminierenden Einfluß auf die Entwicklungsfaktoren, da sie nicht entscheidend die soziokulturellen Voraussetzungen betreffen, die den Entwicklungsstand der Arbeitsproduktivität bestimmen. Die Arbeitsproduktivität ist das Bindeglied zwischen dem nach außen sichtbaren Reichtum und Entwicklungsstand der Nationen und den im Inneren wirksamen Fertigkeiten, Handlungs- und Organisationsstrukturen der Bevölkerung. Die analysierten Verhaltensweisen sind gleichsam eine empirische Brücke zwischen den Untersuchungsresultaten der transkulturellen Psychologie und den Industrialisierungsproblemen in manchen Entwicklungsländern.

Die transkulturelle Psychologie ist nicht nur insoweit für die Entwicklungspolitik von Bedeutung, als sie das in den Organisationen sich manifestierende, die Arbeitsproduktivität bestimmende Verhalten erklärt, sondern sie ist auch bei der Erklärung des Gewichts der übrigen endogenen und exogenen Faktoren beteiligt. Denn auch die politischen Strukturen, der despotische Charakter der staatlichen, religiösen und feudalen Herrschaftsinstitutionen in vielen Entwicklungsregionen, die wirtschaftliche Entwicklung hemmen oder einfrieren, sind entwicklungspsychologisch mitbedingt. Das politische und religiöse Denken im präformalen Stadium ist autoritär.

Demzufolge kann die völkerpsychologisch rekonstruierte Theorie »menschlicher Ressourcen« als eine Variante der Modernisierungsforschung verstanden werden und für praktische Entwicklungspolitik fruchtbar gemacht werden. Sie unterscheidet sich von traditionellen Modernisierungstheorien durch die zusätzliche Einführung des »psychologischen Faktors«, der verhindert, Modernisierung als eine leicht zu arrangierende Transformation von Institutionen zu verstehen.

Die Bindung der Erklärung von Modernisierungsprozessen an die kognitive Entwicklung stärkt die Ansätze, die die Modernisierung als einen evolutionären Prozeß, als einen sozialen Fortschritt verstehen. Innerhalb der Stadientheorie nehmen die formalen Operationen einen evolutionären Stellenwert ein; wenn die Modernisierung mit ihnen verknüpft ist, dann ist sie kein historisches Zufallsprodukt, sondern in ihren essentiellen Strukturen ein Resultat der sozialen Evolution universalisierbaren Inhalts. Politische Freiheit, Industrialisierung und wirtschaftliches Wachstum sind das Resultat effizienterer Lebensbewältigung und Weltbeherrschung. Modernisierung ist als eine Weiterentwicklung sozialer Institutionen aufzufassen, wie formales Denken als ein Bildungsprozeß der Individuen zu verstehen ist. Zweifellos sind in westlichen Gesellschaften viele irrationale Momente verkörpert, Herrschafts- und Ausbeutungsstrukturen können aber nicht den »universalistischen« Charakter westlicher Institutionen verdunkeln: Sozialer Fortschritt bedeutet Industrialisierung, Alphabetisierung und Demokratisierung.

4.2 Objektive Faktoren
Zur Rolle materieller Faktoren sehr langfristiger gesellschaftlicher Entwicklung: Ein ökologisch-ökonomischer Ansatz[51]

Es gibt verschiedene Möglichkeiten, die sozialökonomische Entwicklung der Menschheit auf psychologische Prozesse zu beziehen. Es ist wohl deutlich geworden, daß die Theorie Piagets in dieser Frage die Fundamente tiefer legen kann als konkurrierende Forschungsprogramme. Gerade deshalb wird die Frage laut, ob es nicht nur im Bereich der subjektiven Faktoren, sondern auch im Bereich der objektiven, institutionellen und ökonomischen Faktoren möglich sei, zu einer Ebene zu gelangen, die man

51 Kapitel 4.2 ist eine leicht veränderte Fassung eines Vortrags, der auf dem XX. Kongreß der Europäischen Gesellschaft für Agrarsoziologie und der Sektion Land- und Agrarsoziologie der DGS in Bonn am 19. 12. 1993 gehalten wurde. Versuchte Kapitel 4.1 eine *subjektiv-psychologische* Fundierung der entwicklungspolitischen Thematik, so strengt Kapitel 4.2 eine *objektiv-materialistische* Fundierung an.

als das materialistische Fundament sozialökonomischer Entwicklung bezeichnen könnte. In diesem Kapitel wird die Skizze einer materialistischen Theorie der sozialen Evolution erarbeitet, die deren fundamentale objektive Faktoren beschreibt. Max Weber sagte, eine »spiritualistische« und eine materialistische Theorie der Geschichte seien gleichermaßen möglich. Man müßte hinzufügen: Subjekt und Objekt bedingen einander, sonst geriete man in die hegelianische Theoriefalle einer »Selbstbewegung des Geistes«, nur piagetianisch gewendet. In diesem Kapitel wird in diesem Sinne versucht, die sozialökonomischen Anreizbedingungen subjektiv-psychologischer und kognitiver Entwicklung zu beschreiben. Wenn die Dialektik von Subjekt und Objekt soziale Entwicklungsprozesse konstituiert, wenn dabei die subjektive Entwicklung piagetianisch dargestellt werden kann, so zeigt dieses Kapitel, auf welchem Wege die basale objektive Entwicklung sich beschreiben läßt.

Im folgenden wird versucht, die Theorie Ester Boserups zu einer Theorie der *sehr* langfristigen sozialökonomischen Entwicklung auszubauen. Boserups Theorie thematisiert »Bevölkerungswachstum« als Basisfaktor der Entwicklung von Kulturen und Hochkulturen, von europäischen und außereuropäischen Kulturen.[52]

Weniger in der Soziologie, wohl aber in der Kulturanthropologie und vor allem in der Ökonomie und Wirtschaftsgeschichte ist insbesondere im letzten Jahrzehnt der Ruf nach einer Theorie der sehr langfristigen sozialökonomischen Entwicklung laut geworden. Es wurde eine ganze Anzahl von Arbeiten vorgelegt, die den Anspruch erhoben, die weltgesellschaftliche Entwicklung seit der Neolithisierung aus einem Guß, und vor diesem Hintergrund den Aufstieg Europas, theoretisch erklären zu können. Ich nenne hier nur Eric Jones' *Das Wunder Europa* und Douglass North' *Theorie des institutionellen Wandels* sowie auch Günter Hesses *Entstehung industrialisierter Volkswirtschaften*.

Und in der Tat: Den Aufstieg der Industrieländer und die Entwicklung der vergangenen und der zeitgenössischen Agrarstaaten kann man nur vor dem Hintergrund einer Theorie verstehen, welche die Entwicklung von den Wildbeuter- über die Agrar- zu den Industriegesellschaften einheitlich und systematisch erklärt. Ist eine systematische Theorie der sozialen Evolution angesichts

52 Vgl. auch Oesterdiekhoff 1993 a.

der Komplexität der Phänomene nicht formulierbar, dann können auch kurzfristige und regionale Entwicklungen, wie zum Beispiel die industrielle Revolution in Deutschland im 19. Jahrhundert oder die agrarökonomische Entwicklung Afrikas im 20. Jahrhundert, nicht kohärent erklärt werden.

Eine Theorie der sehr langfristigen sozialökonomischen Entwicklung ist notwendig für die Erklärung und Einordnung von kausal abhängigen Variablen wie Eigentumsrechten, Technologien, Mentalitäten und politischen Prozessen, die von verschiedenen Autoren oft als unabhängige Variablen sozialer Entwicklung behandelt und somit in ihrer Erklärungsleistung überschätzt werden. Eine systematische Theorie der sozialen Evolution bzw. eine Theorie der sehr langfristigen sozialökonomischen Entwicklung ist daher als eine Voraussetzungsanalyse zu verstehen. Erst eine systematische Voraussetzungsanalyse sozialer Evolution ist imstande, den kausalen Stellenwert verschiedener Faktoren sozialer Evolution einzuordnen und zu gewichten.

Die Bemühungen von Theoretikern der sehr langfristigen sozialökonomischen Entwicklung zielen somit auf die theoretische Erklärung konkreter historischer Ereignisse und Entwicklungen ab. Die Fragestellungen sind zum Beispiel: Aus welchen Bedingungen ist die neolithische Revolution zu erklären? Warum entwickelte sie sich zuerst im Nahen Osten? Weshalb entstanden agrarische Hochkulturen? Warum entwickelte sich die industrielle Revolution zuerst in England und warum nicht in China? An diesen Fragestellungen ist schon kenntlich, daß dieser Theorietypus sich fundamental zum Beispiel von formalen, systemtheoretisch fundierten Evolutionstheorien unterscheidet, die in der Soziologie verbreitet sind. Theorien der sehr langfristigen sozialökonomischen Entwicklung formulieren keine abstrakten, geschichtslosen Modelle, sondern versuchen in tendenziell universalhistorischer Absicht tatsächliche historische Entwicklungen kausal zu erklären. Diese Theorien unterscheiden sich untereinander aber vor allem in der Angabe der Faktoren, die für die soziale Evolution verantwortlich gemacht werden. Immer wieder aber thematisieren diese Theorien geographische und klimatische Umgebungsbedingungen, agrarökonomische und agrarsoziale Strukturen, Bevölkerungsentwicklungen, Technologien, Eigentumsrechte und politische Strukturen.

Die Theorie Ester Boserups beansprucht neolithische, agrarökonomische und industrielle Transformationsprozesse aus dem Bevölkerungswachstum, aus dem Bevölkerungsdruck angesichts knapper Ressourcen, einheitlich erklären zu können. Niedrige Besiedlungsdichten erlauben den Populationen wildbeuterische und sammelnde Wirtschaftsweisen. Eine Besiedlungsdichte über 1-2 Personen pro Quadratkilometer erzwingt landwirtschaftliche Produktion, diese ist zwar mit Mehrarbeit bei gleicher Kalorienproduktion verbunden, erlaubt aber Bevölkerungszuwächse. Ein noch weiter fortschreitendes Bevölkerungswachstum erzwingt zunehmende Intensivierung landwirtschaftlicher Produktion bei zunächst immer weiter steigendem Arbeits- und später auch Kapitaleinsatz.

So hat Boserup eine systematische Theorie vorgelegt, welche die Existenz von Wildbeutergesellschaften, dann die Entstehung von Agrargesellschaften, schließlich von Städten, Hochkulturen und Industriegesellschaften aus einem Guß, nämlich aus der Besiedlungsdichte, aus dem Bevölkerungsdruck auf knappe Ressourcen erklärt. Niedrige Besiedlungsdichte erklärt, positiv formuliert, die Existenz von Wildbeutergesellschaften und, negativ formuliert, das Fehlen von Agrar- und Industriegesellschaften. Je dichter die Besiedlung, um so stärker sind die Agrarbetriebssysteme entwickelt, und um so weiter haben sich Zivilisationen in Form von Städten und Staaten entwickelt. Sehr hohe Besiedlungsdichten und Intensivwirtschaften involvieren industrielle Prozesse.

Die Theorie Ester Boserups ist implizit und explizit weithin anerkannt. Implizit deshalb, weil von Wirtschafts- und Sozialhistorikern, zumal von Agrarhistorikern, aber auch von Entwicklungsländerforschern die Rolle des Bevölkerungswachstums schon oft als Erklärungsfaktor von sozialen Prozessen herangezogen worden ist. Explizit hat die Theorie Boserups vor allem weite Bereiche der Kulturanthropologie und der Agrarökonomie der Entwicklungsländer erobert. So erklären die herrschenden Theorien der Neolithisierung die Entstehung der Viehzucht und des Ackerbaus sowie der frühen Stadtkulturen aus steigender Besiedlungsdichte. Auch die weitere Entwicklung der agrarischen Betriebssysteme wird überwiegend aus dem Bevölkerungswachstum erklärt. Auch in der Wirtschafts- und Sozialgeschichte spielt das Bevölkerungswachstum oft und immer mehr die Rolle eines grundlegenden Kausalfaktors. Führende Wirtschaftshistoriker erklären zum Beispiel den Aufstieg Europas im Hochmittelalter, die Entwicklung der europäischen Agrarlandschaft und auch die industrielle Revolution aus dem Bevölkerungswachstum.

Aber die Theorie Boserups ist auch an Grenzen gestoßen; ihre Annahmen reichen nicht aus, um sie zu einer systematischen Theorie der sozialen Evolution auszubauen. Sie behandelt das Bevölkerungswachstum als unabhängige Variable; Bevölkerungswachstum ist danach das Resultat ubiquitärer »natürlicher Fertilität«. Boserup kann aber meines Erachtens nicht erklären, *warum* und *wann* und *in welcher Region* und *in welchem Ausmaß* Bevölkerungswachstum einsetzt. In ihren Arbeiten hat sie sich nicht um eine Voraussetzungsanalyse der Faktoren bemüht, die ihrerseits Bevölkerungswachstum bewirken.

Daher möchte ich die fehlenden Teilstücke, die aus verschiedenen Disziplinen herangezogen werden müssen, diskutieren und versuchen, so die Theorie Boserups zu komplettieren und zu einer Theorie der sehr langfristigen sozialökonomischen Entwicklung auszubauen. Es sind im wesentlichen zwei Gruppen von Sachverhalten, die herangezogen werden müssen: zum einen die Erkenntnisse über die paläolithische Besiedlungsgeschichte der Erde, insbesondere die Forschungsergebnisse der Gruppe um Cavalli-Sforza der letzten zehn Jahre; zum anderen die Erkenntnisse der Anthropogeographie insbesondere der letzten fünfzehn Jahre.

Nach den Untersuchungen Cavalli-Sforzas und anderer Autoren hat der vor vielleicht 150 000 Jahren in Afrika entstandene homo sapiens sapiens erst vor ca. 60 000 Jahren den Nahen Osten erreicht, vor ca. 35 000 Jahren den Fernen Osten und Europa und vor ca. 30 000 Jahren Amerika und Australien. Eine kurze Warmphase innerhalb der letzten Eiszeit ist für die rasche Vermehrung und Ausbreitung des Menschen vor ca. 30 000 Jahren verantwortlich. Diese Ausbreitung ist wohl auch die Ursache des Aussterbens der letzten hominiden Konkurrenten vor 30 000 Jahren.

Es besteht heute kein Zweifel mehr an der These, daß das Ende der Eiszeit vor 12 000 Jahren das dann einsetzende Bevölkerungswachstum und somit die so bedingten neolithischen Prozesse bewirkt hat. Vor 12 000 Jahren lebten etwa 5 Millionen

Menschen auf der Erde. Auch unter den Bedingungen der wildbeuterischen Tragekapazität waren damit die besiedelten Gunsträume der Kontinente nicht überbevölkert. Erst im Laufe der Warmperiode vermehrten sich die Menschen so stark, daß von einer echten flächendeckenden Inbesitznahme der Gunsträume der Kontinente überhaupt gesprochen werden kann. Es ist noch nicht ganz geklärt, ob die Ausrottung des größten Teils der Säugetiere nach der Eiszeit mehr durch den Klimawechsel oder mehr durch die infolge des Bevölkerungswachstums zunehmende Bejagung zu erklären ist. Das Mesolithikum ist jedoch dadurch gekennzeichnet, daß das zunehmende Bevölkerungswachstum die Menschen immer mehr zwingt, vom Sammeln zum Jagen zu wechseln und die Techniken des Jagens immer mehr zu verbessern, um angesichts schrumpfender Flächen pro Person die Nahrung sicherstellen zu können.

Nach der weithin geteilten Auffassung Boserups präferieren Menschen die wildbeuterische gegenüber der agrarischen Nahrungswirtschaft, weil jene den gleichen Ertrag mit weniger Arbeit liefert. Es hat nun in der Tat in dieser Frage in den sechziger Jahren in der Kulturanthropologie einen Paradigmenwechsel gegeben: Vorher wurden Wildbeuter als gegenüber Ackerbauern benachteiligt angesehen. Seit dem Paradigmenwechsel weiß man, daß es sich umgekehrt verhält. Wildbeuter haben, genügend große Territorien vorausgesetzt, das bessere Leben, sie sind besser und vielseitiger genährt, sie sind gesünder, müssen weniger arbeiten und sind sozial freier. Daher versuchen Wildbeuter mit verschiedenen Praktiken, auch mit Geburtenkontrolle, das Verhältnis von kleinen Gruppen zu großen Territorien beizubehalten.

Es ist der Zwang zu hoher Besiedlungsdichte, der die Neolithisierung erzeugt. Es sind daher auch ökologische Schocks, die der Einführung von Viehzucht und Ackerbau vorausgehen. Das warme Klima verursachte die Wüstenbildung in der Sahara und im Vorderen Orient. Bei gleichzeitigem Bevölkerungswachstum sind die Populationen somit angesichts schrumpfender Flächen gezwungen, Ziegen und Schafe nicht mehr zu jagen, sondern zu hegen und Pflanzen anzubauen. Die Erwärmung der Erde und damit die Enteisung ließen vor 11 000 Jahren den Meeresspiegel weltweit enorm ansteigen; zum Beispiel schrumpfte die Küstenebene Palästinas um eine riesige Fläche – was die Entstehung Jerichos vor 11 000 Jahren erklärt. Auch die Entstehung der ägyptischen Hochkultur wird heute aus einer Überbevölkerung erklärt, die aus der vor 4500 Jahren abgeschlossenen Wüstenbildung der Sahara entstand.

So entstanden die frühen Ackerbaukulturen in Ägypten, in Mesopotamien, im Industal, in China und Mittelamerika weniger aufgrund sozialer Diffusion, sondern polyzentrisch aufgrund weitgehend weltweit vergleichbarer ökologischer Zwänge angesichts weltweiten Bevölkerungswachstums. Es stellt sich nun aber die Frage, weshalb die frühen Hochkulturen überwiegend in den Subtropen entstanden sind. Wenn das Neolithikum unter der Bedingung der erstmaligen Überschreitung wildbeuterischer Tragekapazität aus dem ökonomischen Prinzip erklärbar ist, dann ist auch wahrscheinlich, daß die Populationen Regionen mit vorteilhaften Eigenschaften wählen, solange sie Regionen noch wählen können.

Die Untersuchung der Frage, welche Regionen, Landschaftsgürtel und Klimate unter welchen Populations- und Produktionsbedingungen günstig sind, ist eine Angelegenheit der Anthropogeographie. Diese zeigt, daß die Klimabedingungen der Subtropen unter den Bedingungen des Wildbeutens und einfacher Landwirtschaft hinsichtlich der Behausungspraktiken und Lebensumstände am günstigsten sind. Während die kalte und die gemäßigte Zone zu feucht und zu kalt sind, so ist die innertropische Zone so unwirtlich, daß sie bis heute von allen Zonen, abgesehen von der Polarzone, am meisten gemieden wird. Man kann aber die ökologischen Faktoren der Regionalbindung der frühen Hochkulturen noch weiter eingrenzen. Wenn auch die Subtropen generell günstig sind, so leiden sie doch häufig an langen Trockenperioden, welche das Hauptproblem des Landbaus der wechselfeuchten Tropen bilden. Von Hochgebirgen gespeiste Flüsse können in den Subtropen aber ganzjährig Wasser führen. So kann erklärt werden, weshalb Bevölkerungskonzentrationen und Hochkulturen sich im Niltal, im Zweistromland, im Indus- und im Gangestal gebildet haben. Ostafrikanisches Hochland, Kurdistan und Himalaya sorgen für ganzjährige Wasserzufuhr der genannten Flüsse.

So konzentrieren sich die Bevölkerungen des Altertums in diesen für den Ackerbau günstigen Regionen der Erde. Zwar ist die gemäßigte Zone, sprich Europa, Nordchina und Ostnordamerika, wegen günstigerer Niederschläge für den Ackerbau noch besser geeignet, aber diese Regionen sind infolge langer kalter Winter vor allem auch im Hinblick auf Lebensumstände und Behausung zunächst von Nachteil. Daher werden diese Regionen zum Beispiel nach Auffassung Rasso Rupperts erst bei noch weiter steigendem Bevölkerungsdruck und nach technischen Innovationen intensiv besiedelt. Vor diesem Hintergrund ist nun erklärbar, weshalb der größte Teil der antiken Populationen in den genannten Gunsträumen konzentriert ist. Lebten um 7000 vor unserer Zeitrechnung etwa 8 Millionen Menschen auf der Erde, so lebten zu Beginn unserer Zeitrechnung etwa 300 Millionen Menschen. Von diesen 300 Millionen siedelten etwa 75 Millionen auf dem Gebiet von Indien, Pakistan und Bangladesch, weitere etwa 80 Millionen in China, etwa 35 Millionen in Westasien, 15 Millionen in Nordafrika und etwa 35 Millionen in Europa, dort vor allem im Mittelmeerraum. Etwa 4 von 5 Erdbewohnern lebten somit in den genannten Regionen, und die Hälfte der Menschheit siedelte in Indien und China.

Im Jahre 1000 unserer Zeitrechnung sind die Zahlen im Vergleich zum Jahr 1 sowohl absolut als auch im Hinblick auf die Verteilung der Bevölkerung auf die genannten Regionen so gut wie unverändert. Erst nach dem Jahre 1000 findet ein gewaltiges, auch im Vergleich mit der Antike unerreichtes Bevölkerungswachstum statt, und es kommt zu regionalen Verschiebungen der Bevölkerungskonzentrationen, die noch zu diskutieren sein werden. Es sei aber jetzt schon festgestellt, daß es gerade im Hinblick auf Indien und China sicher nicht zufällig ist, daß dort schon in der Antike die größten Bevölkerungskonzentrationen zu finden sind, und selbst der prozentuale Anteil dieser beiden Populationen an der Weltbevölkerung hat sich bis heute kaum geändert. Auch vor dem Hintergrund liegt es nahe, hierfür anthropogeographische Strukturen verantwortlich zu machen; ein Tatbestand, der schon daran kenntlich ist, daß bei aller übrigens demographisch bedingten Änderung der Agrarbetriebssysteme diese Länder seit der Antike bis heute vor allem vom Weizen-, Reis- und Naßreisanbau abhängig sind.

Bevor aber die Bezüge zwischen der Antike und der Gegenwart vor dem Hintergrund der These Boserups weiter behandelt werden, ist noch zu erörtern, wie denn das gewaltige Bevölkerungswachstum nach dem Neolithikum zu erklären ist. Denn das Ende der Eiszeit hat zwar das Bevölkerungswachstum ausgelöst, dieses hat die Neolithisierung erzwungen, aber das Bevölkerungswachstum überbot die Zuwachsraten, die man aus dem Paläolithikum kennt. Nach Auffassung verschiedener Autoren (zum Beispiel Marvin Harris und Jörg Helbling) haben Ackerbaugesellschaften ein größeres Interesse an Nachwuchs und damit an großen Siedlungsgemeinschaften als Wildbeuter. So sind landwirtschaftliche Systeme zwar durch Bevölkerungswachstum erzwungen; aber einmal etabliert, entwickeln sie eine Eigendynamik hinsichtlich der Erzeugung noch weiter wachsender Populationen. Denn der Bedarf an Arbeitskräften beseitigt die in der Steinzeit praktizierten Verfahren der Geburtenkontrolle. Landwirtschaft ist von vorneherein mit Mehrarbeit verbunden. Viele Kinder und somit große Lokalgruppen sind ein Arbeitskraft-, Macht- und Sicherheitsfaktor. Je größer eine Gruppe ist, um so mehr Land kann sie einnehmen. Es ist nach Auffassung Hubert Markls dieser Rückkoppelungsprozeß, der die Menschheit von ca. 8 Millionen um 7000 v. Z. auf etwa 60 oder 70 Millionen um 1500 v. Z. und auf ca. 300 Millionen im Jahre 1 anwachsen ließ.

Das erste System des Pflanzenanbaus waren weltweit Verfahren der Urwechselwirtschaft, des Wanderfeldbaus, auch genannt shifting cultivation, bekannt auch unter den Namen Waldbrandwirtschaft, Brandrodungsbau, Hack- und Stockbau. Wanderfeldbau ist gekennzeichnet durch ein- bis dreijährige Anbauzeit, daher permanentem Feldwechsel und somit hohem Bracheanteil. Brandrodung, fehlende Pflege, fehlendes Pflügen und Feldwechsel sorgen für ein Minimum an Arbeitszeiten und Techniken im Vergleich zu intensiveren Landnutzungssystemen. Wanderfeldbau bringt höhere Flächenerträge als Jagen und Sammeln, ist aber auch mit Mehrarbeit verbunden. Andererseits sind die Flächenerträge, aber auch die Arbeitszeiten niedriger und die Techniken einfacher als bei allen anderen, intensiveren Agrarsystemen. Wanderfeldbau gestattet daher immer noch nur sehr niedrige Besiedlungsdichten. Insofern können Boserup und andere Autoren aus dem ökonomischen Prinzip erklären, weshalb der Wanderfeldbau das historisch erste System des Pflanzenbaus war. Bei Besiedlungsdichten, die höher sind als in Wildbeutergesellschaften, aber immer noch vergleichsweise niedrig sind, ist der Wanderfeldbau das weltweit effizienteste System.

In der Weltgeschichte der Landwirtschaft ist nun folgendes

Phänomen festzustellen: Überall in der antiken Welt, wo außerhalb von Flußtälern landwirtschaftliche Systeme eingeführt werden, handelt es sich zunächst um Systeme des Wanderfeldbaus, des Brandrodungsbaus. Schon in der Antike wurde aber infolge des Bevölkerungsdrucks der Wanderfeldbau im Mittelmeerraum und in Asien durch intensivere Systeme ersetzt. Dreifeldersysteme, Pflugbau und Bewässerung wurden eingeführt. Auch im nördlichen Europa findet sich ab dem 7. Jahrhundert das Dreifeldersystem, das bis zum 18. Jahrhundert das herrschende System Europas war. Übergänge zu intensivem Ackerbau und Viehzucht finden sich auch in den europäischen Überseekolonien. Im Verlaufe des Mittelalters wurden in Indien und China auch außerhalb der Flußtäler infolge des Bevölkerungsdrucks intensivere Systeme eingeführt, die sich zum Teil bis heute erhalten haben. Kennzeichen der intensiveren Systeme sind Rückgang der Brache durch mehr Pflege und Techniken, und dies bedeutet, daß höhere Flächenerträge mehr Arbeit und Kapital bei gleichem Kalorienertrag verlangen. Daher sind intensivere Systeme durch den Bevölkerungsdruck erzwungen, sie sind aber für den einzelnen Produzenten im Verhältnis zum Brandrodungsbau von Nachteil.

Nun ist das interessante Phänomen festzustellen, während in den genannten Regionen intensivere Systeme im Verlaufe der Antike und des Mittelalters eingeführt wurden, sind in anderen Weltregionen zum Teil bis heute die Systeme des Wanderfeldbaus beibehalten worden. Der größte Teil Lateinamerikas, Indochinas, Ozeaniens und zwei Drittel der schwarzafrikanischen Landwirtschaft werden auch heute noch im Brandrodungsbau bewirtschaftet. Entgegen populären Vorstellungen sind daher auch die Besiedlungsdichten in diesen Regionen meist niedrig. Nur in einigen noch zu diskutierenden Gunsträumen dieser Regionen liegen die Besiedlungsdichten bei über 20 Einwohnern pro Quadratkilometer, und es finden sich dort Intensivwirtschaften. In weiten Teilen Afrikas und Lateinamerikas finden sich hingegen Besiedlungsdichten von 1-20 Personen pro Quadratkilometer, wie im steinzeitlichen und mittelalterlichen Europa – und daher werden dort ähnliche Betriebssysteme genutzt.

Die entscheidende Frage ist nun: Sind die niedrigen Besiedlungsdichten in den genannten Regionen die Ursache der unproduktiven Nutzungssysteme oder umgekehrt? Wenn in diesen

Regionen intensivere Nutzungssysteme ökologisch und technisch möglich sind, dann ist die niedrige Besiedlungsdichte die Ursache des Fortbestehens des Wanderfeldbaus. In diesem Falle müßten spezifische soziale und kulturelle Phänomene für das vergleichsweise niedrige Bevölkerungswachstum und für die unproduktiven Techniken verantwortlich gemacht werden. In diesem Falle hätten klimatische, demographische und agrarwirtschaftliche Faktoren keine besondere Bedeutung für die Entstehung von Zivilisationen.

Wenn hingegen gezeigt werden kann, daß eine Transformation des Wanderfeldbaus in diesen Regionen aus klimatischen Gründen kaum oder gar nicht möglich ist, dann ist die niedrige Besiedlungsdichte dieser Regionen das Resultat klimatischer Bedingungen. In diesem Falle bedingte das Klima das Beharrungsvermögen des Brandrodungsbaus, und dieses begrenzte das Bevölkerungswachstum. Die niedrigere Agrarproduktivität und Besiedlungsdichte wiederum hätten dann als Ursache des Fehlens von differenzierten Volkswirtschaften und Industriegesellschaften, mithin als Ursache der anhaltenden Entwicklungsprobleme dieser großen Teile der dritten Welt zu gelten. Im Umkehrschluß bedeutete dies, daß sowohl die antiken als auch die modernen industriellen Zivilisationen das Resultat klimatisch möglicher hoher Agrarproduktivität und Besiedlungsdichte sind. In diesem Falle wären Neolithisierungs- und Zivilisationsprozesse das Resultat der allgemeinen Besiedlungsgeschichte der Erde; das Resultat des »natürlichen« Bevölkerungswachstums im Kontext unterschiedlicher Klimate insbesondere seit dem Ende der Eiszeit.

Zunächst einmal ist festzustellen, daß die zeitgenössischen Regionen des Wanderfeldbaus identisch sind mit der tropischen Klimazone zwischen den Wendekreisen, mit der Ausnahme großer Gebiete Thailands und Indiens. Alle wirklich armen Länder, alle Länder mit überwiegend dünner Besiedlung und Brandrodungssystemen, gehören auch heute noch der Region zwischen den Wendekreisen an. Die Schwierigkeit, die Betriebssysteme in diesen Ländern zu intensivieren, ist schon daran kenntlich, daß vor allem die Länder zwischen den Wendekreisen infolge des Bevölkerungswachstums heute ohne Ausnahme gezwungen sind, Nahrungsmittel zu importieren – mehr als jede andere Weltregion. Ein Indiz für die ökologische Benachteiligung dieser

Landschaftsgürtel ist auch, daß – abgesehen von Küstenstreifen – kein Land dieser Region zu einer europäischen Überseekolonie geworden ist.

Die naturwissenschaftlichen Nachweise der ökologischen Benachteiligung der inneren Tropen liegen seit langem vor. Insbesondere in den letzten fünfzehn Jahren haben Anthropogeographie und Tropenagrarökonomie die entsprechenden Nachweise geliefert und bestärkt. Die hohe Fruchtbarkeit der inneren Tropen ist zum Beispiel nach Auffassung Wolfgang Weischets und Bernd Andreaes nur naturbelassen möglich und nicht durch Akkerbauformen zu erhalten. Im Gegensatz zu Böden gemäßigter und subtropischer Klimate sind die innertropischen Böden durch geringe Gehalte an organischer Substanz, niedrige ph-Werte, hohe Phosphatfixierung, geringe Austauschkapazitäten und geringe Basensättigung gekennzeichnet. Die hohe Fruchtbarkeit des tropischen Regenwaldes ist das Ergebnis eines kurzgeschlossenen Kreislaufes, auf hohe Temperaturen und hohe Feuchtigkeit zurückzuführen. Die Nährstoffe befinden sich nicht in den Böden, sondern in den Pflanzenresten. Daher ist das biologische Gleichgewicht der humiden Tropen an eine wohlausgewogene Pflanzengemeinschaft, an das Dominieren vieljähriger Pflanzenarten und insbesondere an das Vorhandensein von Baum- und Straucharten gebunden.

Daher zerstören Ackerbau und Viehzucht die Fruchtbarkeit tropischer Böden. Ein gerodeter Urwaldboden verliert innerhalb eines Jahres 95% seines Humus bis zu einer Tiefe von 50 cm. Daher die rasch sinkenden Erträge landwirtschaftlich genutzter tropischer Böden, die der Sonneneinwirkung schutzlos ausgeliefert sind. Interessant ist, daß bis heute kein praktikables ökologisches oder hochtechnologisches Verfahren entwickelt worden ist, mit dem hochintensiver Ackerbau in den humiden Tropen möglich wäre. Nur Baum- oder Straucharten, aber kein Getreide, haben eine Chance: Kakao, Kautschuk, Palmen, Kaffee, Bananen usw. Da kaum Grundnahrungsmittel angebaut werden können, erklärt sich das Beharrungsvermögen des Brandrodungsbaus und niedriger Besiedlungsdichten. Brandrodungsbau ist die ideale Betriebsform in den humiden Tropen. Er nährt den Boden mit den Pflanzenresten, die jährliche Rückgabe des Bodens an den Regenwald erhält seine Fruchtbarkeit.

Daß die überwiegend niedrige Besiedlungsdichte der inneren

Tropen klimabedingt ist, kann man auch daran erkennen, daß die klimabegünstigten Regionen der inneren Tropen eine hohe Besiedlungsdichte aufweisen. Im wesentlichen gibt es drei natürliche Standortbedingungen in den Tropen, die für Intensivwirtschaften günstig sind: Böden jungvulkanischen Ursprungs, alluviale Flußgebiete und Hochlandschaften. Während im Amazonasgebiet und im Kongobecken kaum mehr als 1 Person auf dem Quadratkilometer leben, sind die jungvulkanischen Böden Javas, Ruandas, Burundis und Mittelamerikas dicht besiedelt. Auch die Alluvialböden der großen Flüsse in den Tropen sind mineralstoffreich und gegen Erosion geschützt: Mekong, Sambesi, Ganges, Nil usw. Auch die tropischen Hochländer kennen Intensivsysteme, Bevölkerungskonzentrationen und Zivilisationen. Diese drei Gruppen von Ausnahmen beweisen die Gültigkeit der Regel, daß niedrige Besiedlungsdichten in den Tropen das Resultat ökologisch ungünstiger Naturbedingungen sind.

Die Frage, weshalb der Wanderfeldbau in bestimmten Regionen nach einigen Jahrhunderten oder Jahrtausenden durch intensive Nutzungssysteme verdrängt wurde, während in anderen Regionen er heute noch existiert, ist nun beantwortbar. In den Regionen, in denen intensive Nutzungsformen klimatisch möglich waren, beseitigte das Bevölkerungswachstum allmählich die flächenunproduktiven Systeme. Wanderfeldbau war in diesen Regionen die angemessene Wirtschaftsform in Entsprechung zu einer bestimmten Besiedlungsdichte, ein demographisch bedingtes, historisches Durchgangsstadium der Landwirtschaft. Ist der Wanderfeldbau in diesen Gunsträumen die Folge der Bevölkerungsentwicklung, so ist er in den inneren Tropen ihre mittelbare Ursache, weil er dort der aus natürlichen Bedingungen kaum transformierbare Endpunkt der Landnutzung ist.

Vor dem Hintergrund dieser weithin anerkannten Erkenntnisse der Anthropogeographie und Agrarökonomie, die aber in Wirtschaftswissenschaft, Politologie und Soziologie noch nicht genügend rezipiert sind, wird verständlich, weshalb schon in der Antike die bevorzugten Kulturräume nicht in Afrika südlich der Sahara, Südamerika, Australien und übrigens auch nicht im regenarmen Zentralasien zu finden sind, sondern in den genannten Gunsträumen. Schon in der Antike lag die durchschnittliche Bevölkerungsdichte in Asien und Europa bei 4 Personen pro Quadratkilometer, in den anderen Kontinenten bei unter 1 Person.

Tausend Jahre später hatte sich weder absolut noch relativ daran etwas geändert. Um 1200 aber überholt die fernöstliche und europäische Bevölkerungsentwicklung erstmalig ihr eigenes, antikes Niveau, während die anderen Kontinente weiterhin stagnieren. Um 1500 leben in Fernost und Europa fast doppelt so viele Menschen wie in der Antike, während in den anderen Kontinenten meist immer noch der Zusammenhang von Klima, niedriger Besiedlungsdichte, Wildbeuten, Wanderfeldbau und fehlender hochkultureller Entwicklung stabilisiert bleibt. Erst um 1750 überholt die europäische Bevölkerungsentwicklung die fernöstliche – ein Trend, der erst im 20. Jahrhundert umgekehrt wird. Es zeigt sich jedoch, daß die kulturelle Entwicklung dieses zweiten Jahrtausends unserer Zeitrechnung nicht ab ovo eurozentriert war.

Nun stellt sich jedoch die Frage, weshalb sich in diesem zweiten Jahrtausend die Kulturentwicklung immer mehr in die gemäßigte Zone verlagerte. Dabei ist auch die These Lambs und anderer zu erwähnen, daß die Erwärmung der Erde ab 950 u. Z. die west- und mitteleuropäische Hochkultur geschaffen hat. Nach Lamb und anderen ist die Kaltphase ab 400 mitverantwortlich für den Niedergang der antiken Welt; zudem hatte die mittelmeerische Welt erhebliche ökologische Schäden in Form von Entwaldung und Erosion erlitten. Der entscheidende Grund für die Verlagerung in die gemäßigte Zone dürfte aber sein, daß bei einem weiteren, die Zahlen der Antike übersteigenden Bevölkerungswachstum die Vorteile guter Böden die Nachteile langer Winter überwiegen. Dies gilt besonders dann, wenn der Mittelmeerraum ökologisch geschädigt ist und wenn Europa so warm wird, daß in England Wein angebaut werden kann.

Sieht man von den langen Wintern ab, dann ist die gemäßigte Zone nach Auffassung Rupperts, Weischets und anderer die für den Ackerbau günstigste Zone. Denn die Böden sind nährstoffreich, die Niederschläge reichlich und regelmäßig. Die gemäßigte Zone hat sogar gegenüber der subtropischen Zone den gewaltigen Vorteil, daß sie keine Vorkehrungen für die Wasserversorgung treffen muß. Denn in Indien und China müssen enorme Vorkehrungen für die Bewässerung in der Trockenzeit und für die Entwässerung in der Regenzeit getroffen werden. In diesen Ländern arbeiten landwirtschaftliche Arbeitskräfte zum Teil 3000 Stunden und mehr pro Jahr, nur um ihre Subsistenz sicherzustellen. Während derart hohe Arbeitszeiten in der europäischen Landwirtschaft erst seit etwa 1750 verbreitet sind, sind sie in einigen Regionen Chinas und Indiens zum Teil seit Jahrtausenden üblich. In diesem Zusammenhang ist es die These Eric Jones', Günter Hesses und anderer, daß diese Arbeit an Deichen und Kanälen in Asien die Ursache dafür ist, daß die Industrialisierung zuerst in Europa einsetzte. Während in Asien jeder Spielraum für die Wasserversorgung genutzt wurde, konnte in Europa infolge der genannten klimatischen Vorteile der Spielraum so genutzt werden, daß im Sommer auf den Feldern gearbeitet wurde, während im Winter zunächst in Heimarbeit Textilien und Arbeitsgeräte hergestellt wurden. Schließlich wurden die Jahreszeiten im europäischen 18. und frühen 19. Jahrhundert so genutzt, daß im Winter in den Fabriken gearbeitet wurde. Die besseren Landmaschinen und erhöhten Arbeitszeiten erhöhten dann ab 1750 die Agrarproduktivität derart, daß der Absprung ins Industriezeitalter gelingen konnte, während in Asien der Kampf gegen Regenzeiten, Trockenheit und Naturkatastrophen bis heute ökonomische Spielräume zu verzehren droht.

Die Vorteile der gemäßigten Zone – sofern gute winterliche Behausungspraktiken entwickelt sind – für die Entwicklung von Intensivwirtschaften und damit für die Akzeptanz sehr hoher Besiedlungsdichten zeigt sich am Beispiel der europäischen Überseekolonien. USA, Neuseeland, Südostaustralien, Südafrika, Chile und Argentinien sind die Siedlergebiete der Europäer. Daß Japan in der gemäßigten Zone liegt, ist im Hinblick auf den Argumentationsgang kein Zufall: Auch der industriellen Revolution Japans ging eine der europäischen vergleichbare Agrarrevolution voraus.

Abschließend kann man feststellen, daß das heutige weltgesellschaftliche Ungleichgewicht eine Langfristwirkung der dargestellten Zusammenhänge ist. Es ist interessant zu sehen, daß das Übergewicht Eurasiens schon in der Antike, im Prinzip schon im Neolithikum zu erkennen ist. Insbesondere die Überlegenheit Süd-, Südost- und Ostasiens ist schon vor 3000 Jahren kenntlich und wird sich bekanntlich in vielleicht 50 Jahren erneut durchsetzen – und durchaus auf der Basis der Faktoren, die schon damals wirkten. Denn auch die nun einsetzende Industrialisierung von Fernost ist ja nur aufgrund seiner immer schon vorhandenen enormen agrarökonomischen Kapazitäten möglich. Das wirklich

Neue ist nur in unserem jetzigen zweiten Jahrtausend zu finden – nämlich der kulturelle Aufschwung der gemäßigten Zone infolge seiner besonderen Eignung für kostengünstige Intensivwirtschaften und damit hohe Tragekapazitäten, die angesichts des einmaligen Bevölkerungswachstums nach 1100 erforderlich waren. Dieses vordem unerreichte Bevölkerungswachstum ist wahrscheinlich die Ursache des Siegs der gemäßigten Zone über die subtropische als Gunstraum.

Sibirien, Zentralasien, Afrika, Zentralsüdamerika und Zentralaustralien werden daher abgesehen von einigen Küstenregionen noch lange aufgrund ihrer klimatischen und somit agrarökonomischen Mängel wirtschaftliche Problemzonen bleiben – wie sie es seit Jahrtausenden sind.

Es zeigt sich somit, daß die Rahmung der Theorie Ester Boserups mit Erkenntnissen der Anthropogeographie und der Besiedlungsgeschichtsforschung nützlich ist, um sie zu einer Theorie der sehr langfristigen Entwicklung umzuformulieren. Die Dynamik der Weltgeschichte auch dieses zweiten Jahrtausends ist das Resultat des Einwirkens des Bevölkerungswachstums auf unterschiedliche Klima- und Landschaftsgürtel und der so ausgelösten Rückkoppelungseffekte. Unabdingbare Voraussetzungen für Hochkulturen und Industriegesellschaften sind Bevölkerungspotential und Nahrungsmittelüberschüsse. Nur hohe Besiedlungsdichten gestatten Arbeitsteilung, reiche Infrastruktur und Industrialisierung. Günstige Klimate bevorteilen, ungünstige benachteiligen agrarische Intensivwirtschaften, die die Basis derartiger Prozesse sozialer Evolution sind. In diesem Sinne ist eine systematische Theorie sozialer Evolution formulierbar, die einen Bogen von der ersten Besiedlung der Erde, dem Ende der Eiszeit, dem Neolithikum, der Antike bis zur Gegenwart spannt. Sukzessives Bevölkerungswachstum in unterschiedlich günstigen Klimaten erklärt die Abfolge von Produktionsweisen.

Hubert Markl hat dabei völlig zu Recht festgestellt, daß seit dem Neolithikum bis heute ein Teufelskreis festzustellen ist, der darin besteht, daß Bevölkerungszuwächse Produktivitätssteigerungen bewirken, die ihrerseits noch weitere Bevölkerungszuwächse erlauben. Dieses Schwungrad zunehmenden Stresses hat nicht nur nach Auffassung Markls die Geschichte der letzten 10 000 Jahre angetrieben. Ausschließlich des industriellen zwanzigsten Jahrtausends seit dem Neolithikum gilt, daß die Menschen immer mehr arbeiten mußten, um sich ernähren zu können. In den Industriegesellschaften des 20. Jahrhunderts ist erstmalig dieses Gesetz aufgehoben; aber möglicherweise hat sich der Streß in ihnen nur verlagert.

5. Schluß

An dieser Stelle soll darüber nachgedacht werden, welche Möglichkeiten sich aus der Revolution der transkulturellen Psychologie ergeben, welche Programme, Forschungsprojekte, Grundideen und Schlußfolgerungen sich aus ihr für die weitere sozial- und geisteswissenschaftliche Forschung ergeben. In einer Verlagswerbung für ein Buch von Hans G. Furth[1] über Piaget hieß es, die von Piaget ausgelöste Revolution der Betrachtungsweise sei nur mit der Leistung von Kopernikus, Darwin und Freud zu vergleichen. Lucien Goldmann stellt Piaget in eine Reihe mit Kant, Hegel und Marx, Talcott Parsons sah 1961 in Piaget den letzten großen Soziologen.[2] Girod sieht in Piaget einen Soziologen eines Formats, von dem jede Generation höchstens drei hervorbringt.[3] Dem kann man vielleicht in differenzierter Form so beipflichten: Piaget ist nicht der bedeutendste Philosoph und nicht der bedeutendste Soziologe (vielleicht aber der bedeutendste Psychologe) des zwanzigsten Jahrhunderts, doch seine Werke bilden meines Erachtens zusammen wohl das bedeutendste philosophische und soziologische Ereignis. Und auch diese Aussage ist noch zu differenzieren: Die Werke Piagets enthalten in entscheidenden Hinsichten verborgene Schätze, die erst durch nachträgliche Interpretationsarbeit gehoben werden können, um als edelstes Metall der Geistes- und Sozialwissenschaften erkannt werden zu können.

Diese Differenzierung versteht sich nicht zuletzt vor dem Hintergrund, daß Piaget, was die Herausarbeitung der Bedeutung seines Werkes für die Geistes- und Sozialwissenschaften anbelangt, ein schwacher Autor und Didaktiker war. Die Konfrontation seiner Erkenntnisse mit den großen soziologischen und philosophischen Theorien, sowohl was die Weiterentwicklung von Traditionen als auch ihre Revolutionierung anbelangt, gelingt ihm nur mäßig.[4] Ganz entscheidend ist, daß sein Verständ-

1 Furth 1972.
2 Goldmann 1976, S. 83; Parsons 1961; Busino 1976, S. 13; Steiner (Hg.) 1978.
3 Girod 1976, S. 131.
4 Vgl. Piaget 1975, Bd. 10; 1986; 1973 b.

nis der Erkenntnisse der transkulturellen Piaget-Psychologie schwach, widersprüchlich und halbherzig ist, was sicherlich auch politisch-ideologische Gründe hat.[5] Es wäre auch ein Leichtes, nachzuweisen, daß er sich trotz seines universalwissenschaftlichen und epistemologischen Anspruchs gar nicht vollständig der Bedeutung seines Werkes für die Geistes- und Sozialwissenschaften bewußt war. Diese Aussage gilt, obwohl der *Centre international d'Epistémologie génétique* gerade die Funktion hatte, Spezialisten der Logik, Mathematik, Physik, Biologie, Linguistik und Psychologie mit der genetischen Epistemologie zu konfrontieren. In seinem Spätwerk ist Piagets Interesse überdies vorwiegend an den Naturwissenschaften und an der Mathematik ausgerichtet.

An dieser Stelle sei die Behauptung formuliert, daß eigentlich weniger die Kinder- und Entwicklungspsychologie im engeren Sinne als vielmehr die an Piaget orientierte transkulturelle Psychologie und ihr Ergebnis der milieubedingten Entwicklung operationalen Denkens den soziologischen, historischen und kulturanthropologischen Anspruch der Theorie Piagets auf echte grundlegende Führerschaft in den Geistes- und Sozialwissenschaften begründen kann. Wäre die Stadientheorie ein Uhrwerkmodell, hätten somit alle Fünfzehnjährigen der Weltgeschichte formal-logische Denkstrukturen[6], dann hätte die Theorie Piagets eine genauso geringe oder genauso große Bedeutung für die Geistes- und Sozialwissenschaften wie die Kategorientafel Kants oder die Aussagenlogik.

Die wirklich epochale Bedeutung der Theorie Piagets für die Geistes- und Sozialwissenschaften wird erst durch die Ergebnisse der transkulturellen Psychologie sichergestellt. Piaget selbst hat meines Erachtens die Bedeutung dieser Forschungsergebnisse nie wirklich einzuschätzen gewußt. Seine Stellungnahmen zu ihnen sind widersprüchlich und wenig präzise. Die Resultate der transkulturellen Psychologie bedeuten einen Paradigmawechsel, den Eintritt in ein neues wissenschaftliches Universum mit ganz neuen Möglichkeiten und Mechanismen; ein Ergebnis, welches das Diktum Webers von der ewigen Jungfräulichkeit der Kulturwissenschaften dramatisch verifiziert.

5 Piaget 1972; 1974 b.

6 Meist suggerierte Piaget fatal genau dies; vgl. Piaget/Inhelder 1977; Dulit 1972.

Diese Bedeutung ist darin begründet, daß operationale Strukturen nicht transzendental und universal gegeben sind, sondern sich historisch entwickelt haben. Traditionale Denkstrukturen, traditionale Lebensführung, Weltbilder, Religionen und Naturkonzepte sind überwiegend präformal erkenntnisrealistisch und liegen somit regelmäßig unterhalb des formaloperationalen Niveaus.[7] Diese Erkenntnis ist die wohl wichtigste und grundlegendste psychologische Entdeckung innerhalb kulturvergleichender, historischer und soziologischer Kontexte. Sie ist wohl die wichtigste Entdeckung für die Völkerpsychologie, die historische Psychologie und die historische Anthropologie. Für die Soziologie bedeutet diese Erkenntnis eine Revolution der mikrosoziologischen Grundlegung makrosoziologischer und kulturvergleichender Forschungen, eine Revolution innerhalb von Modernisierungs- und Transformationskonzeptionen.

Vor diesem Hintergrund ist die kulturvergleichende Piaget-Psychologie, flankiert durch Kontrolluntersuchungen von seiten der Psychometrie, der Theorie der psychologischen Differenzierung und der Informationsprozeßtheorie, im Fächerkanon aufzuwerten. Es gilt die Fragestellungen immer mehr zu verfeinern, die Theorie Piagets immer stärker auszubauen, die empirischen Methoden ständig zu verbessern, um die tatsächlichen kognitiven Strukturen von Populationen möglichst subtil zu erfassen.

Der verfeinerten psychologischen Analyse muß sich zweitens eine verfeinerte soziologische Analyse kognitiver Entwicklung zugesellen. Es ist notwendig, eine Sozialstruktur-, Milieu-, Erziehungs- und Persönlichkeitstypologie kognitiver Strukturen zu entwickeln. Immer genauer muß beantwortet werden, welche sozialen Mechanismen im einzelnen die kognitive Entwicklung, jeweils bis zu welchem Niveau, provozieren. Zu diesem Zweck müssen die Standards der kulturvergleichenden Psychologie fortlaufend verbessert werden. Der soziale, materielle, technische und ökonomische Hintergrund der Probanden muß genauer untersucht werden, um die vorhandenen und zukünftigen Untersuchungen in Klassen zusammenfassen zu können, damit endlich mehr spezifische Bedingungen und allgemeine Regelmäßigkeiten kognitiver Entwicklung im Kulturvergleich diagnostiziert werden können.

7 Piaget 1974 b, S. 309; Piaget/Inhelder 1977, S. 324; Dasen 1974 a; Hallpike 1984; Oesterdiekhoff 1992.

So bedeuten die Erkenntnisse kulturvergleichender Psychologie eine Revolution bestimmter Konzeptionen innerhalb der Psychologie, Soziologie, Kulturanthropologie, Geschichte, Religionswissenschaft, Philosophie, Philologie und Volkskunde. In der Soziologie wären inbesondere die Sozialisationstheorie (Basil Bernstein), die gesamte klassische soziologische Theorie (insbesondere Weber, Elias, Topitsch, Gehlen), die kulturvergleichende Soziologie, die Wissenssoziologie und die Modernisierungsforschung als Objekte der Rekonstruktion zu erwähnen. In der Geschichtswissenschaft wäre insbesondere die Mentalitäten-Geschichte (G. Duby, J. LeGoff, F. Furet, M. Bloch, A. Gurjewitsch, J. Huizinga) und in der Kulturanthropologie und Volkskunde insbesondere die Thematik Logik, Rationalität und Denkweisen im Kulturvergleich zu nennen. In der Philosophie stünde insbesondere die Philosophiegeschichte im Vordergrund, während die Religionswissenschaft insgesamt mit dem Ergebnis der Piaget-Psychologie konfrontiert werden muß.

Piaget und seine Mitarbeiter und Nachfolger haben gezeigt, daß sowohl das präformale, erkenntnisrealistische als auch das formal-operationale Denken Wissen, Inhalte, Weltbilder und Vorstellungssysteme in jeweils anderen Formen konstituiert. Die Stadientheorie hat über jeden Zweifel gestellt, daß komplexe Vorstellungssysteme und Weltbilder das Ergebnis kognitiver Strukturen sind. Somit kann die Stadientheorie auch Strukturen und Transformationen von Weltbildern erklären. Weltbilder sind damit nicht mehr irreduzible, nur aus sich selbst zu verstehende Gebilde, sondern erklärbare Phänomene, die sogar die kognitiven Strukturen ihrer Verfechter, Gläubigen und Konstrukteure operationalisieren können, weil sie aus den Strukturen direkt resultieren.[8]

Piaget hat das Weltbild des Kindes aus seinen Denkstrukturen

8 Die stadienstrukturelle Fundierung der Weltbildanalyse ist der wissenssoziologischen Weltbildanalyse turmhoch überlegen, da zum einen stadienstukturelle Bedingungen von Ideologien tiefer als ihre sozialstrukturellen Bedingungen liegen und zum anderen letztere meist ihrerseits über Psychologien vermittelt sind (zum Beispiel die Theorie kognitiver Dissonanzen oder Watzlawicks Macht-Wahrheitstheorie), die ihrerseits eher derivative Phänomene kognitiver Entwicklung, aber nicht die sie erst bedingenden Stadienstrukturen thematisieren.

erklärt und die Weltbildtransformation beim Jugendlichen und Erwachsenen aus dem formal-logischen Denken. Das Weltbild des Kindes ist vor allem durch Artifizialismus, Animismus, Magie, Finalismus und Anthropozentrismus definiert, Konzepte, die das Resultat präformalen Denkens sind.[9] In äußerster Kürze zusammengefaßt, der präformale Denker sieht die Welt als von höheren Wesen gemacht und genau gelenkt, um die Bedürfnisse der Menschen zu befriedigen. Statt Naturgesetzen und natürlicher Kausalität ist die Welt von dem moralischen Willen höherer Wesen beherrscht, so wie die Dinge, Ereignisse und Menschen auch ihrem Willen folgen. So vermag der Mensch durch Kontakt und Einflußnahme direkt auf das Universum magisch einzuwirken. So ist die Welt kein natürliches, empirisch-kausales, sondern ein moralisches, magisches und animistisches Universum. Dieses Weltbild ist direkte Folge kognitiver Strukturen, was erklärt, daß präformale Denker *tatsächlich* glauben, böse Taten würden durch Blitze, Bäume, Wasser und Götter bestraft, während gute Taten von selbst zum Glück führen.[10]

Erst das formal-operationale Denken entwickelt die Konzepte empirische Kausalität, Zufall, Wahrscheinlichkeit, Naturgesetze, wodurch das Weltbild allmählich naturwissenschaftliche, zunächst mechanische, dann komplexere kausale Formen annimmt.[11]

Piaget hat seine entwicklungspsychologischen Studien betrieben, um seine genetische Epistemologie zu entwickeln, die vor allem die Rekonstruktion der Wissenschaftsgeschichte ermöglichen sollte. In einer Vielzahl von Publikationen haben Piaget und seine Mitarbeiter unter Beweis gestellt, daß seine Stadientheorie der kognitiven Entwicklung geeignet ist, wesentliche Konzepte der Wissenschaftsgeschichte und ihrer Transformationen zu erklären. Piagets Stadientheorie erklärt die wissenschaftsgeschichtliche Entwicklung der Kategorien Kausalität, Zahl, Zufall, Wahrscheinlichkeit, Bewegung, Kraft, Masse, Volumen, Beschleunigung, Wärme und weiterer physikalischer, algebraischer und geometrischer Konzepte. Regelmäßig wird das formal-logische Niveau laut Piaget erst in der Neuzeit erreicht.[12]

9 Piaget 1981.
10 Piaget 1981; Petter 1976; Oser/Gmünder 1984.
11 Piaget 1981; Piaget/Inhelder 1977; Piaget 1927; Piaget/Garcia 1989.
12 Piaget/Garcia 1989. Vgl. Einstein/Infeld 1991.

Piaget untersuchte zwar minutiös die einzelnen erwähnten Naturkonzepte, er unterließ es aber, den allgemeinen Dezentrierungsprozeß, den Wechsel vom anthropozentrischen zum naturwissenschaftlichen Weltbild, geschlossen und systematisch stadientheoretisch einzufangen. Dies ist eine Forschungslücke, bei deren Schließung zu bedenken wäre, daß die Transformation nicht durch einen instantanen *gestalt switch* stattfindet, sondern Mischformen aufweist, deren Analyse sowohl für die Wissenschaftsgeschichtsschreibung als auch für die genetische Epistemologie von Interesse sind. Die Ergebnisse einer solchen Forschung wären von weit größerer Bedeutung für die Rekonstruktion der Wissenschaftsgeschichte als die entsprechenden Bemühungen von Thomas Kuhn, Paul Feyerabend, Karl Popper, Imre Lakatos, Gaston Bachelard, Georges Canguilhem und der Wissenssoziologie.

Piaget und seine Mitarbeiter waren sich bewußt, daß das präformale Weltbild identisch ist mit dem traditionalen primitiven, antiken und mittelalterlichen Weltbild. Fast alle Kulturhistoriker beschreiben ferner das traditionale Weltbild so, wie Piaget das präformale Weltbild erläutert hat und ohne zumeist Piaget zu kennen oder ohne sich auf ihn zu beziehen. Es steht aber die direkte Konfrontation von Stadientheorie einerseits und der Analyse des traditionalen Weltbildes andererseits völlig aus. Noch nie hat ein Autor sich an die systematische Aufgabe gemacht, sowohl die Strukturen des traditionalen Weltbildes im allgemeinen als auch spezifische traditionale Weltbilder im einzelnen stadientheoretisch einzuordnen und zu erklären (allerdings geht die Analyse der aristotelischen Philosophie von Piaget und Fetz in die hier vorgeschlagene Richtung). Allein diese gewaltige Aufgabe ist geeignet, entweder eine neue Fachdisziplin zu begründen oder aber die Arbeit von Hunderten von Wissenschaftlern zu binden.

Hier können die Parallelen von präformalem und traditionalem Weltbild nur angedeutet werden. Religionswissenschaftler, Ethnologen und Kulturhistoriker haben das mittelalterliche, antike, indianische, afrikanische, chinesische und indische Weltbild bis in die Einzelheiten so beschrieben, wie die Stadientheorie das präformale Weltbild beschrieben hat: Die Götter, Könige, Magier und die Gläubigen in Ausübung ihrer Kulte beherrschen Naturprozesse, diese sind nicht durch empirische Kausalität sowie ihre Begleitphänomene Zufall und Wahrscheinlichkeit bestimmt, sondern sie sind animistisch, magisch, finalistisch und artifizialistisch. Naturprozesse sind immer auch moralisch und beseelt, von höheren Wesen gelenkt, so wie Menschen direkt von Natur und Göttern für ihre Taten belohnt und bestraft werden. So beschreiben Schadewaldt, Kerenyi, Kelsen, Fränkel, Nestle, Snell und andere das antike Denken, so beschreiben Granet, Needham und andere das chinesische Denken, so beschreiben Mbiti, Hallpike, Lévy-Bruhl, Frazer und andere das afrikanische Denken, so beschreiben Delumeau, v. Eicken, LeGoff, Duby, Eliade, Topitsch, Gurjewitsch, Blumenberg, Cassirer und andere das mittelalterliche Denken, so beschreiben Zimmer, v. Glasenapp und andere das indische Denken, so beschreiben Godelier, Hallpike, Havighurst und andere das Denken der Indianer. Bei allen Unterschieden im einzelnen ist dieses Denken in seinen allgemeinen Grundzügen in allen nichtindustriellen Kulturen vorherrschend. Daher kann man es unter dem Titel ›traditional‹ zusammenfassen; Eliade bezeichnet es als Produkt der »archaischen Mentalität«.

So ist eindeutig bestätigt, daß Religion und Magie dem rationalen, wissenschaftlichen Denken vorausgehen und in einem Komplementaritätsverhältnis zueinander stehen.[13] Bei dieser Beurteilung ist der kontinuierliche Charakter kognitiver Entwicklung zu berücksichtigen, der verständlich macht, daß auch in modernen Kulturen noch eine Restrisikoversicherungs-Religiosität existiert, die aber nur ein schwacher Abglanz der traditionalen Vollreligiosität ist, während andererseits in traditionalen Kulturen einzelne aufgrund ihrer (annähernd) formalen Denkkompetenzen immer schon der Religion und Magie abgeneigt sind und eine rationale, wissenschaftliche Grundhaltung gehabt haben.

13 Dies hat, von Piagetianern abgesehen, Frazer vielleicht am besten gesehen. Frazer beging, vor dem Hintergrund der piagetianischen Forschungsergebnisse gesehen, zwei Kardinalfehler. Erstens glaubte er an ein Dreistadiengesetz: Magie – Religion – Wissenschaft, während es in diesem Sinne nur ein Zweistadiengesetz gibt, da Religion und Magie zwei Seiten derselben Medaille sind. Zweitens verstand er ähnlich wie Weber die drei Konzepte nur als Ideen und Vorstellungssysteme und erkannte nicht die Möglichkeit der Reduktion dieser Systeme auf Denkstrukturen. Entsprechend mißverstand er Magier und Priester als Methodologen, als Wissenschaftler.

Vor diesem Hintergrund wären folgende Forschungsprojekte anzugehen: Fowler, Loomba, Gmünder, Oser und andere haben verschiedene religiöse Konzepte entwicklungspsychologisch und stadientheoretisch untersucht. Diese Ergebnisse müßten kulturgeschichtlich übertragen werden. Die Todes-, Götter-, Gott-, Geister-, Hexen-, Himmels-, Höllen- und andere Religionskonzepte der Kulturgeschichte müßten stadientheoretisch eingefangen werden. Verschiedene Religionswissenschaftler haben schon außerhalb des Rahmens der Stadientheorie Evolutionskonzepte zum Beispiel für die Antike ausgearbeitet, zum Beispiel die Evolution von sinnlich-konkreten Göttern zu abstrakten Gotteskonzeptionen dargelegt.

Ferner kann man entsprechend stadientheoretisch erklären, wie sich das Numinose allmählich aus dem Leben der Menschen zurückzieht. Hunderte von Büchern sind zum evolutionären Verhältnis von Numinosem und Profanem geschrieben worden. Die Entwicklung dieses Verhältnisses zugunsten des Profanen kann stadientheoretisch aus dem allmählichen Untergang insbesondere des Artifizialismus erklärt werden, das heißt direkt aus der Entstehung formal-operationalen Denkens. Hier wäre zum Beispiel die Stadientheorie mit den Arbeiten Blumenbergs, Groethuysens, Webers, Marquards, Löwiths, Amerys, Aquavivas, Durkheims und anderer zu konfrontieren, die beschrieben haben, wie die Abnahme des Glaubens allgemein, des Vorsehungsglaubens im besonderen, mit der zunehmenden Entzauberung der Welt und der Selbstbehauptung des Menschen im Zusammenhang steht.

Auch die Bedeutung des Animismus, der ja in direkter analytischer Verbindung zu den genannten religiösen Phänomenen steht, das heißt, nur ein Teilphänomen des präformalen Weltbildes ist, kann stadientheoretisch erklärt werden. Interessant wäre hier insbesondere, die fließenden Übergänge des animistischen zum naturwissenschaftlichen Denken in der europäischen Neuzeit anhand der Interpretation der relevanten Autoren insbesondere in der Renaissance zu untersuchen. Wegweisend sind hier insbesondere die Arbeiten von Piaget und Fetz zum immanenten Animismus des Aristoteles. Konsequent gedacht ist wahrscheinlich erst durch Galileo Galilei, René Descartes (Natur als res extensa) und Isaac Newton (Mechanik der Bewegungen) der Animismus an sein Ende gekommen; demnach ist die Etablierung der neuzeitlichen Mechanik nichts anderes als die systematische Etablierung formaler Operationen in der neuzeitlichen Bildungselite.[14]

Die Könige, Bischöfe und Priester des Mittelalters sind Magier, die Beamten des chinesischen Kaiserreiches sind Magier, die großen Wissenschaftler der Renaissance – della Porta, Paracelsus, Agrippa, Fludd – sind Magier, Mystiker und Astrologen, keine Wissenschaftler im Sinne des 18. Jahrhunderts, erst recht nicht im heutigen Sinne.[15] Das Denken der Renaissance ist noch symbolistisch, magisch, artifizialistisch, ganz im Sinne der Kriterien der Stadientheorie. Demnach ist der Übergang zum rationalen Denken bei Hobbes, Locke, Descartes, Mersenne, Newton als weltgeschichtliches Auftreten formal-operationalen Denkens zu verstehen. Hier gälte es, anhand der Originaltexte und Interpretationen minutiös die Strukturen und Transformationen stadientheoretisch einzufangen.

Der Entwicklung der Naturkunde vom Artifizialismus zur Mechanik entspricht somit die Entwicklung der Religion, die ebenfalls vom Artifizialismus ausgeht, um über den Deismus, das Pendant der Mechanik, zur abstrakten Restreligion und zum Atheismus zu gelangen. Religion und Naturkunde sind zunächst zusammenhängende Phänomene, ja vollkommen ununterscheidbar. Traditionale Religion, Magie, Weltbild und Naturkunde sind verschiedene Aspekte eines Vorstellungssystems, ergeben ein undifferenziertes Ganzes.

Aus dem präformalen Denken erwächst ein ganz bestimmtes Lebensverständnis, eine bestimmte Auffassung von der Rolle des Menschen in der Welt, von dem innigen Zusammenhang von Mensch und Universum. Erst die durch das formale Denken bedingte vollständige Dezentrierung vertreibt den Menschen aus dem Paradies, dem Zaubergarten der Magie. In allen traditionalen Kulturen und wohl auch in allen traditionalen Religionen, wohl auch in allen Hochreligionen, bevor sie Kontakt mit neuzeitlichen Kulturmustern bekamen, herrschte der im Alltag tief verankerte Glaube, daß ein gerechtes, anständiges Leben von selbst, das heißt von Gott und den Naturereignissen zugelassen und garantiert, zu Glück und Erfolg führe. Umgekehrt herrschte der Glaube, daß ein Missetäter automatisch von der Natur und

14 Piaget/Garcia 1989; Piaget/Inhelder 1977; Fetz 1982.
15 Berman 1983; Foucault 1973; Gurjewitsch 1975; v. Eicken 1923.

von Gott zu Schaden kommt. Dieser Glaube an die der Natur immanente Gerechtigkeit ist als bei allen traditionalen Ethnien vorherrschend durch die transkulturelle Psychologie empirisch verifiziert worden. Dieser Glaube ist gleichzeitig Zentrum und Grundlage fast aller traditionalen Religionen, auch der Weltreligionen, insbesondere auch im Hinduismus, Islam und im mittelalterlichen Christentum. Dieser Glaube ist die Grundlage des von Evans-Pritchard untersuchten Orakelwesens bei den Azande, der sich in diesen und ähnlichen Formen bei allen Kulturen findet. Dieser Glaube ist die Grundlage der ordalförmigen Gerichtsprozesse, die sich in allen alten Kulturen finden. Man sieht, daß die transkulturelle Psychologie den innigen Zusammenhang von traditionaler Religion, Weltbild, Naturverständnis, Prozeßrecht, Lebensführung und Alltagsleben herzustellen und ihn aus präformalen kognitiven Strukturen zu erklären vermag.

Kaum etwas kann daher spannender sein, als die Religionen unter diesem Aspekt des kognitionspsychologischen Ansatzes zu untersuchen und die Spuren des Glaubens an die immanente Gerechtigkeit im Selbst-, Lebens- und Alltagsverständnis traditionaler Menschen aufzufinden. Kaum etwas kann spannender sein, als diesen Glauben in seinen Schwankungen, Wandlungen und in seinem Erosionsprozeß in der Kultur- und Geistesgeschichte zu verfolgen. Kaum etwas kann spannender sein, als diesen Glauben sowohl experimentalpsychologisch als auch literarisch zu analysieren. Kaum etwas kann spannender sein, als die Stärke und die Erosion dieses Glaubens zu verfolgen, indem man ihn auf verschiedenen Kulturgebieten vergleichend untersucht, insbesondere ob und wie seine Erosion zeitgleich im Gerichtswesen, im Alltag und in der Religion stattfindet.

Allein die Verfolgung des Glaubens an die immanente Gerechtigkeit in der Philosophiegeschichte ist schon faszinierend. Vom Buch Hiob bis zur Theodizeeanalyse Leibniz' finden sich seine Spuren. Die Zunahme an Intelligenz führt zunächst nur zur verfeinerten Verteidigung der Theodizee; dann – in diesem Zusammenhang wird immer das Erdbeben von Lissabon genannt – glauben die an der Macht und Güte Gottes Verzweifelnden nur noch an sich selbst: Aufklärung, innerweltliche Zukunftsgestaltung, Revolution, Wohlstandsmehrung und Geschichtsphilosophie statt Theologie sind die Antworten der Aufgeklärten.[16]

16 Marquard 1973; Groethuysen 1978.

Der Glaube an die immanente Gerechtigkeit ist nur möglich, wenn für moderne Menschen transzendental gegebene Kategorien noch nicht entwickelt sind: Zufall und Wahrscheinlichkeit. Die Nichtexistenz dieser Kategorien in traditionalen Populationen ist durch die transkulturelle Psychologie empirisch nachgewiesen.[17]

Man kann sich leicht vorstellen, daß das Fehlen der Kategorien empirische Kausalität, Zufall und Wahrscheinlichkeit auch im Alltagsleben, im individuellen Auftreten und Selbstverständnis sowie in den sozialen Kommunikationsmustern radikal andere Strukturen mitbedingt. Allerdings kann man sich zunächst nur schwer vorstellen, in welcher konkreten Form und in welchen konkreten Erscheinungsweisen die kategorienbedingten Unterschiede sich auf die sozialen Kommunikationsmuster auswirken. Hier liegt sicherlich eine Wurzel der größeren Direktheit, Unmittelbarkeit, Emotionalität, Naivität und Spontaneität traditionalen sozialen Umgangs. Es gibt sicherlich auch unter diesem Gesichtspunkt eine Brücke zwischen Kognitionspsychologie und der Mentalitätengeschichte.

Dem Niedergang des Artifizialismus, des Finalismus, der Magie, des Anthropozentrismus entspricht die bekannte Geschichte der Astronomie. Blumenbergs *Genesis der kopernikanischen Welt* und Verwandtes verlangt nach einem stadientheoretischen Unterbau; kaum ein Prozeß menschlichen Denkens läßt sich eindeutiger als piagetianischer Dezentrierungsprozeß beschreiben. Noch im Mittelalter wurden die Sterne als Lebewesen aufgefaßt, die den Lebensweg des einzelnen determinieren (Astrologie). Der Wegfall der Mittelpunktposition der Erde ist durch die Etablierung formal-operationalen Denkens erklärbar, die Transformation von der »geschlossenen Welt zum offenen Universum« (Koyré)[18] ist eine Dezentrierung, die das Ende präoperationalen Denkens im Bereich der Himmelskunde bedeutet.[19] Diese Entwicklung wäre minutiös anhand der primitiven Himmelskunde, dann aber auch an den Beiträgen zum Beispiel Aristarchs von Samos, Aristoteles', Kopernikus', Brunos, Galileis, Leibniz', Kants, Nietzsches usw. zu analysieren.

17 Hallpike 1984; Piaget 1927; 1975, Bde. 8, 9; 1981; Piaget/Garcia 1989.
18 Blumenberg 1981,3 Bde.; Koyré 1980.
19 Piaget 1975, Bde. 7, 9.

Das Ergebnis der Konfrontation von Kognitionspsychologie und Kulturgeschichte ist nicht nur die Erkenntnis, daß es eine Formel gibt: Traditionalität = Vollreligiosität = präformales Denken, sondern komplementär auch, daß der Prozeß der Modernisierung ein Prozeß der Aufklärung, Entzauberung, Rationalisierung, Säkularisierung ist, dem im Bereich der Naturwissenschaften die Entstehung der neuzeitlichen Mechanik und im Bereich der Mathematik die Entdeckung der Kategorien von Zufall und Wahrscheinlichkeit entspricht. Letztere Vorgänge lassen sich als Evolution formal-operationalen Denkens mit der Formel beschreiben: Modernisierung = Entzauberung, Rationalisierung = formal-operationales Denken.

Diese Modernisierung wirkt sich in der Entwicklung nicht nur von Naturwissenschaft und Technologie, sondern auch von modernen sozialen, rechtlichen und ökonomischen Institutionen aus. Schon Max Weber hat auf die Rolle des formal-logischen Denkens (sein Verständnis dieser Begrifflichkeit ist dem Piagets in den entscheidenden Hinsichten ähnlich) bei der Entstehung des modernen Satzungsrechts, des modernen Prozeßrechts, moderner Unternehmungen und bürokratischer Prinzipien und Strukturen hingewiesen.[20] Auch Weber sah die Evolution formal-logischen Denkens im Kontext neuzeitlicher Entzauberung und Rationalisierung. Die Kognitionspsychologie und transkulturelle Psychologie kann diese Entzauberungs- und Rationalisierungsthese nun endlich empirisch verifizieren, indem sie sie auf die kognitiven Strukturen von Populationen bezieht.

Tausende von Büchern sind über die hier erwähnten Phänomene der Kultur-, Wissenschafts-, Weltbild-, Sozial-, Mentalitäts- und Wirtschaftsgeschichte geschrieben worden. Der Bezug dieser Phänomene auf die Kognitionspsychologie fehlt noch weitgehend. Dieser Bezug kann aber erst die sachlogischen Verbindungen zwischen den Phänomenen herstellen und die Phänomene aus den kognitiven Strukturen der Populationen erklären.

20 Weber 1980.

Literatur

Abramovitch, H., Report on the Living and the Dead: Ile Sainte Marie de Madagascar, in: J. W. Berry und W. J. Lonner (Hg.), Applied Cross-Cultural Psychology, Amsterdam 1975.

Achter, V. v., Die Geburt der Strafe, Frankfurt am Main 1951.

Adorno, Theodor W., und Max Horkheimer, Dialektik der Aufklärung, Frankfurt am Main 1980.

Albert, Hans, Marktsoziologie und Entscheidungslogik, Neuwied 1968.

Alexander, Thomas (Hg.), Kulturvergleichende Psychologie, München 1994.

Amira, K. v., Germanisches Recht, Bd. 1, Berlin 1960.

Ariès, Philippe, Geschichte des Todes im Abendland, München 1980.

Aristoteles, Physik, Berlin 1967.

Bauer, P. T., Auslandshilfe: ein Instrument für den Fortschritt, in: Gottfried Eisermann (Hg.), Soziologie der Entwicklungsländer, Stuttgart 1968.

Beck, Walter, Das Individuum bei den Australiern, Leipzig 1924.

Behrend, R., Soziale Strategie für Entwicklungsländer, Frankfurt am Main 1965.

Benöhr, H. P., Erfolgshaftung nach dem Sachsenspiegel?, in: Zeitschrift für Rechtsgeschichte 92, 1975, S. 190-193.

Berger, G., Nationalstaatsbildung, Industrialisierung und berufliche Zivilisierung in der Republik Irland, Frankfurt am Main 1986.

Berger, Peter L., Zur Dialektik von Religion und Gesellschaft, Frankfurt am Main 1976.

Berman, Morris, Die Wiederverzauberung der Welt, Frankfurt am Main 1983.

Berndt, T. J., und E. G. Berndt, Children's Use of Motives and Intentionality in Person Perception and Moral Judgement, in: Child Development 46, 1975.

Berry, J. W. (Hg.), Cross-Cultural Psychology, Cambridge: Cambridge University Press 1992.

–, Towards a Universal Psychology of Child Development, in: International Journal of Psychology, 1984, S. 335-361.

Besters, H., und E. Boesch, Entwicklungspolitik. Handbuch und Lexikon, Berlin 1966.

Biesheuvel, S., African Intelligence, Johannesburg 1943.

Binding, K., Die Normen und ihre Übertretung, Bd. 4, Aalen 1965.

Binet, J., Le système des preuves en droit coutumier africain, in: Recueils de la societé Jean Bodin 18, 1963.

Blacker, Carmen, Weltformeln der Frühzeit, Frankfurt am Main 1977.

Bloch, Marc, Die Feudalgesellschaft, Frankfurt am Main/Berlin/Wien 1983.
Blok, Anton, Hinter Kulissen, in: Peter Gleichmann u. a. (Hg.), Macht und Zivilisation, Frankfurt am Main 1977.
Blumenberg, Hans, Arbeit am Mythos, Frankfurt am Main 1979.
–, Die Genesis der kopernikanischen Welt, Frankfurt am Main 1981.
–, Legitimität der Neuzeit, Frankfurt am Main 1980.
Boesch, E. E., Zwischen zwei Welten, Bern 1971.
Bogner, A., Zivilisation und Rationalisierung, Opladen 1989.
Borchard, K., Zur Frage des Kapitalmangels in der ersten Hälfte des 19. Jahrhunderts in Deutschland, in: R. Braun und andere (Hg.), Industrielle Revolution, Gütersloh 1972.
Bovet, M., Étude interculturelle de processus de raisonnement, Notions de quantité et rélations spatiotemporelles, Genf 1975.
Böhme, Jacob, Die Seele und das Ich bei Homer, Berlin 1929.
Breuer, Stefan, Der archaische Staat, Zur Soziologie charismatischer Herrschaft, Berlin 1990.
–, Magisches und religiöses Charisma, in: Kölner Zeitschrift für Soziologie und Sozialpsychologie 41, 1989, S. 215-239.
Bringer, P., Die Stellung und Funktion des Richters in Kamerun, Köln 1978.
Bruner, J., Über kognitive Entwicklung, in: ders. und P. Greenfield (Hg.), Studien zur kognitiven Entwicklung, Stuttgart 1981 (zuerst 1966).
Brunner, H., Deutsche Rechtsgeschichte, 2 Bde., Darmstadt 1961.
–, Über absichtslose Missetat im altdeutschen Strafrecht, in: Sitzungsberichte der Berliner Akademie der Wissenschaften, 1890.
Brunner, O., Land und Herrschaft, Darmstadt 1984.
Brunner-Traut, E., Frühformen des Erkennens, Darmstadt 1993.
Bryde, B.-O., The Politics and Sociology of African Legal Development, Frankfurt am Main 1976.
Buck-Morss, Susan, Socio-Economic Bias in Piaget's Theory and Its Implications for Cross-Cultural Studies, in: Human Development, 1975.
Burg, Blanka, und Ira Belmont, Mental Abilities of Children from Different Cultural Backgrounds in Israel, in: Journal of Cross-Cultural Psychology 21, 1990, S. 90-108.
Burkert, Walter, Griechische Religion der archaischen und der klassischen Epoche, Tübingen 1973.
Busino, G. (Hg.), Jean Piaget – Werk und Wirkung, München 1976.
Caruso, I., La notion de responsabilité et de justice immanente chez l'enfant, in: Archives de Psychologie, 1948.
Cassirer, Ernst, Die Begriffsform im mythischen Denken, Berlin 1922.
–, Sprache und Mythos, Berlin 1925 a.

–, Das mythische Denken, Berlin 1925 b.
–, Die Sprache, Tübingen 1954.
–, Mythus des Staates, Zürich 1949.
–, Was ist der Mensch?, Stuttgart 1960.
–, Zur Logik der Kulturwissenschaften, Darmstadt 1961.
–, Substanzbegriff und Funktionsbegriff, Darmstadt 1966, 1969.
–, Phänomenologie der Erkenntnis, Darmstadt 1982.
Cavalli-Sforza, L.L., Stammbäume von Völkern und Sprachen, in: Spektrum der Wissenschaft, 1992, S. 90-98.
Chapman, M., Contextuality and Directionality of Cognitive Development, in: Human Development 31, 1988, S. 92-106.
Chapman, Michael, Constructive Evolution: Origins and Development of Piagets Thought, Cambridge: Cambridge University Press 1988.
Childers, P., und M. Wimmer, The Concepts of Death in Early Childhood, in: Child Development 42, 1971.
Cicero, Vom Wesen der Götter, Darmstadt 1990.
Claessens, Dieter, Instinkt, Psyche, Geltung, Köln 1970.
–, Das Konkrete und das Abstrakte, Frankfurt am Main 1980.
Cochran, T. C., Cultural Factors in Economic Growth, in: H. G. J. Aitken (Hg.), Explorations in Enterprise, Cambridge, Mass. 1965, S. 123-138.
Cole, M., Eine ethnographische Psychologie der Kognition, in: Traugott Schöfthaler und Dietrich Goldschmidt (Hg.), Soziale Struktur und Vernunft, Frankfurt am Main 1984.
–, Cross-Cultural Research in the Sociohistorical Tradition, in: Human Development 31, 1988, S. 137-157.
– und J. Gay, The New Mathematics and an Old Culture, New York 1967.
–, J. Gay, J. A. Glick und T. Sharp, The Cultural Context of Learning and Thinking, New York 1971.
– und S. Scribner, Culture and Thought, New York 1974.
Colpe, H. (Hg.), Die Diskussion um das Heilige, Darmstadt 1977.
Crijns, A., African Intelligence, in: Journal of Social Psychology, 57, 1962, S. 283-301.
Crouzet, F., Die Kapitalbildung in Großbritannien während der Industriellen Revolution, in: R. Braun (Hg.), Industrielle Revolution, Gütersloh 1972, S. 165-215.
Dahn, F., Fehde-Gang und Rechts-Gang der Germanen, Berlin 1877.
Damon, William, Zur Entwicklung der sozialen Kognition des Kindes, in: Wolfgang Edelstein und Monika Keller (Hg.), Perspektivität und Interpretation, Frankfurt am Main 1982.
–, Die soziale Welt des Kindes, Frankfurt am Main 1984.
Danzel, T. W., Kultur und Religion des primitiven Menschen, Stuttgart 1924.

Dasen, P., Are Cognitive Processes Universal?, in: N. Warren (Hg.), Studies in Cross-Cultural Psychology, Bd. 1, London 1971.
–, Cross-Cultural Piagetian Research, in: ders. und J. W. Berry (Hg.), Culture and Cognition. Readings in Cross-Cultural Psychology, London 1974 a.
–, The Influence of Ecology, Culture and Europeans Contact on Child Development in Australian Aborigines, in: ders. und J. Berry (Hg.), Culture and Cognition. Readings in Cross-Cultural Psychology, London 1974 b.
–, Concrete Operational Development in Three Cultures, in: Journal of Cross-Cultural Psychology 6, 1975, Heft 2, S. 156-173.
–, J. Berry und H. Witkin, The Use of Developmental Theories Cross-Culturally, in: L. Eckensberger u. a. (Hg.), Cross-Cultural Contributions to Psychology, Amsterdam 1979.
–, The Cross-Cultural Study of Intelligence: Piaget and the Baoulé, in: International Journal of Psychology 49, 1984, S. 407-434.
Davis, K., Management Productivity in Developing Countries, in: Management International Review 2, 1964, S. 65-72.
Debon, G., Die väterliche Macht in China, in: H. Tellenbach, Vaterbilder in Kulturen Asiens, Afrikas und Ozeaniens, Stuttgart 1979.
deLemos, M. M., The Development of Spatial Concepts in Zulu Children, in: P. Dasen und J. Berry (Hg.), Culture and Cognition. Readings in Cross-Cultural Psychology, London 1974.
Delumeau, Jean, Angst im Abendland, 2 Bde., Reinbek 1985.
Dennis, W., Animism and Related Tendencies in Hopi Children, in: Journal of Abnormal and Social Psychology 38, 1943.
Descartes, René, Meditationes, Stuttgart 1980.
Deutschmann, Christoph, Der Betriebsclan. Der japanische Organisationstypus als Herausforderung an die sozialistische Modernisierungstheorie, in: Soziale Welt 38, 1987.
Diamond, Stanley, Kritik der Zivilisation, Frankfurt am Main 1976.
Dinzelbacher, Peter (Hg.), Europäische Mentalitätsgeschichte, Stuttgart 1993.
Dittmann, F., Kultur und Leistung, Saarbrücken 1973.
Dodds, Eric R., Die Griechen und das Irrationale, Darmstadt 1970.
Douglas, Mary, Ritual, Tabu und Körpersymbolik, Frankfurt am Main 1981.
Döbert, Rainer, Systemtheorie und die Entwicklung religiöser Deutungssysteme, Frankfurt am Main 1973.
Drucker, Peter F., Die ideale Führungskraft, Düsseldorf 1967.
Duby, Georges, Die drei Ordnungen, Frankfurt am Main 1981.
Duerr, Hans Peter, Traumzeit, Frankfurt am Main 1978.
–, Der Mythos vom Zivilisationsprozeß, bisher 3 Bde., Frankfurt am Main 1988, 1990, 1993.

– (Hg.), Der Wissenschaftler und das Irrationale, Frankfurt am Main 1981.
Dulit, E., Adolescent Thinking à la Piaget: The Formal Stage, in: Journal of Youth and Adolescence 1, 1972, Heft 4, S. 281-301.
Durkheim, Emile, Über die Teilung der sozialen Arbeit, Frankfurt am Main 1977.
–, Die elementaren Formen des religiösen Lebens, Frankfurt am Main 1981.
Eckensberger, Lutz, u. a. (Hg.), Cross-Cultural Contributions to Psychology, Amsterdam 1979.
Eder, Klaus, Die Entstehung von Klassengesellschaften, Frankfurt am Main 1973.
–, Die Entstehung staatlich organisierter Gesellschaften, Frankfurt am Main 1976.
Eicken, H. v., Geschichte und System der mittelalterlichen Weltanschauung, Hamburg 1923.
Einstein, Albert, und Leopold Infeld, Die Evolution der Physik, München 1991.
Eisermann, Gottfried, Die Rolle des Unternehmers in den Entwicklungsländern, in: ders. (Hg.), Soziologie der Entwicklungsländer, Stuttgart 1968.
Eliade, Mircea, Kosmos und Geschichte, Frankfurt am Main 1984.
Elias, Norbert, Der Prozeß der Zivilisation, 2 Bde., Frankfurt am Main 1976.
–, Über die Zeit. Arbeiten zur Wissenssoziologie II, Frankfurt am Main 1984.
–, Was ist Soziologie?, München 1993.
Elias, T. O., The Nature of African Customary Law, Manchester 1972.
Elkind, D., Childrens Discovery of the Conservation of Mass, Weight, and Volume, in: Journal of Genetic Psychology 98, 1961.
Erler, A., Der Ursprung der Gottesurteile, Paideuma 1941.
Evans-Pritchard, E. E., L. Lévy-Bruhl's Theory of Primitive Mentality, in: Bulletin of the Faculty of Arts, Kairo 1934.
–, Hexerei, Orakel und Magie bei den Zande, Frankfurt am Main 1978.
–, Theorien über primitive Religion, Frankfurt am Main 1981.
–, Geist und Gesellschaftsordnung, in: F. Kramer und C. Sigrist (Hg.), Gesellschaften ohne Staat, Frankfurt am Main 1983.
Fallers, L. A., Law without Precedent, Chicago: Chicago University Press 1969.
Fauconnet, Paul, La responsabilité, Paris: Alcan 1920.
Fehr, H., Deutsche Rechtsgeschichte, Berlin 1962.
Feilzer, H., Jugend in der mittelalterlichen Ständegesellschaft, Wien 1971.
Fetz, L. R., Naturdenken beim Kind und bei Aristoteles. Fragen einer

genetischen Ontologie, in: Tijdschrift voor Filosofie 44, 1982, S. 473 bis 513.
–, Struktur und Genese. Die Transformation der Philosophie bei Jean Piaget, Bern/Stuttgart 1988.
–, Ernst Cassirer und der strukturgenetische Ansatz, in: H.-J. Braun u. a. (Hg.), Über Ernst Cassirers Philosophie der symbolischen Formen, Frankfurt am Main 1988 b.
Feyerabend, Paul K., Wider den Methodenzwang, Frankfurt am Main 1976.
Fichtenau, H., Lebensordnungen des 10. Jahrhunderts, 2 Bde., Stuttgart 1984.
Finley, Moses, Die Welt des Odysseus, München 1979.
Fortes, Meyer, Pietas bei der Verehrung der Ahnen, in: Fritz Kramer und C. Sigrist (Hg.), Gesellschaften ohne Staat, Bd. 2, Frankfurt am Main 1983.
Foucault, Michel, Die Ordnung der Dinge. Eine Archäologie der Humanwissenschaften, Frankfurt am Main 1971.
Fourastié, J., Die große Hoffnung des zwanzigsten Jahrhunderts, Stuttgart 1966.
Földes-Papp, K., Vom Felsbild zum Alphabet, Stuttgart 1966.
Frank, A., Über die sog. ursprüngliche Akkumulation, in: Dieter Senghaas (Hg.), Kapitalistische Weltökonomie, Frankfurt am Main 1982, S. 68-102.
Frankfort, H., Frühlicht des Geistes, Stuttgart 1954.
Frazer, J. G., Der goldene Zweig. Eine Studie über Magie und Religion, Frankfurt am Main 1977.
Fränkel, Hermann, Dichtung und Philosophie des frühen Griechentums, München 1962.
Freitag, Barbara, Theorie des kommunikativen Handelns und genetische Psychologie, in: Kölner Zeitschrift für Soziologie und Sozialpsychologie 35, 1983, S. 555-583.
Freund, W., Unterentwicklung in strukturalistischer Sicht, in: René König (Hg.), Aspekte der Entwicklungssoziologie, Köln 1968.
Furby, L., A Theoretical Analysis of Cross-Cultural Research, in: Journal of Cross-Cultural Psychology 2, 1971, S. 241-255.
Furth, Hans G., Intelligenz und Erkennen. Die Grundlagen der genetischen Erkenntnistheorie Jean Piagets, Frankfurt am Main 1972.
–, A Developmental Perspective on the Societal Theory of Habermas, in: Human Development 26, 1983, S. 181-197.
Fustel de Coulanges, N. D., Der antike Staat, Frankfurt am Main 1981.
Fürstenberg, Friedrich (Hg.), Religionssoziologie, Neuwied 1970.
Gadamer, Hans Georg (Hg.), Um die Begriffswelt der Vorsokratiker, Darmstadt 1968.
Galotti, K. M., und L. K. Konatsu, Correlates of Syllogistic Reasoning

Skills in Middle Childhood and Early Adolescence, in: Journal of Youth and Adolescence 18, 1989, Heft 1, S. 85-96.
Ganshof, F. L., Was ist das Lehnswesen?, Darmstadt 1983.
Gebser, Jean, Ursprung und Gegenwart, 2 Bde., München 1973.
Gehlen, Arnold, Urmensch und Spätkultur, Frankfurt am Main 1975.
–, Der Mensch, Wiesbaden 1978.
Gellathy, A. R. H., Acquisition of a Concept of Logical Necessity, in: Human Development 30, 1987, S. 32-47.
Ginsburg, H., und S. Opper, Piagets Theorie der geistigen Entwicklung, Stuttgart 1975.
Gipper, Helmut, Gibt es ein sprachliches Relativitätsprinzip?, Frankfurt am Main 1972.
Girod, R., Soziologie und Gesellschaft nach Jean Piaget, in: G. Busino (Hg.), Jean Piaget – Werk und Wirkung, München 1976, S. 107 bis 133.
Gluckman, M., The Judicial Process of the Barotse in Northern Rhodesia, Manchester: Manchester University Press 1955.
–, The Ideas in Barotse Jurisprudence, New Haven 1965.
– (Hg.), Ideas and Procedures in African Customary Law, Manchester: Manchester University Press 1969.
– (Hg.), The Allocation of Responsibility, Manchester 1972.
Godelier, Maurice, Mythos und Geschichte, in: Klaus Eder (Hg.), Die Entstehung von Klassengesellschaften, Frankfurt am Main 1973, S. 301-329.
Goldmann, Lucien, Jean Piaget und die Philosophie, in: G. Busino (Hg.), Jean Piaget – Werk und Wirkung, München 1976, S. 67-92.
Goldschmidt, Dietrich (Hg.), Technologie in Entwicklungsländern, München 1976.
Gombrich, Ernst, Kunst und Illusion, Köln 1963.
Granet, Marcel, Die chinesische Zivilisation, Frankfurt am Main 1985.
Groethuysen, Bernhard, Die Entstehung der bürgerlichen Welt- und Lebensanschauung in Frankreich, 2 Bde., Frankfurt am Main 1978.
Grönbech, Wilhelm, Kultur und Religion der Germanen, 2 Bde., Darmstadt 1980.
Gulian, C. I., Mythos und Kultur, Frankfurt am Main 1981.
Gulliver, P. H., Social Control in an African Society, London 1963.
–, Disputes and Negotiations, London/New York 1979.
Gurjewitsch, Aaron, Das Weltbild des mittelalterlichen Menschen, München 1980.
Gussmann, B., Industrial Efficiency and the Urban Africa, London 1953.
Gutkin, D., The Effect of Systematic Story Change on Intentionality in Children's Moral Judgement, in: Child Development 43, 1972.
Haarmann, Harald, Die Gegenwart der Magie, Frankfurt am Main 1992.

Habermas, Jürgen, Zur Rekonstruktion des Historischen Materialismus, Frankfurt am Main 1976.
–, Theorie des kommunikativen Handelns, 2 Bde., Frankfurt am Main 1981.
Hagen, E. E., On the Theory of Social Change, Homewood, Ill. 1958.
–, Traditionalismus, Statusverlust, Innovation, in: W. Zapf (Hg.), Theorien des sozialen Wandels, Berlin 1971.
Hallpike, C. R., Grundlagen primitiven Denkens, Frankfurt am Main 1984.
Harbison, F., und C. Myers, Management in the Industrial World, New York 1959.
Harbison, F., Entrepreneurial Organisation as a Factor in Economic Development, in: Quarterly Journal of Economics 70, 1956, S. 36 bis 379.
–, Human Resources as The Wealth of Nations, Washington 1973.
Hartmann, H., Der deutsche Unternehmer, Frankfurt am Main 1968.
Hartwell, R. M., The Industrial Revolution and Economic Growth, London 1971.
–, Die Ursachen der industriellen Revolution, in: R. Braun u. a. (Hg.), Industrielle Revolution, Gütersloh 1972.
Havighurst, R. J., und B. L. Neugarten, American Indian and White Children, Chicago: Chicago University Press 1955.
Heckhausen, H., Leistungsmotivation und Unternehmerinitiative, Gawein 1965.
Hegel, Georg Wilhelm Friedrich, Philosophie der Religion, Hamburg 1974.
–, Phänomenologie des Geistes, Frankfurt am Main 1978.
Heider, F., Theorie der interpersonellen Beziehungen, Stuttgart 1977.
Hemmer, R., Wirtschaftsprobleme der Entwicklungsländer, Wiesbaden 1978.
Henle, Paul, Sprache, Denken, Kultur, Frankfurt am Main 1975.
Hennen, Manfred, Krise der Rationalität, Stuttgart 1976.
Hernegger, Rudolf, Der Mensch auf der Suche nach Identität, Bonn 1978.
Hesse, G., Die Entstehung industrialisierter Volkswirtschaften, Tübingen 1982.
Hippel, R. v., Deutsches Strafrecht, Aalen 1971.
Hirzel, R., Der Eid, Darmstadt 1966.
His, R.: Das Strafrecht des deutschen Mittelalters, Aalen 1964.
Hoffmann, M., Moral Development, in: P. Mussen (Hg.), Carmichael's Manual of Child Psychology, New York 1970.
Holz, Harald, Vom Mythos zur Reflexion, München 1975.
Honneth, Axel (Hg.), Theorien des Historischen Materialismus, Frankfurt am Main 1977.

Huber, H., Ritual Oaths as Instruments of Coercion and Self-Defence among the Adadme of Ghana, in: Africa 29, 1959, S. 41-49.
Huizinga, Johan: Herbst des Mittelalters, Stuttgart 1975.
Humboldt, Wilhelm v., Schriften zur Sprache, Stuttgart 1973.
Hurrelmann, Klaus, Einführung in die Sozialisationstheorie, Weinheim 1986.
Husserl, Edmund, Die Krisis der europäischen Wissenschaften und die transzendentale Phänomenologie, Haag 1962.
Inkeles, A., Explorations of Psychological Modernity, New York 1983.
Irvine, S., und J. Berry (Hg.), Human Abilities in Cultural Context, Cambridge: Cambridge University Press 1988.
Jahoda, G., Immanent Justice among West African Children, in: Journal of Social Psychology, 47, 1958, S. þ.
–, Supernatural Beliefs and Changing Cognitive Structures among Ghanaian University Students, in: P. Dasen und J. Berry (Hg.), Culture and Cognition. Readings in Cross-Cultural Psychology, London 1974.
Jaynes, J., The Origin of Consciousness in the Breakdown of the Bicameral Mind, Boston 1976.
Jensen, A., Speed of Information Processing and Population Differences, in: S. Irvine und J. Berry (Hg.), Human Abilities in Cultural Context, Cambridge: Cambridge University Press 1988.
Johnson, R. C., A Study of Children's Moral Judgement, in: Child Development, 1962.
Kafka, Gustav, Zum Begriff des ›Psychischen‹, in: Archiv für die gesamte Psychologie (Leipzig) 48, 1924.
Kagitcibasi, C., u. a. (Hg.), Human Abilities in the Eastern Mediterranean, in: S. Irvine und J. Berry (Hg.), Human Abilities in Cultural Context, Cambridge: Cambridge University Press 1988.
Kahn, E., The Judicial Oath, in: South African Law Journal 71, 1954, S. 22-31.
Kant, Immanuel, Kritik der reinen Vernunft, Frankfurt am Main 1977.
Kaufmann, E., Die Erfolgshaftung, Frankfurt am Main 1958.
Keller, E. v., Management in fremden Kulturen, Stuttgart 1982.
Kelsen, Hans, Kausalität und Vergeltung, Köln 1982.
Kendall, J. M., u. a., Test Performance of Blacks in Southern Africa, in: S. Irvine und J. Berry (Hg.), Human Abilities in Cultural Context, Cambridge: Cambridge University Press 1988.
Kerenyi, Karl, Die Eröffnung des Zugangs zum Mythos, Darmstadt 1967.
–, (Hg.), Umgang mit Göttlichem, Göttingen 1955.
Kern, F., Recht und Verfassung im Mittelalter, Darmstadt 1952.
–, Gottesgnadentum und Widerstandsrecht im frühen Mittelalter, Darmstadt 1954.

Kesselring, Thomas, Entwicklung und Widerspruch. Ein Vergleich zwischen Piagets genetischer Epistemologie und Hegels Dialektik, Frankfurt am Main 1981.
Kilbride, P. L., Sensorimotor Behavior of Baganda and Samia Infants, in: Journal of Cross-Cultural Psychology 11, 1980, 2, S. 131-153.
Kippenberg, Hans Georg (Hg.), Magie, Frankfurt am Main 1978.
Kiss, Gabor, Einführung in die soziologischen Theorien, 2 Bde., Opladen 1980.
Knall, Bruno, Wirtschaftserschließung und Entwicklungsstufen, in: Weltwirtschaftliches Archiv 88, 1962.
Kohlberg, Lawrence, und R. Gilligan, The Adolescent as Philosopher, in: Daedalus 100, 1971.
– und E. Turiel, Moralische Entwicklung und Erziehung, in: G. Portele (Hg.), Sozialisation und Moral, Weinheim 1978.
Kolakowski, Leszek, Die Gegenwärtigkeit des Mythos, München 1973.
Koyré, Alexandre, Von der geschlossenen Welt zum unendlichen Universum, Frankfurt am Main 1980.
Kramer, Fritz, und C. Sigrist (Hg.), Gesellschaften ohne Staat, 2 Bde., Frankfurt am Main 1983.
Kumar, B., Führungsprobleme internationaler Gemeinschaftsunternehmen in den Entwicklungsländern, Meisenheim 1975.
Kuznets, S., Die wirtschaftlichen Vorbedingungen der Industriellen Revolution, in: R. Braun u. a. (Hg.), Industrielle Revolution, Gütersloh 1972.
Landes, D. S., Der entfesselte Prometheus, Frankfurt am Main 1968.
Landmann, Michael, Philosophische Anthropologie, Berlin 1976.
Langgulung, H., und P. Torrance, The Development of Causal Thinking of Children in Mexico and USA, in: Journal of Cross-Cultural Psychology 3, 1972, 3, S. 315-321.
Laumas, P. S., Schumpeter's Theory of Economic Development and Underdeveloped Countries, in: Quarterly Journal of Economics 76, 1962, S. 653 ff.
Leach, Edmund, Mythos und Totemismus, Frankfurt am Main 1973.
Lee, D., Lineare und Nichtlineare Wirklichkeitscodierungen, in: Traugott Schöfthaler (Hg.), Soziale Struktur und Vernunft, Frankfurt am Main 1984.
LeGoff, Jacques, Kultur des europäischen Mittelalters, Zürich 1970.
– (Hg.), Der Mensch des Mittelalters, Frankfurt am Main 1994.
Leibniz, Georg Wilhelm, Theodizee, Darmstadt 1985.
Lenk, Hans, Zwischen Sozialpsychologie und Sozialphilosophie, Frankfurt am Main 1986.
Lenk, Kurt (Hg.), Ideologie, Darmstadt und Neuwied 1978.
Lepenies, Wolf, und Hans Hennig Ritter (Hg.), Orte des wilden Denkens, Frankfurt am Main 1970.

Lerner, Daniel, The Passing of Traditional Society, Glencoe, Ill. 1958.
–, Die Modernisierung des Lebensstils, in: W. Zapf (Hg.), Theorien des sozialen Wandels, Berlin 1971.
Lerner, E., Constraint Areas and the Moral Judgement of Children, Menasha, Wisc. 1937.
Lévi-Strauss, Claude, Das Ende des Totemismus, Frankfurt am Main 1965, 1969.
–, Das wilde Denken, Frankfurt am Main 1968, 1979.
–, Rasse und Geschichte, Frankfurt am Main 1972.
–, Strukturale Anthropologie, Bd. 1: Frankfurt am Main 1967; Bd. 2: Frankfurt am Main 1975.
–, Traurige Tropen, Köln 1974; Frankfurt am Main 1978.
–, Mythos und Bedeutung, Frankfurt am Main 1980.
LeVine, R., Cross-Cultural Study in Child Psychology, in: P. Mussen (Hg.), Carmichael's Manual of Child Psychology, New York 1970.
Lewis, A., The Theory of Economic Growth, London 1961.
Lévy-Bruhl, Lucien, Das Denken der Naturvölker, Leipzig 1921.
–, Die Seele der Primitiven, Wien 1930.
–, Die geistige Welt der Primitiven, Düsseldorf 1959.
Lickona, T., Moral Development and Behavior, New York 1976.
Liebrucks, Bruno, Mythos und Sprache, in: G. Funke (Hg.), Konkrete Vernunft, Bonn 1958.
–, Sprache und Bewußtsein, Band 2: Frankfurt am Main 1965, Band 7: Frankfurt am Main 1979.
Lienhardt, G., Die Gottheit Fleisch, in: Fritz Kramer und C. Sigrist (Hg.), Gesellschaften ohne Staat, Frankfurt am Main 1983, S. 167-178.
Liszt, Friedrich von, Lehrbuch des deutschen Strafrechts, Berlin 1898.
Liu Ching Ho, The Influence of Cultural Background on the Moral Judgement of Children, New York: Columbia University Press 1950.
Loomba, R., The Concept of God in Children of Six to Eleven, in: Psychological Researches 5, 1970.
Löffler, A., Die Schuldformen des Strafrechts in vergleichend-historischer und dogmatischer Darstellung, Leipzig 1895.
Luhmann, Niklas, Funktion der Religion, Frankfurt am Main 1977.
–, Soziale Systeme, Frankfurt am Main 1985.
Luria, A. R., Cognitive Development, Harvard, Mass.: Harvard University Press 1982.
Maccoby, M., und N. Modiano, Über Kultur und Invarianz, in: J. Bruner und P. Greenfield (Hg.), Studien zur kognitiven Entwicklung, Stuttgart 1981 (zuerst 1966).
Maistriaux, R., La sous-évolution des noirs d'Afrique: Sa nature, ses causes, ses rèmedes, in: Revue de la Psychologie des Peuples 10, 1955.
Malinowski, Bronislaw, Eine wissenschaftliche Theorie der Kultur, Zürich 1949.

–, Sitte und Verbrechen bei den Naturvölkern, Bern 1950.
–, Der Vater in der Psychologie der Primitiven, in: Fritz Kramer und C. Sigrist (Hg.), Gesellschaften ohne Staat, Frankfurt am Main 1983, S. 31-61.
–, Magie, Wissenschaft und Religion, Frankfurt am Main 1983.
Mandel, Ernest, Marxistische Wirtschaftstheorie, Frankfurt am Main 1969, 1971.
Maringer, J., Vorgeschichtliche Religion, Bonn 1956.
Marquard, Odo, Schwierigkeiten mit der Geschichtsphilosophie, Frankfurt am Main 1973.
Marx, Karl, und Friedrich Engels, Werke (MEW), 39 Bde. und 2 Erg.-Bde., Berlin (DDR) 1958 ff.
Matthes, Joachim, Religion und Gesellschaft, Hamburg 1967.
Mauss, Marcel, De quelques formes primitives de classification, in: Œuvres, Paris 1969.
–, Soziologie und Anthropologie, 2 Bde., München 1978.
Mayer-Homberg, E., Beweis und Wahrscheinlichkeit nach älterem deutschen Recht, Marburg 1921.
Mbiti, J., Afrikanische Religion und Weltanschauung, Berlin 1974.
McClelland, D., und D. G. Winter, Motivating Economic Achievement, Accelerating Economic Development Through Psychological Training, New York: The Free Press 1969, 1971.
McClelland, Donald, Die Leistungsgesellschaft, Stuttgart 1966.
McRae, D., A Test of Piaget's Theories of Moral Development, in: Journal of Abnormal Psychology, 1954.
Medinnus, G. R., Objective Responsibility in Children: A Comparison with the Piaget Data, in: The Journal of Genetic Psychology 101, 1962.
Mikat, P., Erfolgshaftung und Schuldgedanke im Strafrecht der Angelsachsen, in: H. Conrad (Hg.), Festschrift für Hellmuth von Weber, Bonn 1963.
Mitteis, H., Deutsche Rechtsgeschichte, München 1978.
Mogdil, C., Piagetian Research, 7 Bde., Rochester, Kent 1976.
Mogdil, S., und C. Mogdil, Piagetian Research, Bd. 8, New Jersey 1976.
Mogdil, S., Jean Piaget: An Interdisciplinary Critique, London 1983.
Mohr, J. U., Die Anpassung des Nigerianers an die Industrialisierung, Hamburg 1968.
Montada, Leo, Die Lernpsychologie Jean Piagets, Stuttgart 1970.
Moore, S. F., Legal Liability and Evolutionary Interpretation, in: M. Gluckman (Hg.), The Allocation of Responsibility, Manchester 1972, S. 51-107.
Munroe, R. H., und R. L. Munroe, Cross-Cultural Human Development, Monterey, Cal. 1975.
Müller, U., Die Entwicklung des Denkens, Darmstadt 1982.

Najarian-Svajian, P., The Idea of Immanente Justice among Libanese Children and Adults, in: The Journal of Genetic Psychology 109, 1966.
Needham, Joseph, Wissenschaftlicher Universalismus, Frankfurt am Main 1977.
Nelson, Benjamin, Ursprung der Moderne, Frankfurt am Main 1977.
Nestle, Wilhelm, Vom Mythos zum Logos. Die Selbstentfaltung des griechischen Denkens, Darmstadt 1975.
Nitschke, A., Naturerkenntnis und politisches Handeln im Mittelalter, Stuttgart 1967.
Nottarp, H., Gottesurteilsstudien, München 1956.
Oerter, S., und L. Montada (Hg.), Entwicklungspsychologie, Stuttgart 1988.
–, Traditionales Denken und Modernisierung. Jean Piaget und die Theorie der sozialen Evolution, Opladen 1992.
–, Die Rolle des Bevölkerungswachstums in der sozialökonomischen Entwicklung. Die Theorie Ester Boserups als Erklärungsmodell der Agrarentwicklung in der tropischen und in der gemäßigten Klimazone, Kiel 1993 a.
–, Unternehmerisches Handeln und gesellschaftliche Entwicklung. Eine Theorie unternehmerischer Institutionen und Handlungsstrukturen. Opladen 1993 b.
–, Wissenschaftsgeschichtliche Entwicklung und empirisch angeleitete Rekonstruktion der soziologischen Rationalisierungsthese. Weber, Elias und Piaget im Vergleich, in: Heinz Sahner und Stefan Schwendtner (Hg.), Gesellschaften im Umbruch, 27. Kongreß der DGS in Halle, Opladen 1995.
– u. a., Modernization through Efficient Agriculture? Towards a Systematic and Comparative Analysis, Rome, in: International Review of Sociology 3, 1991, S. 121-148.
Oser, Fritz, Der Mensch. Stufen seiner religiösen Entwicklung, Weinheim 1984.
Otto, Rudolf, Das Heilige, München 1963.
Parin, Paul, und Fritz Morgenthaler, Die Weißen denken zuviel, Frankfurt am Main 1985.
Parsons, Talcott, Theories of Society, New York 1961.
Peluffo, N., Les notions de conservation et de causalité chez les enfants provenants de différents milieux physiques et socioculturels, in: Archives de Psychologie 38, 1962.
–, Culture and Cognitive Problems, in: International Journal of Psychology, 2, 1967, Heft 3, S. 187-198.
Petter, Guido, Die geistige Entwicklung des Kindes im Werk von Jean Piaget, Frankfurt am Main 1976.
Petzold, Leander (Hg.), Magie und Religion, Darmstadt 1966.

Philp, H., und M. Kelly, Product and Process in Cognitive Development: Some Comparative Data on the Performance of School Age Children in Different Cultures, in: British Journal of Educational Psychology 44, 1974.
Piaget, Jean, La causalité physique chez l'énfant, Paris: Alcan 1927.
–, Biologie und Erkenntnis, Stuttgart 1967.
–, Intellectual Evolution from Adolescence to Adulthood, in: Human Development 2, 1972, S. 1-12.
–, Das moralische Urteil beim Kinde, Frankfurt am Main 1973 a.
–, Die Entwicklung der elementaren logischen Strukturen, 2 Bde., Düsseldorf 1973 b.
–, Erkenntnistheorie der Wissenschaften vom Menschen, Frankfurt/Berlin/Wien 1973 c.
–, Need and Significance of Cross-Cultural Studies in Genetic Psychology, in: P. Dasen und J. Berry (Hg.), Culture and Cognition. Readings in Cross-Cultural Psychology, London 1974.
–, Die Bildung des Zeitbegriffs beim Kinde, Frankfurt am Main 1974 b.
–, Gesammelte Werke, 10 Bde., Stuttgart 1975.
–, Success and Understanding, Harvard, Mass.: Harvard University Press 1978.
–, Urteil und Denkprozeß des Kindes, Frankfurt am Main 1981 a.
–, Das Weltbild des Kindes, Frankfurt am Main 1981 b.
–, Experiments in Contradiction, Chicago University Press 1981 c.
–, Psychologie der Intelligenz, Stuttgart 1984.
–, Weisheit und Illusionen der Philosophie, Frankfurt am Main 1986.
–, Probleme der Entwicklungspsychologie, Hamburg 1993.
– und Bärbel Inhelder, Von der Logik des Kindes zur Logik des Heranwachsenden, Olten und Freiburg i. B. 1977.
– und Bärbel Inhelder, Die Psychologie des Kindes, Stuttgart 1980.
– und R. Garcia, Psychogenesis and the History of Sciences, New York: Columbia University Press 1989.
Plack, Arnold, Die Gesellschaft und das Böse, München 1973.
Plessner, Helmut, Die Stufen des Organischen und der Mensch, Berlin 1975.
–, Die Frage nach der Conditio Humana, Frankfurt am Main 1976.
Poortinga, Ype, Explaining Cross-Cultural Differences, in. Journal of Cross-Cultural Psychology, 18, 1987, 3, S. 259-283.
Popper, Karl, Die offene Gesellschaft und ihre Feinde, 2 Bde., Paderborn 1980.
Porteus, S., Primitive Intelligence, New York 1937.
Post, A. H., Afrikanische Jurisprudenz, Oldenburg 1885.
Price-Williams, D., u. a., Skill and Conservation: A Study of Pottery-Making Children, in: J. Berry und P. Dasen (Hg.), Culture and Cognition. Readings in Cross-Cultural Psychology, London 1974, S. 351-372.

–, Explorations in Cross-Cultural Psychology, San Francisco 1975.
Prince, J. R.: The Effect of Western Education on Science Conceptualization in New Guinea, British Journal of Educational Psychology, 33, 1968.
Radcliffe-Brown, A., Der Mutterbruder in Südafrika, in: Fritz Kramer und C. Sigrist (Hg.), Gesellschaften ohne Staat, Frankfurt am Main 1983.
Radin, Paul, Gott und Mensch in der primitiven Welt, Zürich 1953.
Radke, Gerhard, Zur Entwicklung der Gottesvorstellung und der Gottesverehrung in Rom, Darmstadt 1987.
Rawan, H. R., The Effect of Age, Sex, Intelligence, and Social Class on Children's Moral Judgements, New York: Columbia University Press 1974.
Rest, J., Morality, in: P. Mussen (Hg.), Handbook of Child Psychology, Bd.. III, New York 1983.
Richman, B., und M. Copen, International Management and Economic Development, New York 1972, 1978.
Richter, Horst Eberhard, Der Gotteskomplex, Hamburg 1979.
Roberts, J., Oaths, Autonomic Ordeals, and Power, in: American Anthropologist 67, 1965.
Robock, S., Management in Underdeveloped Countries, in: Advanced Management Journal 32, 1962.
Rosen, B. C., Race, Ethnicity, and the Achievement Syndrome, in: ders. u. a. (Hg.), Achievement in American Society, Cambridge, Mass. 1969, S. 55-84.
Ross, R., The Empirical Status of the Formal Operations, in: Adolescence 9, 1974, S. 413-431.
Rothacker, Erich, Probleme der Kulturanthropologie, Bonn 1948.
Royce, Joseph R.: The Factor Model as a Theoretical Basis for Individual Differences, in: S. Irvine und J. Berry (Hg.), Human Abilities in Cultural Context, Cambridge: Cambridge University Press 1988, S. 147 bis 165.
Röh, K., Zum Arbeitsverhalten der indischen Belegschaft in Rourkela, in: Internationales Asienforum 2, 1971, S. 203-216.
Russell, R. W., Studies in Animism, in: The Journal of Genetic Psychology 50, 1940, S. 353-367.
Sayles, L., Managerial Behavior, New York 1954.
Schadewaldt, Wolfgang, Die Anfänge der Philosophie bei den Griechen, Frankfurt am Main 1979.
Schedl, K., Kulturabhängigkeit von Führungskräften in Entwicklungsländern, Linz 1975.
Schluchter, Wolfgang, Die Entwicklung des okzidentalen Rationalismus, Tübingen 1979.
–, Rationalismus der Weltbeherrschung, Frankfurt am Main 1980.

Schmidt, E., Einführung in die Geschichte der deutschen Strafrechtspflege, Göttingen 1965.
Schmitt, J.-C., Heidenspaß und Höllenangst. Aberglaube im Mittelalter, Frankfurt am Main/New York 1993.
Schmitz, C. A. (Hg.), Religions-Ethnologie, Frankfurt am Main 1962.
Schöfthaler, Traugott, und Dietrich Goldschmidt (Hg.), Soziale Struktur und Vernunft, Frankfurt am Main 1984.
Schubart, Walter, Religion und Eros, München 1980.
Schultz-Ewerth, E., Das Eingeborenenrecht, 2 Bde., Stuttgart 1929.
Schulze, H., Grundstrukturen der Verfassung im Mittelalter, Stuttgart, 1. Bd. 1985, 2. Bd. 1986.
Scribner, Sylvia, Denkweisen und Sprechweisen, in: Traugott Schöfthaler und Dietrich Goldschmidt (Hg.), Soziale Struktur und Vernunft, Frankfurt am Main 1984, S. 311-338.
Seagle, W., Weltgeschichte des Rechts, Berlin 1951, 1967.
Seibel, H. D., Leistung in vorindustriellen Gesellschaften, in: Afrika Spektrum 3, 1972.
Selman, Robert L., Die Entwicklung des sozialen Verstehens, Frankfurt am Main 1984.
Senghaas, Dieter (Hg.), Imperialismus und strukturelle Gewalt, Frankfurt am Main 1973.
Shantz, C. U., Social Cognition, in: P. Mussen (Hg.), Handbook of Child Psychology, New York 198.
Shaw, M. E., Frank W. Schneider, J. Briscoe und P. Garcia-Esteve, A Cross-Cultural Study of Attribution of Responsibility, in: International Journal of Psychology, 3, 1968, Heft 1.
– und Frank W. Schneider, Negro-White Differences in Attribution of Responsibility as a Function of Age, in: Psychonomic Science 16, 1969.
– und S. Iwawaki, Attribution of Responsibility by Japanese and Americans as a Function of Age, in: Journal of Cross-Cultural Psychology 3, 1972, Heft 1.
Siegel, H., Geschichte des deutschen Gerichtsverfahrens, Aalen 1970.
Simmel, Georg, Über soziale Differenzierung, Leipzig 1890.
Simon, Herbert A., Das Verwaltungshandeln, Stuttgart 1955.
Snell, Bruno, Die Entdeckung des Geistes, Göttingen 1975.
–, Der Weg zur Wahrheit und zum Denken, Göttingen 1978.
Sohn-Rethel, Alfred, Warenform und Denkform, Frankfurt am Main 1980.
Spengler, Oswald, Der Untergang des Abendlandes, München 1983.
Spinner, Helmut F., Pluralismus als Erkenntnismodell, Frankfurt am Main 1974.
–, Begründung, Kritik und Rationalität, Bd. 1: Die Entstehung des Erkenntnisproblems im griechischen Denken und seine klassi-

sche Rechtfertigungslösung aus dem Geiste des Rechts, Braunschweig 1977.
–, Popper und die Politik. Geschlossenheitsprobleme, Berlin 1978.
–, Der ganze Rationalismus einer Welt von Gegensätzen. Fallstudien zur Doppelvernunft, Frankfurt am Main 1994.
Spittler, G., Konfliktaustragung in akephalen Gesellschaften: Selbsthilfe und Verhandlung, in: Jahrbuch für Rechtssoziologie und Rechtstheorie 6, 1980.
Sprandel, R., Verfassung und Gesellschaft im Mittelalter, Paderborn 1975.
Steiner, G. (Hg.), Psychologie des 20. Jahrhunderts, Bd. 7: Piaget und die Folgen, Zürich 1978.
Steinmetz, W., Ethnologische Studien zur ersten Entwicklung der Strafe, 2 Bde., Groningen 1929.
Sternberg, Robert J., A Triarchic View of Intelligence in Cross-Cultural Perspective, in: S. Irvine und J. Berry (Hg.), Human Abilities in Cultural Context, Cambridge: Cambridge University Press 1988.
Stietencron, H., Die Rolle des Vaters im Hinduismus, in: H. Tellenbach (Hg.), Vaterbilder in Kulturen Asiens, Afrikas, Ozeaniens, Stuttgart 1979.
Suarez, Antonio, Formales Denken und Funktionsbegriff bei Jugendlichen. Funktionale Begriffsbildung und Strukturierung des Kontinuums als Alternative zum formallogischen Strukturalismus von Jean Piaget, Bern 1977.
Swanson, Guy, The Birth of the Gods, Ann Arbor, Michigan 1966.
Tanner, N., Disputing and the Genesis of Legal Principles, in: Southwestern Journal of Anthropology 26, 1970.
Tapp, J., und Lawrence Kohlberg, Developing Senses of Law and Legal Justice, in: Journal of Social Issues, 27, 1971, 2, S. 65-91.
Tellenbach, H. (Hg.), Vaterbild im Abendland, Stuttgart 1978.
– (Hg.), Vaterbilder in Kulturen Asiens, Afrikas, Ozeaniens, Stuttgart 1979.
Tenbruck, Friedrich, Das Werk Max Webers, in: Kölner Zeitschrift für Soziologie und Sozialpsychologie 27, 1975, S. 623 ff.
Thompson, L., Attitudes and Acculturation, in: American Anthropologist 50, 1948.
Thurnwald, Richard, Psychologie des Totemismus, in: Anthropos 14/15, 1919.
–, Werden, Wandel und Gestaltung des Rechts, Berlin 1934.
Tohidipur, M. (Hg.), Politische Ökonomie des Bildungswesens, Weinheim 1974.
Tomlinson-Keasy, C., Formal Operations in Females from Eleven to Fifty-Four Years of Age, in: Developmental Psychology 6, 1972.
Topitsch, Ernst, Mythos, Philosophie, Politik, Freiburg 1969.

–, Gottwerdung und Revolution, München 1973.
–, Erkenntnis und Illusion, Hamburg 1979.
Tulviste, P., On the Origins of Theoretic Syllogistic Reasoning in Culture and the Child, in: Quarterly Newsletter of the Laboratory of Comparative Human Cognition 1, 1979, S. 73-80.
Turiel, E., The Development of Social Knowledge, Cambridge, Mass. 1983.
Ugwuegbu, D., An Attributional Analysis of Adult Nigerian's Perception of Moral Behavior, in: Journal of Cross-Cultural Psychology, 1976.
Usener, Hermann, Götternamen, Frankfurt am Main 1948.
Vakil, C. C., und P. P. Brahmanand, Technische Kenntnis und Managerkapazität als begrenzende Faktoren der industriellen Expansion in unterentwickelten Ländern, in: Zeitschrift für Nationalökonomie 15, 1956.
Vernon, P., Ability Factors and Environmental Influences, in: American Psychologist 20, 1965.
–, Intelligence and Cultural Environment, London 1969.
– u. a., Cultural Influences on Patterns of Abilities in North America, in: S. Irvine und J. Berry (Hg.), Human Abilities in Cultural Context, Cambridge: Cambridge University Press 1988, S. 208-231.
Vontobel, J., Leistungsbedürfnis und soziale Umwelt, Zur sozio-kulturellen Determination der Leistungsmotivation, Bern 1970.
Voyat, Gilbert, Piaget Systematized, Hillsdale, N. J.: Erlbaum 1982.
Wagner, D. A., und K. Heald, ›Carpentered World‹ Hypothesis vs. Piaget, in: Lutz Eckensberger u. a. (Hg.), Cross-Cultural Contributions to Psychology, Amsterdam 1979.
Wallisch-Prinz, A., Religionssoziologie, Stuttgart 1977.
Weber, Max, Gesammelte Aufsätze zur Religionssoziologie, 3 Bde., Tübingen 1966; Paderborn 1988.
–, Universalgeschichtliche Studien. Politik. Soziologie, Stuttgart 1973.
–, Wirtschaft und Gesellschaft, Tübingen 1980.
–, Protestantische Ethik, hg. von Johannes Winckelmann, 2 Bde., Gütersloh 1978 und 1981.
–, Schriften zur Wissenschaftslehre, Stuttgart 1991.
Wendorff, R., Zeit und Kultur, Opladen 1980.
Werner, E. E., Infants around the World: Cross-Cultural Studies of Psychomotor Development, in: Journal of Cross Cultural Psychology 3, 1972, Heft 2, S. 111-134.
–, Cross-Cultural Child Development, Belmont: Wadsworth 1979.
Werner, H., Entwicklungspsychologie, Leipzig 1933.
Wesel, Uwe, Frühformen des Rechts in vorstaatlichen Gesellschaften, Frankfurt am Main 1985.
Wilda, W. E., Das Strafrecht der Germanen, 2 Bde., Aalen 1960.

Winter, J. C., Die deliktsrechtlichen Haftungstatbestände im Recht der Hehe, Köln 1971.
Wlosok, A., Vater und Vatervorstellungen in der römischen Kultur, in: H. Tellenbach (Hg.), Vaterbild im Abendland, Stuttgart 1978.
Wright, G. N., u. a., Cultural Differences in Probabilistic Thinking, in: Journal of Cross Cultural Psychology 9, 1978, Heft 3.
Zucker, Konrad, Vom Wandel des Erlebens, Heidelberg 1950.